Max Wingen
Familienpolitik

Schriftenreihe Band 339

Meiner lieben Frau,
meinen Kindern und Enkelkindern

Max Wingen

Familienpolitik

Grundlagen und aktuelle Probleme

Bundeszentrale
für politische Bildung

Bonn 1997

Redaktion: Nicola Buskotte

Eine Buchhandelsausgabe besorgt die
Verlagsgesellschaft Lucius & Lucius, Stuttgart.

Diese Veröffentlichung stellt keine Meinungsäußerung
der Bundeszentrale für politische Bildung dar.
Für die inhaltlichen Aussagen trägt der Autor die Verantwortung.

Satzherstellung: Fotosatz Froitzheim AG · Bonn
Druck: Graphischer Großbetrieb Pößneck · Thüringen

ISBN 3-89331-267-6 · ISSN 0435-7604

Inhalt

Vorwort

Diese Darstellung möchte zunächst ein Grundverständnis vermitteln für die Inhalte und Problemlagen des gesellschaftspolitischen Handlungsfeldes, für das sich inzwischen weit über das eigene Land hinaus die Bezeichnung Familienpolitik fest eingebürgert hat. Der Gesamtzusammenhang einer systematischen Familienpolitik in wichtigen familienwissenschaftlichen und normativen Grundlagen und ihre Einordnung in eine umfassendere gesellschaftliche Ordnungspolitik sind dabei ebenso aufzuzeigen wie die hauptsächlichen Zielfelder, die untereinander verflochtenen Wege und auf unterschiedlichen Trägerebenen eingesetzten Instrumente sowie die oft schwer faßbaren tatsächlichen Wirkungen der Familienpolitik. Ins Auge springen dürfte die Dringlichkeit, eine in Ansätzen durchaus vorhandene umfassendere familienpolitische Konzeption weiter auszubauen. Diese hat die wechselseitige Abhängigkeit der Politikbereiche mit ihren verschiedenen Akteuren ausreichend zu berücksichtigen; sie muß allerdings auch entsprechend konsequent verfolgt werden. Wichtig erscheint auch, die Familienrechtsgestaltung in ihrer Tragweite für die Förderung familialen Zusammenlebens in ein übergreifendes familienpolitisches Handlungsspektrum ebenso zu intregrieren wie die Gewährleistung von Bildungshilfen für Familien in ihren unterschiedlichen familienphasenspezifischen und gruppenspezifischen Problemlagen.

Wenn zugleich eine Reihe von aktuellen Fragen der Familienpolitik erörtert werden, so geschieht dies nicht zuletzt in dem Bemühen, perspektivisches Denken mit einem Eingehen auf konkrete familienpolitische Handlungserfordernisse zu verbinden. Vor dem Hintergrund der vorgelegten theoriegeleiteten Darstellung soll es dem Leser erleichtert werden, weitere Aspekte dieser Probleme wie auch künftig neu auftretende Problemlagen in den Bezugsrahmen und den Ziel-Mittel-Rahmen einer systematischen Familienpolitik einzuordnen. Immer mehr verdient hier auch die EU-weite Entwicklung Beachtung. Dabei bleibt freilich stets mit zu bedenken, daß eine auf Rationalität bedachte Familienpolitik es mit unterschiedlichen Dimensionen von »Rationalität« zu tun hat. Da es auch im familienpolitischen Handeln stets um Machtverteilung, -erhaltung und -gewinnung in der Gesellschaft geht, kann »politische Rationalität« immer wieder alsbald in ein konfliktgeladenes Spannungsverhältnis zur »sachlogischen« Rationalität geraten, wie sie etwa für eine auf sozialwissenschaftliche Analysen der Lebensbedingungen von Familien gestützte Familienpolitikberatung grundlegend sein wird.

Über die Darstellung von Grundzusammenhängen hinaus soll nach Möglichkeit auch die (relative) Kontinuität in den familienpolitischen Anstrengungen sichtbar werden, die trotz allen Wandels in der familienpolitischen Auseinandersetzung zu beobachten ist. Dazu dient der verschiedentliche Rückgriff auf die geschichtliche Einordnung der Familienpolitik. Es kann dabei nicht um eine historische Rekonstruktion der Familienpolitik gehen, wohl aber sollen insgesamt wie für einzelne

Maßnahmen einige Schlaglichter auf deren Entwicklung gesetzt werden. Dies gilt nicht nur für das praktisch-politische Handeln, sondern auch für die familienpolitikbezogene Fachdiskussion, in der sich in der Vergangenheit verschiedentlich verblüffende Parallelen zur aktuellen Diskussion finden lassen.

Familienpolitik hat Adressaten, für die dynamische Prozesse charakteristisch sind. Die Erscheinungsformen der Familie als gesellschaftlicher Grundeinheit werden sich in einem sich wandelnden sozialen Ganzen weiter verändern. Politik und Gesellschaft müssen auf diese Entwicklungen mit familienpolitischer Phantasie reagieren und nach Wegen suchen, um für das Zusammenleben eine Kultur des Miteinanders zu schaffen, die der Aufgaben- und Leistungsbreite von Familien gerecht wird, und um Gefährdungen der tatsächlichen und mobilisierbaren solidarischen Beziehungen innerhalb und außerhalb der Familie durch deren Stärkung wirksam zu begegnen. Um so wichtiger wird die Frage, mit welchen längerfristigen Trends eine familienbezogene Gesellschaftspolitik rechnen muß und sich auseinanderzusetzen hat, denn viele dieser Trends stellen sich bei Licht besehen keineswegs als unabänderliches Schicksal, sondern – zumindest in Teilaspekten – als ein Gestaltungsproblem dar. Da Familienpolitik als integraler Bestandteil einer umfassenderen Gesellschaftspolitik zu verstehen ist und die Lebensbedingungen von Familien keineswegs nur durch staatliches Handeln beeinflußt werden, stehen nichtstaatliche Akteure ebenfalls in einer familienpolitischen Verantwortung.

Schließlich soll ein gedankliches Rüstzeug in Gestalt von bewußtseinsbildenden Grundinformationen bereitgestellt werden. Wenn Partizipationsbereitschaft der Bürger im Feld der Politik gefördert werden soll, erscheint es wichtig, Grundlagen und Zusammenhänge zu verstehen, um Diskussionsverläufe und Entscheidungen nachvollziehen und gegebenenfalls mittragen zu können. Die Reichweite eines solchen Basiswissens geht zum einen bis zum Umgang mit bundes- und landesgesetzlichen Regelungen, die der »Resonanz« der einzelnen Familien(mitglieder) bedürfen, ferner bis zur Mitwirkung auf der kommunalen Ebene, auf der sehr unmittelbar über die Gestaltung wesentlicher Aspekte der Lebensumwelt von Familien entschieden wird. Sie reicht aber auch bis zur haupt- und ehrenamtlichen Tätigkeit in der familienbezogenen Bildungsarbeit und schließlich bis zum Engagement etwa in Arbeitnehmervertretungen oder in Wirtschafts- und Sozialverbänden. Dort gilt es z. B. auf eine stärkere Familienorientierung der Erwerbsarbeitswelt hinzuwirken, die angesichts der vielfältiger gewordenen Lebensentwürfe in den nachwachsenden jungen Frauen- und Elterngenerationen künftig mit Beharrlichkeit und Augenmaß auch seitens der unmittelbar »Betroffenen« vorangetrieben werden muß. Überkommene starre, inzwischen allerdings mehr und mehr grundlegend in Frage gestellte Rollenmuster von Frauen und Männern, wie sie gerade im Bereich der Erziehung und Bildung festgeschrieben waren, sind weiterhin konsequent zu überwinden. Gerade in der politischen Bildung ist bewußt zu machen, daß richtig verstandene Familienpolitik einen ausgesprochenen »Querschnittscharakter« aufweist und zu ihrer Effizienz Bewußtseinsänderungen nicht nur bei den Verantwortungsträgern in Wirtschaft, Gesellschaft und Kultur, sondern auch in den Familien selbst voraussetzt.

Der Verfasser hat über weite Teile seines Berufslebens an der Nahtstelle von Wissenschaft und Politik Erfahrungen und Eindrücke sammeln können, die – vielleicht weniger explizit als implizit – wohl in die Darstellung eingeflossen sind. Für die Problembehandlung ist sicherlich auf der einen Seite eine gewisse »Distanz zur Sache« förderlich, die seinerzeit Hans Achinger für die wissenschaftliche Befassung mit der Sozialpolitik bei aller Praxisnähe für notwendig gehalten hat. Andererseits sollte für die Problembehandlung eine »Bodenhaftung« bestehen bleiben. Dies gilt nicht zuletzt für den Umgang mit der Thematik in der politischen Bildung. Nicht große visionäre Entwürfe nach nirgends verwirklichten Träumen von Utopisten gilt es in erster Linie zu vermitteln, ebenso wenig freilich eine Anweisung zum Sich-Abfinden mit einer Verstrickung in tagespolitischen Grabenkämpfen, in denen allzu leicht der Überblick für die größeren Konturen und Endzwecke familienpolitischen Handelns verloren geht. Die Vermittlung des Wissens um notwendige sozialreformerische Ansätze der Familienpolitik sollte sich an einem »realistischen Utopiequantum« orientieren. Dazu gehört allerdings auch das Vertrauen in die politische Kraft der Bewußtseinsänderung (durch politische Bildung) als Voraussetzung für die nachhaltige Weiterentwicklung einer familienbezogenen Gesellschaftspolitik, die vor der Zukunft Bestand hat.

Bonn, im Dezember 1996 *Max Wingen*

1. Einführung

1.1 Familienpolitik als gesellschaftspolitische Querschnittsaufgabe

»Der Inbegriff der Politik eines Volkes ist die Frage: Was habt Ihr euren Kindern zu bieten? Und eine solche Politik führt an den Ursprung zurück: sie beginnt bei der Familie.« Mit dieser Feststellung beschloß Gertrud Bäumer ihre noch heute lesenswerte Schrift zur »Familienpolitik«[1]. Zwischen deren Erscheinen am Ende der Weimarer Republik und heute liegen in Deutschland zwei Zeitabschnitte mit unterschiedlichen Verhältnissen von Familie und Staat: der Nationalsozialismus einerseits und die Jahrzehnte der Nachkriegszeit mit wiederum sehr unterschiedlichen Entwicklungen in den beiden Teilen Deutschlands. Mit der Wiedervereinigung ist eine – wenn auch weitestgehend an den in der Bundesrepublik geltenden Verfassungsnormen und ordnungspolitischen Grundsätzen orientierte – neue politische Einheit entstanden, ein Sachverhalt, der durch die Bezeichnungen »Beitritt« und »Beitrittsgebiet« eher etwas verdunkelt als ins Bewußtsein gehoben worden ist.

Wenn es aber richtig ist, daß seit der Wiedervereinigung die gesellschaftliche und politische Entwicklung nicht einfach auf den bis dahin eingefahrenen Gleisen der ehemaligen Bundesrepublik weiterlaufen kann, dann wird dies auch Konsequenzen für die Familienpolitik haben müssen, die nicht mehr völlig unverändert die »alte« Familienpolitik wird sein können. Für deren weitere Entwicklung sind im vereinten Deutschland aus dem Prozeß der Wiedervereinigung Chancen, aber auch Probleme einer Neubestimmung von Prioritäten erwachsen. Dabei dürften sich noch für einige Jahre gesellschaftsstrukturelle und bewußtseinsmäßige Unterschiede zwischen den früheren beiden Teilen Deutschlands auswirken, zumal die außerordentlich unterschiedlichen, teils geradezu gegensätzlich begründeten Gesellschaftssysteme auch unterschiedliche Formen des politischen Umgangs mit Familien und ihren Lebensbedingungen entwickelt hatten. Auch wenn die in den vergangenen Jahrzehnten gefestigten Grundlagen der politischen Ordnung der Bundesrepublik Ausgangspunkt für die weitere sozialstaatliche Entwicklung sind, werden die Familien aus beiden Teilen Deutschlands aus ihren jeweiligen Erfahrungen und Mentalitäten und daraus gewachsenen Lebensbedürfnissen Anforderungen an eine familienbezogene Gesellschaftspolitik formulieren, die in gleicher Weise zu bedenken und in ein Gesamtkonzept sozialordnungskonformer Familienpolitik einzubringen sind.

Für diesen Prozeß der weiteren familienpolitischen Entwicklung erscheint die zu Eingang wiedergegebene Feststellung auch nach über sechs Jahrzehnten in mehrfacher Hinsicht von ungebrochener Aktualität: Die Familien rücken hier betont mit in das Zentrum der Politik; in einem Katalog der Prioritäten wird deren verpflichtender Auftrag im Hinblick auf die Zukunftschancen der nachwachsenden

1 Gertrud Bäumer, Familienpolitik. Probleme, Ziele und Wege, Berlin 1933, S. 77.

Generationen unmißverständlich angesprochen, denn – so wird es hier in prägnanter Kürze auf den Punkt gebracht – Kinderorientierung und Familienbezug der Politik müssen kein Gegensatz sein. Wer sich heute aus guten, in unserer historischen Vergangenheit liegenden Gründen in dem wiedergegebenen Urteil Gertrud Bäumers am Begriff »Volk« stößt, kann ihn durch »Gesellschaft« oder »Gemeinwesen« ersetzen. Der Sinngehalt wird dadurch allenfalls unpräziser. Bei diesem aus heutigen Denken heraus naheliegenden begrifflichen Austausch wird nicht ohne weiteres klar, daß mit Gesellschaft eine solidarische Gesellschaft gemeint sein muß mit unterschiedlichen Dimensionen der Solidarität: Diese umfaßt auf jeden Fall auf der makrogesellschaftlichen Ebene die generationenübergreifende Solidarität, betrifft auf der Mikroebene die drei (und in wachsendem Maße auch vier) Generationen umfassende Solidarbeziehung und schließt dazwischen auf einer Mesoebene eine auf Kleingruppen in der Gesellschaft heruntergebrochene Solidarität weithin jenseits klassischer wohlfahrtsstaatlicher Strukturen mit ein. Ebenso muß nicht ohne weiteres klar sein, daß bei einem Begriff wie »Gemeinwesen« ein ausreichendes, aufgrund mancher Fehlentwicklungen in der Vergangenheit eher geschwächtes Maß an Gemeinsinn mitgedacht wird, ohne den eine Berücksichtigung elementarer Familienbelange, die sich durch eine oft vernachlässigte relativ große »Gemeinwohlnähe« auszeichnen, letztlich nicht gelingen dürfte. Diese für die Entfaltung einer umfassenden Familienpolitik wichtige Dimension ist nicht zuletzt von den Sozialethikern der beiden Kirchen immer wieder angemahnt worden und wird in den letzten Jahren auf dem Umweg über die von den USA ausgehenden Anstöße der Kommunitarier (mit Umrissen eines eigenen Konzepts der »kommunitären Familie«) eingeklagt[2]. Dabei kann es freilich nicht darum gehen, von den Vertretern des kommunitarischen Denkens für die USA gemachte konkrete Einzelvorschläge zur besseren Verfolgung des Gemeinwohls einfach auf unser Gemeinwesen zu übertragen; vielmehr stellt sich die Frage, was in unserer konkreten wirtschaftlichen, gesellschaftlichen und kulturellen Situation im Sinne dieses Grundgedankens an Erneuerung des Denkens und politischen Handelns erforderlich ist – nicht zuletzt mit Blick auf das Wohlergehen der Familien als Lebenseinheiten wie der einzelnen Familienmitglieder, also der einzelnen Personen in ihren familialen Bindungen.

Die Familien ihrerseits – und dies erscheint für das **Familienverständnis** wichtig – erweisen sich nun als sehr dynamische soziale Gebilde. Familien waren auch in der Vergangenheit Wandlungen unterworfen; sie waren in ihrer äußeren Gestalt auch vom übergreifenden Wirtschaftssystem mitbestimmt und umgekehrt für dieses weithin »funktional«, weil den wirtschaftlichen und gesellschaftlichen Erfordernissen entsprechend. Die jüngere historische Familienforschung hat in diesem Zusammenhang herausgearbeitet, daß auch in der vorindustriellen Agrargesellschaft die Drei-Generationen-Großfamilie keineswegs die einzige – regional und zeitweilig nicht einmal die dominierende – Familienform war, sondern daneben kleine Familien weithin verbreitet und auch unverheiratete Personen mit Kindern (wenn auch in anderen gesellschaftlichen Kontexten lebend als heutige »Alleinerziehende«) keine Seltenheit waren.

2 Vgl. z.B. Amitai Etzioni, Die Entdeckung des Gemeinwesens. Ansprüche, Verantwortlichkeiten und das Programm des Kommunitarismus, Stuttgart 1995.

Auch die Familie der Gegenwart stellt sich, wie noch näher zu zeigen sein wird, in unterschiedlichen familialen Lebensformen dar, was es im Grunde nicht erlaubt, von *der* Familie zu sprechen (am ehesten vielleicht noch, aber dies auch nur bedingt, mit Blick auf die institutionelle Ebene). Auch bezogen auf die unterschiedlichen Phasen des sogenannten Familienzyklus lassen sie sich als ein dynamischer Prozeß begreifen. Die Gemeinschaft von Eltern mit ihren heranwachsenden Kindern (reine Eltern-Kinder-Gemeinschaft im engeren Sinne) stellt dabei eine sehr zentrale und auch familienpolitisch besonders wichtige Familienform dar (mit ihrerseits unterschiedlichen Entwicklungsphasen von der Familiengründung über die Konsolidierungsphase bis zum Erreichen der Phase des »leeren Nestes«). Anschließend können die Eltern auch mit alten Familienangehörigen aus der vorangegangenen Generation zusammen eine familiale Lebensgemeinschaft bilden. Aber das Familienverständnis reicht weiter: Auch wenn die Familienmitglieder nicht zusammen im Haushalt leben, gehören sie im weiteren Sinne zur Familie. Was die amtliche Haushalts- und Familienstatistik angesichts des Mehrgenerationenverbundes nicht wirklich abzubilden vermag, aber in die familienpolitische Perspektive einzubeziehen ist, das sind z. B. auch die Netzwerkbeziehungen im familialen Solidarverbund über mehrere, räumlich getrennte Generationen hinweg. Hans Bertram hat dafür den Ausdruck der »multilokalen Mehr-Generationen-Familie« vorgeschlagen[3]. Noch weiter ist ein Familienbegriff gefaßt, bei dem unter »erweiterter Familie« das gesamte soziale Netzwerk zu anderen Lebensformen gefaßt wird, die nicht auf der Kernfamilienstruktur und/oder auch nicht auf Verwandtschaft und Verschwägerung basieren.

Im Grunde hängt die mehr oder weniger weit gefaßte Abgrenzung des Familienverständnisses nicht zuletzt von dem zu untersuchenden Problemzusammenhang ab. Die Sachverständigen-Kommission für den Vierten Familienbericht hat bereits 1986 festgehalten, daß es angesichts zahlreicher Familienformen in der Lebenswirklichkeit notwendig sei, für die Klärung einer bestimmten Fragestellung zu einer Abgrenzung des Familienbegriffs zu gelangen, die dem besonderen Anliegen eines Untersuchungszieles am besten gerecht werde und entschied sich mit Blick auf den seinerzeitigen Berichtsauftrag betreffend die Situation der älteren Menschen in der Familie für den Begriff der »erweiterten Familie« (S. 14). Auch für eine Politik, die familiales Zusammenleben in seinen verschiedenen Erscheinungsweisen zum Gegenstand hat, ist daher von vornherein ein weites Verständnis von Familie geboten. Im übrigen bleibt auch hier die allgemeinere Einsicht festzuhalten, daß je nach dem, wie die begrifflichen Netze geknüpft werden, unterschiedliche Teile der einen Wirklichkeit eingefangen werden. Aus einem politisch-ideologisch mitbestimmten (»vorwissenschaftlichen«) Interesse an der Erfassung bestimmter Aspekte von Wirklichkeit erklärt sich sicherlich auch das immer wieder anzutreffende Ringen um die »Definitionsmacht«, in diesem Falle von Familie.

Bei aller notwendigen Offenheit des Familienverständnisses sollten die konstitutiven Merkmale von Familie gegeben sein, um sinnvollerweise von »Familie« als Adressaten und auch Mitgestalter einer auf sie bezogenen Politik sprechen zu

3 Hans Bertram, Individuen in einer individualisierten Gesellschaft, in: ders. (Hrsg.), Das Individuum und seine Familie, DJI: Familien-Survey 4, Opladen 1995.

können. Hier treten die folgenden **konstitutiven Elemente von Familie** in den Vordergrund:

- Angehörige von zwei verschiedenen Generationen, deren Generationsbeziehung auf der Basis der Blutsverwandtschaft oder der Adoption beruhen kann;
- Zusammenleben im gemeinsamen Haushalt (Wohn- und Wirtschaftsgemeinschaft);
- Institutionelle Absicherung durch Formen der öffentlichen Anerkennung, bisher in unserem Kulturraum vor allen durch das Rechtsinstitut der Ehe, in der die Eltern verbunden sind.

Nach dem klassischen Verständnis von Familie gehört dazu zumindest die Kombination der Unterscheidungsmerkmale Generation (biologische oder »soziale« Eltern mit ihren Kindern) und Geschlecht (heterosexuelles Elternpaar). In unseren westeuropäischen Industriegesellschaften ist inzwischen nicht mehr in jeder Hinsicht voll konsensfähig, welche der vorgenannten Merkmale vor allem im familienpolitischen Kontext konstitutiv für Familie und ihre Gründung zu sein haben. In der gesellschafts- und familienwissenschaftlichen Diskussion wird hierzu festgehalten: »Während das herkömmliche europäische Familienverständnis den Eheschluß als konstitutives Moment einer Familiengründung auffaßte, scheint sich hier in jüngster Zeit die Auffassung mehr und mehr auf Elterschaft als konstitutives Moment der Familiengründung zu verschieben.«[4] Je nach der Weite des Familienverständnisses erscheint auch das Zusammenleben im gemeinsamen Haushalt, das für die reine Eltern-Kinder-Gemeinschaft als normal vorauszusetzen ist, nicht unbedingt zwingend, um von Familie zu sprechen, wie das bereits genannte Beispiel der räumlich getrennten Mitglieder eines Mehrgenerationenverbunds zeigt.

Im eigenen Land ist mit Blick auf das Familienverständnis ein betont personaler Bezug der Institutsgarantie unverkennbar. Das institutionelle Element ist dabei nicht eine bloße »Äußerlichkeit«. Mit der institutionellen Seite werden bestimmte Sinngehalte bejaht (oder verneint), anerkannt (oder abgelehnt), werden rechtlich verbindliche und in diesem Sinne öffentlich verläßliche Verpflichtungen eingegangen. Hier liegt offensichtlich ein tieferer Grund für die – auch im internationalen Kontext – anzutreffenden politischen Auseinandersetzungen über das Verständnis von Familie im Rahmen der Familienpolitik. Von daher erscheint es dann auch verständlich, daß auch dort, wo die auf Ehe begründete Familie – zumindest in ihrem »Monopolanspruch« – abgelehnt wird, gesellschaftliche Anerkennung auf anderem Wege gesucht wird.

Da es für ein inhaltliches Verständnis von Familienpolitik wichtig ist, möglichst klar zu fassen, was mit Familien als Adressat dieser Politik (oder, wie sich noch zeigen wird, in gewissem Grade auch als deren Mitgestalter) gemeint sein soll, wird sie sich ihres eigenen Adressatenkreises immer neu vergewissern müssen. Durch die Wandlungen in den familialen Zusammenlebensformen und die eher noch unterschiedlicher gewordenen Problemlagen, die zugleich die Komplexität von Familie eher noch erhöht haben, sieht sich eine Familienpolitik zusätzlich herausgefordert. Dabei erweist sich das Verständnis von Familie als eine Voraussetzung und ein Er-

4 Franz-Xaver Kaufmann, Zukunft der Familie im vereinten Deutschland. Gesellschaftliche und politische Bedingungen, München 1995, S. 42 f.

gebnis der Familienpolitik zugleich. Die spezifische Ausgestaltung des Systems familienpolitischer Ansprüche und Leistungen bestimmt maßgeblich mit darüber – unter Umständen mehr oder weniger unreflektiert –, was in einem Gemeinwesen als Familie gilt. Wenn aber durch die Reichweite und Ausgestaltung von familienpolitischen Maßnahmen mit abgegeben wird, was in der jeweiligen Sozialordnung als Familie zu gelten habe, ergibt sich daraus eine definitorische Prägekraft des bestehenden familienpolitischen Leistungssystems, die in der Wechselbeziehung zum Familienverständnis auf dieses zurückwirkt. Familienpolitische Maßnahmen können ihrerseits einen Wandel der Familie auslösen oder fördern. Nach dem Grundverständnis unserer Sozialordnung dürfen sie nicht an eine bestimmte soziale Binnenstruktur der Familien, (z. B. hinsichtlich der Art der Arbeitsteilung zwischen den Ehepartnern) gebunden sein; diese muß vielmehr der freien und selbstverantwortlichen Gestaltung insbesondere der Ehepartner, mit zunehmendem Alter auch dem wachsenden Entscheidungsspielraum der Kinder überlassen bleiben. Im internationalen Vergleich, etwa innerhalb der Europäischen Union, bestehen hier noch deutliche traditionsbedingte kulturspezifische Unterschiede, die auch für die Frage von Bedeutung sind, welche (teils unterschiedlichen) Aufgabenfelder von Familien in den einzelnen Ländern erfüllt werden.

Ein schwieriges Problem wird hier mit der Frage angesprochen inwieweit die verschiedenen familialen Lebensformen, von denen keine ausgegrenzt werden darf, für eine stets wertbesetzte Familienpolitik gleichwertig nebeneinander stehen oder ob etwa seitens der Politik Präferenzen für bestimmte strukturelle Gegebenheiten familialen Zusammenlebens deshalb zum Ausdruck gebracht werden dürfen, weil damit unterschiedliche Bedingungen familialer Leistungsentfaltung verbunden sind. Die wichtige Gruppe der Alleinerziehenden gehört, wie das Bundesverfassungsgericht schon sehr früh festgehalten hat, ohnehin zur Familie im Sinne des Artikels 6 Absatz 1 GG und steht damit unter dem besonderen Schutz der staatlichen Ordnung. Dagegen wird in der rechtspolitischen Diskussion die Frage durchaus kontrovers beurteilt, ob dies auch für nicht verheiratete Eltern mit Kindern, die als familiale Lebensgemeinschaft ebenfalls im Blickfeld der Familienpolitik stehen müssen, zutrifft. Den Anspruch auf den allgemeinen Schutz durch die Rechtsordnung sowie auf familienpolitische Leistungen, die an die Person des Erwachsenen oder des Kindes geknüpft sind, haben ihre Mitglieder ebenfalls.

Für eine allgemeine Abgrenzung dessen, was **Familienpolitik** meint, ist sodann die Verständigung darüber notwendig, auf welche Inhalte sich Familienpolitik erstrecken soll. Ganz abgesehen von den vielen definitorischen Abgrenzungen in der politikwissenschaftlichen Diskussion ist der Begriff »Politik« im deutschen Sprachgebrauch ein vielschichtiger Begriff. Daher sollten auch bei der inhaltlichen Abgrenzung von Familienpolitik die verschiedenen Dimensionen von Politik, zu der stets auch der Einsatz von Macht gehört, unterschieden werden, wie sie insbesondere in der angelsächsischen Diskussion mit policy, politics und polity gefaßt werden:

- die inhaltliche (normative) Dimension (policy), bei der es um Gegenstand und Aufgaben der Familienpolitik geht, um die Art und Weise der Aktivitäten, also um das System von Zielen, Maßnahmen und Einrichtungen und damit um die Fragen, wie und mit welchen Instrumenten das politisch-administrative System die anstehenden familienpolitischen Aufgaben erfüllt;

- die prozessuale Dimension (politics), in der es um die politischen Aktivitäten geht, in der also die stets auch interessengeleitete und von Ideologien gesteuerte Auseinandersetzung und die Abhängigkeiten des familienpolitischen Handelns von diesen Interessen der Akteure zur Geltung kommen;
- schließlich die institutionelle (formale) Dimension (polity), die sich insbesondere mit den Stichworten Verfassung, Rechtsordnung, aber auch geltende Tradition umschreiben läßt.

Mit Familienpolitik wird das politische Handlungsfeld in diesen Dimensionen nach dem in der Sozialordnung zugrundegelegten Familienverständnis eingegrenzt auf die Familie als eine Primärgruppe menschlichen Zusammenlebens, nämlich im engeren Sinne auf die Eltern-Kinder-Gemeinschaft, die in unserer Kulturordnung (bisher) ganz überwiegend auf der Institution der Ehe beruht (aber nicht beruhen muß), und im weiteren Sinne auf Formen der erweiterten Familie im Sinne des Solidarverbunds von Mehr-Generationen-Familien. Im interkulturellen wie auch im historischen Vergleich, aber auch angesichts der Wirklichkeit gegenwärtigen familialen Zusammenlebens in unserer Gesellschaft zeigen sich sehr unterschiedliche äußere Erscheinungsformen, die insofern einer differenzierten Erfassung bedürfen, als je nach der familienpolitischen Fragestellung ein engerer oder weiterer Familienbegriff zugrunde zu legen ist.

Vom inhaltlichen Verständnis her ist heute ein recht breites Spektrum für das familienpolitische Handeln praktisch unbestritten. Dies wird in der inzwischen auf den verschiedenen politischen Entscheidungsebenen weithin akzeptierten Formel von Familienpolitik als »Querschnittspolitik« auf den Punkt gebracht[5]. Die Familien als soziale Gebilde von relativer »Totalität« der Beziehungen der in ihnen zusammenlebenden Menschen und vor allem mit einem relativ breiten Spektrum familialer Grundleistungen reichen quer durch die verschiedenen wirtschaftlichen, gesellschaftlichen und kulturellen Ordnungsbereiche hindurch und werden von den jeweiligen politischen Entscheidungen (oder unterlassenen Entscheidungen) mehr oder weniger nachhaltig betroffen.

Schon an dieser Stelle bleibt daher festzuhalten, daß eine Reduzierung familienpolitischer Fragestellungen auf rein wirtschaftliche Aspekte ganz erheblich zu kurz greifen würde. Es wäre eine unzulässige Verengung dessen, was Familienpolitik als gesellschaftliche Querschnittspolitik meint. Insofern ist Kurt Biedenkopf zuzustimmen, wenn er festhält, es sei »ein Ergebnis der zunehmenden eindimensionalen Natur unseres Denkens«, wenn und soweit wir die Familienpolitik »auf ihre sozial-, finanz- und arbeitsmarktpolitischen Dimensionen reduzieren«[6]. In Wirklichkeit geht es in der Tat um sehr viel mehr: um die Sicherung der Voraussetzungen eines hochentwickelten Gemeinwesens. Dabei verdient die kulturelle Aufgabe der Familie als des primären Orts der Vermittlung unserer Kultur und der dazu gehörenden Werte die besondere Aufmerksamkeit aller Verantwortungsträger im staatlichen Bereich

---

5 Dieser »Querschnittscharakter« der Familienpolitik, auf den der Verfasser seinerzeit in der Arbeit, Familienpolitik – Ziele, Wege und Wirkungen, Paderborn 1965[2], S. 17, hingewiesen hat, führt in der praktischen Politik dort zu besonderen Schwierigkeiten, wo die einzelnen Politikansätze nicht in einer einheitlichen und in sich widerspruchsfreien gesellschaftlichen Ordnungspolitik integriert sind.

6 Kurt Biedenkopf, Einheit und Erneuerung, Stuttgart 1994, S. 24.

wie in den gesellschaftlichen Organisationen. Paul Kirchhof hat dazu jüngst den wichtigen grundsätzlichen Hinweis auf die Verfassungsvoraussetzungen und damit die in der Gesellschaft wurzelnden und von ihr getragenen Werte gegeben und die Verantwortung der gestaltenden Gewalten des Gesetzgebers und der Regierung für die Pflege der Verfassungsvoraussetzungen unterstrichen. Eine der ersten Verfassungsvoraussetzungen eines freiheitlichen Staates sei die Existenz eines zu Freiheit und Demokratie fähigen und bereiten Staatsvolkes, weshalb dem Staat an seiner eigenen Jugend und an der Entwicklung der jungen Menschen zur Freiheitsfähigkeit gelegen sei. Das Grundgesetz sehe in Artikel 6 nicht nur vor, daß der Mensch innerhalb einer Familie heranwächst, in einer privaten, in Distanz zum Staat bleibenden, von höchstpersönlicher Zuwendung geprägten Jugend, sondern garantiere damit auch die Freiheit einer Entscheidung für Ehe und Familie, begründe aber zugleich einen staatlichen Schutzauftrag, der den Staat zu vorsorgenden Maßnahmen nicht nur berechtigt, sondern ausdrücklich verpflichtet. »Dieser Schutzauftrag ist bisher teilweise unerfüllt geblieben, zu einem beachtlichen Teil auch verletzt worden.«[7] Damit rückt eine umfassende Familienpolitik in den Kontext einer freiheitsgerechten Gestaltung und Strukturierung der Verfassungsvoraussetzungen, die auf durchgreifende Veränderungen in der Struktur unserer Sozialordnung werden hinauslaufen müssen.

Vor diesem Hintergrund läßt sich unter dem Begriff der Familienpolitik, der als solcher wohl zu Anfang des Jahrhunderts in Frankreich auftauchte und sich erst nach dem Zweiten Weltkrieg fester eingebürgert hat, für eine erste, **definitorische Abgrenzung** das bewußte und planvoll-ordnende, zielgerichtete und machtgestützte Einwirken von Trägern öffentlicher Verantwortung auf Struktur und Funktionen familialer Lebensgemeinschaften verstehen. Dieses Einwirken erfolgt – in einer freiheitlichen Sozialordnung sogar vornehmlich – durch die Gestaltung der bedingenden Voraussetzungen, vor allem der äußeren Lebensbedingungen familialen Zusammenlebens, und damit mittelbar auf dessen Strukturen und die unter diesen Strukturen erbrachten personprägenden und gesellschaftsbildenden Leistungen, aber auch direkt insbesondere über die Gestaltung der Rechtsbeziehungen der Familienmitglieder untereinander und der Beziehungsverhältnisse familialer Lebensgemeinschaften zum außerfamilialen gesellschaftlichen Raum. Ein relativ breit angelegter Familienpolitik-Begriff, wie er damit sichtbar wird, kann dazu beitragen, familienpolitische Wirklichkeiten und auch Möglichkeiten im Blick zu behalten, ohne sich auf konkret vorgefundene familienpolitische Maßnahmen einengen zu lassen. Für eine solche definitorische Abgrenzung sei im übrigen daran erinnert, daß Definitionen im Grunde nicht allgemeingültig richtig oder falsch sind, sondern je nach Begründungszusammenhang zweckmäßig oder unzweckmäßig, so daß sich erst im Verlauf der Darstellung erweisen muß, ob sich die gewählte definitorische Abgrenzung als brauchbar erweist. »Familienpolitik« kann auf der wissenschaftlichen Ebene nicht nur das tatsächliche familienpolitische Handeln und seine Ergebnisse meinen, sondern auch dessen gedankliche Durchdringung in wissenschaftlicher Absicht, also die Familienpolitik-Lehre bzw. die Familienpolitik als wissenschaftliche Disziplin.

7 Paul Kirchhof, Die Aufgaben des Bundesverfassungsgerichts in Zeiten des Umbruchs, in: NJW, (1996) 23, S. 1502.

Das Interesse an Fragen der Familie und damit der Familienpolitik hat in jüngerer Zeit eher zugenommen, was gelegentlich – vielleicht etwas vorschnell – Anlaß gibt, geradezu von einer »Wiederentdeckung« der Familie zu sprechen. Nach Jahren ausgeprägter Familienkritik, die die vorausgegangenen recht konservativen Familienauffassungen der ersten Nachkriegszeit abgelöst hatte, hat die Familie seit einigen Jahren in Übereinstimmung mit den Wertpräferenzen der Bevölkerung wieder deutlich an öffentlicher Wertschätzung gewonnen. Wenn man dem »Eurobarometer« aus dem Jahr 1993 glauben darf, bleibt die Familie ein »Schlüsselwert« der Europäer. Auf die tatsächliche Politik wirkt dies zwangsläufig zurück. In dem Maße, in dem eine auf möglichst optimale Entfaltungsbedingungen von Familien bedachte Familienpolitik entwickelt und in ihrem gesellschaftspolitischen Zusammenhang anerkannt wird, dürfte sie künftig eher noch an politischer Dignität hinzugewinnen. Dies gilt auch über die nationalen Grenzen hinweg, wenngleich in einigen Nachbarländern bisher noch kaum von einer expliziten Familienpolitik gesprochen werden kann. Der intensiver gewordene internationale Dialog begünstigt indessen ein Interesse an diesen Fragen auch in Ländern, in denen sich – wie in der Schweiz[8] – die Politik vergleichsweise eher selten und oft nur am Rande mit der Familienfrage befaßt. Die Europäische Beobachtungsstelle für nationale Familienpolitiken sieht eindeutige Belege dafür, daß Familie, Kinder und Familienpolitik »näher an den Kern der europäischen Politik rücken«[9]. Auch wenn die Familienpolitik nach wie vor einen schweren Stand hat, um sich zu behaupten, so hat ihre politische Anerkennung gleichwohl im Laufe der vergangenen Jahrzehnte zugenommen. Dies drückt sich sicherlich auch in dem Gewicht aus, das sie in der sozialwissenschaftlichen Forschung findet. Größere Aufmerksamkeit dort wirkt wiederum zurück auf den Stellenwert des betreffenden Politikbereichs.

Nun gilt es freilich auch die Grenzen zu sehen, die politischem Handeln mit Blick auf familiales Zusammenleben gesetzt sind. Auf jahrelange gründliche Studien über die Möglichkeiten sozialpolitischer Intervention gerade auch im Feld der Familien macht Kaufmann mit Recht auf solche Grenzen aufmerksam, an die hier staatliches politisches Handeln stößt[10]. Dies darf freilich andererseits nicht dazu verleiten, die

---

8 Vgl. Thomas Fleiner-Gerster, Einleitung zu dem Band, Familien in der Schweiz, Fribourg 1991, S. XIX. – Siehe zur schweizerischen Situation auch Kurt Lüscher, Familienpolitik im liberalen Bundesstaat: Das Beispiel der Schweiz, in: Charlotte Höhn/Wilfried Linke/Rainer Mackensen (Hrsg.), Demographie in der Bundesrepublik Deutschland – Vier Jahrzehnte Statistik, Forschung und Politikberatung –, Festschrift für Karl Schwarz, Schriftenreihe des Bundesinstituts für Bevölkerungsforschung Bd. 18, Boppard 1988, S. 207 ff.

9 John Ditch u. a., Eine Synthese nationaler Familienpolitiken 1994, Kommission der Europäischen Gemeinschaften 1996, veröffentlicht von Social Policy Research Unit, University of York, S. 13.

10 »Der Staat kann nicht alles, was er will, sondern seine Einwirkungsmöglichkeiten sind an die aus der Eigenart des jeweiligen Interventionsfeldes und an die aus der Implementationsstruktur resultierenden Bedingungen für die Wirkungsweise seiner Maßnahmen gebunden.« Mit Recht beugt der Verfasser voreiligen falschen Schlußfolgerungen mit der Feststellung vor: »Das heißt jedoch nicht, daß er nichts vermag. Auch wenn angesichts der Vielfalt familialer Lebensbedingungen die Engpaßfaktoren breit streuen und daher die Wirksamkeit politischer Maßnahmen sich bei der Untersuchung eines breiten Querschnitts von Familien nicht eindeutig nachweisen läßt, so bedeutet das nicht schon den Nachweis der Unwirksamkeit.« F. X. Kaufmann (Anm. 4), S. 197.

bestehenden Möglichkeiten nicht mit aller Konsequenz auszuschöpfen. Wenn bei familienpolitischen Fragestellungen immer wieder auf die angebliche Wirkungslosigkeit staatlicher Maßnahmen verwiesen wird (z. B. auch was demographische Nebenwirkungen angeht), so deutet dies eher darauf hin, daß handfeste Interessenpositionen im Spiel sind.

Schließlich gehört Familie zu den besonders wertbesetzten Adressaten von Politik. Familienpolitische Maßnahmen sind in ihren tatsächlichen oder vermeintlichen Auswirkungen häufig ideologisch besonders umstritten. Dies führt leicht zu Spannungen zwischen der »Privatheit«, die für den familialen Lebensraum reklamiert wird, und staatlichen Interventionen zumindest in die Lebensbedingungen von Familien, im Bereich der Familienrechtsgestaltung, aber auch direkt in die Beziehungen der in der Familie zusammenlebenden Menschen. In der Vergangenheit konnte immer wieder beobachtet werden, wie sehr die Vorbereitung familienpolitischer Entscheidungen mit zu den Feldern gehörte, die emotional sehr aufgeladen und ideologisch befrachtet sein konnten. So sehr auf der einen Seite erwartet wurde, Familienpolitik als möglichst parteiübergreifende sachbezogene Politik zu sehen und zu betreiben, so sehr zeigte sich auf der anderen Seite doch deren Abhängigkeit von parteipolitischen Grundpositionen, die in vielfältiger Weise bis in unterschiedliche Grundmuster von Familienpolitik prägend sind.

1.2 Abgrenzung der Familienpolitik von Bevölkerungs-, Frauen- und Kinderpolitik

Für die Erörterung von Grundfragen einer Familienpolitik erscheint es zudem notwendig, die Familienpolitik von Nachbarfeldern politischen Handelns abzugrenzen. Hier interessiert vor allem das Verhältnis von Familienpolitik zu einer Politik für Kinder, aber auch zur Frauenpolitik sowie zur Bevölkerungspolitik.

In einer Abgrenzung gegenüber der Familienpolitik gewann das Konzept einer eigenständigen **Politik für Kinder** in den siebziger Jahren an Bedeutung und entbehrte auch nicht einer gewissen familienkritischen Note, die ihren realen Hintergrund – bei aller Bedeutung des Sozialisationsträgers Familie – in nachweisbaren Mängeln der familialen Sozialisation hatte, wie sie von der Sozialisationsforschung jener Jahre besonders herausgearbeitet wurden. Inzwischen wird demgegenüber eher die Abhängigkeit der Entwicklung des Kindes von der Gesamtheit der Umweltbedingungen unter Einschluß der Familie gesehen, was z. B. zu einer »ökologischen Sozialisationsforschung« führte und eine Sozialpolitik für das Kind als staatliches Einwirken auf die Umwelten kindlicher Entwicklung innerhalb und außerhalb der Familie verstehen läßt[11].

---

11 Vgl. dazu F. X. Kaufmann (Anm. 4), S. 171 mit weiteren Hinweisen auf die Arbeiten von Urie Bronfenbrenner, Kurt Lüscher, der den Ansatz der ökologischen Sozialisationsforschung und deren Relevanz für eine Kinderpolitik für die deutsche Diskussion besonders aufgearbeitet hat, und von Laszlo A. Vaskovics sowie speziell für den Bereich der Jugendhilfe die Arbeiten von Wolfgang Gernert. Unter den früheren Arbeiten siehe besonders: Kurt Lüscher (Hrsg.),

Der letztere Hinweis macht bereits deutlich, daß eine »Kinderpolitik« das Kind immer auch unabhängig vom familialen Kontext sieht und Handlungsfelder jenseits der Familienpolitik umfaßt. Andererseits gibt es Überschneidungen mit einer Familienpolitik insofern, da das Kind als Familienmitglied und Träger eigener Grundrechte (was das Bundesverfassungsgericht schon in seinem Urteil von 1968 festgehalten hat) in weiten Teilbereichen der Familienpolitik besonders im Vordergrund des Interesses steht, die Familienpolitik aber zugleich über diesen Aspekt hinausgeht. Wie sehr das Kind betont in das Blickfeld der Familienpolitik gerückt ist, zeigen die vielfältigen politischen Voten für eine »kindzentrierte Familienpolitik«. Das »Kindeswohl« bildet einen zentralen Maßstab nicht nur im Bereich der Familienrechtsgestaltung, sondern auch darüber hinaus. Die Bemühungen um die Aufnahme besonderer Rechte des Kindes in die Verfassung im Zuge der Diskussionen um die Grundgesetzreform waren konkreter Ausdruck dafür. Aus jüngster Zeit kann auf die Forderung des »Aktionsbündnisses Kinderrechte« verwiesen werden, das Amt eines Bundeskinderbeauftragten mit einem relativ breiten Aufgabenspektrum, das nach dem Vorschlag weit über die Bundesebene hinausreichen würde, einzurichten, der in seiner Arbeit unabhängig und weisungsfrei sein und vom Deutschen Bundestag für fünf Jahre gewählt werden soll[12].

Spätestens mit der UN-»Kindervention« (über Rechte des Kindes) hat dieser Aspekt für gesellschaftspolitische Zielorientierungen auch internationale Geltung erhalten. Die Diskussion um die Stärkung von Kinderrechten, die einen wichtigen Hintergrund abgibt für eine »Kinderpolitik«, ist im familienpolitischen Kontext Ausdruck für eine stärkere Betonung von Individualrechten von Familienmitgliedern, in

---

Sozialpolitik für das Kind, Stuttgart 1979, Frankfurt/M. 1984². – Insgesamt gilt es, die drastig veränderten Bedingungen zu berücksichtigen, unter denen Kinder heute aufwachsen (müssen) und die den Hintergrund abgeben für eine postulierte »Politik für Kinder«. Als zusammenfassenden Überblick über die veränderten Grundstrukturen der Lebensbedingungen, die das Aufwachsen und die Lebensmöglichkeiten von Kindern in den vergangenen Jahrzehnten auf dem Hintergrund der Individualisierungs- und Pluralisierungstendenzen der Gesellschaft beeinflußt haben, siehe z. B. Wilfried Ferchhoff, Individualisierte Kindheit heute. Kindliche Entwicklungsbedingungen im Spannungsfeld von Konsumverhalten, Medienrezeption und öffentlichem Raum am Ende des 20. Jahrhunderts, in: Archiv für Wissenschaft und Praxis der sozialen Arbeit (Vierteljahrshefte zur Förderung von Sozial-, Jugend- und Gesundheitshilfe), (1994) 2, S. 108–123. Zum Stand und den denkbaren Zielsetzungen einer Sozialberichterstattung über Kinder und deren Lebenslage siehe die Beiträge in: Aus Politik und Zeitgeschichte, B 11/96. Als einen in dieser Form in Deutschland erstmaligen Beitrag zur sozialstrukturell vergleichenden Kindheitsforschung mit einem Konzept einer auch regionalisierten Sozialberichterstattung siehe Bernhard Nauck/Hans Bertram (Hrsg.), Kinder in Deutschland. Lebensverhältnisse von Kindern im Regionalvergleich, Opladen 1995. Zum veränderten Kinderalltag siehe auch Andreas Lange, Kindsein heute. Theoretische Konzepte und Befunde der sozialwissenschaftlichen Kindheitsforschung sowie eine Explorativuntersuchung zum Kinderalltag in einer bodenseenahen Gemeinde, Konstanz 1996.

12 Vgl. Frankfurter Allgemeine Zeitung vom 14. Juni 1996. Dem Aktionsbündnis gehören das Deutsche Kinderhilfswerk, der Deutsche Kinderschutzbund, *terre des hommes* und UNICEF an. Nach Auffassung der Verbände sei die bereits bestehende Kinderkommission des Deutschen Bundestages nicht ausreichend wirksam. Den vorgelegten Vorschlag für einen eigenen Kinderbeauftragten sähe das Aktionsbündnis gerne als Gesetzentwurf in den Bundestag eingebracht.

diesem Falle der Kinder. Hier können freilich auch Spannungsverhältnisse auftreten etwa zwischen den Grundrechten des Kindes und der elterlichen Sorge.

Noch deutlicher tritt diese übergreifende gesellschaftliche Entwicklungstendenz im Sinne stärkerer Freisetzung des einzelnen, auf seiten der Frau in Erscheinung, ohne daß sich freilich die Lebenseinheit Familie einfach auflöst. Die **Frauenpolitik** bildet ein eigenständiges, inzwischen recht ausdifferenziertes Handlungsfeld, das die Lebens- und Entfaltungsbedingungen von Frauen überhaupt (und nicht nur von Frauen als Familienmitgliedern) im Blick hat, aber zugleich vielfältige Wechselbezüge zur Familienpolitik aufweist. Gerade zwischen diesen beiden politischen Handlungsfeldern bleiben, wie auch die politischen Diskussionen immer wieder zeigen, gewisse Spannungen kaum aus, kommt hier doch ein unter Umständen konkurrierendes Familienwohl ins Spiel. Für Emanzipationsforderungen der Eltern (und nicht nur der Frau) ist im Grunde immer schon betont worden, daß es hier – insbesondere vom meist schwächsten Glied in der Familie nämlich vom Kind her – Grenzen gibt, die außerhalb einer Eltern-Kinder-Gemeinschaft so nicht bestehen. Solche Begrenzungen für die persönliche Entfaltung des einzelnen müssen hier freilich Mütter und Väter gleicherweise treffen. Manche Reserve gegenüber einer Familienpolitik scheinen nicht zuletzt darin begründet, daß Familienpolitik als solche – zu Unrecht – mit ihren »Fehlformen« gleichgesetzt wird, mit denen der Staat, aber auch andere, nicht öffentliche Träger versuchen können (und in der Vergangenheit verschiedentlich auch versucht haben), Prozesse des sozialen Wandels eher zu blockieren. Familienpolitik und Frauenpolitik sind, richtig verstanden, in einer übergreifenden Gesellschaftspolitik zu integrieren. Bei Spannungen zwischen der Familienpolitik und einer Frauenpolitik geht es, wie in der Alltagswirklichkeit von Familien deutlich wird, mindestens so sehr um einen Interessenkonflikt zwischen den Geschlechtern wie um Konfliktlagen, die das Verhältnis der Institution Familie zu den Interessenlagen der Frau betreffen.

So bleibt schon hier für das Neben- und Zueinander von Familienpolitik und Frauen- wie auch Kinderpolitik die Bedeutung festzuhalten, die der Balance von Institutionenschutzpolitik und einer auf die verschiedenen Familienmitglieder gerichteten Förderpolitik beizumessen ist. Diese Balance ist für den Ausgleich der Interessen gleicherweise wichtig wie für den Bestand der Solidarität in der Familie. Eine eigene Kinderpolitik, wie immer sie im Ergebnis ausgestaltet ist, wie auch eine Frauenpolitik, die über Gleichberechtigungspolitik weit hinausgeht, sind dabei mit einer Familienpolitik abzustimmen, ohne daß das eine Handlungsfeld die anderen ersetzen könnte. Gesellschaftsordnungspolitisch verfehlt wäre es, das eine gegen das andere auszuspielen. Familienpolitik darf sich nicht in Frauenpolitik oder in Politik für Kinder verflüchtigen, aber sie muß die damit bezeichneten Aspekte mit dem Familienbezug (immer neu) ausbalancieren. Dies gilt gerade auch für die Förderung des einzelnen im Rahmen der Lebenseinheit Familie. Familienpolitik sieht sich im Hinblick auf eine möglichst freie Entfaltung der Person und die Individualisierung familialer Lebensstile damit vor die Aufgabe gestellt, die Freisetzung des einzelnen auch von familienbedingten Zwängen zu fördern und zugleich das Bundespotential der in Familien (und Ehen) solidarisch zusammenlebenden Menschen zu stärken.

Auch Kurt Lüscher hat in diesem Zusammenhang mit Recht hervorgehoben, wie wichtig es ist, eine Antinomie zwischen einer Politik, die an der Anerkennung der Institution Familie orientiert ist, und einer solchen, die das Wohl der einzelnen Mitglieder, vorab der Frau und des Kindes im Auge hat, zu überwinden, und dazu festgehalten: »Die Institution bleibt dabei der Kontext, in dem ein Ausgleich der Interessen erfolgen kann, denn sie bildet zugleich den Bezugspunkt für Gemeinschaft und Solidarität. Dies ist aber solange problematisch, als die gesellschaftlichen Vorgaben für die Gestaltung des faktischen Zusammenlebens Ungleichheiten begünstigen, aufrecht erhalten oder sogar fördern. In Verbindung mit einer realistischen Einschätzung familialer Aufgaben und Leistungen bilden die Frauenpolitik und die Politik für Kinder somit die Triangulationspunkte einer als Gesellschaftspolitik verstandenen zukunftsgerichteten Familienpolitik.«[13] Zudem wird in diesem Kontext vor einer »Radikalisierung« von Individualität gewarnt; nur müsse dieser Tendenz auf andere Weise begegnet werden als mit einer Restauration der Rolle der Frau.

Das Spannungsverhältnis von Schutz- und Förderpolitik für die Familie als Ganze einerseits und einer »Familienmitgliederpolitik« andererseits bezeichnet ein Problem, das schon bei der Entstehung des Artikels 6 GG eine Rolle spielte, als gesehen wurde (und durch seine Plazierung zum Ausdruck gebracht wurde), daß in der Lebenswelt Familie sowohl Gruppenrechte als auch Rechte einzelner nach ihrer Verwirklichung streben[14].

Schließlich bedarf es zum Grundverständnis der Familienpolitik einer Abgrenzung gegenüber einer **Bevölkerungspolitik**. Unter der letzteren kann das bewußte, zielgerichtete und möglichst explizite Einwirken auf Struktur und Entwicklung der Bevölkerung verstanden werden. Von zielgerichteter Bevölkerungspolitik sind die Maßnahmen abzugrenzen, deren bevölkerungsrelevante Wirkungen sich als unbewußte und vernachlässigte bzw. oft unerkannte (oder angesichts der gefährlichen demographischen Trägheit zu spät erkannte) Nebenwirkungen aus anderen Politikbereichen darstellen. Als hauptsächliche Ansatzpunkte der Bevölkerungspolitik gelten einmal die Faktoren, mit denen sich die durch Fruchtbarkeit und Sterblichkeit bestimmte sogenannten natürliche Bevölkerungsbewegung beeinflussen läßt; daneben ist aber auch die Regulierung von (grenzüberschreitenden) Wanderungsbewegungen im Rahmen einer Ein- und Auswanderungspolitik zur Bevölkerungspolitik zu rechnen. Man kann zwischen einer quantitativen und einer qualitativen Bevölkerungspolitik unterscheiden: Unter dem quantitativen Aspekt geht es um demographische Tatbestände wie Größe einer Bevölkerung, Altersaufbau, regionale Verteilung und Veränderung der Bevölkerungszahl im Zeitablauf. Eine an qualitativen Aspekten ausgerichtete Bevölkerungspolitik versucht, auf die Zusammensetzung der Bevölkerung einzuwirken, und zwar etwa durch besondere Förderung einzelner Bevölkerungsgruppen, wobei sich dann besonders deutlich das Problem stellt, welche Werturteile dabei maßgebend sein sollen.

Unter dem quantitativen wie erst recht unter dem qualitativen Aspekt ist dieses relativ eigenständige politische Handlungsfeld der Bevölkerungspolitik in Deutsch-

13 Kurt Lüscher, Familie und Familienpolitik im Wandel, in: Thomas Fleiner-Gerster/Pierre Gilliand/Kurt Lüscher (Hrsg.), Familien in der Schweiz, Fribourg 1991, S. 539.

14 Irene Gerlach, Familie und staatliches Handeln, Ideologie und politische Praxis in Deutschland, Opladen 1996, S. 97, unter Verweis auf Viola Schmid, Die Familie in Artikel 6 des Grundgesetzes, Berlin 1989.

land vor allem angesichts der negativen Erfahrungen während des Nationalsozialismus stark belastet, was über viele Jahre hinweg zu einer verbreiteten, sich erst allmählich abbauenden Tabuisierung auch solcher Fragestellungen geführt hat, die von den demographischen Grundlagen der Entwicklung des Gemeinwesens her besonderer gesellschaftspolitischer Beachtung bedürfen. Dazu gehören einmal die in jüngerer Zeit in wachsendem Maße erkannten, allerdings schon seit einer Reihe von Jahren absehbaren und in der Fachdiskussion immer wieder herausgestellten demographischen Verwerfungen in der Bevölkerungsentwicklung und die rapiden Alterungsprozesse der Bevölkerung (»kollektives Altern«) mit ihren vielfältigen Auswirkungen in verschiedensten politischen Handlungsfeldern, insbesondere aber im Bereich der sozialen Sicherung. Beachtung verdienen zudem qualitative Aspekte etwa angesichts der Bildung von Humankapital in der Gesellschaft. Eine solche Art qualitativ orientierter Bevölkerungspolitik kann jedoch problemangemessener unter anderen Begriffen und Politikbereichen wie z. B. der Gesundheits- und Bildungspolitik erfaßt werden. In diesem Zusammenhang sei etwa auf die – oft unterbewerteten – Aufgaben einer humangenetischen Beratung verwiesen. Schon der Erste Gesundheitsbericht für die Bundesrepublik (1971) betonte, humangenetische Gesichtspunkte müßten künftig bei der Geschlechtererziehung, Familienplanung und Eheberatung stärker berücksichtigt werden[15].

Zwischen der Familienpolitik und der Bevölkerungspolitik, die je unterschiedliche Zielsetzungen haben, bei der Zielverwirklichung teils jedoch gleiche Mittel einsetzen, bestehen insofern sehr enge Wechselbeziehungen, als sowohl bei der Familienpolitik als auch bei der Bevölkerungspolitik unter anderem die generative Funktion der Familie ins Blickfeld rückt. Für eine Bevölkerungspolitik interessiert diese generative Funktion als ein zentraler Ansatzpunkt zur gezielten Beeinflussung der zahlenmäßigen Bevölkerungsentwicklung. Für eine Familienpolitik gehört die generative Funktion zum sehr viel weiter gespannten Bereich familialer Grundfunktionen, deren Erfüllung den Familien in ihrer eigenständigen Entfaltung ermöglicht werden soll; dabei fällt jedoch gerade die generative Funktion in den hochpersönlichen Entscheidungsraum, der für den einzelnen frei bleiben muß von staatlichen Vorgaben.

Von daher ergibt sich in der politischen Diskussion mit Blick auf das Verhältnis von Familienpolitik und Bevölkerungspolitik immer wieder die Sorge, Familie und Familienpolitik könnten aus bevölkerungspolitischen Motiven »instrumentalisiert« werden, was dann in der Vergangenheit auch manche Kritiker dazu verleitete, Familienpolitik vorschnell als »verkappte Bevölkerungspolitik« zu verurteilen. Dieser Einwand ist ernst zu nehmen. Allerdings lassen sich Indienstnahmen der Familienpolitik im Einzelfall auch für andere politische Zielsetzungen beobachten, wie das Beispiel einer der Beschäftigungspolitik weitgehend untergeordneten Familienpolitik in der DDR gezeigt hat. Von einer »Instrumentalisierung« der Familienpolitik im Dienste bevölkerungspolitischer Zielsetzungen kann indessen um so we-

15 Speziell zu dem politischen Handlungsfeld einer Bevölkerungspolitik siehe auch Max Wingen, Bevölkerungspolitik, in: Handlexikon zur Politikwissenschaft, München 1983, S. 31 ff. Siehe auch die frühere Arbeit von Max Wingen, Grundfragen der Bevölkerungspolitik, Stuttgart u. a. 1975.

niger gesprochen werden, je klarer die im demokratischen Rückkoppelungsprozeß möglichst konsensfähig abgesicherten demographischen Ziele eines Gemeinwesens ausgewiesen sind, und es lediglich darum geht, daß demographische Sekundäreffekte einer umfassenderen Familienpolitik, so sie denn als einer demographischen Zielsetzung konform eintreten, akzeptiert werden. Dies setzt im Grunde die Integration der Familienpolitik und eines unter Umständen bestehenden bevölkerungspolitischen Handlungsfeldes in einer übergreifenden Gesellschaftspolitik voraus. Daraus kann sich dann eine auch demographische Akzentuierung der Familienpolitik ergeben, die freilich die Autonomie der einzelnen Familie bzw. Paare nicht verletzen darf. So verbieten sich sowohl jegliche Zwangsmaßnahmen als auch Verhaltensmanipulationen, die Folge von nicht transparent gemachten Beeinflussungen der einzelnen Familien wären.

Die bevölkerungsrelevanten Auswirkungen von familienpolitischen Maßnahmen finden in ihrer Tragweite für eine Rahmensteuerung des demographischen Prozesses nicht immer die ihrer Bedeutung zukommende Beachtung. Dabei kann die Tragweite gerade einer familienpolitischen Gestaltung der Bedingungen familialen Zusammenlebens für die Entwicklung auch der demographischen Familienstrukturen kaum zweifelhaft sein: Wenn international vergleichende Studien aus jüngster Zeit erneut erkennen lassen, daß nationale Unterschiede des generativen Verhaltens sich als plausible Reaktionen auf unterschiedliche politische und soziale Rahmenbedingungen erklären lassen[16], dann zeigt dies gerade die – wenn auch mittelbare – »Wirksamkeit« einer Rahmengestaltung, in der einer systematischen Familienpolitik eine geradezu strategische Bedeutung zufallen kann. Sie besitzt insoweit Bedeutung für die Bedingungen, unter denen Familien ihre generative Funktion übernehmen, sowie in der weiterreichenden Wirkung für die Verwirklichung demographischer Ziele eines Gemeinwesens[17].

Ebenso wie andere, weit »klassischere« Politikfelder hinsichtlich der Analyse ihres Gegenstandes wie auch ihrer (Primär- und Sekundär-)Wirkungen solider fachwissenschaftlicher Grundlagen bedürfen, sind auch für die Familienpolitik sozial- und familienwissenschaftliche Grundlagen für die Entscheidungsträger unentbehrlich. Wie sich im Verlauf der Darstellung vielfältig zeigen wird, wird dieser Bedarf für eine voll entfaltete Familienpolitik zunehmend gesehen und aufgrund dessen immer wieder auf eine Verbesserung dieser »Rahmenbedingung von Familienpolitik« hingewirkt. Dies erscheint auch um so wichtiger, als gerade in einem häufig so emotional aufgeladenen und ideologisch befrachteten Feld der versachlichende Beitrag der familienwissenschaftlichen Forschung wertebedingte unterschiedliche Ausgangspositionen und familienpolitische Entscheidungen zwar nicht beiseite schieben kann und auch nicht sollte, aber zur Klärung der Sachzusammenhänge, zur Zielfindung wie auch zur problemangemessenen Zielverwirklichung wesentlich beitragen kann. Ideologischen Positionen entgegenzutreten, erscheint gerade in

16 F. X. Kaufmann (Anm. 4), S. 195.

17 Weiterführend siehe dazu auch Max Wingen, Zur Tragweite der Familienpolitik in einer Rahmensteuerung der Bevölkerungs- und Geburtenentwicklung, in ders.: Zur Theorie und Praxis der Familienpolitik, Frankfurt/M. 1994, S. 365–385.

einem Feld notwendig zu sein, in dem ideologische Konfliktanfälligkeit besonders ausgeprägt ist. Insofern gehören zum Grundverständnis der Familienpolitik nicht zuletzt möglichst weitgehende Wertentscheidungen jedoch keine erschleichende wissenschaftliche Fundierung des familienpolitischen Handelns. Im Unterschied zu zahlreichen anderen Politikfeldern besteht hier ein erheblicher Nachholbedarf auch in den theoretischen Grundlagen der noch von vielen Unzulänglichkeiten und Halbherzigkeiten gekennzeichneten praktischen Familienpolitik, die zu einer angesagten gesellschaftlichen Strukturreform noch einen weiten und steinigen Weg zurückzulegen haben wird.

1.3 Zur Geschichte der Familienpolitik in Deutschland

Ein Konzept von Familienpolitik als eines umfassenden und geschlossenen politischen Handlungsfeldes hat sich erst allmählich über Jahrzehnte der tatsächlichen Entwicklung familienbezogener politischer Maßnahmen herausgebildet. Begleitet wurde dieser Prozeß von einer zunehmenden gedanklichen Durchdringung dieses politisch-administrativen Handelns. Im Zuge dessen weitete sich das Verständnis von spezifischen familienpolitischen Maßnahmen allmählich aus; auf die wirtschaftliche, soziale und kulturelle Lebenslage von Familien ausgerichtete Maßnahmen hat es in vielfältiger Form seit vielen Jahrzehnten gegeben, ohne daß sie jedoch als Elemente einer Familienpolitik in einem expliziten Sinne galten. So weisen Maßnahmen etwa im Bereich der Eltern- und Familienbildung, der Beratungshilfen oder der Familienpflegedienste schon eine lange Tradition auf; ihre konzeptionelle Integration in eine umfassendere Familienpolitik erfolgte indessen erst in jüngerer Zeit entsprechend neuerer politisch-institutioneller Strukturen wie auch der allmählichen Einbeziehung des pädagogischen Ansatzes in die allgemeine Sozialpolitik und damit der familienpädagogischen Ansätze in eine Familienpolitik, die etwa Familienbildung und -beratung (durch berufene Träger) zu gewährleisten hat. Auf diese Weise wurde die Verschränkung solcher Eltern- und Familienhilfen mit wirtschaftlich-finanziellen familienpolitischen Maßnahmen deutlicher sichtbar und vor allem die wechselseitige Abhängigkeit wirtschaftlicher und nicht-wirtschaftlicher Maßnahmen für effizientes politisches Handeln stärker in das Blickfeld gerückt.

Anfangs standen die wirtschaftlich-sozialen Verhältnisse von Familien, gerade auch von Familien mit größerer Kinderzahl, im Vordergrund dessen, was als familienpolitische Maßnahmen angesprochen werden konnte. Dabei ging es vor allem um einkommenspolitische Maßnahmen, und zwar auch hier vornehmlich um **lohnergänzende familien- und kinderbezogene Einkommenshilfen**. Ziel war die Zahlung eines »Familienlohns«, der für den Unterhalt einer auch größeren Familie möglichst ausreichend sein sollte. Diese Zahlungen von Familien- bzw. Kinderzulagen hatten in einer Reihe von Ländern (z. B. Frankreich) lange Zeit eine betont bevölkerungspolitische Akzentuierung im Sinne einer Geburtenförderung. Demographischer Hintergrund dafür war der Geburtenrückgang in den westeuropäischen Ländern zwischen den beiden Weltkriegen. In Frankreich, wo schon zu Ende des vergangenen Jahrhunderts der Gedanke eines entsprechend zusätzlicher familiärer Unterhaltsverpflichtungen abgestuften Lohns – insbesondere aus dem Gedankengut sozialreformerischer Bestrebungen christlich orientierter Kreise – aufgegriffen worden war, schlossen sich nach dem Ersten Weltkrieg Arbeitgeber und Ausgleichskassen (»Caisses de compensation«) zusammen, deren Zahl bis 1930 auf über 230 anwuchs. In Italien wurden in den dreißiger Jahren in der Sozialgesetzgebung eine Reihe von familienbezogenen Maßnahmen zur Förderung eines Anstiegs der Geburtenraten geschaffen. Häufig wurden zunächst Familienleistungen für (Industrie-)Arbeiter eingeführt, wobei es vielfach darum ging, gezielt wenigstens die wirtschaftliche Situation von Familien mit mehreren Kindern, bei denen wirtschaftliche Schwierigkeiten vergleichsweise groß waren, zu verbessern; sei es, weil allgemeine Lohnerhöhungen in größerem Umfang nicht möglich schienen, sei es, weil die Lebenshaltung verteuernde Preiserhöhungen besonders aufgefangen werden sollten. Während einer wirtschaftlichen Krise wurde in Luxemburg z. B. schon 1916 im Stahlsektor auf freiwilliger Basis eine Kinderzulage (als Lohnzuschlag) eingeführt.

In Deutschland wurden die ersten lohnergänzenden Familienzulagenregelungen durch Initiativen einzelner Unternehmer – insbesondere solcher mit ausgeprägter sozialpolitischer Motivation und/oder Ausrichtung an christlichen Sozialprogrammen – schon vor dem Ersten Weltkrieg eingeführt. Nach 1918 wurden in einigen Wirtschaftszweigen dann Familienausgleichskassen (als überbetriebliche Einrichtungen, finanziert mit Arbeitgeberbeiträgen unabhängig von der Zahl der jeweils im Betrieb beschäftigten Arbeitnehmer mit Kindern) gegründet. Sie waren in der Regel Arbeitgeberverbänden angegliedert. Die Zahl dieser Einrichtungen war jedoch nicht sehr hoch, was zum Teil auch mit den besonderen Regelungen von Familienzulagen in einer Reihe von Tarifverträgen in Zusammenhang gestanden haben dürfte. Diese Familienausgleichskassen gingen jedoch mit der Inflation in der überwiegenden Zahl unter; nur einzelne Einrichtungen hatten Bestand, so die im Jahre 1924 gegründete Zuschußkasse der Tarifgemeinschaft Deutscher Apotheker. Im Jahre 1936 wurde eine Lohnausgleichskasse der Zigarrenindustrie errichtet, die von der zuständigen Berufsgenossenschaft verwaltet wurde, – eine organisatorische Regelung, die sich Mitte der fünfziger Jahre bei der ersten gesetzlichen Kindergeldregelung in der Bundesrepublik mit der Einrichtung von Familienausgleichskassen bei den (gewerblichen und landwirtschaftlichen) Berufsgenossenschaften wiederfand.

Im Laufe dieser Entwicklung ließ sich eine Tendenz feststellen, die sich auch sonst in der Sozialpolitik findet: Anfänglich aus einzelbetrieblichen Initiativen erwachsene familienbezogene Leistungen werden später in tarifvertragliche Regelungen hineingehoben und münden schließlich in allgemeine gesetzliche Regelungen. Die Entwicklung von familien- bzw. kinderbedingten Einkommenshilfen durch Kindergeldgesetze unterschied sich in Deutschland – wie auch in Nachbarländern wie z. B. Frankreich und Belgien – deutlich von derjenigen in Ländern, in denen die Kindergeldleistungen von Anfang an in ein gesamtgesellschaftlich angelegtes soziales Sicherungskonzept eingebettet waren (wie z. B. in Großbritannien aufgrund des Beveridge-Plans). Mitbedingt durch die weitgehende Abkoppelung Deutschlands in der Zeit des Nationalsozialismus von der internationalen sozialpolitischen Entwicklung, fand die Familienzulagengesetzgebung, ohnehin ein junger Zweig des Systems der sozialen Sicherung, in der Bundesrepublik Deutschland mit dem 1955 in Kraft getretenen ersten Kindergeldgesetz relativ spät und unter lohnpolitischem Vorzeichen (Finanzierung durch Arbeitgeberbeiträge, allerdings auch von Selbständigen) Eingang in das soziale Sicherungssystem. Vorübergehende Familienzulagenregelungen in der Zeit vor 1945, die ein staatliches Kindergeld vorsahen, waren durch den alliierten Kontrollrat verboten worden, weil dieser darin wohl ein Element nationalsozialistischer Bevölkerungspolitik gesehen hatte. In der Anfangszeit der Bundesrepublik wurde auch die Bezeichnung »Familienlastenausgleich« – Gerhard Mackenroth hatte 1952 vor dem »Verein für Socialpolitik« in seinem Vortrag über die Reform der Sozialpolitik durch einen deutschen Sozialplan gerade auch die Aufgabe eines durchgreifenden Familienlastenausgleichs als »sozialpolitische Großaufgabe des 20. Jahrhunderts« betont – in der offiziellen politischen Diskussion eher zurückgedrängt. Dies hinderte allerdings den ersten Familienminister Franz-Josef Wuermeling nicht, eine Denkschrift unter diesem Titel Mitte der fünfziger Jahre vorzulegen. Erst allmählich setzte sich der Ausdruck und damit die über lohnergänzende Familienzulagenregelungen hinausreichende Sichtweise einer Einkommensumverteilung in allen Einkommens- und Sozialschichten durch[18].

Eine zweite Wurzel familienbezogener Einkommenshilfen und sozialer Dienste liegt im fürsorgerischen Bereich. Wirtschaftliche Familienhilfen hatten dabei lange Zeit über – zurückgehend schon auf das vergangene Jahrhundert – einen Platz in der Form der Armenhilfe. Später traten besondere Einrichtungen und Gemeinschaften hinzu, die das familienfördernde und -schützende Moment in gesundheitlicher und sozialer Hinsicht (bei konfessionellen Trägern gerade auch in religiöser Hinsicht) besonders in den Vordergrund ihrer Tätigkeit rückten. Solche auf individuell ausgestaltete Lebenshilfe ausgerichteten fürsorgerischen Leistungen (vorbeugender oder heilender Art) waren jedoch mehr für Einzelnotfälle gedacht und wurden von freien gesellschaftlichen und behördlichen Trägern der Familienfürsorge erbracht. In der öffentlichen Wohlfahrtspflege gewann insbesondere nach dem Ersten Weltkrieg die Familienfürsorge besonderes Gewicht. Im gesellschaftlichen Raum sind in diesem Zusammenhang auch vielfältige Vereinigungen für Familienhilfe zu nennen. Schließlich ist auf die sich herausbildenden Hauspflegedienste sowie die caritativen Dienste der häuslichen Krankenpflege zu verweisen. Neben den Verbänden der freien Wohlfahrtspflege und den öffentlichen Wohlfahrtsbehörden als Trägern der Familienfürsorge bildete sich im Rahmen der Werksfürsorge größerer Unternehmen eine eigene betriebliche Familienfürsorge heraus. Diese ist jedoch mit Rücksicht auf die zu beachtenden Grenzen zwischen Betriebsgeschehen und Privatbereich des Arbeitnehmers in ihrer Wirkung beschränkt geblieben und hat immer wieder Anlaß zu kontroverser Beurteilung gegeben.

18 Als international vergleichende ausführliche und mit zahlreichen Daten unterlegte Darstellung zur historischen Entwicklung der Gewährung von Familienzulagen zum (Lohn-) Einkommen sowie zu den sich teils überschneidenden familien- und bevölkerungspolitischen Maßnahmen zwischen den beiden Weltkriegen und der Entwicklung nach dem Zweiten Weltkrieg in den europäischen Staaten siehe Thomas Bahle, Familienpolitik in Westeuropa. Ursprünge und Wandel im internationalen Vergleich, Frankfurt/M. – New York 1995.

Vor dem Ersten Weltkrieg wurde die Sorge um die Familie und die Überlegungen hinsichtlich entsprechender Maßnahmen vielfach auch unter dem Stichwort der »Bevölkerungspolitik« angesprochen. Nicht wenige Konzepte, die inzwischen als solche einer eigenen Familienpolitik gelten, wurden als »bevölkerungspolitische« Maßnahmen (des Staates) eingestuft. So wird etwa im »Staatslexikon« von 1911, ausgehend von der »fundamentalen Bedeutung der Familie für alle Kreise des menschlichen Lebens«, die Aufgabe des Staates unterstrichen, auf ein »gesundes« Familienleben hinzuarbeiten. Von einer »vernünftigen Bevölkerungspolitik« wird erwartet, daß sie jene wirtschafts- und sozialpolitischen Voraussetzungen schafft, die der Gründung von Familien und ihrer Entwicklung förderlich sind. Als eine schwierige Aufgabe der sozialpolitischen Sorge um die Familie galt schon damals die Lösung der Wohnungsfrage: »Alle Maßregeln, mit denen die Wohnungsnot bekämpft wird, dienen deshalb auch der Entwicklung eines gesunden Familienlebens«, heißt es im Abschnitt über Familie und Bevölkerungspolitik. Eine begriffliche Abgrenzung zwischen Bevölkerungspolitik und einem davon zu unterscheidenden eigenständigen familienpolitischen Handlungsfeld wurde seinerzeit noch nicht vorgenommen.

Gezielt auf die Sicherung und Förderung der Familie als solche abstellende Maßnahmen und Einrichtungen gewinnen erst im Laufe der Zeit in dem Maße Bedeutung, in dem die Gefährdungen der Familie durch die Veränderungen der wirtschaftlichen und gesellschaftlichen Strukturen wie auch durch die damit in wechselseitiger Beziehung stehenden Strukturveränderungen der Familien selbst in das öffentliche Bewußtsein rückten. Hierbei spielten vor allem die Einschränkungen der familialen Selbsthilfemöglichkeiten und das Gefälle im Lebensniveau zwischen Familien und Kinderlosen wie auch zwischen unterschiedlich großen Familien, und zwar auch jenseits des Kreises der Lohnempfänger eine wichtige Rolle. Erst in dem Maße, in dem allmählich die Bedeutung der sich nachhaltig verändernden Strukturen in Wirtschaft und Gesellschaft gesehen und vielfältige Familienprobleme nicht als vornehmlich individuell, sondern als gesellschaftsstrukturell bedingt erkannt werden, kann der folgerichtige Gedanke an Boden gewinnen, mit familienbezogenen politischen Konzepten an eben diesen Strukturen anzusetzen. Entsprechende politische Gestaltungsversuche erhalten damit einen wesentlich strukturpolitischen Charakter.

Über die Gewährung von Kinderzulagen hinaus wurde eine umfassendere Familienpolitik in Deutschland vereinzelt schon gegen Ende des Ersten Weltkrieges und in den zwanziger Jahren (unter anderem von Friedrich Zahn) und Anfang der dreißiger Jahre (von Gertrud Bäumer) gefordert und in wichtigen Teilen gedanklich entwickelt. Zahn, der langjährige Präsident des Bayerischen Statistischen Landesamtes, wählte auf der Delegiertenversammlung der »Internationalen Vereinigung für sozialen Fortschritt« im September 1927 in Wien – in gewisser Erweiterung des Sitzungsthemas über Mutterschaftsversicherung und Familienhilfe – die »Familienpolitik« als Gegenstand seines Generalberichts, was ihm die Möglichkeit bot, den gesamten Komplex der aus seiner Sicht »hochwichtigen Fragen« aufzuzeigen und als Ergebnis »Leitsätze« für die weitere Befassung mit dem Problemfeld aufzustellen[19].

19 Friedrich Zahn, Familienpolitik, in: Die Zukunft der Arbeit, (1927) 2/4, S. 147.

Schon seinerzeit verweist Zahn zur Begründung der Notwendigkeit einer umfassenden und planmäßigen Familienpolitik darauf, daß in der inneren Struktur und Funktion der Familien bedeutsame Änderungen vorgingen, die nicht ohne benachteiligende Wirkung auf das Familienleben, den Familiensinn, das Familienbewußtsein, die Familienfreudigkeit und das Familienwachstum blieben. Die Stärkung der Familie ist daher für ihn »die Forderung des Tages, die in den Mittelpunkt unserer Sozial-, Wirtschafts-, Finanz- und Kulturpolitik gerückt werden muß«. Solche Formulierungen muten auch rund 70 Jahre später noch ungemein aktuell an. Im Grunde wird hier auch schon die Sichtweise einer Familienpolitik als »Querschnittspolitik« – wenn auch ohne diese Bezeichnung – zugrunde gelegt, wenn es in einem Leitsatz etwa heißt, die Familienpolitik müsse sich »in einer systematischen Durchdringung unserer Wirtschafts-, Sozial- und Kulturpolitik auswirken«[20], sie müsse alles nachdrücklich unterstützen, was das Familienleben erleichtert und fördert und alles ebenso energisch bekämpfen, was dem Familienleben abträglich sei. Zahn stellt kritisch fest, lange Jahrzehnte sei die Familienpolitik in den europäischen Staaten – abgesehen von Frankreich – nicht sonderlich zielbewußt gewesen. »Die ganze Gesellschaftspolitik war entsprechend ihrer historischen Entwicklung mehr individualistisch eingestellt, nahm weniger Rücksicht auf die familiale Struktur der Gesellschaft.«[21] Nur mittelbar sei die auf Wahrung, Sicherung und Stärkung der wirtschaftlichen, sozialen, sittlichen, kulturellen Belange der Gesellschaft gerichtete Politik auch den Familien zugute gekommen; die neuere Sozialgesetzgebung habe sich zunächst als Einzelfürsorge dargestellt und tastende familienpolitische Versuche seien in der Kriegs- und Nachkriegszeit verstärkt worden.

Die Aufgaben einer systematischen Familienpolitik sah Zahn in drei Richtungen: Sie müsse eine bestmögliche Gesundheitspflege und Erziehungsfürsorge, eine wirksame Verbesserung der wirtschaftlichen Lebensbedingungen der (kinderreichen) Familien sowie schließlich auch eine Hebung der sittlichen Grundlagen der Familie anstreben. Bemerkenswert in der vorgestellten Sichtweise ist, daß soziale Leistungen und Dienste bis hin zur Unterstützung von Familienberatungsstellen und Einrichtungen für Kleinkinder ebenso in eine systematische Familienpolitik integriert werden wie die Förderung dessen, was auf dem Gebiete der Hauspflege z. B. seitens der Wohlfahrtspflege geschehe, so wie schließlich eine zeitgemäße hauswirtschaftliche Ausbildung und die Rationalisierung der Haushaltsführung. Das damalige Reichsjugendwohlfahrtsgesetz wird als ein Gesetz »von eminent familienpolitischer Bedeutung« angesprochen. Für die »wirtschaftliche Fürsorge« wird als Aufgabe recht klar ein wirtschaftlicher Ausgleich für die kinderreichen Familien benannt, durch den der Kinderreiche »innerhalb seiner sozialen Schicht eine solche Hilfe erfahren (muß), daß die Ungunst seiner Lage gegenüber Kinderarmen und Ledigen seiner Schicht ausgeglichen und möglichst ins Gegenteil gekehrt wird«[22]. Der letztere Aspekt läßt auch geburtenfördernde Intentionen erkennen, indessen wird der Aspekt der horizontalen Einkommensumverteilung schon seinerzeit deutlich angesprochen, der heute vor dem Hintergrund einer sich verstärkt ausprägenden Polari-

20 Ebda., S. 175.
21 Ebda., S. 147.
22 Ebda., S. 148.

sierung zwischen einem Familiensektor und einem Nicht-Familiensektor längst eine neue Dimension hinzugewonnen hat.

Wenn heute auf einen Familienleistungsausgleich hingezielt wird, also nicht nur einen Ausgleich der kinderbedingten Einkommensbelastungen, sondern auch einen Ausgleich im Hinblick auf von den Familien erbrachten Leistungen für die Gesellschaft, so findet sich schon bei Zahn der Hinweis, der den Familien aller Stände zuteil werdende Ausgleich finde seine Rechtfertigung »in den staatsbürgerlichen Mehrleistungen«, die die (kinderreichen) Familien gegenüber Ledigen und Kinderlosen für den Staat aufbrächten und mit denen sie die Zukunft des Volkes verbürgten. Von einigen zeitgebundenen sprachlichen Nuancen abgesehen, erscheinen diese Feststellungen heute mindestens so aktuell wie damals. Gestützt auf die im Wirtschaftsablauf nicht nur positiven Erfahrungen mit durch Tarifverträge oder von Unternehmern geschaffenen – regional oder branchenmäßig gegliederte – Ausgleichskassen plädiert Zahn vom Standpunkt der Familienpolitik für »stabilere Einrichtungen« und greift den Vorschlag zur Schaffung einer öffentlich-rechtlichen Familienversicherung (oder Familienversorgung) auf. Schon im Jahre 1917 hatte z. B. der Kölner Sozialwissenschaftler Benedikt Schmittmann sehr umfassend einen Vorschlag für Kinderrenten durch Ausbau der Sozialversicherung entwickelt und dabei die wirtschaftliche Belastung durch Wohnkosten für größere Familien besonders im Auge, weshalb er für den neuen Versicherungszweig, der bei steigender Elternlast entsprechende Kinderrenten vorsehen sollte, als Elternschaftsversicherung auch die Bezeichnung »Wohnversicherung« wählte[23].

Besondere Beachtung verdienen dann auch die Arbeiten von Gertrud Bäumer, insbesondere ihre Schrift zur »Familienpolitik«, in der sie die Grundlagen einer Familienpolitik in sehr vertiefter und für ihre Zeit höchst bemerkenswerter Weise behandelt. Ausgehend von der damals schon herangereiften Einsicht, Sozialpolitik sei nicht eine »Korrektur der Volkswirtschaft von außen her«, sondern »Sozialpolitik gehört zum Fundament der Volkswirtschaft selbst«, befürwortet sie für diese Sozialpolitik – gerade aus der Krisensituation der Zeit heraus – eine Neuorientierung, die für Bäumer in eine »Volks(erhaltungs)politik« einmündet, die alle Lebensgebiete erfaßt[24]. Innerhalb einer solchen Volkspolitik sei erst »Familienpolitik im eigentlichen Sinne« möglich, – mit dieser visionär anmutenden Feststellung bringt Bäumer schon Anfang der dreißiger Jahre eine umfassende Familienpolitik in einen gesellschaftspolitischen Zusammenhang. Ähnlich wie schon bei Zahn klingt der »Querschnittscharakter« der Familienpolitik an, da unter Familienpolitik hier ausdrücklich mehr verstanden wird als eine Reihe sozialer Einzelmaßnahmen, vielmehr als »ein Prinzip in aller Politik überhaupt«[25]. Bei so weit gesteckten Zielen und einem so weit gezogenen Umfang wird die familienpolitische Orientierung für die Wirtschafts- und Finanzpolitik (Einkommenspolitik) ebenso notwendig wie für die Sozialpolitik und die Wohlfahrtspflege und darüber hinaus für die Erziehungspolitik. Bei aller Verschränkung von Familien- und Bevölkerungspolitik wendet sich schon

23 Benedikt Schmittmann, Reichswohnversicherung. Kinderrenten durch Ausbau der Sozialversicherung, Schriften der Deutschen Gesellschaft für soziales Recht, (1917), 1.
24 G. Bäumer (Anm. 1), S. 27 f.
25 Ebda., S. 32.

Bäumer gegen die einseitig bevölkerungspolitische, quantitativen Gesichtspunkten unterstehende Betrachtung, der sie »in gewissen Maße« die familienpolitische gegenüberstellt.

Nach dem Zweiten Weltkrieg waren dann vermehrt größere theoretische Arbeiten darauf ausgerichtet, die Situation von Familien in einer sich wandelnden Gesellschaft zu analysieren und ein familienpolitisches Handlungssystem gedanklich zu untermauern[26]. Erst in den letzten Jahrzehnten hat sich dabei der Begriff der Familienpolitik in dem eingangs definierten Sinne fest etabliert. Sie hat die Lebenslagen von Familien ebenso im Blick wie die äußeren Erscheinungsformen und sozialen Strukturen der familialen Lebensgemeinschaften; darüber hinaus können die persönlichen Gegebenheiten der Familienmitglieder und ihre Einstellungen für familienpolitisches Handeln nicht außer Betracht gelassen werden. Jenseits des – zentralen – sozialökonomischen Ansatzpunktes einer Familienpolitik, die als solche an der gesamten Aufgabenbreite von Familien orientiert ist, erwächst aus den vielfältigen Aufgaben auf dem Gebiete der Erziehungs- und Bildungshilfen der familienpolitische Aspekt der Kultur- und Bildungspolitik, ergänzt um die Absicherung einer familienbezogenen sozialen Infrastruktur. Zur Familienpolitik in einem umfassenderen Sinne gehört auch die Familienrechtsgestaltung, die auf die Ordnung der Rechtsbeziehungen der in Familie und Ehe zusammenlebenden Personen (einschließlich ihrer Außenbeziehungen) gerichtet ist.

Letztlich erweist sich Familienpolitik als ein wichtiger Aspekt von »Gesellschaftspolitik«, die in ihren Zielorientierungen an unterschiedlichen Handlungskonzepten ausgerichtet sein kann: betont auf Erhaltung der gesellschaftlichen Strukturen ausgerichtet (strukturerhaltende Funktion), eher auf Begleitung eintretender Veränderungen gesellschaftlicher Strukturen ausgerichtet (strukturbegleitende Funktion) oder auf bewußte Gestaltung gesellschaftlicher Strukturen ausgerichtet (strukturgestaltende Funktion) – eine Dreiteilung, die Ludwig Preller schon vor vielen Jahre für die allgemeine Sozialpolitik herausgearbeitet hat. Die Familienpolitik in einem Gemeinwesen, dem die Weiterentwicklung des sozialen Rechtsstaats als ständige Aufgabe vorgegeben ist, stellt sich heute entscheidend als **strukturgestaltende Gesellschaftspolitik** dar, für die der bereits ausgesprochene »Querschnittscharakter« charakteristisch ist.

Im Hinblick auf die einkommenspolitischen Maßnahmen wurde mehr und mehr auch der Zusammenhang zwischen direkten Transferleistungen für Familien (Kindergeld) und den Einkommensteuerermäßigungen für Kinder betont. Durch diese letzteren wurde dem Gesichtspunkt der geminderten steuerlichen Leistungsfähigkeit von Personen mit Unterhaltsverpflichtungen gegenüber Kindern Rechnung zu tragen versucht. In Deutschland gehen diese Einkommensteuerermäßigungen für Kinder bis auf den Anfang der zwanziger Jahre zurück. Damit stellte sich die Frage nach einem Abstimmungsbedarf zwischen beiden einkommenswirksamen

26 Aus der ersten Nachkriegszeit sei exemplarisch auf die Arbeiten von Ferdinand Oeter, Familienpolitik, Stuttgart 1954, verwiesen, in denen der Ausgleich der Familienlasten im Vordergrund steht. Eine ausgewählte weiterführende Bibliographie im historischen Überblick für die vergangenen Jahrzehnte findet sich in: M. Wingen (Anm. 17), S. 33 ff.

Instrumenten; eine Frage, die über Jahrzehnte nicht befriedigend beantwortet wurde und erst in jüngster Zeit eine Klärung gefunden hat durch die Unterscheidung zwischen der (vom Bundesverfassungsgericht vorgegebenen) einkommensteuerlichen Freistellung des sozialkulturellen Existenzminimums von Kindern, die noch keine Familienförderung darstellt, und der auf verwirklichter »Steuergerechtigkeit« dann aufbauenden, an der »Bedarfsgerechtigkeit« orientierten familienpolitischen Einkommenskorrektur im Sinne einer wirklichen Familienförderung bzw. unter Umständen sogar einer einkommenswirksamen Anerkennung familialer Leistungen für Gesellschaft und Staat (Ausgleich für positiv zu bewertende »externe Effekte«).

In der familienpolitischen und familienpolitikwissenschaftlichen Diskussion ist schon seit geraumer Zeit das deutliche Bemühen um eine (größere) Ausgewogenheit unterschiedlicher Aufgabenfelder einer umfassenden Familienpolitik zu beobachten. In der Öffentlichkeit wird dies freilich aufgrund der föderalen Struktur unseres Gemeinwesens, die in die familienpolitische Aufgabenteilung durchschlägt, teils etwas überlagert durch die in der Bundespolitik im Vordergrund stehenden Aspekte. Tatsächlich sind jedoch neben die Erörterung materiell-wirtschaftlicher Familienhilfen verstärkt gesellschafts- und familienstrukturelle und familienpädagogische Probleme mit in die Diskussion gerückt wie z. B. Probleme der Kleinfamilienstruktur, der Rollenprobleme und Arbeitsteilung von Ehegatten; der Familienerziehung; der Erprobung neuer Familienformen oder von nichtehelichen Lebensgemeinschaften mit Kindern. Dementsprechend wird in der offiziellen Politik in wachsendem Maße betont, Familienpolitik dürfe nicht auf materielle (Einkommens-)Hilfen begrenzt werden, sondern müsse breit gefächerte Hilfen zur Verbesserung der sozialen, wirtschaftlichen und kulturellen Lage der Familien umfassen. Kennzeichen der tatsächlichen Familienpolitik war und ist – in Deutschland ebenso wie in den Nachbarländern – ein parallel mit dem Ausbau des familienpolitischen Systems einhergehendes verstärktes Bestreben, die familienwissenschaftlichen Grundlagen familienpolitischen Handelns zu erweitern und zu verbessern. Bisher fehlt jedoch noch eine in sich geschlossene Theorie der Familienpolitik. Diese setzt allerdings auch eine befriedigende, interdisziplinär angelegte Theorie der Familie voraus wie auch eine allseitige sozialwissenschaftliche Durchdringung der verschiedenen familienpolitischen Handlungsfelder. Hier bleiben auch nach der Etablierung einer förmlichen und ausformulierten Familienpolitik noch gewisse Defizite einer institutionalisierten Familienforschung anzumahnen, wenngleich sich die Situation in dieser Hinsicht gegenüber den Anfängen deutscher Familienpolitik nach dem Zweiten Weltkrieg ganz erheblich verbessert hat. Heute sind es weniger fehlende familienwissenschaftliche und gesellschaftstheoretische Einsichten, die energisches familienpolitisches Handeln erschweren, als vielmehr die unzureichenden politischen Kräfte in einer interessenpluralistischen Gesellschaft zur Durchsetzung des als richtig Erkannten. Es liegt nahe, nach einer **Phaseneinteilung** für die Entwicklung der tatsächlichen deutschen Familienpolitik zu fragen. Eine plausible Einteilung ist indessen sehr schwierig, und zwar aus folgenden Gründen:

1. Entsprechend der föderalen Struktur Deutschlands ist zu unterscheiden zwischen der familienpolitischen Entwicklung auf der Ebene von Bund, Ländern und Gemeinden. Diese Ebenen sind in ihren familienpolitischen Zielsetzungen

und Maßnahmenfeldern nur bedingt aufeinander abgestimmt, was einheitliche Phaseneinteilungen bereits erschwert.

2. Da Familienpolitik entsprechend ihrem »Querschnittscharakter« nicht auf wirtschaftliche Fördermaßnahmen verengt werden darf, stehen eine Reihe von familienpolitischen Dimensionen in verschiedenen Politikfeldern nebeneinander, ohne daß sich diese in einer Phaseneinteilung ohne weiteres synchronisieren ließen.
3. Die Entwicklung und das inhaltliche Verständnis der Gesamtheit familienbezogener Maßnahmen decken sich in der Rückschau nicht mit dem Auftreten und der Verwendung der förmlichen Bezeichnung „Familienpolitik" im politischen Handeln. Vieles, was zu einer Familienpolitik im heutigen Verständnis gerechnet werden muß, existierte als eigenes Handlungsfeld ohne (gedankliche und tatsächliche) Integration in eine Familienpolitik. Dies gilt auch für nichtstaatliche Träger etwa im Wirtschaftsleben, so etwa für die betriebliche Sozialpolitik, zu der heute mehr und mehr eine familienorientierte Sozial- und Personalpolitik gehört (betriebliche Familienpolitik).
4. Schließlich gab es bis zum Ende der achtziger Jahre unterschiedliche Entwicklungen in den beiden Teilen Deutschlands, was insoweit eine gesonderte Betrachtung der Entwicklungsverläufe einer familienbezogenen Politik nahelegt und keine einheitliche Phaseneinteilung zuläßt.

Auch wenn inzwischen schon seit über einem halben Jahrzehnt wieder eine gemeinsame familienbezogene Politik für Gesamtdeutschland auf der Agenda steht, sollten für die weitere Entwicklung der Familienpolitik in Deutschland die von der Bundesrepublik sich unterscheidenden **Akzentsetzungen in der DDR** auch über den historischen Aspekt hinaus mit berücksichtigt werden. Hier wurden über 40 Jahre hinweg teils deutlich andere Traditionen und Einstellungen für die Menschen prägend, die auch im wiedervereinigten Deutschland nachwirken. Während es in der Bundesrepublik ab der ersten Hälfte der fünfziger Jahre zu einer Grundlegung und allmählichen Entfaltung einer expliziten Familienpolitik kam, wurde in der DDR zwar eine »andere« Familienpolitik entwickelt, die sich aber auch nur begrenzt als eine eigenständige darstellte.

In der DDR wurde 1965 ein neues Familiengesetzbuch erlassen, mit dem die unterschiedlichen Entwicklungen der beiden deutschen Staaten weiter vertieft wurden. In diesem Familiengesetzbuch wurde programmatisch die »sozialistische Familie« festgeschrieben. Es war der Versuch, ähnlich wie in anderen Teilen der Rechtsordnung, ein neues sozialistisches Normengefüge zu schaffen. Rückschauend läßt sich feststellen, daß der angestrebte »historisch neue Familientyp« auch in den folgenden Jahren ein Anspruch geblieben ist, ohne zu einer allgemeinen Erscheinungsform zu werden. Dies zeigt sich darin, daß die angestrebte Wandlung offiziell ausdrücklich als ein langwieriger Prozeß eingestuft wurde. Von der Familienrechtsgestaltung her wurde damit unterstrichen, wie die Familienpolitik in der DDR in den Jahrzehnten nach dem Zweiten Weltkrieg auf dem Hintergrund einer »Transformationsperiode« zu verstehen war, in der die politischen Bestrebungen betont auf eine sozialistische »Familienreform« ausgerichtet waren. Aus dem damit verbundenen Freiheitsverständnis ergaben sich – etwa gegenüber der Sozialordnung der Bundesrepublik – ganz andere Konsequenzen für eine Gestaltung der Rahmenbedingungen des Lebens des einzelnen und seiner Familie.

Charakteristisch für die nähere Bestimmung einer spezifischen Familienpolitik war die sehr ausgeprägte gesamtgesellschaftliche Orientierung des DDR-Systems und speziell das Bestreben, das **Familienleben weitgehend staatlich zu beeinflussen**. Die auf der Ehe als einer für das Leben geschlossenen, auf gegenseitiger Liebe, Achtung, Treue und Gleichberechtigung der Partner gegründete Familie wurde im entwickelten gesellschaftlichen System des Sozialismus neben dem Arbeitskollektiv als die wichtigste Gemeinschaft angesehen. Durch eine entsprechende Politik sollte sie gefestigt und in der Erfüllung ihrer Funktionen gestärkt werden. Besondere staatliche Maßnahmen für die Familie hatten dabei gerade dort eine Chance, wo sie mit der sozialistischen Familienvorstellung vereinbar waren und den »Aufbau des Sozialismus« nicht störten, diesem im Gegenteil eher dienen konnten. Angesichts der herrschenden Ideologie bildet die postulierte Interessenidentität von Familie und Staat einen Kern, der eine allein auf die Besonderheiten der Familie gerichtete und aus ihr begründete Politik somit eigentlich überflüssig machte.

Was gleichwohl in diesem Zusammenhang besondere Beachtung verdiente, war nicht zuletzt die Sicherung der biologischen Funktion der Familie, so daß der Aspekt der Geburtenförderung – neben der Gestaltung des Familienrechts – im Vordergrund des staatlichen Interesses stand. Diese Beurteilung wurde nach der Wiedervereinigung des öfteren mit dem Hinweis bestätigt, eine eigenständige Familienpolitik sei nur begrenzt entwickelt worden, das eigentliche Interesse sei auf die Stellung der Frau, ihre berufliche Entwicklung, auf die Kinder und Jugendlichen und ab 1972 auf die Geburtenentwicklung gerichtet gewesen[27]. Dabei werden als die wichtigsten Ziele die ökonomische Unabhängigkeit der Frau wie der Kinder von der Familie, die Vereinbarkeit von Familie und Mutterschaft sowie möglichst die einfache Reproduktion der Bevölkerung angegeben. Die daran orientierte Familienpolitik reichte in den letzten Jahren der DDR bis hin zur Orientierung einzelner familienpolitischer Maßnahmen auf die Mutter und eine gewisse Wiederbelebung der alten Rollenbilder, was der Familienpolitik der DDR im Vergleich zur alten Bundesrepublik paradoxerweise dann teils deutlich konservativere Züge verlieh.

Der gesellschaftliche Anspruch an die Ehe ging davon aus, daß beide Ehepartner das Recht auf Entfaltung ihrer Fähigkeiten voll wahrnehmen sollten und Frauen ihre berufliche und gesellschaftliche Tätigkeit mit der Mutterschaft vereinbaren konnten. Zu den Zielen familienpolitischer Maßnahmen gehörte demgemäß die Einbindung der Frauen und Mütter in die sozialistische Gesellschaft und deren Erwerbssystem. Diese Zielsetzung, die in der Verankerung des Rechts und der in der Verfassung festgelegten und durch eine entsprechende Ausgestaltung des Sozialrechts durchgesetzten Pflicht zur Erwerbsarbeit ihren Ausdruck fand, ergab sich aus dem wirtschaftspolitischen Ziel eines möglichst hohen Nationaleinkommens durch Ausschöpfen aller Arbeitskraftreserven, aber auch aus der Auffassung, wonach die Entfaltung sozialistischer Persönlichkeiten und die Emanzipation der Frau nur

27 Anita Grandke, Veränderte Lebenssituation der Familie in den neuen Bundesländern, in: Bernhard Jans/Agathe Sering (Hrsg.), Familien im wiedervereinigten Deutschland, Bonn 1992, S. 33.

durch Teilnahme am Prozeß der gesellschaftlichen Produktion möglich seien. Bei der Verwirklichung des Ziels der Vereinbarung von Erwerbs- und Familientätigkeit stand so auch die simultane Wahrnehmung von Erwerbstätigkeit bzw. gesellschaftlichen Aktivitäten und Familientätigkeit eindeutig im Vordergrund gegenüber dem Modell des phasenversetzten zeitlichen Nacheinander dieser Aufgabenfelder.

Demgemäß war auch die familienergänzende Betreuung und Erziehung von Kindern relativ weit ausgebaut, und zwar insbesondere durch ganztägige Betreuungseinrichtungen für alle Altersstufen vom Kleinstkind- bis zum Schulalter. Wie der Wissenschaftliche Beirat für Familienfragen beim Bundesministerium für Familie und Senioren in seinem Gutachten »Leitsätze und Empfehlungen zur Familienpolitik im vereinigten Deutschland« festhält, war angesichts des Zeitbudgets der Eltern und der für Kinder verfügbaren Zeit, aber auch bedingt durch die ideologische Festlegung der Betreuungseinrichtungen hier ein Erziehungsmodell entstanden, das nicht mehr nur familienergänzenden Charakter hatte, sondern sich faktisch einer familienersetzenden öffentlichen bzw. staatlichen Erziehung annäherte. Zum Familienleitbild gehörte auch das Prinzip der »bewußten Elternschaft«, was nicht nur im Sinne der Geburtenkontrolle, sondern auch im Sinne der Sicherung des Bevölkerungsbestandes interpretiert wurde.

Staatlich vorgegebenes Leitbild für die Erziehung der Kinder auch in den Familien war die Heranbildung zur sozialistischen Persönlichkeit. Um die politisch gewünschten Erziehungsinhalte möglichst zu gewährleisten, galt dieses Erziehungsziel zumindest theoretisch sogar schon für die staatlich besser kontrollierbaren öffentlichen Einrichtungen der Kleinkindbetreuung, denen ein größeres Gewicht gegenüber der Erziehungsinstanz der Familie verliehen werden sollte. Die Unterschiede gegenüber der Bundesrepublik hinsichtlich der Aufgaben der Familie wurden noch nach der Wiedervereinigung sichtbar, wenn aus ostdeutscher Sicht offenbar eher bedauernd festgestellt wird, über das Subsidiaritätsprinzip und ein spezifisches, »um nicht zu sagen über ein einseitiges« Verständnis des Artikels 6 Absatz 2 GG, der den Eltern »zuvörderst« das Recht und die Pflicht zuweise, ihre Kinder zu pflegen und zu erziehen, erfolge eine »Zuweisung von Funktionen an die Familie, wie sie das Recht der DDR und die Lebenspraxis bereits seit langen nicht mehr kannte.«[28] Aus dieser Perspektive heraus wurden im Zuge einer neuen Weichenstellung nach der Wiedervereinigung die Bedingungen der Familienentwicklung als sehr schwierig beurteilt, weil die Familie bei der Erziehung der Kinder nicht mehr von einer »gesicherten Arbeitsteilung mit gesellschaftlichen Einrichtungen« ausgehen könne.

Trotz des programmatischen Ansatzes des auf die Stärkung der Ehe und der Familienbeziehungen ausgerichteten Familiengesetzbuches war die tatsächliche Stabilität der Ehen, gemessen an der gegenüber der Bundesrepublik sehr viel höheren Scheidungshäufigkeit, deutlich begrenzt. Vertiefte sozialwissenschaftliche Analysen dazu waren allerdings im wesentlichen auf demographische Ausgangsdaten beschränkt. Scheidung paßte als soziales Thema schlecht zum Harmonieanspruch der sozialistischen Gesellschaft und sollte möglichst wenig als gesellschaftliches Problem objektiviert werden. Festzuhalten ist aber auch, daß der seinerzeit in der DDR realisierte Stand der sozialen Sicherungspolitik auftretenden Scheidungs- und

28 Ebda., S. 39.

Trennungsabsichten insofern entgegenkam, als bei Scheidung und Partnertrennung für beide Partner im allgemeinen kein gravierender sozialer Abstieg drohte und gewisse zu erwartende materielle Lebenserschwernisse nach der Scheidung zugunsten verbesserter psycho-sozialer Befindlichkeiten von vornherein einkalkuliert und akzeptiert wurden. Soweit es nach Scheidung zu erneuter Eheschließung kam, bildeten sich Stiefelternschaften heraus, in denen als sogenannten »sozialen Elternschaften« eindeutig soziale Vaterschaften überwogen, d. h. die Kinder blieben überwiegend bei der Mutter. Auch für die DDR galt, daß die Praxis der Ehescheidung die Kinder häufig zu den Hauptleidtragenden gestörter bzw. zerbrochener Partnerschaften machte; dies war weniger die ursächliche Folge gestörter Eltern-Kind-Beziehungen in Folge der Scheidung als vielmehr eine Folge des Unvermögens eines oder beider Elternteile, die Partnerkonflikte auszutragen und zu bewältigen. Im anderen Teil Deutschlands galt die Wahrung des Rechts des Kindes auf Kontakt zu beiden Eltern nach Scheidung oder Trennung zwar als unbestreitbarer moralischer Anspruch, wurde aber tatsächlich und rechtlich offensichtlich äußerst widersprüchlich umgesetzt. Auch in der DDR wies die Rechtspraxis das Erziehungsrecht in aller Regel den Müttern zu; Väter besaßen lediglich ein Umgangsrecht mit ihren Kindern, das von den Müttern aber nicht selten in Frage gestellt wurde, wie dies den Fällen entnommen werden kann, in denen diese Problematik vor Gericht ausgetragen wurde. Insgesamt erfolgte die Umsetzung des Ehe- und Familienrechts der DDR in der Alltagswirklichkeit der Familien offensichtlich sehr differenziert, teilweise in respektabler eigenverantwortlicher Abweichung von offiziellen Normierungen und inhaltlichen Vorgaben des Staates.

Ein Bündel sozial- und familienpolitischer Maßnahmen wurde schon im Verlauf der siebziger Jahre im Anschluß an den VIII. Parteitag der SED im Jahre 1971, auf dem die Familienpolitik zu einer »Sache der ganzen Bevölkerung« erklärt worden war, geschnürt[29]. Wenn auch wirtschafts- und beschäftigungspolitische Ziele eine maßgebliche Rolle spielten, so bleibt doch festzuhalten, daß in der DDR im Verhältnis zu deren ökonomischen Möglichkeiten erhebliche finanzielle Mittel für die Familienpolitik eingesetzt wurden. Diese verstärkten familienbezogenen sozialpolitischen Maßnahmen begannen Mitte der siebziger Jahre in demographischer Hinsicht zu greifen und begünstigten offensichtlich maßgeblich ein Auseinanderdriften der bis dahin deutlich gleichgerichteten Geburtenentwicklung in beiden deutschen Staaten in dem Sinne, daß nunmehr in der DDR ein signifikanter Wie-

29 Eine detaillierte Darstellung des Zielbündels staatlicher Familienpolitik, das sich aus dem zugrunde liegenden Leitbild ergab, sowie der Instrumente, wie sie dazu vor der Wiedervereinigung im anderen Teil Deutschlands eingesetzt wurden, enthält das Gutachten des Wissenschaftlichen Beirats für Familienfragen beim Bundesministerium für Familie und Senioren (Hrsg.), Leitsätze und Empfehlungen zur Familienpolitik im vereinigten Deutschland, Stuttgart – Berlin – Köln 1991, auf das hier für historische Vergleiche verwiesen werden kann. Siehe auch den Beitrag von Gisela Helwig, Frauen- und Familienpolitik; in: Rainer Eppelmann/Horst Möller/Gunter Nocke/Dorothee Wilms (Hrsg.), Lexikon des DDR-Sozialismus. Das Staats- und Gesellschaftssystem der Deutschen Demokratischen Republik, Paderborn – München 1996, S. 202 – 209; sowie ferner Hartmut Wendt, Familienbildung und Familienpolitik in der ehemaligen DDR, Materialien zur Bevölkerungswissenschaft, Sonderheft 22, hrsg. vom BIB, Wiesbaden 1993. Vgl. zur Entwicklung nicht nur in der Bundesrepublik, sondern auch in der DDR, I. Gerlach (Anm. 14).

deranstieg der Geburtenhäufigkeit zu verzeichnen war. Allerdings wurde auch in den Folgejahren die politisch proklamierte demographische Zielsetzung des »Bestandserhaltungsniveaus« tatsächlich nicht erreicht, vielmehr bewegte sich in den achtziger Jahren die Geburtenentwicklung wieder auf das niedrigere Niveau in der Bundesrepublik zu und ist dann nach der Wiedervereinigung in den neuen Bundesländern auf ein exzeptionell niedriges Niveau gesunken. Aus der seinerzeitigen Entwicklung in der DDR könnte für den weiteren Fortgang der deutschen Familienpolitik immerhin ein etwas unbefangeneres Verhältnis zur Integration auch demographischer Aspekte in ein familienpolitisches Gesamtkonzept eingebracht werden. Denn trotz der gravierenden Abweichungen in den sozialphilosophischen Grundlagen des familienpolitischen Leitbildes der DDR in Teilbereichen, besonders im Hinblick auf das angewandte familienpolitische Instrumentarium, gab es doch auch Ähnlichkeiten zur Bundesrepublik. So z. B. in der Bewertung der institutionellen und funktionalen Bedeutung von Ehe und Familie als elementarer Bausteine für Staat und Gesellschaft wie auch in bezug auf die veränderte Bewertung der Rolle der Frau in Familie und Gesellschaft gegenüber einem bürgerlichen Ehe- und Familienideal. Gleichzeitig zeigen sich aber auch entscheidende Abweichungen, und zwar im Verhältnis zwischen Familie und Gesellschaft/Staat mit sich daraus ergebenden spezifischen Anforderungen hinsichtlich der Ziele und Gewichtung im Bereich der Persönlichkeitsentfaltung und der damit verbundenen Erziehungsinhalte[30].

Von der tatsächlichen Familienpolitik sind noch wiederum die Konzepte für ein familienpolitisches Handlungsfeld zu unterscheiden, die ihrerseits in ihrer Entwicklung von sozialwissenschaftlichen Strömungen mit beeinflußt sind. Gewisse Schwerpunktveränderungen in dem, was man Familienpolitik-Lehre (Familienpolitik als familienwissenschaftliche Disziplin) nennen könnte, decken sich nicht ohne weiteres mit Veränderungen in den praktischen familienpolitischen Maßnahmen. Hier gibt es zumindest teils erhebliche Zeitdifferenzen zwischen diesen beiden Ebenen, wobei keineswegs die »Theorie« immer der »Praxis« voraus eilt, sondern nicht selten die Theorie auch einem praktischen Handeln folgt, das dann zusätzlich theoretisch »gedeutet« wird. Unter Berücksichtigung dieser Zusammenhänge könnte man geneigt sein, ganz auf eine Phaseneinteilung zur bisherigen Familienpolitik in Deutschland zu verzichten und stattdessen von einem Prozeß fortgesetzter politischer Anstrengungen, wechselnder Erfolge und Rückschläge sowie dauernder Widerstände und ihrer Überwindung im politischen Umfeld sowie in der öffentlichen Diskussion zu sprechen. Dieser Prozeß ist dabei zugleich in einem sich wandelnden situativen Kontext zu sehen, der die Veränderungen von gesellschaftlichen und demographischen Strukturen ebenso umfaßt wie diejenigen von Familienstrukturen. Gleichwohl lassen sich im großen **historischen Überblick** unterscheiden:

– die Jahrzehnte der Herausbildung spezifisch familienfördernder Maßnahmen insbesondere wirtschaftlicher Art (mit Wurzeln unter anderem in der freiwilligen

30 Über familienpolitische Fragestellungen hinaus siehe auch: Jürgen Zerche (Hrsg.), Vom sozialistischen Versorgungsstaat zum Sozialstaat Bundesrepublik. Ausbau oder Abbau der sozialen Lage in den neuen Bundesländern?, Regensburg 1994. Hier insbes. Hans Mittelbach, Familienpolitik und Lage der Familien in den neuen Bundesländern, S. 55–95.

berieblichen Lohn- und Sozialpolitik) bis zum Ende der Weimarer Zeit mit anschließend betont bevölkerungspolitisch orientierten Ansätzen in der Zeit des Nationalsozialismus;

- die Zeit nach dem Zweiten Weltkrieg[31] mit den unterschiedlichen Enwicklungsverläufen in beiden Teilen Deutschlands, in der es in der DDR für mehrere Jahrzehnte zu den skizzierten, von der Bundesrepublik abweichenden Entwicklungen kam;
- die noch anhaltende Phase der Weiterentwicklung einer Familienpolitik für das geeinte Deutschland, die in der neuen politischen Einheit auf ein in ihren Schwerpunktsetzungen überdachtes Konzept hinauslaufen muß;
- die sich abzeichnende künftige Entwicklung, in der über die einigungsbedingte Dimension hinaus neue Akzente auch im Blick auf eine sich mehr und mehr formierende Europäische Union (EU) mit in den Vordergrund treten, die – auch wenn die eigentlichen familienpolitischen Kompetenzen der Brüsseler Kommission vor allem im Feld der Sozialpolitik bisher ausgesprochen gering sind – allein schon wegen der wechselseitigen Beeinflussungen zwischen den Mitgliedstaaten die weitere familienpolitische Entwicklung auch im eigenen Land mitprägen dürften.

Zwar kann man gegenwärtig wohl noch nicht davon sprechen, daß einzelne EU-Richtlinien – wie über den Mutterschaftsurlaub – in einigen Mitgliedstaaten bereits eine neue Familienpolitik eingeleitet haben, aber aus der Zusammenschau der familienpolitischen Maßnahmen und Leistungen innerhalb der Mitgliedstaaten der EU läßt sich immerhin zunehmend eine Art »Referenzmodell« gewinnen, das tendenziell zu einer Annäherung der bisher teils noch sehr unterschiedlichen Maßnahmen beitragen kann. Zugleich läuft der weitere politische Integrationsprozeß der EU auf gegenüber der Vergangenheit teils deutlich veränderte soziale und ökonomische Verhältnisse hinaus, auch was die familialen Lebensgemeinschaften angeht. Darauf wird die Familienpolitik sich einstellen müssen. Mit einem solchen Prozeß des Überdenkens und der Anpassung an sich verändernde soziokulturelle Wirklichkeiten von Familien – aber auch deren in Grenzen gestaltenden Beeinflussung durch die Familienpolitik – könnte so, noch ehe sich weiterentwickelte Grundlagen der Familienpolitik im geeinten Deutschland voll herausgebildet haben, diese Phase bereits abgelöst werden durch ein Hineinwachsen in eine Entwicklungsstufe, die unter dem Vorzeichen des Zusammenwachsens der politischen Union in Europa steht.

---

31 Siehe dazu auch: Max Wingen, Vierzig Jahre Familienpolitik in Deutschland. Momentaufnahmen und Entwicklungslinien. Zugleich ein Beitrag zu 40 Jahren Bundesfamilienministerium, Grafschaft bei Bonn 1993. Siehe zur Entwicklung der tatsächlichen Familienpolitik in Deutschland in den vergangenen Jahrzehnten ferner die entsprechenden Abschnitte in der politikwissenschaftlichen Analyse von I. Gerlach (Anm. 14), S. 179ff., die aufzeigen sollen, daß die zunehmend konsistenten »Steuerungsziele«, wie sie insbesondere durch die seit der zweiten Hälfte der sechziger Jahre vorgelegten Familienberichte (als »Schlüsseldokumenten« gesellschaftlicher Problemdefinition in bezug auf die Familie) herausgearbeitet worden seien, »nur punktuell und teilweise mit großem zeitlichen Verzug in Maßnahmen umgesetzt wurden« (S. 186).

2. Gesellschaftliche Grundlagen, Ziele und Aufgaben der Familienpolitik

2.1 Entfaltung familialer Leistungspotentiale

Die Familien wirken als grundlegende Vermittlungsinstanzen zwischen Individuum und Gesellschaft und stellen damit elementare Leistungsträger dar. So überrascht es kaum, daß die Familien in verschiedenen gesellschaftlichen und politischen Systemen durchweg – bei allen unterschiedlichen Ausprägungen im Verhältnis des »Subsystems« Familie zur Gesamtgesellschaft – immer schon eine zentrale Beachtung erfahren haben. Der bisher durchweg recht hohe gesellschaftliche Rang der Familie hängt offensichtlich damit zusammen, daß sich die gleichzeitige Befriedigung von bestimmten individuellen Bedürfnissen einerseits – so z. B. nach Sicherheit, Intimität und Solidarität – und von gesellschaftlichen Ordnungsinteressen andererseits nur in einer sehr begrenzten Zahl von institutionellen Formen des Zusammenlebens dauerhaft erreichen läßt. Dies hat, wie im historischen Rückblick deutlich wurde, in unserem Gemeinwesen ähnlich wie in zahlreichen Nachbarstaaten zur Entfaltung einer förmlichen Familienpolitik geführt.

Das Sinnziel der Familienpolitik, gleichsam ihr »Endzweck«, der auch als Legitimationsgrund bezeichnet werden könnte, ist die volle Leistungsentfaltung von Familien, und zwar in der gesamten Leistungsbreite familialer Grundfunktionen, die unter dem institutionellen Aspekt von Familie als Aufgaben im Sinne der im gesamtgesellschaftlichen Regelzusammenhang kulturell und rechtlich gegebenen Vorstellungen über das, was die Institution Familie leisten soll, und unter dem Aspekt des tatsächlichen konkreten kleingruppenhaften Zusammenlebens in den einzelnen Familien als deren Leistungen und Wirkungen gefaßt werden können. Diese Familienfunktionen sind in der wissenschaftlichen Forschung immer wieder dargestellt und entfaltet worden. Es mag an dieser Stelle genügen, die wichtigeren von den Familien erwarteten Leistungen und durch die tatsächlich erbrachten Leistungen erzielten Wirkungen stichwortartig zusammenzufassen:

- Sicherung der Generationenfolge durch Weitergabe des Lebens (generative Funktion oder Reproduktionsfunktion);
- Auf- und Erziehen der Kinder (Sozialisationsfunktion);
- von der Sozialisationsfunktion läßt sich – wenn nicht von vornherein mit darunter gefaßt – die Funktion der sozialen Placierung unterscheiden, verstanden als der grundlegende Prozeß der Vermittlung des Kindes auf berufliche und soziale Positionen;
- Sorge um die Befriedigung der menschlichen Grundbedürfnisse nach Ernährung, Wohnung und Kleidung und sonstiger Grundversorgung (hauswirtschaftliche Funktion, die an den Familienhaushalt als soziales Gebilde anknüpft);
- Basisleistungen zur Erhaltung und Wiederherstellung der Gesundheit der Familienmitglieder und Bereitstellung von Erholungsmöglichkeiten (Regenerationsfunktion); in diesem Zusammenhang stehen auch

- Leistungen des Ausgleichs gegenüber vielfältigen gesellschaftlichen und wirtschaftlichen Organisationsformen, denen gegenüber Familien – trotz auch hier bestehender Geschlechter- und Generationsspannungen – ein Gegengewicht zu den versachlichten Beziehungen insbesondere der Welt der Erwerbsarbeit bilden (gelegentlich auch als »Ausgleichsfunktion« bezeichnet);
- Wirkungen zur Stärkung der Solidarität zwischen den Generationen, in dem z. B. die Familien den alten Menschen erste Hilfen bieten, um altersbedingte Schwierigkeiten zu mildern oder gar zu überwinden, aber auch z. B. durch vielfältige materielle und immaterielle Leistungen, die von der »Herkunftsfamilie« an die »Fortpflanzungsfamilie« fließen. (Verschiedentlich wird im Blick auf die Familie als Ort eines solidarischen Leistungsaustausches auch von einer »Solidaritätssicherungsfunktion« gesprochen.)

Eine systematische Familienpolitik wird darauf ausgerichtet sein, daß die Familien in ihren verschiedenen Formen ihre Aufgaben möglichst gut erfüllen und ihre für den einzelnen wie für die größeren Gemeinschaften und die Gesamtgesellschaft gleichermaßen wichtigen Leistungen möglichst wenig beeinträchtigt erbringen können. Schon im Ersten Familienbericht aus dem Jahr 1968 hieß es dazu: Durch die von ihr erbrachten Leistungen »wirkt die Familie in besonderem Maße personenprägend und gesellschaftsbildend zugleich« (S. 8).

Eine zentrale Bedeutung kommt der Sozialisationsfunktion zu, ohne daß durch deren Hervorhebung freilich andere familiale Grundfunktionen in ihrer sozialordnenden Bedeutung zurückgedrängt werden dürfen. Schon vor Jahrzehnten hat René König die »zweite, sozio-kulturelle Geburt des Menschen« in der Familie herausgestellt, (was insbesondere von Dieter Claessens weiterentfaltet wurde). Die Bedeutung der Familie für die Entwicklung des moralischen Urteils wurde ebenfalls schon vor Jahren unterstrichen. Insgesamt geht es um die Grundlegung der personalen Entfaltung der jungen Menschen, wobei »personal« von vornherein nicht auf das isolierte Individuum abzielt, sondern auf den Menschen als individuelles und soziales Wesen, wie für unser eigenes Gemeinwesen nicht zuletzt vom Bundesverfassungsgericht mehrfach herausgestellt worden ist. Familienpolitik muß im Blick auf den Erziehungs- und Bildungsprozeß der nachwachsenden Generation zu gewährleisten suchen, daß die Familien die Möglichkeiten besitzen, erstverantwortlich den jungen Menschen zu einer eigenverantwortlichen und gemeinschaftsfähigen Persönlichkeit zu erziehen (wie dies auch der in Paragraph 1 des Kinder- und Jugendhilfegesetzes ausformulierten Zielsetzung entspricht). Dahinter steht zugleich Artikel 2 Absatz 1 GG, durch den allerdings die staatliche Festlegung von Zielen und Inhalten der Erziehung im Sinne eines weltanschaulichen Monismus ausgeschlossen wird. Die Erfüllung der Sozialisationsfunktion kann zusammen mit der Reproduktionsfunktion als gleichbedeutend mit dem elementaren Beitrag der Familien zur Schaffung des »Humanvermögens« der Gesellschaft angesehen werden[32].

32 Siehe dazu bes. die Arbeiten von Heinz Lampert, Der Beitrag von Familien mit Kindern zur Humanvermögensbildung, in: Deutscher Verein für öffentliche und private Fürsorge (Hrsg.), Sozialpolitik und Wissenschaft. Positionen zur Theorie und Praxis der sozialen Hilfen, Bd. 269 Frankfurt/M. 1992, S. 130–141; ders., Wer »produziert« das Humanvermögen einer Gesellschaft?, in: Norber Glatzel/Eugen Kleindienst (Hrsg.), Die personale Struktur des gesellschaftlichen Lebens. Festschrift für Anton Rauscher, Berlin 1993, S. 121–134 sowie die breit

Die **gesamte Breite familialer Grundfunktionen** ist in ihrer Familienpolitikrelevanz inzwischen durch das schon seit dem Ende der sechziger Jahre entwickelte Instrument der »Familienberichte« recht gut abgedeckt worden: Im Mittelpunkt des Zweiten Familienberichts von 1975 stand die Sozialisationsfunktion der Familie, der Dritte Familienbericht (1979) rückte sowohl die generative Funktion als auch die hauswirtschaftliche Funktion besonders ins Blickfeld, durch den Vierten Familienbericht von 1986, der besonders dem Thema der älteren Menschen in der Familie gewidmet war, wurde die Solidaritätssicherungsfunktion herausgearbeitet und der Fünfte Familienbericht (1994) hat – neben dem ihm vorgegebenen Aspekt der neuen familienpolitischen Situation im geeinten Deutschland – die Zukunft des Humanvermögens unserer Gesellschaft, gestützt insbesondere auf die Vorarbeiten von Lampert und Krüsselberg, mit aller wünschenswerten Deutlichkeit in das politische Bewußtsein gerückt.

Für die Gesamtanlage einer zielgerichteten Familienpolitik erscheint wichtig festzuhalten, daß die verschiedenen familialen Aufgaben und Leistungen hinsichtlich der Ausschließlichkeit ihrer Erfüllung durch die Familie durchaus unterschiedlich zu beurteilen sind. Einige Funktionsbereiche fallen ausschließlich oder doch im wesentlichen der Familie zu; dazu gehören die generative Funktion, die Ausprägung der emotional bestimmten Intimsphäre und die Ausgestaltung des Lebensstandards der einzelnen Familie. Es gibt weitere Funktionen, bei deren Ausübung die Familie mit anderen gesellschaftlichen Institutionen zusammenwirkt und teilweise konkurriert; dazu gehören vor allem die Erziehungs- und Bildungsfunktion, aber auch die Funktionsbereiche von Freizeit und Erholung und die Aufgabe der wirtschaftlichen Daseinsvorsorge. Diese letzteren Aufgaben vermag die einzelne Familie allein nicht zu leisten. So wird sie auch allein nicht in ausreichendem Maße den jungen Menschen zu den öffentlichen Tugenden erziehen und das außerhalb der Familie geforderte Sozialverhalten vermitteln können. Sie kann das Hineinwachsen des jungen Menschen in den weiteren gesellschaftlichen Raum, in die Erwerbsarbeitswelt und in das öffentliche Leben immer nur in begrenztem Maße vorbereiten und fördern. Die jüngere Forschung über Prozeß und Theorie der sozialen Eingliederung des einzelnen hat in diesem Zusammenhang herausgearbeitet, daß die Familie als ein besonders wichtiger Sozialisationsfaktor nicht isoliert gesehen werden darf, sondern in ihren Wechselwirkungen zu anderen Sozialisationsträgern betrachtet werden muß. Dazu gehören die Schule, mehr und mehr auch die sozialpädagogischen Einrichtungen im Vorschulalter, die Jugendhilfe, der Betrieb, aber auch die Kirche. Nur wo dies ausreichend berücksichtigt wird, kann auch der Gefahr einer Überziehung des Wertes Familie und einer Überbewertung ihrer Sozialisationsleistungen begegnet werden. Anderenfalls würde die Ausbildung von

---

angelegte Studie von Hans-Günter Krüsselberg u. a., die die Bedeutung der »New Home Economics« für praktische Fragen der Familienpolitik im Rahmen der deutschen Diskussion aufgearbeitet hat und, gestützt auf eine repräsentative Untersuchung der Muster der Familienzeitverwendungen, den wesentlichen Beitrag der Familienhaushalte für die Bildung und Erhaltung von »Humanvermögen« (im Sinne von menschlichem Handlungsvermögen) herausgestellt hat: ders./Michael Auge/Manfred Hilzenbecher, Verhaltenshypothesen und Familienzeitbudgets – Die Ansatzpunkte der »Neuen Haushaltsökonomik« für Familienpolitik, Schriftenreihe des BMJFG, Bd. 182, Stuttgart 1986.

ideologischen (d.h. auf einer verkürzten Sicht der Wirklichkeit beruhenden) Elementen in der Familienpolitik Vorschub geleistet.

Wie sehr Familienfunktionen in ihrer Struktur und ihrem Umfang im übrigen von den gesamtgesellschaftlichen Bedingungen her wesentlich mitbestimmt werden, zeigen deutlich auch die inzwischen für die Familien in den neuen Ländern vorliegenden Befunde, wonach in den Jahren nach der Wiedervereinigung die ökonomische Funktion (wieder) bedeutender wurde, die Sozialisationsfunktion sich dahin änderte, daß die ideologischen Vorgaben wegfielen, die Eltern selbst verstärkt nach Informationen und Orientierung suchen mußten und die emotionalen Familienbeziehungen sich weiter ausdifferenzierten[33].

In dem Maße, in dem die Familien ihre grundlegenden Funktionen erfüllen, haben sie Anspruch auf Anerkennung ihres Leistungspotentials. Sie erbringen ihre Leistungen zwar z. B. um des Kindes und seiner Entwicklung willen; aber damit sind zugleich Folgewirkungen verbunden, die für die größeren Gemeinschaften, die Gesamtgesellschaft und den Staat elementar wichtig sind, d. h. es handelt sich – wie es in der Fachsprache der Ökonomen heißt – um vielfältige positiv zu bewertende »externe Effekte«. Diesem gesellschaftlichen Nutzen, der aus den familialen Leistungen erwächst, stehen immer noch (zu) hohe Kosten dieser Familien gegenüber. In der familienpolitischen Diskussion ist wiederholt darauf hingewiesen worden, daß der mit Kindern verbundene Nutzen sozialisiert wird, die Kosten dafür aber weitgehend privatisiert bleiben. Dieser Hinweis ist inzwischen ein Gemeinplatz, kann gleichwohl nicht nachdrücklich genug gegenüber einer Position hervorgekehrt werden, von der aus immer noch versucht wird, Kinderhaben als reine Privatangelegenheit einzustufen. In seinem sehr kurzfristig nach der Wiedervereinigung vorgelegten Gutachten mit Leitsätzen und Empfehlungen zur Familienpolitik im vereinten Deutschland hält der Wissenschaftliche Beirat für Familienfragen beim damaligen Bundesministerium für Familien und Senioren fest, wie groß die Erwartungen der Menschen erst recht in den neuen Ländern gegenüber einer Politik für Familien sind, die letztendlich die Hauptverantwortung und Hauptlasten füreinander und vor allem für Kinder (sowie Behinderte und Kranke) tragen und deren Erwartungen unter den neuen gesellschaftlichen Verhältnissen nicht enttäuscht werden dürfen. Aber auch »die Familien, die in den alten Bundesländern bereits seit vierzig Jahren um die Anerkennung ihrer vielfältigen Leistungen für Staat und Gesellschaft ringen, erwarten mehr Einsicht in ihre gesellschaftliche Bedeutsamkeit. Sie erwarten, daß Politik und Wirtschaft die Notwendigkeit einer Gleichrangigkeit von Wirtschafts- und Familienpolitik anerkennen.«[34]

In dem Leistungsspektrum von Familien verdient ein Aspekt noch besondere Hervorhebung, der bisher nicht die ihm zukommende Beachtung findet: Unverkennbar stecken die westlichen liberalen Industriegesellschaften in einer tiefgreifenden Orientierungskrise (Joachim Fest). Diese Orientierungsnöte haben offenbar damit zu tun, daß liberale Ordnungen aus sich heraus kaum in der Lage sind,

33 Vgl. dazu insbes. Bernhard Nauck/Norbert F. Schneider/Angelika Tölke (Hrsg.), Familie und Lebenslauf im gesellschaftlichen Umbruch. Der Mensch als soziales und personales Wesen, Bd. 12, Stuttgart 1995.

34 Leitsätze und Empfehlungen zur Familienpolitik im vereinigten Deutschland, Schriftenreihe des BMFuS, Bd. 1, Stuttgart 1991, S. 68.

greifbaren Lebenssinn zu vermitteln; sie sind darauf aber für ihren Bestand und für die Bewältigung ihrer Probleme gerade auch unter wirtschaftlichen und politischen Krisenbedingungen besonders angewiesen. Wenn Ernst W. Böckenförde recht hat, daß liberale Rechtsstaaten die Voraussetzungen nicht erzeugen können, die ihre Existenz gewährleisten, dann drängt sich die Frage auf, wer, welche Kräfte und welche Institutionen diese Voraussetzungen schaffen und einigermaßen dauerhaft abzusichern vermögen. Unsere gesellschaftliche Ordnung ist hier offenbar auf Kraftquellen angewiesen, die jenseits derjenigen Mechanismen angesiedelt sind, die in Gestalt liberaler und marktwirtschaftlicher Strukturen, Gewaltenteilung sowie eines Regelwerks freiheitssichernder Gesetze für das gesellschaftliche Zusammenleben nach unseren Vorstellungen zwar eine notwendige instrumentelle Bedingung darstellen, aber nicht schon das gewährleisten, worum es in einer demokratischen Ordnung letztlich geht. Diese scheint überall dort im Kern bedroht, wo sich nicht vorgelagert auf einen festen Bestand vorgegebener wertbesetzter Grundhaltungen und daraus erwachsenden Verhaltens des einzelnen zurückgreifen läßt, auf ein Bewußtsein auch für die Bedeutung von Institutionen, von denen Jean Monnet einmal bemerkte, es entstehe nichts ohne Menschen, aber es überdauere auch nichts ohne Institutionen.

Hier kommt dann die Frage ins Spiel, was Familien in diesem Zusammenhang leisten können und aus gesellschaftlichen Erwartungen heraus auch leisten sollten. Diese Frage stellt sich um so mehr für eine Familienpolitik, die sich als gesellschaftliche Strukturpolitik verstehen möchte. Schon in den sechziger Jahren hielt der damalige Familienminister Bruno Heck fest: »Unsere Wirtschaftsgesellschaft ist oft in Gefahr, nur die ›Marktleistung‹ zu zählen, nicht aber die verborgenen, unersätzlichen personbildenden Leistungen der Familien für die nächste Generation. Wird diesen Leistungen der Familie der ihnen zukommende Wert versagt, lebt die Wirtschaftsgesellschaft auf Kosten ihrer eigenen Substanz. ... Unsere Marktwirtschaft setzt funktionsfähige Familien voraus, die das an menschlichen Werten vermitteln, was im wirtschaftlichen Wettbewerb zu kurz kommt. Kraft und Leistungsfähigkeit der zweckbestimmten Strukturen in Betrieb, Wirtschaft und Gesellschaft hängen entscheidend von der Leistungskraft der Familie ab.«

Wenn die größeren Gemeinschaften bis hin zur Gesamtgesellschaft, nicht zuletzt den Betrieben der modernen Erwerbsarbeitswelt, auf eine möglichst gute Erfüllung der familialen Aufgaben und die erwarteten Leistungen elementar angewiesen sind – in jüngerer Zeit wird vielfach zu Recht auch von der Vermittlung von »Daseinskompetenz« (Fünfter Familienbericht) gesprochen –, dann sind Staat und Gesellschaft aber auch in die Verantwortung gestellt, immer wieder neu die Voraussetzungen für eine optimale Funktionserfüllung der Familien abzusichern. Und wenn mit den vielfältigen Leistungen der Familien so positiv einzuschätzende »externe Effekte« verbunden sind, so liegt es eigentlich nahe, die Effekte nach dem Verursacherprinzip Verursachern bzw. Leistungserbringern grundsätzlich auch »gutzuschreiben«. Hier liegt ein realer Hintergrund etwa für den Teilaspekt einer familiengemäßen Einkommensgestaltung, der dann wirklich unter »Familienleistungsausgleich« gefaßt werden könnte, von dem bei der jüngsten Neuordnung des Familienlastenausgleichs (FLA) in Deutschland schon etwas vorschnell gesprochen wird.

2.2 Faktoren familialer Leistungsbehinderungen

Für die Entfaltung eines familienpolitischen Zielsystems ist nun die Einsicht grundlegend, daß Familie die angesprochenen personprägenden und gesellschaftsbildenden Leistungen erbringen können und dann auch in unterschiedlicher Intensität tatsächlich durchweg erbringen, sofern die Voraussetzungen dafür gegeben sind. An sich bringen Familien für die Leistungsentfaltung besonders günstige Strukturbedingungen mit sich. Dazu gehören die kleingruppenhafte Struktur, die relative »Totalität« der Beziehungen, die emotionale Nähe der in ihr zusammenlebenden Menschen und die Überschaubarkeit und Intimität des Beziehungsgeflechts. Aber es wäre Ausdruck (familien-)ideologischen Denkens, davon auszugehen, daß überall dort, wo uns Familien begegnen, diese Leistungen selbstverständlich und in voller Breite des aufgezeigten Leistungsspektrums stets erbracht werden. Nicht selten werden hier erhebliche defizitäre Situationen sichtbar, die bekanntlich bis zum »Versagen« und völligen Ausfall von Familien führen können. Familien sehen sich – auch in einer Gesellschaft mit einem mehr oder minder entfalteten System von Familienpolitik – einer Vielzahl von Leistungsbehinderungen ausgesetzt. Die Erreichung des »Endzwecks«, des Sinnziels aller Familienpolitik setzt die Überwindung dieser Leistungsbehinderungen voraus. Für deren möglichst systematische Erfassung liefert die sozial- und familienwissenschaftliche Forschung im Blick auf die allgemeine Situation von Familien in den modernen Industriegesellschaften wie auch angesichts der spezifischen Problemlagen von einzelnen Familienformen oder auch von Familien im Ablauf des Familienzyklus eine Reihe von familienpolitikrelevanten Grundlagen. Eine Familienpolitik, die an einer rationalen Klärung ihrer Handlungsgrundlagen interessiert ist, kann daran nicht vorübergehen. Welche Leistungsbehinderungen lassen sich hier grundsätzlich ausmachen?

Leistungsbehinderungen von Familien liegen einmal in den äußeren Lebensbedingungen des familialen Zusammenlebens, wie sie in vielfältiger Weise nachgewiesen sind. Die Familienforschung belegt aber zugleich, daß solche Leistungsbehinderungen auch in »Schwachstellen« der Familien selbst liegen können. Beide Aspekte müssen familienpolitisch im Auge behalten werden. Von den äußeren Lebensbedingungen her gilt als eine zentrale Kategorie insbesondere in marktwirtschaftlich organisierten Gesellschaften das verfügbare Einkommen. Die reine marktleistungsbestimmte Einkommensverteilung kann aus systemimmanenten Gründen die unterschiedlichen Lebensbedürfnisse unterschiedlich großer Familien nicht nennenswert berücksichtigen – und sollte dies aus wirtschaftsordnungspolitischen Gründen auch nicht. Sie bedarf daher der Korrektur im Wege der sogenannten zweiten Einkommensverteilung. Von der Einkommenslage hängt wesentlich die Wohnungsversorgung ab, die allerdings zugleich von der Angebotsseite her eine entsprechende Berücksichtigung familialer Bedürfnisse erfordert. Angesichts der weitestgehenden Trennung von Familienleben und Erwerbsarbeitswelt erweist sich die Gestaltung des Verhältnisses von Familie und Beruf als ein zentraler Ansatzpunkt nicht nur für die Sicherung der Funktionstüchtigkeit von Familien, sondern für die Abschätzung der Perspektiven der künftigen Familienentwicklung überhaupt. Darüber hinaus sind Familien in eher komplexer und unübersichtlicher gewordenen gesellschaftlichen Verhältnissen verstärkt auf familienbezogene soziale

Dienste angewiesen, die weithin nur sehr bedingt über den Markt zur Verfügung gestellt werden können. Weitere in diesem Zusammenhang interessierende Bestimmungsfaktoren, die auf die Leistungsentfaltung von Familien einwirken, können aus der Orientierung an einem mehrdimensionalen Lebenslagekonzept gewonnen werden, ohne dieses allerdings auf sozial Schwache zu begrenzen[35].

Die Leistungsentfaltung von Familien in ihren unterschiedlichen Erscheinungsformen kann aber auch durch Faktoren behindert sein, die nicht in den äußeren Lebensbedingungen wie den wirtschaftlichen, sozialen und kulturellen Rahmenbedingungen begründet sind, unter denen Familien leben (müssen), sondern in den Strukturen des familialen Zusammenlebens. Solche leistungsbehindernden »Schwachstellen« von Familien in ihrer real existierenden Form können ihrerseits unterschiedlicher Art sein:

a) Diese Schwachstellen können familienformenspezifischer Art sein, d.h. die jeweilige Familienform ist durch Strukturen gekennzeichnet, die bestimmte Leistungsbehinderungen wahrscheinlich machen. Zu denken ist hier etwa an

- Ein-Eltern-Familien mit Fehlen meist des Vaters, aber in einer Minderheit der Fälle auch der Mutter;
- Ehepaarfamilien mit auf Dauer nur einem Kind, also fehlender geschwisterlicher Miterziehung;
- nichteheliche Familien mit fehlenden rechtsverbindlichen und nötigenfalls auch einklagbaren Verpflichtungen der Partner untereinander und unter Umständen gegenüber den Kindern.

b) Diese Schwachstellen können aber auch familienindividuell sein, d.h. sie treten innerhalb der Familienformen bei der einen Familie ausgeprägt auf, während sie bei anderen Familien nicht oder kaum zu finden sind.

- Die Schwachstellen können dabei in den familialen Binnenstrukturen liegen wie z.B. in fehlenden partnerschaftlichen Elternbeziehungen bis hin zu Gewaltphänomenen in der Familie. Eine Kommission zur Gewalt in der Bundesrepublik kam in diesem Zusammenhang zu dem Ergebnis, die meisten Menschen lernten Gewalt zum erstenmal in ihrem Leben in der eigenen Familie kennen; für Kinder

35 Der in der Sozialpolitikforschung seit vielen Jahren geläufige Begriff der »Lebenslage«, der sich in Deutschland vor allem mit den Arbeiten von Gerhard Weisser verbindet, welcher sich seinerseits wiederum auf Otto Neurath bezog, stellt einmal auf die Konzeptualisierung von Lebenslage als Inbegriff äußerer Bedingungen, die für die Bestimmung der Lebenslage relevant sind, ab sowie zum anderen auf die Betrachtung der Lebenslage als Reflex gesellschaftlicher Bedingungen. Die Lebenslage wird dabei ausdrücklich als nicht nur von materiellen, sondern auch von immateriellen Gegebenheiten bestimmt angesehen. Zu dem umfangreichen Katalog von Lebenslage-Merkmalen im Weisserschen Konzept siehe etwa die zusammenfassende Darstellung in dem kleinen Exkurs in dem Memorandum Theresa Bock u.a., Grundlagen, Aufgaben und Organisation eines Instituts für Sozialhilfe- und Lebenslagenforschung (ISL), Schriftenreihe des BMFuS, Bd. 13, Stuttgart – Berlin – Köln 1994, S. 6ff. Auch in der Weiterentwicklung des Lebenslage-Konzepts – etwa durch Ingeborg Nahnsen – wird die Mehrdimensionalität des Denkansatzes sichtbar, indem die in den Vordergrund gerückten »Einzelspielräume« der Lebenslage weit über den Einkommens- und Versorgungsspielraum auf den Kontakt-, Kooperations- und Dispositionsspielraum sowie den Lern- und Erfahrungsspielraum bis hin zum Muße- und Regenerationsspielraum ausgedehnt werden und nach den dafür maßgeblichen wesentlichen Einflußfaktoren gefragt wird.

können dabei auch ein Zerfall von Familienstrukturen und nachbarschaftlichen Netzwerken wie überhaupt ein Wegbrechen von einer sicheren Basis des Aufwachsens als indirekte Gewalteinwirkungen gelten.

- Die Schwachstellen können aber auch mehr in den Außenbeziehungen der Familien liegen wie z. B. in ausgesprochen auf sich selbst bezogenen, kaum nach außen »geöffneten« Familien, die für die Mobilisierung des gesellschaftliche Solidarpotentials ebenso weithin ausfallen wie für die Einübung gemeinschaftsbezogenen Denkens überhaupt.

c) Solche unterschiedlich begründeten Schwachstellen können im Einzelfall auch kumuliert auftreten, so z. B. dort, wo die beiden familiendemographischen Merkmale des Fehlens eines Elternteils und der Einzelkindsituation zusammentreffen, oder etwa dort, wo eine Schwachstelle der familialen Binnenstruktur in Richtung fehlender partnerschaftlicher Strukturen oder gar Gewaltanwendung mit fehlender Verknüpfung des familialen Zusammenlebens mit der rechtlich-institutionell abgesicherten Ehegrundlage zusammentrifft. Ein weiteres Beispiel für eine solche Kumulation wäre eine Ehepaar-Familie mit der Einzelkindsituation, einer durch autoritäre Strukturen gekennzeichneten familialen Binnensituation und einem durch fehlende Öffnung zur Gesellschaft hin gekennzeichneten Außenverhältnis.

Eine systematische Familienpolitik muß sich durch solche »familienstrukturell« bedingte Schwachstellen – seien sie nun familienformenspezifischer oder familienindividueller Art – ebenso herausgefordert sehen wie durch Leistungsbehinderungen, die durch die äußeren Lebensumstände von Familien bedingt sind, wenngleich die familienpolitischen Reaktionen jeweils andere sind: Im letzteren Fall wird sich die familienpolitische Strategie auf eine planvolle Veränderung der Rahmenbedingungen familialen Zusammenlebens richten, im ersteren Fall eher auf die Initiierung und Gewährleistung von adressatenspezifischen familienpädagogischen Maßnahmen. Beide Ansatzpunkte können auch ineinander greifen wie etwa bei der Organisierung entsprechender sozialer Dienste und Netzwerke.

Große Behutsamkeit ist vor diesem Hintergrund daher geboten im Umgang mit – zumindest unterschwellig – negativ wertgeladenen Bezeichnungen wie »defizitären« Familienformen oder gar »Fehlformen« wie andererseits auch mit der vorschnellen Verwendung unterschwellig positiv wertgeladener Bezeichnungen wie »Vollformen« u. ä. In der Vergangenheit wurde auch die Ein-Kind-Familie in bestimmten Kreisen – negativ wertbesetzt – als »Zwergfamilie« bezeichnet und ihr die »naturtreue Normalfamilie« gegenübergestellt. Dabei darf der Blick auch nicht auf den vorhandenen oder fehlenden Ehebezug (oder auf die Kinderzahl) fixiert sein und eine solche Fixierung andere Schwachstellen mehr oder weniger ausblenden. Auch die Ehepaarfamilie kann Schwachstellen aufweisen, die eine Familienpolitik ebenso herausfordern müssen. Hier ist Unterscheidung geboten, wie die vorstehende Ausdifferenzierung unterschiedlicher Schwachstellen von Familien deutlich macht. Ebensowenig wie der Trauschein der Eltern ein »Garantieschein« für eine optimale Funktionsentfaltung der Familien ist, kann umgekehrt erst recht nicht die oft gepriesene »Innigkeit« im Beziehungsverhältnis der nicht verheirateten Eltern als stets vorhandenes Unterpfand für gelingende Sozialisationsprozesse gelten.

Von den verschiedenartigen Leistungsbehinderungen sollten noch wiederum »Leistungsgrenzen« von Familien unterschieden werden, die dort vorliegen, wo das gesellschaftliche Teilsystem Familie einfach an seine immanenten Grenzen stößt, die in den Bedingungen der Differenzierung und »Modernisierung« der Gesellschaft liegen.

2.3 Das familienpolitische Zielsystem

2.3.1 Grundziele im Sozialstaat

Während die Leistungen von Familien eine zentrale Legitimationsgrundlage für eine Familienpolitik abgeben, bezeichnen die – an den gesellschaftlichen Vorstellungen über das familiale Aufgabenspektrum gemessenen – Leistungsbehinderungen konkrete Ansatzpunkte für familienpolitische Handlungsstrategien. Die Sicherung der Funktionstüchtigkeit der Familien in ihren unterschiedlichen Erscheinungsformen bildet eine grundlegende gesellschaftsordnungspolitische Aufgabe. Dabei gilt es freilich zu sehen, daß die einzelnen Leistungsbehinderungen aufgrund ihrer unterschiedlichen Entstehungshintergründe in sehr unterschiedlichem Grad politischer Gestaltung zugänglich sind. Für die nähere Konkretisierung und auch Systematisierung der Einzelziele einer Familienpolitik ist daher zunächst wichtig,

1. welche sozialen Strukturen die Adressaten einer solchen Politik, nämlich familiale Lebensgemeinschaften als Eltern-Kinder-Gemeinschaften, aufweisen, wobei dann die sozialen Binnenstrukturen (z. B. Arbeitsteilung zwischen den Geschlechtern) ebenso interessieren wie die Außenbeziehungen von Familien (z. B. Familie/Schule; Familie/Öffentlichkeit);
2. welche Lebenslagen im weiteren Sinne für die Familien charakteristisch sind; Lebenslagen, die sich als Ergebnis der wirtschaftlichen, sozialen und kulturellen Lebensbedingungen familialen Zusammenlebens darstellen, wobei dann Unterschiede der wirtschaftlichen und sozialen Lebenslage der Familienmitglieder in Abhängigkeit etwa von unterschiedlichen demographischen Familienstrukturen, aber auch von sozialer Schichtzugehörigkeit u. ä. interessieren; und schließlich
3. wie die personalen Gegebenheiten der Familienmitglieder beschaffen sind, deren Bewußtseinshaltungen, aber auch z. B. das Erziehungsverhalten und die Problemlösungskompetenzen auf seiten der Eltern sowie z. B. das Lernverhalten und die Kommunikationsfähigkeit auf seiten des Kindes[36].

---

36 Der Verweis auf die Mängel, die auch in den persönlichen Strukturen der Familienmitglieder liegen können, erscheint wichtig wegen des dadurch bedingten Hilfeansatzes, darf aber nicht dahin mißverstanden werden, daß es sich bei den familialen Schwierigkeiten im Grunde durchweg um persönliche Probleme handle. Tatsächlich hängt z. B. »Erziehungsversagen« von Eltern oft auch mit ihren schwierigen Lebenslagen wie auch einer Überforderung der Selbsthilfekompetenz zusammen. Die vielfältigen Leistungsbehinderungen von Familien können im Grunde am wenigsten den einzelnen Familien und den in ihnen zusammenlebenden Menschen angelastet werden, sondern sind zentral als gesellschaftlich bedingt zu verstehen. Demgemäß muß ihnen auch mit gesellschaftsstrukturellen Maßnahmen begegnet werden.

Schaubild 1: Schematische Darstellung der Wirkungszusammenhänge für den Beitrag der Familie zur Sozialisation des Kindes

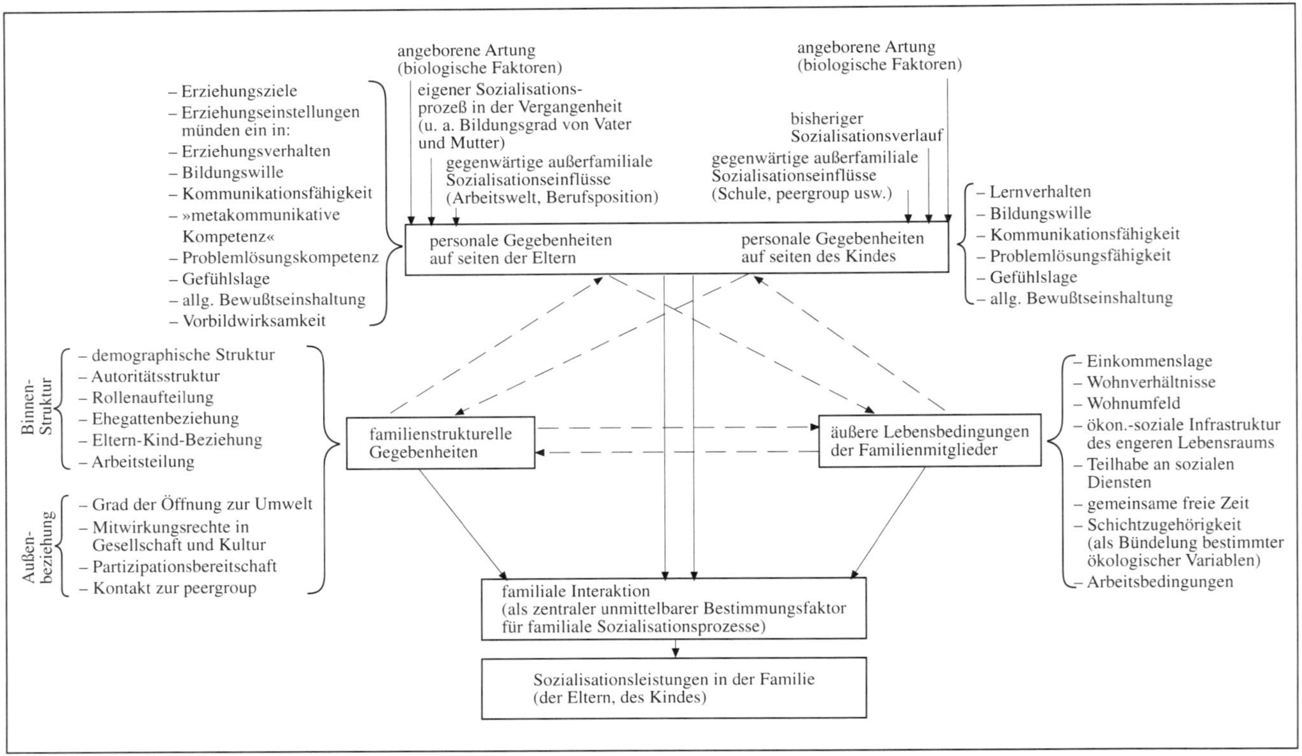

Quelle: M. Wingen (Anm. 17), S. 285; ursprünglich ders., Sozialisationsbedingungen von Kindern in der Familie als politisches Problem, in: Politisches und soziales Lernen im Grundschulalter, Bonn 1978, S. 24.

Diese drei Ebenen stehen untereinander in vielfältigen Wechselbeziehungen, die schon hier als solche festzuhalten sind im Blick auf ein besseres Verstehen der Analyseergebnisse in den einzelnen Ebenen und im Blick auf politische Handlungsstrategien, die an Gegebenheiten ansetzen, die die familiale Leistungsentfaltung behindern. In Staaten mit einem mehr oder weniger entfalteten System von Familienpolitik sind die Befunde auf diesen drei Ebenen, insbesondere was die äußeren Lebensbedingungen von Familien angeht, zugleich das Ergebnis auch bereits erfolgter familienpolitischer Maßnahmen wie etwa einer Korrektur rein marktmäßiger Einkommensverteilung. Auf diese Ebenen hin lassen sich – zunächst noch mehr formal – eine Reihe von familienpolitischen Grundzielen benennen, die insbesondere auf die verschiedenen Dimensionen der Lebenslagen von Familien bezogen sind, aber auch die beiden anderen genannten Ebenen nicht ausblenden dürfen, zumal es sich um einen wechselseitigen Wirkungszusammenhang in einem sehr komplexen Bedingungsgefüge handelt. Am Beispiel der besonders bedeutsamen Sozialisationsleistungen der Familie wird dies im *Schaubild 1* verdeutlicht.

Für das Verständnis des familienpolitischen Zielsystems erscheint dabei der Hinweis wichtig, daß sich ein bestimmtes Einzelziel nicht nur einer bestimmten Familienfunktion zuordnen läßt; vielmehr ist die Verwirklichung jedes einzelnen Zieles für alle zu optimierenden familialen Leistungen – wenn auch jeweils in mehr oder minder großem Umfang – von Bedeutung. So erweist sich z. B. die Verwirklichung eines an der Einkommensverteilung festgemachten Ziels nicht nur als wichtig für die ökonomischen Voraussetzungen der Sozialisationsleistungen der Familie, sondern auch für die Freiheitsgrade im Bereich der generativen Funktion oder der Regenerationsfunktion.

In Orientierung an den Bestimmungsfaktoren des beispielhaft für die Sozialisationsfunktion aufgezeigten Wirkungszusammenhangs zeichnen sich damit als **Zielfelder** ab: die Stabilisierung der familalen Binnenstrukturen und die Festigung der Außenbeziehungen der Familien ebenso wie die Sicherung eines familiengemäßen Einkommens und familiengerechter Wohnbedingungen sowie das Hinwirken auf eine die Familienbelange nicht ausblendende Erwerbsarbeitswelt, aber auch die Gewährleistung einer familienbezogenen Bildung und Beratung sowie familienbezogener sozialer Dienste. Aus Untersuchungen wird schließlich deutlich, wie sehr familiale Funktionstüchtigkeit auch von ausreichender gemeinsamer Zeit für familiales Zusammenleben und nicht zuletzt von einem gesetzlichen Schutz und öffentlicher Wertschätzung der Familie abhängt. Für diese Zielfelder sind dabei für unsere Sozialordnung wichtige **Grundnormen** und **Prinzipien** mit zu bedenken, in denen grundlegende Wertentscheidungen zum Ausdruck kommen und die zur weiteren Präzisierung der jeweiligen Ziele beitragen. Diese müssen letztendlich insoweit operationalisiert sein, daß sie auf ihre Verwirklichung hin überprüft werden können[37].

37 Die Notwendigkeit, Ziele klar zu formulieren, unterstreicht auch Christoph Badelt und verbindet damit den Hinweis, Konsens in der Familienpolitik sei um so leichter zu erzielen, je unklarer und unverbindlicher Zielvorstellungen formuliert würden. Christoph Badelt, Gerechtigkeitsideale und Benachteiligungen von Familien. Perspektiven für die Familienpolitik, in: ders. (Hrsg.), Familien zwischen Gerechtigkeitsidealen und Benachteiligungen, Sozialpolitische Schriften Bd. 3, Wien – Köln – Weimar 1994, S. 183. Dabei verweist er zu Recht auf den nicht selten anzutreffenden Befund, daß in der familienpolitischen (Ziel-)Diskussion ein bestimmtes Ziel wie z. B. die »Wahlfreiheit« bzw. die Entscheidungsfreiheit der Familienmit-

Hier ist der **Artikel 6 GG** besonders hervorzuheben, in dem Institutsgarantien, Grundrechte, Anweisungen an den Gesetzgeber und Auslegungsgrundsätze nebeneinanderstehen, die für die Ausformulierung von familienpolitischen Zielvorstellungen gleichermaßen heranzuziehen sind. Eva-Marie von Münch spricht im Blick auf Artikel 6 GG etwas kritisch von einer Art »Sammelbestimmung zum Stichwort Familie«[38].

Gemäß Artikel 6 Absatz 1 GG stehen Ehe und Familie unter dem besonderen Schutz der staatlichen Ordnung. Nach der Interpretation des Bundesverfassungsgerichts stellt dieser Ordnungsgrundsatz für das gesamte soziale Leben eine »wertentscheidende Grundsatznorm« dar, und zwar mit einer dreifachen Funktion: erstens dem Bekenntnis und der Gewährleistung der Freiheit im Sinne der klassischen Grundrechte, zweitens der Gewährleistung der Lebensordnung von Ehe und Familie, der sogenannten Institutsgarantie, und drittens der verbindlichen Wertentscheidung für den gesamten Bereich des Ehe und Familie betreffenden privaten und öffentlichen Rechts. Im Unterschied zum Artikel 119 Absatz 1 der Weimarer Reichsverfassung stellt das Grundgesetz Ehe und Familie nebeneinander, ohne die Ehe ausdrücklich als Grundlagen für die Familie zu bezeichnen. Dies bedeutet andererseits aber auch, daß in der Verfassung die Ehe um ihrer selbst willen geschützt ist und nicht etwa der Kinder wegen[39]. Die Schutzpflicht des Artikel 6 Absatz 1 GG verlangt auch, daß der Staat Gesetze zu erlassen hat, die Ehe und Familie auch im Privatrechtsbereich schützen und fördern. Aus diesem bisher kaum konkretisierten Förderungsgebot läßt sich allerdings kein verfassungsrechtlich gesicherter Anspruch auf bestimmte Maßnahmen und Leistungen herleiten. Wie das Bundesverfassungsgericht betont hat, ist der Staat nicht gehalten, »jegliche die Familie treffende Belastung auszugleichen«[40]. Der Gesetzgeber hat bei der Familienförderung relativ breiten Spielraum. Um so bedeutsamer erscheint, daß das Gericht in seinem sogenannten »Erziehungszeiten-Urteil« von 1992 wohl erstmals die bisherige staatliche Familienförderung als defizitär eingestuft hat.

Durch den in Artikel 6 Absatz 1 GG garantierten besonderen Schutz von Ehe und Familie werden diese als geschlossene und eigenständige Lebensbereiche gewährleistet, und insofern besteht ein Abwehrrecht etwa gegenüber dem Staat[41]. Indem der Schutz von Ehe und Familie zugleich eine Sphäre privater Lebensgestaltung garantiert, die der staatlichen Einwirkung entzogen ist, berührt der Schutz von Ehe und Familie das Grundrecht der Würde des Menschen[42]. Die Wertentscheidung des Arti-

---

glieder – insbesondere der Frauen – hinsichtlich des gewählten Lebensmodells in den Vordergrund gerückt, in der Praxis aber eine Politik betrieben werde, die die Betroffenen dazu bringen solle, sich für ein Familienmodell zu entscheiden, das den eigenen gesellschaftlichen Wertvorstellungen der familienpolitischen Akteure möglichst nahekomme, (S. 183 f.). Es liegt nahe, hier auch an Ausgestaltungen etwa von Erziehungsgeldregelungen oder von Möglichkeiten der außerhäuslichen Kinderbetreuung zu denken.

38 Artikel 6, in: Eva-Marie von Münch (Hrsg.), Grundgesetz – Kommentar, Bd. 1, München 1981², S. 339.

39 Vgl. ebda., S. 229.

40 BVerfGE 43, 108 (121).

41 Zu den Gewährleistungsdimensionen siehe aus jüngster Zeit Matthias Pechstein, Familiengerechtigkeit als Gestaltungsgebot für die staatliche Ordnung, Baden-Baden 1994, S. 389.

42 Dieter Hesselberger, Das Grundgesetz – Kommentar für die politische Bildung, Neuwied 1995⁹, S. 98.

kels 6 Absatz 1 GG verpflichtet nicht dazu, andere Formen der Lebensgemeinschaft von Mann und Frau gegenüber der Ehe zu benachteiligen. Im Zusammenhang mit einem Wohnungsmietverhältnis eines verstorbenen Mieters z. B. hat das Bundesverfassungsgericht schon vor Jahren festgestellt, aus Artikel 6 Absatz 1 lasse sich keine Verpflichtung ableiten, die Führung einer nichtehelichen Lebensgemeinschaft gegenüber der Ehe zu erschweren. Hier stellt sich dann die schwierige Frage, inwieweit eine Nichtförderung im selben Umfang, wie sie die Ehe erfährt, schon eine Benachteiligung ist oder nicht[43]. Mit Artikel 6 Absatz 1 GG wird zugleich die relativ große Autonomie der Familie unterstrichen. Von daher ist bei der Entfaltung eines familienpolitischen Zielsystems zu beachten, daß ein direktes staatliches Einwirken auf die Familie soweit wie möglich zu begrenzen ist; zugleich gilt es andererseits zu sehen, daß von den äußeren Lebensbedingungen her vielfältige und nachhaltige Einflüsse auf Familien ausgehen. Diese Bedingungen können Ergebnisse bewußter politischer Gestaltung sein, aber auch von politischen Verantwortungsträgern gesehene und akzeptierte Folgen wirtschaftlicher und gesellschaftlicher Strukturveränderungen darstellen. Insoweit liegt auch in diesen Fällen eine indirekte politische Einwirkung vor. Der Staat oder ein anderer Verantwortungsträger wirkt eben auch dadurch auf Familien ein, indem er auf mögliche Korrekturen des Vorgefundenen bewußt verzichtet.

Auf dieser Linie der vor staatlichen Eingriffen zu schützenden Familienautonomie liegt auch die durch Artikel 6 Absatz 2 GG festgeschriebene Elternautonomie; Pflege und Erziehung der Kinder sind das natürliche Recht der Eltern, allerdings auch die ihnen zuvörderst obliegende Pflicht. Artikel 6 Absatz 2 GG betrifft speziell die Beziehungen zwischen Eltern und Kindern in der Familie sowie Aufgabe und Grenzen staatlicher Einrichtungen bei der Kindererziehung. Hier liegt eine Institutsgarantie hinsichtlich der Kindererziehung in der Familie vor; eine allgemeine staatliche Kollektiverziehung außerhalb der Familie stünde im Gegensatz zur Verfassung[44]. Dieses festgeschriebene Recht der Eltern ist kein Recht an den Kindern, sondern ein Recht auf Wahrnehmung der umschriebenen Aufgabe. Wenn die Eltern hier aber Aufgaben wahrzunehmen haben, dann müssen auch die Voraussetzungen gegeben sein, diese Aufgaben erfüllen zu können. Dazu hat eine systematische Familienpolitik einen wesentlichen Beitrag zu leisten. Mit dieser Verfassungsnorm sind somit auch Grenzen verbunden: Unter dem Aspekt des Kindeswohls greift bei grober Pflichtverletzung die Schutzfunktion des Staates. Insofern ist dieses Recht der Eltern kein absolutes und unbegrenztes, sondern ein relatives Recht, das seine Grenzen im Kindeswohl findet.

Gemäß Artikel 6 Absatz 5 GG sind nichtehelichen Kindern durch die Gesetzgebung die gleichen Bedingungen für ihre leibliche und seelische Entwicklung und ihre Stellung in der Gesellschaft zu schaffen wie ehelichen Kindern. Er enthält einmal ein Grundrecht des nichtehelichen Kindes, zum anderen aber auch einen bindenden Verfassungsauftrag an den Gesetzgeber.

Wenn Artikel 6 Absatz 1 GG von der »staatlichen Ordnung« spricht, so ist darunter im übrigen nicht nur der Staat im engeren Sinne zu fassen. So lassen sich in

43 Siehe dazu auch Max Wingen, Nichteheliche Lebensgemeinschaften. Formen – Motive – Folgen, Edition Interfrom, Texte und Thesen Bd. 171, Osnabrück – Zürich 1984, S. 98 ff.
44 E.-M. von Münch (Anm. 7), S. 324.

öffentlich-rechtlicher Betrachtung die Kommunen vom »Staat« abgrenzen, sind aber nicht aus der familienpolitischen Verantwortung herausgenommen. Ebenso müssen sich die autonomen Tarifpartner, denen staatliche Rechtssetzungsbefugnis im Bereich der Lohn- und Arbeitsbedingungen (Tarifrecht) übertragen ist, auf familienpolitische Ziele hin in Pflicht nehmen lassen. Für die autonome betriebliche Sozialpolitik mag die Bezugnahme auf Artikel 6 Absatz 1 GG nicht mehr unmittelbar greifen, aber dem Sinngehalt dieser Verfassungsnorm nach können sich auch die modernen Unternehmen mit ihren nachhaltigen Auswirkungen auf die Lebensbedingungen von Familien und insbesondere auf die Lösung der Vereinbarkeitsprobleme Beruf und Familie einer familienpolitischen Verantwortung nicht entziehen.

Neben der Verfassungsnorm des Artikels 6 GG sind aus den ersten, grundlegenden Verfassungsartikeln auch die auf die einzelnen Personen bezogenen **Grundrechtsverbürgungen** wie Artikel 1 (Schutz der Menschenwürde), Artikel 2 Absatz 1 (zum Recht auf die Entfaltung der eigenen Persönlichkeit) und Artikel 3 Absatz 2 (zur Gleichberechtigung von Frauen und Männern) für Anlage und Ausgestaltung familienpolitischer Ziele und Maßnahmen von Bedeutung. Artikel 1 und 2 GG sind z. B. jeweils mit zu bedenken, wenn es etwa um die Absicherung eines Existenzminimums von Familien geht oder um die Freiheit der Familiengründung. Die Vorgabe durch den Gleichberechtigungsgrundsatz z. B. hat erhebliche, in den jeweiligen familienpolitischen Aufgabenfeldern näher zu konkretisierende Auswirkungen auf die Gestaltung der Lebensbedingungen in der Familie. Gemäß bundesverfassungsgerichtlicher Entscheidung hat der Grundsatz der Gleichberechtigung auch für die Ordnung des Verhältnisses zwischen den Eltern im Blick auf die Kinder volle Bedeutung, weshalb seinerzeit der sogenannte »Stichentscheid« des Vaters als verfassungswidrige Benachteiligung der Frau als Mutter verworfen wurde.

Für das familienpolitische Zielsystem ist ferner Artikel 20 GG in Verbindung mit Artikel 28 GG (»**Sozialstaatsgebot**«) richtungsweisend. Damit sind vor allem die Prinzipien der sozialen Sicherheit und der sozialen Gerechtigkeit angesprochen, die z. B. für die Einkommensverteilung im Blick auf den unterschiedlichen Lebensbedarf unterschiedlich großer Familien, aber auch im Blick auf die Chancengleichheit von Kindern aus unterschiedlichen sozialen Schichten Maßstäbe setzen. Zu den Grundlagen der Sozialen Marktwirtschaft hat schon zu Beginn der gedanklichen Entfaltung dieses gesellschafts- (und nicht nur wirtschafts-)politischen Konzepts Alfred Müller-Armack betont, daß es zu den folgenschweren Fehlern des wirtschaftlichen Liberalismus in der Beurteilung der marktwirtschaftlichen Verteilung gehöre, die Frage der zweckmäßigen »technischen Austauschform« mit der Frage des sozial und staatlich Erwünschten zu verquicken. Die marktwirtschaftliche Zuteilung als solche bildet Einkommen nach dem Maßstab der produktiven Vorleistungen im Markt, womit die Frage der sozialen Gerechtigkeit noch keineswegs entschieden ist[45].

Speziell zum Beziehungsverhältnis von Familie und Erwerbsarbeitswelt liefert der **Einigungsvertrag** eine wichtige Vorgabe, die für die Familienpolitik handlungsleitend sein muß: Als Aufgabe des gesamtdeutschen Gesetzgebers ist dort

45 Alfred Müller-Armack, Wirtschaftslenkung und Marktwirtschaft, Hamburg 1948^2, S. 85.

festgeschrieben, »angesichts unterschiedlicher rechtlicher und institutioneller Ausgangssituationen bei der Erwerbstätigkeit von Müttern und Vätern die Rechtslage unter dem Gesichtspunkt der Vereinbarkeit von Familie und Beruf zu gestalten«. Dieser Aspekt hat damit wohl erstmals eine Einordnung in die deutsche Rechtsgestaltung gefunden und verlangt deshalb entsprechende Berücksichtigung bei der Ausgestaltung eines familienpolitischen Konzepts in Deutschland. Die Vereinbarkeit von Familie und Erwerbstätigkeit kann künftig, was die Bedingungen ihrer Verwirklichung angeht, nicht mehr nur als Privatangelegenheit der einzelnen Eltern angesehen werden. Weitere Vorgaben für ein familienpolitisches Zielsystem finden sich sodann in den Länderverfassungen, gerade auch in den Verfassungen der neuen Länder. Hier sind nicht nur Positionen zur allgemeinen Verantwortung des Staates für die Entwicklungsbedingungen der Familien zu finden, sondern auch prinzipielle Aussagen etwa zur Vereinbarkeit von Familie und Erwerbstätigkeit, zur Schaffung und Erhaltung von Einrichtungen zur Kinderbetreuung sowie zur Stellung der Kinder im Rechtssystem.

Bei der Konkretisierung von familienpolitischen Zielsetzungen sind aber auch politikleitende Orientierungen von der **supra- und internationalen Ebene** mit zu berücksichtigen. Hervorzuheben ist hier einmal die weltweit geltende Menschenrechtserklärung aus dem Jahre 1968, die seitdem mehrfach bekräftigt wurde, mit der Festschreibung des grundlegenden Rechts der Paare, frei, verantwortlich und informiert über die Zahl der Kinder und den zeitlichen Abstand der Geburten zu entscheiden, womit vor allem der Bereich der generativen Funktion der Familie angesprochen ist. Für das familienpolitische Aufgabenfeld werden damit zielorientierte Akzente gesetzt, sowohl was die tatsächliche wirtschaftliche Handlungsfreiheit als auch was die Absicherung eigenverantwortlicher Entscheidungen auf der Grundlage ausreichender demographischer Information und Bildung angeht. Aus jüngerer Zeit ist die internationale Erklärung über die Rechte des Kindes hervorzuheben, die bei Ausgestaltung kindbezogener familienpolitischer Einzelziele Berücksichtigung verlangt und damit zur inhaltlichen Ausfüllung derartiger Zielsetzungen beiträgt. Auf der Ebene des Europarats ist die Europäische Sozialcharta zu nennen, die, seit 1965 in Kraft, als multilateraler Vertrag des Europarats wichtige sozialpolitische Ziele auflistet; sie begründet kein unmittelbar geltendes Recht, wohl aber zwischenstaatliche Verpflichtungen der Vertragsparteien, wozu auch die Bundesrepublik Deutschland gehört, die Grundsätze der Charta als eigene Erklärung der Ziele ihrer Politik anzusehen, die sie mit allen geeigneten Mitteln verfolgen werden. Dazu gehört auch das Recht der Familie auf gesetzlichen, sozialen und wirtschaftlichen Schutz. Speziell von der Ebene der Europäischen Union her ergeben sich bisher noch kaum konkrete familienpolitische Zielvorgaben, weil deren Kompetenz im Bereich der Sozial- und Familienpolitik bisher äußerst begrenzt ist. Sehr wohl aber stellt sich auch gegenwärtig die Aufgabe, bei den familienpolitischen Zielsetzungen im eigenen Land die Entwicklung in den übrigen Mitgliedstaaten der EU im Blick zu behalten und für die eigenen Zielsetzungen den Aspekt konvergierender Prozesse mit zu bedenken.

Für die Entfaltung der familienpolitischen Ziele in einem demokratischen Gemeinwesen sind nicht zuletzt die **Einschätzungen und Erwartungen der »Betroffenen«** in bezug auf den erreichten Stand der Familienpolitik und die Akzeptanz tatsächlicher Maßnahmen wichtig[46]. Für das Jahr 1992 haben Analysen von Meinungsumfragen in der Bevölkerung zu bevölkerungsrelevanten politischen Maßnahmen und der Akzeptanz der Familienpolitik (im Rahmen des *European Comparative Population Policy Acceptance Survey* – PPA) ergeben[47], daß die familienpolitischen Leistungen eine hohe Zustimmung erfahren und ihre Verbesserung von allen Befragten beider Geschlechter sehr befürwortet wird. Bei verbreiteter Zustimmung zu den Leistungen existieren hohe Anforderungen an die Familienpolitik. Dies gilt insbesondere für die Maßnahmen, die den finanziellen Spielraum der Familie erweitern und die Vereinbarkeitsbedingungen von Erwerbstätigkeit und Familie gestalten. Wenn unter den familienpolitischen Maßnahmen finanzielle Hilfen für die Familien an vorderer Stelle rangieren, so ist diese Bevorzugung offensichtlich mit der Vorstellung in Verbindung zu bringen, daß das zusätzliche Einkommen frei verfügbar ist und für Zwecke und Belange eingesetzt werden kann, die in der einzelnen Familie jeweils am notwendigsten erscheinen.

Zugleich wurden signifikante innerdeutsche Unterschiede zwischen den alten und den neuen Bundesländern in der Akzeptanz der Familienpolitik deutlich. In der Frage der Bevorzugung unterschiedlicher familienpolitischer Maßnahmen waren die regionalen Unterschiede zwischen den alten und den neuen Bundesländern weitaus größer als geschlechtsspezifische Unterschiede. In den neuen Ländern führten offensichtlich der geringere finanzielle Spielraum, die wirtschaftliche Unsicherheit und – sozio-kulturell bedingt als Begleiterscheinung der früheren DDR-Gesellschaft – die höhere ideelle Wertigkeit von Kindern zu höheren Erwartungen an die familienpolitischen Transferleistungen. Die weithin angespannte finanzielle Lage in den neuen Ländern dürfte der hauptsächliche Grund dafür sein, daß in erster Linie familienpolitische Maßnahmen gefordert wurden, die auf eine Verbesserung des Haushaltseinkommens hinauslaufen, während demgegenüber flexiblere Arbeitszeiten, Tagesbetreuung für Kinder und anderen Maßnahmen eher weniger Aufmerksamkeit fanden. Im übrigen ließen die Ergebnisse den großen Erwartungsdruck erkennen, der sowohl in Ost- wie in Westdeutschland auf der Familienpolitik lastet. So wurde deren Wirksamkeit bemängelt, sie erschien den Befragten unzureichend und ausbaufähig.

Für die Formulierung familienpolitischer Grundziele bleibt schließlich zu bedenken, daß diese sich in **übergreifende gesellschaftliche Ordnungsvorstellungen** einzuordnen haben, wenn die Familienpolitik sich bewußt als »Gesellschaftspolitik« ver-

---

46 So im Blick auch auf die Unterschiede im Leistungsspektrum nach der Wiedervereinigung der Wissenschaftliche Beirat für Familienfragen zur Konzeption einer künftigen Familienpolitik. Vgl. Leitsätze (Anm. 34), S. 42. – Die Einbindung der Familien selbst mit ihren artikulierten Bedürfnissen und Erwartungen steht in einem engen Zusammenhang mit einer Entwicklung von Staatstätigkeit, die auch »Steuerungsstaat« genannt wird und als gewisse Weiterentwicklung des Sozialstaats gesehen wird. Vgl. dazu I. Gerlach (Anm. 14), S. 70 ff. In dieser Entwicklung treten grundsätzlich die Adressaten von Familienpolitik zunehmend auch als Kommunikationspartner im Definitionsprozeß von Familienpolitik im Sinne einer Gemeinwohlorientierung auf (S. 150).

47 Vgl. zum folgenden: Iris Peil, Akzeptanz familienpolitischer Maßnahmen in der Bundesrepublik Deutschland – ein Ost-West-Vergleich, Materialien zur Bevölkerungswissenschaft, 85, Wiesbaden 1996.

stehen möchte. Gerade dadurch, daß solche bereichsübergreifenden Leit- und Ordnungsvorstellungen in die spezifischen Ziele der Familienpolitik durchschlagen, erweist diese sich als Gesellschaftsordnungspolitik, zu deren Durchsetzung sie ihren bereichsspezifischen Beitrag leistet. Diese übergeordneten Leitvorstellungen, die mit übergreifenden sozialkulturellen Strukturveränderungen und vorherrschenden wertbesetzten Bewußtseinslagen verknüpft sind, beinhalten zentrale gesellschaftliche Wertorientierungen, so über die Person, über die Gesellschaft und über die Stellung der Person in der Gesellschaft. Zu diesen Leitvorstellungen gehören in Deutschland

- die allseitige personale Entfaltung des einzelnen, in der Familie von Mann und Frau, von Eltern und Kindern;
- die nicht nur formalrechtliche, sondern tatsächliche Gleichberechtigung der Geschlechter, wie sie spätestens seit Ergänzung des Artikels 3 Absatz 2 GG als Staatsziel für alle Lebensbereiche und damit auch für die Familie vorgegeben ist;
- der Ausgleich von Ungleichheiten in den Start- und Entwicklungschancen der Kinder, d. h. also gerade auch möglichst breit angelegte Bildungschancen sowie Vermeidung von Benachteiligungen, die etwa durch Familienstrukturen bedingt sein können;
- eine Gleichheit aller vor dem Gesetz, aber auch ein tendenzieller, den Wert der persönlichen Freiheit nicht aufhebender Abbau von Ungleichheit der tatsächlichen Lebensbedingungen als Ausdruck größerer sozialer Gerechtigkeit und Solidarität, und zwar nicht nur, aber gerade auch in der Einkommensverteilung im Blick auf den unterschiedlichen Lebensbedarf unterschiedlich großer Familien.

Im Zeitablauf, im internationalen Vergleich wie auch im Vergleich unterschiedlicher parteipolitischer Grundsatzpositionen können die Komponenten dieser bereichsübergreifenden Leitbilder unterschiedliche Gewichtungen aufweisen, was dann zu unterschiedlichen konkreten Ausprägungen von Familienpolitik führt, über die die übergreifenden Leitbilder in bereichsspezifische Ziele umgesetzt werden. Im Zeitablauf unterschiedliche konkrete Zielausprägungen können z. B. auch das Ergebnis wechselnder politischer Mehrheit sein.

Der Grundsatz der Gleichberechtigung von Mann und Frau und die Institutionenschutzgarantie für Ehe und Familie sind nicht immer spannungsfrei miteinander zu vereinbaren. Angesichts dieser in möglicher Konkurrenz stehenden Grundrechtsnormen gilt es, im jeweiligen politischen Aufgabenfeld Lösungen zu finden, die den anstehenden Sachzusammenhängen in Übereinstimmung mit den ordnungspolitischen Wertentscheidungen angemessen Rechnung tragen, und zwar vor dem Hintergrund des im Grundgesetz gezeichneten Menschenbildes. Dieses ist auf der einen Seite nicht aus kollektiven Vorstellungen abgeleitet, die mit gleichsam totalitärem Anspruch Recht und Bedeutung des einzelnen gegenüber dem Kollektiv – auch der Familie als kleinstem »Kollektiv« – einfach untergehen lassen. Andererseits postuliert es auch nicht das ungebundene Individuum ohne Gesellschaftsbezug, sondern die gemeinschaftsbezogene Person, den innerhalb der sozialen Gemeinschaft eigenverantwortlich sich entfaltenden einzelnen.

In der Familie treten sich hier mehrere an dieser Ordnungsvorstellung zu messende Personen gegenüber, die sich gleichzeitig dem Wohl ihrer Familiengemeinschaft verpflichtet sehen. Es ist in der praktischen Politik nicht immer leicht, hier einen Ausgleich der wertbesetzten Positionen zu finden. Das Bundesverfassungsgericht hat in jüngerer Zeit bei aller Betonung der Gemeinschaftsbezogenheit des Menschen dessen individuelle Entfaltungsfreiheit auch in der Gemeinschaft, die zugleich Bindung voraussetzt, stärker betont, wenngleich das Grundgesetz in Artikel 2 auch für den Bereich von Familie (und Ehe) »keinen Kult individueller Hemmungslosigkeit« vertritt. Wie Dieter Giesen erinnert, hat das Bundesverwaltungsgericht einmal darauf hingewiesen, es entspreche dem Wesen von Ehe und Familie nicht, darin nur die juristische Gestaltung des Zusammenlebens zweier in ihrer Individualität ansonsten unberührt bleibender Menschen zu sehen. Dann wären nämlich Ehe und Familie nichts anderes als eine dem Gesetz angepaßte Form des Zusammenlebens ohne inneren Gehalt. Das Bundesverwaltungsgericht sehe das Wesen von Ehe und Familie aber gerade in der Tatsache begründet, »daß die einzelnen Ehegatten ihre je eigene Individualität der Ehe und Familiengemeinschaft unterordnen und daß im Bekenntnis zur Ehe zugleich auch die Übernahme der damit für die eigene Individualität verbundenen Opfer beschlossen ist«[48]. Gleichwohl bleibt auch in diesem Zusammenhang der in den Interpretationen grundlegender Normen durch Rechtsprechung und Rechtswissenschaft längerfristig zu beobachtende Wandel mit zu bedenken. So ist etwa zu den Reformentwicklungen des Familienrechts angemerkt worden, die Reformen entsprängen – aufs Ganze betrachtet – einer individualistischen Konzeption der familiären Beziehungen, die die Familie weniger als Einheit denn als »Treffpunkt individueller Rechte« sähen, der Rechte der Frauen, der Kinder und neuerdings auch der Männer[49].

Wenn eine Familienpolitik sich an den angesprochenen Leit- und Ordnungsvorstellungen vor dem Hintergrund von im wechselseitigen Zusammenhang stehenden Grundwerten wie Freiheit, Solidarität und Gerechtigkeit orientiert, folgen daraus zugleich bestimmte, in einem entsprechenden Familienkonzept verdichtete Anforderungen an Binnenstruktur und Außenbeziehungen der Familien wie auch an deren grundlegende Aufgaben und Leistungen. Zu nennen sind hier die Bedeutung von partnerschaftlichen Strukturen in den Ehegattenbeziehungen und eine altersgemäße Berücksichtigung des Kindes in den Eltern-Kind-Beziehungen, Rollenannäherung zwischen Mann und Frau mit nicht rein individualistisch mißverstandenen »emanzipatorischen« Grundeinstellungen auf beiden Seiten, mehr Rollenflexibilität, und zwar auch im Sinne von Korrekturmöglichkeiten zunächst getroffener Entscheidungen im Lebensablauf, und nicht zuletzt eine zum öffentlichen Raum hin geöffnete Familie, die in einer offenen, freilich auch solidarischen Leistungsgesellschaft einen ihre Aufgabenerfüllung beeinträchtigenden Familienzentrismus überwindet. Diese Merkmale benennen konkrete Orientierungen für die Ordnung der Rechtsbeziehungen der Familienmitglieder, aber auch für familienpolitische Einwirkungen auf die Rahmenbedingungen des familialen Zusammenlebens, die für die Ausprägung dieser Merkmale wichtig sind, auf seine bedingenden Voraussetzungen in sozialökonomischer wie auch soziokultureller Hinsicht. Denn diese müssen es den Familen erleichtern, den genannten Anforderungen an die Binnenstruktur und

48 Dieter Giesen, Familienrecht, Tübingen 1994, S. 14.
49 Dieter Schwab, Familienrecht im Umbruch, in: FamRZ (1995) 9, S. 514.

Außenbeziehungen zu entsprechen. Es geht im übrigen sowohl um den Abbau von Konflikten, weil dies für eine bestmögliche Funktionserfüllung von Familien wichtig erscheint, als auch um mehr persönliche Handlungsfreiräume je nach den individuellen Lebensentwürfen der Ehepartner. Das auf die Ordnung der Beziehungen gerichtete Ziel konkretisiert sich für die Familienpolitik als Gesellschaftspolitik damit weiter in Richtung der Förderung von gesellschaftsordnungskonformen Binnenstrukturen familialen Zusammenlebens. Das auf das Außenverhältnis von Familien gerichtete Ziel konkretisiert sich in Richtung der Förderung eines Beziehungsverhältnisses von Familie und gesellschaftlichem Raum, das von einer familialen Öffnung zur Gesellschaft (u. a. mit ihren Solidaranforderungen) ebenso gekennzeichnet ist wie von einer nicht nur verbalen Anerkennung elementarer Entfaltungsbedingungen der Lebensordnung Familie durch die staatlich verfaßte Wirtschaftsgesellschaft.

Der Familie kommt nicht nur eine »Dienstfunktion« gegenüber ihren einzelnen Mitgliedern oder gegenüber der Gesellschaft zu. Vielmehr ist ihr auch ein aus der menschlichen Person abgeleiteter und insoweit relativer Eigenwert beizumessen. Damit tritt in der Entfaltung eines familienpolitischen Zielsystems neben den Gesichtspunkt der möglichst wenig beeinträchtigten Funktionserfüllung der weitere Aspekt der Vereinbarkeit der Ziele der Familienpolitik mit den gesellschaftspolitischen Bedingungen, die für das jeweilige Gesellschaftssystem als konstitutiv angesehen werden. Auch hier wird die Bedeutung des Prinzips der Gesellschaftsordnungskonformität[50] sichtbar, das nicht erst bei dem Mitteleinsatz zu beachten ist, sondern schon auf der Zielebene selbst. Zu diesen Bedingungen gehört die Wertentscheidung für die Familie als Lebenseinheit. Daher darf die Familienpolitik auch nicht auf eine reine »Familienmitgliederpolitik« verengt werden, wie sie sich umgekehrt auch nicht in einer »Institutionenschutzpolitik« erschöpfen darf. Wenn Familie als »Gruppe eigener Art« (René König) zu gelten hat, dann hat dieser Gruppencharakter Bedeutung für eine Familienpolitik: Diese kann sich dann nicht auf Maßnahmen für Individuen begrenzen, sondern muß die Gliedhaftigkeit des einzelnen in der Gruppe mit im Blick behalten. Gleichwohl können sich in der konkreten Situation auch Zielkonflikte ergeben, so zwischen den Bestrebungen um mehr Startchancengleichheit bzw. unter Umständen mehr Ergebnisgleichheit auf der einen und Wahrung der Entscheidungsfreiheit der Familie über Erziehung und soziale Placie-

50 Für die allgemeine Sozialpolitik vgl. zum Prinzip der Ordnungskonformität Heinz Lampert, Lehrbuch der Sozialpolitik. Berlin – Heidelberg 1996[4], S. 404 f. Lampert hebt mit Recht hervor, die Substanz der Sozialordnung und der Wirtschaftsordnung als Teilordnungen einer Gesellschaft müssen auch den obersten Zielen und Prinzipien der Gesellschaftsordnung entsprechen. In seiner Studie Familienpolitik – Ziele, Wege und Wirkungen (vgl. Anm. 5), S. 280, hat der Verfasser für die Familienpolitik die Notwendigkeit unterstrichen, sie in eine möglichst geschlossene, in sich widerspruchsfreie gesellschaftliche Ordnungspolitik einzugliedern. Diese ist, wie Wilfried Schreiber Anfang der sechziger Jahre herausstellte, im Grunde ebenso unteilbar wie der Sozialprozeß selbst, dessen – aus Gründen der pragmatischen Zweckmäßigkeit gedanklich ausgegliederten – »Teilbereiche« tatsächlich nur Teilaspekte des einen Sozialprozesses sind und allesamt in einem Interdependenzverhältnis zueinander stehen. Zur Frage des Standorts der Sozialpolitik-Lehre im Ganzen der Sozialwissenschaften, siehe auch: Friedrich Karrenberg/Hans Albert (Hrsg.), Sozialwissenschaft und Gesellschaftsgestaltung. Festschrift für Gerhard Weisser, Berlin 1963, S. 359.

rung der Kinder auf der anderen Seite, aber auch als Ziel- und Rollenkonflikte junger Mütter und Väter zwischen Familie und Erwerbstätigkeit andererseits.

Im übrigen muß mit der Möglichkeit gerechnet werden, daß vorgefundene zeitbedingte Familienstrukturen aufgrund der damit verbundenen Leistungsbehinderungen und -grenzen die Verwirklichung bestimmter Ordnungsvorstellungen über Person und Gesellschaft beeinträchtigen. Dies spricht nicht gegen die Familie als grundlegende gesellschaftliche Einheit, wohl aber wird damit die Frage aufgeworfen, inwieweit sich bestimmte Familienstrukturen verändern lassen. Familienpolitik hat es stets mit der Alltagswirklichkeit, die von Menschen gelebt wird, wie auch mit dem institutionellen Ordnungsrahmen dieses Zusammenlebens zu tun. Institutionen aber können aufgrund der für sie notwendigen, auf Dauerhaftigkeit angelegten Strukturen immer auch Züge von ausgesprochener Lieblosigkeit in sich tragen. Damit muß sich auch die Familie nicht nur in ihrem Alltag auf Mängel in den personalen Gegebenheiten, sondern ebenso in ihrem institutionellen Rahmen darauf befragen lassen, wo hier Strukturen zu überdenken und nötigenfalls zu verändern sind. Familienpolitik hat wohl nur dort ein vergleichsweise sachgerechtes, weil menschlichen Problemlagen angemessenes Verständnis von ihren Aufgaben, wo sie ein »dialektisches Verhältnis« zur Familie hat, die es in ihren unabdingbaren personprägenden und gesellschaftsbildenden Leistungen zu erhalten und zugleich in strukturellen Elementen, die unter veränderten gesellschaftlichen Bedingungen dieser Leistungsentfaltung eher hindernd im Wege stehen, zu verändern gilt – also Erhaltung und Stärkung durch Veränderung und Weiterentwicklung auch äußerer Strukturen. Die sowohl bei Franz-Xaver Kaufmann wie auch im Fünften Familienbericht oft zitierte »strukturelle Rücksichtslosigkeit« von Wirtschaft und Gesellschaft gegenüber den Familien, die mit Recht kritisiert wird, ist nur die eine, ordnungspolitisch kaum nachdrücklich genug zu unterstreichende Seite der Medaille; mögliche strukturelle Schwächen von Familien gegenüber dem Einzel- und Gemeinwohl sind die andere, stets mit zu bedenkende Seite.

So ist insgesamt das für die Grundorientierungen der Familienpolitik maßgebliche Leitbild von Familie und Ehe, wie es auch das Bundesverfassungsgericht in seiner umfangreichen Rechtsprechung gezeichnet und das darüber hinaus in grundsätzlichen Zielsetzungen der offiziellen Politik seinen Niederschlag gefunden hat, mit Blick auf die familiale Binnenstruktur, das Außenverhältnis und die äußeren Lebensbedingungen der Familien von den Prinzipien der Solidarität und Gerechtigkeit, der Gleichberechtigung und der Wahlfreiheit bestimmt, aber auch vom Prinzip der Chancengleichheit sowie vom Subsidiaritätsprinzip im Sinne der für Staat und Gesellschaft gebotenen Zurückhaltung gegenüber den Eigenkräften der Familien. Das Subsidiaritätsprinzip entlastet im übrigen nicht von der Analyse der Sachzusammenhänge und der Suche nach einer sachgerechten Lösung, macht diese Anstrengungen also keineswegs überflüssig, leitet als ein heuristisches Prinzip freilich dazu an. Solidarität in der familialen Lebensgemeinschaft darf möglichst nicht beeinträchtigt werden, im Gegenteil ist ihre Ausprägung zu fördern. Wahlfreiheit der Ehepartner muß z. B. hinsichtlich der Vereinbarung von Familienarbeit und Erwerbstätigkeit gewährleistet sein. Chancengleichheit gilt in familienpolitischer Sicht nicht nur für Kinder aus unterschiedlich großen Familien, sondern für familienorientierte Lebensentwürfe überhaupt. Die anzustrebende Gerechtigkeit verlangt für den Sachbereich Familie, daß die aus den genannten Prinzipien erwachsenden Ansprüche der einzelnen Familienmitglieder angemessen berücksichtigt werden; die Verwirklichung dieser Gerechtigkeit findet im Feld der politischen Gestaltung der Lebensverhältnisse von Familien Grundlage und Orientierung in einem Ethos, das Mann, Frau und Kindern die gleich hohe Menschenwürde zuerkennt und in der solidarischen Gemeinschaft der Familie eine in hohem Maße wertbesetzte Grundlage des menschlichen Zusammenlebens sieht.

Die **familienpolitischen Grundziele**, die sich in dem Endzweck der Familienpolitik bündeln, lassen sich unter Berücksichtigung der grundgesetzlichen, bundesverfassungsgerichtlichen, gesellschaftsordnungspolitischen und aus internationalen Auflagen kommenden Vorgaben sowie nicht zuletzt der Erwartungen und der Akzeptanz auf seiten der Betroffenen wie folgt zusammenfassen:

1. Förderung von gesellschaftsordnungskonformen familialen Binnenstrukturen;
2. Öffentliche Rücksichtnahme auf die Eigenständigkeit der gesellschaftsoffenen Familie im Außenverhältnis;
3. Absicherung eines familiengemäßen Einkommens;
4. Sicherstellung eines familiengerechten Wohnens;
5. Gewährleistung einer familienbezogenen Bildung und Beratung sowie Bereitstellung familienergänzender sozialer Dienste und damit einer familienbezogenen sozialen Infrastruktur;
6. Sicherung eines Mindestmaßes an gemeinsamer freier Zeit für familiales Zusammenleben;
7. gesetzlicher Schutz und öffentliche Wertschätzung der gesellschaftlichen Institutionen Familie und Ehe sowie des ungeborenen Lebens.

Diese Aufgliederung familienpolitischer Grundziele sollte nicht als eine Rangordnung mißverstanden werden. Die Ziele greifen ineinander, teils bedingen sich ihre Verwirklichungen wechselseitig. Vor allem gilt es, im Entwurf und in der Durchsetzung eines familienpolitischen Gesamtkonzepts die Alternativattrappe zwischen wirtschaftlichen Fördermaßnahmen und immaterieller Stützung und Förderung der Familie zu vermeiden. Wirtschaftliche Familienhilfen können zugleich auch als Ausdruck der ideellen Anerkennung der Familie gesehen werden, wie umgekehrt die ideelle Stützung der Familie auf die Bereitschaft in der Gesellschaft zur wirtschaftlich-sozialen Förderung zurückwirkt. Innerhalb der wirtschaftlichen Fördermaßnahmen sind z. B. Einkommenshilfen als Instrument auch für die Sicherstellung familiengerechter Wohnbedingungen insofern wichtig, als sie auf dem Wohnungsmarkt die Nachfrage stärken. Die konkrete Ausgestaltung einer familienbezogenen sozialen Infrastruktur deckt nicht nur spezifische Bedürfnisse von Familien z. B. nach Bildungs- und Beratungshilfen ab, sondern wirkt zugleich zurück auf die Binnenstruktur der Familien und ihre materielle Lebenslage.

Die Zielsetzungen der Familienpolitik werden vor allem in der Konkretisierung im allgemeinen auch mitbestimmt vom Familienbild der politischen Mehrheit. Daher ergeben sich Veränderungen in Anlage und Ausgestaltung familienpolitischer Maßnahmen und Leistungen nicht selten bei grundlegenderen Regierungswechseln, wenngleich andererseits bestehende Regelungen durch ein systembedingtes »Trägheitsmoment« gekennzeichnet sein können und sich zumindest kurzfristig nicht ändern lassen, obwohl dies veränderten Zielsetzungen entsprechen würde. Derartige Kurskorrekturen finden sich auf Bundesebene ebenso wie auf Länderebene; zugleich können sich partielle Inkongruenzen zwischen dem Bund und einzelnen Bundesländern ergeben, in denen sich die föderale Struktur des politischen Gesamtsystems auswirkt. Darauf wird an Hand einzelner Beispiele im Verlauf der Darstellung zurückzukommen sein.

2.3.2 Familienpolitische »Grundmuster« und familienwissenschaftliche Orientierungshilfen

Für eine in sich konsistente Familienpolitik als Gesellschaftspolitik erscheint es bei der Verwirklichung dieser Ziele wichtig, von einem konsensfähigen familienpolitischen »Grundmuster« oder »Konzept« auszugehen. Bei genauerem Hinsehen lassen sich hier mehrere **konkurrierende Grundmuster von Familienpolitik** ausmachen, die zwar in der Realität nicht in ihrer idealtypischen Ausprägung zu finden sind, aber offensichtlich die tatsächliche Politik in ihrer konkreten Ausgestaltung mitbestimmen. Als solche familienpolitische Grundmuster lassen sich unterscheiden:

- ein vorrangig individualistisch orientiertes Grundmuster, bei dem sehr betont vom Recht und den Bedürfnissen des einzelnen ausgegangen wird; wichtige Leitprinzipien bilden hier die besondere Betonung der individuellen Freiheitsrechte und der möglichst weitgehenden Selbstentfaltung des einzelnen;
- ein vorrangig gesamtgesellschaftlich, also eher kollektivistisch orientiertes Grundmuster, das stärker auf die Gesellschaft als ganze orientiert ist; hier tritt die »Dienstfunktion« der Familie gegenüber der Gesellschaft besonders in den Vordergrund;
- ein vorrangig familienzentriertes Grundmuster, bei dem die Eigenständigkeit, der Eigenwert und die vorstaatlichen Rechte der Familie besonders hervorgehoben werden; gegenüber den Problemlagen in der Alltagswirklichkeit des Zusammenlebens von Eltern und Kindern in ihren unterschiedlichen Erscheinungsweisen dominieren hier der Schutz und die Sicherung des institutionellen Charakters der Familien, die es vorrangig zu gewährleisten und zu fördern gelte;
- schließlich ein am Menschen als personalem Wesen orientiertes Grundmuster, das die interdependenten Verflechtungen von einzelnem, Familie (in ihrer Alltagswirklichkeit und ihrem institutionellen Rahmen) und Gesellschaft möglichst ausgewogen zu berücksichtigen sucht, weil eine Vernachlässigung dieser unaufhebbaren Wechselwirkung auf Dauer nicht ohne Beeinträchtigung des Einzel- und Gemeinwohls möglich ist. Im Vordergrund steht hier ein auf die Gemeinschaft bezogenes Menschenbild; die Familie hat dabei eine dem Staat und der Gesamtgesellschaft vorgelagerte Eigenbedeutung, die gleichwohl relativ, weil auf die Person bezogen ist.

Für eine auf Gesellschaftsordnungskonformität mit bedachte Familienpolitik dürfte eine Entscheidung für das zuletzt genannte »Grundmuster« am ehesten eine tragfähige Perspektive verleihen, und zwar für Deutschland gerade auch angesichts der in der Vergangenheit doch nicht unbeträchtliche Auseinanderentwicklung der Sozialordnungen in den beiden Teilen Deutschlands. Bei einer betonten Orientierung an dem am Menschen als personalem Wesen orientierten Grundmuster sollte es dann auch möglich sein, eine relative Ausgewogenheit von »Familienmitgliederpolitik« und »Institutionenschutzpolitik« in den familienpolitischen Zielsetzungen und den ergriffenen familienpolitischen Maßnahmen sichtbar werden zu lassen.

Da die umrissenen hauptsächlichen Grundziele der Familienpolitik in einem Zweck-Mittel-Verhältnis zu allen familienpolitischen Bemühungen stehen, stellen sie selbst noch keine solchen Endzwecke dar; sie bilden »Zwischenziele«, die im Hinblick auf das Sinnziel aller Familienpolitik ihrerseits als Mittel anzusehen sind. Insofern ist auch im Zuge des gesellschaftlichen Wandels immer wieder die Frage zu stellen, ob mittels ihrer Realisierung der letzte Endzweck tatsächlich (noch) erreicht wird und ob zusätzliche neue Ziele anzusteuern bzw. Gewichtsverlagerungen zwischen den einzelnen Zielen vorzunehmen sind, wenn die Familienpolitik »sinnkonform« sein und bleiben soll.

Die familienpolitische Praxis ist leicht der Versuchung ausgesetzt, in »verkürzten Zweckreihen« zu denken. Hans Achinger hat im Anschluß an Georg Simmel diesen Zusammenhang seinerzeit für die allgemeine Sozialpolitik aufgezeigt[51]. Auch für die Familienpolitik gilt, daß der Endzweck durch die geeigneten Mittel um so sicherer erreicht wird, je vollständiger die Kräfte allein auf die Durchsetzung der Mittel als der eigentlich praktischen Aufgabe konzentriert sind. Infolgedessen erscheint es für die tatsächliche Politik als das Zweckmäßigste, alle Energie möglichst auf das nächstgelegene Mittel zu richten und dieses so zu behandeln, als wäre es der Zweck selbst.

Ein Beispiel mag das verdeutlichen: Ein Familienlastenausgleich mittels Kindergeldleistungen dient seinerseits als ein unter bestimmten gesellschaftlichen und wirtschaftlichen Bedingungen geeignetes Mittel zur Sicherstellung eines familiengemäßen Einkommens. Letzteres wiederum soll eine angemessene Versorgung mit materiellen und immateriellen Lebensgütern gewährleisten und damit eine sehr wesentliche Voraussetzung schaffen für die volle Entfaltung der Familie gemäß ihrem vielfältigen Auftrag gegenüber dem einzelnen und der Gesellschaft. Ein Familienlastenausgleich kann somit nicht einen letzten Endzweck darstellen, und die zu seiner Verwirklichung vorgenommenen Einkommensumverteilungen können demgemäß auch nicht für alle Zeiten fixiert sein, sondern haben der wirtschaftlichen und sozialen Entwicklung Rechnung zu tragen. Die familienpolitische Praxis dagegen wird sich gerade im politischen Alltag leicht den ersten Stufen dieser Zweckreihe zuwenden und sich so auf das Kindergeld konzentrieren, daß dieses einen Selbstzweck anzunehmen scheint. Für die Nachhaltigkeit der Lösung bestimmter tagespolitischer Aufgaben wird dieses Arbeiten mit einer kurzen Zweckreihe zwar nicht ohne Bedeutung sein (zumal es auch nicht von der konkreten Aufgabenstellung »ablenkt«), andererseits kann damit allerdings auch eine gewisse »Blindheit« gegenüber dem eigentlichen Sinnziel und möglichen neuartigen Wegen seiner Realisierung verbunden sein. Es hat daher eine vornehmliche Aufgabe der theoretischen Befassung mit der Familienpolitik, den Blick zu schärfen für die Versuchung, die

51 Hans Achinger. Sozialpolitik als Gesellschaftspolitik, Hamburg 1958, S. 9f.

Zweckreihen in der Familienpolitik zu verkürzen, also etwas für den Endzweck zu halten, was nur ein Mittel, ein »Zwischenziel« zur Erreichung des allein sinngebenden Endzwecks aller Familienpolitik darstellt.

Für die Begründungen der einzelnen Ziele und die Einsichten in die Bedingungen ihre Verwirklichung, für die Auswahl gerade auch von Ziel-Mittel-Alternativen, sind die Orientierungsgrundlagen und Entscheidungshilfen unentbehrlich, wie sie von Wissenschaft und Forschung, speziell von **interdisziplinär** angelegten familienwissenschaftlichen Arbeiten, für das familienpolitische Handeln zur Verfügung gestellt werden können und in den letzten Jahrzehnten auch verstärkt bereitgestellt werden. Unbeschadet dessen läßt sich freilich immer wieder eine nur »selektive Wahrnehmung« der politischen Akteure beobachten. Hier liegt auch die Bedeutung einer »theoretischen Familienpolitik« (Familienpolitik-Lehre; Familienpolitik als wissenschaftliche Disziplin), die auf die gedankliche Durchdringung des tatsächlichen familienpolitischen Handelns gerichtet ist, sei es nun die – in aller Regel interessengeleitete – Auseinandersetzung um die Gestaltung der einzelnen Maßnahmen (»politics«), sei es das jeweils verwirklichte System von Zielen, Maßnahmen und Einrichtungen (»policy«). Für die tatsächliche Familienpolitik eines Gemeinwesens erscheint ein Rückgriff auf diesen wissenschaftlichen Beitrag insbesondere dann unentbehrlich, wenn sie ausdrücklich auf mehr »Rationalität« bedacht ist. Besondere Bedeutung besitzen dabei die sozialwissenschaftlichen Wirkungsanalysen, denen inzwischen erfreulicherweise mehr Raum gegeben wird. Dabei müssen dann auch unbeabsichtigte Nebenwirkungen interessieren, die unter Umständen den politischen Zielverwirklichungen im familienpolitischen Handlungsfeld selbst oder in anderen Politikbereichen entgegenlaufen können. Wirkungsanalysen im Bereich wirtschaftlicher Familienhilfen werden in dem Maße um so dringlicher, als – insbesondere in Zeiten sehr angespannter öffentlicher Haushaltskassen – die finanziellen Aufwendungen in ihrer absoluten Höhe volkswirtschaftlich ein immer größeres Gewicht erlangen, worüber das »Sozialbudget« im einzelnen Aufschluß gibt.

Die Bestrebungen nach mehr **Rationalität im familienpolitischen Handeln** verdienen nachhaltige Unterstützung, auch wenn damit nicht etwa dem Glauben an eine umfassende rationale Beherrschbarkeit des politischen Prozesses Vorschub geleistet werden darf. Von den Anforderungskriterien her kann Familienpolitik formal in dem Maße als »rational« bezeichnet werden, als sie

1. klare, ausreichend operationalisierte und in sich widerspruchsfreie Zielsetzungen besitzt, so vor allem auch bezüglich Struktur sowie Aufgaben und Leistungen der Familien heute und in absehbarer Zeit;
2. sich durch Orientierung an bereichsübergreifenden wertbesetzten gesellschaftspolitischen Ordnungsvorstellungen als bewußt strukturgestaltende Gesellschaftspolitik versteht und damit
3. inhaltlich wesentlich abhängt von dem Urteil über die gesamtgesellschaftliche Ordnung und von der Richtung der angestrebten gesellschaftlichen Veränderungen;
4. gegenwärtig betont kindbezogen ist, vor diesem Hintergrund sich im übrigen problemspezifisch jeweils am Wohl der einzelnen Familienmitglieder ebenso orientiert wie an dem der Lebenseinheit Familie;

5. mit Zielvorstellungen zur sozialen (Rahmen-)Steuerung des demographischen Prozesses abgestimmt ist;
6. durch zweckrationalen Mitteleinsatz gekennzeichnet und auf ökonomische Rationalität bedacht ist;
7. mit Bezug auf ihre Erfolgswirksamkeit betrieben wird und daher systematische Erfolgsanalysen umfaßt;
8. auf Einsicht in die wechselseitigen Abhängigkeiten der getroffenen Maßnahmen und deren tatsächlichen Nebenwirkungen beruht;
9. als eine wichtige Voraussetzung ihrer selbst auf Verbreiterung der im interdisziplinären Ansatz zu gewinnenden familienwissenschaftlichen Grundlagen bedacht ist, ohne dabei politische Entscheidungen wissenschaftlich zu erschleichen;
10. insgesamt eindimensionale Ansätze vermeidet und sich als eine bedeutsame Querschnittsaufgabe im sozialen Rechtsstaat versteht, dessen zeitgemäße Fortentwicklung immer neu aufgegeben ist.

Bei der Berufung auf eine durch Rationalität gekennzeichneten Familienpolitik ist im übrigen stets zu unterscheiden, ob es sich um die Diskussionsebene einer »Familienpolitik-Lehre«, auf der das Rationalitätskriterium freilich auch unter Einbeziehung von Aspekten einer »politischen Rationalität« im Grunde selbstverständlich sein sollte, oder aber ob es um die Einschätzung tatsächlichen familienpolitischen Handelns geht. Letzteres wird nicht selten Rationalitätsdefizite aufweisen und kann z. B. auch durch politische Kompromisse mehr oder weniger entstellte Grundmuster von Familienpolitik erkennen lassen, die an innerer Konsistenz eingebüßt haben. Um so wichtiger bleibt freilich auf der Ebene der tatsächlichen Familienpolitik die Orientierung an einem Leitbild rationaler Familienpolitik, gestützt auch auf die gedankliche Integration familienwissenschaftlicher Grundlagen von Ziel-Mittel-Relationen und begleitender Erfolgskontrollen, auch wenn diese Abstützung im Einzelfall mehr postuliert als realisiert sein mag.

Bei den einzelnen Grundzielen, die jeweils weiter in Unterziele auszudifferenzieren sind, stellt sich nun die Frage, inwieweit in unserer Sozialordnung tatsächlich von einer ausreichenden Zielverwirklichung gesprochen werden kann. Diese Auseinandersetzung kann im folgenden nicht in erschöpfender Systematik für das gesamte familienpolitische Zielsystem geleistet werden, wohl aber sollen einige gegenwärtig besonders im Vordergrund stehende Problemfelder betrachtet werden. Zuvor aber stellt sich noch die Frage, in welchen äußeren Erscheinungsformen die Familien anzutreffen sind, vor allem also, welche familiendemographischen Strukturen sie aufweisen. Es geht um eine Art »Mengengerüst« des Adressaten der Familienpolitik. Über die quantifizierende Analyse hinaus sind die in den letzten Jahren eingetretenen Veränderungen möglichst in die übergreifende gesellschaftliche Entwicklung einzuordnen. Dieser Versuch ist deshalb wichtig, weil sich von daher die Veränderungen in den Erscheinungsformen von Familien vertiefter verstehen und in ihrer familienpolitischen Bedeutung besser abschätzen lassen. In einem auf das Internationale Jahr der Familie (1994) hin angelegten Vortrag über »Familie im Emanzipationsprozeß« hat Hermann Lübbe zu Recht unterstrichen, ohne Rückbezug auf die demographisch vermessenen und soziologisch verständlich gemachten Tatbestände sei familienpolitische Urteilsbildung nicht möglich, und stellte dazu fest: »Das bedeutet banalerweise nicht, daß man Fakten und Trends moralisch und juridisch zur Norm erhoben hätte. Es bedeutet aber, daß, wer die fraglichen Fakten und Trends einschließlich ihrer kulturellen und sozialen Voraussetzungen nicht zur Kenntnis nähme, sich auch über Nötigkeit und Wirksamkeit moralischer und juridischer Normierungen gar kein Urteil bilden könnte.«

2.4 Familie im Wandel

2.4.1 »Mengengerüst« der veränderten familialen Lebensformen

Im folgenden wird zunächst ein Überblick über die zur Diskussion stehenden Größenordnungen und Erscheinungsformen der Familien gegeben. Dabei interessieren diese zugleich in ihrem zahlenmäßigen Verhältnis zu den nichtfamilialen Lebensformen in der Gesamtbevölkerung. Auch eine Verknüpfung des Wandels familialer Lebensformen mit gesamtgesellschaftlichen Bestimmungsfaktoren und deren abschätzbaren weiteren Veränderungen erscheint wichtig für die anschließende Erörterung der ausgewählten familienpolitischen Grundziele, die dann anhand problemspezifischer Lageanalysen weiter zu konkretisieren, d. h. durch ausreichende Operationalisierung für das politische Handeln möglichst handhabbar zu machen sind.

Familienpolitisch wichtig erscheinende Haushalts- und Familiendaten ergeben sich aus dem Bezugsrahmen über die Lebensformen der Bevölkerung auf der Grundlage des Mikrozensus, der allerdings Zeitpunktergebnisse liefert und deshalb nur mittelbar Einsichten über Veränderungen im Lebensablauf des Einzelnen vermittelt, für die dann auf »unechte Längsschnitte« zurückgegriffen werden kann. Als Lebensformen werden in dieser Erhebung relativ stabile Beziehungsmuster der Bevölkerung im privaten Bereich verstanden, die allgemein mit Formen des Alleinlebens oder Zusammenlebens (mit Kindern oder ohne Kinder) beschrieben werden können. Ergänzend kann für einen Einblick in die Entwicklung der familialen Lebensformen auf die Datengrundlagen des »Sozio-ökonomischen Panels« sowie auf die »Allgemeine Bevölkerungsumfrage der Sozialwissenschaften« (ALBUS) zurückgegriffen werden.

Zu den familienpolitisch relevanten, familiendemographischen Tatbeständen und Zusammenhängen, über die es in der öffentlichen Diskussion nicht selten mißverständliche Aussagen und problematische Schlußfolgerungen gibt, ist festzuhalten:

1. Zunächst gilt es, schon begrifflich zwischen den Familien und den (privaten) Haushalten zu unterscheiden (zu den Haushaltsformen siehe *Schaubild 2*). Zum sozialen Gebilde Familie gehört als sozial-ökonomische Kehrseite der Medaille der Haushalt, in dem die Familienmitglieder zusammen leben (Familienhaushalt); aber nicht jeder Haushalt ist eine Familie im sozialwissenschaftlichen Sinne, so daß innerhalb der privaten Lebensformen die familialen Lebensformen von nicht-familialen zu unterscheiden sind. Wenn man von der Gesamtzahl der privaten Haushalte

Schaubild 2: Haushaltsformen 1995

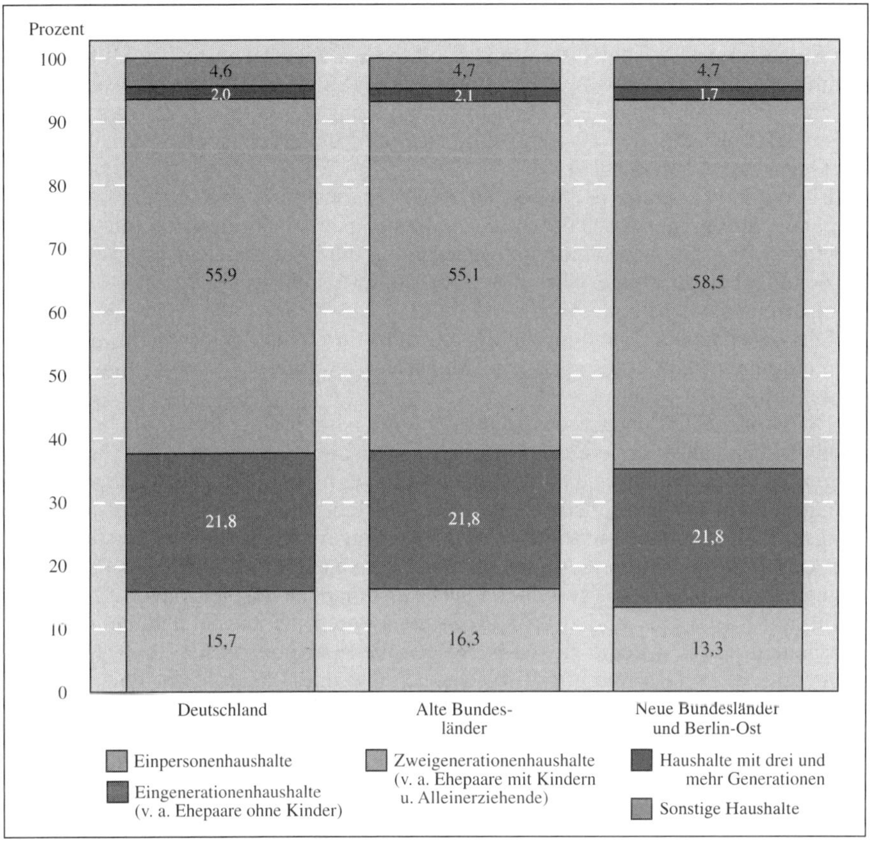

Quelle: Statistische Bundesamt, Ergebnisse des Mikrozenzus 1995.

in einer Gesellschaft ausgeht, bilden die Familienhaushalte im engeren Sinne immer nur einen Teil dieser Gesamtheit. Dies ist etwa dort von Bedeutung, wo man von einem vor diesem Hintergrund rückläufigen zahlenmäßigen Gewicht der Familien vorschnell von einer abnehmenden »Bedeutung« von Familien glaubt ausgehen zu können. So lebten im Jahre 1993 in Deutschland 18 Prozent der rund 64,7 Millionen Personen im Alter von 18 und mehr Jahren allein in einem Haushalt, ohne daß diese Personen allerdings alle als »Singles« gelten können, wenn darunter ein bewußt gewählter Lebensstil verstanden wird. Es wäre eine sehr verkürzte Sicht, die Zunahme der Einpersonen-Haushalte mit einem Überhandnehmen von »Singles« gleichzusetzen und als Ausdruck etwa für zurückgehende Bindungsbereitschaft und »Singularisierung« unserer Gesellschaft anzusehen. Von der gelegentlich beschworenen »vollmobilen Single-Gesellschaft«, in der man von einer Wir-Identität der

Familie auf die Ich-Identität des Singles umgestiegen sei, sind wir noch sehr weit entfernt – und sie dürfte wohl auch nie Realität werden. Es gibt zwar solche Singularisierungstendenzen, aber diese können erst recht nicht aus der Größenordnung der Einpersonen-Haushalte der amtlichen Statistik abgelesen werden. Hier ist sehr wichtig, zu unterscheiden zwischen einer echten Singleexistenz als Lebensstil und bewußt auf Dauer gewählter Lebensform und demgegenüber der Vielzahl der Einpersonen-Haushalte, die aus unterschiedlichen Gründen ein größeres zahlenmäßiges Gewicht gewonnen haben:

- Einmal hat im Zuge der wirtschaftlichen Entwicklung und der damit verbundenen größeren wirtschaftlichen Unabhängigkeit des einzelnen die Zahl der jungen Erwachsenen deutlich zugenommen, die zwar aus dem Elternhaus ausziehen, aber für einige Jahre des Übergangs allein leben, ehe es zur Gründung einer eigenen Ehe bzw. Familie kommt.
- Die angestiegene Scheidungshäufigkeit führt durch die Auflösung des bisher gemeinsamen Haushaltes dazu, daß Menschen – wiederum sehr oft nur vorübergehend – allein leben.
- Die verlängerte Lebenserwartung der Menschen mit einer bisher noch um sechs bis sieben Jahre längeren durchschnittlichen Lebenserwartung der Frauen gegenüber den Männern bedingt eine große Zahl von Witwen- (und Witwer-) haushalten; der überlebende Lebenspartner lebt zwar hinfort allein, steht aber nicht für das, was man unter dem »Single« im eigentlichen Sinne zu verstehen hat.

Von den rund 64,7 Millionen erwachsenen Personen lebten 1993[52] 66 Prozent in Gemeinschaft mit einem (verschiedengeschlechtlichen) Partner, davon 61 Prozent mit ihrem Ehepartner und zirka 5 Prozent als Partner in einer nichtehelichen Lebensgemeinschaft. Alleinerziehende ohne Lebenspartner machen danach weitere schätzungsweise 3 Prozent aller Erwachsenen aus, und 2 Prozent der Personen lebten mit Verwandten oder Nichtverwandten in einer Haushaltsgemeinschaft. Etwas über 10 Prozent der erwachsenen Bevölkerung schließlich lebten als ledige Kinder bei den Eltern oder einem Elternteil; dabei ist der Anteil derjenigen noch ledigen Kinder bemerkenswert hoch, der noch bis zur Mitte des vierten Lebensjahrzehnts bei den Eltern bzw. einem Elternteil lebt, nämlich über 63 Prozent der 18- bis unter 25jährigen und noch über 13 Prozent der 25- bis unter 35jährigen *(siehe Tabelle 1)*. Eine formale Übersicht über die verschiedenen Lebensformen der Bevölkerung vermittelt das *Schaubild 3*.

2. Der Schwerpunkt der Lebensformen der Bevölkerung verändert sich, wie sich schon aus den Querschnittsdaten entnehmen läßt, im Verlaufe des Lebensalters, so daß jeder Altersabschnitt für ihn typische Lebensformen kennt. Dabei ist für den Lebensabschnitt der erwachsenen Bevölkerung unter 35 Jahren eine besonders breite Vielfalt der Lebensformen charakteristisch. Besonders deutlich wird dies bei den 25- bis unter 35jährigen: Von der Gesamtbevölkerung dieser Altersgruppe (rund 13,1 Millionen im Jahre 1993) waren knapp 17 Prozent Alleinlebende, über 11 Prozent verheiratet Zusammenlebende ohne Kinder und über 43 Prozent verheiratete Zusammenlebende mit Kindern, rund 10 Prozent in nichtehelichen Le-

52 Vgl. zum folgenden Franz Niemeyer/Hermann Voit, Lebensformen der Bevölkerung, in: Wirtschaft und Statistik, (1995) 6, S. 437–445.

Tabelle 1: Bevölkerung nach Altersgruppen und Lebensformen[1] in Deutschland 1993

Alter in Jahren	Insgesamt	Davon								
		Alleinlebende		Alleinerziehende ohne Partner[2]	mit einem Partner[3]				ledige Kinder bei Eltern/-teil	sonstige Personen[4]
					verheiratet zusammenlebend		in nichtehelicher Lebensgemeinschaft[2]			
		ledig	nicht ledig		ohne Kinder	mit Kindern	ohne Kinder	mit Kindern		
	1 000	– % –								
					Insgesamt					
18–25	7 024	12,2	0,3	1,3	4,9	7,2	7,2	1,5	63,7	1,8
25–35	13 119	14,8	2,0	3,4	11,3	43,4	7,0	2,9	13,6	1,5
35–45	11 382	6,3	4,0	4,9	10,5	66,0	2,5	2,2	2,8	1,0
45–55	10 985	3,9	6,9	4,0	32,3	47,7	2,2	0,9	1,0	1,1
55–65	10 022	3,6	10,9	3,1	54,7	23,5	1,8	0,3	0,5	1,7
65 und mehr	12 132	4,5	36,0	2,9	45,0	4,8	1,4	0,1	0,1	5,4
Insgesamt	64 664	7,5	10,7	3,4	27,1	33,9	3,5	1,3	10,4	2,1
					Männer					
18–25	3 590	11,9	0,2	0,2	3,1	3,9	5,0	0,9	72,8	2,0
25–35	6 664	17,7	2,5	0,4	10,8	36,6	7,5	2,8	19,8	2,0
35–45	5 685	8,3	5,1	1,3	9,7	65,0	2,8	2,3	4,2	1,4
45–55	5 534	4,9	6,1	1,7	28,7	52,3	2,3	1,2	1,5	1,3
55–65	4 929	3,5	6,6	1,4	56,0	28,5	1,9	0,3	0,5	1,3
65 und mehr	4 348	1,9	14,4	1,2	69,4	8,6	2,0	0,1	0,0	2,3
Zusammen	30 749	8,5	5,7	1,0	28,5	35,6	3,7	1,4	13,9	1,7
					Frauen					
18–25	3 433	12,5	0,4	2,5	6,8	10,7	9,5	2,0	54,1	1,5
25–35	6 455	11,9	1,5	6,4	11,9	50,4	6,6	3,0	7,3	1,0
35–45	5 697	4,3	2,8	8,5	11,2	66,9	2,1	2,1	1,3	0,7
45–55	5 451	2,8	7,6	6,3	35,9	43,1	2,0	0,7	0,6	1,0
55–65	5 093	3,8	15,1	4,7	53,4	18,6	1,7	0,2	0,5	2,0
65 und mehr	7 784	5,9	48,0	3,8	31,3	2,7	1,1	0,0	0,1	7,1
Zusammen	33 914	6,6	15,3	5,5	25,8	32,3	3,4	1,3	7,3	2,6

1 Bevölkerung am Familienwohnsitz.
2 Schätzung aus Ergebnissen des Mikrozensus.
3 Verschiedengeschlechtlicher Partner.
4 Dazu zählen Personen, die in sonstiger Gemeinschaft mit verwandten oder nicht verwandten Personen leben.

Quelle: Wirtschaft und Statistik 6/1995.

bensgemeinschaften (davon 7 Prozent ohne Kinder und 3 Prozent mit Kindern), 3,4 Prozent Alleinerziehende ohne Partner, weitere 13,6 Prozent ledige (erwachsene) Kinder bei den Eltern bzw. einem Elternteil und die restlichen 1,5 Prozent in sonstiger Gemeinschaft mit verwandten oder nichtverwandten Personen. Auch die nichtehelichen Lebensgemeinschaften ohne Kinder gehören als reine Paarbeziehungen nicht zu den familialen Lebensgemeinschaften, ebenso nicht die kinderlosen

Schaubild 3: Lebensformen der Bevölkerung

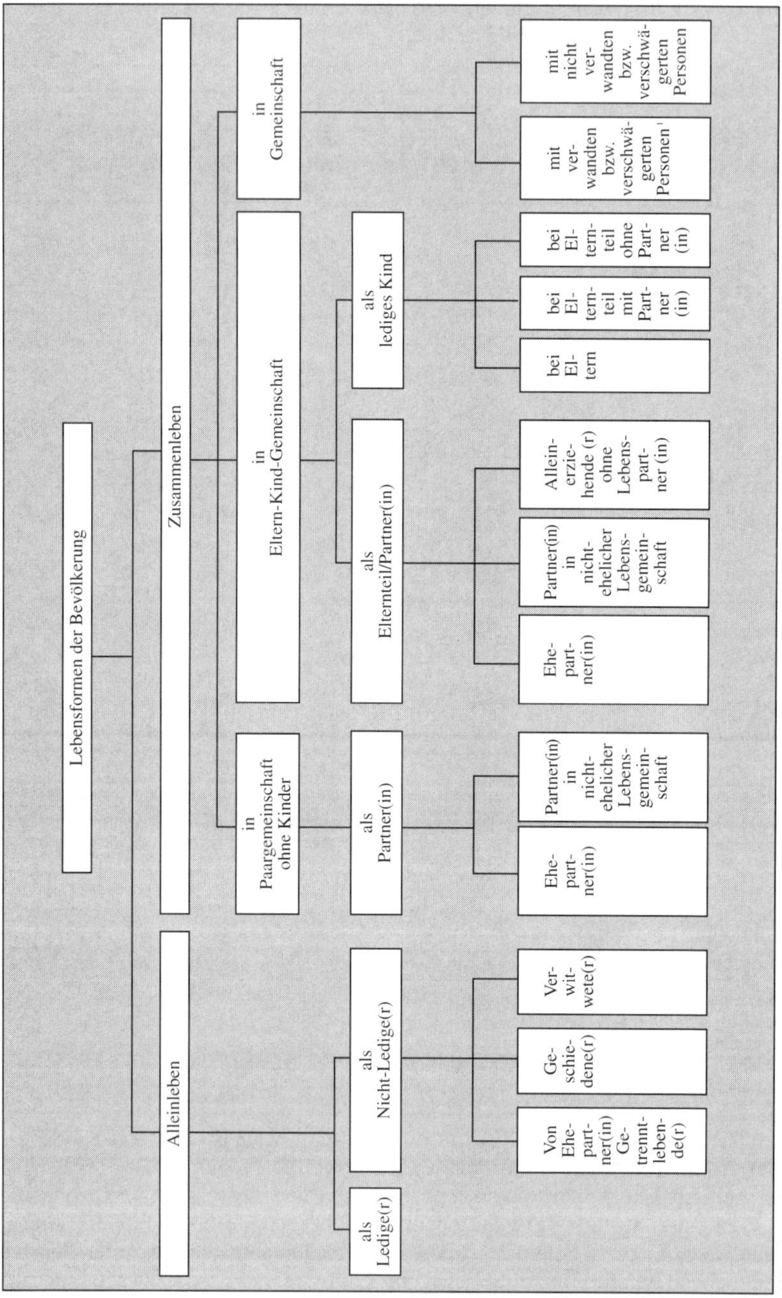

1 Gegebenenfalls zusätzlich mit nicht verwandten Personen.

Statistisches Bundesamt 95 - 1 - 0406

Quelle: Wirtschaft und Statistik 6/1995

Ehen, denen aber jeweils in aller Regel ein gemeinsamer Haushalt entspricht. Die auf einen Stichtag abstellende Haushaltsstatistik weist auch diejenigen Ein-Generationen-Haushalte aus, die neben den zeitlebens kinderlosen Ehen aus Ehepaaren bestehen, die zum Zeitpunkt der Erhebung noch keine Kinder oder keine ledigen Kinder mehr in ihren Haushalten haben. Das waren Anfang der neunziger Jahre rund 8,2 Millionen private Haushalte.

3. Mit Blick auf die Lebensgemeinschaften in Mehr-Personen-Haushalten (also nicht bezogen auf die einzelnen Personen) lassen sich Paargemeinschaften ohne Kinder (Ein-Generationen-Haushalte), seien es nun Ehepaare oder unverheiratet zusammenlebende Paare, und demgegenüber Eltern-Kind-Gemeinschaften (Mehr-Generationen-Haushalte), seien es nun Ehepaare mit Kind(ern), nichteheliche Lebensgemeinschaften mit Kind(ern) oder Alleinerziehende ohne Lebenspartner, unterscheiden. Im Jahre 1993 gab es in Deutschland insgesamt knapp 23,5 Millionen Gemeinschaften von (verheiratet oder unverheiratet) zusammenlebenden Paaren sowie von Alleinerziehenden mit Kindern. Davon waren 37,3 Prozent zusammenlebende Ehepaare ohne Kinder und 46,7 Prozent solche mit Kindern (zusammen 84 Prozent dieser Gemeinschaften). Dazu kommen schätzungsweise 5 Prozent nichteheliche Lebensgemeinschaften ohne Kinder und 2 Prozent solcher mit Kindern (zusammen 7 Prozent) sowie etwas über 9 Prozent Eltern-Kind-Gemeinschaften von Alleinerziehenden, die mit ihrem Kind (Kindern), aber ohne Partner lebten. Die Paargemeinschaften ohne Kinder machen insgesamt 42 Prozent aus, die Gemeinschaften (Paare und Alleinerziehende) mit Kindern (ohne Altersbegrenzung) zusammen 58 Prozent. Der Anteil der nichtehelichen Lebensgemeinschaften mit Kindern entspricht mit 2 Prozent aller Gemeinschaften in der Größenordnung etwa nur einem Fünftel der Alleinerziehenden ohne Partner. Unter den Paargemeinschaften ohne Kinder sind die nichtehelichen Lebensgemeinschaften deutlich häufiger vertreten. Speziell für die Altersgruppe (der Frauen) zwischen 35 und 45 Jahren, die im Hinblick auf das Zusammenleben mit Kindern einen besonders charakteristischen Lebensabschnitt darstellt, ergibt sich – jedenfalls für die zum Erhebungszeitpunkt bestehenden Gemeinschaften – der geringste Anteil der Paargemeinschaften ohne Kinder (14 Prozent) und dementsprechend der höchste Anteil an Eltern-Kind-Gemeinschaften (86 Prozent). In dieser Altersgruppe gab es zugleich mit schätzungsweise annähernd 500 000 die meisten Mütter als Alleinerziehende ohne Partner.

4. Unter dem Aspekt des Wandels der Lebensformen verdienen die nichtehelichen Lebensgemeinschaften besondere Beachtung. Sie haben sich in den vergangenen ein bis zwei Jahrzehnten mit großer Dynamik ausgebreitet, stehen allerdings, soweit die reinen Paarbeziehungen (noch oder auf Dauer ohne Kinder) sind, nicht im Vordergrund des familienpolitischen (oder familienpädagogischen) Blickfelds, wenngleich sie zum Beispiel im Umfeld einer auf Ehe und Familie hinführenden Bildungsarbeit von Interesse sein können. Die nichtehelichen Lebensgemeinschaften sind bisher im wesentlichen eher Ausdruck einer Übergangsphase im Lebensverlauf der einzelnen. Über die weitere Entwicklung von nichtehelichen Lebensgemeinschaften heißt es im Zwischenbericht der Enquete-Kommission »Demographischer Wandel« aus dem Jahr 1994: »Für eine Vielzahl junger Menschen hat sich damit eine neue Phase innerhalb des Lebensverlaufs etabliert. Die Phase der ›Postadoleszenz‹

mit eigenständigen Partnerschafts-, Wohn- und Erwerbsmustern, die auch zunehmend gesellschaftlich akzeptiert wird. Geht man davon aus, daß sich aus der Akzeptanz dieses Verhaltens schon eher eine neue gesellschaftliche Norm entwickelt (z. B. erst die Ehe proben, dann heiraten oder erst beruflich etablieren und ökonomisch absichern, dann Kinder bekommen), dann ist eine weitere Zunahme der Zahl junger nichtehelicher Lebensgemeinschaften wahrscheinlich.« (S. 67) Auf den Lebensablauf gesehen sind sie in der Mehrzahl der Fälle im Grunde auch keine Alternative zur Ehe, sondern eine Erscheinung in bestimmten Lebensphasen; sie könnten schon eher als eine Alternative zur Frühehe angesehen werden. Die Entwicklung in anderen europäischen Ländern kann es allerdings fraglich erscheinen lassen, ob dies auch auf längere Sicht in unserer Gesellschaft so sein wird.

Zu den familialen Lebensformen sind nur Haushalte von in diesem Falle unverheirateten Eltern *mit* Kindern zu rechnen. Diese rücken in jüngerer Zeit verstärkt in das Blickfeld nicht nur der familienwissenschaftlichen Forschung, sondern auch der Familienpolitik. Wiederum sind hier in dieser Form in der Vergangenheit nicht gekannte Entwicklungstendenzen zu beobachten, die sich auf die Formel der Abkoppelung der Elternschaft von der Ehe bringen lassen. Die nichtehelichen Lebensgemeinschaften mit Kindern bilden in unserer Gesellschaft nur eine Minderheit unter den nichtehelichen Lebensgemeinschaften, in den neuen Ländern sind sie allerdings deutlich häufiger vertreten als im früheren Bundesgebiet; nichteheliche Lebensgemeinschaften sind überwiegend kinderlos und münden meist später – soweit sie sich nicht vorzeitig auflösen, worüber verläßliche Daten kaum vorliegen[53] – in Ehe ein, und zwar bisher meist dann, wenn ein Kind erwartet wird. Das Zusammenleben von nichtverheirateten Paaren mit Kindern stellt zunehmend ein besonderes Problem im Spektrum der Familienpolitik (und der von ihr zu gewährleistenden Familienbildungsarbeit) dar, auch wenn ihr Anteil an der Gesamtheit der stark gestiegenen Zahl unverheiratet zusammenlebender Paare laut Fünftem Familienbericht tendenziell etwas abgenommen hat.

Die *Tabellen 2a, 2b* und *2c* lassen ein Gesamtbild erkennen, aus dem sich in etwa sowohl die unterschiedlichen Gewichte von nichtehelichen Lebensgemeinschaften ohne Kind und solchen mit Kindern als auch die Unterschiede für die alten gegenüber den neuen Bundesländern bis Mitte der neunziger Jahre entnehmen lassen.

Für die rasche Ausbreitung des nichtehelichen Zusammenlebens mit seinen zugrundeliegenden unterschiedlichen Beweggründen waren ganz bestimmte Voraussetzungen und Bedingungen wirtschaftlicher, institutioneller und geistiger Art notwendig, die sich zu einer Faktorstruktur nichtehelichen Zusammenlebens verbinden lassen[54]. Darin kommen zugleich bemerkenswerte Wandlungen in den wertbesetz-

---

53 Eine Längsschnittbefragung von unverheiratet zusammenlebenden Paaren ergab für den Übergang zu den neunziger Jahren, daß jedes vierte Paar im Verlauf des vierjährigen Beobachtungszeitraums die Beziehung aufgelöst hatte. Dies waren ganz überwiegend nichteheliche Lebensgemeinschaften ohne Kinder. Vgl. Laszlo A. Vaskovics/Marina Rupp, Entwicklungspfade nichtehelicher Lebensgemeinschaften, Forschungsbericht für das Bayerische Staatsministerium für Arbeit und Sozialordnung, Familie, Frauen und Gesundheit, Bamberg 1994, S. 151.

54 M. Wingen (Anm. 43), S. 63 f.

Tabelle 2 a: Nichteheliche Lebensgemeinschaften nach dem Familienstand der Partner[1] in den alten Bundesländern 1991

Familienstand der Partner	Alte Bundesländer					
	zusammen		ohne Kind		mit Kind(ern)[2]	
	1 000	%	1 000	%[3]	1 000	%[3]
Beide Partner ledig	535	59,5	571	90,0	64	10,0
Ein Partner ledig/ ein Partner nicht ledig	199	18,7	135	57,8	64	32,3
Mann ledig/ Frau nicht ledig	113	10,5	69	51,0	44	39,1
Mann nicht ledig/Frau ledig	86	8,1	65	76,7	20	23,3
Beide Partner nicht ledig	232	21,8	162	59,5	71	30,4
dar.: beide Partner verheiratet/getrennt lebend bzw. geschieden	114	10,5	69	60,4	45	39,5
Nichteheliche Lebensgemeinschaften insgesamt	1 065	100	858	81,4	198	18,5

1 Schätzung aus Ergebnissen des Mikrozensus.
2 Kind(er) ohne Altersbegrenzung.
3 Prozent von Spalte 1.
Quelle: Wirtschaft und Statistik 3/1993.

Tabelle 2 b: Nichteheliche Lebensgemeinschaften nach dem Familienstand der Partner[1] in den neuen Bundesländern und Berlin-Ost 1991

Familienstand der Partner	Neue Bundesländer und Berlin-Ost					
	zusammen		ohne Kind		mit Kind(ern)[2]	
	1 000	%	1 000	%[3]	1 000	%[3]
Beide Partner ledig	154	47,0	73	47,1	81	52,9
Ein Partner ledig/ ein Partner nicht ledig	70	21,3	22	31,5	48	58,5
Mann ledig/Frau nicht ledig	35	10,8	9	24,9	27	75,1
Mann nicht ledig/Frau ledig	34	10,4	13	38,4	21	51,6
Beide Partner nicht ledig	104	31,7	53	50,8	51	49,1
dar.: beide Partner verheiratet/getrenntlebend bzw. geschieden	72	21,9	27	37,9	44	61,9
Nichteheliche Lebensgemeinschaften insgesamt	327	100	147	45,0	180	55,0

1 Schätzung aus Ergebnissen des Mikrozensus.
2 Kind(er) ohne Altersbegrenzung.
3 Prozent von Spalte 1.
Quelle: Wirtschaft und Statistik 3/1993.

Tabelle 2 c: Nichteheliche Lebensgemeinschaften[1] 1991 und 1995

Gebiet	Insgesamt	Ohne Kinder		Mit Kind(ern)[2]	
	1 000	1 000	%[3]	1 000	%[3]
			1991		
Alte Bundesländer	1 066	868	81,4	198	18,6
Neue Bundesländer und Berlin-Ost	327	147	45,0	180	55,0
Deutschland	1 393	1 015	72,8	378	27,2
			1995		
Alte Bundesländer	1 338	1 073	80,2	265	19,8
Neue Bundesländer und Berlin-Ost	404	194	48,1	210	52,0
Deutschland	1 741	1 266	72,7	475	27,3

1 Schätzung.
2 Kind(er) ohne Altersbegrenzung.
3 Anteil an Spalte »Insgesamt«.
Quelle: Statistisches Bundesamt, 1996.

ten Einstellungen gegenüber der herkömmlichen Ehe zum Ausdruck. Stichwortartig zu nennen sind hier vor allem:

– der Umbruch in der Sexualmoral mit einer korrespondierenden wachsenden Anerkennung bzw. Tolerierung nichtehelicher Lebensgemeinschaften in der Öffentlichkeit (Wohnungsfrage);
– eine betont emanzipatorische Einstellung der zugleich über eine größere wirtschaftliche Eigenständigkeit und soziale Absicherung verfügenden Frau gegenüber einem traditionellen Rollenbild;
– ausgeprägte Individualisierungstendenzen, aber auch Loslösungen des einzelnen aus normativen Bindungen gerade auch in sehr persönlichen Lebensbereichen, teils als Reaktion auf vielfältige Reglementierungen seitens großgesellschaftlicher Strukturen;
– eine größere finanzielle Unabhängigkeit junger Menschen, gefördert durch verstärkte Anbindung öffentlicher Versorgungsleistungen an den einzelnen, aber auch durch ein durchweg gestiegenes Realeinkommensniveau in der Bevölkerung;
– die Kenntnis und Verfügbarkeit praktisch perfekter Mittel der Geburtenplanung; die dadurch bewirkten Veränderungen im Verhältnis der Geschlechter zueinander lassen sich erst allmählich in ihrer Wirkung auf die neuen Strukturen von Ehe und Familie voll abschätzen;
– schließlich ein Zurücktreten religiös-kirchlicher Bindungen bei – sicherlich nicht ganz ohne inneren Zusammenhang – ausgeprägten Lebens- und Zukunftsängsten.

Beim Zusammentreffen dieser Voraussetzungen und Bedingungen erscheint eine Verbreitung von Formen nichtehelichen Zusammenlebens nicht nur möglich, sondern geradezu wahrscheinlich. Zu dieser familialen Lebensform ist an das Urteil des Bundesverfassungsgerichts zu erinnern, wonach der Staat die Entscheidung der Eltern zu akzeptieren habe, nicht die Rechtsform der Ehe zu wählen.

5. Betrachtet man nun allein die Eltern-Kind-Gemeinschaften (die Ehepaare mit Kindern, die nichtehelichen Lebensgemeinschaften mit Kind[ern] sowie die Alleinerziehenden ohne Lebenspartner), so ergibt sich für 1995 folgendes Bild für die Verteilung der familialen Lebensformen: Insgesamt gab es rund 13 Millionen Eltern-Kind-Gemeinschaften ohne Altersbegrenzung der Kinder. Diese Privathaushalte mit zwei Generationen, in denen Eltern oder Alleinerziehende mit Kindern zusammenwohnen und wirtschaften, machen anteilmäßig über 35 Prozent aller Privathaushalte aus, in den alten Bundesländern über 34 Prozent, in den neuen Ländern über 39 Prozent, wobei der Anteil der Haushalte Alleinerziehender in den neuen Ländern mit 10 Prozent deutlich über dem Anteil in den alten Bundesländern mit 6 Prozent liegt.

Von der Gesamtzahl der Eltern-Kind-Gemeinschaften waren 1995 rund 9,5 Millionen solche mit Kindern unter 18 Jahren (*siehe Tabelle 3*). Diese letzteren, die familienpolitisch besondere Aufmerksamkeit verdienen, bestanden zu 82 Prozent aus Ehepaaren (mit zusammen 85 Prozent aller Kinder in den betrachteten Lebensgemeinschaften), weitere gut 13 Prozent waren Alleinerziehende ohne Partner (mit zusammen 11 Prozent aller Kinder) und 4 Prozent nichteheliche Lebensgemeinschaften (mit zusammen 4 Prozent aller Kinder). Dabei muß allerdings beachtet werden, daß die Kinder in diesen Eltern-Kind-Gemeinschaften nicht nur leibliche Kinder sind, sondern es sich dabei auch um Stief-, Adoptiv- oder Pflegekinder handeln kann. Der Anteil der Kinder, die bei ihren leiblichen verheirateten Eltern leben, ist daher etwas niedriger anzusetzen als die ausgewiesenen insgesamt 85 Prozent der unter 18jährigen. Es kann auch mißverständlich sein, wenn gestützt auf derartige (Zeitpunkt-)Daten nicht selten davon gesprochen wird, daß diese Kinder bei einem verheirateten zusammenlebenden Elternpaar (leibliche Eltern oder Stiefeltern) »aufwachsen«. Für die Kinder unter 18 Jahren wird der Anteil der mit ihren beiden leiblichen Eltern zusammenlebenden bzw. »aufwachsenden« Kinder im Fünften Familienbericht mit über 87 Prozent angegeben, für die neuen Länder immerhin noch mit 82 Prozent; auch in der Diskussionsgrundlage für ein »Sozialwort« der beiden Kirchen (1994) wird davon ausgegangen, daß über 80 Prozent der Kinder in Deutschland bei ihren beiden miteinander verheirateten Eltern aufwüchsen. Die mit ihren leiblichen Eltern zusammenlebenden noch jüngeren Kinder können indessen zu einem späteren Zeitpunkt von der Trennung der Eltern betroffen werden. Deshalb erscheint es für eine Lebensablaufbetrachtung der Heranwachsenden aussagekräftiger, darauf abzustellen, wie groß der Anteil der Kinder und Jugendlichen ist, die bis zu ihrer Volljährigkeit bei ihren eigenen leiblichen Eltern leben. Nach vorliegenden Schätzungen für den Geburtsjahrgang 1975[55] dürften in den alten Ländern noch knapp 80 Prozent, in den neuen Ländern knapp 70 Prozent der Kinder bei ihren eigenen leiblichen Eltern aufgewachsen sein. Für diesen Geburtsjahrgang trafen jedoch anfangs noch nicht die inzwischen deutlich höheren Scheidungsquoten zu, so daß der geschätzte Prozentsatz für spätere Geburtsjahrgänge noch etwas niedriger anzusetzen ist. Hinzu kommen regionale Unterschiede, die sich z. B. unter großstädtischen Lebensverhältnissen mit oft deutlich

55 Karl Schwarz, Kinder und Jugendliche in den Familien Alleinstehender in Deutschland im Jahre 1991, in: Zeitschrift für Bevölkerungswissenschaft, (1993–94) 1, S. 81.

überdurchschnittlich hohen Scheidungs- und Nichtehelichenquoten in noch niedrigeren Prozentsätzen der Kinder, die bei Volljährigkeit noch bei ihren beiden leiblichen Eltern leben, niederschlagen können.

Im übrigen gilt es aus der Perspektive der Eltern zu sehen, daß in der Lebensablaufbetrachtung die Familienphase im Sinne der Sorge für Kinder (»aktive Elternschaft«) heute gegenüber noch zu Ende des vergangenen Jahrhunderts eine deutlich kürzere Lebensspanne einnimmt, nämlich ein Viertel gegenüber der Hälfte der gesamten Lebenszeit.

Tabelle 3: Ehepaare, Alleinerziehende und nichteheliche Lebensgemeinschaften mit Kindern[1] 1995

Eltern-Kind-Gemeinschaft	Insgesamt		Davon mit Kind(ern)[2]			Kinder	
			1	2	3 und mehr	insgesamt	je Gemeinschaft
	1 000	%	% von Spalte »insgesamt«			1 000	Anzahl
			Alte Bundesländer				
Ehepaare mit Kind(ern)	6 267	84,5	45,5	40,3	14,2	10 847	1,73
Alleinerziehende ohne Partner[3]	928	12,5	68,5	25,6	5,9	1 280	1,38
Nichteheliche Lebensgemeinschaften mit Kind(ern)[3]	225	3,0	65,4	25,4	9,2	351	1,56
Insgesamt	7 420	100	49,0	38,0	13,0	12 478	1,68
			Neue Bundesländer und Berlin-Ost				
Ehepaare mit Kind(ern)	1 544	74,4	50,4	41,6	8,1	2 464	1,60
Alleinerziehende ohne Partner[3]	334	16,1	71,2	23,4	5,4	465	1,40
Nichteheliche Lebensgemeinschaften mit Kind(ern)[3]	197	9,5	61,8	29,8	8,3	289	1,47
Insgesamt	2 074	100	54,8	37,5	7,7	3 218	1,55
			Deutschland				
Ehepaare mit Kind(ern)	7 811	82,3	46,5	40,6	13,0	13 311	1,70
Alleinerziehende ohne Partner[3]	1 261	13,3	69,2	25,0	5,8	1 773	1,41
Nichteheliche Lebensgemeinschaften mit Kind(ern)[3]	422	4,4	63,7	27,5	8,8	612	1,45
Insgesamt	9 494	100	50,3	37,9	11,8	15 696	1,65

1 Ergebnis des Mikrozensus. – Bevölkerung am Familienwohnsitz.
2 Im Haushalt der Eltern(teile) lebende ledige Kinder unter 18 Jahren.
3 Schätzungen aus Ergebnissen des Mikrozensus.
Quelle: Statistisches Bundesamt, Haushaltsstatistik.

Gemessen an den obengenannten konstitutiven Merkmalen von familialen Lebensgemeinschaften stellt die Familie von miteinander verheirateten Eltern mit ihren eigenen leiblichen Kindern damit die zwar zahlenmäßig nach wie vor bedeutsamste, aber keineswegs die einzige familiale Lebensform dar; sie wird künftig nicht mehr so familienstrukturbestimmend sein wie in den vergangenen Jahrzehnten. Dabei kann man sich ohnehin fragen, ob die hoch dominante Familienform der ersten Nachkriegszeit im größeren historischen Rückblick in ihrem Gewicht nicht sogar eher eine Ausnahme war. Fur die Lebensgemeinschaften von miteinander verheirateten Eltern mit ihren Kindern bringt die Verknüpfung mit dem Rechtsinstitut der Ehe die für die Institution Familie wichtige öffentliche Anerkennung eindeutig mit sich. Für die unverheiratet zusammenlebenden Partner mit Kindern

Schaubild 4: Eltern-Kind-Gemeinschaften mit Kindern unter 18 Jahren[1]

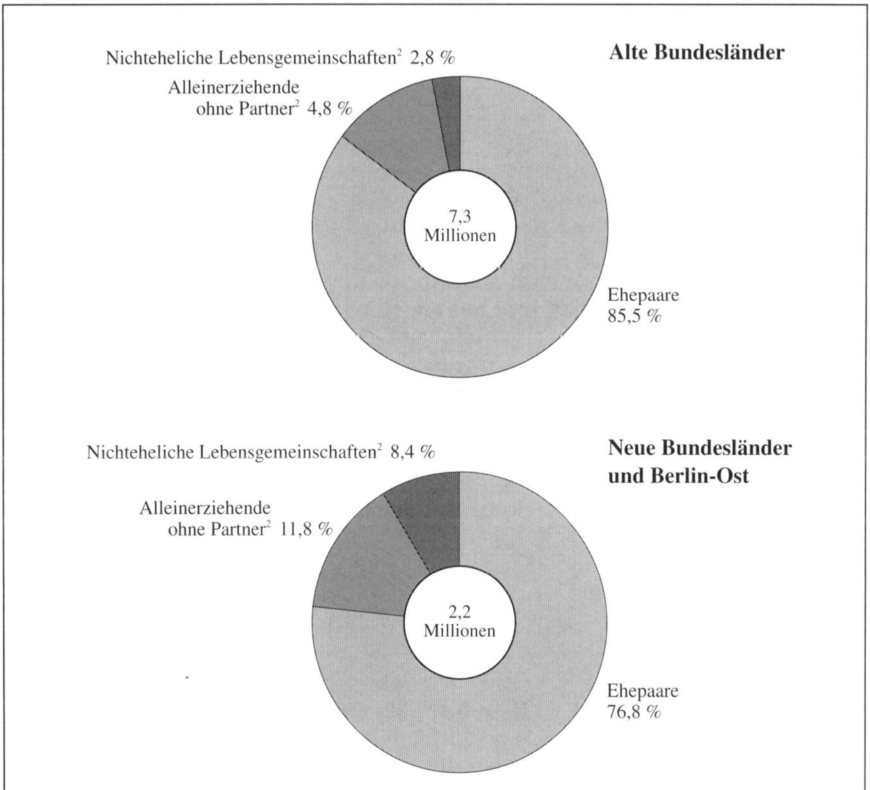

1 Bevölkerung am Familienwohnsitz. Im Haushalt der Eltern(teile) lebende ledige Kinder.
2 Schätzung aus Ergebnissen des Mikrozensus 1993.
Quelle: Statistisches Bundesamt 95-1-0408.

stellt sich die Frage, welche anderen Formen der gesellschaftlichen Anerkennung gegeben sind, die in ihrer Wirkung an die Stelle der ansonsten von der Ehe ausgehenden Wirkungen treten könnten. Hier wird verschiedentlich auf abgeschwächte Formen einer rechtlichen Anerkennung etwa in Form der »Registrierung« verwiesen.

Nicht erst im familienpolitischen Kontext, sondern schon auf der analytischen Ebene der Erfassung der Wirklichkeit von Familien kann es nicht völlig unerheblich sein, mit welcher Stringenz sich der Blick an den konstitutiven Merkmalen orientiert, wenn familiale Lebensformen zur Diskussion stehen. Hier gibt es teilweise sehr weitgefaßte Verständnisse von Familienstrukturen, so wenn von Familie überall dort gesprochen wird, wo mindestens zwei Personen aus mindestens zwei Generationen, die in einem Haushalt zusammenleben, gemeinsam als Subjekt ihr Leben sollen gestalten können. In diesem Zusammenhang bleibt die stets normprägende Kraft auch von solchen analytischen Zugriffsweisen zu bedenken. Familie und das, was inhaltlich darunter zu verstehen ist, sollte auch auf der rein analytischen Ebene – so sehr der Blickwinkel auch auszuweiten ist, um die soziale Wirklichkeit familialen Zusammenlebens möglichst zu erfassen – mit der nötigen Eindeutigkeit abgegrenzt werden. Familien sollten schon auf dieser Ebene und vor allem aus familienpolitischer Sicht begrifflich nicht zur Beliebigkeit verkommen. Die Grenze wird sicherlich z. B. auch überschritten, wo zur Beliebigkeit in Ablehnung einer traditionellen Ehe- und Familienstruktur gefordert wird, die »familiale Gesellungsform« weiterzuentwickeln: Unter Familie würde dann das »primäre Netzwerk« zu verstehen sein, »in dem sich freie Frauen und Männer, allein, zu zweit oder im Dutzend einrichten«[56].

6. Mit Blick auf die Strukturen familialen Zusammenlebens sind sodann die in den letzten Jahrzehnten weiter veränderten Häufigkeitsverteilungen der Kinder in den Ehen bzw. Familien von besonderem familienpolitischen Interesse. Man spricht hier auch von den sogenannten »differenzierten Kinderhäufigkeiten« der Ehen. Große Behutsamkeit ist hier geboten im Umgang mit dem Hinweis auf den Anteil von Frauen, die nur noch ein Kind hätten, bzw. auf die angewachsene Zahl der »Familien ohne Kinder«. Diese Daten sollen dann oft zeigen, wie weit wir uns in der Realität inzwischen vom Typus der »Normalfamilie« entfernt hätten. Abgesehen davon, daß im Fall des Fehlens von Kindern (als Angehörige einer zweiten Generation) ohnehin nicht von Familie gesprochen werden kann, entsteht bei einer unreflektierten Verwendung des »Kinderhaben« ein schiefes Bild, wenn dabei Daten aus Zeitpunktbetrachtungen wie z. B. dem Mikrozensus mit fruchtbarkeitsstatistischen Daten durcheinander gebracht werden. In der Zeitpunktbetrachtung erscheinen, wie bereits dargestellt, auch Privathaushalte von Ehepaaren, die deshalb nicht mit Kindern zusammenleben, weil diese Kinder noch gar nicht geboren sind oder das Elternhaus schon wieder verlassen haben. Wenn man zum Wandel der Familienstrukturen im Blick auf die Größenordnungen der Ehen mit zeitlebens unterschiedlicher Kinderzahl Aussagen machen möchte, bedarf es des Rückgriffs auf echte fruchtbarkeitsstatistische Daten, die allerdings nur begrenzt und leider auch

56 Michael Opielka, Familienpolitik ist »Neue-Männer-Politik« – Überlegungen zu einer ökologischen Familienpolitik, in: Aus Politik und Zeitgeschichte, B 20/1984, S. 34 ff.

nicht mit letzter Aktualität zur Verfügung stehen (können). Für die Ehen aus den Eheschließungsjahrgängen 1973 bis 1977 wurden vor einigen Jahren folgende Größenordnungen ermittelt: Von hundert Ehen wurde erwartet, daß auf die gesamte Ehedauer bezogen 18 Prozent kinderlos bleiben, weitere 27 Prozent werden nur ein Kind haben, 38 Prozent zwei Kinder und die restlichen 17 Prozent drei und mehr Kinder. Ein besonders großer Altersabstand zwischen Kindern in einer Familie kann gleichwohl »Ein-Kind-Situation« in erzieherischer Hinsicht bedeuten. Wie sehr sich hier die Proportionen längerfristig verschoben haben, zeigt ein Vergleich mit den Kinderhäufigkeiten der Ehen aus den Jahren 1900 bis 1904: 9 Prozent hatten keine Kinder, 12 Prozent ein Kind, 16 Prozent zwei Kinder, 15 Prozent drei Kinder und 47 Prozent vier und mehr Kinder *(siehe Schaubild 5)*.

Wählt man eine Bezugsbasis, die von Familien ausgeht, also Ehen, in deren Verlauf Kinder geboren werden, so verschieben sich auf der genannten Berechnungsgrundlage diese Größenordnungen wie folgt: Der Anteil mit einem Kind an der Gesamtzahl der Ehen mit Kindern steigt dann (für die Ehejahrgänge 1973 bis 1977) auf 33 Prozent, derjenige der Ehen mit zwei Kindern auf 46 Prozent und derjenige der Ehen mit drei und mehr Kindern auf 21 Prozent. Man kann schließlich die gesamten Frauengenerationen einschließlich der unverheiratet bleibenden Frauen betrachten. Dazu liegen für die Frauen des Geburtsjahrgangs 1952 im früheren Bundesgebiet aufschlußreiche Ergebnisse zum »Ist«-Zustand wie auch zu theoretisch denkbaren Alternativen vor, die im folgenden vorgestellt werden. Wenn diese Ergebnisse sich auch nicht spezifisch auf die Ehen, sondern auf die Gesamtbevölkerung beziehen, verdienen sie Beachtung unter dem Aspekt einer Familienpolitik, die auch die generative Funktion der Weitergabe des Lebens berücksichtigt. Für die vierzigjährigen Frauen (des Jahres 1992), bei denen der Prozeß der Familienbildung (Fortpflanzung) praktisch abgeschlossen ist, ergibt sich zu den differenzierten Kinderhäufigkeiten folgendes Bild:

a) Von 100 dieser verheirateten und unverheirateten Frauen haben im Lebenslauf 24 Prozent keine Kinder, 26 Prozent ein Kind, 36 Prozent zwei Kinder und 14 Prozent drei oder mehr Kinder. Auf die Kinderzahlen je Frau gesehen, bedeutet dies eine deutliche »Polarisierung« zwischen zwei etwa gleich großen Gruppen dieser Frauen: Die eine Hälfte (24 Prozent und 26 Prozent) hat keine Kinder oder nur ein Kind, die andere Hälfte (36 Prozent und 14 Prozent) hat zwei oder mehr Kinder. Die Kinder der ersten Gruppe von Frauen machen nur 18 Prozent aller geborenen Kinder aus, die Kinder der zweiten Gruppe der Frauen machen dagegen 82 Prozent aller Kinder aus. Berechnungsgrundlage ist dabei die tatsächliche Zahl von 145 Lebendgeborenen je 100 Frauen im Jahre 1990 in den alten Bundesländern. Der Schwerpunkt der Kinderzahl liegt bei den Frauen mit zwei Kindern, gefolgt von den Frauen mit einem Kind. Auf diese Gruppe (zusammen 62 Prozent) entfallen über zwei Drittel aller Kinder; auf die Minderheit der Frauen mit drei oder mehr Kindern (14 Prozent) entfallen immerhin knapp ein Drittel aller Kinder.

b) Für eine Modellbevölkerung mit einer angenommenen Geburtenentwicklung auf dem Bestandserhaltungsniveau (die Demographen sprechen von einer sogenannten stationären Bevölkerung, gekennzeichnet durch eine zusammengefaßte Geburtenziffer von 210 Lebendgeborenen je 100 Frauen bzw. durch eine Generationenrate von 1,0) könnte mathematisch eine realistische Verteilung der Kin-

Schaubild 5: Ehen nach der Zahl ihrer Kinder im historischen Vergleich
Von 100 Ehen haben . . . Kinder

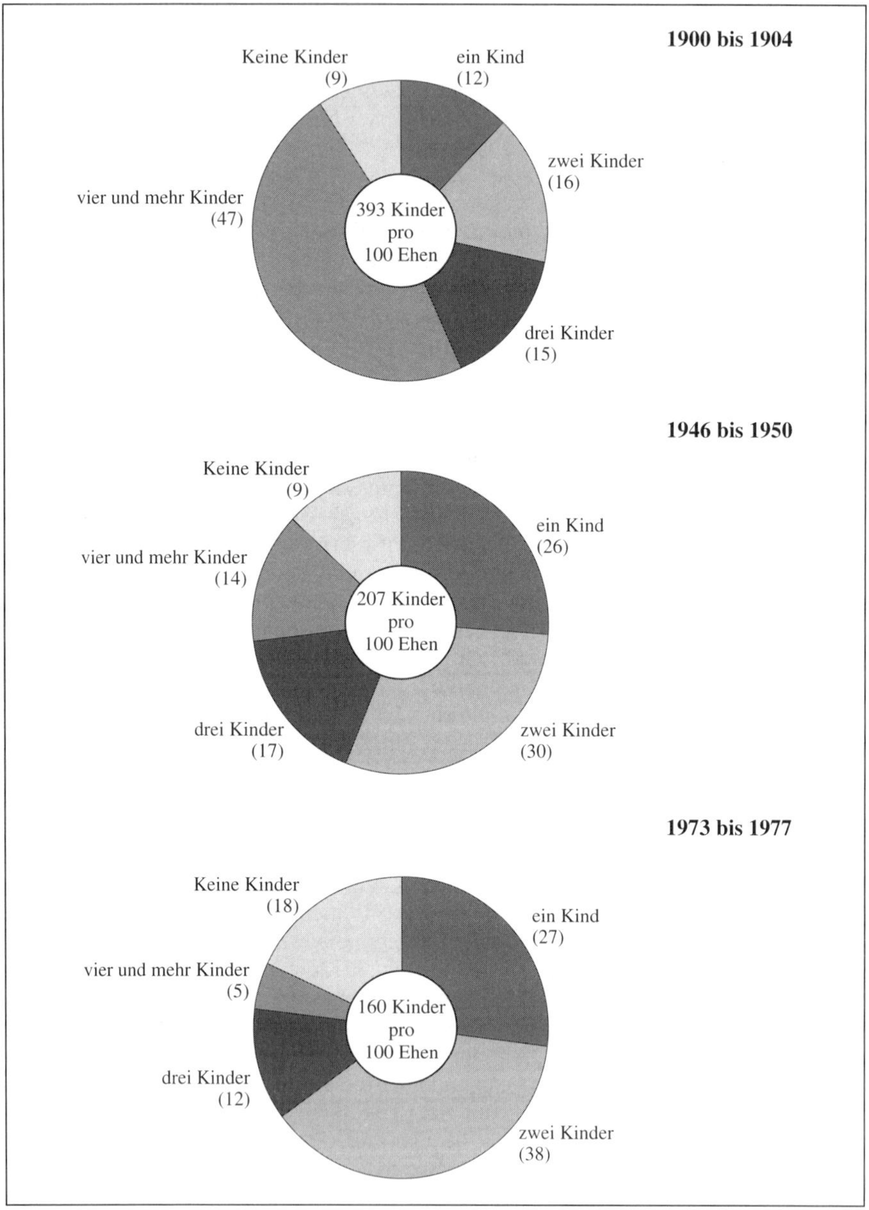

Quelle: Familienwissenschaftliche Forschungsstelle im Statistischen Landesamt Baden-Württemberg.

derzahlen (von der Realitätsnähe der tatsächlichen Verwirklichung wird im Zusammenhang dieses Vergleichs zunächst abgesehen) wie folgt aussehen[57]: Von 100 Frauen hätten im Lebenslauf 10 Prozent keine Kinder, 15 Prozent ein Kind, 45 Prozent zwei Kinder, 30 Prozent drei oder mehr Kinder. In einer solchen »stationären Bevölkerung« ergäbe sich die oben dargestellte »Polarisierung« zwischen zwei etwa gleich großen Frauengruppen nicht. Die Gruppe der Frauen ohne Kinder oder mit nur einem Kind würde ein Viertel der Geamtzahl der Frauen ausmachen, während die Gruppe der Frauen mit zwei oder mehr Kindern drei Viertel aller Frauen umfassen würde. Die Kinder der ersteren Gruppe von Frauen würden nur 7 Prozent aller Kinder ausmachen, während die Kinder der zweiten Frauengruppe über neun Zehntel (93 Prozent) aller Kinder ausmachen würden.

Der Verteilungsschwerpunkt läge auch in diesem Falle bei den Frauen mit zwei Kindern (45 Prozent), gefolgt nunmehr aber von den Frauen mit drei oder mehr Kindern (30 Prozent). Das demographische Gewicht dieser letzteren Gruppe von Frauen mit drei oder mehr Kindern wird daran deutlich, daß in diesem Falle auf diese Gruppe, die weniger als ein Drittel aller Frauen ausmacht, die Hälfte aller Kinder entfiele, (während die andere Hälfte aller Kinder auf die Frauen mit zwei Kindern oder einem Kind entfiele).

c) Die differenzierten Kinderhäufigkeiten von Frauen, wie sie für eine Bevölkerungsentwicklung auf dem Bestandserhaltungsniveau vorstellbar wären, unterscheiden sich damit recht grundlegend von der gegenwärtig vorfindbaren Situation. In dem angenommenen Modellbeispiel dürfte der Anteil der zeitlebens kinderlos bleibenden Frauen mit 10 Prozent gegenüber heute nur weniger als halb so hoch sein und bei den Frauen mit Kindern müßte sich das Schwergewicht von ein bis zwei Kindern nach zwei bis drei Kindern hin verschieben. Der Anteil der Frauen mit einem Kind müßte von 26 Prozent auf 15 Prozent zurückgehen, der Anteil der Frauen mit zwei Kindern müßte sich auf 45 Prozent erhöhen und der Anteil der Frauen mit drei oder mehr Kindern müßte sich sogar mit 30 Prozent mehr als verdoppeln. Was ein solcher Übergang zu einer Bevölkerungsentwicklung auf Bestandserhaltungsniveau an Veränderungen des generativen Verhaltens voraussetzen würde, wird deutlich, wenn man sich vergegenwärtigt, daß gegenwärtig der Anteil der zeitlebens kinderlos bleibenden Frauen noch ansteigende Tendenz hat – die Enquete-Kommission »Demographischer Wandel« geht in ihrem Zwischenbericht von 1994 für die Frauenjahrgänge ab 1970 davon aus, daß diese sogar zu einem Drittel kinderlos bleiben werden – und auch der Anteil der Frauen mit nur einem Kind aus verschiedensten Gründen nicht nennenswert sinken dürfte. Wenn aber ein Rückgang des Anteils der zeitlebens kinderlos bleibenden Frauen auf gegenüber heute weniger als die Hälfte wohl unrealistisch erscheint und auch der Anteil der Frauen mit nur einem Kind eine Marke von 15 bis 20 Prozent realistischerweise kaum unterschreiten dürfte (Alleinerziehende; nichteheliche Mutterschaft; Beschränkung auf ein Kind aus gesundheitlichen Gründen), dann müßte es zur Erfüllung der Bedingung des Bestandserhaltungsniveaus der Bevölkerung mehr Frauen mit drei oder mehr Kindern geben als solche mit zwei Kindern, und zwar bei

57 Vgl. dazu Karl Schwarz, Überlegungen zum Erreichen einer quasi stationären Bevölkerung, in: BiB-Mitteilungen, 4 (1994), S. 33 f.

der heutigen Häufigkeitsverteilung über das dritte Kind hinaus etwa doppelt so viele. Diese auch auf längere Sicht in höchstem Maße unrealistische Bedingung hinsichtlich der demographischen Strukturen der Mehrkinderfamilien zeigt, daß ein Geburtenniveau, wie es für eine Bevölkerungsentwicklung auf dem Bestandserhaltungsniveau erforderlich wäre, unter den gegenwärtigen gesellschaftsstrukturellen Bedingungen wohl nicht in Betracht kommt.

d) Aus dieser näheren Analyse der tatsächlichen und denkbaren familiendemographischen Strukturdaten folgt als ein gesellschaftspolitisches Fazit: Wenn der längerfristig vorprogrammierte Rückgang der Bevölkerung in Deutschland in dem Ausmaß, wie er sich aus den heutigen Bestimmungsfaktoren von Geburtenhäufigkeit und Sterblichkeit ergibt, politisch nicht gewollt und eine mehr oder minder deutliche Abfederung dieser rückläufigen Entwicklung erstrebenswert erscheint, wird eine – begrenzte und an klar definierten Kriterien ausgerichtete – Zuwanderung von außerhalb unumgänglich sein. Sie kann einen wichtigen Beitrag zur Abschwächung des rückläufigen Prozesses in der deutschen Bevölkerung darstellen, so wie auch schon in den letzten Jahren der immer noch zu verzeichnende Anstieg der Bevölkerungszahlen ausschließlich auf Zuwanderungseffekte zurückzuführen ist. Längerfristig wären allerdings zur vollen Kompensation des Rückgangs in der einheimischen Bevölkerung fortgesetzte positive Zuwanderungssalden in einer Größenordnung notwendig, die wiederum ganz erhebliche Probleme der sozialen Integration dieser Zuwanderer – im wesentlichen wohl von außerhalb der EU – mit sich bringen müßte. Auf die familienpolitische Dimension dieser Probleme kann hier nur hingewiesen werden[58]. In ihrem eigenen generativen Verhalten passen sich die Zuwanderer im übrigen, wie die bisherigen Erfahrungen zeigen, verhältnismäßig schnell an das Geburtenverhalten im Zuwanderungsland an.

e) Da eine Gesellschaft nicht ohne Probleme sozialverträglich schrumpfen kann, stellt sich unter dem sozial-demographischen Aspekt die Frage, wie auch in der einheimischen Bevölkerung jenseits von teilweise kompensatorischen Zuwanderungen die Voraussetzungen dafür verbessert werden können, daß stark rückläufige Prozesse und vor allem abrupte und länger anhaltende Ausbrüche des Fruchtbarkeitsniveaus nach unten, wie sie z. B. nach der Wiedervereinigung Deutschlands in den neuen Ländern in geradezu dramatischer Weise eingetreten sind, vermieden werden. Gerade weil die demographischen Probleme einer alternden Gesellschaft durch Einwanderung nur bedingt gelöst werden können, bietet es sich an, gleichzeitig auch eine Hebung des Geburtenniveaus im eigenen Land in Betracht zu ziehen. Im Hinblick auf die künftige Entwicklung unserer Gesellschaft ist von der demographischen Seite her am ehesten für eine Entwicklung zu plädieren, bei der begrenzte Kontingente von Zuwanderern von außerhalb der heutigen EU mit einer Anhebung der einheimischen Geburtenhäufigkeit verbunden werden. Dies verweist zurück auf eine voll entfaltete Familienpolitik, die maßgeblich zu einer größeren Chancengleichheit für die Verwirklichung von Lebensentwürfen mit Kindern beitragen kann.

58 Siehe dazu auch: Max Wingen, Zuwanderungen in die Bundesrepublik Deutschland als demographisches und soziales Problem, in: Deutsche Rentenversicherung, (1992) 10–11, S. 662 ff.

7. Insgesamt läßt sich eine größer gewordene Vielfalt unterschiedlicher Lebensformen eher jenseits der familialen Lebensformen, mit ihren unterschiedlichen und wechselnden Lebensstilen ausmachen, die an Bedeutung gewonnen haben. Der Fünfte Familienbericht stellt sogar sehr dezidiert fest: »Nur auf diese kinderlosen Lebensformen kann sich also die Pluralitätsthese beziehen.« (S. 72). Bei den Familienformen ist diese Pluralisierung sehr viel weniger ausgeprägt; deren Vielfalt erweist sich bei näherem Hinsehen doch als vergleichsweise beschränkt. Eher singulär bleibende Lebensverläufe werden in ihrer die gesellschaftlichen Strukturen prägenden Bedeutung nicht selten überschätzt. Indessen haben sich die Gewichte zwischen immer schon vorhandenen unterschiedlichen Familienstrukturen deutlich verschoben. Die nichtehelichen Lebensgemeinschaften mit Kindern sind wohl die am meisten hervortretende »neue« Familienform.

Daneben ist der Anstieg des Anteils Alleinerziehender hervorzuheben, bei denen es sich nach wie vor überwiegend um Mütter handelt. Ein-Eltern-Familien – früher auch »unvollständige Familien« genannt – gab es auch in der Vergangenheit. Aber ihr Gewicht hat sich – von Nachkriegskatastrophenzeiten abgesehen – vergrößert und vor allem ihre Entstehungsgründe haben sich verlagert: An die Stelle der Verwitwung ist weithin die Scheidung getreten, deren Raten nicht nur stark angestiegen sind, sondern die heute neben kinderlosen Ehen solche mit Kindern gleichermaßen betrifft, während der Anteil der Familien mit einem verwitweten Elternteil deutlich zurückgegangen ist. Im Hinblick auf die Kinder aus geschiedenen Ehen ist, zumindest bis zur Wiederverheiratung des Elternteils, bei dem die Kinder leben, von »Scheidungskindern« oder auch von »Scheidungswaisen« die Rede. Ihr Ausmaß hat inzwischen beträchtliche Größenordnungen erreicht. In Baden-Württemberg ist die Zahl der jährlichen von einer Ehescheidung betroffenen minderjährigen Kinder z. B. von 1990 bis 1994 um fast ein Drittel angestiegen. Diese Entwicklung hängt nicht nur mit den in den letzten Jahren deutlich gestiegenen Scheidungszahlen zusammen, sondern auch mit der Erhöhung des Anteils der geschiedenen Ehen, in denen zum Zeitpunkt der Scheidung mehrere Kinder unter 18 Jahren lebten *(siehe Tabelle 4 und Schaubild 6)*. Soweit es zur Wiederverheiratung des geschiedenen Elternteils mit Kindern kommt, wird eine neue Stieffamiliensituation begründet. Wenn solche Stiefkindsituationen von beiden neuen Ehepartnern (mit je eigenen Kindern aus der früheren Ehe) begründet werden und noch gemeinsame Kinder hinzutreten, entsteht eine vor allem in diesem Ausmaß so früher nicht gekannte »Unübersichtlichkeit«. Schon hat in diesem Zusammenhang die Bezeichnung »Patch-work-Familie« eine gewisse Verbreitung gefunden. Insgesamt bildet jedoch die Zwei-Eltern-Familie, wenn auch nicht in jedem Falle mit verheirateten Eltern und mit den leiblichen Kindern, weiterhin die dominante Form familialen Zusammenlebens. Zum Wandel der Familienstrukturen gehört nicht zuletzt der weitere Rückgang der Drei-Generationen-Familienhaushalte; ihr Anteil an der Gesamtheit aller Privathaushalte beträgt gegenwärtig nur noch rund ein Prozent.

Die Privathaushalte mit einer »normalen« Kernfamilienstruktur, ergänzt um die Alleinerziehenden mit ledigen Kindern, bilden laut Fünftem Familienbericht in ihrer inneren Differenzierung »die wichtigste Zielgruppe für die Familienpolitik« (S. 56). Wenn allerdings mit Blick auf die Alleinerziehenden in dem Zwischenbericht der Enquete-Kommission »Demographischer Wandel« festgehalten wird, unter

Tabelle 4: Scheidungshäufigkeiten in Baden-Württemberg seit 1972 nach der Kinderzahl

Jahr	Insgesamt[1]	darunter mit . . . minderjährigen Kindern[2]				
		0	1	2	3	4 und mehr
		Ehescheidungen je 10 000 Ehen gleicher Kinderzahl				
1972	50	34	76	57	50	60
1980	58	53	77	53	40	49
1990	70	62	107	71	52	37
1992	71	60	108	76	55	49
1993	78	63	121	88	60	65
1994	81	65	128	88	72	63

1 Alle Ehen ohne Kinder und mit Kindern jeglicher Altersstufe.
2 Zum Zeitpunkt der Scheidung im Haushalt lebende Kinder.
Quelle: Scheidungsstatistik und Mikrozensus, Statistisches Landesamt Baden-Württemberg.

Schaubild 6: Scheidungshäufigkeit ausgewählter Heiratsjahrgänge nach der Ehedauer in Baden-Württemberg

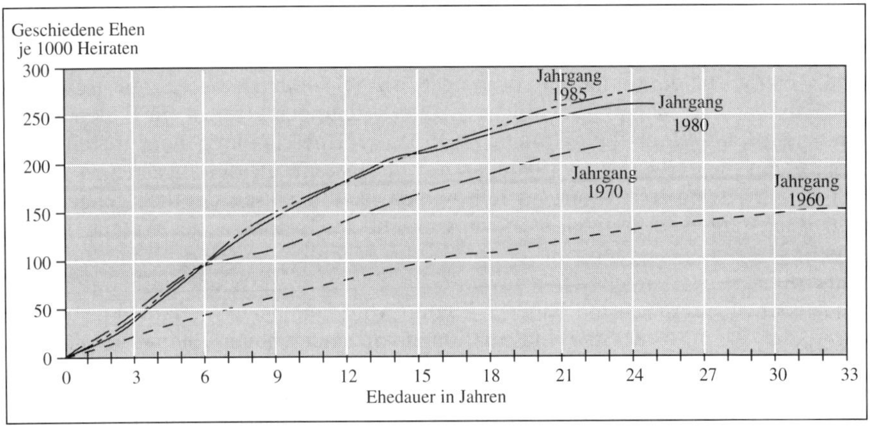

1 Über die Ehedauer , Jahrgänge 1980 und 1985 teilweise geschätzt.
Quelle: Scheidungsstatistik und Mikrozensus, Statistisches Landesamt Baden-Württemberg.

ökonomischen Gesichtspunkten handele es sich bei den Alleinerziehenden »zu gewichtigen Teilen um eine Problemgruppe« (S. 69), so wird auch damit zugleich eine bedeutsame familienpolitische Handlungsperspektive markiert. Die familienpolitisch besonders geboten erscheinende Berücksichtigung der Eltern-Kind-Gemeinschaften bedeutet allerdings nicht, daß andere Privathaushalte völlig außer Betracht bleiben können, z. B. solche, die als Ein-Generationen-Haushalte von mehreren Personen auf dem Weg zur Familiengründung sind oder sich in der Situation des »leeren Nestes« befinden.

2.4.2 Einflüsse gesamtgesellschaftlicher Bestimmungsfaktoren

Die bei dem vorgestellten »Mengengerüst« der familialen Lebensformen zugleich aufgezeigten Wandlungen in den Familienstrukturen müssen in ihrer Wechselbeziehung gesehen werden zum allgemeinen Wandel von Gesellschaft, Wirtschaft und Kultursystem, was wiederum für die familienpolitischen Konsequenzen bedeutsam ist[59]. Dieser gesellschaftliche Wandel hat neue Lebenswirklichkeiten auch auf der Ebene von Familie und Ehe mit sich gebracht. Er ist zugleich Ausdruck und bis zu einem gewissen Grade Ergebnis des Wandels auf der Ebene der kleingruppenhaften Lebensformen. Es ist also keineswegs so, daß das familiale Zusammenleben lediglich die abhängige Variable gegenüber gesamtgesellschaftlichen Veränderungen darstelle; die Mikroebene von Familie und Ehe erweist sich vielmehr als ein Ort sich verändernder Lebensstile und sich wandelnder Wertorientierungen, und diese veränderten Lebensvollzüge in der Vielzahl der einzelnen Familien und Ehen begründen in ihrer Massenhaftigkeit Tendenzen eines Wandels gesellschaftlicher Strukturen auf der Makroebene. So stellt sich das Verhältnis von Familie und Gesellschaft als ein Verhältnis wechselseitiger Beeinflussung dar und nicht als eine einseitige Bestimmung der Familie von der Makroebene der Gesellschaft und Wirtschaft. Dennoch wird in der Familiensoziologie davon ausgegangen, daß es eher der »realen Machtverteilung« zwischen diesen verschiedenen Ebenen entspricht, »wenn man den Einfluß der Makrosysteme auf das Mikrosystem Familie höher einschätzt als den Einfluß in umgekehrter Richtung«[60].

Mit welchen Bestimmungsfaktoren der Tendenzen des Wandels von Familienformen haben wir es nun zu tun? Die auf der gesamtgesellschaftlichen Ebene auszumachenden Veränderungen werden gelegentlich sogar zu »Megatrends« hochstilisiert, was jedoch die kritische Rückfrage auslösen muß, ob sich solche wirklich durchgängig ausmachen lassen. In der sozialwissenschaftlichen, insbesondere familiensoziologischen Forschung wird in theorieorientierter Sicht des Wandels der Familienformen auf mehrere Ansätze zurückgegriffen[61]: einmal die Individualisierungsthese, die auf einen langfristig zu beobachtenden, in den letzten Jahrzehnten offenbar noch sich beschleunigt vollziehenden Individualisierungs- und Modernisierungsprozeß unserer Gesellschaften abstellt, und zum anderen auf die systemtheoretische Differenzierungstheorie sowie auf Versionen der neuen Handlungstheorien, nach denen sich die Veränderungen in den privaten Lebensformen als eine Konsequenz gesellschaftlicher Modernisierungsprozesse in dem Sinne darstellen, daß sich die Ansprüche in und die Anforderungen an das Familienleben stärker entfaltet haben und noch entfalten. Alle Ansätze, auf die in der einschlägigen sozialwissenschaftlichen Diskussion zurückgegriffen wird, sollten nicht verabsolutiert werden, sie bieten aber wichtige Elemente zur Erklärung der beobachteten und möglicherweise noch nicht zu ihrem vorläufigen Ende gekommenen Veränderungen

59 Kurt Lüscher, Die »postmoderne« Familie. Familiale Strategien und Familienpolitik in einer Übergangszeit, Konstanz 1990², S. 15.

60 Hans-Joachim Hoffmann-Nowotny, Die Zukunft der Familie – Die Familie der Zukunft, in: Uta Gerhardt/Stefan Hradil/Doris Lucke/Bernhard Nauck (Hrsg.), Familie der Zukunft, Lebensbedingungen und Lebensformen, Opladen 1995, S. 327.

61 Rüdiger Peuckert, Familienformen im sozialen Wandel, Opladen 1996², S. 251 ff.

in den privaten Lebensformen. Ein wirklich überzeugender Erklärungsansatz liegt indessen, wie Rüdiger Peuckert festhält, bisher noch nicht vor[62].

Die in den letzten Jahren sehr verbreitete, besonders von Ulrich Beck in die deutsche soziologische Diskussion eingeführte **Individualisierungsthese** knüpft an den mit dem Übergang in die Moderne verbundenen Prozeß der Freisetzung des einzelnen aus traditionellen Bindungen und der Zunahme seines Entscheidungsspielraumes an. Angesichts unterschiedlichen Lebensformen kann Individualisierung verstanden werden als die zunehmende Unabhängigkeit des Lebenslaufs des einzelnen von Instanzen, die in der Vergangenheit das Eintreten biographischer Ereignisse und Übergänge wie den Eintritt in das Berufsleben, die Eheschließung, die Geburt des ersten Kindes gesteuert haben[63]; dazu gehört vor allem das Geschlecht des einzelnen, sein Alter sowie die soziale und religiöse Herkunft. Zur Individualisierung des Lebenslaufs mit größerer auch wirtschaftlicher Unabhängigkeit des einzelnen hat die Bildungsexpansion vor allem der sechziger und siebziger Jahre als eine bedingende Voraussetzung erheblich beigetragen. Gestützt auf die Analysen, die den gesamtgesellschaftlichen Wandel als entscheidende Einflußgröße ansehen, läßt sich bei der Skizzierung eines makrosoziologischen Bezugsrahmens eine strukturelle und eine kulturelle Dimension dieses Wandels unterscheiden. Dabei ist wichtig zu sehen, daß beide Dimensionen aufeinander bezogen sind: Der strukturelle Wandel, zu dem Hoffmann-Nowotny z. B. den Industrialisierungsprozeß rechnet, hat in dieser Sichtweise eine Individualisierung von Lebensformen möglich und zugleich notwendig gemacht; dem strukturellen Wandel entspricht danach ein kultureller Wandel, der etwa im Bedeutungsverlust religiöser Normen – nicht für jeden einzelnen, aber in der gesellschaftlichen Breitenwirkung – zum Ausdruck kommt und der den Prozeß der Individualisierung ebenfalls gefördert und gleichzeitig legitimiert hat.

Mit dem Prozeß der Individualisierung und Modernisierung verbinden sich weitere Stichworte wie individuelle Autonomie im Sinne abnehmender institutioneller Kontrolle des einzelnen; Zuwachs an Entscheidungsautonomie, aber auch Zuwachs an Optionen, der individuelle Entscheidungen wegen der damit nicht selten verbundenen Überforderungen dann unwahrscheinlich mache; Autonomie im Sinne der Auflösung verbindlicher Wertvorstellungen, womit Individualisierung auch zu einer Pluralisierung von Grundvorstellungen der Menschen führt, und schließlich Selbstentfaltung und Stärkung des einzelnen, Tendenzen der »Selbstverwirklichung« bis hin zur »Bastelbiographie«: Aufgrund der deutlichen Abschwächung von handlungsleitenden traditionellen Sicherheiten sieht sich der einzelne sehr viel stärker gefordert, seine Biographie selbst zu entwerfen und zu verantworten.

Angesichts der unterschiedlichen, keineswegs voll miteinander in Übereinstimmung zu bringenden Dimensionen einer sogenannten »Individualisierung« kommt

62 Ebda., S. 251. Zum Problemkreis des familialen Wandels siehe auch den (bevölkerungswissenschaftlich orientierten) Überblick von Charlotte Höhn/Jürgen Dorbritz, Zwischen Individualisierung und Institutionalisierung. Familiendemographische Trends im vereinten Deutschland, in: Bernhard Nauck/Corinna Onnen-Isemann (Hrsg.), Familie im Brennpunkt von Wissenschaft und Forschung, Neuwied–Kriftel–Berlin 1995, S. 149–174.

63 Klaus Peter Strohmeier, Pluralisierung und Polarisierung der Lebensformen in Deutschland, in: Aus Politik und Zeitgeschichte, B 17/1993, S. 12.

Günter Burkart zum Ergebnis, es handele sich hierbei um einen Trend, der langfristig unstreitig ist; »gleichzeitig ist aber das, was seit etwa zehn Jahren ›Individualisierungstheorie‹ genannt wird, hochgradig ungenau und deshalb wenig geeignet, als Erklärungsfolie für die Veränderungen des familialen Feldes zu dienen«[64]. Je populärer die Individualisierungsthese wurde, desto unschärfer sei sie geworden. Schon ist in der sozialwissenschaftlichen Theoriediskussion auch festgehalten worden, strukturelle Wandlungen in modernen Gesellschaften dürften keineswegs einseitig als Individualisierung verstanden werden, sie seien – gegenläufig – Individualisierung und Kollektivisierung zugleich, wobei wechselseitig der eine Prozeß den anderen vorantreibe (Karl Otto Haudrich).

Wichtig für das Verständnis des Wandels der familialen Lebensformen erscheint es, daß wichtige Sachverhalte, die unter dem Stichwort der Individualisierung zu fassen versucht werden, historisch zunächst auf die Männer beschränkt waren, in den letzten Jahrzehnten besonders aber den Lebenslauf der Frauen besonders mitprägen. Auch in der weiblichen Normalbiographie setzt sich inzwischen immer mehr die Logik individualisierter Lebensentwürfe durch: »Die biographische Selbstverständlichkeit von Ehe und Mutterschaft hat nachgelassen. Die Berufskarriere als konkurrierender Wert zur Familie ist in den Lebensentwürfen zahlreicher Frauen immer wichtiger geworden.«[65] Gestützt auf Befragungen junger erwachsener Frauen bleibt gleichzeitig festzuhalten, daß die Frauen in Beruf und Familie keine sich ausschließenden Alternativen sehen, sondern heute beides als wesentliche Elemente des weiblichen Lebenslaufs verstehen. Für die Erklärung und Deutung des Wandels familialer und nichtfamilialer Lebensformen erscheint dabei der Befund hervorhebenswert, daß der Druck, neue Lebensformen zu erproben, heute eher von den Frauen ausgeht. »Lebensstile und Beziehungsformen außerhalb der Ehe versprechen ihnen einen erhöhten Verhandlungsspielraum gegenüber dem Partner.«[66] Ihren Ausdruck findet die Individualisierung auf der familialen Ebene so auch in einem wachsenden Autonomieanspruch des einzelnen gegenüber Bindungen zwischen Familienmitgliedern wie auch zwischen den Generationen. In dieser Sichtweise gewinnen ökonomische Wohlstandssteigerung und sozialstaatliche Absicherung des einzelnen dadurch besondere Bedeutung, daß sie ein höheres Maß an Unabhängigkeit und individueller Wahlfreiheit von der materiellen Seite her erst ermöglichen. Dies schlägt sich in Lebensläufen nieder, die auf bewußten Entscheidungen beruhen und weniger durch äußere Zwänge bestimmt sind. In Folge der wachsenden Beteiligung der Frauen am Erwerbsleben sinkt die Abhängigkeit der Frau vom Mann. Dies hat wiederum nachhaltigen Einfluß auf das Verhältnis der Geschlechter. Die Ehe verliert für die Frau immer mehr den Charakter als »Versorgungsinstitution«. Die bei verheirateten Frauen mit Kindern zu beobachtende steigende Erwerbsbeteiligung kommt in den letzten Jahrzehnten in den Tendenzen zur längeren Beibehaltung der Erwerbstätigkeit vor einer Familienphase und der früheren Rückkehr in das Erwerbsleben nach einer dominanten Familienphase zum

64 Günter Burkart, Individualisierung und Familie in den USA, in: H. Bertram (Anm. 3), S. 423.
65 R. Peuckert (Anm. 61), S. 253.
66 Ebda., S. 257.

Ausdruck, wenn die Mutter nicht ohnehin durchgängig neben der Kleinstkinderbetreuung erwerbstätig bleibt. Die veränderte Stellung der Frau und die dadurch bedingte Veränderung des Geschlechterverhältnisses in der Gesellschaft – und wiederum im Reflex in der einzelnen Familie – dürfte einer der gravierendsten Strukturveränderungen in unserer Gesellschaft darstellen, mit deren Auswirkungen auf die Formen familialen Zusammenlebens sich Gesellschaft und Politik auseinanderzusetzen haben.

Als ein zentraler Bestandteil von Individualisierung kann auch das »Herauslösen von Männern und Frauen aus ihren angestammten (prägenden) Sozialmilieus« angesehen werden[67]. Nach den Ergebnissen von Milieuvergleichen ergeben sich im Bereich der Arbeiter, der einfachen Angestellten und der ländlichen Bevölkerung deutliche Unterschiede zu der in der Regel sehr verallgemeinerten Individualisierungsthese. Noch am ehesten läßt sich danach im Akademikermilieu von einem ausgesprochenen individualisierten Milieu sprechen. Die für Paarbeziehungen oft beschworene »Zukunftsoffenheit« und »Unabgeschlossenheit«, die bis zur Unverbindlichkeit reichen kann, stellt sich in differenzierender Sicht letztlich danach doch nur als eine Tendenz in bestimmten sozialen Milieus dar. Nicht zuletzt gehören zu den Individualisierungsprozessen aber auch Ambivalenzen und Widersprüche. Auf der einen Seite werden Handlungsspielräume sehr erweitert und Abhängigkeiten abgebaut; aber an die Stelle alter Abhängigkeiten treten andererseits neue Abhängigkeiten und Zwänge, so z. B. durch den Arbeitsmarkt sowie sozialrechtliche Regelungen. Die stärker individualisierte Lebensführung selbst wird zum Zwang, der sich auch deshalb als problematisch erweisen kann, weil die vom einzelnen zu treffende Wahl im allgemeinen eine solche unter Restriktionen ist. Kennzeichnend sind hier nicht nur biographische Unsicherheiten, sondern auch »Entscheidungsdilemmata«, die dann in die jeweilige familiale Lebensgemeinschaft durchschlagen. Aus familienpolitischer Sicht muß es aufhorchen lassen, wenn als ein wichtiges Kennzeichen dieser neuen institutionellen Vorgaben bezeichnet wird, »daß sie ein Ehe- und Familienleben eher belasten und verhindern als erleichtern«[68]. Die institutionellen Vorgaben, die im übrigen vermehrt für Mann und Frau gelten, seien »nur an der Oberfläche neutral«, erschwerten aber de facto die Paarbildung und Familiengründung«.

Angesichts der Unschärfen des Begriffs und des zudem weithin ausgemachten Befundes, daß unsere Gesellschaft eine sich (vorerst noch weiter) »individualisierende« Gesellschaft darstellt, wird man gerade auch mit Blick auf die Auswirkungen für die Strukturen des familialen Zusammenlebens deutlich unterscheiden müssen zwischen »Individualisierung« mit ihren unterschiedlichen Aspekten wie Zunahme von biographischen Entscheidungsmöglichkeiten, persönlicher Autonomie oder gegenüber der Vergangenheit stärkerer Zuschreibung von individueller Verantwortung – letzteres teils auch auf bestimmte soziale Gruppen beschränkt – und demgegenüber »Individualismus« als Übersteigerung und Vereinseitigung einer Einstellung und Haltung, die den einzelnen verabsolutiert, nur ihn gelten läßt, den Gemeinschaftsbezug des Menschen dagegen leugnet, die als geistige Grundlage

67 Ebda., S. 257.
68 Ebda., S. 256.

auch einer politischen und rechtlichen Ordnung dient, welche das Individuum zum Ausgangs- und Zielpunkt hat. Der Prozeß der Individualisierung erweist sich letztlich auch insoweit als nicht eindeutig definiert, da er als durchaus ambivalent angesehen werden kann, nämlich als ein Prozeß mit Chancen und Gefährdungen für den einzelnen, die Familien und die Gesellschaft zugleich. Deshalb gilt es die Grenzen des Prozesses der Individualisierung zu sehen, der nicht notwendig auf eine Zerstörung familialen Zusammenlebens hinauslaufen muß.

Im Spannungsverhältnis von einzelnem und Familie bildet Individualisierung nicht eine die Familie mehr oder weniger ausschließende Alternative, solange individualistische Übersteigerungen vermieden werden. Es gibt freilich auch eine individualistische Zerrform von Individualisierung, die bei einer Betrachtung und Bewertung des Wandels der Lebensformen nicht außer acht gelassen werden darf. So gilt es, bei der mit dem Prozeß der Individualisierung inhaltlich verbundenen Selbstentfaltung bzw. -verwirklichung des einzelnen die Grenzen zu sehen, die vom Wohl des anderen, in der Familie insbesondere vom Wohl des Kindes, gesetzt sind. Das Kind ist in der Regel der schwächste Partner, an dem die Emanzipationsansprüche des einzelnen ihre Grenzen finden. Gegenüber einem individualistischen Mißverständnis von Selbstverwirklichung wie auch von Freiheit kommt es auf dem Boden eines Personverständnisses, wie es letztlich der Wertordnung des Grundgesetzes entspricht, auf die Balance zwischen der individuellen und sozialen Dimension des Menschen an. Diese Balance kann vor dem Hintergrund einer sich individualisierenden Gesellschaft eingehalten, aber auch verfehlt werden.

Ein weiterer Aspekt bei der Suche nach den Bestimmungsfaktoren für den Wandel von Familienformen wird mit dem Stichwort der **»De-Institutionalisierung«** bezeichnet. Der gesellschaftliche Modernisierungsprozeß, mit dem eine wachsende Komplexität der Gesellschaft einhergeht, habe, so wird in der sozialwissenschaftlichen Diskussion verschiedentlich betont, eine wachsende Instabilität auch der familialen Lebensformen und deren sinkende Verbindlichkeit zur Folge. Ein Prozeß der De-Institutionalisierung wird allerdings vor allem auf Seiten der Ehe ausgemacht. Diese erscheint geradezu als die »institutionelle Schwachstelle der Familie«[69]. Ihr gegenüber gilt der institutionelle Komplex Elternschaft als (noch) weitgehend unangefochten; die wechselseitigen Bindungen zwischen Eltern und ihren Kindern stehen danach vorerst nicht zur Disposition. Die Prozesse einer De-Institutionalisierung finden ihren Ausdruck etwa in dem wachsenden Gewicht der nichtehelichen Lebensgemeinschaften. Soweit die De-Institutionalisierung auf familiales Zusammenleben bezogen wird, richtet sich diese Sichtweise speziell auf die Institution der sogenannten »bürgerlichen Familie« als einer sozialhistorisch gesehen zeitbedingten Ausprägungen von familialem Zusammenleben mit festem Muster der Arbeitsteilung zwischen Mann und Frau. Die Prozesse der De-Institutionalisierung, die auch im Familienrecht ihren Niederschlag finden, betreffen in unseren hochentwickelten Industriegesellschaften im übrigen nicht nur Ehe und Familie, sondern auch andere gesellschaftliche Institutionen wie zum Beispiel die Kirchen, was den übergreifenden Charakter dieser Prozesse

69 Hartmann Tyrell, Wandel und Entwicklung familialer Lebensformen, in: Gesellschaft im Test (1993) XXXIII, S. 75.

deutlich macht. Neben dieser Entwicklung gibt es freilich auch Tendenzen, die sich mit Burkart als »neue Standardisierung« bezeichnen ließen, indem sich nämlich neue Lebensformen, aber auch bisher so nicht gekannte Lebensphasen herausbilden, wie sie in dem aufgezeigten familiendemographischen »Mengengerüst« sichtbar wurden.

Ein wichtiger struktureller Faktor moderner Gesellschaften ist die **Mobilität**. Als geographische und soziale (berufliche) Mobilität fördert sie Individualisierung. Sie ist der Stabilität von kollektiven Lebensformen – und Familie ist das wohl kleinste »Kollektiv« – tendenziell eher abträglich. Dies gilt ebenso für das kulturelle Pendant der Mobilität, nämlich die Leistungs- und Konkurrenzprinzipien, wenn diese die Lebenswelt von Primärgruppen – die Familie ist die wohl wichtigste Primärgruppe – überwuchern. Die zur spätindustriellen Gesellschaft gehörende Mobilität wird dabei auch als persönliche Freiheit zum »Anderswerden« verstanden, als Offenbleiben für wechselnde Optionen. In dem Maße freilich, in dem solches Sich-Offenhalten als etwas gesehen wird, das dem eigenen Freiheitsanspruch entspricht, wächst die Neigung des einzelnen, sich möglichst wenig – insbesondere längerfristig – festzulegen. Genau dies aber läßt sich mit Kindern nicht besonders gut vereinbaren. Die Übernahme von Verantwortung für Kinder (Elternschaft) bedeutet langfristige Bindung, also auch ein gutes Stück persönlicher Unfreiheit. Hier gewinnt deshalb die tatsächliche Gleichberechtigung von Mann und Frau geradezu zentrale Bedeutung: Von der gegebenen, grundsätzlich nicht aufhebbaren Verantwortung, die mit Elternschaft verbunden ist (also für Mutter und Vater), ist die Rollenaufteilung und Aufgabenverteilung zwischen Mann und Frau zu unterscheiden. Letztere ist veränderbar, und damit wird Elternschaft als ein Feld sichtbar für die eigenständige Gestaltung gleichberechtigter Lebensmöglichkeiten von Mann und Frau.

Eine weitere besonders familienpolitikrelevante Akzentuierung erfährt der bisher skizzierte dominierende Einfluß des gesamtgesellschaftlichen Wirkungsrahmens auf den Wandel familialer Lebensformen dort, wo die zu beobachtende Pluralisierung familialer und vor allem nichtfamilialer Lebensformen nicht eigentlich als Signal einer neuen Familienauffassung bewertet wird, sondern als Symptom für zunehmende Schwierigkeiten, dem überkommenen Familienleitbild zu entsprechen. Diese Position wird auch im Fünften Familienbericht in Anlehnung an Kaufmann als ein sozialwissenschaftlicher Ansatz unter dem Stichwort der **Überlastungsthese** vorgestellt. Danach ist die beobachtbare Pluralisierung der Lebensformen, soweit sie über die – vor allem durch die Bildungsexpansion verlängerte – Adoleszenz hinausgeht, Ausdruck gestiegener Schwierigkeiten, die Anforderungen des Familienlebens mit denjenigen der übrigen Lebensbereiche in Einklang zu bringen. Auch in dieser Sichtweise werden die zunehmenden Ansprüche der Frauen auf Gleichberechtigung thematisiert, mit denen sich die Machtbalance zwischen den Geschlechtern verändert habe. Diese und andere Entwicklungstendenzen auf der ökonomischen und sozialen Ebene, die sich auch in der mangelnden Berücksichtigung elementarer Familienbelange in Wirtschaft und Gesellschaft niederschlagen, machen es nach der Überlastungsthese plausibel, daß die Übernahme von Elternverantwortung heute mit besonderen Schwierigkeiten und Belastungen verbunden ist, die häufig zu einer Überforderung der Partnerbeziehung oder aber zum Verzicht auf die Übernahme der Elternverantwortung und damit zu sich ausbreitender Ehe- und Kinderlosigkeit führen. Dieser Zusammenhang mag zumindest teilweise die Pluralisierungstendenz familialer und insbesondere nichtfamilialer Lebensformen verständlich machen. Kulturelle Liberalisierung und ökonomisch ermöglichte Erweiterungen von Optionen und Handlungsmöglichkeiten, die auf der gesamtgesellschaftlichen Ebene auszumachen sind, tragen ihrerseits zur Pluralisierung der Lebensformen bei. Die Ausdifferenzierung von Lebensformen entspricht im übrigen bis zu einem gewissen Grade der Ausdifferenzierung von Sinnangeboten in unserer pluralistischen Gesellschaft überhaupt. Die sich wandelnden Familienstrukturen und Gewichtsverschiebungen innerhalb der Familienformen erweisen sich damit insgesamt als eng mit gesellschaftlichen Entwicklungsprozessen verknüpft, die einigen familialen Lebensformen besondere Aktualität und neue gesellschaftspolitische Bedeutung verliehen haben.

Mit den verschiedenen Erklärungsansätzen für die Ursachen des Wandels der Lebens- und Familienformen sind unterschiedliche **Perspektiven für die weitere Entwicklung** verbunden. Die Verknüpfung des sozialen Wandels der Familie mit dominanten gesamtgesellschaftlichen Veränderungen legt es nahe zu versuchen, die weitere Entwicklung der letzteren abzuschätzen, um Anhaltspunkte dafür zu gewinnen,wie sich der Wandel der Familienformen noch fortsetzen könnte. Für das Konzep einer treffsicheren Familienpolitik und einer von dieser zu gewährleistenden Familienbildung und -beratung ist diese Frage rechtzeitig mit zu bedenken. Aus der sozialwissenschaftlichen Diskussion lassen sich zu dieser recht schwierigen Frage – Zukunft ist stets »offen« mehrere Antwortmöglichkeiten herausholen. So könnte sich der Pluralisierungstrend fortsetzen mit der Folge eines noch stärker ausgeprägten Nebeneinanders verschiedenster Lebensformen. Familiale und nichtfamiliale Lebensformen werden sich dabei auch im Lebenslauf des einzelnen mehr noch als bisher wechselseitig ablösen, d. h. der einzelne wird sich einmal in dieser, später in jener und wiederum später in einer dritten Lebensform einrichten. Prozesse in dieser Richtung brauchen nicht gleichförmig zu verlaufen, wie auch im Zwischenbericht der Enquete-Kommission »Demographischer Wandel« von 1994 festgehalten wird.

Mit einem sich fortsetzenden Pluralisierungstrend könnte sich der Prozeß der Individualisierung weiter und vor allem breitenwirksam fortsetzen. Vorerst noch bestehende Abweichungen von dieser Individualisierung und damit Unterschiede in den Lebensformen werden in dieser Sichtweise durch Verzögerungseffekte erklärt: Sofern sich Milieuunterschiede feststellen lassen – insbesondere außerhalb des urban-akademischen Milieus – seien diese darauf zurückzuführen, daß außerhalb dieses Milieus die »moderne« Entwicklung längere Zeit brauche, um sich durchzusetzen. Die hier im Vordergrund stehende individualisierte Partnerschaft wird in dieser Entwicklungsperspektive geradezu als Zukunftsmodell angesehen; Hoffmann-Nowotny nennt in diesem Zusammenhang vor allem die Lebensform des »living-apart-together«. Mit dieser Entwicklung gehen Tendenzen der Singularisierung einher, ohne daß diese allerdings mit Vereinsamung gleichgesetzt werden darf. An die Stelle schrumpfender familialer Netzwerke treten dann vermehrt soziale Netze, die vom einzelnen weitgehend eigenständig aufgebaut werden müssen.

Die weitere Entwicklung könnte aber auch auf neue Strukturmuster hinauslaufen, wie sie von der Theorie der sozialen Differenzierung benannt werden[70]. Danach ist die Differenzierung der Gesellschaft in unterschiedliche Teilsysteme nicht bei der »Normalfamilie« stehen geblieben, vielmehr differenziert sich das Familienmuster aufgrund der Anpassungserfordernisse der modernen Industriegesellschaft in mehrere Privatheitstypen aus, nämlich neben einem »kindorientierten Privatheitstyp« ein neuer »partnerorientierter« und ein »individualistischer« Privatheitstyp. Ausdifferenzierungen in kind-, partnerschafts- und individualistisch orientierten Lebensformen werden dabei als Steigerung der Anpassungsfähigkeit an die moderne Gesellschaft verstanden. Vor diesem Hintergrund spricht Strohmeier denn auch für die alten Länder der Bundesrepublik von einer ausgesprochenen Tendenz der »Polarisierung« innerhalb der Lebensformen, und zwar einer Polarisierungstendenz zwischen einem »Familiensektor« und einem »Nicht-Familiensektor«. Familien, in denen Eltern mit ihren heranwachsenden Kindern zusammenleben, stellen dabei, bezogen auf die Gesamtheit aller Haushalte, im jeweiligen Zeitpunkt die oben aufgezeigte Minderheit dar. Der Ausdehnung des durch fehlendes Zusammenleben mit Kindern gekennzeichneten Nicht-Familiensektors steht ein Rückgang des zahlenmäßigen Gewichts der Mehrkinderfamilien im Familiensektor gegenüber. Für den letzteren zeigen sich Tendenzen der Konzentration auf je nach Kinderzahl ausgesprochen typische Lebensformen mit sogar eher abnehmender Varianz[71]. Dies gilt gerade auch im Hinblick auf die gleichzeitige Erwerbstätigkeit der Frauen in diesen Familienhaushalten zumindest bei jüngeren Kindern. Damit läßt sich festhalten: »Die sogenannte ›Normalfamilie‹ ist zwar nicht mehr, wie bis in die sechziger Jahre hinein, die Normallebensform der erwachsenen Bevölkerung insgesamt, innerhalb des geschrumpften Familiensektors kommt ihr allerdings immer noch außerordentliche Normalität zu.«[72]

Die Ausweitung des Nicht-Familiensektors in den nachwachsenden Generationen junger Erwachsener ist nun allerdings, wie die Analysen vorliegender Datengrundlagen zeigen[73], in ausgeprägtem Maße sozialschichtabhängig (orientiert am erreichten Bildungsabschluß); und zwar verbindet sich der beobachtete »Rückzug« der familialen Lebensform vor allem mit den Frauen und Männern der mittleren und oberen Schichten. Zu dieser Schichtabhängigkeit gesellschaftlicher Pluralisierungsprozesse gehört dann für die betrachteten Altersgruppen, daß die Ehe bei den Angehörigen in den oberen Bildungsschichten vergleichsweise deutlich weniger verbreitet ist, Alleinleben als Alternative zur Familie dagegen deutlich häufiger vorkommt. Die Polarisierung zwischen einem Familiensektor und einem Nicht-Familiensektor vollzieht sich somit – zumindest in den hier betrachteten Altersgruppen – vor allem in den mittleren und höheren Sozialschichten. Dazu paßt, daß auch der Verzicht auf Kinder in den untersuchten Altersgruppen signifikant statusabhängig ist[74].

70 Vgl. hierzu R. Peuckert (Anm. 61), S. 263 f.
71 K. P. Strohmeier (Anm. 63), S. 15.
72 Ebda., S. 17.
73 Ebda., S. 18 ff.
74 Strohmeier kommt aufgrund der von ihm ausgewerteten Daten zu folgendem Ergebnis, ebda., S. 21: »Am deutlichsten sind die Unterschiede bei den Anteilen der mit zwei und mehr Kindern nach heutigem Verständnis relativ kinderreichen jungen Deutschen. Im Alter 25 bis 29

Eine solche Entwicklungsrichtung könnte damit zu einer deutlichen Polarisierung zwischen ausgeprägt »individualistischen« und demgegenüber »familistischen« Lebensformen sowie zur Ausprägung unterschiedlicher bis gegensätzlicher »Lebensstile« führen, vor allem aber zu einer stärkeren Polarisierung zwischen kinderlosen Paaren und »Familien-Paaren« (als ein zugleich tendenzielles Unterscheidungskriterium zwischen unterschiedlichen Statusgruppen)[75]. Mit dieser Polarisierung ist dann eine weitere speziell zwischen zeitlebens kinderlosen Frauen und solchen mit Kindern verbunden. Dabei könnte der Fall eintreten, daß in der letzteren Gruppe die ausländische Bevölkerung überproportional stark vertreten ist, was die Gefahr einer gesellschaftspolitisch nicht unbedenklichen sozialen Polarisierung zur Folge haben könnte.

Derartige Entwicklungen in den »individualisierten Milieus« verbunden mit der Ausprägung von unterschiedlichen gesellschaftlichen Gruppen müssen eine Familienpolitik als Gesellschaftspolitik in besonderem Maße herausfordern. Bisher hat zwar, zumindest die Mehrzahl der Personen in kinderlosen Ehen und in Ein-Eltern-Familien wie auch der Alleinlebenden ihre bestehende Lebensform nicht als bewußte alternative Lebensform zur herkömmlichen Eltern-Familie gewählt; sie galt aus der Sicht der Sachverständigenkommission für den Fünften Familienbericht zumeist eher als »verhinderte Eltern-Familie« (S. 71). Dies könnte sich aber ändern, wenn die Polarisierungstendenzen sich fortsetzen und Ausdruck einer bewußten und gewollten grundsätzlichen Unterschiedlichkeit der Lebensformen werden, also die Gegenentwürfe eines »kindorientierten Privatheitstyps« (familiale Lebensgemeinschaft) und neuer »partnerorientierter« und »individualistischer« Privatheitstypen, wie diese sich in der Theorie der sozialen Differenzierung darstellen.

Vor dem Hintergrund des Befundes zu den Formen von Familien und zu dem Einfluß gesamtgesellschaftlicher Bestimmungsfaktoren der zu beobachtenden Wandlungen sollen nunmehr einige hauptsächliche familienpolitische Grundziele und Aufgabenfelder im einzelnen erörtert werden. Dabei bietet es sich an, neben grundsätzlichen Fragen von bisher unzureichenden und möglichen verbesserten Zielverwirklichungen einige aktuelle Einzelprobleme zu behandeln.

---

hat bereits ein knappes Viertel der Hauptschulabsolventen zwei oder mehr Kinder, aber nur ein Zwanzigstel der oberen Bildungsschicht! Fünf Jahre später ist knapp die Hälfte der unteren Schicht mit zwei oder mehr Kindern relativ kinderreich, aber nur ein Viertel der oberen Schicht!«

75 Zu dieser Einschätzung neigt etwa Günter Burkart, Zum Strukturwandel der Familie, in: Aus Politik und Zeitgeschichte, B 52–53/1995, S. 13.

3. Förderung von gesellschaftsordnungskonformen Binnenstrukturen

3.1 Allgemeine (auch familienrechtspolitische) Zielsetzung

Die Binnenstrukturen der Familien haben sich im Zuge der gesellschaftlichen Entwicklung – in enger Wechselbeziehung zu Umgewichtungen in den familialen Grundfunktionen – deutlich verändert. Der Bereich der wirtschaftlichen Eigenproduktion der Familien hat auch durch die gesellschaftlich-wirtschaftliche Entwicklung stark an Bedeutung verloren; das gilt freilich schon bei weitem nicht in diesem Ausmaß für die hauswirtschaftliche Funktion der Bereitstellung der Güter in konsumreifer Form und die sozialen Dienste im Familienhaushalt, wie die Ergebnisse der Zeitbudgeterhebungen der amtlichen Statistik zeigen. Besonders in den Vordergrund gerückt sind in der gegenwärtigen Familie im Sinne der reinen Eltern-Kind-Gemeinschaft die persönlichen Beziehungen und Bindungen der (Ehe-) Partner und der Kinder untereinander, die vor allem durch Zuneigung, Intimität und Liebe, aber auch gegenseitige Verantwortung gekennzeichneten Beziehungsverhältnisse. Wichtig erscheinen gerade mit Blick auf die Erfüllung der verschiedenen familialen Grundfunktionen möglichst stabile Beziehungen der Partner, und zwar nicht nur als Mann und Frau, sondern gerade in ihrer Rolle als Eltern; ferner geht es um die Stabilisierung der Eltern-Kind-Beziehungen sowie gegebenenfalls Geschwisterbeziehungen, schließlich um die zu fördernde Ausprägung von Emotionalität, aber auch die Sicherung von Kontinuität und Solidarität in diesen Beziehungen.

Familien haben heute verstärkten Anforderungen an die Gewährleistung emotionaler Stabilisierung (für Kinder wie für Erwachsene) ebenso zu entsprechen wie dem veränderten Erfordernis wechselseitiger personaler Zuwendung und Hilfe in der Familie als einem Ort sozialer Bindungen und solidarischer Bezüge. Wenn schließlich nach Franz-Xaver Kaufmann in der Familie die »ganzheitliche Personwahrnehmung« erwartet wird, setzt dies spezifische familiale Binnenstrukturen voraus, die sich nicht ohne weiteres von selbst verstehen. Eine systematische Familienpolitik, die auf eine allseitige Leistungsentfaltung von Familien bedacht ist, kann demgemäß grundsätzlich auch an den Binnenstrukturen der Familien nicht uninteressiert bleiben, obwohl hier direktem staatlich politischen Einwirken aufgrund der – wenn auch relativen – Familienautonomie und des grundgesetzlich gesicherten Schutzes der familiären Privatsphäre enge Grenzen gesetzt sind. An der grundsätzlichen Dauerhaftigkeit sozialer Bindungen in der Eltern-Kind-Gemeinschaft muß schon deshalb ein auch gesellschaftliches Interesse bestehen, weil Auf- und Erziehen der nachwachsenden Generation einen relativ lang andauernden Prozeß darstellt, dessen Gelingen auf Verläßlichkeit der personalen Beziehungen und auf Kontinuität im Zusammenleben besonders angewiesen ist. Die über viele Jahre hin notwendige wirtschaftliche Sicherung der unterhaltsbedürftigen Kinder bedingt eine Dauerhaftigkeit der Familie.

Die Paarbeziehungen wie auch die Eltern-Kind-Beziehungen sind auch deshalb für das Zusammenleben in der Familie von großer Bedeutung, da die Familien durchweg unter einem hohen normativen Anspruch sowohl hinsichtlich der Qualität der Partnerbeziehungen als auch des Erziehungserfolgs stehen, was bis zur Überforderung der familialen Lebensgemeinschaft führen kann. Wo die Paarbeziehung nachhaltig gestört ist, sind auch die familialen Leistungen beeinträchtigt. Dabei gilt es zu sehen, daß die gesellschaftlichen Vorgaben für die Stabilität von Familie und Ehe in der Gegenwart mit ihren pluralistisch-individualistischen Zügen gegenüber der Vergangenheit deutlich geringer geworden sind. Wie seitens der familienwissenschaftlichen Forschung in jüngerer Zeit wiederholt unterstrichen worden ist, sind die Voraussetzungen für die Begründung und die Stabilisierung familialer Zusammenhänge prekärer geworden. Verwiesen wird so z. B. im Fünften Familienbericht auf die »Verletzlichkeit« moderner Familien, die auf Selbststeuerung durch die Familienmitglieder besonders angewiesen, aber zugleich von Außeneinflüssen stark abhängig sind. Die vergleichsweise hohen Ansprüche, die von den einzelnen an Partnerschaft, Ehe und Familienleben gestellt werden, dürften mit ein wichtiger Grund dafür sein, daß bei nicht erfüllten Erwartungen die Auflösung der Ehe durchgesetzt wird und vielfach ein neuer Versuch zum Gelingen der Partnerschaft in einer zweiten Ehe oder in einer nichtehelichen Lebensgemeinschaft unternommen wird.

Die Absicherung der für eine optimale Funktionstüchtigkeit der Familien wichtigen binnenfamilialen Beziehungsstrukturen ist nun allerdings nur sehr begrenzt durch rechtliche Regelungen möglich. Eine familienrechtliche Gestaltung der Beziehungen der in der Familie zusammenlebenden Personen muß sich darauf beschränken, durch die Ordnung der personenrechtlichen Rechtsverhältnisse und der aus ihnen entstehenden Rechte und Pflichten der Beteiligten untereinander sowie im Verhältnis zu Dritten einen allgemeinen rechtlichen Rahmen zu schaffen. Von der Rechtsordnung her wird damit der familiale Lebenszusammenhang mit Blick auf die allgemein anerkannten Regeln und Leitbilder der Familien auf der institutionellen Ebene geregelt (»Institutionalisierung«); zugleich wird ein konstitutives Element der Alltagswirklichkeit von Familien geschaffen, das in seinen Auswirkungen die Chancen der Lebensführung der Familienmitglieder ebenso wie die der Familie als Gruppe, deren Mitglieder durch unmittelbare, relativ komplexe und dauerhafte Beziehungen miteinander verbunden sind, beeinflußt. Ebenso wird damit der Status der Familienmitglieder bestimmt. In dieser Statusbestimmung kann durchaus eine direkte familienpolitische Einwirkung gesehen werden im Unterschied zu den indirekten Einwirkungen über die politische Gestaltung der wirtschaftlichen, sozialen und kulturellen Lebensbedingungen von Familien. Die **Familienrechtsgestaltung** kann und darf in unserer Sozialordnung dagegen z. B. nicht vorgeben, wie die Ehegatten, die einander zur ehelichen Lebensgemeinschaft verpflichtet sind, diese Verpflichtung im einzelnen erfüllen. Mit den durch das Familienrecht geschaffenen Rahmenbedingungen werden zugleich »Auffangregelungen zur Verfügung gestellt, die es erst ermöglichen, ohne individuelle vertragliche Gestaltung etwa eine Ehe einzugehen«[76]. Für die familienrechtliche Gestaltung der in-

76 D. Giesen (Anm. 48), S. 2.

nerfamilialen Beziehungen ist in unserer Sozialordnung die familiale Lebensgemeinschaft als ein weitestmöglich staatsfreier Raum zu respektieren. Allerdings trägt diese Gestaltungskraft nicht erst in der Krise einer (durch Trennung oder drohende Scheidung der Eltern gefährdeten) Familie. Auch in der »normalen« Alltagswirklichkeit von Familien kommt der Familienrechtsgestaltung eine Leitbildfunktion zu; mit ihr wird nach Friedrich W. Bosch wenigstens die Tendenz einer als erwünscht angesehenen Lebensgestaltung dokumentiert. Die Familienrechtsgestaltung gehört zum bürgerlichen Recht, überschreitet aber in ihren Auswirkungen den gewohnten Umfang privatrechtlicher Regelungen und ist von einzelnen öffentlich-rechtlichen Elementen durchsetzt. Sie ist für Familien in deren Leistungsentfaltung also durchaus relevant, sodann aber sehr konkret für die Konfliktsituation von Bedeutung. Der Charakter der Familie als verfassungsgemäß besonders zu schützende soziale Institution (Lebensordnung) steht der von staatlichen Einflüssen möglichst freizuhaltenden Binnenstruktur dieser innigen interindividuellen Lebensgemeinschaft nicht entgegen, ist vielmehr ein konstitutives Element von Familien. In einer pluralistischen, stark von individualistischen Zügen gekennzeichneten Gesellschaft wie der unseren mag es freilich nicht mehr voll konsensfähig sein, wenn die Begründung von Familie (und Ehe) als sozialen Institutionen letztlich in deren »objektiven und transpersonalen Sinnhaftigkeit« gesehen wird, eine Eigenschaft, die sie zu einer »Ordnungsform der Gemeinschaft« mache und das »individuell Verfügbare« (Paul Mikat) übersteige.

Insgesamt werden von familienrechtlicher Seite her bei aller begrenzten Einwirkung auf die Binnenstrukturen wichtige Grundlagen für eine Ordnung der Beziehung der Familienmitglieder geschaffen[77]. Das Familienrecht hat die Intimsphäre der in der Familie zusammenlebenden Menschen zu achten und zu schützen, dem Schutz der schwächsten Glieder in der Familie – das sind meist die Kinder – zu dienen, den ökonomisch Schwächeren besonders im Blick zu behalten, familiale Beziehungen möglichst zu befrieden und Konflikte zu regulieren und abzuschwächen suchen, jedenfalls nicht noch zu verschärfen. Die Sachverständigenkommission für den Fünften Familienbericht formuliert die Aufgabe des bewußt in den Dienst der Familienförderung zu stellenden Familienrechts insbesondere für die Binnenstrukturen so: »Es sollte von den Bedürfnissen der Kinder, Eltern und Partner nach solchen Regelungen ausgehen, die die Stabilität und die Möglichkeiten der eigenen Gestaltung der Beziehungen anstreben und die durch die aus den Bedürfnissen und Beziehungen abgeleitete Verantwortung der Familienmitglieder füreinander bestimmt werden sowie den Entfaltungsmöglichkeiten der Kinder wie der Eltern verpflichtet sind. Es sollte in der Konfliktsituation so hilfreich sein wie möglich« (S. 102). Für den Binnenraum der Familie, den das Familienrecht im engeren Sinne im Auge hat, ist dabei – vor dem Hintergrund unterschiedlicher Akzentsetzungen im

77 Zum Recht und seiner Gestaltung als Instrument staatlicher Verhaltenssteuerung siehe aus jüngster Zeit im historischen Rückblick von den ersten rechtlichen Regelungen in Deutschland bis zu den Arbeiten der Verfassungsreform-Kommission I. Gerlach (Anm. 14), S. 81 ff. Zur Individualisierung als tragendem rechtspolitischen Impuls der familienrechtlichen Entwicklung siehe auch Dieter Schwab, Entwicklungen und Perspektiven des Familienrechts, in: Bundesministerium für Familie und Senioren (Hrsg.), 40 Jahre Familienpolitik in der Bundesrepublik Deutschland, Festschrift, Neuwied – Kriftel – Berlin 1993, S. 65.

Familienverständnis in der Vergangenheit – ein Spannungsverhältnis charakteristisch zwischen der Verinnerlichung der familiären Beziehungen, einer letztlich auf die Vorstellungswelt der Aufklärung zurückgehenden individualistischen Rechtsauffassung und der sozialen Funktionalität der Familie[78]. Die Familienpolitik als Familienrechtsgestaltung hat damit in spezifischer, die Familienautonomie berücksichtigender Weise dazu beizutragen, daß die Beziehungen in der Familie sich so entwickeln können, wie es dem Wohl der Familie als Ganzes wie auch der in ihr zusammenlebenden Menschen entspricht. In jüngerer Zeit hat dabei das Kindeswohl eine zusätzliche Aufwertung erfahren.

Der sozialordnungspolitisch wichtige Grundsatz der relativen Familienautonomie ist in der konkreten Ausgestaltung des rechtlichen Rahmens der familialen Binnenstrukturen besonders zu beachten; er kann aber leicht mißverstanden werden. Es geht um den Freiraum der Lebensgestaltung, und zwar gerade auch unter pluralistischen Wertorientierungen, wie sie sich etwa in den Rollenaufteilungen zwischen Mann und Frau wie auch in den gegenüber den Kindern zu vertretenden konkreten Erziehungszielen niederschlagen. Nicht aber bedeutet diese Familienautonomie, daß Kinderhaben von den damit verbundenen bedingenden Voraussetzungen für das Auf- und Erziehen der Kinder her reine Privatsache sei. Wenn die Bundesregierung etwa in ihrer Stellungnahme zum Sachverständigenbericht für den Fünften Familienbericht (im verständlicherweise betont kritisch gehaltenen Abschnitt zum Familienrecht) auf die Tatsache verweist, »daß das Recht der Bundesrepublik – in Erfüllung eines grundgesetzlichen Auftrags – die Familie grundsätzlich als einen Bereich privatautonomer Lebensgestaltung anerkennt« (S. XV) – und auch die aus ausdifferenzierten Regelungen des Familienrechts den Freiraum privatautonomer Lebensgestaltung verbürgen und möglichst wenig direkt eingreifen sollen –, so steht dem in gar keiner Weise entgegen, daß diese Lebensgestaltung in vielfältiger Weise von äußeren Bedingungen abhängig ist, deren Gewährleistung gerade ein Handeln aus staatlicher und gesellschaftlicher Verantwortung heraus verlangt.

Insofern ist zumindest sehr mißverständlich, wenn die Sachverständigen-Kommission für die Überleitung des Bundesrechts in die neuen Länder zu den Vorgaben des Artikels 6 Absatz 2 GG und des Paragraphen 1 des Kinder- und Jugendhilfegesetzes anmerkt, sie griffen in der »üblichen Interpretation« durch, wonach Kinder zu haben nun als Privatsache erscheine. Die Entscheidung für oder gegen Kinder sind hochpersönliche Entscheidungen der Paare und müssen es bleiben. In ihre objektiven Konsequenzen sind diese Entscheidungen indessen gesellschaftlich hochgradig relevant – und darum ist Kinderhaben und Kindererziehen keine reine Privatangelegenheit, mit der die einzelne Familie allein fertig zu werden hat. Familienpolitik als gesellschaftliche Ordnungspolitik entspringt nicht zuletzt dieser Sichtweise und sie steht hier in einem Spannungsverhältnis zwischen der Respektierung der selbstbestimmten familialen Lebensgestaltung und der politischen Gewährleistung der Voraussetzungen, die diese Lebensgestaltung erst möglich machen.

---

78 Vgl. Dieter Schwab, Ehe- und Familienrecht, in: Staatslexikon, Bd. 2, Freiburg/Br. 1986[7], Sp. 123.

Zur Sozialordnungskonformität der familialen Binnenstrukturen gehört sowohl in den Elternbeziehungen als auch in den Eltern-Kind-Beziehungen – hier entsprechend dem Entwicklungsgrad des Kindes – eine **Ausprägung partnerschaftlicher Strukturen**. So sieht z. B. auch das Kinder- und Jugendhilfegesetz (im Paragraph 17, Absatz 1) für Eltern das Angebot an Beratung in Fragen der Partnerschaft vor, die dazu beiträgt, »ein partnerschaftliches Zusammenleben in der Familie aufzubauen«. Auch wenn dem Staat in unserer Gesellschaftsordnung ein direktes Einwirken auf das Familienleben weitestgehend zu Recht verschlossen ist, kann es für ihn nicht gleichgültig sein, ob im gesellschaftlichen »Subsystem« Familie Beziehungsstrukturen ausgeprägt sind, die mit den übergreifenden Leitvorstellungen der Ordnung des gesellschaftlichen Zusammenlebens korrespondieren oder diesem entgegenlaufen. Dieses wird in dem Rechtsrahmen seinen Niederschlag finden, den die Familienrechtsgestaltung für das familiale Zusammenleben vorgibt. Je stärker dabei die Rechte der einzelnen Familienmitglieder herausgehoben werden, um so mehr wird im Ergebnis der Prozeß der »Individualisierung« auch auf der Ebene der Familie unterlegt, die als Institution je nach Ausgestaltung der Individualrechte relativ an Bedeutung einbüßen kann.

Für die Partnerbeziehung der Eltern ist der Aspekt der tatsächlichen Gleichberechtigung eine besonders wichtige Vorgabe für eine personal-partnerschaftliche Lebensgemeinschaft. Die Art der Umsetzung des Grundsatzes der Gleichberechtigung von Mann und Frau erweist sich als geradezu zentral für die Rollenaufteilung zwischen den Geschlechtern in der Familie, aber auch darüber hinaus in der Gesellschaft. Die Sachverständigen-Kommission für den Fünften Familienbericht stellt hierzu fest: »Je stärker sich durch die Gesamtentwicklung der Lebensbedingungen, durch die Entwicklung von Kultur, Bildung und Technik die Möglichkeiten wie die Erwartungen nach Persönlichkeitsentfaltung verstärken und der Wunsch nach Erweiterung der Tätigkeitsbereiche wächst, desto mehr besteht ein Zusammenhang zwischen Gleichberechtigung von Mann und Frau, dem inhaltlichen Verständnis dazu und dem Wunsch bzw. der Bereitschaft zur Annahme der Ehe und der Elternschaft als lebensbestimmende Aufgabe.« (S. 90)

Das auf die Förderung von gesellschaftsordnungskonformen familialen Binnenstrukturen ausgerichtete familienpolitische Grundziel soll im folgenden auf drei Problemfelder hin erörtert werden: Einmal interessiert im Blick auf die Partnerbeziehungen der Ehegatten bzw. der Eltern die Rollenaufteilung in der innerfamilialen Arbeitsteilung, die zugleich für das später zu erörternde Verhältnis von Familienleben und Erwerbsarbeitswelt und die Auflösung des dort liegenden Konfliktpotentials von erheblicher Tragweite ist. Zum zweiten soll die Eltern-Kind-Beziehung unter dem aktuellen Aspekt der Reform des Kindschaftsrechts, insbesondere des elterlichen Sorgerechts, behandelt werden. Mit diesen konkreten Reformvorhaben rücken nicht nur die »Scheidungsfamilien«, sondern auch die nichtehelichen Familien mit dem Verzicht der Eltern auf die rechtliche Absicherung ihrer Beziehungen durch Eheschließung ins Blickfeld, die eine zusätzliche Herausforderung an die Grundorientierung der Familienpolitik darstellen.

3.2 Arbeitsteilung zwischen Mann und Frau in der Familie

3.2.1 Befunde zur Lage

Der langfristig deutliche Anstieg der (außerhäuslichen) Erwerbstätigkeit von verheirateten Frauen, und zwar gerade auch der verheirateten Frauen mit Kindern, bedeutet nicht nur eine daraus erwachsende Beteiligung der Frau an der einkommensmäßigen Absicherung der wirtschaftlichen Versorgungsgrundlage der Familien; sie wirft fast zwangsläufig umgekehrt auch die Frage nach der Beteiligung des Mannes an der Arbeit im Familienhaushalt auf. Die Präsenz von mehr Frauen im Erwerbsleben bedingt, soll die Entwicklung nicht letztlich doch einseitig zu Lasten der Frauen gehen, die Präsenz von mehr Männern im Familienleben. Darauf gerichtete Erwartungen der Frauen verdichten sich in dem Maße, in dem sich Männer und Frauen bei der Berufsrolle vermehrt angleichen, zu Ansprüchen auf eine stärkere arbeitsteilige Ausgestaltung der Rollen von Mann und Frau bei der Hausarbeit und Kinderbetreuung. Damit ist das Problem der innerfamilialen Arbeitsteilung im Zusammenhang mit einer **veränderten Zuordnung** von durchweg **unbezahlter Familientätigkeit** und regelmäßig **bezahlter Erwerbstätigkeit** unübersehbar auch in familienpolitischer Sicht gestellt. Wenn es auch angesichts der Unterschiedlichkeit der individuellen Familienmodelle nicht in jedem Falle um (zeit-)gleiche Aufteilung der einzelnen Arbeitsvollzüge von Mann und Frau gehen kann, so geht es doch um Gerechtigkeit zwischen den Geschlechtern mit Blick auf die Verteilung von (erwerbs- und familien-)arbeitsgebundenen Zeitressourcen und damit um eine prinzipielle Gleichstellung hinsichtlich der persönlichen Entfaltungschancen.

Was zeigen nun die Befunde zur Arbeitsteilung zwischen den Geschlechtern innerhalb der Familie? Inwieweit kann von einer tatsächlichen Durchsetzung der Gleichberechtigung gesprochen werden? Wichtige Einblicke vermitteln die Ergebnisse von Arbeitszeitbudgetstudien aus den letzten Jahren, insbesondere eine groß angelegte Zeitbudgeterhebung der amtlichen Statistik[79]. Einen Gesamtüberblick über die Zeitverwendung von Personen (je Tag) nach ausgewählten Aktivitätsbereichen in ausgewählten Haushaltstypen und Beteiligung am Erwerbsleben in Deutschland in 1991/92 vermittelt die Übersicht *(siehe Tabelle 5)*. Unterschieden werden hier drei Haushaltstypen: erstens Ehepaare ohne Kinder und mit beiderseitig erwerbstätigen Partnern; zweitens Ehepaare mit Kind(ern) unter 18 Jahren mit nur erwerbstätigem Ehemann sowie drittens Ehepaare mit Kind(ern) unter 18 Jahren mit beiderseitig erwerbstätigen Partnern.

Ohne auf die differenzierten Detailergebnisse im einzelnen einzugehen, läßt sich für unsere Fragestellung zusammenfassend festhalten: Die hauswirtschaftlichen Tätigkeiten sind noch immer in erster Linie ein Aufgabenbereich, der von den *Frauen* abgedeckt wird, und zwar auch dann, wenn die Partner mit Kindern beide erwerbstätig sind. Unbezahlte Arbeit – Anfang der neunziger Jahre insgesamt in Haushalten und Familien rund 77 Milliarden Arbeitsstunden im Jahr gegenüber rund 47 Mil-

79 So z. B. Bundesministerium für Familie und Senioren/Statistisches Bundesamt (Hrsg), Wo bleibt die Zeit? Die Zeitverwendung der Bevölkerung in Deutschland, Wiesbaden 1994.

Tabelle 5: Täglicher Zeitaufwand pro Person nach ausgewählten Aktivitätsbereichen in ausgewählten Haushaltstypen und Beteiligung am Erwerbsleben in Deutschland 1991/92

Ausgewählte Aktivitätsbereiche	Ehepaare ohne Kinder beide Partner erwerbstätig				Ehepaare mit Kind(ern) unter 18 Jahren							
					beide Partner erwerbstätig				nur Ehemann erwerbstätig			
	männlich		weiblich		männlich		weiblich		männlich		weiblich	
	min	%	min	%	min	%	min	%	min	%	min	%
Erwerbstätigkeit/Aus- und Fortbildung	336	23,3	203	14,1	410	28,5	259	18,0	400	27,8	(18)	(1,3)
Medien/Sport/Kultur	292	20,3	271	18,8	252	17,5	226	15,7	256	17,8	266	18,5
Schlafen/Essen Körperpflege	643	44,7	672	46,7	603	41,9	622	43,2	610	42,4	649	45,1
Unbezahlte Arbeit	169	11,7	294	20,4	175	12,2	333	23,1	175	12,2	507	35,2
darunter: Hauswirtschaftliche Tätigkeiten	118	8,2	269	18,7	91	6,3	241	16,7	79	5,5	336	23,3
darunter: Beköstigung	28	1,9	91	6,3	23	1,6	88	6,1	19	1,3	123	8,5
Wäschepflege	(3)	(0,2)	43	3,0	(2)	(0,1)	42	2,9	(2)	(0,1)	57	4,0
Pflege und Renovierung der Wohnung	14	1,0	49	3,4	12	0,8	44	3,1	9	0,6	70	4,9
Einkäufe	13	0,9	23	1,6	11	0,8	23	1,6	13	0,9	32	2,2
Behördengänge u. ä.	16	1,1	12	0,8	10	0,7	13	0,9	8	0,6	15	1,0
Pflege und Betreuung von Kindern	(3)	(0,2)	(6)	(0,4)	31	2,2	67	4,7	36	2,5	127	8,8
Insgesamt	1 440	100,0	1 440	100,0	1 440	100,0	1 440	100,0	1 440	100,0	1 440	100,0

Quelle: Familienwissenschaftliche Forschungsstelle im Statistischen Landesamt Baden-Württemberg.

liarden Stunden bezahlter Erwerbsarbeit von Arbeitnehmern und Selbständigen – wird in unterschiedlichen Haushaltsstrukturen durchweg von den Ehefrauen in größerem Maße erbracht als von den Ehemännern; und der Anteil der Hausarbeit an der gesamten unbezahlten Arbeit ist – nach dem bisher schon Gesagten kaum überraschend – bei den Ehefrauen ebenfalls durchgängig höher als bei den Ehemännern *(siehe Tabelle 6)*. Die gesamten Arbeitszeiten, also bezahlte und unbezahlte Arbeit, sind nach diesen Erhebungen übrigens für beide Geschlechter annähernd gleich; nur entspricht dem Übergewicht der unbezahlten Arbeit gegenüber der bezahlten bei den Frauen auf der anderen Seite ein Übergewicht der bezahlten

Arbeit gegenüber der unbezahlten bei den Männern *(siehe Schaubild 7a und 7b)*. Ausgesprochen polarisierte Strukturen der Erwerbsarbeitszeit zwischen den Geschlechtern, wie sie übrigens besonders in Großbritannien, aber auch in den USA und Japan ausgeprägt sind, stehen einer stärkeren Gleichverteilung der Arbeitszeiten im Erwerbsleben und in der Familie zwischen den Geschlechtern entgegen. Die Männer haben in diesem Falle auch objektiv noch weniger Zeit, die Hausarbeit zu übernehmen, während die Frauen sich dort weithin eher in »Randzonen« des Erwerbsarbeitslebens finden.

Tabelle 6: Hausarbeit und unbezahlte Arbeit von Ehepartnern in Deutschland 1991/92

	Ehepaare ...							
	Ohne Kind(er), beide erwerbstätig		Mit Kind(ern), Ehemann erwerbstätig		Mit Kind(ern), beide erwerbstätig		Ohne Kind(er), über 60 Jahre, nichterwerbstätig	
	Mann	Frau	Mann	Frau	Mann	Frau	Mann	Frau
Unbezahlte Arbeit [h : min]	2 : 49	4 : 54	2 : 55	8 : 27	2 : 55	5 : 33	4 : 07	5 : 45
Hausarbeit [h : min]	1 : 58	4 : 29	1 : 19	5 : 36	1 : 31	4 : 01	2 : 59	5 : 18
Anteil der Hausarbeit an der unbezahlten Arbeit in %	69,8	91,5	45,1	66,3	52,0	72,4	72,5	92,2

Quelle: Familienwissenschaftliche Forschungsstelle im Statistischen Landesamt Baden-Württemberg.

Was die Pflege und Betreuung von Kindern angeht, so ist eine Beteiligung des Ehemannes bzw. Vaters gegeben, und zwar – wie der Vergleich mit den Ergebnissen älterer Studien nahelegt – wohl in stärkerem Maße als in der Vergangenheit, aber der Zeitaufwand der Männer bleibt immer noch deutlich hinter demjenigen der Frauen zurück, auch dann, wenn beide Partner erwerbstätig sind. Nach der Zeitbudgeterhebung von 1991/92 wenden die Ehefrauen bei Ehepaaren mit Kindern unter sechs Jahren für die Kinderbetreuung (mit gewissen Unterschieden zwischen erwerbstätigen und nicht erwerbstätigen Müttern) in etwa dreimal so viel Zeit auf wie erwerbstätige Ehemänner. Diese konzentrieren sich dabei gerne auf die Bereiche Sport und Spiel. So ist ein Wandel im Rollenverhalten von Männern und Frauen bei der Erwerbtätigkeit durchaus zu beobachten, im Sinne eben der bekannten deutlich gestiegenen Erwerbsbeteiligung von Frauen und auch von Müttern, weit weniger dagegen bei der Familientätigkeit. Die Beschäftigung mit Kindern beginnt im Bewußtsein der Männer offensichtlich einen deutlich höheren Stellenwert einzunehmen, aber das tatsächliche Verhalten bleibt dahinter noch immer mehr oder weniger zurück, wie sich aus anderen Zeitbudgetuntersuchungen ergibt. Immerhin

Schaubild 7 a: Durchschnittliche tägliche Zeitverwendung für bezahlte und unbezahlte Arbeit nach Geschlecht 1991/92

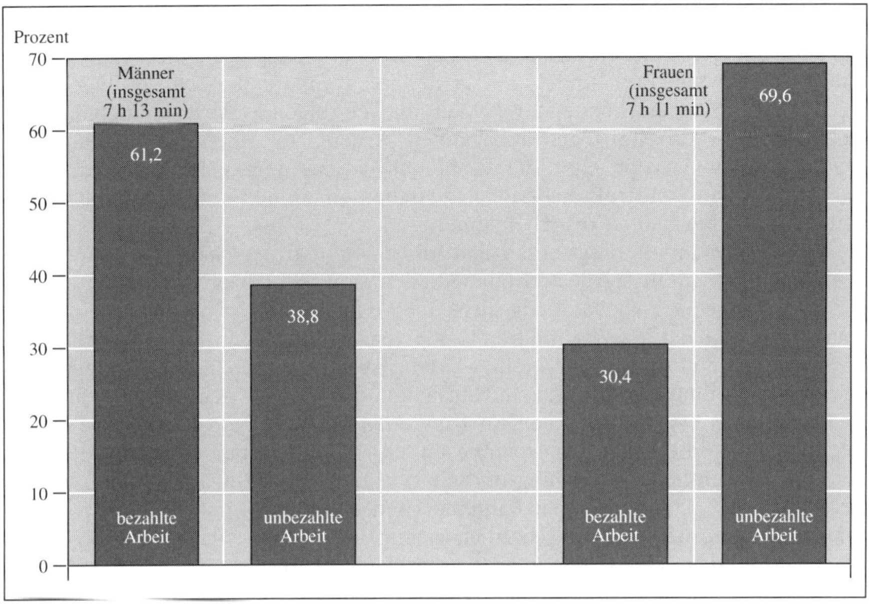

Quelle: Familienwissenschaftliche Forschungsstelle im Statistischen Landesamt Baden-Württemberg.

Schaubild 7 b: Unbezahlte Arbeit: Arbeitsteilung von Ehepaaren

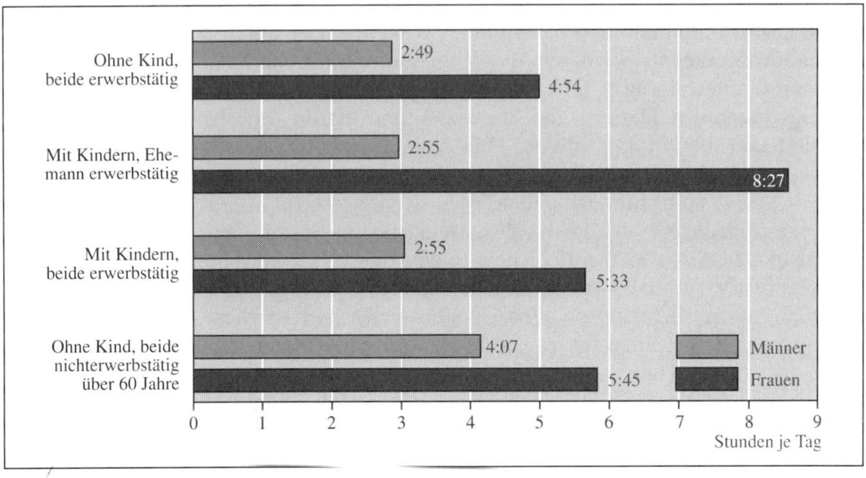

Quelle: Familienwissenschaftliche Forschungsstelle im Statistischen Landesamt Baden-Württemberg.

lassen sich deutliche Anzeichen für eine qualitative Änderung bei den Männern hinsichtlich des Umgangs mit Kindern ausmachen. Wenn man die rein quantitativen Zeitangaben zum Maßstab nimmt, kann man zum Ergebnis kommen, daß die Arbeitsteilung in der Familie zwischen Mann und Frau bei der unbezahlten Arbeit nach wie vor nicht »partnerschaftlich« aufgeteilt ist. Jedenfalls spiegeln diese Daten keine Gleichstellung von Frau und Mann in der innerfamilialen Arbeitsteilung wider. Nach der Zeitbudgeterhebung 1991/92 ergibt sich folgende Abweichung von einer gleichmäßigen Aufteilung der unbezahlten Arbeit: Bei Ehepaaren arbeiten die Frauen – abhängig vom Alter, der Einbindung in das Berufsleben und der demographischen Familienstruktur – täglich zwischen eineinhalb und fünfeinhalb Stunden mehr im Haushalt als die Ehemänner.

Nun kann man allerdings ergänzend fragen, ob »partnerschaftliche« Aufteilung auch quantitative zeitgleiche Aufteilung bedeuten muß oder ob die Bedingung von partnerschaftlicher Arbeitsteilung nicht auch dann erfüllt ist, wenn die einzelnen Arbeiten gemäß der jeweils größeren Kompetenzen, die die einzelnen Partner in die Partnerschaft einbringen, aufgeteilt werden. Es geht vielleicht sogar weniger um zeitliche Aufteilung der Arbeiten in Haushalt und Familie zwischen Mann und Frau; wichtiger noch erscheint für den im Familienhaushalt tätigen Partner die gesellschaftliche Anerkennung seiner (unbezahlten) Familienarbeit. Dies erscheint als eine sehr wesentliche Bedingung und ein wichtiges Element des »Sinnhorizonts« (Johano Strasser), unter dem die Familienarbeit geleistet wird und als wertvoll, persönlich bereichernd und gesellschaftlich wichtig erlebt wird – oder auch infolge einer unter Umständen von Medien noch unterstützten Abkappung des »Sinnhorizonts« nicht erlebt wird. In einer solchen erweiterten Sichtweise von »Partnerschaft«, bei der es weniger um formale Gleichheit als um Gerechtigkeit geht, gilt es dann freilich zu sehen, daß diese Kompetenzfrage nicht nach einem Geschlechterstereotyp entschieden werden darf. In der Forschung zum Thema soziale Ungleichheit dominiert im übrigen nicht ganz ohne Grund eine Orientierung an quantitativen Daten, während Hinweise auf qualitative Aspekte eher als »Ablenkung« angesehen werden.

Vielleicht muß man die Problemlage noch vertiefter sehen: Mit einer Auflösung der überkommenen (»klassischen«) Rollenaufteilung von Mann und Frau geht es auch um Umverteilung von Macht, von **persönlichen Entfaltungschancen zwischen den Geschlechtern**. Dem vergleichsweise weit größeren Anteil an meist unbezahlter Arbeit der Frauen im Dienste der Haushaltsführung und der Betreuung und Erziehung von Kindern steht ein vergleichsweise größerer Anteil an überwiegend bezahlter Arbeit von Männern gegenüber, die zugleich dem Aufbau der beruflichen Karriere und der Festigung des gesellschaftlichen Status dient. Die hier sichtbar werdenden höchst unterschiedlichen Bewertungen von Tätigkeiten innerhalb und außerhalb des Familiensektors machen die Rollenaufteilung zwischen Mann und Frau zu einem so brisanten Unterfangen. Natürlich ist dies auch eine Generationenfrage. Jüngere erwachsene Männer und junge Väter haben deutlich weniger Probleme, sich in Haushalt und Familie zu engagieren. So deuten auch neuere Untersuchungen darauf hin, daß sich junge verheiratete Männer in noch kinderlosen Ehen bei häuslichen Verpflichtungen zunehmend engagieren, was als Beleg für eine deutliche Tendenz zur Egalisierung geschlechtsspezifischer Rollenunterschiede interpretiert wird. Dies hindert nicht, daß auch nach diesen Befunden die Frau den größeren Teil der insgesamt für Hausarbeit eingesetzten Zeit erbringt und für häusliche Verpflichtungen nach wie vor der zuständige Partner ist. Die jungen Männer bringen danach aber zunehmend Zeit und Bereitschaft auf, sich an diesen Aufgaben zu beteiligen. Bemerkenswert ist allerdings eine deutliche Veränderung nach dem Übergang zur Elternschaft, beobachtet man das erste Jahr nach der Geburt des Kindes: Nunmehr ließ sich eine tendenzielle Rückkehr zur traditionellen Rollenteilung beobachten, was freilich auch im Zusammenhang mit dem zunächst erfolgenden Verzicht auf Erwerbstätigkeit im Erziehungsurlaub der Frau gesehen werden muß[80]. Zugleich gibt es auch hier gewisse Diskrepanzen zwischen Einstellungen und tatsächlichem Verhalten. Auch hier gilt die allgemeinere Einsicht: Bewußtseinsänderung ist noch nicht notwendig identisch mit Verhaltensänderung. Aufschlußreich erscheint der Befund des DJI-Jugendsurvey aus dem Herbst 1992, wonach zwar die große Mehrheit der jungen Frauen traditionalistische Geschlechterrollenorientierungen, die den Frauen primär einen Platz in der Familie zuweisen, ablehnt, während diese bei den jungen Männern noch eine deutlich stärkere Befürwortung finden[81].

Rückt man die vorliegenden Befunde über die familiale Arbeitsteilung in den zeitlichen Vergleich (unter Rückgriff auf Jahrgangskohorten mit jüngerer Elternschaft), um Wandlungen im Zeitablauf erkennen zu können und bezieht auch unterschiedliche Staaten der EU mit ein, so ergibt sich das doch etwas verblüffende Ergebnis, daß die Beteiligung der Männer im Haushalt in den letzten Jahrzehnten in einer Reihe von Mitgliedstaaten der EU mehr oder weniger angestiegen ist – mit Ausnahme der Bundesrepublik Deutschland. Im Unterschied etwa zu Dänemark, den Niederlanden, Belgien und Frankreich, die eine ausgesprochen forcierte Enttraditionalisierung der familialen Arbeitsteilung mit einem deutlichen Trend zu betont egalitären Formen der Arbeitsteilung aufweisen, stellt sich die Bundesrepublik eher als »ein Hort der Stabilität bei den Veränderungen in der familialen Arbeitsteilung« dar[82]. Danach hat sich also in der Bundesrepublik in den letzten Jahrzehnten (zu) wenig in Richtung Ausbreitung partnerschaftlich-egalitärer Formen der familialen Arbeitsteilung bewegt. Solche internationalen Befunde relativieren wohl etwas das Argument, man müsse auch sehen, daß es durchaus Widerstand der Mütter selbst gegen größere Engagements der Väter in der Familie geben könne. So beruft sich z.B. Elisabeth Badinter auf Untersuchungen, aus denen eine Verweigerungshaltung von Frauen (Müttern) gegenüber einer stärkeren Rollenteilung mit den Männern (Vätern) hervorgehe, ein »Widerstand der Mütter gegen ein Aufteilen der Bemutterung«[83]. Insofern hänge eine Beteiligung des Mannes gerade bei der Beschäftigung mit den Kindern auch vom guten Willen der Mutter ab. Innerlich empfänden viele Frauen »ihre Vorrangstellung als Mutter als eine Macht, die sie

80 Hans-Peter Buba/Laszlo A. Vaskovics, Arbeitsteilung und Tagesablauf beim Übergang junger Paare zur Elternschaft, in: Zeitschrift für Familienforschung (1994) 3, S. 150ff.

81 Ursula Hoffmann-Lange/Martina Gille/Sybille Ott/Helmut Schneider, Angleichung oder Stabilisierung geschlechtsspezifischer Muster?, in: Der Bürger im Staat, (1993) 3, S. 196.

82 Jan Künzler, Geschlechtsspezifische Arbeitsteilung: Die Beteiligung von Männern im Haushalt im internationalen Vergleich, in: Zeitschrift für Frauenforschung, (1995) 1–2, S. 126ff.

83 Elisabeth Badinter, Die Revolution der Väter, in: Heidi Bohnet-von der Thüsen (Hrsg.), Denkanstöße '96, München 1995, S. 11f.

nicht teilen wollen, und sei es um den Preis der physischen und psychischen Erschöpfung«. Um hier zu einem grundlegenden Wandel zu kommen, müsse die Gesamtgesellschaft einer Neuverteilung der Machtbefugnisse der Männer und der Frauen zustimmen.

Im Rückblick auf die Entwicklung in den beiden deutschen Staaten bis zur Wiedervereinigung erscheint noch wichtig zu erinnern, daß die partnerschaftliche innerfamiliale **Arbeitsteilung in der DDR** tatsächlich offensichtlich sehr viel weniger weit gediehen war, als man vielleicht hätte erwarten können. Es kam im Gegenteil eher noch zu einer Verfestigung herkömmlicher geschlechtsspezifischer Arbeitsteilung, und zwar gerade auch durch die Familienpolitik, indem die Maßnahmen überwiegend ausschließlich an die Frau adressiert wurden[84]. Für die DDR wird über den Frauenalltag berichtet, daß die Frauen in Fragen der Gleichberechtigung im sozialistischen Osten einen Nachholbedarf hätten. Denn die Gleichstellung von Mann und Frau sei zwar vierzig Jahre lang offiziell verkündet und als vollzogen deklariert worden, aber die Wirklichkeit sähe anders aus. Faktisch hätten die Frauen in vielen Bereichen weniger erreicht als ihre Schwestern im Westen. Besonders eindrucksvoll erscheint die folgende Feststellung in dem durch den seinerzeitigen Beauftragten des Ministerrats für die Gleichstellung von Frauen und Männern herausgegeben »Frauenreport '90«, der kurz vor der Wiedervereinigung erschien: »Der vorliegende Report macht offensichtlich, daß an der geschlechtsspezifischen Arbeitsteilung als der historischen Wurzel einer patriarchalen Gesellschaft und der damit verbundenen kultivierten sozialen Ungleichheit von Frauen und Männern auch in der gescheiterten zentralistischen Planwirtschaft der DDR nie gerüttelt wurde. Im Gegenteil, sie wurde in vertrauter Gemeinsamkeit, beginnend beim Bildungssystem, über die berufliche Qualifikation, die Gestaltung der Berufs- und Arbeitswelt und über eine einseitig auf die Vereinbarkeit von Berufstätigkeit und Mutterschaft statt Elternschaft orientierte Sozialpolitik aufs neue reproduziert.«[85]

84 Jutta Gysi/Nicolai Staufenbiel, Kinder, Jugend und Familie – soziodemographischer und familienpolitischer Wandel, Berlin (Ost) 1990.

85 Auf die geschlechtsspezifische Zuständigkeitstrennung für produktive und reproduktive Bereiche in der ehemaligen DDR – unabhängig von der Annäherung der Erwerbsmuster von Männern und Frauen – wird auch aufgrund der zwischenzeitlichen Arbeiten der Kommission für die Erforschung des sozialen und politischen Wandels in den neuen Bundesländern hingewiesen. Vgl. Sabine Schenk, Neu- oder Restrukturierung des Geschlechterverhältnisses in Ostdeutschland?, in: Berliner Journal für Soziologie, (1995) 4, S. 475 ff. »Hinsichtlich familialer Strukturen ist die DDR eine zutiefst traditionale Gesellschaft geblieben. Trotz ihres hohen Beschäftigungsgrades leisteten Frauen drei Viertel der anfallenden Verpflichtungen in der Hausarbeit und in der Kinderbetreuung. Eine Pluralisierung partnerschaftlicher Lebensformen, wie etwa in entwickelten westlichen Industriegesellschaften, hat nicht stattgefunden« (S. 480). In der Stellungnahme der Bundesregierung zum Neunten Jugendbericht über die Situation der Kinder und Jugendlichen und die Entwicklung der Jugendhilfe in den neuen Ländern von 1994 wird ebenfalls festgehalten, obwohl Männer in der DDR gesetzlich zur partnerschaftlichen Aufgabenverteilung im Haushalt verpflichtet gewesen seien, sei die Arbeit für die Familie weitgehend den Frauen überlassen geblieben; Frauen hätten die Doppel- bzw. Dreifachbelastung von Berufsarbeit, Hausarbeit sowie Kinderbetreuung und -erziehung getragen. »Gleichwohl galt die ›Emanzipation‹ der Frau für den Staat als verwirklicht. Öffentliche Diskussionen über Rollenwandel oder gleichberechtigte Aufgabenteilung fanden nicht statt.« (S. IX) Die Sachverständigen-Kommission selbst verweist hierzu auf den Befund, daß

3.2.2 Gleichberechtigungsorientierte Konsequenzen

Die im vorangegangenen Abschnitt aufgezeigten Befunde verdienen besondere familienpolitische Beachtung vor allem im Hinblick auf die tatsächliche Durchsetzung der Gleichberechtigung von Frauen und Männern. Der Auftrag dazu in Artikel 3 Absatz 2 GG wurde zum Staatsziel erklärt; die rechtliche und tatsächliche Gestaltung der Gleichberechtigung von Männern und Frauen besitzt in Deutschland heute Verfassungsrang. Deshalb gilt auch für diesen Auftrag, was für alle Staatsziele gilt, daß sie nämlich den Staat verpflichten, das jeweilige Handlungsziel, in Verbindung mit der Pflicht zur Beseitigung bestehender Nachteile, mit den ihm zu Gebote stehenden Mitteln breitenwirksam zu verfolgen. Der Staat hat dafür die entsprechenden Rahmenbedingungen auch für den Bereich des nichtöffentlichen Sektors zu schaffen. Wichtig erscheint die Einsicht: Es geht nicht um die Beseitigung von Folgen einer individuellen Benachteiligung von Frauen, sondern um Maßnahmen, die darauf abzielen, Strukturen zu schaffen, die Benachteiligungen von Frauen vermeiden. Die innerfamiliale Arbeitsteilung zwischen Frauen und Männern, zwischen Müttern und Vätern kann davon nicht unberührt bleiben. Welche Konsequenzen ergeben sich hieraus für eine Familienpolitik, die ihnen Teilbetrag zur Verwirklichung der mit dem Leitbild der Gleichberechtigung besetzten gesellschaftlichen Ordnungsvorstellungen zu erbringen hat?

Schon das Verständnis von Familie ist hier elementar berührt. Der besondere Schutz von Ehe und Familie durch die staatliche Ordnung, zugleich eine Ausformung der stets mitzudenkenden drei verfassungsrechtlichen Grundentscheidungen (Artikel 1 bis 3 GG), ist in die gesamte Wertordnung des Grundgesetzes einzuordnen. Dies bedeutet für die verfassungsrechtlich geschützte Gestalt der Familie: Bei richtiger Zusammenschau von Artikel 3 Absatz 2 GG – gerade auch in seiner neuen Ausformulierung – und Artikel 6 Absatz 1 GG dienen, wie das Bundesverfassungsgericht schon im Hinblick auf den alten Artikel 3 Absatz 2 GG festgehalten hat, beide Bestimmungen dazu, einander zu erfüllen. Daher gilt die Gewährleistung des Grundgesetzes gerade *der* Ehe und Familie, in der Mann und Frau gleichberechtigt nebeneinander stehen. Die frühere Bundesverfassungsrichterin Erna Scheffler, hat schon vor über dreißig Jahren darauf hingewiesen, darin komme zum Ausdruck, daß Ehe und Familie nicht etwa in der Rechtsgestalt gewährleistet seien, die ihnen überkommene einfache Gesetze gegeben haben, die Institutsgarantie vielmehr Ehe und Familie in der soziologischen Wandlung ergreife, die mit dem Umbruch der gesamten Gesellschaftstruktur durch Industrialisierung und geistesgeschichtliche Entwicklung einhergegangen ist[86]. Dieser Zusammenhang wird bis in die Gegenwart hinein nicht selten übersehen oder doch verdrängt. Umgekehrt wird häufig jedoch zu wenig bedacht, daß Gleichberechtigung nicht ohne jede Begrenzung im Sinne der Rücksichtnahme auf das Wohl der Familie als ganzer ausgedeutet werden darf. Bisher ist in der offiziellen familienpolitischen Diskussion, die Konkretisierung des Gleichberechtigungsgrundsatzes kaum ausführlicher daraufhin präzisiert worden,

»die patriarchalen Arbeitsteilungsmuster – wie andere gesellschaftliche Verhältnisse auch – auf die Familienverhältnisse durchgeschlagen haben« (S. 30).

86 Erna Scheffler, Die verfassungsmäßige Gewährleistung der Familie, in: Blätter der Wohlfahrtspflege, (1964) 4–5, S. 120.

inwieweit Artikel 6 Absatz 1 GG etwa als eine die Gleichberechtigung begrenzende institutionelle Garantie angesehen werden muß. Dazu wird hier die in der familienrechtlichen Diskussion entwickelte These aufgegriffen, nach der auch die Gleichberechtigungsbestimmung – da an die verfassungsmäßige Ordnung gebunden – mit anderen Verfassungsrechtsgütern abgewogen werden muß. Die Gleichberechtigung von Männern und Frauen ist danach auch durch die Erweiterung des Artikels 3 Absatz 2 GG nicht zu einem verfassungsrechtlichen »Überwert« für gesetzgeberische Entscheidungen geworden.

Vor diesem Hintergrund stellt sich für die Familienpolitik die Aufgabe, die Konsequenzen aus dem Gleichberechtigungsgrundsatz und vor allem aus Diskrepanzen zwischen dem verfassungsrechtlich abgesicherten Anspruch auf Gleichberechtigung und der sozialen Wirklichkeit zu ziehen. Wenn es z. B. richtig ist, daß nach dem Grundsatz der Gleichberechtigung miteinander vergleichbare Lebenssachverhalte für Mann und Frau gleich zu gestalten sind, dann hat dies erhebliche Konsequenzen für die Stellung der Frau in der Familie und in der Erwerbsarbeitswelt. Die Entscheidung über die Gestaltung der Arbeitsteilung in Ehe und Familie ist schon seit dem ersten Gesetz zur Reform des Ehe- und Familienrechts im Jahre 1976 den Ehepartnern überlassen. Der Aspekt eines konkurrierenden Familienwohls findet seinen Niederschlag in der Festlegung des Gesetzes, daß auf die beiderseitigen Belange der Ehegatten und der Familie Rücksicht zu nehmen ist, nicht zuletzt, um eine Vernachlässigung der Kinder zu vermeiden. Diese Rücksichtnahme muß aber von Frau und Mann eingefordert werden, und zwar unter Berücksichtigung der Gleichwertigkeit des »Andersseins«.

Die Tragweite der jüngsten Erweiterung und Konkretisierung des Gleichberechtigungsgrundsatzes der Verfassung wird im politischen und gesellschaftlichen Alltag wohl noch nicht wirklich gesehen. Um so mehr bleibt festzuhalten: »Zielgröße« der Familienpolitik haben jene Familie und Ehe zu sein, in der »faktische Gleichberechtigung« im familiären Alltag besteht. Wo immer hier eine »Angleichung der Lebensverhältnisse« gemeint ist, stellt sich in der Familie die Frage nach der Rollenteilung zwischen Mann und Frau. Müssen Gleichstellungskonzepte infolge der tatsächlichen Durchsetzung von Gleichberechtigung nicht entscheidend auf eine tendenzielle Rollenangleichung von Mann und Frau in der Familie hinauslaufen? Und hat dann die Familiepolitik nicht gerade jene Familie und Ehe besonders zu »gewährleisten«, in der die Rollenunterschiede, soweit sie wesentlich spezifische Lebensverhältnisse von Mann und Frau bedingen, wenn nicht aufgehoben, so doch wenigstens entscheidend eingeebnet sind? Soll die Angleichung der Lebensverhältnisse zu jedem Zeitpunkt gegeben sein, oder ist die Angleichung auch dann gegeben, wenn im Zeitablauf unterschiedliche Rollen zwischen Mann und Frau ausgetauscht werden, so daß auf den Lebensablauf hin gesehen beide Ehepartner möglichst die gesamte Breite der Lebensverhältnisse erfahren haben? Die letztere Position erscheint als die realistischere und mit dem erweiterten Gleichberechtigungsgrundsatz durchaus vereinbare Vorstellung zu sein. In jedem Falle aber läuft die Entwicklung damit auf eine nachhaltige Weiteraufwicklung der familialen Binnenstruktur hinaus. Die Frage ist allerdings, ob die tatsächliche Durchsetzung von Gleichberechtigung innerhalb des – ebenfalls grundgesetzlich geschützten – institutionellen Ordnungsrahmens von Ehe und Familie zum gleichen Ergebnis führen muß wie außerhalb derselben. Muß hier nicht mit möglichen Zielkonflikten zwischen der Durchsetzung von Gleichberechtigungsvorstellungen und dem Wohl der Familie als Ganzes gerechnet werden? Innerhalb von Ehe und Familie können gewisse Abstriche von der Gleichstellung in den Lebensverhältnissen notwendig werden, und zwar im Interesse des Wohles der Familie wie auch im Interesse des schwächsten Gliedes in der Familie, des Kindes. Für Emanzipationsforderungen der Eltern ist im Grunde immer schon betont worden, es gebe hier Grenzen, die außerhalb der Eltern-Kinder-Gemeinschaft so nicht bestehen.

Was durch die Festschreibung der tatsächlichen Durchsetzung der Gleichberechtigung verstärkt politikwirksam in das Bewußtsein gehoben wird, ist vielleicht dies: Wenn eine institutionelle Garantie, wie die des Grundgesetzes, besteht, welche die Gleichberechtigung bzw. Gleichstellung begrenzt, sich somit nicht immer gleiche Lebensverhältnisse für Mann und Frau herstellen lassen, so dürfen diese im Interesse des Ganzen der Familie liegenden Begrenzungen nicht einseitig zu Lasten der Frau gehen. Vielmehr müssen sich Einschränkungen von Gleichberechtigung bzw. von Gleichstellung ebenso auf seiten des Mannes niederschlagen. Es darf jedenfalls nicht sein, daß bei einem Konflikt zwischen der Durchsetzung der Gleichberechtigung der Geschlechter und der dem Staat ebenfalls aufgegebenen Verpflichtung, Ehe und Familie zu schützen, zugunsten des institutionellen Schutzes der Familie dies wie selbstverständlich eine Konfliktentscheidung zugunsten des Mannes und zu Lasten der Frau bedeutet. In der Lebenswelt Familie können Interessenkonflikte zwischen den Geschlechtern aufbrechen, hinter denen Konflikte zwischen Individualinteressen des Mannes und der Frau einerseits und Familieninteressen andererseits stehen. Individualinteressen des Mannes können ebenso gut mit Interessen der Familie kollidieren wie Individualinteressen der Frau. In der Vergangenheit wurde nicht selten – unter dem Schirm paternalistischer Leitbilder – ein Widerstreit von Individualinteressen und Familieninteressen dadurch weitgehend aufgefangen, daß er in erster Linie zu Lasten der Interessen der Frau gelöst wurde. Künftig wird diese Konfliktlösung sich in deutlich veränderten Bahnen vollziehen müssen: Wo Individualinteressen in Familieninteressen ihre Begrenzung finden, sollte diese Begrenzung Frauen bzw. Mütter und Männer bzw. Väter gleicherweise treffen. Rücksichtnahme beider Ehepartner auf das familiäre Wohl, insbesondere das der Kinder, erreicht unter dem Anspruch »tatsächlicher Gleichberechtigung« eine Dimension, die von der Familienpolitik bisher wohl noch zu wenig ausgelotet worden ist.

3.3 Aktuelle Probleme der Reform des Kindschaftsrechts

Das Ziel der Stabilisierung der Eltern-Kind-Beziehungen stellt sich grundsätzlich in allen Familien, gewinnt aber in einigen familialen Lebensgemeinschaften besonderes Gewicht aufgrund der hier auftretenden spezifischen Problemlagen. Während für den »Normalfall« die Eltern-Kind-Beziehungen – unter Wahrung der nur auf Mißbrauchsfälle und grobes Fehlverhalten hin durch das staatliche »Wächteramt« eingeschränkten Elternautonomie – in der Ehepaarfamilie als im Grunde unproblematisch geregelt gelten, stellt sich die Situation dort anders dar, wo die Eltern eine bestehende Ehe durch Scheidung beenden (gegenwärtig zirka 140 000 Ehen mit Kindern im Jahr) oder von vornherein gar nicht verheiratet sind. Damit treten einmal die »Scheidungsfamilien«, in denen zwar die Ehe aufgelöst ist, die Familienbeziehungen aber weiter bestehen, besonders in das Blickfeld. Erst recht dann, wenn sich nach der Wiederverheiratung der Partner die alten Eltern-Kind-Beziehungen mit einer neuen Familie überlagern, kann es zu familialen Binnenstrukturen (in der Stieffamilie) kommen, die Konfliktpotentiale aufweisen. Auch hier ist die Rechtsordnung zum möglichsten Abbau von konfliktauslösenden Spannungen verpflichtet. Ebenso stehen die nichtehelichen Lebensgemeinschaften mit Kindern, in denen die Eltern-Kind-Beziehungen nicht gleichzeitig auf der Elternebene mit der Absicherung der Elternbeziehungen durch das Rechtsinstitut der Ehe verknüpft sind, besonders in der familienpolitischen Diskussion. Beide Lebenssituationen sind hinsichtlich der Regelung der Eltern-Kind-Beziehungen gesondert zu betrachten, auch wenn sie zugleich gewisse parallele Problemlagen aufweisen. In beiden Fällen kommt es darauf an, Bedingungen zu schaffen für Beziehungsstrukturen, die besonders der Entwicklung des Kindes gerecht werden.

Sowohl die von Scheidung betroffenen Familien wie auch die nichtehelichen Familien haben in den letzten Jahren an zahlenmäßigem Gewicht sehr gewonnen und die gesellschaftspolitische Bedeutung der angesprochenen Problemlage hinsichtlich der Eltern-Kind-Beziehungen verstärkt hervortreten lassen. Die bisher bestehenden rechtlichen Regelungen der Eltern-Kind-Beziehungen nach der **Scheidung der Eltern**, die in ihrer praktischen Handhabung ursprünglich fast ausschließlich und auch in jüngerer Zeit ganz überwiegend auf die Übertragung der elterlichen Sorge auf einen Elternteil (meist die Mutter) hinausliefen, begegnen inzwischen wachsender Kritik. Wenn es richtig ist – und es sprechen gute Gründe für diese Sichtweise –, daß mit der Scheidung zwar die Ehe der Eltern aufgelöst wird, die Elternverantwortung damit aber nicht endet, muß über die Wahrnehmung dieser Elternverantwortung bis in die gemeinsame elterliche Sorge hinein nachgedacht werden. Wenn es richtig ist – und auch dies erscheint plausibel –, daß das Kind ein Recht auf beide Eltern, auf Vater und Mutter, hat, dann kann dieses Recht nicht einfach dadurch seine Geltung verlieren, daß die Eltern ihre Rechtsbeziehung als Ehegatten aufgelöst haben. Sehr wichtige Anstöße zum Überdenken der bestehenden Situation sind vom Bundesverfassungsgericht ausgegangen, das im Jahre 1982 entschieden hat, grundsätzlich müsse es möglich sein, daß nach der Scheidung beide Eltern ein gemeinsames Sorgerecht haben, wobei es allerdings auch die Bedeutung einer vorhandenen Kooperationsbereitschaft von seiten beider Partner unterstrichen hat. Als Folge dieser bundesverfassungsgerichtlichen Entscheidung, nach der Eltern nach Auflösung ihrer Ehe ein gemeinsames Sorgerecht erhalten können, haben gegenwärtig zirka 15 bis 20 Prozent der geschiedenen Eltern – mit regionalen Unterschieden – ein solches gemeinsames Sorgerecht. Bei den geschiedenen Eltern mit alleinigem Sorgerecht nur eines Elternteils liegt dies bisher in zirka 90 Prozent der Fälle bei der Mutter.

In der nichtehelichen Familie hat normalerweise nur ein Partner das Recht der elterlichen Sorge: nichteheliche Väter haben bisher generell kein Sorgerecht und im übrigen sehr begrenzte Umgangsrechte gegenüber dem Kind, nämlich »soweit es dem Kind nützt« (im Unterschied zur geschiedenen Ehe, bei der die Einschränkung des Umgangsrechts davon abhängt, daß es »dem Kind nicht schadet«). Handelt es sich um ein gemeinsames Kind bzw. gemeinsame Kinder der beiden Lebenspartner, gilt das Kind als nichteheliches Kind der Mutter, die dafür von der Rechtsordnung her das alleinige Sorgerecht hat. Handelt es sich um in die nichteheliche Familie von einem Partner eingebrachte Kinder, sind es Kinder entweder aufgrund einer nichtehelichen Mutterschaft (mit alleinigem Sorgerecht bei der Mutter) oder Kinder aus einer vorausgegangenen geschiedenen Ehe eines der beiden Partner (oder beider Partner), bei denen aufgrund der getroffenen Regelung im Rahmen der Scheidung das elterliche Sorgerecht liegt. Hier ist nun in der verfassungsrechtlichen Diskussion geltend gemacht worden, daß es wenig überzeugend erscheint, daß nach einer gescheiterten Ehe das elterliche Sorgerecht auch weiterhin bei beiden Eltern muß liegen können, während bei einem zusammenlebenden Paar, das sich tatsächlich auch gemeinsam um das Kind oder die Kinder kümmert, ein Partner vom elterlichen Sorgerecht ausgeschlossen bleibt. In diesem Zusammenhang ist daran zu erinnern, daß Artikel 6 Absatz 5 GG den seit fast einem halben Jahrhundert nicht voll eingelösten Grundsatz festgeschrieben hat, nichteheliche Kinder seien ehelichen Kindern gleichzustellen, die sich in der Ehepaarfamilie auf eine Sorgerechtsverpflichtung beider Eltern berufen können.

Vor diesem Hintergrund wird eine Reform des Kindschaftsrechts als dringlich angesehen. Von einer solchen Reform wird ein nachhaltiger Beitrag zur Problemlösung erwartet. Im Zusammenhang einer umfassenden Ehe- und Familienrechtsreform wurden entsprechende Vorschläge intensiv diskutiert. Sie haben einen Niederschlag in einem Gesetzentwurf gefunden, der gegenwärtig im Deutschen Bundestag beraten wird und voraussichtlich nach im Laufe des Jahres 1997 verabschiedet werden soll[87]. Im folgenden sollen einige grundsätzliche Fragen aufgegriffen werden, die für die Integration des familienrechtlichen Aspekts in das Gesamtkonzept einer systematischen Familienpolitik besonders relevant erscheinen.

Ein grundlegendes Ziel des vorliegenden Gesetzentwurfs zur Reform des Kindschaftsrechts besteht darin, entsprechend den Vorgaben des Grundgesetzes und orientiert an der internationalen Erklärung der Rechte des Kindes, die Rechtsposition des Kindes zu verbessern und das **Kindeswohl** »auf bestmögliche Art und Weise« zu fördern. Das nichteheliche Kind soll dem ehelichen Kind gleichgestellt werden; indem rechtliche Benachteiligungen abgebaut werden, die sich aus den unterschiedlichen familiären Verhältnissen ergeben. Das Ziel der Neuordnung soll, wie in der Begründung des Entwurfs ausdrücklich festgehalten wird, gegebenenfalls auch unter Stärkung der Rechtspositionen der Eltern vor allem gegenüber staatlichen Eingriffen verwirklicht werden, was im Grundansatz dem Prinzip der Gesellschaftsordnungskonformität entsprechen würde. In diesem Sinne soll künftig auch in den alten Bundesländern die Amtspflegschaft wegfallen und durch eine Beistandsschaft des Jugendamtes ersetzt werden. In der DDR war die Amtspflegschaft

87 Aus familienpolitischer Sicht verdienen auch der Entwurf zur Vereinheitlichung des Unterhaltsrechts minderjähriger Kinder, der Entwurf eines Gesetzes zur Abschaffung der gesetzlichen Amtspflegschaft sowie der Entwurf eines Gesetzes zur erbrechtlichen Gleichstellung nichtehelicher Kinder wie schließlich das Eheschließungsgesetz Beachtung. Darauf wird hier jedoch nicht näher eingegangen.

schon früher entfallen; aber dort bestanden seinerzeit umfassende Hilfen durch die Jugendämter. Mit der nun für Gesamtdeutschland vorgesehenen Regelung wird eine Entwicklung weitergeführt, die dadurch gekennzeichnet ist, daß die Jugendämter inzwischen sehr viel mehr zu Beratungs- und Hilfsorganen für Familien geworden sind. Auf die bisher unbefriedigende Ausschöpfung des Kinder- und Jugendhilfegesetzes aus familienpolitischer Sicht wird im Zusammenhang mit der familienbezogenen Bildungs- und Beratungshilfen noch zurückzukommen sein.

Die **Neuregelung des Rechts der elterlichen Sorge nach Scheidung** der Ehe sieht vor, daß in Scheidungsfällen, in denen ein Antrag zum Sorgerecht nicht gestellt wird, die gemeinsame elterliche Sorge von Gesetzes wegen – also gleichsam »automatisch« – fortbestehen soll. Nun wird zur laufenden Diskussion aus dem zuständigen Bundesministerium allerdings die Vorstellung, der Entwurf wolle die gemeinsame Sorge als Regelfall einführen, als Mißverständnis eingestuft; der Entwurf gehe keinesfalls davon aus, daß die Beibehaltung der gemeinsamen Sorge im Scheidungsfall regelmäßig die beste Lösung sei, dies wird sogar als völlig lebensfremd angesehen[88]. In der Tat entspricht eine solche Einschätzung auch den Ergebnissen amerikanischer Langzeituntersuchungen, die darauf hinauslaufen, daß es keine für alle Scheidungsfamilien gleicherweise geeignete Lösung zur Sorgerechtsproblematik gibt. Vielmehr scheint es danach so zu sein, »daß das gemeinsame Sorgerecht weder die Lösung für das Problem ist, das Engagement geschiedener Väter wachzuhalten, noch als Katalysator für den vermehrten oder verminderten Konflikt in Scheidungsfamilien fungiert. Es scheint also nicht gerechtfertigt, das gemeinsame Sorgerecht lautstark zu propagieren oder zu verdammen«. Mit Blick auf die Bedeutung der weiterbestehenden Rechte und Pflichten gegenüber den Kindern auch nach der Scheidung wird zugleich betont: »Das gemeinsame Sorgerecht wird aus geschiedenen Eltern zwar nicht gleichberechtigte Partner im Leben ihrer Kinder machen, es unterstreicht aber auch den Gedanken, daß in den Augen des Gesetzes die Väter trotz der Scheidung eine anhaltende Rolle im Leben der Kinder spielen sollten.«[89]

Hier stellt sich nun die Frage, ob es für die Zielerreichung nicht noch wirksamer ist, die Eltern durch entsprechende Informationen und Beratungshilfen über die bestehenden unterschiedlichen Möglichkeiten der Wahrnehmung der Elternverantwortung und der in diese als besonders bedenkenswertes Modell eingebetteten gemeinsamen elterlichen Sorge besser in die Lage zu versetzen, zum Wohl des Kindes, um das es in besonderer Weise geht, handeln zu können. Im Grunde kann dies auch als eine Hinführung zu einer voll auszuschöpfenden elterlichen Autonomie angesehen werden und insofern ein gesellschaftsordnungspolitisch geradezu gebotener Weg sein. Ebenso wie Kinderhaben und -aufziehen in der Ehepaarfamilie nicht als reine Privatangelegenheit angesehen werden darf, stellt die Scheidung einer Ehe mit Kindern von ihren Folgen her keine Privatangelegenheit der beiden Partner dar.

In der bisherigen Diskussion ist dazu betont worden, die Vorstellung, die Sorgerechtsregelung sei primär Gegenstand der elterlichen Autonomie, reiche zur Begründung für das Fehlen einer zwischengeschalteten Beratungsregelung einfach

88 Klaus Wichmann, Zum Stand der Reform des Kindschaftsrechts, in: Nachrichtendienst des Deutschen Vereins für öffentliche und private Fürsorge, (1996) 2, S. 43.

89 Eleonor E. Maccoby/Robert H. Mnookin, Die Schwierigkeiten der Sorgerechtsregelung, in: FamRZ (1995) 1, S. 13.

nicht aus. Die Stärkung der Autonomie der zu scheidenden Eltern bedeutet nicht automatisch eine Stärkung des Kindeswohls. Erfahrungsgemäß ist die gesellschafts-ordnungspolitisch besonders zu beachtende Elternautonomie in der Phase der Scheidung mit großer Regelmäßigkeit in ihrer Wahrnehmung durch den Konflikt auf der Partnerebene stark überlagert. Außerdem versteht sich auch Elternautonomie in ihrer Entfaltung nicht von selbst; auf unterschiedliche Grade der Autonomiefähigkeit muß Rücksicht genommen werden. Es darf nicht einfach etwas vorausgesetzt werden, was in dem erforderlichen Ausmaß und in der gegebenen Situation de facto so nicht vorausgesetzt werden kann. Die Praxis zeigt z. B. immer wieder, daß Fälle nicht selten sind, in denen sich die Eltern – etwa über den Aufenthalt der Kinder – vorschnell in einer Weise einig werden, die dem Kindeswohl objektiv eher abträglich ist. Eigeninteressen der Partner werden auch in diesem Entscheidungsprozeß nicht von vornherein ausgeschlossen werden können, aber diese wären in einer Weise mit ins Spiel zu bringen, daß ihre Wahrnehmung im Ergebnis den Kindesinteressen dient. Aus der Sicht des Kindes gilt, darauf zu achten und mit Hilfe möglichst objektiver Beratung von dritter Seite zur Geltung zu bringen, daß Vereinbarungen zwischen den Eltern über Umgangskontakte mit den Kindern diese mehr oder minder schlicht überfordern können.

Zwar würde nach den bisherigen Vorstellungen des Gesetzentwurfs ein Antragsverfahren hinsichtlich der Regelung des Sorgerechts möglich sein, aber dies setzt einen Grad von »Mündigkeit« und emotionsfreier Partnerbeziehung auch im Trennungsprozeß voraus, von dem wohl nicht ohne weiteres und vor allem nicht angesichts der bestmöglichsten Förderung des Kindeswohles ausgegangen werden kann. Ein reines Antragsverfahren brächte im übrigen die Gefahr mit sich, daß ein Elternteil durch entsprechende Pressionen des anderen Elternteils daran gehindert wird, überhaupt einen solchen Antrag zu stellen. Es reicht wohl auch nicht aus, wenigstens vorzusehen – wie der Bundesrat zum Gesetzentwurf vorgeschlagen hat, was von der Bundesregierung aber abgelehnt worden ist –, daß bei Vorhandensein gemeinsamer minderjähriger Kinder das Familiengericht die Eltern auch zur elterlichen Sorge anhört und auf die Möglichkeit der Beratung durch die Jugendhilfe hinweist. Eine solche Regelung gäbe zwar dem Gericht wenigstens die Möglichkeit, mit den Eltern die Frage des elterlichen Sorgerechts zu erörtern. Zur weiteren Konkretisierung – eine frühzeitige Unterstützung und Beratung der Eltern (die unter Umständen schon in der vorausgehenden Trennungszeit sinnvoll sein könnte) erscheint zumeist kaum gesichert – sollte wenigstens ergänzend noch vorgesehen werden, daß Grundlage der Anhörung eine Erklärung der Eltern über die Ausgestaltung der elterlichen Sorge sein sollte. Darüber hinaus sollte dem Gericht dann auch die Möglichkeit gegeben werden, daß Scheidungsverfahren auszusetzen, wenn die Beteiligten bereit sind, außergerichtliche Beratung in Anspruch zu nehmen. Auch dies würde noch stärker die Perspektive des Kindes in der neuen gesetzlichen Regelung verdeutlichen, die der Deutsche Verein für öffentliche und private Fürsorge mit Recht in seinen Überlegungen und Stellungnahmen zu einer Kindschaftsrechtsreform herausgestellt hat.

Denkbare Kostengesichtspunkte für ein möglichst frühzeitig **vorgeschaltetes Informations- und Beratungsverfahren**, in dem wenigstens ein ausführliches Beratungsgespräch obligatorisch zu sein hätte, können wohl nicht ernsthaft als Gegeneinwand dienen. Die möglichen Folgekosten eines in seinen Auswirkungen für die nachfolgenden Eltern-Kind-Beziehungen ungut verlaufenen Scheidungsprozesses sollten für die öffentliche Hand Grund genug sein, Kosten für ein Beratungsverfahren nicht zu scheuen. Diese Information und Beratung sollten entsprechend dem in unserer Sozialordnung ebenfalls wichtigen Grundsatz der Pluralität bei einem von den Familiengerichten angebotenen und zur Auswahl gestellten freien oder öffentlichen Träger erfolgen.

Insgesamt geht es bei einer Regelung der Eltern-Kind-Beziehungen im Fall einer gescheiterten Ehe aus familienpolitischer Sicht darum, die **weiterbestehende elterliche Verantwortung** als obersten Grundsatz sichtbar werden zu lassen. Die gemeinsam gelebte Verantwortung der Eltern sollte das Ziel sein, auch wenn sich diese als Ehepartner getrennt haben. Sie ist fortdauernder Ausdruck der schon mit der Entscheidung zum Kind begründeten »verantworteten Elternschaft«. Diese elterliche Verantwortung kann (und sollte möglichst) von beiden Eltern gewollt und bewußt bejaht werden, auch wenn sie sich nicht in einem Sorgerecht konkretisiert. Die Elternverantwortung besteht weiter, auch wenn sich die Bedingungen für ihre Wahrnehmung ändern; deshalb sind gerade rechtlich-organisatorische Hilfestellungen besonders naheliegend. Wo weiterreichende elterliche Verantwortung ausdrücklich und trotz Verdeutlichung der Zusammenhänge um die Eltern-Kind-Beziehungen im Beratungsverfahren nicht als weiterbestehend bejaht wird, kommt es zum alleinigen Sorgerecht eines Partners, und zwar ohne zusätzliches Engagement des anderen Elternteils auch außerhalb des Sorgerechts im engeren Sinne. Wo beide Elternteile die Elternverantwortung zurückweisen bzw. ihr nicht gerecht zu werden vermögen, bleibt ohnehin nur die öffentliche Hand als Auffangnetz mit Heimunterbringung u. ä. Sofern die weiterbestehende Elternverantwortung von beiden Seiten bewußt gewollt wird, kann und sollte es idealiter zum gemeinsamen Sorgerecht kommen, freilich nicht ohne positiv geäußerten Elternwillen, der Grundlage sein muß für die notwendige elterliche Kooperation. Gemeinsame elterliche Sorge sollte auch weiterhin an ein Mindestmaß von elterlicher Kooperationsfähigkeit geknüpft sein, die nicht zuletzt durch eine entsprechende Grundberatung gestärkt werden kann. Im anderen Falle kommt es zum alleinigen Sorgerecht nur eines Elternteils, aber möglichst mit einem zusätzlichen Engagement des anderen Elternteils.

Die Kriterien für diese unterschiedlichen Modelle, die es im übrigen im Beratungsgespräch zu verdeutlichen gilt, sind zum Teil für beide Modelle gültig, wie z. B. die so wichtige Verständigung über den Unterhalt des Kindes, zum Teil sind sie modellspezifisch, wie z. B. die Verständigung über den Wohnort des Kindes und die notwendigen klaren Vorstellungen über die Beziehungspflege mit dem Kind, die Rahmenbedingungen für die Regelung der alltäglichen Lebensfragen bei gemeinsamer elterlicher Sorge oder die Ausgestaltung des Rechtsanspruchs des Kindes auf Kontakte mit dem nicht sorgeberechtigten Elternteil. Wenn die Alltagssorge klar geregelt ist, deren Übertragung auf einen Partner das gemeinsame Sorgerecht zuläßt, kann unter Umständen sogar noch mit größerer Akzeptanz für dieses Rechtsinstitut gerechnet werden. Diese und andere Kriterien zu gewährleisten, sollte eine vorrangige Aufgabe der obligatorischen Beratung sein. Ein von den Eltern anschließend gemeinsam erarbeiteter Vorschlag zur Regelung der elterlichen Sorge und des Umgangs mit den Kindern nach der Scheidung könnte in einer »Sorgeerklärung« der Eltern seinen Ausdruck finden, wie sie in der einschlägigen Diskussion auch angeregt worden ist. Die Beratung selbst kann sich um so mehr auf eine Grundinformation und -beratung beschränken, je eigenständiger die Eltern bereits ihre Vorstellungen zur Wahrnehmung der Elternverantwortung entwickelt haben, z. B. auch auf der Grundlage von »Mediation« (siehe dazu auch den entsprechenden Abschnitt 7.1.5). Vor allem aber sollte bei einem Ausschöpfen der Wege zur Gewährleistung der angesprochenen Informations- und Beratungshilfen die Basis des sozialrechtlichen Ansatzes des Kinder- und Jugendhilfegesetzes (Paragraph 17 in Verbindung mit der in Paragraph 74 geregelten Förderung freier Träger), der sich im übrigen grundsätzlich bewährt hat, nicht nur genutzt, sondern sogar nach Möglichkeit ausgebaut werden. Die dort formulierte Sollbestimmung wäre zu einem Rechtsanspruch auf Beratung weiterzuentwickeln.

Bei nicht verheirateten Eltern läßt sich nach dem vorliegenden Gesetzentwurf die Stabilisierung der Eltern-Kind-Beziehungen dadurch fördern, daß die Eltern ein gemeinsames Sorgerecht ausüben können und dafür lediglich eine gemeinsame Erklärung abzugeben brauchen. Dabei ist nicht vorausgesetzt, daß die Eltern zusammenleben. Auch ist eine gerichtliche Prüfung von Voraussetzungen einer gemeinsamen Sorge nicht vorgesehen, da darin ein unverhältnismäßiger Eingriff in die Autonomie der Eltern gesehen wird. Eine relativ starke Stellung der Mutter kommt allerdings dadurch zum Ausdruck, daß sie zur gemeinsamen Sorgeerklärung bereit sein muß. Wenn es nicht zu einem gemeinsamen Sorgerecht kommt, sollen nichteheliche Eltern dieselben Umgangsrechte erhalten wie geschiedene Eltern.

Im Hinblick auf die nichteheliche Familie stellt sich für die Familienpolitik gemäß ihrer Zielsetzung, auf Bedingungen bedacht zu sein, die ein familiales Zusammenleben als Grundlage für eine möglichst gute Aufgabenerfüllung fördern (wozu stabile Partnerbeziehungen ebenso gehören wie verläßliche Eltern-Kind-Beziehungen), die Frage, wie diese Familienform zu sehen ist. Diese Frage reicht weit über die Neuordnung des Kindschaftsrechts hinaus und wirft das schwierige Problem der familienpolitischen »Beurteilung« unterschiedlicher Familienformen auf. Die nichteheliche Familie ist mit Blick auf das hier betrachtete familienpolitische Grundziel der Förderung von gesellschaftsordnungskonformen familialen Binnenstrukturen dadurch gekennzeichnet, daß die Eltern-Kind-Beziehungen nicht gleichzeitig mit Elternbeziehungen verknüpft sind, die ihrerseits durch das Rechtsinstitut der Ehe abgesichert sind. Inwieweit kann darin eine besondere »Schwachstelle« gesehen werden, die für die Zielverwirklichung eher nachteilig erscheint? Könnte sogar von einem strukturellen Mangel der nichtehelichen Familie gesprochen werden? Auf der einen Seite werden bisher als zentrale Merkmale der (europäischen) Familienverfassung die Monogamie und die Norm, daß Kinder möglichst im ehehlichen Verband ihrer leiblichen Eltern aufwachsen sollen, hervorgehoben; diese Merkmale sind zumindest (noch) dominierend. Daneben finden sich zum anderen aber auch, wie bei der Darstellung des »Mengengerüstes« gezeigt werden konnte, vermehrt familiale Lebensgemeinschaften, in denen eines dieser zentralen Merkmale fehlt und deren Binnenstruktur nicht zugleich auf dem Rechtsinstitut der Ehe beruht, das die Beziehungen der Eltern regelt. Dies kann eine zielklare Familienpolitik nicht unberührt lassen.

Der Ehebezug durch Heirat der Partner bildet allein noch keine hinreichende Voraussetzung für die angesprochenen Bedingungen der Zielverwirklichung. Um diese zu gewährleisten, schafft aber eine auch institutionelle Absicherung familialen Zusammenlebens, wie sie durch die Verknüpfung von Ehe und Familie gegeben ist, eine besonders günstige Voraussetzung. Auch hier gilt, daß Institutionen als »geronnene geschichtliche Erfahrung« gelten können. Damit gewinnt die Frage der institutionellen Absicherung einer Eltern-Kind-Gemeinschaft, wie sie in der ehelichen Familie gegeben ist, besondere familienpolitische Bedeutung, ohne daß dieser Aspekt verabsolutiert werden darf. Denn auch die Ehepaarfamilie kann sich, was die Partnerbeziehungen wie auch die Eltern-Kind-Beziehungen angeht, im Einzelfall als wenig förderlich etwa für den Prozeß der Sozialisation des Kindes erweisen, und umgekehrt kann die Ein-Eltern-Familie oder die nichteheliche Familie im Einzelfall vergleichsweise sehr viel förderlichere Sozialisationsbedingungen bieten. Nur wird eine Familienpolitik daraus keine völlige Gleichgültigkeit gegenüber unterschiedlichen Familienformen ableiten dürfen. Denn wie die familienwissenschaftliche Forschung erkennen läßt, weisen die verschiedenen Familienformen von ihren Strukturbedingungen her unterschiedliche »Anfälligkeiten« auf, die eine Familienpolitik in differenzierender Sicht unter Umständen zu entsprechenden »adressatenspezifischen« Maßnahmen herausfordern werden. Da die nichteheliche Familie praktisch die einzig wirkliche »neue« Familienform darstellt, sollen die damit verbundenen Implikationen noch näher erörtert werden, zumal hier Grundfragen der familienpolitischen Leitorientierung in unserem Gemeinwesen berührt sind.

3.4. Strukturelle Besonderheiten nichtehelicher Familien

Bei einer Beurteilung der inzwischen weit verbreiteten nichtehelichen Lebensgemeinschaften aus familienpolitischer Sicht wird man zunächst unterscheiden müssen zwischen nichtehelichen Lebensgemeinschaften ohne Kinder und solchen mit Kindern. Ganz überwiegend handelt es sich – jedenfalls gegenwärtig in Deutschland – bei den nichtehelichen Lebensgemeinschaften um unverheiratet zusammenlebende (noch) kinderlose Paare; ihr Anteil an der Gesamtzahl der nichtehelichen Lebensgemeinschaften lag Mitte der neunziger Jahre bei rund 73 Prozent in den alten Bundesländern und in den neuen Ländern bei unter 48 Prozent. Bei diesen reinen Paarbeziehungen wird man einen geringeren Grad an »Öffentlichkeit« ihrer Sozialbeziehungen annehmen können als bei nichtehelichen Lebensgemeinschaften mit Kindern. Im letzteren Falle handelt es sich um eine familiale Lebensform, bei der die Eltern auf den rechtlich-institutionellen Rahmen der Ehe verzichten. Das Bundesverfassungsgericht hat schon in einer Entscheidung vom 24. März 1981 festgehalten, das in Artikel 2 Absatz 3 GG garantierte Recht auf freie Entfaltung der Persönlichkeit gebiete es, daß der Staat die Entscheidung der Eltern akzeptiert, keine Ehe miteinander eingehen zu wollen; es ermögliche »die Weigerung der Eltern, ihre personalen Beziehungen im Rahmen der Institution Ehe zu verwirklichen«. Man muß sehen, daß mit einer sich darauf beziehende Subsumierung der nichtehelichen Lebensgemeinschaften mit Kindern unter die Familienformen eine qualitative Veränderung für das Verständnis von Familie eingeleitet ist. Inwieweit beruht dies auch auf dem Artikel 6 GG?

Damit stellt sich am Beispiel der nichtehelichen Lebensgemeinschaften mit Kindern die grundsätzliche Frage nach der Zuordnung von Familie und Ehe. Diese familienpolitisch bedeutsame Frage hat z. B. auch in den Diskussionen um die im Jahre 1994 (vorerst) zum Abschluß gekommene Verfassungsänderung eine Rolle gespielt. In diesen Beratungen und politischen Auseinandersetzungen stand auch der Artikel 6 GG zur Diskussion, und zwar vor allem mit Blick auf den Absatz 1, in dem »Ehe und Familie« gleichermaßen und in dieser Exklusivität unter den besonderen Schutz der staatlichen Ordnung gestellt sind. Für nicht wenige Kritiker der bestehenden Verfassungsbestimmung war gerade das »und« der Stein des Anstoßes.

Unterhalb der verfassungsrechtlichen Ebene hat die Bundestagsfraktion BÜNDNIS 90/DIE GRÜNEN im Juli 1996 – unter ausdrücklicher Berufung auch auf den Fünften Familienbericht – einen Gesetzentwurf zur Regelung der Rechtsverhältnisse nichtehelicher Lebensgemeinschaften vorgelegt, der sich auf solche mit und ohne Kinder bezieht und damit teilweise über die hier angesprochene Fragestellung hinausgeht. Der Entwurf sieht ein **neues Rechtsinstitut der nichtehelichen Lebensgemeinschaft im Familienrecht** vor, daß diesen Lebensgemeinschaften alle Rechtspositionen einräumen soll, die ihren Grund im Zusammenleben der Partner (verschiedenen oder gleichen Geschlechts) haben, und ihnen daher umfassend die Rechtsstellung als Familienangehörige einräumen soll, ohne eine Gleichstellung mit Ehepaaren vorzusehen. (Für gleichgeschlechtliche Paare, die eine umfassende rechtliche Absicherung ihrer Partnerschaft wünschen, wird ergänzend in einem besonderen Gesetzentwurf die Öffnung der Ehe für gleichgeschlechtliche Paare vorgeschlagen.) Der Gesetzentwurf zur Regelung der Rechtsverhältnisse nichtehelicher Lebensgemeinschaften knüpft an tatsächliche Gegebenheiten an (auf Dauer angelegt, innere Bindung, gegenseitiges Einstehen, Hinausgehen über die Beziehungen in einer reinen Haushalts- und Wirtschaftsgemeinschaft), nicht dagegen an standesamtliche Registrierung oder z. B. einen notariellen Vertrag; er verzichtet auf eine Zwangsverrechtlichung des frei eingegangenen Zusammenlebens sowie weitestgehend darauf, das Binnenverhältnis zwischen den Partnern zu regeln. Insgesamt habe der Gesetzgeber allen Menschen Wahlfreiheit und Gleichberechtigung bezüglich ihrer Lebensform zu gewähren und die Aufgabe, allen Lebensgemeinschaften einen passenden Rahmen für die rechtliche Ausgestaltung ihrer Form des Zusammenlebens bereitzustellen.

Da die im Entwurf vorgesehene Anerkennung als Familienangehörige sich auf verschiedensten Feldern auswirken soll – vom Kindschafts- und Erbrecht und dem Mietrecht und dem Recht des Sozialen Wohnungsbaus über das Zeugnisverweigerungsrecht und das Auskunftsrecht bei Unfällen bis zu den Regelungen bei der Studienplatzvergabe und zum Arbeitsförderungsgesetz –, stellt sich die Frage, wo hier die Grenze zur Gleichstellung mit der im Grundgesetz unter den besonderen Schutz der staatlichen Ordnung gestellten Ehe erreicht bzw. überschritten wird. Nach der früheren Entscheidung des Bundesgerichtshofs vom Mai 1982 verbiete es die Institutsgarantie des Artikels 6 Absatz 1 GG, die nichteheliche Lebensgemeinschaft in *jeder* Hinsicht mit der Ehe gleichzustellen, und erstrecke den verfassungsrechtlichen Schutz gerade nicht auf die nichteheliche Lebensgemeinschaft, sondern überlasse deren Regelung – im Positiven wie im Negativen – dem Gesetzgeber und der Rechtsprechung. Gibt es hier bei vielfältigen partiellen Gleichstellungen so etwas wie einen Umschlag von der Quantität in die Qualität, bei dem, gemessen an der Gesamtheit der zugunsten der Ehe bestehenden Schutz- und Förderungsvorschriften, der besondere Schutz der Ehe durch die staatliche Ordnung nicht mehr gewährleistet wäre? Diese Grenzüberschreitung liegt aber offensichtlich auch in der Grundintention dieser Initiative; so heißt es in einer Pressemitteilung zur Vorlage des Gesetzentwurfs, »es muß endlich Schluß sein mit der alleinigen Anerkennung der klassischen heterosexuellen Ehe und der ehelichen Familie«. In der Begründung des Entwurfs wird die Anerkennung der Schutzbedürftigkeit anderer auf Dauer angelegter Lebensgemeinschaften (neben dem Schutz von Ehe und Familie) in den Landesverfassungen von Berlin und Brandenburg »als gesellschaftspolitisch wichtiger Schritt nach vorn« gesehen, rechtlich böten diese Regelungen jedoch wegen des Vorrangs des Bundesrechts keine befriedigende Lösung. Bezogen auf die nichtehelichen Lebensgemeinschaften mit Kindern, deren Verständnis als familiale Lebensform im Grunde keine Schwierigkeiten machen sollte und für die im übrigen das Bundesverfassungsgericht schon in der angeführten Entscheidung von 1981 festgehalten hat, der Staat habe die Entscheidung der Eltern, keine Ehe miteinander eingehen zu wollen, zu akzeptieren, bleibt indessen die familienpolitisch wichtige Frage, was sich für den Ehebezug familialen Zusammenlebens aus den damit verbundenen sozialen Strukturen heraus als vorzugswürdig in Feld führen läßt.

Das Kernproblem angesichts der **Zuordnung von Familie und Ehe** konzentriert sich, wie die öffentliche Diskussion immer wieder zeigt, auf die Frage, warum und wozu die Familie zugleich eine auf Ehe begründete Gemeinschaft zu sein habe. Es wird auf die gesellschaftliche Wirklichkeit verwiesen, in der auch innerhalb der familialen Lebensgemeinschaften – über die Ein-Eltern-Familien und Stieffamilien mit veränderten Strukturen hinaus – unverheiratet zusammenlebende Paare mit eigenen und/oder in die Paarbeziehung eingebrachten Kindern in einem Ausmaß anzutreffen sind, das in der Vergangenheit unbekannt war. Diese Lebensform kann zumindest lebensbiographisch gesehen eine kürzere oder längere Zeitspanne abdecken, bevor sie in eine eheliche Lebensgemeinschaft einmündet, kann aber auch als eigenständige Form des Zusammenlebens mit Kindern und damit als dauerhafte Alternative zur ehelichen Familie verstanden und gelebt werden. Diese familiale Lebensform ist zwar gegenwärtig in den alten Bundesländern bei weitem nicht so verbreitet wie die nichtehelichen Lebensgemeinschaften ohne Kinder; die Entwicklung im Ausland, insbesondere in Skandinavien, kann es aber fraglich erscheinen lassen, ob dies in Deutschland so bleiben wird. In den neuen Ländern war der Anteil derer mit Kindern schon Anfang der achtziger Jahre höher als derjenige ohne Kinder.

Was läßt sich – auch aus sozialethischer Sicht – zu der Zuordnung von Familie und Ehe für ein familienpolitisches Weiterdenken und Handeln festhalten? Für eine solche Positionsbestimmung lassen sich folgende Gesichtspunkte hervorheben: Weitgehend unbestritten ist der (Dienst-)Wert der Familie für den einzelnen und die Gesellschaft, ohne daß die Familie auf eine reine »Dienstfunktion« reduziert werden darf, denn sie hat selbst einen von der menschlichen Person abgeleiteten und daher relativen Eigenwert. Das Miteinanderleben in Familien und auch das Füreinandereinstehen entspricht – wie auch die kulturgeschichtliche Entwicklung mit allem Wandel von Familienformen zeigt – einer personalen und sozialen »Grunddimension« der menschlichen Existenz. Dabei erbringen familiale Lebensgemeinschaften über die persönlichen Sinnerfüllungen und Glückserfahrungen hinaus wichtige Leistungen für größere Gemeinschaften sowie die Gesamtgesellschaft und gerade in Grenz- und Krisensituationen menschlichen Zusammenlebens zusätzliche Leistungen, die die Allgemeinheit erheblich entlasten können und tatsächlich auch entlasten. Erinnert sei nur daran, daß gegenwärtig über 80 Prozent aller Pflegebedürftigen durch ihre Familienangehörigen versorgt werden.

Eine familienpolitische Grundfrage ist nun, ob die große Tragweite der Form des familialen Zusammenlebens für die Identitätsausbildung beim einzelnen und für die Gesellschaft es rechtfertigt, bestimmte Familienformen in den Vordergrund des politischen Interesses zu rücken, andere eher »nur« zu tolerieren. Familien als Adressaten der Familienpolitik müssen nicht – und können nicht selten gar nicht, wie bei der nichtehelichen Mutterschaft – auf der Rechtsform der Ehe beruhen oder doch daraus abgeleitet sein. Für eine stets wertbesetzte Politik wird man indessen die Berechtigung bejahen müssen, hier in Präferenzen zu denken, ohne alle Formen familialen Zusammenlebens jenseits der ehelichen Familie einfach auszugrenzen; auf konkrete Problemlagen hin kann es sich sogar anbieten, mit Blick auf besondere strukturelle Schwächen spezielle Hilfen z. B. für Alleinerziehende oder nichteheliche Familien vorzusehen. Auf ein solches Denken in Präferenzen völlig zu verzichten, wäre ein vorschnelles Zugeständnis an verschiedentlich anzutreffende Zeitgeist-Positionen, wonach der Staat überhaupt nicht für Wertorientierungen eintreten dürfe. Tatsächlich tut er dies mit seiner Politik jedoch fast ständig. Dies würde bedeuten, daß eine Familienpolitik sehr wohl bei der Gestaltung der Rahmenbedingungen von familialem Zusammenleben darauf achten darf und als grundwerteorientierte Politik sogar darauf achten muß, daß die Optionen für die ehebezogene Familie weit offen gehalten werden, und diese in einer von den Sachzusammenhängen her zu begründenden Präferenz gegenüber anderen Zusammenlebensformen von Erwachsenen mit Kindern als »Zielgröße« sichtbar wird. Dafür ist dann freilich eine Beweispflicht gegeben; reine »Autoritätsbeweise« reichen dazu nicht aus. In »offenen Gesellschaften« muß eine solche Entscheidung in einem dialogischen Prozeß von den Sachgegebenheiten her auf konsensfähige Positionen hin entwickelt werden. Es bedarf hier der rationalen Diskussion über die Sinnhaftigkeit und – mit Blick auf die mit der Übernahme von Elternverantwortung verbundenen Konsequenzen – über die »Problemangemessenheit« eines Ehebezugs von Familie. Die dabei auftretenden Verständigungsprobleme werden freilich in Gesellschaften wie der unseren mit so deutlich unterschiedlichen bis gegensätzlichen Grunddispositionen und voneinander abweichenden Wertorientierungen eher noch größer. Gerade die verstärkt pluralistische Struktur unserer Gesellschaft macht es um so mehr erforderlich, mit Argumenten zu überzeugen.

Die Sachverständigenkommission für den Fünften Familienbericht hebt zur weiteren Entwicklung des Familienrechts als eine Orientierung hervor, Inhalt und Umfang der aus der Ehe und der Abstammung folgenden Rechte und Pflichten sollten so bestimmt sein, »daß Ehe und Elternschaft für Männer und Frauen weiterhin erstrebenswert und annehmbar bleiben« (S. 322). Dies schließt auch die ökonomisch abgesicherte Wahlfreiheit für die Lebensform Familie ein. Aus familiensoziologischer Sicht bleibt festzuhalten, daß für die Ausprägung von Lebensformen der Menschen starke kulturelle Vorgaben nötig sind: Gegenüber einer durch die moderne Biogenetik und Fortpflanzungstechnologie noch geförderten »Expansion des prinzipiell Möglichen muß auch und gerade in einer stark vom Individualismus geprägten Kultur darauf hingewiesen werden, daß lebbare familiale Verhältnisse kulturelle Vorgaben brauchen, daß also die Vorstellung, familiale Lebensformen könnten ausschließlich aus individuellen Präferenzen oder biologischen Bedürfnissen entstehen, unrealistisch ist. ›Familie‹ ist aus sozialwissenschaftlicher Perspektive nur als kulturgeprägte Erscheinung möglich und verständlich.«[90]

Auch für die Familie hat sich im Zuge der strukturellen Ausdifferenzierung von Lebenssphären eine »Eigenbedeutung« entwickelt, »nämlich der auf emotionalen Bindungen beruhende Zusammenhalt, eine emotional begründete Solidarität, die aus der körperlichen und psychischen Intimität sowie dem Vertrauen in die Dauerhaftigkeit der Familienbeziehungen ihre Kraft zieht«[91]. Wenn es demnach richtig ist, daß das bisherige Funktionieren der »Eigenlogik« von Familie heute gerade auch durch kulturelle Veränderungen – wie auch durch Veränderungen des weiblichen Lebenszusammenhangs und durch die tendenziell erweiterten Optionen des einzelnen – in Frage gestellt wird, dann dürfen diese kulturellen Veränderungen nicht sich selbst überlassen werden. Dies verweist auf die wichtige Rolle nicht-staatlicher Gesellschafts- und Kulturträger; aber es muß auch gefragt werden, ob hier der Staat ganz aus der Verantwortung entlassen werden kann, ober ob er nicht ebenfalls in die Gestaltung kultureller Vorgaben eingebunden bleiben muß. Diese Frage wird hier – wenn auch mit den in einer pluralistischen Gesellschaft gebotenen Einschränkungen – im letzteren Sinne bejaht. Dazu gehört dann auch, seitens der familienbezogenen Gesellschafts- und Kulturpolitik, insbesondere auch der Rechtspolitik, zeichenhaft »Zielgrößen« zu benennen, die für Familienstrukturen als vorzugswürdig angesehen werden, ohne andere Formen deshalb sozial auszugrenzen sowie in voller Anerkennung dessen, was auch in ihnen an gelingendem Leben möglich ist. Tatsächlich ist staatliche Politik ohnehin nicht »neutral« gegenüber dieser Entwicklung. Die zahlreichen Reformen insbesondere im Ehe- und Familienrecht bis hin zum Jugendhilferecht insbesondere in den siebziger Jahren haben ihrerseits Tendenzen der Pluralisierung familialer Lebensformen unterstützt[92]. Wenn aber – mehr oder weniger gewollt – doch auf die Familienformen eingewirkt wird, dann sollte dies#auch bewußt und reflektiert, in Kenntnis und Würdigung der Auswirkungen politischer Entscheidungen geschehen.

Allerdings kommen hier auch weltanschaulich geprägte Sichtweisen von Mensch und Gesellschaft in die Diskussion. Sehr behutsam, aber eingehend setzt sich die »Orientierungshilfe« des Rates der Evangelischen Kirche in Deutschland – über familiale Lebensformen hinausgreifend – mit der These auseinander, alle Formen des

90 F. X. Kaufmann (Anm. 4), S. 8.
91 Ebda., S. 185.
92 Ebda., S. 183.

Zusammenlebens, die sich neu oder doch in weit größerer Verbreitung in den vergangenen Jahrzehnten mit bislang zunehmender Tendenz in der Gesellschaft eingebürgert haben, wie z. B. Alleinerziehende, nichteheliche Lebensgemeinschaften ohne oder mit Kinder(n) oder auch gleichgeschlechtliche Lebensgemeinschaften, müßten als gleichrangig beurteilt werden, zwischen ihnen dürfe also kein qualitativer Unterschied herausgestellt werden. Die These greift auf die neuzeitlichen Emanzipationsbewegungen (und damit auch die sexuelle Emanzipation) ebenso zurück wie auf das Argument, daß unterschiedliche Beurteilungen von Formen des Zusammenlebens immer auch die Menschen treffen, die in ihnen leben, Werturteile über Menschen aber mit der Achtung vor der Menschenwürde nicht vereinbar sind. Zudem wird im Umfeld dieser Gleichrangigkeitsthese darauf hingewiesen, daß derjenige, der Ehe und Familie höher wertet als andere Formen des Zusammenlebens, dabei in der Regel von einem unrealistischen Idealbild ausgehe und übersehe, daß in anderen Lebensformen teilweise ethisch verantwortlicher und sozial vorbildlicher gelebt werde als in vielen Ehen und Familien.

In der kritischen Abwägung der Argumente für die Gleichrangigkeitsthese werden in der »Orientierungshilfe« durchaus ernstzunehmende und bedenkenswerte Aspekte hervorgehoben, gleichwohl aber wird ein ablehnendes Votum zu dieser These formuliert: »Als Ergebnis läßt sich festhalten, daß alle drei Argumente berechtigte Anliegen enthalten und zur Geltung bringen, daß sie aber nicht in Lage sind, die These von der Gleichrangigkeit aller Formen des Zusammenlebens zu begründen.«[93] Gegen diese These spreche, »daß sie entweder, wenn sie wörtlich genommen wird, pauschal alles rechtfertigt, was es je an (sei es auch ausbeuterischen, unterdrückenden oder entwürdigenden) Formen des Zusammenlebens gegeben hat, gibt oder geben wird; oder, wenn sie in einem eingeschränkten Sinn nur auf alle gesellschaftlich anerkannten Formen des Zusammenlebens begrenzt wird, damit die gesellschaftliche Akzeptanz zum letztgültigen Beurteilungsmaßstab für Formen des Zusammenlebens macht. Beides ist mit der Aufgabe sozialethischer Urteilsbildung (aus der Sicht des christlichen Glaubens) unvereinbar. Daher ist die These von der Gleichrangigkeit aller Formen des Zusammenlebens abzulehnen.«[94] Vor dem Hintergrund dieses Votums werden Kriterien erörtert, an denen Formen des Zusammenlebens zu messen sind, um gegebenenfalls Unterschiede zwischen ihnen feststellen zu können. Dabei wird die Lebensdienlichkeit mit Blick auf die nachwachsenden Generationen sowie Alte, Kranke und Behinderte als das zentrale wenn auch nicht einzige Kriterium für die Bewertung von Formen des Zusammenlebens angesehen und die Leitbildfunktion von Ehe und Familie für das Zusammenleben von Frau und Mann mit Kindern – aus der Sicht des christlichen Glaubens – hervorgehoben.

Der Staat darf sich wohl auch an den **»sozialen Kosten«** orientieren, die mit verschiedenen Familienformen erfahrungsgemäß verbunden sind. In den USA haben gerade im Umfeld der liberalen politischen Kultur kritische Stimmen angemerkt, frühere Theorien nicht mehr unkritisch zu übernehmen, wonach eine Vielzahl von

93 Kirchenamt der EKD, Mit Spannungen leben. Homosexualität und Kirche, Hannover 1996, S. 30.
94 Ebda.

Familienstrukturen unausweichlich, aber harmlos sei und daß die Auswirkungen von auseinanderfallenden Familien nicht unbedingt schwerwiegend sein müßten. Vielmehr wird etwa in dem 1991 vorgelegten Bericht der *National Commission on Children* festgestellt: »Kinder gedeihen am besten, wenn sie das persönliche Engagement und die materielle Unterstützung von Vater und Mutter genießen und wenn beide Eltern ihrer Verpflichtung zur liebevollen Fürsorge nachkommen (...) Steigende Scheidungsraten, die wachsende Zahl außerehelicher Kinder und fehlender Eltern sind nicht lediglich Ausdruck alternativer Lebensstile, sondern Verhaltensmuster von Erwachsenen, die für die Kinder ein erhöhtes Risiko an schlechten Folgen mit sich bringen.«[95] In der deutschen familienwissenschaftlichen Diskussion ist – allerdings wohl mehr mit Blick auf ein Nebeneinander von familialen und nichtfamilialen Lebensformen – angemerkt worden: »Eine Gesellschaft, die nicht mehr in der Lage wäre, bestimmte Formen ihres Zusammenlebens deshalb zu privilegieren, weil sie sie als im Regelfalle sozial nützlicher ansieht, würde sich in Widersprüche verwickeln und ihren Mitgliedern Orientierungsleistungen vorenthalten, auf die sie im Regelfalle angewiesen sind.«[96]

Die Frage bleibt indessen bestehen, inwieweit innerhalb der familialen Lebensformen leitbildorientierte Zielgrößen benannt werden können. Hierzu ist immer wieder daran zu erinnern, daß einzelne Familienformen nicht aufgrund *eines* Merkmals pauschal beurteilt werden dürfen; denn ein einzelnes Merkmal reicht nicht aus, um die in Familien ablaufenden Prozesse und deren Konsequenzen für die Persönlichkeitsentwicklung zu bestimmen, was auch zum Ansatz des Modells der »sozialen Ökologie« menschlicher Entwicklung geführt hat[97]. Von daher ist auch die inzwischen größere Zurückhaltung gegenüber der Sichtweise zu erklären, daß eine bestimmte Familienform bereits per se eine Garantie für eine optimale Erfüllung familialer Aufgaben sei[98].

Was läßt sich hier nun speziell über die nähere Zuordnung von Elternschaft und Ehe desweiteren aussagen? Zunächst ist festzuhalten, daß es für die Grundlagen von Elternschaft auf bestimmte inhaltliche Kriterien ankommt, deren Bedeutung seitens der Familienpolitik besonders mit Blick auf Kinder herauszustellen ist. Dazu gehören vor allem:

- die Vollständigkeit der Paargemeinschaft, die Elternverantwortung übernimmt,
- die Stabilität der Elternbeziehung,
- die Verbindlichkeit der Elternbeziehung sowie
- die öffentliche Anerkennung der Lebensgemeinschaft.

Eine Bedingung für die Stabilität der Elternbeziehung kann, muß aber nicht notwendig mit Ehe gegeben sein, d. h., der Trauschein ist kein Garantieschein für diese Stabilität. Auch die öffentliche Anerkennung, die herkömmlicherweise durch die Eheschließung gegeben ist, kann man sich durch andere Formen gesellschaftlicher Anerkennung ersetzt vorstellen. Dennoch erweist sich das Rechtsinstitut der Ehe

95 Don Browning, Wie die Familie zum »liberalen Anliegen« in den USA wurde, in: Concilium, (1996) 2, S. 136.
96 F. X. Kaufmann (Anm. 4), S. 225.
97 K. Lüscher (Anm. 13), S. 519.
98 Ebda., S. 525.

erfahrungsgemäß als eine hilfreiche Voraussetzung, die die Ausprägung der vorgenannten Kriterien zwar nicht automatisch garantiert, aber in besonderer Weise nahelegt und sogar in mancher Hinsicht erleichtert. Für die **ehebezogene Familie als »Zielgröße«** sprechen im einzelnen immerhin folgende Gründe:

a) Die Ehe kann, wie die historische Erfahrung zeigt, als die Grundform relativ verläßlicher und dauerhafter Partnerschaft im Zusammenleben von Mann und Frau und als die rechtlich verbindliche Grundlage für die von ihnen erwartete Solidarität gelten. Sie bildet demgemäß erst recht eine bewährte Grundlage für das Zusammenleben von Eltern mit Kindern, also dort, wo die Partner Elternverantwortung übernehmen. Die Ehe vermittelt dabei durch ihre öffentlich-institutionelle Bekundung und rechtliche Bindung einen Verbindlichkeitsgrad, der von den Beteiligten notfalls rechtlich einklagbar ist. Diesen wollen die nichtehelichen Lebensgemeinschaften vermeiden. Mit der Eheschließung wird klargestellt, daß die sozialen Risiken einer Elternschaft, so sie denn gewollt ist, in rechtsverbindlicher Weise gemeinsam getragen werden sollen. Diese Rechtsverbindlichkeit gegenüber Staat und Gesellschaft zum solidarischen Einstehen für einander ist aber gerade für die schwächeren Mitglieder einer Familiengemeinschaft von großer Bedeutung, wie sich besonders in Belastungs- und Krisensituationen erweist.

b) Unter dem differenzierten Anspruchs- und Leistungsgeflecht eines sozialen Rechtsstaats führt jede Form des Zusammenlebens eines Erwachsenen mit einem Kind über einen längeren Zeitraum dann zu nicht unerheblichen Problemen, wenn von der rechtlichen Form der Beziehung einfach abgesehen wird. Feste Bindungen gibt es auch in Familienbeziehungen außerhalb einer Ehe, und sie sind sicherlich wertvoll in einer Gesellschaft, in der die Aufnahme und das Aufrechterhalten von festen sozialen Bindungen zu einem eher selteneren Gut zu werden scheinen, wie in der sozialwissenschaftlichen Diskussion betont wird; aber rein »pragmatisch« sollte Politik hier auch nicht vorgehen. Die Frage, inwieweit z. B. ein sozialpolitischer Ausgleich für die besonderen Belastungen durch Übernahme von Elternverantwortung unabhängig von Familienstand und Familienstruktur vorzunehmen ist, wird sicherlich nicht in überkommener Engführung mit Leitbildern einer vollständigen »bürgerlichen« Familie zu beantworten sein, aber dennoch darf das, was Familie in unserer Gesellschaft ausmachen soll, nicht der subjektiven Beliebigkeit überlassen bleiben – nicht zuletzt im Interesse der in den Familien zusammenlebenden Menschen. Wenn alle auftretenden Formen des Zusammenlebens von Erwachsenen und Kindern gleich gültig sein sollen, ist die Gefahr groß, daß sie alle miteinander schließlich politisch gleichgültig werden.

c) Übernahme von Elternverantwortung und Zusammenleben mit betreuungsbedürftigen Kindern, also Angehörigen der nachwachsenden Generationen, ist keine reine Privatangelegenheit. Weil die Entscheidung für (oder gegen) Kinder in ihren objektiven Konsequenzen gesellschaftlich hochgradig relevant ist, muß die Gesellschaft aber auch darauf Wert legen, daß die Ordnung dieses Zusammenlebens gerade auch im Interesse des Kindes transparent, möglichst verläßlich und in den Verantwortlichkeiten verbindlich geregelt ist. Es kann auch für eine Gesellschaft nicht belanglos sein, sondern es muß ein öffentliches Interesse daran bestehen, daß die Verläßlichkeit der sozialen Beziehungen für jedermann einsichtig ist. Dies gilt nicht nur in lebenspraktischer Hinsicht, sondern auch im Hinblick auf das Wertbewußtsein in einer Gesellschaft. Wo immer dies zutrifft – was in einer (auch wert)pluralistischen Gesellschaft allerdings zunehmend weniger konsensfähig sein kann –, erhält die ehebezogene Familie auch von daher ihre Sinnhaftigkeit und gesellschaftliche Bedeutung. Der »Trauschein« ist mehr als ein äußerliches Papier, er ist ein Signum dafür, daß die betreffenden Mitglieder der Gesellschaft den mit der Institution Ehe vorgestellten objektiven Sinngehalt bejahen, sich mit ihm identifizieren, den damit vorgegebenen wertbesetzten Ordnungsrahmen akzeptieren.

d) Es hat sich als Vorurteil herausgestellt, daß die Eheschließung in eine starre und die Partnerschaft eher erstickende »Zwangsordnung« hineinführe, in der persönliche Freiheit und Selbstbestimmung keinen Platz mehr hätten. Vielmehr sehen sich auch Ehepaare vor die Aufgabe gestellt, ihre eigene Form der personalen Partnerschaft zu finden und in dem ständigen Bemühen um einen verantwortlichen Lebensstil weiterzuentwickeln. Dazu gehört auch die sozialen Erwartungen, Verhaltensmuster und »Rollenzuweisungen«, wie etwa in der Zuordnung von Familientätigkeit und Erwerbstätigkeit, die mit tradierten, vielleicht sogar institutionell mehr oder weniger abgesicherten Gestalten der Ehe verbunden sind, auf ihre menschlich verantwortbare Ausprägung und personale wie familiale und gesellschaftliche Angemessenheit hin zu bedenken, zu prüfen und gegebenenfalls eigenverantwortlich zu verändern. Es ist allerdings erstaunlich zu beobachten, wie wenig in den jungen Erwachsenengenerationen weithin Gestaltbarkeit innerhalb des institutionellen Ordnungsrahmens der Ehe gesehen wird. Insofern ist auch in der ehebezogenen Familie weiter Spielraum für Individualisierungsprozesse, die hier allerdings auf festere, vom Gesamtwohl der Familie her normierte Grenzen stoßen können.

e) Wenn man nicht einer sehr ausgeprägt individualistischen Sichtweise verhaftet ist und nicht einer nur auf das Individuum abgestellten Rechtsauffassung folgen möchte, kann man schließlich fragen, ob die Preisgabe der inneren Zuordnung von Familie und Ehe und damit die Abkehr von der ehebezogenen Familie nicht letztlich die Familie selbst gefährden müßte. Insofern wäre eine grundsätzliche Entkoppelung von Familie und Ehe angesichts der Zielverwirklichung einer systematischen Familienpolitik zusätzlich äußerst riskant. Diese Sichtweise setzt freilich die Anerkennung eines nicht ohne weiteres bejahten (anthropologisch begründbaren) Zusammenhangs von partnerschaftlicher und familialer Dimension voraus.

f) In unserem wertpluralistischen Staatswesen kann es allerdings nicht darum gehen, ein weltanschaulich spezifisch besetztes Familienverständnis gesellschaftlich allein durchzusetzen und diese Normvorstellung politisch allgemein verbindlich zu machen. Dies gilt auch für ein christliches Verständnis, dem das Leitbild der auf Ehe gegründeten Familie besonders ausgeprägt zugrunde liegt. Die ehebezogene Familie kann in unserer Gesellschaft kein »Monopol« für sich beanspruchen. Wer sie favorisieren möchte, braucht dafür überzeugende Sachargumente, die zwar auch einem weltanschaulich geprägten Familienverständnis mit zugrunde liegen (können), aber die bloße Berufung auf letzteres reicht allein nicht aus. Allerdings wäre auch umgekehrt eine Förderung des Abrückens vom Ehebezug angesichts der geschichtlichen Erfahrung beweispflichtig. Familienpolitisch ist jedenfalls sehr wohl auf solche – auch rechtliche – Rahmenbedingungen hinzuwirken, unter denen in unserer Kulturordnung gerade auch nach christlichen Normen gelebt werden kann; insofern ist die Lebbarkeit christlicher Normvorstellungen mit Blick auf familiales Zusammenleben durch die öffentliche und rechtliche Ordnung abzusichern. Denn unsere Verfassung ist auf eine christliche Kulturordnung zugeschnitten, die sich freilich ihrerseits unverkennbar in einem Transformationsprozeß befindet.

Insgesamt gibt es daher gute Gründe, in der Zielorientierung die innere Zuordnung von Ehe und Familie zu betonen und in der Familienpolitik die ehebezogene Familie, nicht aber die nichteheliche Familie in den Vordergrund zu rücken, und zwar gerade auch im Interesse der schwächeren Familienmitglieder. Dies müssen zwar nicht, werden aber sehr häufig gerade die Frauen und Kinder sein. Erst recht ist zu vermeiden, daß nichteheliche Lebensgemeinschaften mit Kindern von den sozialökonomischen und soziokulturellen Rahmenbedingungen her gar für den einzelnen »vorteilhaft« erscheinen. Von daher erschiene es, auch höchst problematisch, etwa dafür zu plädieren, eine gesellschaftliche Entwicklung hin zur Ein-Eltern-Familie besonders zu begünstigen. Daß solche (unbeabsichtigten oder beabsichtigten) Wirkungen im Ergebnis von Politik ausgehen können, zeigen auch die Erfahrungen im Ausland. So wurde in Österreich bis 1995 für ledige Mütter ein um 50 Prozent erhöhtes Karenzgeld (für die ersten zwei Jahre nach der Geburt des Kindes) gezahlt ohne Prüfung, ob die Mütter wirklich ohne Partner lebten, was häufig dazu führte, von einer Heirat abzusehen. Dies muß dort nachdenklich stimmen, wo grundsätzlich die ehebezogene Familie in der familienpolitischen Grundorientierung gegenüber anderen Formen des Zusammenlebens von Eltern mit Kindern als »Zielgröße« sichtbar bleiben soll.

Immerhin hat das Bundesverfassungsgericht – allerdings in einem Beschluß aus dem Jahr 1969[99] – die Auffassung vertreten, daß »die gesunde körperliche und seelische Entwicklung des Kindes grundsätzlich das Geborgensein in der nur in der Ehe verwirklichten vollständigen Familiengemeinschaft mit Vater und Mutter voraussetzt«. Abgesehen davon, daß dies »grundsätzlich« so gesehen wurde, mag es fraglich sein, ob diese Entscheidung in dieser Ausformulierung heute noch ebenso getroffen würde. Aber auch wenn hier Zweifel angebracht sein können, weist die in der früheren Entscheidung zum Ausdruck kommende Grundauffassung doch in Richtung einer auch heute als vertretbar anzusehenden Präferenz, die der Ehepaarfamilie als erwünscht anzusehender »Zielgröße« zugesprochen werden kann. Wer sich dafür in der Auseinandersetzung unterschiedlicher gesellschaftspolitischer Ordnungsvorstellungen einsetzt, kann sich auf das vielfältig erfahrungsmäßig abgesicherte Wissen stützen, daß eine solche familienpolitische Grundorientierung dem Wohl der Gesellschaft sehr viel eher zuträglich als abträglich ist.

---

99 BVerfGE 25, 167 (196).

4. Öffentliche Rücksichtnahme auf die eigenständige, gesellschaftsoffene Familie

4.1. Allgemeine Zielsetzung

Neben den innerfamilialen Beziehungsstrukturen, die die Beziehungen zwischen den Familienmitgliedern charakterisieren, sind für die Funktionstüchtigkeit von Familien und damit familienpolitisch die Bezüge der Familien zu ihrem Umfeld wichtig, also die Beziehungsverhältnisse zwischen Familie und Gesellschaft, der Gesamtgesellschaft und ihrer neben der Familie stehenden gesellschaftlichen Subsysteme. Im Zuge der Herausbildung eines Gesellschaftstyps, der auf der strukturellen Trennung von politischen, ökonomischen, reproduktiven und religiösen Funktionen beruht, dem sogenannten Prozeß der »strukturellen und funktionalen Differenzierung«[100], fallen die politischen Funktionen im wesentlichen dem politische Herrschaft ausübenden Staat zu, die ökonomischen Funktionen dem in unseren westlichen Gesellschaften für die Koordination der Güter- und Dienstleistungsproduktion durchweg marktwirtschaftlich organisierten Wirtschaftssystem, die religiösen Funktionen den Kirchen und die in einem sehr weiten Sinne reproduktiven Funktionen den Familien. Die sind nunmehr in ihren Leistungen in besonderer Weise auf die Quantität und Qualität der Nachwuchssicherung ausgerichtet, wobei sie insbesondere im Prozeß der Erziehung und Bildung der nachwachsenden Generation mit anderen Sozialisationsinstanzen kooperieren.

Das kleinere soziale System Familie und das umfassendere soziale System Gesellschaft sind in vielfacher Hinsicht miteinander verbunden. Die Familien sind von ihrem sozialen Umfeld in vielfältiger Weise abhängig, so sind sie einmal ganz überwiegend auf außerhäusliche Erwerbstätigkeit als Grundlage für den Erwerb der materiellen Lebensgrundlagen angewiesen, aber auch auf zahlreiche – im Lebensablauf je spezifische – soziale Dienstleistungen für die Familienmitglieder. Diese außerfamilialen Sozialzusammenhänge beeinflussen unmittelbar und vielleicht mehr noch mittelbar durch ihre sozialen Ansprüche an die Familien, durch ihre weitgehend festliegenden (jedenfalls nicht originär von den Familien fest-

100 Vgl. zu diesem gesellschaftstheoretischen Ansatz mit zahlreichen Literaturhinweisen F. X. Kaufmann (Anm. 4), S. 30 ff., worauf auch für die nachfolgende Darstellung unter anderem verwiesen wird. Zum Prozeß der Ausdifferenzierung funktionsorientierter Makrostrukturen in der Gesellschaftsentwicklung und zur Position der Familie als eines gesellschaftlichen Teilsystems (in ihrer Bedeutung für die Legitimation von Familienpolitik als speziellem Politikbereich) siehe auch Franz-Xaver Kaufmann, Läßt sich Familie als gesellschaftliches Teilsystem begreifen? in: Alois Herlth/Ewald J. Brunner/Hartmann Tyrell/Jürgen Kriz (Hrsg.), Abschied von der Normalfamilie? Partnerschaft kontra Elternschaft, Berlin – Heidelberg 1994, S. 42–63.

gelegten) Zeitstrukturen wie auch durch ihren einrichtungsspezifischen Nutzen sehr nachhaltig das familiale Zusammenleben und die Familienentwicklung. Diese Auswirkungen erfordern, da Familien nicht einseitig auf Anpassungsleistungen verwiesen werden können, eine Rücksichtnahme auch auf familiale Lebenszusammenhänge[101]. Für das Verhältnis der Familien zu dem sie umgebenden gesellschaftlichen Raum ist heute, wie auch schon bei den im vorangehenden Kapitel zusammengefaßten Befunden deutlich wurde, nicht mehr jene scharfe Trennung der männlichen und weiblichen Aufgabenbereiche nach außerhäuslichen Berufsfeld und Familienhaushalt (Außen- und Innenverhältnis) charakteristisch, die für das »bürgerliche« Familienleitbild kennzeichnend war. Die verheirateten Frauen sind – vor dem bereits angesprochenen Hintergrund einer enormen Bildungsexpansion und beruflichen Angleichung der Frauen an die Männer – im Außenverhältnis grundsätzlich, wenn auch mit lebensbiographisch wechselnden Ausmaßen, in die Erwerbsarbeitswelt einbezogen; sie verstehen sich nicht mehr als allein zuständig für die (emotional-affektiven) Binnenbeziehungen der Familien und die Aufgaben des Familienhaushalts.

Für die daraus erwachsenden Außenbeziehungen der Familien zum gesellschaftlichen Raum erscheint nun wichtig, daß diese Beziehungen gekennzeichnet sind durch eine Anerkennung der Kooperationserfordernisse der Familien einerseits und eine Berücksichtigung der elementaren Lebenszusammenhänge durch die mit den Familien verbundenen und auf ihre Entwicklung einwirkenden wirtschaftlichen und gesellschaftlichen (Sub-)Systeme andererseits. Dies erfordert grundsätzlich die zur Gesellschaft hin »geöffnete Familie«; ohne daß der private Freiraum der Familie verloren gehen darf, gilt es, privatistischen Tendenzen in der Ausprägung der Familienstrukturen zu begegnen. Umgekehrt erfordert es die für familiäre Lebensbedürfnisse sensible Gesellschaft. Letztlich münden diese Erfordernisse ein in das familienpolitische Grundziel der öffentlichen Rücksichtnahme auf die **Eigenständigkeit der gesellschaftsoffenen Familie**. Öffentliche Rücksichtnahme zielt auf das Außenverhältnis des gesellschaftlichen Teilsystems Familie und meint die Berücksichtigung der elementaren, der Eigenständigkeit der Familie entsprechenden Belange durch den Staat, die Gesamtgesellschaft und die übrigen gesellschaftlichen Teilsysteme. Die Eigenständigkeit schließt die für die gesellschaftliche Grundeinheit Familie konstitutive Eigenverantwortung ein[102]. Auf dieser Grundlage meint Gesellschaftsoffenheit, daß die Familie sich nicht gegenüber

101 Insbesondere durch die umfassende Darstellung von Matthies Pechstein hat die in der familienpolitischen Diskussion seit vielen Jahren geläufige Leitvorstellung der sozialen Gerechtigkeit gegenüber der Familie inzwischen eine Aufarbeitung als eigenständiger Rechtsbegriff in der juristischen Dogmatik gefunden: Matthias Pechstein, Familiengerechtigkeit als Gestaltungsgebot für die staatliche Ordnung, Baden-Baden 1994. Mit der Verpflichtung zur »Familiengerechtigkeit«, übertragen auf die durch die Rechtsordnung wesentlich mitgestaltete Sozialordnung, wird ein Hintergrund für einen Teilaspekt des hier betrachteten familienpolitischen Grundziels bezeichnet.

102 Die Eigenständigkeit der Familie besitzt ein besonderes Gewicht für familienpolitische Zielbestimmungen, weshalb seinerzeit ausdrücklich als allgemeine Zielsetzung (Sinnziel) einer umfassenden Familienpolitik die durch die gesellschaftlichen und wirtschaftlichen Strukturen möglichst wenig beeinträchtigte Entfaltung der eigenständigen, optimal funktionsfähigen Familie umschrieben wurde. M. Wingen (Anm. 5), S. 65.

dem übrigen gesellschaftlichen Raum abkapselt, vielmehr gegenüber Anforderungen aus der Gesellschaft geöffnet ist. Dies entspricht zutiefst einem personalen Menschenverständnis.

Für die Zielverwirklichung bedeutet dies mit Blick auf die Familien, daß für die volle Ausprägung ihrer gesellschaftsordnenden Leistungen die entsprechenden Grundeinstellungen auf der Familienebene gegeben sein müssen – und gegebenenfalls anzumahnen sind. Familien bieten unverkennbar große Chancen für die grundlegenden wechselseitigen Vermittlungsleistungen zwischen dem einzelnen und der vielfältig gegliederten Gesellschaft bis hin zum Staat. Dabei muß damit gerechnet werden, daß vorgefundene Familienstrukturen die Verwirklichung bestimmter Ziel- und Ordnungsvorstellungen über Person und Gesellschaft behindern. Auch hier stellt sich dann die Frage, inwieweit sich bestimmte Familienstrukturen – ähnlich wie hinsichtlich einer von Gleichberechtigung geprägten innerfamilialen Arbeitsteilung – verändern lassen und im Hinblick auf die Vereinbarkeit mit Gesellschaftsordnungsbedingungen des Gemeinwesens darauf hingewirkt werden kann. Man könnte in diesem Zusammenhang geradezu von einer gesellschaftlichen Erwartung auf eine »gesellschaftsfähige« Familie sprechen, im Sinne einer bestmöglichen Leistungsentfaltung in der Gesellschaft in Übereinstimmung mit konsensfähigen Grundwerteorientierungen der Gesellschaft.

Eine solche »Gesellschaftsfähigkeit« der Familie versteht sich freilich nicht von selbst. Sie setzt eine »familienfähige« Gesellschaft, familienorientierte Leistungsangebote anderer gesellschaftlicher Träger und eine Politik voraus, die insbesondere angesichts von zahlreichen nachweislichen familialen Leistungsbehinderungen die wirtschaftlichen, sozialen und kulturellen Voraussetzungen und solche Rahmenbedingungen schafft und immer wieder neu absichert, die ihrerseits bestimmte, im Interesse der Entfaltung des einzelnen und des gesellschaftlichen Ganzen als erwünscht angesehene Verhaltensweisen begünstigen können und damit die Familien erst befähigen, den an sie gerichteten Erwartungen möglichst optimal zu entsprechen. Eine solche »Familienfähigkeit« von Gesellschaft und Politik, gerichtet auf Änderungen gesellschaftlicher Verhältnisse und politischer Strukturen entsprechend den Bedürfnissen und Interessen von Familien, hängt, wenn sie gelingen soll, ihrerseits auch von korrespondierenden Bewußtseinshaltungen und damit nötigenfalls Bewußtseinsänderungen auf der individual-familialen Ebene ab. Solche Bewußtseinsänderungen bieten auf seiten der »Betroffenen« erst die erforderliche Resonanz für familienbezogene gesellschaftspolitische Reformen, damit dies wirksam werden können. Die subjektive Bewußtseinslage der einzelnen Menschen ist wichtig für die Wirkungen von politischen Maßnahmen, wie nicht zuletzt ganz allgemein die Transformationsprozesse beim Systemwechsel in den neuen Bundesländern gezeigt haben.

Auch familienbezogene sozialrechtliche Veränderungen etwa garantieren allein keineswegs die Zielerreichung. Hier müssen das gesamte Umfeld und gerade auch die Bewußtseinshaltungen der beteiligten und von den politischen Maßnahmen betroffenen Menschen dem entsprechen. In der modernen »Institutionenökonomik« sind dazu wichtige Einsichten erarbeitet worden, an die in diesem Zusammenhang zu erinnern ist. Sie zeigen, daß die »institutionellen« Voraussetzungen, die auch die Bewußtseinslage der Beteiligten umfassen, für die Funktionsfähigkeit von (neuen)

Rechtsnormen, in diesem Falle in Richtung eines neuen familienorientierten Sozialrechtssystems sehr wichtig sind und allmählich wachsen müssen. Dies gilt es auch für sozialreformerische Ansätze in der Familienpolitik überhaupt zu berücksichtigen. Die Beurteilung der Tragweite neuer Rechtsnormen in bezug auf die Familie muß die Reflexion der institutionellen Voraussetzungen dafür mit einschließen. Letztere müssen gleichzeitig geschaffen werden, wenn die veränderte Politik nachhaltigen Erfolg haben soll.

Hinsichtlich der Sozialisationsleistungen der Familien gilt es zu berücksichtigen, daß die spezifischen familialen Strukturmerkmale, die gerade in den ersten Lebensjahren des Kindes die besondere Stärke der Familie ausmachen, mit zunehmendem Lebensalter des Kindes teils auch zu Schwachstellen werden können, nämlich vor allem dann, wenn es an der nötigen Flexibilität nicht nur in der Binnenstruktur, sondern gerade auch in den Außenbeziehungen der Familie mangelt. Gleichwohl ist bisher gerade für die kindliche Sozialisation keine überzeugende Alternative zur Familie erkennbar; dies schließt nicht aus, über eine Fortentwicklung bestehender Familienstrukturen – auch jenseits der früheren Drei-Generationen-Großfamilie – etwa im Sinne stärkerer partieller Vergemeinschaftungen mit unterschiedlichen Formen der Kooperation zwischen Familien in relativ offenen Strukturformen nachzudenken[103]. Die Öffnung zur Gesellschaft hin, die auch eigene Anstrengungen der Familien voraussetzt, erscheint nicht zuletzt wichtig angesichts der Kritik an der Institution Familie, die dahingeht, Familie sei im Grunde eine »Reparaturagentur« bestehender Schichtunterschiede und diene der Verfestigung überkommener Autoritätsstrukturen. Gerade durch eine Abgeschlossenheit der Familie würden nach Michael S. Honig z. B. auch vielfältige Formen »verhäuslichter Gewalt« ermöglicht. Es wäre Ausdruck familienideologischen Denkens, das Gewaltphänomen im Umfeld von Familien einfach leugnen zu wollen. Um so wichtiger aber erscheint die in mannigfacher Weise zu ihrer Umwelt hin geöffneten Familie, in der gesellschaftspolitische Leitvorstellungen in das familiale Zusammenleben durchschlagen und auch von der wirtschaftlichen Seite her Voraussetzungen geschaffen werden, von denen aus einer sozialschichtenbindenden Wirkung von Familien begegnet werden kann.

An dieser Stelle können nicht alle einzelnen Maßnahmen erörtert werden, die auf das Außenverhältnis von Familien bezogen sind. Im Feld des Erziehungs- und

103 Dieser Aspekt der zur Gesellschaft hin geöffneten Familie ist keineswegs neu: Schon in der Mitte des vorigen Jahrhunderts hat Constantin Frantz in seinem »Versuch über die Verfassung der Familie. Ein Mittel gegen den Pauperismus«, Berlin 1844, festgehalten: »Eine Familie, bestehend aus Mann Frau und Kindern, kann für sich ihr Familienleben selbst nicht vollkommen entwickeln, sondern sie kann und soll es nur als Glied eines engeren Vereines mehrerer Familien« (S. 7). Diese Vereinigungen (»Familien-Institute«) wollte er »Freundschaften« genannt wissen, die zu einer »sicheren und kräftigen Lebensordnung« auszubilden seien. Gegen den denkbaren Einwand, die Familien-Institute würden so sehr in alle Lebensverhältnisse eingreifen, daß sie die ganze gesellschaftliche Ordnung umbilden würden, bemerkte er, er habe »gar nichts dagegen, denn das sollen sie auch, denn diese Ordnung taugt eben nichts, und es handelt sich eben gerade um ihre vollkommene Umgestaltung« (S. 45).

Bildungsprozesses der nachwachsenden Generation finden sie z. B. in den vielfältigen Kooperationsformen zwischen **Familien** und **außerfamilialen Erziehungs- und Bildungsträgern** ihren Ausdruck. Zu verweisen ist etwa auf die Ausgestaltung der Mitwirkungsrechte und -möglichkeiten für die Familien im Schul- und Bildungsbereich, beginnend bereits bei der vorschulischen Erziehung. Dieses Feld ist auch deshalb so bemerkenswert, weil diese Mitwirkung erfahrungsgemäß einen guten Ansatzpunkt für eine wirksame Elternbildung darstellt. Wenn in einem mehr auf Kooperation verschiedener Erziehungsträger hin angelegten Erziehungsprozeß die Eltern in neuer Weise verstärkt gefordert sind, gehört es zu den Aufgaben einer Familienpolitik im weiteren Sinne, insbesondere auf der örtlichen Ebene sicherzustellen, daß Eltern zu einer solchen Kooperation auch tatsächlich befähigt sind. Dies verweist auf die Notwendigkeit einer inneren Verschränkung der Steuerungsfelder, in denen Familienpolitik im Hinblick auf ihre unterschiedlichen Grundziele wirksam wird. Entsprechend der föderalen Struktur der Bundesrepublik Deutschland fallen die familienpolitischen Lösungsansätze im Bildungsbereich im wesentlichen in die Zuständigkeit der Länder und Gemeinden; aber auch freie gesellschaftliche Träger sowie verbandliche Zusammenschlüsse der Eltern selbst sind hier angesprochen.

Bildung gehört zu den besonders wichtigen Bereichen menschlicher Daseinsvorsorge; das Bildungsniveau insbesondere der Väter und Mütter hat einen nachhaltigen Einfluß nicht nur auf die Art und Weise, wie Partnerschaft in der Familie gelebt wird, sondern auch darauf, wie Familien ihre Leistungen der Daseinssicherung und -vorsorge erbringen. Die Sachverständigen-Kommission für den Fünften Familienbericht ist dem Verhältnis von Familie und Bildung in einigen zentralen Aspekten sehr gründlich nachgegangen und hat die Notwendigkeit einer Familienorientierung des Bildungssystems herausgearbeitet. Festzuhalten bleibt hierbei vor allem, wie sehr bereits im Bildungssystem eine stärkere Berücksichtigung von Familienbelangen notwendigerweise angelegt sein sollte, bis hin zur besseren Vereinbarkeit von Ausbildung und Familiengründung. So wird allein die Zahl der jungen Väter und Mütter, die sich noch im Studium befinden, für Deutschland auf insgesamt zirka 140 000 geschätzt. Von daher ist die Herausbildung von solchen gesellschaftlichen Strukturen zu begünstigen, die auch hier die Familiengründung und partnerschaftliches Familienleben erleichtern. Die Sachverständigen-Kommission betont hierzu, »daß der Vereinbarkeit von Bildung und Familie eine vergleichbare Aufmerksamkeit gewidmet werden muß wie der Vereinbarkeit von Familie und Beruf, daß es teilweise sogar auf die gleichzeitige Vereinbarkeit von Ausbildung, Erwerbsarbeit und Familiengründung ankommt« (S. 213).

Ein sehr zentraler Aspekt der familialen Außenbeziehungen ergibt sich aus der außerhäuslichen Erwerbstätigkeit von Familienangehörigen und betrifft das Verhältnis von Familien und Erwerbsarbeitsleben, also vor allem das Beziehungsverhältnis von Familie und Betrieb, das ebenso aktuell wie für die Entwicklung und Leistungsentfaltung von Familien relevant ist. Dieses im folgenden näher zu behandelnde Problemfeld markiert einen zentralen Ansatzpunkt einer Familienpolitik, die sich als gesellschaftliche Strukturpolitik versteht.

4.2 Vereinbarkeit von Familien- und Erwerbstätigkeit

Bei den Ansätzen für eine bessere Vereinbarung von Familien- und Erwerbstätigkeit geht es aus gesellschaftsordnungspolitischer Sicht vor allem darum, einen Lebensentwurf der einzelnen Frau und des einzelnen Mannes entsprechend den individuellen Wertpräferenzen zu ermöglichen, entsprechend auch dem erworbenen Bildungsstatus insbesondere der Frau. Damit richtet sich dieses Ziel auf die Ermöglichung von (mehr) tatsächlicher Wahlfreiheit zwischen Familie und Beruf. Den Eltern muß es freigestellt sein zu entscheiden mit welchen Optionen sie ihre Vorstellungen für ein Leben in Familie und Beruf verwirklichen wollen. Wahlfreiheit setzt ein Angebot unterschiedlicher Möglichkeiten voraus, deren Auswahl staatlicherseits nicht etwa durch mit einzelnen Möglichkeiten verbundenen wirtschaftlichen Schieflagen gelenkt werden darf (»Politik der schiefen Ebenen«). Konkret geht es um einen nachhaltigen eigenverantwortlichen Lebensgestaltung im Hinblick auf Familie und Beruf sowie zur Chancengleichheit auch von familiengebundenen Mitarbeitern und nicht familiengebundenen Mitarbeitern im einzelnen Unternehmen. Die Vereinbarung von unterschiedlichen Rollenanforderungen muß verbessert werden, und zwar insbesondere von Elternschaft – nicht nur der Frau als Mutter, sondern auch des Mannes als Vater – und Erwerbstätigkeit bzw. auch außerhäuslichem sozialen Engagement. Eine Voraussetzung dafür ist eine ausreichende **Familienorientierung der Erwerbsarbeitswelt**, womit neben Staat und Gesetzgeber gerade auch nicht staatliche Verantwortungsträger angesprochen sind.

Entsprechend der familienpolitischen Zielsetzung ist Wert darauf zu legen, daß möglichst große Freiheits- und Handlungsspielräume für junge Eltern bestehen, Erwerbstätigkeit und Familienverpflichtungen gegenüber heranwachsenden Kindern so miteinander in Einklang bringen zu können, wie dies ihrem individuellen Lebensentwurf und den familialen Gegebenheiten am besten entspricht. Insgesamt gilt es, mehr Handlungsspielräume des einzelnen für eigenverantwortliche und partnerschaftlich konzipierte Biographien zu schaffen und abzusichern. »Erwerbskarriere« und »Familienkarriere« in eine ausgewogene Balance zu bringen erfordert ein gerüttelt Maß an familienpolitischer Phantasie in der Sozial- und Betriebspolitik. Diese aber ist gefragt, denn die weitere Entwicklung der Familie als einer Grundeinheit der Gesellschaft wird nicht zuletzt davon abhängen, inwieweit es Politik und Gesellschaft gelingt, Voraussetzungen zu schaffen, damit Familienleben und Erwerbsarbeit besser miteinander in Einklang gebracht werden können.

Zur sozial- (und unternehmens-)ethischen Legitimation des Zieles und seiner möglichst konsequenten Verwirklichung sei – über die genannten normativen Vorgaben hinaus – noch an die Einwirkungen auf das familiale Zusammenleben erinnert, die von Strukturen des modernen Wirtschaftslebens, insbesondere von dem Betriebsgeschehen ausgehen. Wo solche Einwirkungen vorliegen, müssen sich die Verursacher auch darauf befragen lassen, was sich unternehmen läßt, damit diese Einwirkungen die elementaren Lebensbelange von Familien möglichst wenig beeinträchtigen. Betriebliche Arbeitsabläufe müssen immer wieder auch auf Familienverträglichkeit hin überprüft werden; zumal vom einzelnen im Grunde erwartet wird, daß er aus seiner familialen Lebenswelt vielfältige Vor-Leistungen mit in den betrieblichen Arbeitsprozeß einbringt.

4.2.1 Problemlage

Gemessen an der in Rede stehenden Zielsetzung kann die tatsächliche Situation bei weitem nicht befriedigen. Mitte der achtziger Jahre stellt der Wissenschaftliche Beirat für Familienfragen beim damaligen Bundesministerium für Jugend, Familie und Gesundheit in seinem Gutachten über »Familie und Arbeitswelt« fest, familienorientierte Erwerbsarbeitswelt sei bisher mehr Wunsch als Wirklichkeit. Seither hat sich an diesem Befund kaum Grundlegendes geändert. Rolf Birk, der auf dem 60. Deutschen Juristentag 1994 in Münster eine ausführliche Darstellung zur Frage »Welche Maßnahmen empfehlen sich, um Vereinbarkeit von Berufstätigkeit und Familie zu verbessern?« vorlegte, stellte im Anschluß fest: »Die Arbeitswelt nimmt generell auf die individuelle und familiale Lebensgestaltung wenig Rücksicht. Die Organisation der Arbeit ist wenig familienorientiert. Die erwerbstätigen Familienmitglieder sind bisher gezwungen, ihre Pflichten und Wünsche weitgehend den Bedingungen des Arbeitslebens unterzuordnen. Die Arbeit und ihre Organisation werden den persönlichen und familialen Interessen übergeordnet. Wer seine Aufgaben in beiden Lebensbereichen (Arbeitswelt, Familie) ernst nimmt, gerät fast zwangsläufig in Konflikte.«[104] Von daher kommt Birk sogar zu dem eher etwas resignierenden Ergebnis die Vereinbarkeit von Beruf und Familie werde angesichts der komplexen Bedingungen stets mehr rechtspolitisches Ziel bleiben als realisierbarer Zustand werden. Jedenfalls sind noch immer erhebliche Zweifel anzumelden, ob alle Verantwortungsträger bei der Anpassung der Rahmenbedingungen auf der gesamtgesellschaftlichen und betrieblichen Ebene an die veränderten Lebensentwürfe jüngerer Frauengenerationen (wie auch an den sich abzeichnenden demographischen Wandel mit einem Alterungsprozeß auch innerhalb der langfristig tendenziell rückläufigen Erwerbsbevölkerung) mit der gebotenen Nachhaltigkeit Schritt gehalten haben.

Die bisherigen Befunde deuten darauf hin, daß die Möglichkeiten für eine familienfreundlichere Gestaltung der Erwerbsarbeit noch keinesfalls voll ausgeschöpft sind. Hier liegen Herausforderungen gerade auch mit Blick auf den europäischen Binnenmarkt. Je länger notwendige Kurskorrekturen nicht nur des Gesetzgebers, sondern gerade auch der Verantwortungsträger in der Wirtschaft aufgeschoben werden, um so größer und schwieriger zu bewältigen wird der Nachholbedarf an familienorientierter Politik sein, die durchaus als ein wichtiger Standortfaktor eingeschätzt werden darf. Freilich muß auch von den Familienmitgliedern, die auf Integration in das Erwerbsleben Wert legen, Verständnis für produktionswirtschaftliche und betriebswirtschaftliche Erfordernisse erwartet werden. Dies gehört mit zur »Gesellschaftsfähigkeit« der Familie. Wenn es aber richtig ist, daß die Konfliktsituation junger Ehepaare zwischen Familienleben und Erwerbsarbeitswelt auch bei aller Bereitschaft zur individuellen Flexibilität in der Aufteilung familiärer und

104 Rolf Birk, Die Vereinbarkeit von Familie und Beruf als arbeitsrechtliches Problem, in: André Habisch (Hrsg.) Familienorientierte Unternehmensstrategie, München – Mering 1995, S. 152. Zu konzeptionellen Überlegungen zur Vereinbarkeit von Familie und Erwerbsarbeit siehe auch Warnfried Dettling, Politik und Lebenswelt. Vom Wohlfahrtsstaat zur Wohlfahrtsgesellschaft, Gütersloh 1995.

beruflicher Rollen zwischen Mann und Frau dennoch immer wieder an den Bedingungen der Arbeitsorganisation sich neu entzündet – und damit berufliche Karriere und Entscheidung insbesondere zu mehreren Kindern vorerst ein nur schwer versöhnlicher Gegensatz bleiben –, dann sind allerdings auch grundlegendere Reformen des Erwerbsarbeitslebens dringlich, ja überfällig. Diese Vereinbarkeitsprobleme können jedenfalls nicht einfach der einzelnen Familie angelastet werden. Wir versuchen Ökonomie und Ökologie, Generationen, Geschlechter und vieles mehr miteinander zu versöhnen; ebenso wichtig aber ist die Versöhnung von Erwerbsarbeitswelt und Familienleben. Wichtig erscheint auch, die **Gesamtlebensperspektive** der jungen Frauen und Männer im Blick zu behalten, Problemlagen und Lösungsmöglichkeiten also nicht nur allein aus der jeweiligen augenblicklichen Familienphase heraus zu beurteilen.

Zur Problemlage gehören im übrigen auch die sich verstärkt abzeichnenden Schwierigkeiten hinsichtlich der Betreuung alter Menschen. Angesichts ständig gestiegener Lebenserwartung bei gleichzeitig deutlich kleiner gewordenen Haushaltsgrößen sind auch betreuungsbedürftige alte Menschen auf Hilfeleistungen im Solidarverband der Familie vermehrt angewiesen. Dies stellt z. B. auch die betriebliche Personalpolitik vor die Frage, inwieweit (bezahlte oder unbezahlte) Freistellungen bei Pflege von alten Familienangehörigen oder die Vermittlung von Hilfsangeboten von außerhalb der Familie mitberücksichtigt werden müssen.

4.2.2 Grundrichtungen einer Problemlösung

Die Konfliktlagen insbesondere für junge Eltern im sicherlich nie ganz spannungsfreien Feld von Familienleben und Erwerbsarbeitswelt lassen sich, wenn schon nicht völlig aufheben, so doch wesentlich abmindern. Die Diskrepanzen zwischen Zielsetzung und tatsächlichem Befund in der familialen Wirklichkeit sind nicht unüberwindbar. Es wäre voreilig, davon auszugehen, hier läge ein unlösbares gesellschaftliches »Dilemma« vor, mit dem beide Seiten leben müßten. Das Spannungsverhältnis von Familienleben und Erwerbsarbeitswelt wird dabei von den beteiligten Eltern offensichtlich sehr unterschiedlich wahrgenommen, bewertet und bewältigt. Hier lassen sich unterschiedliche Familientypen je nach innerfamiliärem Rollenverständnis und tatsächlicher Erwerbstätigkeit der Partner unterscheiden, die jeweils typische Familienmuster repräsentieren, wie sie etwa vor dem Hintergrund einer Untersuchung über neue Konzepte betrieblicher Personalpolitik zur Verbesserung der Arbeitsbedingungen des Instituts für Psychologie der Universität Köln abgeleitet wurden. Solche Untersuchungen zeigen deutlich, wie individuelle Lebenspläne verstärkt Akzeptanz für sich beanspruchen und auch erhalten.

Auftretende Konflikte sind nicht nur strukturell bedingt, sondern können sich durch individuelle Werthaltungen begründete »persönliche« Konflikte verschärfen. Dies verweist zurück auf unterschiedliche Anpassungsleistungen, wie sie auch von den Familien erwartet werden müssen. Familienorientierte Erwerbsarbeitswelt bezeichnet dabei zugleich einen zentralen Ansatzpunkt für die tatsächliche Durchsetzung von Gleichberechtigung von Frauen und Männern. Sie kann im übrigen als ein Glaubwürdigkeitstest für die Soziale Marktwirtschaft im Urteil junger Familien gelten. In unguter Weise müssen sie erfahren, wie das Sinngebungspotential Erwerbstätigkeit mit dem des Kindes in einer Art »Verdrängungswettbewerb« steht.

Die bisher bei weitem zu wenig abgebauten Diskrepanzen zwischen Ziel und tatsächlicher Situation sind dann grundsätzlich überwindbar, wenn nur mit der nötigen Nachhaltigkeit und Flexibilität, die auch von den Familien eingefordert werden muß, die Problemlösung angegangen wird. Folgende Grundrichtungen des Handelns lassen sich benennen:

Die Vereinbarung von Familientätigkeit und Erwerbstätigkeit durch junge Eltern muß in unterschiedlichen, möglichst frei wählbaren Verhaltensmustern ermöglicht werden, entweder auf der Grundlage des sogenannten »simultanen« Verhaltensmusters, bei dem Erwerbstätigkeit und Kleinkindbetreuung zeitgleich nebeneinander geleistet werden, oder des sogenannten »sukzessiven« Verhaltensmusters, bei dem Erwerbsphase, dominante Familienphase und wieder Erwerbsphase zeitversetzt aufeinander folgen. Unter dem Aspekt der Gesellschaftsordnungskonformität erscheint wichtig, daß die beiden Verhaltensmuster gleiche Verwirklichungsmöglichkeiten vorfinden, d. h. es muß vermieden werden, daß ein Verhaltensmuster gegenüber dem anderen von den Randbedingungen seiner Verwirklichungsmöglichkeiten her benachteiligt wird. Die Übergänge zwischen den beiden Grundmustern werden in dem Maße fließend, in dem sich längere Elternurlaubsregelungen durchsetzen. Lebensbiographisch gesehen bedeuten beide Verhaltensmuster (und die möglichen Zwischenlösungen mit vorübergehend zeitlich sehr begrenzter Erwerbstätigkeit) ein »Miteinander« von Familientätigkeit und Erwerbstätigkeit.

Mehrere Wege der Vereinbarung müssen gleichermaßen sowohl für weniger qualifizierte als auch für höher qualifizierte Mitarbeiter(innen) gangbar sein. Auf unterschiedlichen Ausbildungs- und Qualifikationsniveau können die Möglichkeiten der Praktizierung der verschiedenen Verhaltensmuster allerdings unterschiedlich sein; so kann in einigen wissenschaftlich-technisch gekennzeichneten Erwerbstätigkeiten, gerade auch im Bereich der naturwissenschaftlichen Forschung, eine mehrjährige Unterbrechung durch eine Familienphase angesichts immer kürzer werdender Innovationszyklen und immer rascherer Technologieschübe den nahtlosen Anschluß an die Entwicklung in den betreffenden Berufsbereichen empfindlich, wenn nicht sogar unkorrigierbar beeinträchtigen. Tatsächlich aber sind die Erwerbstätigkeiten, in denen sich die »Halbwertzeit« des Wissens stetig verkürzt und eine Aufholjagd beinahe sinnlos wird, doch relativ begrenzt. In zahlreichen anderen Feldern erscheint eine Familienphase auch angesichts der beruflichen Entwicklung durchaus vertretbar und je nach den individuellen Gegebenheiten sogar problemangemessen.

Die unterschiedlichen Verhaltensmuster müssen allerdings durch eine Reihe von verhaltensmusterspezifischen flankierenden, rechtlichen und tatsächlichen **Rahmenbedingungen** her abgesichert sein, damit sie auch tatsächlich lebbar sind. Was dies im einzelnen konkret bedeutet, sei für die beiden Grundmuster nachstehend skizziert. So gehört zu dem **sukzessiven Verhaltensmuster** ein integrativ geplantes Maßnahmenbündel, das unter anderem wie folgt zu charakterisieren wäre:

- Da ist einmal das familienpolitische Instrument des Erziehungsgeldes als einem relativ neuen Element einer stärker familienphasenspezifischen Ausgestaltung, mit dem der noch zu erörternden speziellen Einkommensproblematik junger Familien entsprechend einem veränderten lohnpolitischen Paradigma Rechnung getragen werden soll. Wichtig erscheint die Anwendung dieser Regelung (mit Erziehungsurlaub und Anrechnung von Erziehungszeiten in der gesetzlichen Rentenversicherung) sowohl auf junge Mütter als auch auf junge Väter mit dem Ziel, das Bewußtsein für eine größere Rollenflexibilität der Geschlechter zu schärfen. Insofern ist die in Deutschland bestehende Möglichkeit, bis zu dreimal zwischen Mutter und Vater in der Inanspruchnahme des Erziehungsurlaubs zu wechseln, grundsätzlich zu begrüßen. Wie die Erfahrung zeigt, wird von diesem Wechsel bisher allerdings kaum Gebrauch gemacht, denn Frauen und Männer teilen sich den Erziehungsurlaub in weniger als einem Prozent der Fälle. Hier stellt sich die Frage, ob vom Gesetzgeber Gestaltungsmöglichkeiten gewählt werden sollten, die einem Rollenwechsel förderlich sein könnten. Gesetzliche Zwangsregelungen können ordnungspolitisch nicht befriedigen. Nicht unproblematisch erscheint auch ein Verfahren, nach dem die Hälfte des Erziehungsurlaubs (gegebenenfalls mit Erziehungsgeldbezug) verfällt, wenn er nicht vom anderen Partner genommen wird. So bleibt nur der Weg des freiwilligen Arrangements zwischen den Partnern, deren Entscheidung sicherlich auch durch die unterschiedliche Höhe der »Opportunitätskosten«, also dem Ausfall des Erwerbseinkommens, bei Mann und Frau bestimmt sein wird.

- Die praktische Anwendung der Regelungen von Erziehungsgeld und Erziehungsurlaub macht die große Bedeutung der individuellen Bewußtseinslage deutlich, und zwar insbesondere derjenigen des Mannes. Eine Veränderung der geschlechtspezifischen Arbeitsteilung in den Familien wird dabei als ein recht langfristiger Prozeß angesehen werden müssen, der seinen Ursprung bereits in veränderten Sozialisationsbedingungen der heranwachsenden Generationen hat. Eine Entwicklung hin zur gleichgewichtigen Beteiligung der Männer an den Familienaufgaben führt im Grundsatz zur Aufhebung der geschlechtsspezifischen Arbeitsteilung, wie sie für die sogenannte »bürgerliche« Familie und Ehe charakteristisch war. Die Wahlmöglichkeiten zwischen der Übernahme von Verantwortung im Familienleben einerseits und im Erwerbsleben andererseits sollten also nicht nur von den gesetzlichen Voraussetzungen her verbessert werden, sondern müssen auch von Einstellungsänderungen untermauert werden, was durch entsprechende Maßnahmen der Bewußtseinsbildung zu fördern ist. Dabei bleibt stets zu bedenken, daß Einstellungsänderungen noch nicht unbedingt Verhaltensänderungen implizieren.
- Einstellungs- und Verhaltensänderungen seitens des Mannes können aber nur erwartet werden, wenn auch im beruflichen Arbeitsfeld des Mannes breitenwirksam Bewußtseinsänderungen eintreten. Dies gilt nicht nur für die Einschätzung durch Kollegen, sondern mehr noch mit Blick auf das Führungsmanagement in den Betrieben. Für den Personalleiter darf der junge Vater, der sich für den Erziehungsurlaub entscheidet, kein Mitarbeiter sein, der erste Anzeichen von »innerer Verabschiedung« aus dem Leistungszusammenhang des Betriebes zeigt. Männer müssen nicht nur als junge Familienväter umdenken, sondern auch als Personalverantwortliche in den Betrieben. Es kommt wahrscheinlich nicht von ungefähr, daß sich familienfreundliche Regelungen nicht

selten gerade dort leichter durchzusetzen scheinen, wo die Betriebsleitung in Händen von Frauen liegen.

- Wenn es je nach den Familienverhältnissen naheliegt, den gesetzlichen Erziehungsurlaub zu überschreiten, können zeitlich längerfristigere – wohl weniger tarifvertragliche, aber vor allem betriebsindividuelle – Wiederbeschäftigungszusagen, wie sie zum Teil auch schon (etwa bis zum fünften oder siebten Lebensjahr des Kindes) praktiziert werden, wesentlich dazu beitragen, Lösungen zu finden, die eine spätere Berufsrückkehr des für einige Jahre aus dem Erwerbsprozeß ausscheidenden Ehepartners ermöglichen. Für ihn ist die Verläßlichkeit einer betrieblichen Regelung besonders wichtig, auf der eine längerfristige Lebensperspektive mit aufgebaut werden kann. Eine Überbewertung des Systems der Erwerbsarbeitswelt dürfte dagegen dort vorliegen, wo seitens des Betriebes eher noch auf eine Verkürzung des Erziehungsurlaubs hinzuwirken versucht wird. So können wohl auch Abfindungsangebote an junge Mütter, von denen verschiedentlich berichtet wird, keine wirkliche Lösung sein.
- Für die Praktizierung des sukzessiven Verhaltensmusters sind bei späterer Wiederaufnahme der Erwerbstätigkeit gezielte Wiedereinstieghilfen angebracht, und zwar, wie die Praxis zeigt, auch bei bestehenden Wiederbeschäftigungsgarantien. Sie bieten sich besonders im Falle einer längeren Unterbrechung der Erwerbstätigkeit an, um dem betreffenden Elternteil die Berufsperspektive zu erhalten und vor allem eine sich nicht selten einstellende Schwellenangst bei der Wiederaufnahme der Erwerbstätigkeit zu überwinden. In diesem Zusammenhang erscheinen Angebote der zwischenzeitlichen beruflichen Weiterbildung wichtig. Dieser Aspekt gewinnt um so größere Bedeutung, je mehr sich die Zeit der Unterbrechung der Erwerbstätigkeit durch die Geburt mehrerer Kinder verlängert und der Erhalt der beruflichen Qualifikation im Einzelfall von gezielter Weiterbildung wesentlich abhängig ist. Dies verlangt Anstrengungen vom einzelnen, kann aber auch vom Betrieb zum Beispiel durch Angebote von Urlaubsvertretungen und ähnliche Maßnahmen unterstützt werden, die geeignet sind, den Kontakt zur Erwerbstätigkeit grundsätzlich zu erhalten. Für alle Beteiligten wichtig ist der Qualifikationserhalt in der Familienphase, der neue Qualifikationsgewinn durch die Familienphase und die Wiedereingliederungshilfe nach der Familienphase.
- Im Sinne von mehr Gleichwertigkeit von Familien- und Erwerbsarbeit wird auch verstärkt darüber nachzudenken sein, inwieweit es von der Sache her geboten erscheint, durch Familienarbeit erworbene Fähigkeiten als berufliche Qualifikationsmerkmale anzuerkennen. Die Führung eines größeren Haushalts mit Betreuung, Versorgung und Pflege kleiner Kinder verlangt manche »Managementleistungen« und Dispositionsfähigkeiten, die auch im Erwerbsleben zählen. So kommt es nicht von ungefähr, wenn für den Bereich des öffentlichen Dienstes bei der Qualifikationsermittlung, der für die Frauenförderung zentrale Bedeutung beizumessen ist, in einigen Bundesländern der Grundsatz festgeschrieben ist, bei der Bewertung der Qualifikation auch durch Familienarbeit erworbene Fähigkeiten und Erfahrungen einzubeziehen, oder sogar die Bestimmung gilt, wonach spezifische Fähigkeiten und Erfahrungen – zum Beispiel durch Familienarbeit, durch soziales Engagement oder ehrenamtliche Tätigkeit – Teil

der Qualifikation sind (im Sinne der Vorschriften über Einstellungen und Beförderungen).

- Angesichts der Teilhabe von Mann und Frau an den Lebenswelten von Familie und Beruf ist die Bereitstellung von sozialversicherungsrechtlich abgesicherter Teilzeitarbeit von Bedeutung. Dieses Thema ist fast überstrapaziert. Aber immer wieder muß betont werden: Teilzeitarbeit sollte sowohl für Frauen wie für Männer und nicht nur für einfache, sondern auch für qualifizierte Tätigkeiten angeboten werden. Die überkommene »Normalarbeitszeit« wird durch die soziale Entwicklung ohnehin mehr und mehr überholt. Nicht selten wären beide Ehepartner bereit, ihre Erwerbstätigkeit beiderseits im Interesse der Familienbelange zumindest vorübergehend zurückzunehmen, wenn dies nur beschäftigungspolitisch ermöglicht würde. Teilzeitarbeit darf nicht das Ausweichgleis allein für Frauen sein, denen dann vielleicht die Familienarbeit sogar in vollem Ausmaß zusätzlich zufällt, weil sie ohnehin nicht »vollbeschäftigt« seien. Die jüngst in einem »Bündnis für Arbeit« abgesprochenen und dann gesetzlich abgesicherten breitenwirksamen Möglichkeiten des Übergangs ab dem 55. Lebensjahr in eine (Alters-)Teilzeitarbeit sollten nicht nur als »gleitender Übergang« in die Nacherwerbsphase gesehen werden, sondern bewußt auf den Abbau von Konfliktpotential in Familien mit betreuungsbedürftigen Kindern (oder auch pflegebedürftigen alten Familienangehörigen) ausgeweitet werden. Von den erwerbstätigen Ehefrauen mit minderjährigen Kindern möchten nicht wenige Teilzeitarbeit statt der tatsächlichen Vollzeitarbeit leisten[105]. Bei Überwindung dieser Diskrepanz könnte – nach

105 Immer wieder zeigen die vorliegenden Analysen, welch hohen Stellenwert Teilzeitbeschäftigung für eine Erwerbsbeteiligung insbesondere von Müttern mit minderjährigen Kindern hat – jedenfalls unter den gegebenen gesellschaftlichen Bedingungen der geschlechtsspezifischen Arbeitsteilung und des begrenzten Angebots an familienergänzenden Kinderbetreuungseinrichtungen. Noch jüngst ergaben Untersuchungen (der Familienwissenschaftlichen Forschungsstelle im Statistischen Landesamt Baden-Württemberg) auf der Grundlage des Mikrozensus 1994 in Baden-Württemberg für (erwerbstätige) Frauen im Alter von 30 bis 40 Jahren mit minderjährigen Kindern eine Quote der Teilzeitbeschäftigung von über 85 Prozent, bei Frauen im Alter von 40 bis 45 Jahren noch von 72 Prozent. Bezieht man dabei die angegebenen Beweggründe für Teilzeitarbeit mit ein, so zeigt sich, daß von den Müttern eine Vollzeittätigkeit in knapp vier Fünftel der Fälle nicht gewünscht wurde. Das Ausmaß der Teilzeitbeschäftigung wird von Zahl und Alter der Kinder deutlich beeinflußt: Je mehr Kinder vorhanden sind und je jünger die Kinder sind, desto geringer sind Vollzeitquoten und zeitlicher Umfang der Erwerbstätigkeit. Im übrigen nimmt der Anteil der teilzeitbeschäftigten Mütter mit steigendem Einkommen des Ehepartners zu, während die Vollzeitquoten entsprechend abnehmen; dies deutet darauf hin, daß auch wirtschaftliche Motive den Umfang der Erwerbsbeteiligung mitbestimmen. Vgl. dazu Heike Schmidt, Zur Erwerbsbeteiligung von Müttern in Baden-Württemberg – Aspekte der Teilzeitbeschäftigung, in: Baden-Württemberg in Wort und Zahl, (1996) 6, S. 283–290. Die ausgeprägte Bevorzugung von Teilzeitbeschäftigung bei Vorhandensein kleiner Kinder tritt auch deutlich zutage bei den Ergebnissen der Untersuchung des DJI-Survey. Siehe dazu Hans Bertram, Moralische Verpflichtungen und Werte in einer individualisierten Gesellschaft, in: ders. (Anm. 3), »In der Stichprobe findet sich in keiner Altersgruppe eine nennenswerte Personenzahl, die für die Vollerwerbstätigkeit von Mann und Frau plädiert, wenn Kinder unter 3 Jahren oder unter 6 Jahren sind.« Wenn unter dreijährige Kinder vorhanden sind, sind es weniger als ein Prozent; wenn drei- bis sechsjährige Kinder vorhanden sind, sind es drei Prozent und selbst bei Vorhandensein von Schulkindern

Studien des Instituts für Arbeitsmarkt- und Berufsforschung (IAB) – nicht nur eine Vergrößerung der individuellen Wohlfahrt erreicht werden, sondern könnten rechnerisch auch über 1 Million neue Arbeitsplätze geschaffen werden. Aber vielleicht wird Teilzeitarbeit immer noch zu wenig als ein »normales« Arbeitsverhältnis angesehen. Noch immer sind freilich auch zu viele teilzeitbeschäftigte Frauen in relativ niedrigen Qualifikationsstufen tätig. Dieser Zirkel wird durchbrochen werden müssen, wenn familienfreundlichere Bedingungen in der Erwerbsarbeitswelt Wirklichkeit werden sollen. Im übrigen zielt die neue Reform der Arbeitsförderung auf eine verbesserte soziale Absicherung der Teilzeitbeschäftigten ab und sieht zugleich verbesserte Forderungen auch für Berufsrückkehrer(innen) vor.

- Teilzeitarbeit kann gerade auch während des Erziehungsurlaubs, während dessen sie bisher kaum in größerem Umfang in Anspruch genommen wird, eine Möglichkeit sein, die Verbindung zum Betrieb aufrechtzuerhalten. Nicht uninteressant ist der Befund[106], daß in den neuen Bundesländern mit ungewöhnlichen Verhältnissen auf dem Arbeitsmarkt vor allem in der ersten Hälfte der neunziger Jahre und recht häufigen Kündigungen unmittelbar nach dem Erziehungsurlaub oder sogar während dieses Urlaubs Mütter, die während des Erziehungsurlaubs durch eine Teilzeitbeschäftigung weiter mit ihrem Betrieb verbunden waren, weitaus seltener von Kündigungen betroffen waren.
- Schließlich verdient in Verbindung mit größerer Zeitflexibilität und Teilzeitarbeit das Problem des sogenannten »Karriereknicks« Beachtung. Es muß vermieden werden, daß eine von Ehepartnern praktizierte Arbeitsteilung in Familie und Erwerbsleben unter Rückgriff auf Teilzeitarbeit dazu führt, den Bruch in der beruflichen Karriere beziehungsweise der Weg in die berufliche Sackgasse vorzuprogrammieren. Allerdings wird man das inhaltliche Verständnis von Karriere etwas differenziert sehen müssen: Auch Aufstieg durch Übernahme qualifizierter Fachaufgaben kann ein Stück Karriere bedeuten, ohne Aufstieg in hohe Führungsfunk-

---

sind es etwa zehn Prozent aller Befragten (S. 204). In der Verbundstudie von Klaus A. Schneewind/Laszlo A. Vaskovics, Optionen der Lebensgestaltung junger Ehen und Kinderwunsch, Stuttgart – Berlin – Köln 1992, wird über die Vorschläge befragter junger Ehepaare zur Verbesserung der Ausgestaltung der familienpolitischen Maßnahmen zur Vereinbarkeit von Elternschaft und Beruf berichtet, die in eine ähnliche Richtung weisen. Nach den Ergebnissen der psychologischen Teilstudie lag Anfang der neunziger Jahre der Wunsch nach qualitativ und finanziell attraktiven Teilzeitarbeitsplätzen mit Abstand an der Spitze, gefolgt von einer flexibleren Handhabung der Arbeitszeit (S. 353). Der gebräuchliche, aber mißverständliche, weil auf Halbtagsarbeit verkürzte Begriff der Teilzeitarbeit ist im übrigen oft negativ kommentiert, allerdings nicht ohne Grund, da mit dieser Arbeitszeitform bisher zumeist schlechtere berufliche Perspektiven verbunden sind. In jüngerer Zeit wird an Stelle von Teilzeit auch von »Mobilzeit« gesprochen, mit der eine breite Vielfalt von Arbeitsverhältnissen unterhalb der Vollzeit-Norm bezeichnet und bewußt auch auf qualifizierte Tätigkeiten (für Männer und Frauen) abgestellt wird. In die gleiche Richtung deutet die Bezeichnung »Wahlzeitarbeit«, unter der dann sowohl die bisherige Vollzeit- wie Teilzeitarbeit verstanden wird.

106 Rolf Winkel u. a., Zur Lage junger erwerbstätiger Mütter in den neuen Bundesländern, insbesondere zur Wirksamkeit von Erziehungsurlaub und Erziehungsgeld, Ergebnisse einer Untersuchung im Auftrag des Bundesministerium für Familie und Senioren, Schriftenreihe des BMFSFJ, Bd. 100, Stuttgart 1995, S. 127 f.

tionen. Was es zu vermeiden gilt, das ist eine durch familienbedingte Unterbrechung der Erwerbstätigkeit oder auch Teilzeitarbeit vorgeprägte »Einbahnstraße« zu unattraktiven Arbeitsplätzen mit von vornherein deutlich geringeren oder gar fehlenden Aufstiegschancen. Wenn es immer noch teilweise deutliche Zurückhaltung gegenüber den Formen von individualisierter Teilzeitarbeit gibt, so dürften im übrigen nicht nur arbeitsorganisatorische Erfordernisse eine Rolle spielen, sondern möglicherweise auch die Tatsache, daß flexiblere Arbeitszeiten ein Stück weit die Preisgabe »klassischer Hierarchien« im Betrieb bedeuten. Aspekte der Macht und des Einflusses am Arbeitsplatz sollten zwar nicht ausschlaggebend sein, aber es gilt sie zu sehen. Um so wichtiger erscheint es, daß sich das Top-Management gerade dort einschaltet, wo es um reelle Chancen für Produktivitätssteigerungen geht, die nachweislich mit Teilzeitarbeit verbunden sein können.

Neben dem sukzessiven Verhaltensmuster muß gleichberechtigt das sogenannte **simultane Verhaltensmuster** des zeitgleichen Nebeneinanders von Erwerbstätigkeit und Kleinkinderbetreuung möglich sein, wo immer dies der individuellen Lebensperspektive der Eltern entspricht – außerhäusliche Kleinkindbetreuung, qualitativ abgesichert und im vertretbaren Zeitrahmen, darf dann also nicht als »Notlösung« eingestuft werden – oder auch durch besondere wirtschaftliche Situationen nicht zuletzt bei Alleinerziehenden notwendig ist. Wo die gleichberechtigte und die gleichzeitige Teilhabe beider Ehepartner am Erwerbsleben die Lebenssituation von Familien bestimmt, gewinnen insbesondere Einrichtungen freier oder öffentlicher Träger zur außerhäuslichen Kleinstkindbetreuung besondere familienpolitische Bedeutung. Der Nachholbedarf an Einrichtungen für Kinder unter drei Jahren ist für die westdeutschen Bundesländer bekannt, ein Ausbau gilt als dringlich. Allerdings bedarf es der Klärung dessen, was wirklich unter »bedarfsgerechtem Angebot« zu verstehen ist. Tatsächlich hängt dieser Bedarf auch von der Ausgestaltung der Randbedingungen ab, unter denen er geltend gemacht wird. Eine Familienpolitik, die den Eltern Freiräume für die Verwirklichung unterschiedlicher – gleichwohl gleichberechtigungsorientierter – familialer Lebensmuster abzusichern sucht, hat auch ökonomisch möglichst gleiche Voraussetzungen zu schaffen, unter denen die Eltern zwischen unterschiedlichen Betreuungsformen wählen können. Erst wenn einer weitgehend von der öffentlichen Hand subventionierten sozialen Dienstleistung in außerhäuslichen Betreuungseinrichtungen (»Realtransfers«) eine vergleichbare (nicht unbedingt absolut gleich hohe) monetäre Transferleistung an diejenigen Elternteile entspricht, die sich für eine eigene Betreuung des Kleinstkindes entscheiden, erst dann läßt sich der Umfang einer bedarfsgerechten außerhäuslichen Betreuung wirklich benennen.

Die Beurteilung der verschiedenen Verhaltensmuster scheint innerhalb der Bevölkerung West- und Ostdeutschlands deutlich unterschiedlich zu sein: Nach einer Umfrage, die das IPOS-Institut für das Bundesministerium für Frauen und Jugend durchgeführt hat, zeigte sich ein deutliches Meinungsgefälle in der Bevölkerung bei der Frage, ob Frauen zugunsten der Kindererziehung eine Zeitlang auf die Berufstätigkeit verzichten sollten: 40 Prozent der Westdeutschen, aber nur 14 Prozent der Ostdeutschen votierten für eine »lange Berufspause«; neun Prozent der Westdeutschen und zwei Prozent der Ostdeutschen waren dafür, die Frau solle den Beruf ganz aufgeben. In den neuen Bundesländern herrscht eine Situation vor, die sich durch ein nachhaltiges Anstreben der Vereinbarkeit von Familie und Erwerbstätigkeit auch der Ehefrau charakterisieren läßt, und zwar möglichst im zeitgleichen Nebeneinander auch in den ersten Lebensjahren des Kindes. An dem aus der Situation in der DDR überkommene, sicherlich in mancher Hinsicht für die Frauen und Kleinkinder problembeladene, u. a. durch eine unzureichend egalitäre Arbeitsteilung in Haushalt und Familie gekennzeichnete Verhaltensmuster der Vereinbarung von Berufstätigkeit und Mutterschaft (Vereinbarkeitsprinzip) wird im Anspruch weithin festgehalten und nicht eingetauscht gegen ein Sich-Abfinden mit der Wahl zwischen dem »Entweder – Oder« von Beruf oder Familie (Ausschließlichkeitsprinzip)[107].

Wo diese Grundeinstellung auf absehbare Zeit auf die vielfältigen, aus den alten Bundesländern hinlänglich bekannten Schwierigkeiten trifft, die beiden Lebensbereiche kompatibel zu machen, fällt dann die Entscheidung mit eindeutigem Vorrang für die Erwerbstätigkeit, wo immer die arbeitsmarktpolitische Situation dies erlaubt. Kinderwünsche werden von diesen (jungen) Frauen zumindest zurückgestellt oder auch reduziert und ganz aufgegeben. Sinnfälliger Ausdruck dieser »Konfliktlösung« angesichts nicht oder nur äußerst schwer vereinbarer biographischer Optionen ist der drastische Geburtenrückgang nach der Wende in den neuen Ländern, der inzwischen zu einem in der Welt einmalig niedrigen Geburtenniveau geführt hat. Die vielfach geäußerten Hoffnungen, es handele sich nur um aufgeschobene Geburten, könnte sich als trügerisch erweisen. Ihr Realitätsgehalt dürfte wesentlich davon abhängen, inwieweit Rahmenbedingungen in ihrer wechselseitigen Bezogenheit auf der wirtschaftlichen, sozialrechtlichen und betriebspolitischen sowie kulturellen Ebene geschaffen werden, die das Vereinbarkeitsprinzip lebbar sein lassen. Ein völliges Aufholen des Geburtenausfalls durch nachgeholte Geburten wird allerdings ohnehin nicht möglich sein, weil dafür nur die jüngeren Frauenjahrgänge in Betracht kommen, während die Frauen, die im Prozeß der Familienbildung in den letzten Jahren auf weitere Geburten verzichtet haben, sich in aller Regel später nicht mehr zu weiteren Kindern entscheiden werden.

Im Bereich der **sozialen Betriebspolitik** kommen aus familienpolitischer Sicht mit Blick auf die beiden angesprochenen Verhaltensmuster positive Fördermaßnahmen in Betracht. Darunter sind auch Korrekturen von Beschäftigungspraktiken zu fassen, die (tatsächlich oder möglicherweise) diskriminierende Folgen für die Beschäftigung bestimmter Personengruppen haben. Daß es zu beseitigende Nachteile insbesondere zu Lasten der Frauen gibt, ist durch die Ergänzung der Verfassungsbestimmung zur Gleichberechtigung übrigens ausdrücklich festgeschrieben. Auch betriebliche Fördermaßnahmen können gezielt dem Auftrag zur Nachteilsbeseitigung entsprechen. In dem zum Maastrichter Vertrag gehörenden »Abkommen über Sozialpolitik« (Artikel 6 Absatz 3) ist zudem festgehalten, daß spezielle Begünstigungen, die Benachteiligungen von Frauen in ihrer beruflichen Laufbahn verhindern oder ausgleichen sollen, nicht den Gleichheitsgrundsatz verletzen. In diesem

107 Vgl. dazu Steffen Mau, Der demographische Wandel in den neuen Bundesländern, in: Zeitschrift für Familienforschung, (1994) 3, S. 197 ff.

Zusammenhang könnte auch versucht werden, durch staatliche Anreize oder Begünstigungen (Steuervergünstigungen) auf das Verhalten der Unternehmensleistungen Einfluß zu nehmen. Als Beispiel sei etwa auf die gezielte öffentliche Förderung von Wiedereingliederungshilfen verwiesen.

Unternehmen und öffentliche Verwaltungen entwickeln in wachsendem Maße und erfreulicherweise sogenannte »Frauenförderpläne«. Dabei gilt es freilich zu sehen, daß die Flexibilität von jungen Müttern im Blick auf die Vereinbarung von Erwerbstätigkeit und Familientätigkeit im Grunde eine Flexibilität auch auf seiten des Mannes voraussetzt. Dafür aber ist nicht nur dessen Bewußtseinsänderung wichtig, sondern auch eine Betriebsorganisation und -politik, die dessen situative Lebensbedingungen in der Familie mit in Betracht zieht. Deshalb sollten in der betrieblichen Arbeitsorganisation nicht nur Frauen und Mütter die Zielgruppen bilden, sondern auch junge Väter miteinbezogen sein, für die sich dann auf der betrieblichen Ebene einiges ändern muß. Reine Frauenförderpläne reichen hier nicht aus. Eine stärkere Familienorientierung der Erwerbsarbeitswelt verlangt, die größere Verpflichtung heutiger Väter gegenüber der familialen Lebenswelt zu berücksichtigen. Dies kann beispielsweise in **Elternförderplänen** geschehen. Ein Schritt dorthin sind mehr familienpolitische Komponenten in der Frauenförderung. In jedem Fall ist familienpolitische Phantasie auch auf der Ebene der unternehmerischen Politik gefragt.

Eine stärkere Familienorientierung der Erwerbsarbeitswelt liegt dabei auch im ureigensten personalwirtschaftlichen Interesse der Betriebe selbst. Vor dem Hintergrund der langfristig vorprogrammierten demographischen Entwicklung zeichnet sich bereits jetzt (bei gleichzeitiger demographisch bedingter Alterung der Erwerbsbevölkerung) teilweise ein künftiger Fachkräftemangel ab. Die Bundesanstalt für Arbeit – und dies sollte zu denken geben – geht davon aus, daß trotz der aktuellen Beschäftigungsprobleme auf mittlere Sicht mit einem Anstieg des Bedarfs an qualifizierten Fachkräften zu rechnen sei und ein Mangel an solchen Fachkräften besonders für Klein- und Mittelbetriebe zum Investitionshemmnis werden könne. Betriebe werden künftig verstärkt bemüht sein müssen, gut ausgebildete und verläßliche Arbeitskräfte an den Betrieb auch dann zu binden, wenn diese Mitarbeiter aus familiären Gründen für einige Jahre ausscheiden. Gute Gründe sprechen dafür, daß diejenigen Unternehmen mit Wettbewerbsvorteilen bei der Nachfrage nach qualifizierten Arbeitskräften rechnen können, die in betriebswirtschaftlich vertretbarem Umfang auch Familienbelange der Mitarbeiter berücksichtigen. Eine solche Konvergenz von betriebs- bzw. personalwirtschaftlichen Kalkülen und familienpolitischen Intentionen erscheint nicht nur vertretbar, sondern im Interesse beider Aspekte sogar erwünscht. Nun begegnet man immer wieder dem Argument, daß sich der inzwischen dreijährige Erziehungsurlaub – als familienpolitischer Fortschritt gedacht – immer häufiger als Kündigungsgrund, für Berufsanfängerinnen sogar als Hindernis für die Einstellung erweise. Wenn dies wirklich so ist, und die wirtschaftlichen Bedingungen eine Annäherung von Familienleben und Erwerbsarbeitswelt im Kern erschweren oder gar unmöglich machen, ist das allein schon ein Grund für durchgreifende Reformen der Strukturen des Wirtschaftslebens. Damit rückt die Familienpolitik in eine bisher kaum ausreichend ausgelotete gesellschaftsreformerische Dimension.

4.2.3 Ansatzpunkte einer familienorientierten Betriebs- und Tarifpolitik

Es gehört zu einem realistischen Utopiequantum in der Familienpolitik, hier auf strukturelle Reformen zu setzen, die im übrigen nicht nur im Interesse der Familienentwicklung und der nachwachsenden Generationen liegen, sondern auch betrieblichen Belangen entsprechen können. Dazu seien im Anschluß u. a. an die Ergebnisse eines größeren Forschungsprojektes des Bundesministerium für Familie und Senioren[108] einige Aspekte hervorgehoben, die bei den Grundrichtungen eines möglichst gesellschaftsordnungskonformen Handelns angesichts der Zielverwirklichung zu bedenken sind.

In einer marktwirtschaftlichen Ordnung mit Wettbewerb und international geöffneten Märkten muß von vornherein die Kostenseite bei familienbezogenen Maßnahmen auf der betrieblichen Ebene beachtet werden. Die Belange der Familienhaushalte können hier nicht die vorherrschende Richtschnur für die Gestaltung der betrieblichen Arbeitsbedingungen einschließlich der Arbeitszeiten sein. Im Vordergrund stehen Ziele wie die **Verbesserung der Wettbewerbsfähigkeit** und die Stärkung der Ertragskraft, aber auch eine solche Gestaltung der Arbeitsbedingungen, daß Mitarbeiter motiviert sind, die genannten Ziele bestmöglich zu erreichen. Das schließt dann aber die Berücksichtigung auch von Familienbelangen grundsätzlich mit ein. Betriebsindividuelle kostenträchtige Regelungen erscheinen im Grunde nur vertretbar, wenn diesen dann auch positive Effekte auf das Betriebsergebnis gegenüberstehen. So wird in dem »Endbericht« bei der Analyse der Auswirkungen von Maßnahmen zur Erleichterung der Vereinbarkeit von Familienbelangen und Erwerbsarbeit auf die wirtschaftliche Lage und Konkurrenzfähigkeit von Unternehmen eingeräumt, daß insbesondere die stützenden und ergänzenden

108 Vgl. Vorstellungen für eine familienorientierte Arbeitswelt der Zukunft, Schriftenreihe des BMFuS, Stuttgart – Berlin – Köln, 1994, Bd. 30.1: Peter Köppinger/Elena de Graat, Endbericht des Forschungsprojekts, im folgenden zitiert als »Endbericht«; Bd. 30.2: Gerhard Bäcker/Brigitte Stolz-Willig, Der Beitrag von Tarifverträgen und Betriebsvereinbarungen; Bd. 30.3: Edmund Hemmer, Die Unternehmensbefragung. Als Ergebnis des Forschungsprojekts erschien inzwischen: Bundesministerium für Familie, Senioren, Frauen und Jugend (Hrsg.), Familienfreundliche Maßnahmen im Betrieb. Eine Handreichung für Unternehmensleitungen und Arbeitnehmervertretungen. Siehe zu den Möglichkeiten und Erfahrungen familienorientierter Unternehmerstrategien auch die informativen Beiträge von Elena de Graat, Familienfreundliche Maßnahmen im Unternehmen als Instrumente der Personalentwicklung und -pflege, mit Berücksichtigung der Ergebnisse des ersten Bundeswettbewerbs 1993 »Der familienfreundliche Betrieb«; von Carola Busch, Frauen haben viel zu bieten! – Und Unternehmen lernen das zu schätzen. Ergebnisse einer Untersuchung zur Frauenförderung in Klein- und Mittelbetrieben, sowie von Claudia Vogel, Berufsunterbrechungsmodelle der Privatwirtschaft, Chancen und Risiken im Hinblick auf eine bessere Vereinbarkeit von Familie und Beruf, in: A. Habisch (Anm. 104), S. 9–41. Verwiesen sei ferner auf Wolfgang Schwartz/Thomas Schwarz/Claudia Vogel, Mütter und Väter zwischen Erwerbsarbeit und Familie: Probleme – Praxisbeispiele – Orientierungshilfen, Familienwissenschaftliche Forschungsstelle im Statistischen Landesamt Baden-Württemberg, Stuttgart 1991. Vgl. auch Max Wingen, Familienorientierung der Erwerbsarbeitswelt – eine neue Herausforderung an die betriebliche Sozialpolitik, Köln 1990, sowie ders.: Familienarbeit und Erwerbsarbeit – Ein Plädoyer für eine betriebliche Familienpolitik, in: Familienarbeit & Erwerbsarbeit – (k)ein Gegensatz, Brennpunkt Familie, 57, Wien 1993, S. 6–30.

Angebote in dieser Richtung starke finanzielle Belastungen für die Betriebe mit sich bringen. Die Frage ist jedoch, ob sich eine besondere Rücksichtnahme auf Familienbelange von Mitarbeitern nicht im Ergebnis längerfristig für den Betrieb auszahlt (zumindest aber kostenneutral bleibt). Die Familiensituation wird sich so oder so auf das Betriebsgeschehen auswirken. »Für die Unternehmen ist es relevant, unterschiedliche familiäre Interessen, Belange und Belastungen der Mitarbeiter wahr- und ernst zu nehmen, denn auch die Ausgrenzung der Thematik ist nicht friktionslos und kostenneutral und verhindert nicht, daß familiäre Belastungsfaktoren Arbeitsqualität und -produktivtät, Fehlzeiten, Rekrutierungs- und Fluktuationsverhalten negativ beeinflussen.«[109] So können von einer stärkeren Familienorientierung auch positive Effekte auf Arbeitszufriedenheit und Einsatzbereitschaft der Mitarbeiter und damit auf die Leistungsfähigkeit von Unternehmen erwartet werden, die den zusätzlichen kostenmäßigen Belastungen gegenübergestellt werden müssen. Dies kann etwa dort der Fall sein, wo Mitarbeiter ohne gedanklich belastende Anforderungen aus dem familiären Bereich – z. B. hinsichtlich der Kinderbetreuung – ihrer Arbeit nachgehen können. Erhebliche Bedenken sind freilich dort anzumelden, wo – wie unlängst zu einem Projekt »Betrieblich unterstützte Tagespflege« aus Nordrhein-Westfalen (Essen) berichtet[110] – Betriebe sich an der Entlohnung von Tagesmüttern, die Kinder ihrer Beschäftigten betreuen, spürbar beteiligen, und zwar – und hier spätestens beginnt das Problem – dies in der Gewißheit tun, daß Mitarbeiter(innen) ganz oder teilweise auf den Erziehungsurlaub verzichten.

Soweit die Berücksichtigung von gesellschaftspolitisch und sozialethisch als erwünscht oder gar geboten erscheinenden Forderungen einer stärkeren Familienorientierung der Erwerbsarbeitswelt sogar zu Wettbewerbsvorteilen führen, sollte es eigentlich kein Problem geben; Rentabilitätserfordernisse und sozialethische, in diesem Falle konkret familienpolitische Anforderungen konvergieren dann in einer Weise, in der die Erfüllung der letzteren betriebswirtschaftlich positiv zu Buche schlägt. Die ökonomische Rationalität selbst begünstigt insoweit eine familienfreundliche Betriebspolitik. Aber auch im Konfliktfall, wie er in allgemeiner Hinsicht im Verhältnis von Ökonomie und Moral in der Wirtschaftsethik-Diskussion der letzten Jahre wiederholt angesprochen worden ist, wird man nicht vorschnell die Segel streichen dürfen. Vielmehr besteht hier eine Aufgabe des Managements darin, etwa durch die Schaffung einer entsprechenden Unternehmenskultur, – gestützt auf eine Unternehmensphilosophie, die Familienbelange der Mitarbeiter bewußt mit einbezieht – die Position des Unternehmens im Markt zu verbessern und sich damit Spielraum zu schaffen für eine auch familienorientierte Betriebspolitik. Es spricht einiges dafür, daß berufs- und zugleich familienorientierte Frauen (und Männer) künftig die Qualität regionaler Arbeitsmärkte mit ihren Arbeitsplatzangeboten bei Verbesserung der allgemeinen Beschäftigungssituation verstärkt aus der Perspektive einer möglichst befriedigenden Vereinbarkeit von Familie und Erwerbstätigkeit bewerten werden. Entsprechende organisatorische Maßnahmen von sozialpolitischer Phantasie können hier dazu beitragen, eine anfängliche Diskrepanz

---

109 Wilfried Hosemann/Christa Lenz/Klaus Burian, Neue Konzepte betrieblicher Personalpolitik, in: arbeitgeber, 19 (1991), S. 748.

110 Vgl. Rheinische Post vom 2. Dezember 1994.

zwischen Rentabilitätsgesichtspunkten und Kosten einer Familienorientierung zu überwinden.

Wo solche Anstrengungen nicht zum Ziel führen können, bleibt im Grunde nur der Weg einer für alle im Wettbewerb stehenden Unternehmen gültigen kollektiven Regelung, sei es eine gesetzliche oder tarifvertragliche. Die Wahrnehmung einer familienpolitischen Verantwortung kann und sollte dann darin bestehen, auf eine solche Kollektivregelung hinzuwirken. Solche Bemühungen fallen in besonderem Maße in den Bereich ordnungspolitischer Strategien[111]. Wo bei den jeweils anstehenden Problemlösungen einer verstärkten Familienorientierung der Erwerbsarbeitswelt diese Grenze gegenüber betriebsindividuellen Regelungen jeweils erreicht ist, läßt sich sicherlich nicht allgemein beantworten.

Nach den gewonnenen Befunden im Forschungsprojekt ist das **Kostenbewußtsein** innerhalb der Unternehmen bezüglich der Mittel, die für familienfreundliche Maßnahmen aufzuwenden sind, mit Recht sehr ausgeprägt. Allerdings hatte kein in die Untersuchung einbezogenes Unternehmen betriebsbezogene Kosten-Nutzen-Analysen erstellt, die hätten vorgelegt werden können. Dies ist offensichtlich vor allem darauf zurückzuführen, daß bisher keine angemessenen Kriterien und Raster zur Verfügung stehen, um die möglichen positiven und negativen Effekte von im einzelnen sehr unterschiedlichen Maßnahmen zur besseren Vereinbarkeit von Familienaufgaben und Erwerbsarbeit zu messen. Hier sollte weitergedacht werden. Dabei gilt es auch, die »Kosten« einer unzureichenden Berücksichtigung von Familienbelangen in der Erwerbsarbeitswelt zu sehen und einmal zu kalkulieren versuchen, was es bedeutet, wenn erwerbstätige Eltern bestimmte Aufgaben nicht so zufriedenstellend erfüllen (können), wie es gesellschaftlichen Erwartungen an den Beitrag der Familien zur »Humanvermögensbildung« entsprechen mag. Dies wirkt sich nicht nur auf die Entwicklung der Kinder aus, sondern kann auch auf die Arbeitsmotivation der Betriebsangehörigen zurückschlagen. Die vorherrschende Zuschreibung solcher Effekte von elterlicher Überlastung allein zu »persönlichen Kosten« muß, wie im »Endbericht« mit Recht festgehalten wird, deshalb als etwas kurzsichtig bezeichnet werden.

Immer wieder wird auch die Bedeutung der persönlichen Haltung der **Unternehmensleitung** für die Familienverträglichkeit von Arbeitsbedingungen sichtbar. Solche Einstellungen sind wiederum wichtig dafür, daß Kinder als selbstverständlicher Teil der Lebensplanung von erwerbstätigen Eltern auch im betrieblichen Alltag von allen Beschäftigten akzeptiert werden. Dies ist spätestens dann von Bedeutung, wenn aufgrund besonderer familiärer Verpflichtungen Wünsche an Arbeitszeit- und Verfügbarkeitsregelungen geäußert und entsprechende Lösungen gefunden werden sollen, die auch für andere Beschäftigte gewisse Anpassungsprobleme mit sich bringen können. Nach dem Befund der Untersuchung sehen erwerbstätige Eltern nur selten die Möglichkeit, ihre Bedürfnisse und Vorstellungen bei den in Betracht kommenden Stellen innerhalb des Unternehmens zu artikulieren, weil sie unmittelbare negative Konsequenzen erwarten, nämlich einerseits befürchten, sich Aufstiegsmöglichkeiten zu »verbauen« und andererseits sehr häufig als Eltern die Erfahrung machen müssen, mit Familienbelangen »nicht ernst

111 Vgl. »Endbericht«, S. 68 ff.

genommen« zu werden (weder von Vorgesetzen noch von Kollegen). Von daher erscheint es naheliegend, im Hinblick auf die Umsetzbarkeit von vereinbarkeitsfördernden betrieblichen Maßnahmen und deren begrenzt durchaus gegebene »Rentabilität« für den Betrieb die nötige Sensibilität und auch Kompetenz in den Betrieben zu wecken und zu fördern. Zugleich wäre der Blickwinkel für mögliche Lösungsalternativen bei der Berücksichtigung von Familienbelangen zu erweitern. Damit wird eine wichtige Weiterbildungsaufgabe gerade auch im Unternehmensbereich bezeichnet. Es gilt, den Blick dafür zu schärfen, daß die Umsetzung von familienfreundlichen Maßnahmen als ein wesentliches Element unternehmerischer Optimierungsstrategien organisiert und eingesetzt werden kann[112]. Hier könnte auch eine Bildungsaufgabe etwa der Unternehmerverbände liegen.

Nach Beobachtungen des betrieblichen Alltags wirken sich in diesem Zusammenhang nicht selten nur noch begrenzt vorhandene eigene Erfahrungen von Betriebsangehörigen von einem selbst organisierten Familienhaushalt mit mehreren Kindern nachteilig aus. Dies gilt insbesondere für die Situation von Mitarbeitern im Betrieb, die als Alleinerziehende Kinder zu betreuen und einen Haushalt zu versorgen haben. Aus solchen Erfahrungslücken ergeben sich im betrieblichen Alltag oftmals »unangemessene Verhaltensweisen, und zwar sowohl zu Lasten des Betriebs als auch zu Lasten der Mitarbeiter/innen«. Vor diesem Hintergrund hält Friedhart Hegner fest, familienfreundliche Unternehmensstrategien »können nur noch sehr deutlich seltener als vor dreißig Jahren auf den eigenen Erfahrungen der Leute mit selbst organisierten Familienhaushalten sowie den daran anschließenden Prioritätensetzungen aufbauen. Das gilt nicht nur für das Gros der Männer, sondern auch für eine deutlich gewachsene Zahl von Frauen«[113].

Als ein recht eindeutiges Ergebnis kann festgehalten werden, daß alle Maßnahmen und Hilfen zur Verbesserung der Vereinbarkeit von Familienaufgaben und Erwerbsarbeit in den Unternehmen so lange auf Widerstand stoßen, nicht umgesetzt werden oder zur Benachteiligung von Frauen bei Arbeitsplatzbesetzung und Karriere führen, wie gleichzeitig ein großes Reservat von männlichen Arbeitskräften bereit ist, die Verfügbarkeitswünsche der Unternehmen ohne Rücksicht auf familiäre Aufgaben und Verpflichtungen zu erfüllen[114]. Die Frage ist jedoch, wie lange davon auch künftig noch ohne weiteres ausgegangen werden kann. Auch in den Köpfen der jungen Männer und Väter ändert sich einiges, wie die Werteforschung zeigt. Außerdem werden die demographischen Veränderungen in den kommenden Jahren dazu beitragen, daß auch in der Bevölkerung im erwerbsfähigen Alter Engpaß-Situationen und Alterungsprozesse zu neuen personalpolitischen Herausforderungen an die Unternehmen führen werden. Eine Reihe insbesondere von Großbetrieben haben dies längst erkannt und sich darauf eingestellt, so durch besondere Familienförderpläne und über gesetzliche Mindestregelungen hinausgehende Angebote etwa hinsichtlich einer »Familienphase« mit anschließender Rückkehrgarantie. Arbeitsbedingungen, die auf familiäre Verpflichtungen der Beschäftigten mehr als bisher Rücksicht neh-

112 Vgl. ebda, S. 89.
113 Friedhart Hegner, Teilzeitbeschäftigung in Betrieb, Haushalt und Familie, in: A. Habisch (Anm. 104), S. 55.
114 Vgl. »Endbericht«, S. 88.

men – und dazu gehören auch familiengerechte Arbeitszeiten und wo immer möglich mehr Zeitsouveränität des einzelnen –, wirken positiv auf die Motivation und Arbeitsleistung der Mitarbeiter und können in Zukunft qualifizierte Fachkräfte an den Betrieb binden. Die Bundesanstalt für Arbeit geht davon aus, trotz der aktuellen Beschäftigungsprobleme sei auf mittlere Sicht mit einem Anstieg des Bedarfs an qualifizierten Fachkräften zu rechnen und ein Mangel an solchen Fachkräften könne besonders für Klein- und Mittelbetriebe zum Investitionshemmnis werden. Nun wird gerade seitens der Klein- und Mittelbetriebe auf die Schwierigkeiten verwiesen, die sich mit familienorientierten Maßnahmen ergeben. So wurde z. B. anfangs auch zu dem Kündigungsschutz während des dreijährigen Erziehungsurlaubes darauf hingewiesen, daß die kleinen und mittleren Betriebe mit solchen Ausfallzeiten weit weniger gut fertig werden könnten als Großbetriebe; im Gesetz fehle eine »Überforderungsklausel« für Kleinbetriebe. In der Tat sind die kleineren Betriebe bei weitem weniger gut in der Lage, entsprechendes Personal vorzuhalten und spezielle Leistungen für vorübergehend ausscheidende Eltern – auch schon bei der Umsetzung des geltenden Rechts – zu erbringen.

Vor diesem Hintergrund wird deshalb verschiedentlich auf die **Möglichkeit überbetrieblicher Verbundsysteme** (mit der Bildung von Arbeitskräfte-Pools) verwiesen. Relativ breite Erfahrungen sind mit einem Modellprojekt zu Verbundsystemen in Niedersachsen und einem Modellansatz in Rheinland-Pfalz gewonnen worden, wo eine wissenschaftliche Begleitung durch das Institut für Entwicklungsplanung und Strukturforschung Hannover geleistet wird. Wie die bisherigen Erfahrungen mit der Motivation der Betriebe, dem überbetrieblichen Verbund beizutreten, zeigen, ist der Verbundbeitritt der Betriebe vornehmlich ökonomisch motiviert. Es geht danach den Betriebsinhabern darum, einem schon heute spürbaren oder zukünftig absehbaren Fachkräftemangel zu begegnen und entsprechend zu handeln, um qualifizierte Kräfte nicht zu verlieren. »Daneben spielen aber auch noch andere Aspekte eine Rolle, die bei der Motivation für den Verbundbeitritt zum Tragen kommen, ein erhoffter Imagegewinn beispielsweise oder der Wunsch des Betriebes, stärker in regionale Wirtschaftsaktivitäten eingebunden zu werden bzw. diese mit zu gestalten. Auch das Signal an die Umgebung, als Betrieb offen für Neues zu sein, ist für einige Betriebe Grund genug, dem Verbund beizutreten.«[115] Für die Mitgliedsbetriebe, die sich nach den bisherigen Erfahrungen unterschiedlich stark im Verbund engagieren, erscheint aufs Ganze gesehen interessant, daß zugleich betriebswirtschaftliche, frauen- und familienpolitische sowie strukturpolitische Ziele erreicht werden können. Die mit der Verbundarbeit zu gewinnenden Erfahrungen können noch nicht als abgeschlossen gelten. So erweise es sich z. B. auch als relativ schwierig bzw. als sehr zeitaufwendig, die Erziehungsbeurlaubten zu aktivieren, sie also für Weiterbildungsangebote oder für kurzfristige Vertretungseinsätze zu gewinnen.

Aus der wissenschaftlichen Begleitung der Modellvorhaben wird zur Bewertung darauf hingewiesen, daß sich auch in Großbetrieben mit einem umfassenden Elternprogramm ähnliche Erfahrungen ergeben hätten; auch hier bedeute die Um-

---

115 Anne Glade/Johanna Zierau, Überbetriebliche Verbundmodelle von Klein- und Mittelbetrieben. Lösungsansatz zur Vereinbarkeit von Beruf und Familie und zur Zukunftssicherung der mittelständigen Wirtschaft, in: A. Habisch (Anm. 104), S. 143.

setzung der möglichen Vorteile für die Beteiligten zunächst Verwaltungs- und Überzeugungsarbeit, beides fordere seinen Tribut. »Die Großbetriebe würden diesen jedoch nicht zollen, hätten sie nicht das untrügliche Gespür, daß diese Anstrengungen sich auch wirtschaftlich auszahlen.«[116] Rolf Birk vertritt die Auffassung, eine engere Verbindung zwischen den relevanten Unternehmen sei in diesem Zusammenhang allein durch Verträge nicht zu erreichen. »Es bedarf hierfür vielmehr der Schaffung spezieller Arbeitgeberverbindungen durch Gesetz. Sie ermöglichen es, daß kleine und mittlere Unternehmen im Verbund personalpolitisch ähnlich den größeren Unternehmen operieren können. Nur so lassen sich die Voraussetzungen für eine Realisierung des Erziehungsurlaubs und der damit zusammenhängenden Fragen ohne Unterschied der Unternehmensgröße sicherstellen.«[117]

Erfreulicherweise scheint die Sensibilität von **Arbeitnehmervertretern und Gewerkschaften** hinsichtlich der Vereinbarkeitsproblematik in jüngerer Zeit insgesamt gestiegen zu sein. In diesem Zusammenhang muß man allerdings sehen, daß auch (vor allem männliche) Arbeitnehmervertreter in den Betrieben sich eher in der Rolle der Vertreter der Gesamtmitarbeiterschaft sehen. Hierzu wird in dem »Endbericht« darauf hingewiesen, im gewerkschaftlichen Umfeld bestehe eher die Tendenz, die Erwartungen von Eltern abzuwehren, da die anderen Arbeitnehmer Belastungen für sich selbst befürchteten, »Privilegien« für Eltern nicht auf ihrem Rücken mittragen wollten und darüber hinaus nicht selten annähmen, daß kostenintensive Vereinbarkeitsmaßnahmen nur zu Lasten anderer Forderungen der Gesamtarbeitnehmerschaft durchgesetzt werden könnten. Vieles ist aber auch hier in einem positiv zu bewertenden Umbruch begriffen. Wenn z. B. der stellvertretende 2. Vorsitzende der IG Metall, Walter Riester, unlängst auf einem Kolloquium »Arbeit der Zukunft – Zukunft der Arbeit« es als eine neue Aufgabe der Gewerkschaften bezeichnete, nicht nur die kollektiven Sicherungsinteressen, sondern »auch die individuellen Gestaltungsmöglichkeiten der einzelnen Arbeitnehmerinnen und Arbeitnehmer zu berücksichtigen«, so drängt sich der Familienbezug geradezu auf. Die Konsequenzen reichen bis zu in Tarifverträgen geregelten Möglichkeiten, die auf der einzelbetrieblichen Ebene konkret auszugestalten sind.

Eine besonders bemerkenswerte Initiative hat die Gewerkschaft Handel, Banken und Versicherungen auf einem Gewerkschaftstag mit dem Vorschlag entwickelt, einen Tariffonds zur sozialen Flankierung von Familienleistungen einzurichten, womit eine »offene Flanke« von Freistellungs- und Teilzeitregelungen zur besseren Vereinbarung von Familie und Beruf aufgefangen werden könnte. Die Vorstellungen sind bereits in einem Tarifvertragsentwurf für den Einzelhandel des Landes Mecklenburg-Vorpommern konkretisiert worden: Nach der angedachten Regelung sollen die Arbeitgeber einen Fonds bilden, in den sie 0,5 Prozent ihrer Personalkosten einzahlen. Aus diesem Fonds sollen z. B. folgende Leistungen erbracht werden können: Zuschüsse an Kinderbetreuungseinrichtungen (damit diese für die Beschäftigten über die normalen Öffnungszeiten hinaus öffnen können), Zuschüsse an Privatinitiativen zur Betreuung von kleineren Kindern (wenn keine Kinderbetreuungseinrichtungen vorhanden sind), aber auch an Eltern bei unbe-

116 Ebda., S. 146.
117 R. Birk (Anm. 104), S. 155.

Tabelle 7: Tendenzielle Auswirkungen von familienfreundlichen Maßnahmen im Betrieb

vereinbarkeitserleichternde Maßnahmen / Faktoren wirtschaftlicher Leistungsfähigkeit	Verkürzung der Tagesarbeitszeit (ohne Lohnausgleich)	Von Mitarbeitern beeinflußte Festlegung der Arbeitszeitlage	Auflockerung prioritärer Verfügbarkeitsansprüche seitens des Unternehmens während der Arbeitszeit	Reduzierung/ Flexibilisierung familiärer Anforderungen durch von Unternehmen mitfinanzierte Angebote (Pflege/Kinderbetreuung)	Psychische Faktoren (befriedigende Arbeitsinhalte und Umstände/ familienfreundliche Atmosphäre)
laufende Lohn- und Gehaltskosten	0	0	0 –	0	0
Arbeitsplatzfixkosten und Organisationskosten	– –	0 – –	0 –	0	0
Kosten für vereinbarkeitserleichternde Sonderregelungen	+	+	0	– –	– –
Kosten durch Fehler und Fehlverhalten von Arbeitnehmern	+	+	+	+	++
tatsächliche Anwesenheitszeiten der Arbeitnehmer	+	+	–	+	++
Qualifikation der Arbeitnehmer	0	0	0	++	++
Leistungsfähigkeit (seelisch-körperliche Verfassung) der Arbeitnehmer	+	+	+	+	+
Arbeitsmotivation der Arbeitnehmer	+	++	+	+	++
interessen- und kompetenzadäquater Einsatz von Arbeitnehmern	0	0	0	++	0
Qualität der erarbeiteten Produkte bzw. angebotenen Dienstleistungen	+ –	+ –	0	+	+
Qualität der Bereitstellung (Service usw.)	+ –	+ –	+	+	++
Unternehmensimage	0	++ –	+	++	++

\+ = positive Wirkungen, ++ = stark positive Wirkungen, – = negative Wirkungen,
– – = stark negative Wirkungen, 0 = keine wesentlichen Wirkungen.
\+ – = Kombination verschiedener Symbole bedeutet, daß unterschiedliche Wirkungen möglich sind. (Welche davon eintreten, hängt in der Regel von Art und Struktur des Unternehmens und – mehr noch – von der Art der Umsetzung der jeweiligen Maßnahme ab, also z. B. davon, ob die betroffenen Mitarbeiter in die Planung und Durchführung einbezogen werden.)

Quelle: Bundesministerium für Familie, Senioren, Frauen und Jugend (Hrsg.), Familienfreundliche Maßnahmen im Betrieb. Eine Handreichung für Unternehmensleitungen und Arbeitnehmervertretungen, Bonn 1996, S. 95.

zahltem Urlaub zur Pflege erkrankter Kinder, ferner Zuschüsse an Eltern während der Freistellung nach dem gesetzlichen Erziehungsurlaub und schließlich z. B. auch Ersatz von Personalkosten für Betriebe, die durch die Einrichtung kinderfreundlicher Arbeitszeiten höhere Personalkosten haben[118]. Leider ist dieses Vorhaben bisher nicht weitergekommen.

Sozialordnungspolitisch stellt sich angesichts solcher Initiativen die Frage, inwieweit branchenmäßig und regional begrenzte Regelungen Platz greifen sollten anstelle einer Finanzierung aus dem öffentlichen Haushalt. Soweit es sich um Regelungen handelt, die auf gruppenspezifische Problemlagen antworten sollen, sollte ein Engagement auch auf der tarifvertraglichen Ebene grundsätzlich möglich sein und begrüßt werden, zumal Wettbewerbsnachteile für einzelne Betriebe durch die überbetriebliche Ausgestaltung weitestgehend vermieden werden. Wichtig erscheint auf jeden Fall ein solches auf der tariflichen Ebene gesetztes familienorientiertes Signal: »Die Frage der Berücksichtigung außerbetrieblicher Lebenslagen und -interessen bei der Gestaltung von Arbeitszeiten und Arbeitsorganisation ist zu einem unabweisbaren Gegenstand betrieblicher und tariflicher Auseinandersetzung geworden, in deren Verlauf sich Bewußtsein und Handeln der Akteure verändern.«[119] Der Suchprozeß nach familienorientierten Innovationen, die die Notwendigkeiten betrieblicher Abläufe einerseits und die Bedürfnisse der Betriebsangehörigen in ihrer auch familialen Existenz andererseits in ein befriedigendes und befriedendes Gleichgewicht bringen, ist sicherlich noch nicht abgeschlossen. Insgesamt aber gilt auch hier die Feststellung der Sachverständigen-Kommission für den Fünften Familienbericht: »Ohne Zweifel würde ein bedeutendes Volumen an Humanvermögen vernachlässigt, wenn sich Unternehmensleitungen sowie Betriebs- und Personalräte nur für diejenigen einsetzten, die in Erwerbsarbeit jeweils aktiv sind, und nicht zugleich für die, die in den Familien Leistungen erbringen, die der gesellschaftlichen Daseinssicherung dienen.« (S. 281)

4.2.4 Familienorientierte Erwerbsarbeitswelt als Element der Sozialen Marktwirtschaft

Die bisherigen Erörterungen der Möglichkeiten und Probleme zur Verwirklichung des Zieles einer stärkeren Familienorientierung der Erwerbsarbeitswelt haben deutlich gemacht, daß das Verhältnis von Familienleben und Erwerbsarbeitswelt keineswegs durch einen unüberwindbaren Gegensatz gekennzeichnet ist. Allerdings wird es solange ein mehr oder minder harter und konfliktträchtiger Gegensatz bleiben, wie nicht durch Rahmenbedingungen in Wirtschaft, Gesellschaft und Staat, durch Einstellungen und Verhaltensweisen auf seiten aller Beteiligten zielgerichtet und konsequent geändert werden. Mit Blick auf die verschiedenen Ansatzpunkte des familienpolitischen Grundzieles, der Förderung des Außenverhältnisses einer

118 Vgl. Brigitte Stolz-Willig, Tarifpolitik zur Förderung der Vereinbarkeit von Beruf und Familie, in: A. Habisch (Anm. 104), S. 167 f.

119 Ebda., S. 169.

zur Gesellschaft hin geöffneten, aber auch von der Gesellschaft in ihren Lebensbedürfnissen anerkannten Familie sind damit eine Reihe von **Schlußfolgerungen** festzuhalten:

1. Für die notwendige bessere Vereinbarkeit von Familienarbeit und Erwerbsarbeit gibt es keine für alle Problemlagen passende Patentlösung. Auch wird es bei allen Anstrengungen auf seiten der Beteiligten keine glatten, bruchlosen Problemlösungen geben können. Die teilweise auch nicht vorhersehbaren Konfliktsituationen weisen, wenngleich weithin gesellschaftsstrukturell bedingt, zugleich individuell sehr deutlich Verschiedenheiten auf und können daher auch entsprechend unterschiedliche problemangemessene Lösungsansätze nahelegen. Die besondere Situation von alleinerziehenden Eltern (im Vergleich zur vollständigen Familie) markiert dabei lediglich die Spitze des Eisbergs unterschiedlicher Vereinbarkeitsprobleme vor dem Hintergrund stärkerer Individualisierung familialer Lebensstile. Die im Hinblick auf das Alter der zu betreuenden Kinder notwendigen differenzierten Anforderungen sind ebenso zu bedenken wie die unterschiedlichen örtlichen und nachbarschaftlichen Gegebenheiten in familialen und außerfamilialen Netzwerken, die sich künftig noch weiter verändern dürften. Es gilt insgesamt, ein auf den individuellen (möglichst partnerschaftlich getragenen) Lebensentwurf abgestimmtes Gleichgewicht zu schaffen zwischen der Übernahme familialer Verpflichtungen und außerfamilialer, beruflicher Engagements. Die oft gegensätzlichen Erfordernisse von Familienleben und Erwerbsarbeit werden sich unter den industriegesellschaftlichen Lebensbedingungen auf absehbare Zeit wohl kaum völlig in Einklang bringen lassen. Bei allen wechselseitigen Anpassungen seitens der Familien und der Verantwortlichen in der Erwerbsarbeitswelt bleibt ein Rest an Konfliktträchtigkeit, der ausgehalten werden muß. Um so wichtiger ist es, mit sozialpolitischer, aber auch persönlicher Phantasie Möglichkeiten spürbarer Problemminderungen zu entwickeln.

2. Die Vereinbarung von Familienarbeit und Erwerbsarbeit hat Grenzen, die sich insbesondere aus dem Wohl des Kindes ergeben. Der Artikel 6 Absatz 2 GG gibt in Verbindung mit dem als richtungsweisend vorgegebenen Kindeswohl den normativen Hintergrund ab. Dies kann im Hinblick auf »Selbstverwirklichungs«-ansprüche von jungen Paaren zu Zielkonflikten führen. Schon im Zweiten Familienbericht der Bundesregierung aus dem Jahr 1975 zum Schwerpunktthema »Familie und Sozialisation (Leistungen und Leistungsgrenzen der Familie hinsichtlich des Erziehungs- und Bildungsprozesses der jungen Generation)« machen die Sachverständigen bei der Vermittlung von Zielkonflikten zwischen unterschiedlichen Bedürfnissen und Ansprüchen der Familienmitglieder eine wichtige »Grenze« dort aus, wo die optimale Entwicklung der abhängigen Kinder nicht mehr gesichert werden kann: »Da das Kind der schwächste Teil der Familie ist, bedarf es des besonderen Schutzes auch gegenüber den Emanzipationsforderungen der Eltern dann, wenn diese sich nur auf Kosten der Rechte des Kindes einlösen lassen.« (S. 76) Gegenüber einer einseitig auf Erwerbstätigkeit hin ausgerichteten Selbstverwirklichungsvorstellung ist im übrigen festzuhalten, daß auch auf dem Weg der – in steigendem Maße zeitlich vorübergehenden – alleinigen Hinwendung zur Familie und zum Auf- und Erziehen von mehreren Kindern zu lebenstüchtigen Menschen Selbstverwirklichung zu haben ist, wie schon vor Jahren

die Kammer für soziale Ordnung der Evangelischen Kirche Deutschlands (EKD) unterstrichen hat.

3. Wichtig für die Problemlösung erscheinen Bündel von integrativ aufeinander bezogenen Maßnahmen unterschiedlicher Verantwortungsträger. Die Sachverständigen-Kommission für den Fünften Familienbericht stellt fest: »Die Maßnahmen zur Schaffung einer familienorientierten Arbeitswelt dürfen nicht unkoordiniert erfolgen. Erst eine funktionsgerechte Bündelung wird das Spannungsverhältnis zwischen Familientätigkeit und Erwerbstätigkeit abbauen können.« (S. 280) In diesem Zusammenhang ist die »Trias« von Erziehungsgeld, Erziehungsurlaub und Anrechnung von Erziehungszeiten in der gesetzlichen Rentenversicherung als besonders wichtig hervorzuheben. Ein Erziehungsgeld allein kann leicht zur sozialpolitischen »Sackgasse« geraten. Ähnliches gilt übrigens auch speziell für den Bereich der Arbeitszeitpolitik. Manfred Garhammer hält gerade angesichts der Ergebnisse der »Bamberger Studie« fest, »daß nur eine Verknüpfung von Maßnahmen auf verschiedenen Ebenen Arbeitszeiten schaffen kann, die ein Stück weit familienverträglicher sind: Eine Verknüpfung von staatlicher Arbeitszeitpolitik, optionaler Arbeitszeitgestaltung in den Betrieben, sozialpolitischer Flankierung, Ausbau der familienunterstützenden Infrastruktur auf betrieblicher und staatlicher Ebene und nicht zuletzt eine Umverteilung familiärer Arbeit von Frauen auf Männer«[120].

4. Für die Zielverwirklichung sind nicht nur Staat und Gesetzgeber gefordert, sondern auch Tarifpartner und vor allem die betriebliche Arbeitswelt. Deren Familienorientierung, bisher weithin noch wenig erlebbare Realität, stellt sich in diesem Perspektivwechsel als ein Element des weiterentwickelten gesellschaftsordnungspolitischen Konzepts der Sozialen Marktwirtschaft dar, die nicht auf ein wirtschaftsordnungspolitisches Konzept verengt werden darf. Alle Beteiligten haben hier beizutragen zu dem immer wieder neu abzusichernden Interessenausgleich zwischen den Unternehmenszielen einerseits und den persönlichen und sozialen Ansprüchen und Erwartungen auf der Seite der Mitarbeiter andererseits, denen eine Erweiterung ihres individuellen Entscheidungs- und Handlungsspielsraums ermöglicht werden soll. Dieses Konzept der Sozialen Marktwirtschaft wird insgesamt an der real existierenden Marktwirtschaft und daran gemessen werden, wie sie den Lebensbedürfnissen nachwachsender junger Erwachsenengenerationen gerecht wird. Im Grunde kann die Familienorientierung der Erwerbsarbeitswelt als ein Gradmesser der Einstellung von Wirtschaft und Gesellschaft zur partnerschaftlich strukturierten Familie, zu Kindern und zu eltern-kindschaftlichen Lebenszusammenhängen angesehen werden. Die Glaubwürdigkeit der unternehmerischen Wirtschaft dürfte in weiten Teilen der öffentlichen Meinung nicht zuletzt mit davon abhängen, inwieweit sie – auch in den neuen Bundesländern – diese »Nagelprobe« besteht. Die moderne betriebliche Sozial- und Personalpolitik kann hier wesentlich zur Erneuerung des auseinandergefallenen Lebenszusammenhangs von Erwerbsarbeit, Familientätigkeit und auch Freizeit beitragen. Sie gewinnt damit zugleich eine ordnungspolitische Dimension. Eine familiengerechte Gestaltung der betrieblichen

120 Manfred Garhammer, Flexible Arbeitszeiten – familienfreundliche Arbeitszeiten? in: A. Habisch (Anm. 104), S. 87.

Arbeitsvollzüge erscheint auch deshalb besonders dringlich, weil viele sicherlich ebenfalls notwendigen familialen Anpassungsleistungen offensichtlich längst an eine Belastungsgrenze gestoßen sind. Die Vereinbarkeit von Erwerbstätigkeit und Wahrnehmung von Familienverpfichtungen, insbesondere gegenüber heranwachsenden Kindern, darf nicht nur an den noch so berechtigten Interessen der Erwerbsarbeitswelt und des Wirtschaftsprozesses ausgerichtet werden; vielmehr sind ebenso Gegebenheiten von familialen Lebensprozessen und Belangen ausgewogen zu berücksichtigen.

5. In diesem Kontext stellt sich dann zudem die Frage, ob wir uns inzwischen bereits auf dem Wege zur Ausprägung einer förmlichen betrieblichen Familienpolitik befinden. Um diesen Prozeß voranzubringen, geht es um eine möglichst breite Umsetzung dessen, was an Konzepten zur Berücksichtigung von Familienbelangen auch seitens der Wirtschaft bereits vorliegt. Es geht darum, eine sich anbahnende partnerschaftliche Arbeitsteilung junger Eltern verstärkt zu unterstützen und im Rahmen der mit einiger Phantasie zu schaffenden Möglichkeiten zu erleichtern. Hier sind moderne Unternehmen besonders gefordert. Die unternehmerische Wirtschaft kann bei familienfördernden Maßnahmen in unterschiedlichem Ausmaß über die gesetzlichen Mindestnormen hinausgehen: durch erstens individuelle Absprachen und Arbeitsverträge, zweitens Betriebsvereinbarungen sowie drittens tarifvertragliche Regelungen. Es kann hier wohl keinen »Einheitsweg« geben, der sich für alle Problemlagen in allen Wirtschaftsbereichen verallgemeinern läßt. Betriebsvereinbarungen sind in ihrem Geltungsbereich sehr viel beschränkter als tarifvertragliche Regelungen; außerdem sind sie leichter kündbar. Dafür geben sie allerdings mehr Spielraum für eine autonome betriebliche Familienpolitik.

Eine solche bezieht ihre Legitimationsgrundlage letztlich aus einer Perspektive, in der mit der Betonung einer personengerechten (und nicht rein arbeitskraftorientierten) sozialen Betriebspolitik die familiale Lebenswelt des Mitarbeiters im Grunde zwangsläufig in das Blickfeld der unternehmerischen Verantwortung rückt. Wilhelm Dreier meinte schon vor über 30 Jahren, vielleicht zähle die Tatsache der wesenhaften Familiengebundenheit des Menschen zu den noch unbewältigten Entdeckungen des Humanums innerhalb der industriellen Arbeitswelt[121]. Ist die Entdeckung – einmal unterstellt, sie sei durchgängig gelungen – inzwischen wirklich schon voll bewältigt, in praktische Politik übersetzt? Im Rahmen einer Weiterentwicklung und vielleicht auch in gewissem Grade einer Neuorientierung der betrieblichen Sozialpolitik – unter veränderten demographischen, wirtschaftlichen und gesellschaftspolitischen Bedingungen – sollte die Berücksichtigung der Belange junger, mehr und mehr partnerschaftlich strukturierter Familien mit einen vorderen Platz einnehmen. Betriebliche familienfördernde Maßnahmen als Teil einer gesellschaftlichen Strukturpolitik, immer auch nach den betriebsspezifischen Bedingungen ausgestaltet, können und sollten zum geordneten Zusammenleben der wirtschaftenden Menschen in ihren Familien in spezifischer Weise beitragen.

Dies wäre im übrigen ein Ausdruck der ohnehin seit geraumer Zeit zu beobachtenden verstärkten Durchsetzung gesellschaftspolitisch begründeter Ziele in

121 Wilhelm Dreier, Freiwillige betriebliche Sozialpolitik im Dienst an der Familie, in: Jahrbuch des Instituts für christliche Sozialwissenschaften, Bd. 5, 1964, S. 199.

der betrieblichen Sozialpolitik. Eine solche Akzentverschiebung, die veränderten Wertorientierungen und daraus erwachsenden Erwartungshaltungen in den nachwachsenden jungen Erwerbsgenerationen verstärkt Rechnung trägt, ordnet sich damit ein in eine Entwicklung von einer mehr quantitativen zu einer eher qualitativen Sozialpolitik[122]. Gerade wenn die Maßnahmen der betrieblichen Sozial- und Personalpolitik den Mitarbeitern sowohl im betrieblichen Arbeitsprozeß wie außerhalb desselben mehr Möglichkeiten vermitteln (sollen), ihre eigenen Wertvorstellungen zu verwirklichen und persönlichen Fähigkeiten zu entfalten, treten Entscheidungen für Familie und Kinder sowie Übernahme von Verpflichtungen im familiären Lebensraum besonders mit in den Vordergrund. Eine betont auch familienorientierte betriebliche Sozial- und Personalpolitik mit ihren betriebseigenen Sozialleistungen und besonderen Formen der Arbeitsgestaltung in Orientierung an einer zunehmenden Individualisierung der Bedürfnisse und Erwartungen der Mitarbeiter kann dabei als Ausdruck einer Synthese von sozialen, gesellschaftspolitisch ausgeweiteten Funktionen dieser betrieblichen Sozial- und Personalpolitik und ihrer ökonomischen Funktionen gesehen werden. Letztlich entspricht dies auch der personalen Dimension der menschlichen Arbeit. Für die betriebliche Personalpolitik erscheint wichtig, daß ihr eine ganzheitliche Auffassung von Führungsverantwortung auf seiten der betrieblichen Führungskräfte zugrunde liegt, die den einzelnen Betriebsangehörigen auch in seinem Familienbezug sieht. Deshalb sind für die praktische Umsetzung betriebliche Vorgesetzte mit entsprechenden Verständnis wichtig, unter Umständen auch um außerhalb formaler betrieblicher Regelungen zum Ausgleich von betrieblichen und familiären Interessen beizutragen und damit die Motivation der Mitarbeiter zu fördern. Auch insofern liegt eine Betriebspolitik, die ihren (begrenzten, aber deshalb nicht unwichtigen) Beitrag zur Entfaltung des familialen Zusammenlebens und zur Verbesserung der Voraussetzungen der Erfüllung familialer Aufgaben leistet, letztlich auch im wohlverstandenen Interesse des Unternehmens selbst.

6. Insgesamt wird ein weithin noch bestehender Konflikt zwischen Familienleben und Erwerbsarbeitswelt, der sich tendenziell auf eine möglichst gute Funktionserfüllung der Familien ebenso abträglich auswirkt wie auf den betrieblichen Leistungsvollzug, sich nur dann wirksam auflösen oder doch spürbar abschwächen lassen, wenn bestimmte Voraussetzungen in den wirtschaftlichen, gesellschaftlichen und politischen Rahmenbedingungen wie auch auf der Ebene der Einstellungen aller Beteiligten erfüllt sind, d. h., erst wenn hier nachhaltige Veränderungen dauerhaft eintreten. Hier ist ein Umdenken mit entsprechenden Handlungskonsequenzen auf allen Ebenen erforderlich. Korrespondierend mit daraus folgenden sozialrechtlichen und familienpolitischen Maßnahmen des Staates wie gerade auch der Betriebe im Rahmen ihrer autonomen Sozial- und Personalpolitik, flankiert wiederum von tarifvertraglichen Eckwert-Regelungen, sind Bewußtseinsänderungen aller Verantwortungsträger notwendig. Zu diesem Paradigmenwechsel, der nicht zuletzt aus gleichberechtigungsorientierter Sicht anzumahnen ist, bedarf es allerdings auch eines langen Atems.

---

122 Weiterführend Eduard Gaugler, Betriebliche Sozialpolitik, in: Handwörterbuch des Personalwesens, Suttgart 1992^2, S. 2106.

Aufschlußreich sind hier Betriebserfahrungen, die in der Drägerwerk AG, einem für familienfreundliche Maßnahmen besonders bekannt gewordenen und im Bundeswettbewerb »Der familienfreundliche Betrieb« 1993 ausgezeichneten Unternehmen, gesammelt werden konnten. Danach läßt sich der familienfreundliche Betrieb nicht auf einen Schlag realisieren. »Die Unterstützung durch den Vorstand ist eine wichtige Voraussetzung, vermag aber den gewünschten Erfolg nur zu bringen, wenn nicht an den konkreten Bedürfnissen der Mitarbeiterinnen und Mitarbeiter vorbei gedacht und gehandelt wird. Daher müssen im Unternehmen auf allen Ebenen Kommunikations- und Bewußtseinsprozesse angestoßen werden, die schrittweise und über Jahre hinweg eine ›Kultur‹ der Familienfreundlichkeit entstehen lassen.«[123]

123 Carla Mentrup, Der familienfreundliche Großbetrieb: die Erfahrung der Drägerwerk AG Lübeck, in: A. Habisch (Anm. 104), S. 117 f.

5. Sicherung eines familiengemäßen Einkommens

5.1 Einkommenspolitische Zielsetzung

Einen zentralen Bestimmungsfaktor für die äußeren Lebensbedingungen von Familien stellt in den modernen Industriegesellschaften das (Geld-)Einkommen dar. In marktwirtschaftlich geprägten Sozialordnungen ist dieses Einkommen auf einer ersten Stufe Ergebnis einer (markt-)leistungsbestimmten Einkommensverteilung. Dieses Ergebnis wird im wesentlichen durch die sogenannte zweite Einkommensverteilung (Einkommensredistribution bzw. Einkommensumverteilung) auf gesellschaftlich anerkannte Tatbestände von Einkommensausfall und zusätzlicher Einkommensbelastung hin korrigiert, so daß das effektiv verfügbare Einkommen der Haushalte sich als das Ergebnis des Zusammenwirkens von Marktverteilung und Einkommensumverteilung darstellt. Für Familienhaushalte geht es damit um das der Bedarfsgemeinschaft Familie zur Verfügung stehende Einkommen, letztlich also darum, gerade auch die ökonomischen Grundlagen des Auf- und Erziehens von Kindern in den Familien angemessen abzusichern[124].

In der familienpolitischen Zielsetzung soll dieses Einkommen von Eltern-Kind-Gemeinschaften grundsätzlich auf deren unterschiedliche Lebenssituation mit abgestellt sein, wie diese vor allem durch entsprechend der Familiengröße und der jeweils erreichten Familienphase bedingte geminderte steuerliche Leistungsfähigkeit, unterschiedlich große Lebensbedarfe und gesellschaftlich anzuerkennende Leistungen bestimmt wird. In unserer Sozialordnung werden an das Einkommen von (unterschiedlich großen) Familien Anforderungen gestellt, die dem Postulat der sozialen Gerechtigkeit entsprechen und in denen das einkommenspolitische Ziel eines Ausgleichs der kinderbedingten Einkommensbelastungen wesentlich gründet. Angesichts einer marktleistungsbezogenen Einkommensverteilung gilt eine größere Verteilungsgerechtigkeit auch als familienpolitisches Ziel. Der marktleistungsbezogene Individuallohn (wirtschaftsordnungspolitisch notwendig ohne familienbezogene Bedarfskomponente) bildet isoliert ein Strukturelement der Wirtschaftsgesellschaft, das sich tendenziell nachteilig auf die Einkommenslage von Familienhaushalten mit heranwachsenden Kindern auswirkt. Er ist »familienblind«, was die Abstimmung von Einkommen und Lebensbedarf unterschiedlich großer Familien angeht.

Im Kern geht es somit um eine strukturelle Korrektur der rein marktorientierten Einkommensverteilung. Für das gesellschaftsordnungspolitische Konzept der Sozialen Marktwirtschaft war dieses Prinzip angesichts des Postulats der sozialen Gerechtigkeit bereits von seinen Anfängen her prägend. Alfred Müller-Anmach hielt

124 In dem Maße, in dem die Einkommen aus Erwerbsarbeit tendenziell an Bedeutung einbüßen und Einkommen aus Vermögen an Bedeutung gewinnen (wenn auch nicht für die Masse der jungen Familien), sollte auch die unterschiedliche Vermögensbildung in der Hand der Familien mit in die Betrachtung einbezogen werden, was hier nicht geschehen kann.

seinerseits fest, die marktwirtschaftliche Zuteilung als solche bilde Einkommen nach dem Maßstab der produktiven Vorleistungen, womit die Frage der sozialen Gerechtigkeit noch nicht entschieden sei. Das Bundesverfassungsgericht hat in seinen familienbezogenen Urteilen mehrfach Orientierungsmaßstäbe für einen Ausgleich der Einkommensbelastungen durch Kinder gesetzt, etwa mit dem Hinweis, die wirtschaftliche Benachteiligung von Eltern gegenüber Kinderlosen müsse schrittweise bei allen familien-, steuer- und sozialpolitischen Maßnahmen verringert werden, oder in der Feststellung, Familien, deren Einkommen zu gering sei, um die Aufgaben der Familien erfüllen zu können, müßten durch staatliche Transferleistungen bei der Aufgabenerfüllung gefördert werden, und zwar um so mehr, je geringer ihr Einkommen und je größer die Zahl ihrer Kinder sei. Zur Legitimierung der allgemeinen Zielsetzung eines familiengemäßen Einkommens in unserer Sozialordnung kann auch auf den Allgemeinen Teil des Sozialgesetzbuches verwiesen werden, in dem sogenannte soziale Rechte als Teilhaberechte an der vom Staat geleisteten sozialen Förderung und Sicherung ausformuliert sind. Darunter findet sich auch ein soziales Recht auf Minderung des Familienaufwands, ohne daß allerdings daraus – wie auch bei den anderen sozialen Rechten – dem einzelnen Bürger unmittelbar Rechtsansprüche erwachsen. Dort heißt es, wer Kindern Unterhalt zu leisten hat oder leistet, hat ein Recht auf Minderung der dadurch entstehenden wirtschaftlichen Belastung. Die Bedeutung auch dieses sozialen Rechts liegt einmal darin, daß es bei der Auslegung des Sozialrechts und bei der Ausübung des Ermessens zu beachten ist; insofern stellt es sich als Hilfsnorm in Ergänzung der Grundsatz- und Anspruchsnormen der besonderen Bücher des Sozialgesetzbuches dar. Zum anderen kann (und sollte) es in der wissenschaftlichen Durchdringung des Sozialrechts herangezogen werden. Diese hier erstmals in dieser Art ausformulierten sozialen Rechte können als das vorläufige und erste Ergebnis einer langjährigen Diskussion um die Schaffung sozialer Grundrechte, die den im Grundgesetz enthaltenen Freiheitsrechten gegenüberzustellen wären, angesehen werden.[125]

Nach den politisch-programmatischen Grundaussagen der Parteien herrscht ein gewisser Grundkonsens darüber, daß für diesen Ausgleich der Familienlasten der **Grundsatz des nur teilweisen Ausgleichs** zu gelten habe, d. h. es brauchen und sollen nicht alle Aufwendungen für Kinder voll ausgeglichen werden. Für Kinder in den untersten Einkommengruppen, deren sozialkulturelles Existenzminimum nicht gesichert ist, gilt dieser Grundsatz nicht; der Mindestbedarf muß notfalls durch eine »Vollkostendeckung« gesichert werden, wie dies Ziel der Grundleistungen der Sozialhilfe ist[126]. Weitestgehender Konsens besteht auch darüber, daß der Ausgleich der Familienlasten grundsätzlich eine einkommenspolitische Zielsetzung in allen

125 Walter Schellhorn, Soziale Rechte, in: Fachlexikon der sozialen Arbeit, Frankfurt/M. 1993^3, S. 860.

126 Speziell mit Blick auf Familien von Beamten ist in diesem Zusammenhang auf eine – gesellschaftspolitisch vielleicht mit Recht etwas in Vergessenheit geratene – Entscheidung des Bundesverfassungsgerichts zu verweisen, in der für eine »amtsangemessene Alimentation« des Beamten das Richtmaß aufgestellt wurde, daß der Beamte mit zwei Kindern sich in etwa dasselbe müsse leisten können wie sein kinderloser Kollege. Schon seinerzeit wurde in der familienpolitischen Diskussion kritisch rückgefragt, ob damit ernsthaft eine Sonderstellung gegenüber dem allgemeinen Familienlastenausgleich begründet werden könne.

Einkommensschichten darstellt, also nicht nur eine sozialpolitische Maßnahme für »arme Leute mit vielen Kindern« ist. Gerhard Mackenroth hat 1952 in seinem denkwürdigen Vortrag vor dem »Verein für Socialpolitik«, der heute noch so aktuell ist wie damals, den Familienlastenausgleich nicht nur als »sozialpolitische Großaufgabe des 20. Jahrhunderts«, sondern auch als den einzig sozial sinnvollen Ausgleich bezeichnet, weil er sich nicht auf einen vergangenen Verlust, sondern auf eine gegenwärtige Leistung richte.

Über die generelle Abschwächung der zusätzlichen Einkommensbelastungen durch Kinder hinaus können in einem stark ausdifferenzierten System von Familienpolitik spezifische Einkommenshilfen das Ziel haben, in bestimmten Familienphasen oder auch bei bestimmten Familiengruppen besonderen Familiensituationen Rechnung zu tragen. Ein herausragendes Beispiel für eine Einkommenshilfe als Ausdruck phasenspezifischer Familienpolitik bildet in Deutschland das Erziehungsgeld, das unter bestimmten Voraussetzungen für Kleinstkinder bundesweit in den ersten beiden Lebensjahren (und in einigen Bundesländern noch darüber hinaus) gewährt wird. Ein Beispiel für eine Einkommenshilfe als Ausdruck adressatenspezifischer bzw. problemgruppenspezifischer Familienpolitik bilden die (zeitlich begrenzten) Unterhaltsvorschußleistungen für Kinder alleinerziehender Elternteile in den Fällen, in denen der andere Elternteil sich der Pflicht zur Zahlung von Unterhalt ganz oder teilweise entzieht oder auch dazu nicht oder nicht in hinreichendem Maße in der Lage ist.

5.2 Befunde zur Einkommenssituation von Familien

Eine Gegenüberstellung der tatsächlichen Einkommenslage von Familien mit dem einkommenspolitischen Ziel und seinen Teilzielen läßt erkennen, daß hier eine Diskrepanz besteht, die zu dezidierten einkommenspolitischen Maßnahmen herausfordert, und zwar auch unter Berücksichtigung von bereits gewährten Einkommenshilfen. Die tatsächliche Einkommenslage von Familien, wie sie sich aus den sozialökonomischen Analysen ergibt, ist in Ländern mit einem mehr oder minder entfalteten System materieller Familienpolitik stets auch Ergebnis bereits erfolgter einkommenspolitischer Korrekturen der reinen Marktverteilung, die in ihrer Bedeutung für die reale Einkommenslage von Familien von den Wirkungen verteilungspolitischer Korrekturmaßnahmen überlagert wird. Für die tatsächliche Lebenslage von Familien bleibt dieser Effekt bereits wirksamer einkommenspolitischer Maßnahmen stets mit zu berücksichtigen.

5.2.1 Sinkender Wohlstand von Mehr-Kinder-Familien

Die zahlenmäßigen Auswirkungen der Begrenzungen des wirtschaftlichen Handlungsspielsraums aufgrund des verfügbaren Einkommens sind für Familien mit Kindern über Jahrzehnte hin sowohl im In- wie auch im Ausland in einer Vielzahl von Untersuchungen unter verschiedenen Aspekten immer wieder diskutiert worden. Aus den Analysen zur tatsächlichen Einkommenslage von Familien sind folgende hauptsächlichen Befunde hervorzuheben:

1. Mit steigender Zahl heranwachsender, noch nicht erwerbstätiger Kinder sinkt das Pro-Kopf-Einkommen in den Familien verhältnismäßig stark ab, und zwar auch dann, wenn auf »gewichtete« Pro-Kopf-Einkommen abgestellt wird. Von solchen gewichteten Einkommensgrößen spricht man dann, wenn die Kinder – zu Recht – nicht mit demselben Gewicht in die Berechnungen eingehen wie Erwachsene, sondern entsprechend ihrem geringeren Verbrauch mit einem geringeren Gewicht, das wiederum nach dem Lebensalter des Kindes abgestuft sein kann (sogenannte »Vollpersonenrechnung«). Es gibt eine Anzahl von »Äquivalenzskalen«, auf die hier zurückgegriffen werden kann und deren Verwendung dazu führt, daß die Pro-Kopf-Einkommen – je nach Ausmaß, in dem Kinder mit weniger als einer Vollperson angesetzt werden – nicht so stark absinken, wie bei allzu vereinfachten Rechnungen, in die auch Kinder mit dem gleichen Gewicht eingehen wie Erwachsene.

Aus jüngerer Zeit kann z. B. auf sehr instruktive Ergebnisse über die Veränderung der verfügbaren monatlichen Haushaltsnettoeinkommen junger Ehepaare mit steigender Kinderzahl für Baden-Württemberg verwiesen werden, die von der Familienwissenschaftlichen Forschungsstelle im Statistischen Landesamt Baden-Württemberg vorgelegt worden sind: Schon das Gesamteinkommen einschließlich staatlicher Transfereinkommen und unter Berücksichtigung von Einkommensteuerermäßigungen nimmt in diesen Haushalten trotz steigender Kinderzahl tendenziell ab, und zwar vor allem deshalb, weil die Ehefrau mit steigender Kinderzahl immer häufiger als zweiter Einkommensbezieherin ausfällt oder oft nur noch teilzeiterwerbstätig ist. Die Forschungsstelle hat in den vergangenen Jahren mehrfach insbesondere anhand der Daten des amtlichen Mikrozensus die Einkommenslage von Familienhaushalten mit unterschiedlicher Kinderzahl analysiert und dabei auch das Pro-Kopf-Einkommen junger Familien untersucht, in dessen Rückgang die Einbuße im Versorgungsniveau der Haushalte besonders deutlich zum Ausdruck kommt. Nach den vorliegenden Analysen betrug das Pro-Kopf-Einkommen einer Familie mit einem Kind in Baden-Württemberg anfangs der neunziger Jahre 61 Prozent des Pro-Kopf-Einkommens eines gleichaltrigen kinderlosen Ehepaa-

Tabelle 8: Entwicklung der Abstufung von Pro-Kopf-Einkommen junger Familien[1] in Baden-Württemberg 1982 bis 1990

Familientyp	Pro-Kopf-Einkommen (Ehepaare ohne Kinder = 100)		
	1982	1986	1990
Ehepaare ohne Kinder	100	100	100
Ehepaare mit 1 Kind	62	63	61
2 Kindern	48	50	50
3 Kindern	40	43	42

1 Alter der Bezugsperson der Familie zwischen 25 und 35 Jahren.

Quelle: Familienwissenschaftliche Forschungsstelle im Statistischen Landesamt Baden-Württemberg.

Schaubild 8: Pro-Kopf-Einkommen junger Familien mit minderjährigen Kindern im Vergleich zu kinderlosen Ehepaaren in Baden-Württemberg 1990 (Vollpersonenrechnung)

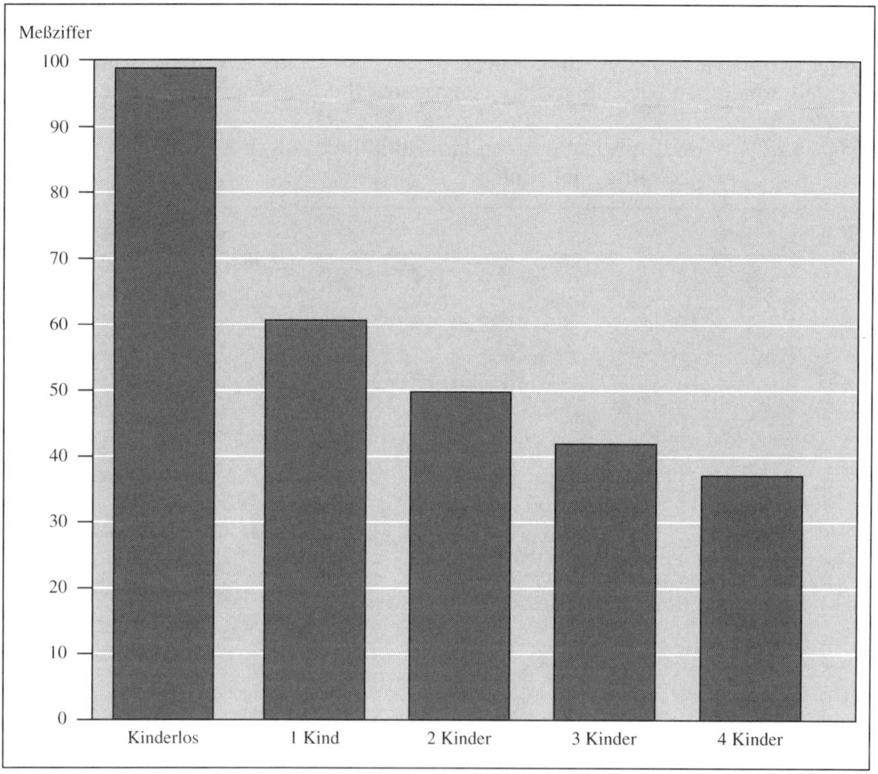

Quelle: Familienwissenschaftliche Forschungsstelle im Statistischen Landesamt Baden-Württemberg.

res, dasjenige einer Familie mit zwei Kindern rund 50 Prozent und dasjenige einer Familie mit drei Kindern nur noch rund 42 Prozent (*siehe dazu auch Tabelle 8 und Schaubild 8*)[127].

127 Vgl. Erich Stutzer, Zur Einkommenslage junger Familien, in: Familie heute – ausgewählte Aufsätze zur Situation der Familien in Baden-Württemberg, hrsg. vom Ministerium für Familie, Frauen, Weiterbildung und Kunst, Stuttgart 1994, S. 75 ff. Für die achtziger Jahre siehe: Ivan Cornelius, Zur Einkommensproblematik von Familien, in: Theorie und Praxis der sozialen Arbeit, (1993) 4, S. 139 ff. Außerdem Ivan Cornelius/Max Wingen, Ökonomische Problemlagen von Familien in der Bundesrepublik Deutschland, in: Kaes de Hoog/Johan A. C. von Ophem (Hrsg.), Changes in daily life, Wageningen 1994, S. 173–190. – Zu den vielfältigen Analysen und Dokumenationen von Einkommenslagen der Familien in Abhängigkeit von der Zahl der unterhaltsbedürftigen Kinder sei nur auf wenige Arbeiten aus jüngerer Zeit verwiesen, in denen sich zahlreiche weiterführende Literaturhinweise finden: Siehe etwa die Untersuchung des Deutschen Instituts für Wirtschaftsforschung Berlin »Zur

Mit steigendem Lebensalter der Ehepaare verändert sich das Pro-Kopf-Einkommen sowohl für kinderlose Paar-Haushalte wie für Ehepaare mit Kindern in einer charakteristischen Weise, die sich idealtypisch darstellen läßt, wie das *Schaubild 9* zum Ausdruck bringt. Die größten Abstände im Pro-Kopf-Einkommen zwischen den Haushalten ohne Kinder und mit Kindern zu ungunsten der letzteren ergeben sich danach für die Altersgruppe der 30- bis 35jährigen (junge Aufbaufamilie); mit zunehmenden Lebensalter nähern sich die Pro-Kopf-Einkommen wieder

Schaubild 9: Einkommenslage von Familien nach Altersabschnitten (Modellbetrachtung)[1]

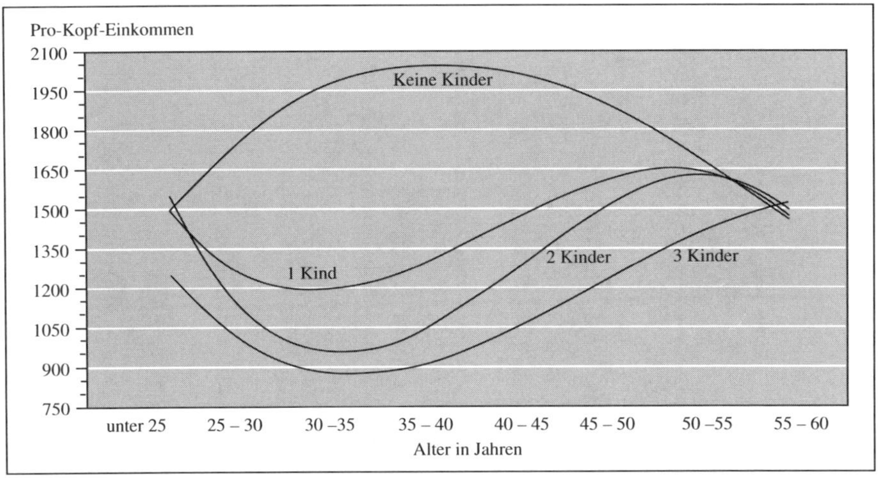

1 Das relativ rasche und frühe Abknicken der Pro-Kopf-Einkommen bei kinderlosen Ehepaaren, Ein-Kind- und Zwei-Kinder-Familien in den Altersabschnitten nach dem 55. Lebensjahr – also nachdem Kinder (annahmegemäß) dem elterlichen Haushalt entwachsen sind – ist auch methodisch bedingt. Die zugrunde liegenden Querschnittsdaten über die Einkommenssituation von (Familien-)Haushalten in diesen Altersstufen enthalten sowohl Durchschnittsangaben von zeitlebens kinderlosen Ehepaaren als auch von Familien, deren Kinder bereits das Elternhaus verlassen haben. Letztere ›ziehen‹ den Durchschnitt nach unten, weil in diesen Familien bereits in früheren Lebensphasen ein zweiter Einkommensbezieher häufiger entfallen ist als bei zeitlebens kinderlosen Paaren. Zudem wirken sich hier auch vorzeitige Verrentungen auf die durchschnittlichen Haushaltseinkommen aus. Diese methodischen Mängel fallen bei dem Familientyp ›Ehepaar ohne Kinder‹ besonders ins Gewicht.

Quelle: I. Cornelius/M. Wingen (Anm. 127) S. 179.

Einkommenssituation und Einkommensverwendung von Familien mit jüngeren Kindern« auf der Basis des Sozio-ökonomischen Panels 1994, die die starken Unterschiede des Pro-Kopf-Einkommens (in dem nach der Äquivalenzziffernmethode Größe und Struktur des Haushalts berücksichtigt sind) zwischen den verschiedenen Haushaltstypen und den Rückgang des Pro-Kopf-Einkommens mit steigender Kinderzahl zeigt. Vgl. auch die Analysen der in dem deutschen Teilbetrag zu dem »Fertility and Family Survey« (teils allerdings schon für 1992) gewonnenen Daten, so u. a. zur Einkommensarmut von Kindern hauptsächlich von alleinerziehenden Müttern, in: Juliane Roloff, Familieneinkommen, Kinderkosten und deren Einfluß auf generative Verhaltensentscheidungen, Materialien zur Bevölkerungswissenschaft 82, Wiesbaden 1996. Ferner Alois Weidacher, Einkommen in unterschiedlichen Lebensformen, in: H. Bertram (Anm. 3), hier S. 314 ff.

deutlich an, um bei einem Lebensalter zwischen 55 und 60 Jahren wieder auf einem in etwa gleichen Niveau zu liegen. Die Dramatik dieses Verlaufs der Einkommenslage mit den aufeinander folgenden Familienphasen läßt sich erst dann richtig einschätzen, wenn man sich anhand der idealtypischen Darstellung über den Lebensablauf hinweg den sich aufaddierenden Einkommensausfall bei den Familien mit Kindern vergegenwärtigt[128]. Dieser Phasenablauf läßt zugleich erkennen, daß die größten relativen Schlechterstellungen im Einkommen dann vorliegen, wenn dieses Einkommen am ehesten gebraucht würde; die Diskrepanzen schwächen sich deutlich ab (bleiben aber immer noch bestehen), wenn die Kinder älter sind und z. B. auch eine zeitweise Wiederaufnahme einer Erwerbstätigkeit des zweiten Elternteils hinzutritt. Es fehlt – erst recht ohne gezielte familienpolitische Umverteilungen – an einer grundsätzlichen Abstimmung zwischen Einkommensverlauf und unterschiedlichem Lebensbedarf im Ablauf der Familienentwicklung.

Im Grunde ordnen diese Ergebnisse sich ein in eine auch heute noch nicht überwundene mangelnde Abstimmung von Einkommen und Familienbedarf, wie sie anhand der Daten der amtlichen Statistik schon vor Jahrzehnten von Helga Schmucker dargestellt wurde. Nach wie vor muß die Familienpolitik sich als Einkommenspolitik mit einer **mehrfachen Diskrepanz von Einkommen und Lebensbedarf von Familien** auseinandersetzen, die ebenfalls schon vor Jahrzehnten unter mehreren Aspekten zusammengefaßt wurde: Einmal handelt es sich um die Gegenläufigkeiten von verfügbarem Einkommen und Lebensbedarf, die darin begründet sind, daß die Komponenten, die den Lebensbedarf der Familien mit Kindern maßgeblich beeinflussen, und die Faktoren, die die Höhe des Einkommens im Verlauf des Erwerbsarbeitslebens bestimmen, nicht aufeinander abgestimmt sind. Hinzu tritt zweitens das Spannungsverhältnis von Einkommen und familialem Lebensbedarf, das sich aufgrund der unterschiedlichen Kinderhäufigkeiten in den Familien mit ihrem differenzierten generativen Verhalten ergibt. Zum dritten kann es unter bestimmten Bedingungen von linearen Nominaleinkommenserhöhungen und einer je nach Güter- bzw. Dienstleistungsart differenzierten Preisentwicklung, die die einzelnen Haushalte je nach ihrem Verbrauchsschema unterschiedlich trifft, im Zeitablauf zu mehr oder minder großen Einbußen in der Realeinkommensverbesserung (Wohlstandssteigerung) bei den kinderreichen Familien kommen. In diesem Falle ist bei gleicher Erwerbsarbeitsleistung nicht nur das Lebensniveau absolut niedriger, sondern auch eine tendenziell geringere Teilhabe am Zuwachs des Sozialprodukts gegeben – ein nach wie vor nicht ausreichend gewürdigter Aspekt des Problems des »gerechten Anteils am Sozialprodukt«. Außerdem sind die Vorstellungen der Mehrkinderfamilien von einem angemessenen Lebensbedarf nicht

128 Jüngst hat die Familienwissenschaftliche Forschungsstelle (FaFo) erneut für 1994 Auswertungen des amtlichen Mikrozensus vorgelegt, die die Unterschiede in den Einkommenslagen anhand der Pro-Kopf-Einkommen von kinderlosen Ehepaaren und Ehepaaren mit Kindern eindrucksvoll belegen und auch zeigen, daß die Einkommensungleichheit (erst) dann am größten ist, wenn die Familien ihre endgültige Größe erreicht haben (»Stabilisierungsphase«) und vor allem Schulkinder von sechs bis 15 Jahren in der Familie leben. Vgl. Ulli Becker/Bernd Eggen/Andreas Suffner, Einkommenslagen und wirtschaftlich schwierige Situationen von Ehepaaren mit und ohne Kinder, in: Baden-Württenberg in Wort und Zahl, (1996) 4, S. 153–157.

nur an der eigenen Einkommenslage orientiert, sondern wesentlich mitbestimmt von dem Lebenszuschnitt der Personengruppen, die in der gleichen beruflichen und sozialen Schicht infolge fehlender oder nur geringer Belastungen durch Kinder über relativ höheres Einkommen frei verfügen.

Daraus folgt eine zusätzliche, sozialpsychologisch bedingte Verschärfung der mangelnden Abstimmung von Einkommen und Bedarf bei größeren Familien; denn durch die großen Gruppen von kinderlosen und auch kinderarmen Familien werden Konsumstandards vorgegeben, die die vergleichsweise Schlechterstellung der Familien mit mehreren Kindern zu einem zusätzlichen Problem werden lassen – vor allem in Gesellschaften, die weithin durch Züge eines außengeleiteten Verhaltens gekennzeichnet sind, denen sich auch die Minderheit der Mehrkinderfamilien kaum völlig entziehen kann. Die sich verstärkt abzeichnende Polarisierung zwischen Familiensektor und Nicht-Familiensektor gibt hier einen gesellschaftspolitisch wichtigen Hintergrund ab, vor dem sich diese Diskrepanz zwischen Einkommen und Lebensbedarf bei den Mehrkinderfamilien verschärft. Eine weitere Verschärfung der Problemlage kann heute schließlich darin gesehen werden, daß mit der Erweiterung von Handlungsoptionen für den einzelnen ökonomische Entscheidungskriterien zusätzlich an Bedeutung gewonnen haben, was dann bis in die generativen Entscheidungen hinein Konsequenzen hat.

2. Familienhaushalte finden sich – und dies ist ein zweiter wichtiger Aspekt der Einkommenslage – tendenziell in relativ schlechteren Wohlstandspositionen. So hat Richard Hauser gestützt auf aggregierte Schätzergebnisse des Statistischen Bundesamtes und eigene Berechnungen auf Basis der Einzeldaten der Einkommens- und Verbrauchsstichproben sowie des Sozio-ökonomischen Panels, sehr differenzierte Analysen vorgelegt[129], aus denen wichtigere Ergebnisse im folgenden referiert werden. Auch diese Analysen bestätigen das »bekannte Faktum«, daß sich Personen in Haushalten mit drei und mehr Personen, bei denen es sich überwiegend um Haushalte mit Kindern handeln dürfte, deutlich schlechter stellen als Personen in Ein- und Zwei-Personen-Haushalten; dabei wird insbesondere die große Diskrepanz zwischen den Kleinhaushalten mit zwei Personen und den Großhaushalten mit fünf und mehr Personen deutlich, und zwar überdurchschnittlich bei Arbeitern, Angestellten, Beamten und Selbständigen, unterdurchschnittlich stark bei den sozialen Gruppen, bei denen Transfereinkommen dominieren wie z. B. Arbeitslosen, Rentnern, Pensionären und Sozialhilfeempfängern. Letztere sind – mit Ausnahme der Pensionäre – soziale Gruppen mit weit unter dem Gesamtdurchschnitt liegenden Wohlstandspositionen. Im Rückblick auf die Zeitspanne von 1972 bis 1992 ergibt sich aus diesen Analysen zur Entwicklung der relativen Wohlstandspositionen von Personen in Arbeitnehmer-, Selbständigen- und Nichterwerbstätigen-Haushalten unterschiedlicher Größe, daß sich in diesen drei sozialen Gruppen die relative Position der Personen, die in größeren Haushalten leben, noch verschlechtert hat, was insbesondere Familien mit Kindern betroffen haben dürfte. Die Analysen gewähren aufgrund weiterer differenzierter Berechnungen zusätzliche Einblicke in die

129 Richard Hauser, Die Entwicklung der Einkommenslage von Familien über zwei Dekaden – einige empirische Grundlagen zur Würdigung der deutschen Familienpolitik, in: Gerhard Kleinhenz (Hrsg.), Soziale Ausgestaltung der Marktwirtschaft, Berlin 1995, S. 133–150.

Verteilung der Personen auf einzelne Wohlstandspositionsklassen sowie in Tendenzen der Verteilungsänderungen von Wohlstandsniveaus. Dabei ergibt sich, daß weniger als die Hälfte der in (Ehe-)Paarhaushalten ohne Kinder lebenden Personen zwischen 1973 und 1990 eine unterdurchschnittliche Wohlstandsposition aufwiesen, ohne daß sich ausgeprägte Veränderungen dieses Anteils im Zeitablauf erkennen lassen. Demgegenüber ergibt sich für die Verteilung der Personen, die in (Ehe-) Paarhaushalten mit minder- und volljährigen Kindern leben, ein deutlich anderes Bild: Hier wiesen etwa zwei Drittel der Personen in diesen Haushalten mit Kindern eine unterdurchschnittliche Wohlstandsposition auf, wobei sich auch bei dieser Gruppe die Verteilungssituation in dem genannten Zeitraum (in dieser Zweiteilung von über- und unterdurchschnittlicher Wohlstandsposition) offensichtlich nicht merklich geändert hat. Außerdem bestätigen die Analysen die wesentlich ungünstigere Situation für Personen in Alleinerziehenden-Haushalten mit mindestens einem minder- oder volljährigen Kind. Am Ende des Untersuchungszeitraums lagen jeweils annähernd drei Viertel dieser Personengruppe in einer unterdurchschnittlichen Wohlstandsposition (bezogen auf diese soziale Gruppe). In den neuen Bundesländern stellten sich danach die relativen Wohlstandspositionen der Haushalte mit Kindern nach der Wiedervereinigung anfänglich deutlich besser dar als in den alten Bundesländern; in den folgenden Jahren (jedenfalls bis 1993) zeigte sich eine deutliche Tendenz zu einer Verschlechterung und damit einer Annäherung an die ungünstigere Position der westdeutschen Vergleichsgruppe.

3. Bei Differenzierungen nach unterschiedlichen Typen von Familienhaushalten ergibt sich aus den genannten, aber auch aus anderen Einkommensanalysen immer wieder eine vergleichsweise noch ungünstigere Situation bei bestimmten Problemgruppen, insbesondere bei **Alleinerziehenden**, aber auch bei **Arbeitslosen**. So belegt etwa das Sozio-ökonomische Panel für die alten Bundesländer nicht nur die relative Schlechterstellung von Familienhaushalten vor allem mit kleinen Kindern insgesamt, sondern auch die vergleichsweise besonders ungünstige Einkommenslage der alleinerziehenden Mütter, die auch in den angeführten Untersuchungen von Hauser sichtbar wird. Die Sachverständigen-Kommission für den Fünften Familienbericht hat im Rahmen ihrer umfangreichen Analysen – auch im Vergleich der alten und neuen Bundesländer – nicht nur die allgemeine Einkommenssituation von Familienhaushalten, sondern auch die besonders schwierige wirtschaftliche Lage der von Arbeitslosigkeit betroffenen Familien untersucht und dabei die wiederum vergleichsweise noch ungünstigere Lage von Alleinerziehenden herausgearbeitet, auf die hier verwiesen werden kann.

4. Für die Beurteilung der Einkommenslage von Familien gilt es neben den direkten Einkommensbelastungen durch Kinder[130] aber auch noch weitere »Kosten« zu sehen, die Unterschiede bedingen. Es handelt sich dabei im wesentlichen um entgangene Erwerbseinkommen, was sich entsprechend in dem dargestellten

130 Einen informativen Überblick über die bisher in der Haushalts- und Verbrauchsforschung hauptsächlich entwickelten Methoden der Berechnung der Lebenshaltungsaufwendungen für Kinder geben Klaus Hesse und Matthias Scheffter in ihrem Beitrag zur Ermittlung des Einflusses von Kindern auf den privaten Verbrauch in: Bundesministerium für Familie, Senioren, Frauen und Jugend (Hrsg.), Lebenshaltungsaufwendungen für Kinder, Schriftenreihe des BMFSFJ, Bd. 43, Stuttgart – Berlin – Köln 1995, S. 229 ff.

Rückgang der Pro-Kopf-Einkommen niederschlägt; hinzu treten Verluste an Sozialleistungsansprüchen, soweit diese auf Erwerbsarbeit beruhen. In diesem Zusammenhang sprechen die Ökonomen auch von sogenannten »Opportunitätskosten«. Es sind dies praktisch die realen Gewinnchancen, die bei alternativen Verhaltensweisen bestanden hätten, aber wegen der kinderbedingten Entscheidungen entfallen sind. Diese Opportunitätskosten im Umfeld von Familie sind bisher ganz überwiegend ein Frauen- bzw. Mütterproblem. Zum Verständnis dieser Problemlage ist an den veränderten lohnpolitischen Bezugspunkt zu erinnern, der sich längst herausgebildet hat: Nicht mehr der Mann als »Familienernährer« ist der Bezugspunkt, sondern dies ist viel eher das beiderseitig erwerbstätige (Ehe-)paar, was zu einem sehr veränderten familienpolitischen Paradigma geführt hat. Zu den ökonomischen Folgekosten der Entscheidung für Kinder sind neben den direkten Aufwendungen für das Kind in diesem Sinne weiterhin zu rechnen:

- der (völlige oder doch teilweise) Ausfall des zweiten Erwerbseinkommens bei vorübergehendem oder dauerhaftem Verzicht auf Erwerbstätigkeit zwecks Betreuung und Erziehung von Kindern, was sich wirtschaftlich im Grunde noch sehr viel stärker auswirkt als die reinen Ausgaben für Kinder;
- das (Einkommens-)Risiko, später wieder einen adäquaten Arbeitsplatz zu finden;
- die Einbußen in der Einkommenskarriere bei gelungenem Wiedereintritt in das Erwerbsleben auf einem anderen, nicht selten niedrigerem Einkommensniveau, als es ohne Unterbrechung der Erwerbstätigkeit erreicht worden wäre;
- die Einbußen an späteren eigenen (aus Erwerbsarbeit abgeleiteten) Rentenleistungen wegen der noch unzureichenden rentenversicherungsrechtlichen Berücksichtigung der Familienarbeit mit Kinderbetreuung (»Echoeffekt« niedriger Lebenserwerbseinkommen bzw. verkürzter Erwerbsarbeitszeiten).

5. Was die Einkommensbelastung durch Kinder – unter Einschluß des Kostenfaktores des zeitlichen Betreuungsaufwands – über den Zeitablauf hinweg bedeutet, wird schlaglichtartig deutlich, wenn man sich die Beträge vergegenwärtigt, zu denen sich die elterlichen Aufwendungen aufaddieren. Sie müssen für eine Bewertung der Einkommenslage der (unterschiedlich großen) Familien angesichts der Zielsetzung »Sicherung eines familiengemäßen Einkommens« zumindest in der Größenordnung interessieren. Dabei verdienen die kinderbedingten Aufwendungen nicht nur im jeweiligen Zeitpunkt Beachtung, sondern auch über den Zeitablauf hinweg von der Geburt des Kindes, bis zum Erreichen des Erwachsenenalters, wobei sich diese Aufwendungen bei weiterführender Berufsausbildung auch über diesen Zeitpunkt hinaus erhöhen.

Hierzu hat Heinz Lampert sehr gründliche und detaillierte Berechnungen vorgelegt, mit denen zugleich der ökonomische Wert des Beitrags der Familien zur Bildung von »Humanvermögen« in der Gesellschaft abzuschätzen versucht wird. Die Ergebnisse sind in den Fünften Familienbericht eingeflossen und von der Sachverständigen-Kommission weitergeführt worden. Aus den umfangreichen Berechnungen über den Beitrag, den Familien u. a. durch das Auf- und Erziehen von Kindern für die Humanvermögensbildung erbringen, sei hier das Fazit für das Modell einer Zwei-Kinder-Familie wiedergegeben, für die mit Hilfe realitätsnaher, auf statistischen Daten gestützter Annahmen der Geldwert des Versorgungs- und Betreuungsaufwands je Kind bis zum 18. Lebensjahr ermittelt wurde. Bei Annahme für den Versorgungsaufwand an der unteren Grenze ergibt sich laut Fünftem Familienbericht ein in Geld bewerteter Aufwand je Kind in Höhe von fast 400 000 DM.

6. Wenn sich zwischen den Familienhaushalten ohne Kinder und denen mit Kindern so deutliche Unterschiede in den Wohlstandspositionen ausmachen lassen, so muß dies in bezug auf die Funktionstüchtigkeit von Familien aufhorchen lassen. Diese und andere Analysen zur Einkommenslage von Familienhaushalten und zur ökonomischen Schlechterstellung insbesondere von Familien mit mehreren Kindern sowie von Alleinerzieher-Familien deuten tendenziell darauf hin, daß die Zahl der heranwachsenden Kinder im Haushalt inzwischen mehr und mehr zu einem **zentralen Bestimmungsfaktor sozialer Ungleichheit** zu werden scheint. So kommt auch die Sachverständigen-Kommission für den Fünften Familienbericht mit Blick auf die wachsende Akzeptanz gegenüber weiblicher Erwerbstätigkeit zu dem Ergebnis, daß sich unter diesem Einfluß die Zahl der Kinder zu einem zentralen Element sozialer Ungleichheit entwickelt habe und die Bekämpfung dieser Ungleichheit nicht ohne Eingriff in die Besitzstände der Kinderlosen möglich sein werde. Dieser Befund verstößt aber in besonderer Weise gegen die für das bereichsspezifische Feld der Familienpolitik geltende bereichsübergreifende gesellschaftspolitische Leitvorstellung, als unvertretbar anzusehende Ungleichheiten in den Entwicklungschancen und auch in den tatsächlichen Lebenslagen der Bevölkerung abzubauen. Im Hinblick auf die Verwirklichung des einkommenspolitischen Zieles der Familienpolitik muß dieser Zusammenhang wie auch die darüber hinaus reichende Frage interessieren, inwieweit Kinder geradezu ein Armutsrisiko darstellen. Zu dieser familien- und gesellschaftspolitisch bedeutsamen Problematik kann auf eine Reihe von Befunden verwiesen werden, die im folgenden skizziert werden.

5.2.2 Kinder als Armutsrisiko?

Die im Grunde nicht neue Frage, ob Kinder ein Armutsrisiko bedeuten, wird in jüngerer Zeit wieder verstärkt gestellt. Gehören inzwischen Familien mit Kindern, insbesondere kinderreiche Familien, zu einer armutsgefährdeten Problempopulation in unserer Gesellschaft? So mehren sich Stimmen, die in der familienpolitischen Problemlage inzwischen auch insofern eine Verschiebung ausmachen, nach der mehrere Kinder tendenziell zu einem armutsbegründenden Faktor werden können; gegenüber Aspekten sozialspezifischer Benachteiligungen von Kindern in den sozialen Grundschichten, die noch vor wenigen Jahrzehnten mehr im Vordergrund standen und auch heute keinesfalls »überholt« sind. Leben Kinder in wachsendem Maße in Deutschland unter Armutsbedingungen? Bernhard Schäfers und Günter E. Zimmermann sehen eine zunehmende Verarmung von Kindern und Jugendlichen bzw. von Familien (insbesondere Ein-Eltern-Familien) sogar als das »dominierende Problem bei der Entwicklung der Armut in Deutschland«[131]. In dem Entwurf der

131 Bernhard Schäfers/Günter E. Zimmermann, Armut und Familie – Zunahme der Familienverarmung seit den 70er Jahren, in: B. Nauck/C. Onnen-Isemann (Anm. 62), S. 568.

beiden Kirchen für ein »Gemeinsames Wort zur wirtschaftlichen und sozialen Lage in Deutschland« wird festgestellt, daß für Familien mit mehreren Kindern und geringem Einkommen Kinder ein Armutsrisiko bedeuten.

Für einige Antworten auf diese ebenso brisante wie methodisch schwierig anzugehende Frage sei vorweg auf eine Unterscheidung in der Fragestellung hingewiesen, die in der einschlägigen Diskussion kaum getroffen wird, bei der Analyse der empirischen Daten aber berücksichtigt werden sollte: Einmal kann nach dem Armutsrisiko der Kinder gefragt werden, also danach, wie es um das Risiko steht, daß Kinder unter Bedingungen leben müssen, die unter Armut gefaßt werden, oder speziell in Sozialhilfeabhängigkeit geraten. Davon zu unterscheiden ist das Risiko von Familien oder Einzelpersonen, durch die Größe der Familie bzw. die Anzahl der Kinder in eine als Armut definierte Lebenssituation zu kommen. Bei dem ersteren Aspekt interessiert vor allem, wie viele Kinder in welchen Populationen unter wie auch immer definierter Armut mehr oder weniger lange leben; von den Kindern her gesehen sind dies alle Kinder von Personen, die sich aus verschiedenen Gründen ohnehin in der Armutszone befinden – und sich darin auch ohne Kinder befänden. Bei dem zweiten Aspekt geht es um die Frage, wie groß das Risiko ist, daß Personen, die zunächst nicht jenseits der Armutsgrenze leben, durch zu unterhaltenden Kindern erst in Armut geraten; von den Kindern her gesehen sind dies zahlenmäßig weniger als unter dem ersten Aspekt, nämlich (nur) diejenigen Kinder, die zu Personen gehören, die ohne diese Kinder nicht der Armutszone zuzurechnen wären. Im folgenden wird beiden Fragestellungen nachgegangen, wobei sich schon von der Datenlage her häufig nicht scharf zwischen speziell »kinderbedingter« Armut und solcher aus anderen Gründen, bei denen aber die Existenz von Kindern problemverschärfend hinzutreten kann, unterscheiden läßt[132].

1. Armut ist mehr als nur Einkommensarmut. Das Verständnis von Armut auf die Verfügbarkeit über Geldeinkommen zu verengen würde bedeuten, wichtige andere Faktoren wie soziokulturelle Mangellagen auszuklammern. Dies entspricht jedenfalls einer sozialwissenschaftlich vorherrschenden Sichtweise. Weiterreichende Konzepte zur Erfassung von Armutslagen sind entwickelt worden, unter denen das mehrdimensionale »Lebenslagen«-Konzept hervorgehoben sei. Insbesondere die

132 Vgl. zur Gesamtthematik und zum folgenden vor allem auch die gründliche Arbeit von Richard Hauser, Das empirische Bild der Armut in der Bundesrepublik Deutschland – ein Überblick, in: Aus Politik und Zeitgeschichte, B 31–32/95, S. 3 ff., sodann die nach wie vor umfassendste Problembehandlung in dem Sonderheft der Kölner Zeitschrift für Soziologie und Sozialpsychologie: Armut im modernen Wohlfahrtsstaat, (1992) 32, hier insbes.: Stephan Leibfried/Wolfgang Voges, Vom Ende einer Ausgrenzung? – Armut und Soziologie, S. 9 ff.; Bernhard Schäfers, Zum öffentlichen Stellenwert von Armut im sozialen Wandel der Bundesrepublik Deutschland, S. 104 ff.; Richard Hauser/Udo Neumann, Armut in der Bundesrepublik Deutschland. Die sozialwissenschaftliche Thematisierung nach dem Zweiten Weltkrieg, S. 237 ff.; Lutz Leisering/Wolfgang Voges, Erzeugt der Wohlfahrtsstaat seine eigene Klientel? Eine theoretische und empirische Analyse von Armutsproblemen, S. 446 ff. Verwiesen sei schließlich auf die ein umfangreiches statistisches Datenmaterial dokumentierende Antwort der Bundesregierung auf die Große Anfrage der SPD-Fraktion bezüglich Armut in der Bundesrepublik Deutschland, die auch differenziert auf Kinder und Jugendliche – in der deutschen und ausländischen Bevölkerung – und deren Sozialhilfeabhängigkeit eingeht. Vgl. Bundestags-Drucksache 13/3339 von 28. November 1995, insbes. S. 39 ff.

Kumulation von verschiedenen Faktoren wie (neben fehlendem Geldeinkommen) fehlender Schutz gegen Krankheitskosten, Benachteiligungen im Bildungsstand oder Fehlen ausreichender Kommunikations- und Beteiligungsmöglichkeiten an den üblichen gesellschaftlichen Aktivitäten begründen Lebenslagen, die der Armut zugeordnet werden können. Schließlich könnten auch fehlende Zeitressourcen des einzelnen mit in Betrachtung einbezogen werden; schon wird in der Armutsdiskussion auch von »Zeitarmut« gesprochen – ein Lebenslagenaspekt, der etwa für Alleinerziehende Bedeutung gewinnen kann, allerdings so weit ausgreift, daß auch einkommensmäßig und in anderen Lebenssituationen als bestens abgesichert und versorgt anzusehende Personen in bestimmten (Berufs-)Positionen als ausgesprochen »zeitarm« gelten können.

Dieser multifaktorielle (multidimensionale) Ansatz, der das Armutsverständnis nicht auf reine Einkommensarmut verengt, kommt auch in der Umschreibung der Armut zum Ausdruck, wie sie der Ministerrat der EG Mitte der achtziger Jahre beschloß. Danach werden alle die Personen als arm definiert, »die über so geringe (materielle, kulturelle und soziale) Mittel verfügen, daß sie von der Lebensweise ausgeschlossen sind, die in dem Mitgliedstaat, in dem sie leben, als Minimum annehmbar ist«. In dieser Umschreibung wird freilich darauf verzichtet, Schwellenangaben in Prozentwerten festzulegen – im Unterschied zu Vorgehensweisen der EU-Kommission, die in jüngerer Zeit bei ihren Armutsberechnungen einer verbreiteten Übung folgt und von Einkommensarmut dann ausgeht, wenn das Nettoeinkommen der jeweiligen Person weniger als die Hälfte des gesamtwirtschaftlichen Durchschnitts beträgt[133].

2. Gleichwohl bildet die **Einkommensarmut** ein zentrales Element von Armut in marktwirtschaftlich organisierten Industriegesellschaften westeuropäischer Prägung. Dabei ist eine zunehmende Zahl von heranwachsenden, noch nicht erwerbs-

133 Wegen der großen methodischen und inhaltlichen Schwierigkeiten sowie des unvermeidbaren Einflusses von Werturteilen bei der Festlegung von Armutsgrenzen wird in der Armutsforschung vielfach vermieden, eine einzige Armutsgrenze als die Grenze festzulegen, sondern gleichzeitig mit mehreren Armutsgrenzen gearbeitet. Derartige Probleme der Armutsdefinition und -messung müssen im folgenden ausgeklammert bleiben. Nur so viel sei festgehalten: Kinder erscheinen damit naturgemäß grundsätzlich um so eher als Armutsrisiko, je höher solche Grenzen angesetzt werden. Nimmt man z. B. den Bezug von Hilfe zum Lebensunterhalt (HLU) außerhalb von Einrichtungen nach dem Bundessozialhilfegesetz (BSHG) als Meßlatte dafür, ob ein Kind in der Armutszone lebt, ergibt sich für Ende 1992, daß jede 18. Person unter 18 Jahren HLU bezog. Geht man davon aus, daß als (einkommens-) arm Haushalte anzusehen seien, die über weniger als 50 Prozent des durchschnittlichen Haushaltseinkommens in der Gesellschaft verfügen, kommt man vielleicht zum Ergebnis, daß jedes siebte Kind unter einer so definierten Armutsgrenze leben müsse, also eine zweieinhalbmal so große Quote. In wieder anderen Untersuchungsansätzen wird unterschieden zwischen Einkommensarmut und deprivationsbasierter Armut, besonders in Orientierung an frühen Arbeiten von Peter Townsend in Großbritannien, der Armut dort beginnen ließ, wo mit fallendem Einkommen Personen von der gesellschaftlichen Teilhabe in einem Ausmaß ausgeschlossen sind, das größer ist, als aufgrund des geringeren Einkommens dieser Person erwartet werden kann. Noch so große sozialwissenschaftliche Bemühungen, Armutsstandards möglichst objektiv festzulegen, bleiben stets von Wertungen besetzt und reichen im allgemeinen bis in politische Ordnungsvorstellungen hinein, die sich auf den Umgang mit Armut (in ihren mehrfachen Bedeutungen) und auf denkbare oder wünschenswerte politische Gegenmaßnahmen beziehen.

fähigen Kindern in Familienhaushalten vielfältig als Faktor nachgewiesen, der – wie bereits gezeigt – das verfügbare Einkommen tendenziell verringert, insbesondere das Pro-Kopf-Einkommen drastisch reduziert. Ein Rückgriff auf Pro-Kopf-Einkommensberechnungen vermittelt nun gerade bei unteren Einkommensgruppen einen anschaulichen Eindruck von dem relativen Ressourcenmangel in diesen Familien und auch zwischen unterschiedlich großen Familien. Diese Ergebnisse verweisen auf relative Einkommensstandards, ohne zugleich einen Maßstab über absolute oder auch relative Bedarfe zu liefern; sie vermitteln quantitative Vorstellungen über soziale Ungleichheit und geben damit mittelbar auch Hinweise auf Armutslagen bzw. Bedrängniszonen[134]. Ergebnisse über den Rückgang des Pro-Kopf-Einkommens mit steigender Kinderzahl sind für die vorliegende Fragestellung besonders wichtig, weil solche Einkommensgrößen, die nach der Größe der einzelnen Familie gewichtet sind und damit den unterschiedlichen Bedarf von Personen insbesondere unterschiedlichen Alters berücksichtigen, von der monetären Seite her einen Einblick in das tatsächliche Versorgungsniveau eines Mehr-Personenhaushalts (Bedarfsgemeinschaft) vermitteln. Dieses (gewichtete) sinkende Pro-Kopf-Einkommen ist im Zusammenhang zu sehen – was in der Armutsdiskussion häufig weniger geschieht – mit den differenzierten Kinderhäufigkeiten, also mit dem unterschiedlichen zahlenmäßigen Gewicht der unterschiedlich großen Familien und damit im Zusammenhang mit dem relativ geringen Anteil von rund einem Siebtel aller Ehen, in denen auf die gesamte Ehedauer gesehen drei und mehr Kinder zu erwarten sind. In den größeren Familien haben wir es demnach nicht nur mit einem vergleichsweise deutlich geringeren Pro-Kopf-Einkommensniveau zu tun, sondern diese Familien sehen sich zugleich dem den Lebensstandard stark prägenden Verbrauchsverhalten der Familien mit einem oder höchstens zwei Kindern (zusammen rund 45 Prozent) ausgesetzt. Damit verschärft sich naturgemäß die Einkommensproblematik in den größeren Familien zusätzlich.

Bei **alleinerziehenden Frauen** ist die ökonomische Bedrängnissituation besonders verbreitet, wie auch die noch anzusprechende Abhängigkeit von der Sozialhilfe zeigt. Bemerkenswert ist in diesem Zusammenhang, daß sich bei dieser Gruppe in den vergangenen Jahrzehnten eine starke strukturelle Veränderung hinsichtlich ihres Familienstands und des Alters der Kinder ergeben hat[135]: Ende der fünziger Jahre und zu Beginn der sechziger Jahre handelte es sich bei den Alleinerziehenden überwiegend um verwitwete Frauen mit älteren Kindern, die ganz überwiegend über 18 Jahre alt waren. Rund 70 Prozent der Frauen mit Kindern ohne Altersbegrenzung war verwitwet, bei den Alleinerziehenden mit Kindern unter 18 Jahren traf dies auf fast jede zweite zu. Auch der Anteil der alleinerziehenden Frauen mit älteren Kindern war relativ hoch, bei 59 Prozent der alleinerziehenden

134 Aufschlußreiche sozialstatistische Analysen über das Ausmaß von »Bedrängniszonen« speziell in familienpolitischer Blickrichtung hat schon sehr früh Helga Schmucker vorgelegt. Vgl. z. B. Helga Schmucker/Hermann Schubnell/Oswald von Nell.-Breuning/Willi Albers/Gerhard Wurzbacher, Die ökonomische Lage der Familie in der Bundesrepublik Deutschland – Tatbestände und Zusammenhänge, Stuttgart 1961. Es handelt sich um ein Problem mit dem die Familienpolitik seit Jahrzehnten konfrontiert ist.

135 Zu näheren statistischen Daten und ihrer Auswertung vgl. Bernd Eggen, Familien und Kinder in der Sozialhilfe, (unveröffentlichtes Manuskript).

Frauen lebten nur Kinder, die 19 Jahre und älter waren; dagegen lag der Anteil der Alleinerziehenden mit Kindern unter 15 Jahren bei 28 Prozent und mit Kindern unter drei Jahren bei 6 Prozent. Demgegenüber handelt es sich gegenwärtig bei den alleinerziehenden Müttern hauptsächlich um geschiedene Frauen und zunehmend auch um ledige Frauen. Von den Alleinerziehenden mit minderjährigen Kindern sind 60 Prozent geschieden oder verheiratet getrennt lebend und 29 Prozent ledig; nur noch 11 Prozent sind verwitwet. Diese Alleinerziehenden haben inzwischen im Durchschnitt erheblich jüngere Kinder zu betreuen. Zwischen 1961 und 1992 gab es noch nie so viele Alleinerziehende mit Kindern unter 18 Jahren wie 1992 (alte Bundesländer), obwohl es Ende der fünfziger und Anfang der sechziger Jahre insgesamt noch etwas mehr alleinerziehende Frauen gab als gegenwärtig. Diese Strukturverschiebung im Familienstand Alleinerziehender ist mit Blick auf wirtschaftliche Bedrängnislagen auch deshalb hervorhebenswert, weil sich bis in die Gegenwart hinein eine unterschiedliche Positionierung in der durchschnittlichen Einkommenslage zwischen den verschiedenen Gruppen von Alleinerziehenden beobachten läßt. Vergleichsweise am günstigsten ist die Einkommenslage nach wie vor bei den verwitweten, an zweiter Stelle rangieren die geschiedenen und danach kommen die ledigen Mütter.

Für ausländische Familienhaushalte hat Dietrich Thränhardt[136] die prekäre Einkommenssituation in kinderreichen Familien aufgezeigt. Sie verdeutlicht in bezug auf die Haushalte mit mehr als zwei Kindern in dieser Bevölkerungsgruppe sogar eine »relativer Veredelung«. In den materiellen Problemen kinderreicher Familien mit geringem Einkommen wir der Grund für soziale Ausgrenzung und eine erschwerte optimale Ausbildung der Kinder und Jugendlichen gesehen.

3. Eine zusätzliche Verschärfung erfährt die Einkommensproblematik noch in den Familien, die von Arbeitslosigkeit betroffen sind. Die Sachverständigen-Kommission für den Fünften Familienbericht hat, gestützt auf eine Reihe vorliegender Studien, die längerfristige Arbeitslosigkeit nicht nur als individuelles, sondern auch als familiales Schicksal herausgestellt und festgehalten, in welche Richtungen im einzelnen die Lebenslagen der Betroffenen äußerst stark belastet werden. Als Auswirkungen auf die Familien werden »nicht unwesentliche negative Konsequenzen bei Kindern und Jugendlichen« in diesen Zusammenhang konstatiert. Speziell zu den Auswirkungen auf die finanzielle Situation der Familien im Falle der Arbeitslosigkeit kann 1991 auf eine Untersuchung des IAB für die neuen Bundesländer über die durchschnittlichen Pro-Kopf-Einkommen in unterschiedlichen Familientypen zurückgegriffen werden, um Anhaltspunkte dafür zu erhalten, welche Familientypen von finanziellen Nöten am meisten betroffen bzw. bedroht sind. Die Sachverständigen-Kommission für den Fünften Familienbericht glaubt unterstellen zu können, daß die in dieser bis dahin ersten Untersuchung zur empirischen Erfassung der familialen Betroffenheit durch Arbeitslosigkeit sichtbar gewordene Belastungskumulation von Familien im Grundsatz auch in den alten Bundesländern gilt. Anhand der ermittelten Ergebnisse lassen sich die Familienhaushaltstypen deutlich unterscheiden: Kinderlose mit einem relativ hohen Pro-Kopf-Einkommen

136 Siehe Dietrich Thränhardt, Die Lebenslage der ausländischen Bevölkerung in der Bundesrepublik Deutschland, in: Aus Politik und Zeitgeschichte, B 35/95, S. 3 ff., hier vor allem S. 8.

einerseits und Familien mit Kindern mit einem wesentlich niedrigeren Pro-Kopf-Einkommen andererseits. Innerhalb der Gruppe der Familien (Verheiratete oder Alleinerziehende) verringert sich das Pro-Kopf-Einkommen wiederum ganz deutlich in Abhängigkeit von der Kinderzahl: Familien mit drei und mehr Kindern verbleiben danach nur knapp zwei Drittel des ohnehin niedrigen Pro-Kopf-Einkommens der Familien mit nur einem Kind; für Alleinerziehende ergibt sich ein vergleichbarer Effekt auf einem noch etwas niedrigerem absoluten Niveau. Nach dieser Untersuchung bleibt nun das Muster der finanziellen Belastung durch Kinder grundsätzlich erhalten, wenn man zusätzlich auf die Folgen der Belastungskumulation durch Arbeitslosigkeit abstellt. Wiederum sind die Kinderlosen einkommensmäßig deutlich günstiger gestellt als die Familien, und bei diesen sinkt erwartungsgemäß auch hier das Pro-Kopf-Einkommen mit steigender Kinderzahl.

Innerhalb der Gruppe der von Arbeitslosigkeit betroffenen Familien wird gerade auch die besondere Problemlage der Alleinerziehenden bei Arbeitslosigkeit deutlich: Bei gleicher Kinderzahl ergeben sich Einkommensdifferenzen zwischen den Verheirateten und den Alleinerziehenden zu Ungunsten der letzteren von acht Prozent bei einem Kind, von 13 Prozent bei zwei Kindern und von 18 Prozent bei drei und mehr Kindern. Die Sachverständigen-Kommission betont zu Recht, daß dieses so schwerwiegende gesellschaftliche Problem der familialen Betroffenheit durch Arbeitslosigkeit in Zukunft vertieft angegangen werden sollte. Für die Frage nach dem »Armutsrisiko Kinder« ist in der Tat alarmierend, wenn vor allem Familien mit jungen Eltern eine Risikogruppe im Blick auf Arbeitslosigkeit darstellen. »Es kann die Familienpolitik nicht unberührt lassen, daß gerade in jener Familienphase, in der das Familieneinkommen zu einem erheblichen Teil der Deckung der Kinderkosten dient, Familien besonders von der Gefahr der Arbeitslosigkeit betroffen sind.« (S. 162)

4. Die Entwicklung der Arbeitslosigkeit bildet denn auch die hauptsächliche Ursache dafür, daß die Zahl der Haushalte von Empfängern von Hilfe zum Lebensunterhalt in der **Sozialhilfe** (HLU) in den vergangenen Jahren verhältnismäßig stark angestiegen ist. Aus der Sozialhilfeforschung ist die Vorstellung geläufig, daß eine soziale Gruppe der Gesamtbevölkerung um so armutsgefährdeter erscheint, je höher in dieser Gruppe der Anteil der Sozialhilfeempfänger ist. Letzterer kann damit als ein Indikator für das Armutsrisiko dieser Bevölkerungsgruppe angesehen werden. Im Zuge des Anstiegs des Kreises der Sozialhilfeberechtigten ist in den vergangenen Jahren eine steigende Zahl von Haushalten mit Kindern in den Kreis der Sozialhilfebezieher hineingekommen. Insgesamt haben wir es im größeren zeitlichen Vergleich gesehen mit geradezu »dramatischen Veränderungen«[137] in der Altersstruktur der HLU-Empfänger zu tun: Bildeten 1970 die 65jährigen und Älteren die höchste Quote von Empfängern von HLU, sind dies heute mit großem Abstand die unter Siebenjährigen. Mit Blick auf diese eingetretenen Strukturverschiebungen beim Sozialhilferisiko wird deshalb auch von einer »Infantilisierung der Armut« in Deutschland gesprochen[138]. Der Anstieg der Empfängerzahl im jüngeren Lebensalter wird auch deutlich, wenn man sich den Anstieg für

---

137 B. Schäfer/G. E. Zimmermann (Anm. 131), S. 566.

138 Richard Hauser/W. Hübinger, Arme unter uns: Teil I, Ergebnis und Konsequenzen der Caritas-Armutsuntersuchung, Freiburg 1993^2, S. 58.

einzelne Altersjahrgänge von 1986 bis 1991[139] vergegenwärtigt. Während in diesen Jahren die Zunahme für alle Leistungsbezieher insgesamt knapp 24 Prozent betrug, lag dieser Anteil für die unter 18jährigen bei über 33 Prozent, für die unter Siebenjährigen schon über 56 Prozent und für die Dreijährigen bei 70 Prozent und für die Ein- bis Zweijährigen sogar bei 80 Prozent. Während also die »Altersarmut« in den vergangenen Jahren relativ an Bedeutung verloren hat, hat die Sozialhilfeabhängigkeit von Familien mit kleineren Kindern deutlich an Gewicht gewonnen.

Die aufgezeigten Tendenzen eines Armutsrisikos lassen sich weiter verdeutlichen, wenn man den Anteil der Familien bzw. der Alleinerziehenden mit Kindern mit HLU an der Gesamtzahl der Familienhaushalte betrachtet. Die Familienwissenschaftliche Forschungsstelle in Baden-Württemberg hat jüngst eine Verknüpfung der Ergebnisse der Sozialhilfestatistik mit Mikrozensusdaten vorgenommen und ein »Sozialhilferisiko« der Haushalte mit Kindern unter 15 Jahren nach der Anzahl der Kinder sowie nach der Staatsangehörigkeit zu ermitteln versucht[140]. Dabei wird bei wird ausdrücklich darauf hingewiesen, daß dieses »Sozialhilferisiko« (eine Art Sozialhilfeempfängerquote) nur als Tendenzaussage interpretiert werden kann, weil sich die Datenquellen auf unterschiedliche Erhebungen und Zeitpunkte des Jahres 1992 beziehen. Dennoch erscheinen die Ergebnisse recht aufschlußreich *(siehe Tabelle 9)*. Zunächst zeigt sich, daß der Anteil der sozialhilfebedürftigen Haushalte von Ehepaaren mit Kindern unter 15 Jahren, in denen die Bezugsperson Empfänger von HLU war, an allen verheirateten Paaren mit Kindern in dieser Altersgruppe mit etwa zwei Prozent 1992 doch sehr gering war. Mit der Anzahl der Kinder in der Familie steigt jedoch das Sozialhilferisiko an: Lag der Anteil der Ehepaar-Haushalte mit einem Kind bei nur einem Prozent betrug er bei drei und mehr Kindern immerhin sechs Prozent. Für Familienhaushalte mit ausländischen Bezugspersonen liegt der Anteil der Haushalte mit Sozialhilfebezug bei neun Prozent deutlich höher. Geht man von der Anzahl der Kinder in der Sozialhilfe aus, so ergibt sich folgendes Bild: Von den deutschen Kindern unter 15 Jahren fielen 1992 etwa viereinhalb Prozent, also rund jedes 23. Kind in die Sozialhilfe; bei den ausländischen Kindern dieser Altersgruppe sind es rund 17 Prozent, also etwa jedes sechste Kind.

Besonders signifikant tritt bei dieser Betrachtung eines »Sozialhilferisikos« wiederum die schwierige wirtschaftliche Lage von Alleinerziehenden in Erscheinung: Bei diesen lag der Anteil bei 18 Prozent (darunter in der dominierenden Gruppe alleinerziehender Frauen bei 20 Prozent); ganz deutlich wirkt sich die Existenz von Kindern unter 15 Jahren dahin aus, daß sich bei Alleinerziehenden mit einem Kind ein »Sozialhilferisiko« von 13 Prozent ergibt, bei zwei Kindern schon von 26 Prozent und bei drei und mehr Kindern sogar von 53 Prozent. Wiederum liegt auch bei der Gruppe der Alleinerziehenden der Anteil der sozialhilfebeziehenden ausländischen Haushalte mit 37 Prozent (gegenüber 18 Prozent im Durchschnitt aller Haushalte) mehr als doppelt so hoch. In der Analyse der Forschungsstelle wird zu dem deutlichen Anstieg des Sozialhilferisikos bei der Gesamtheit der Mehrkinderfamilien zu Recht angemerkt, daß der Umfang dieses Anstiegs nicht allein durch die Zahl der Kinder bedingt wird, sondern u. a. auch darauf zurückzuführen ist, daß gerade in der

139 Vgl. Statistisches Bundesamt (Hrsg.), Wirtschaft und Statistik, 1993.
140 B. Eggen (Anm. 135), S. 18 ff.

Tabelle 9: »Sozialhilferisiko« bei Haushalten von Ehepaaren und Alleinerziehenden mit Kindern als Empfänger laufender Hilfe zum Lebensunterhalt in Deutschland 1992

Haushaltstyp	Empfänger laufender Hilfen zum Lebensunterhalt[1]	Familienhaushalte insgesamt[2]	»Sozialhilferisiko«: Anteil der Empfänger an den Familienhaushalten[3]
	Anzahl	1 000	%
Ehepaare mit Kindern unter 15 Jahren	133 349	6 908	2
davon mit			
1 Kind	39 059	3 458	1
2 Kindern	45 683	2 699	2
3 und mehr Kindern	48 607	751	6
darunter mit ausländischer Bezugsperson	72 358	836	9
Alleinerziehende mit Kindern unter 15 Jahren	228 670	1 288	18
davon mit			
1 Kind	118 195	936	13
2 Kindern	74 159	283	26
3 und mehr Kindern	36 316	69	53
darunter mit ausländischer Bezugsperson	29 283	80	37
darunter mit alleinerziehenden Frauen mit Kindern unter 15 Jahren	220 991	1 130	20
davon mit			
1 Kind	114 485	813	14
2 Kindern	71 738	254	28
3 und mehr Kindern	34 768	63	55
Insgesamt	362 019	8 196	4

1 Sozialhilfestatistik.
2 Mikrozensus.
3 Das »Sozialhilferisiko« kann nur als Tendenzaussage interpretiert werden, da sich die Datenquellen auf unterschiedliche Zeitpunkte des Jahres 1992 in Deutschland beziehen.

Quelle: Statistisches Bundesamt, Sozialleistungen, Fachserie 13, Reihe 2 »Sozialhilfe 1992«, Wiesbaden, 1994: 62; Bevölkerung und Erwerbstätigkeit, Fachserie 1, Reihe 3 »Haushalte und Familie 1992«, Wiesbaden, 1994: 108, 262–265; eigene Berechnungen der Familienwissenschaftlichen Forschungsstelle im Statistischen Landesamt Baden-Württemberg.

Gruppe der verheirateten Paare mit drei und mehr Kindern ausländische Familien besonders stark vertreten sind, die nicht eigentlich wegen der Zahl der Kinder, sondern z. B. wegen des Antrags auf Asyl Sozialhilfe beziehen. (Asylbewerber wurden bis 1993 noch in der Sozialhilfestatistik mit erfaßt, danach getrennt ausgewiesen.) In Baden-Württemberg waren zum Untersuchungszeitpunkt rund die Hälfte aller ausländischen Kinder unter 15 Jahren mit HLU-Bezug Kinder von Asylbewerbern, was zeigt, daß der starke Anstieg der Zahlen der ausländischen Kinder in der Sozialhilfe insbesondere von den Asylbewerbern getragen wird. Damit wird aber zugleich sichtbar, wie problematisch es wäre, Sozialhilfebezugszahlen undifferenziert als Meßgröße für Armut in Deutschland und für Kinder als Armutsrisiko zu nehmen.

Nun muß freilich die begrenzte Aussagefähigkeit von Stichtagsergebnissen der Sozialhilfestatistik, von denen auch die aufschlußreichen Analysen der Familienwissenschaftlichen Forschungsstelle ausgehen, mitbedacht werden. Wenn ein Stichtagsergebnis auf eine bestimmte Quote von Kindern in Haushalten mit HLU-Bezug verweist, so bedeutet dies nicht, daß diese Kinder dauernd unter Sozialhilfebedingungen »aufwachsen«. Wie neuere Untersuchungen der sogenannten »dynamischen Armutsforschung« in Bremen zeigen, fällt ein beträchtlicher Anteil von Sozialhilfebeziehern nur für begrenzte Zeit in die Sozialhilfeabhängigkeit und kommt häufig schon nach relativ kurzer Zeit wieder heraus, so wenn z. B. die Sozialhilfe nur der Überbrückung bis zum Bezug anderer Leistungen aus dem System der sozialen Sicherung dient. Von daher muß also der Vorstellung begegnet werden, die durch die Ergebnisse von Zeitpunkterhebungen entstehen kann, daß nämlich diese Kinder dauernd auf dem Sozialhilfeniveau leben müßten. Allerdings erscheinen in einer späteren Stichtagserhebung großenteils andere Kinder, die in einem Haushalt mit Sozialhilfebezug leben. Dies bedeutet, daß im Zeitablauf gesehen (dynamische Längsschnittbetrachtung) und damit auf die Zeit des Heranwachsens von Kindern gesehen zu unterschiedlichen Zeitpunkten teils unterschiedliche Gruppen von Kindern von der Sozialhilfe abhängig sind. Im Laufe ihres Heranwachsens werden also größere Gruppen von Kindern zeitweise von Sozialhilfeabhängigkeit betroffen, als es das Ergebnis einer Zeitpunktbetrachtung erkennen läßt. Das Armutsrisiko erweist sich damit als verbreiterter als eine aus der Momentaufnahme einer Zeitpunkterhebung abgeleitete »Sozialhilferisikoquote« vermuten lassen könnte. Regional begrenzte Analysen in Bremen zum Sozialhilfebezug der Bevölkerung haben gezeigt, daß in einem Zeitraum von sieben Jahren die Quote der Bevölkerungsgruppe mit zeitweisem Sozialhilfebezug unter Umständen dreimal so hoch sein kann wie die Quote, die sich aus einer Zeitpunkterhebung ergibt. In diesem Zusammenhang wird auch von einer »Verzeitlichung« der Armut gesprochen. Im übrigen erweist sich danach vorübergehende Einkommensarmut als ein latentes Risiko bis in mittlere Sozialschichten hinein[141]. Wo das Armutsrisiko derart »sozial entgrenzt« erscheint, wird es für eine Familienpolitik in ganz neuer Perspektive bedeutsam.

Wie die vorliegenden Daten und deren Analyse zeigen, sind in wachsendem und besorgniserregendem Maße **Kinder** als Empfänger von Sozialhilfe unter den Sozialhilfeempfängern. Dabei ist die Zunahme umso größer, je jünger die Leistungsberechtigten sind. In den neuen Bundesländern lag am Jahresende 1992 der Anteil der unter einjährigen Kinder mit Sozialhilfebezug bei 14 Prozent; das bedeutet im Ergebnis, man kann davon ausgehen, daß 1992 in den neuen Ländern etwa jedes siebte Kind als Sozialhilfeberechtigter auf die Welt kam. Zwischen deutschen und ausländischen Kindern hat sich in den vergangenen Jahren das Gewicht sehr deut-

141 Näheres vgl. Stephan Leibfried/Lutz Leisering u. a., Zeit der Armut. Lebensläufe im Sozialstaat, Frankfurt/M. 1995, sowie: Monika Ludwig/Lutz Leisering/Petra Buhr, Armut verstehen. Betrachtungen vor dem Hintergrund der Bremer Langzeitstudie, in: Aus Politik und Zeitgeschichte, B 31–32/95, S. 24 ff.

lich dahin verschoben, daß der Anteil der sozialhilfeberechtigten Kinder ausländischer Herkunft an der Gesamtzahl jüngerer Sozialhilfeberechtigter sehr stark angestiegen ist (bei den unter 15jährigen Kindern von sechs Prozent im Jahre 1980 auf 35 Prozent im Jahre 1992 in den alten Bundesländern). Zum Armutsrisiko besonders großer Familien bemerken Schäfers und Zimmermann: »Daß insbesondere kinderreiche Familien mit drei und mehr Kindern ein hohes Verarmungsrisiko tragen, muß längst nicht mehr hervogehoben werden, da diese leider schon traditionell zu den Risikogruppen zählen.«[142] Bei der unter den Sozialhilfebeziehern relativ stark vertretenen Gruppe der Alleinerziehenden gilt es zu sehen, daß gerade bei alleinerziehenden Müttern mit kleinen Kindern ein zeitweiser Bezug von Sozialhilfe in einer Übergangszeit eine »sensible Lebensphase« abfedern und – wenngleich auf einem unteren materiellen Lebensniveau – sich stabilisierend auf den Sozialisationsprozeß des Kleinkindes auswirken kann. Dies gilt besonders dort, wo zur Sozialhilfeleistung das gesetzliche Erziehungsgeld hinzutritt, das nicht auf die Sozialhilfe angerechnet wird. Aus der Sicht der Familienpolitik als Sozialisationspolitik ist daher zu der vergleichsweise stärkeren Vertretung von alleinerziehenden Müttern unter den Sozialhilfebeziehern festzuhalten, daß hier eine wichtige Hilfe zur Lebensbewältigung (im Sinne des sozialhilferechtlichen Grundsatzes der »Hilfe zur Selbsthilfe«) geleistet wird. Solche Fälle, wie sie bei (vorübergehend) fehlenden oder unzureichenden Unterhaltsleistungen eintreten können, sind von Monika Ludwig auch als Ausdruck einer »optimierten Armutskarriere« angesprochen worden.

5. Schließlich kann man – zum Unterschied von dem bisher betrachteten Sozialhilferisiko – auch das Risiko in Betracht ziehen, von »**relativer Einkommensarmut**« betroffen zu werden. Eine solche relative Einkommensarmut kann u. a. daran gemessen werden, ob ein Haushalt unter einer bestimmten Grenze des durchschnittlichen gewichteten Nettoäquivalenzeinkommens (z. B. 50 Prozent) liegt, wobei dann im einzelnen einige vereinfachende Annahmen hinsichtlich der Einkommensaufteilung innerhalb des Haushalts und der Preisunterschiede bei den gekauften Gütern gemacht werden können. Hauser[143] hat – auf der Basis der im Sozio-ökonomischen Panel erfragten Netto-Monatseinkommen – relative Einkommensarmut in diesem Sinne ausgewertet mit dem Ergebnis, daß das Risiko, davon betroffen zu werden, Kinder stärker trifft als Personen im mittleren und höheren Alter, ganz besonders die Gruppe der Alleinerziehenden, die unter allen Haushaltstypen das bei weitem höchste Einkommensarmutsrisiko tragen. Ein wichtiger Unterschied zwischen dem allgemeinen Abrutschen in Sozialhilfebedürftigkeit und dem durch Kinderhaben bedingten Risiko, in die Zone einer relativen Armut zu geraten, kann wohl mit Blick auf den zeitlichen Bezugsrahmen gesehen werden: Die erwähnten Untersuchungen aus dem Umfeld einer »dynamischen Armutsforschung« haben – schon Mitte der achtziger Jahre in den USA, später auch in Deutschland – gezeigt, daß die Zeiträume, während deren Personen sozialhilfebedürftig waren, für die Mehrheit der Sozialhilfeempfänger zeitlich begrenzt waren; nur eine Minderheit war auf Dauer gesehen arm im Sinne der Sozialhilfeabhängigkeit[144].

142 B. Schäfers/G. E. Zimmermann (Anm. 131), S. 562.
143 R. Hauser (Anm. 132), S. 10ff.
144 M. Ludwig/L. Leisering/P. Buhr (Anm. 141), S. 32.

Von solchen »Sozialhilfekarrieren« unterscheidet sich der Verlauf der relativen Armut von Mehr-Kinder-Familien insofern, als bei einem aus einem normalen Arbeitsverhältnis bezogenen relativ niedrigen Arbeitseinkommen – zumindest über die gesamte Zeit eines fehlenden Mitverdienstes von Kindern – die Nähe zur Armutsschwelle tendenziell eine Dauererscheinung ist. An dieser Stelle zeigt sich wiederum, daß Entscheidungen für Kinder in der Regel Entscheidungen mit auch ausgesprochenen ökonomischen »Langzeitwirkungen« darstellen. Um so wichtiger erscheint die familienpolitische Verläßlichkeit in den wirtschaftlichen Rahmenbedingungen der Familien. Entsprechendes gilt für Niveaus der sozialen Absicherung von zusätzlichen Ausgaben für Kinder etwa bei Krankheit. Hier zeigt sich eine spezifisch familienpolitische Dimension von Armutsrisiko; von einem solchen wird man dort sprechen können, wo ein Familienhaushalt mit seinem Einkommen zwar noch gerade oberhalb einer – wie auch immer definierten, gesellschaftlich mehr oder minder anerkannten – Armutsgrenze liegt, sich dann aber Leistungen aus dem Bereich der sozialen Sicherung, der Kostenausgleich für einen bestimmten kinderbedingten Lebensbedarf (einschließlich Realtransfers) oder starke Wohnkostensteigerungen zu Ungunsten des Familienhaushalts verschieben. Vor allem dann, wenn in diesem Falle finanzielle Reserven fehlen, ist für solche einkommensschwache Familienhaushalte ein besonders hohes Risiko des Abrutschens in eine Armutszone gegeben. Jüngst hat Stefan Weick eine sehr aufschlußreiche Studie zur Kinderarmut vorgelegt[145], die ebenfalls nicht auf den Sozialhilfebezug rekurriert, sondern auf eine relative Einkommensarmut abstellt. Danach werden Familien dann als arm definiert, wenn ihr Einkommen unter der Hälfte des Medians des bedarfsgewichteten Familieneinkommens liegt (also nicht in Orientierung an dem meist herangezogenen arithmetischen Durchschnitt). Als Kinderarmutsquote wird der Anteil der Kinder unter 18 Jahren in Familien unter der so definierten Armutsgrenze verstanden. Datengrundlage bildet das Sozio-ökonomische Panel, aus dem Daten im Zeitvergleich zwischen den Jahren 1984 und 1994 herangezogen werden. Da die Untersuchung sich in ihrem methodischen Ansatz zugleich an einer ausländischen Studie für verschiedene westliche Industrieländer orientiert, werden zugleich international vergleichende Aussagen möglich. Für die Einschätzung der Armutslage von Kindern in Deutschland ergeben sich danach folgende Ergebnisse:

a) Die Armutsquote von Kindern stellt sich für die Bundesrepublik niedriger dar, als bei anderen Berechnungsverfahren für die Ermittlung von Armutszonen. Im Jahre 1994 lebten danach in Deutschland 5,1 Prozent der Kinder unter der Armutsschwelle. Dies sind etwa 810 000 Kinder. Für die vorausgegangenen zehn Jahre ergibt sich keine Zunahme der Kinderarmut, vielmehr im Vergleich zum Jahre 1984 (alte Bundesländer) mit 6,1 Prozent ein leichter Rückgang. In den neuen Ländern lag dieser Anteil mit 9,9 Prozent (deutscher Haushaltsvorstand) allerdings deutlich höher als in den alten Bundesländern mit 3,7 Prozent.

b) Auch nach dieser Untersuchung bestätigt sich das überdurchschnittlich hohe Gewicht von unterhalb der Armutsschwelle lebenden Kindern, die bei einem alleinerziehenden Elternteil wohnen. Von allen Kindern unter der Armutsschwelle leb-

145 Stefan Weik, Zunehmende Kinderarmut in Deutschland? Studie zur Kinderarmut im Vergleich: 1984 und 1994, in: Informationsdienst Soziale Indikatoren (ZUMA), (1996) 15.

ten 1994 danach 46 Prozent bei einem alleinerziehenden Elternteil. Bezogen auf alle Kinder mit alleinerziehendem Elternteil waren es 25 Prozent; gegenüber 1984 bedeutet dies einen Rückgang um zehn Prozentpunkte, was in der Untersuchung nicht zuletzt auf eine zunehmende Inanspruchnahme von Sozialhilfe zurückgeführt wird, die danach eine weitere Ausdehnung der Kinderarmut verhindert hat. In den neuen Ländern hat sich die Armut in Haushalten von Alleinerziehenden allerdings deutlich erhöht.

c) Bei der vorliegenden Untersuchungsmethode müssen Kinder in Haushalten unterhalb der definierten Armutsschwelle nicht notwendig Sozialhilfe erhalten. Zu beiden Untersuchungszeitpunkten ist dies auch für die Mehrzahl der Kinder nicht der Fall. Dabei zeigte sich, daß Kinder in Haushalten mit Sozialhilfebezug im Jahre 1994 seltener unter die Armutsgrenze absinken als zuvor. So lebten 1994 33 Prozent der Kinder in Sozialhilfehaushalten gleichzeitig auch unterhalb der in der Untersuchung zugrunde gelegten Armutsschwelle, während es zehn Jahre zuvor 57 Prozent waren. Darin wird ein Beleg dafür gesehen, daß das Instrument der Sozialhilfe zur Bekämpfung von Kinderarmut an Wirksamkeit gewonnen habe.

d) Wenn auch nach der hier im Anschluß an die internationale Vergleichsstudie gewählten Berechnungsweise die Kinderarmut in Deutschland sich als weniger dramatisch darstellt, als es verschiedentlich den Anschein hat, so zeigt der Vergleich insbesondere zu skandinavischen Ländern gleichwohl, daß Kinderarmut auch in der Bundesrepublik noch erfolgreicher bekämpft werden könnte. Dabei wird angesichts der starken Zunahme von Kinderarmut bei Alleinerziehenden in den neuen Ländern – ergänzend zu Transferleistungen – in Maßnahmen zur Förderung der Vereinbarkeit von Familie und Beruf eine wichtige zusätzliche Komponente in der Bekämpfung von Kinderarmut gesehen.

5.2.3 Fazit

Die Befunde zur Frage »Kinder als Armutsrisiko« haben gezeigt, daß mehrere Kinder in der gegenwärtigen Einkommensverteilung und aufgrund übergreifender gesellschaftlicher Problemlagen wie insbesondere der angestiegenen Langzeitarbeitslosigkeit und der Veränderungen in den Familienstrukturen in vielfältiger Weise wirtschaftliche Bedrängnislagen bedingen, zumindest aber begünstigen. Zwar ist nach wie vor die große Mehrheit der Familien – sowohl der deutschen wie der ausländischen Bevölkerung – in der Lage, für ihren Lebensunterhalt und damit den der Kinder selbst zu sorgen. Gleichwohl sind vor allem Familien mit Kindern im Vorschulalter, Familien mit mehreren Kindern, ausländische Familien und gerade auch Alleinerziehende zunehmend häufiger auf Sozialhilfe angewiesen oder doch von relativer Einkommensarmut betroffen. Insofern sind die aufgezeigten Tendenzen hinsichtlich des Armutsrisikos Kinder auch Ausdruck **gesellschaftsstruktureller Veränderungen**. Der Wandel familialer Lebensformen wie auch ein mehr und mehr anzutreffendes Zurücktreten von »normalen« Erwerbsbiographien erweisen sich als ein wichtiger Faktor für gesellschaftsbedingte Armut, die eben nicht nur als »individuelles Schicksal« eingestuft werden kann. Vielmehr handelt es sich hierbei um die familienbezogene Dimension der mehrdimensionalen Konfliktlinien in unserer Gesellschaft, denen nach Auffassung mancher Gesellschaftsanalytiker ein ausgesprochener Spaltungscharakter zugesprochen werden kann. Diese familienbezogene Dimension eines problembeladenen sozialen Wandels ist zugleich eine zentrale familienpolitische Herausforderung. Festgestellte Armutsrisikoquoten von Kindern, auch soweit es sich »nur« um Einkommensarmut handelt, bedingen ungleiche Startchancen dieser jungen Menschen und beeinträchtigen das familienpolitische Ziel des Chancenausgleichs. Ähnlich negativ sind die Wirkungen der Armutsrisikoquoten speziell von Kindern ausländischer Familien einzuschätzen, die sich nicht zuletzt im Maß der sozialen Integration ausdrücken.

Eine zusammenfassende Bewertung der Analyseergebnisse zur Einkommenslage von Familien und der Einkommensbelastungen durch Auf- und Erziehen von Kindern führt damit zum Ergebnis, daß das Ziel der Sicherung eines familiengemäßen Einkommens bisher keineswegs als befriedigend erreicht angesehen werden kann. Denn die Übernahme von Elternverantwortung – dies ist allerdings ein grundlegendes fundamentales Werturteil – darf *nicht* als reine Privatsache angesehen werden, als eine Frage der persönlichen Einkommensverwendung, ohne Beachtung deren sozialen Relevanz für das Auf- und Erziehen der nächsten Generation. Es darf nicht so sein, wie es in der familienpolitischen Diskussion wiederholt auf den Punkt gebracht worden ist, daß der Nutzen von Kindern weitgehend »sozialisiert« ist, der durch kinderbedingten Aufwand aber immer noch weitgehend privatisiert bleibt und die Privatisierung der Elternverantwortung den Kinderlosen im Regelfalle um so größere »Konkurrenzvorteile« bringt, je bedeutender insgesamt die Möglichkeiten des Lebens werden. Die Sachverständigen-Kommission für den Fünften Familienbericht faßt die Ergebnisse ihrer Analyse wie folgt zusammen: »Die aufgezeigte Entlastung von Eltern durch die öffentliche Hand ist zu gering, um die erheblichen Lebenslageunterschiede zwischen den Familien auf der einen und den Alleinlebenden und kinderlosen Doppelverdienerpaaren auf der anderen Seite auf ein nach Maßstäben der sozialen Gerechtigkeit akzeptables Maß zu reduzieren. Diese Lebenslageunterschiede sind außerordentlich groß und noch nicht in das öffentliche Bewußtsein gedrungen. Auch der Beitrag der Familien zur Humanvermögensbildung, der durch die Versorgung, Erziehung und Betreuung der nachwachsenden Generation erbracht wird, ist nach seiner Bedeutung und seinem ökonomischen Wert weithin unbekannt und wird nicht ausreichend gewürdigt.« (S. 291)

5.3 Mittel und Wege einer familiengemäßen Einkommensgestaltung

5.3.1 Berücksichtigung kinderbedingter Einkommensbelastungen

Damit stellt sich für die Ausgestaltung der Verteilungsordnung die einkommenspolitische Aufgabe, die Einkommensverteilung besser auf den Lebensbedarf der

Familien abzustimmen, um die kinderbedingten Einkommensbelastungen zu vermindern und zugleich die Leistungserbringung von Familien in eine möglichst ausgewogene Balance zur Lastenverteilung zu bringen. Diese familienpolitische (Dauer-) Aufgabe stellt sich nicht nur in der eigenen Sozialordnung, sondern – wie vielfältige ausländische Analysen zeigen – grundsätzlich auch in den übrigen westeuropäischen Industriegesellschaften, insbesondere in den Mitgliedstaaten der EU. Für die Konkretisierung der Möglichkeiten, dieses Ziel zu verwirklichen, bedarf es vorweg einer Klärung der sich hier anbietenden unterschiedlichen Interventionsstrategien. Grundsätzlich lassen sich nämlich **zwei verschiedene Grundformen** unterscheiden, um Einkommensbelastungen durch Kinder in der Familie mehr oder minder nachhaltig zu mildern: Dies kann einmal durch entsprechende Erhöhungen des verfügbaren Einkommens der Familienhaushalte (durch zusätzliche Transfereinkommen oder auch durch geringere steuerliche Belastung des Bruttoeinkommens) geschehen, zum anderen aber auch dadurch, daß die in der einzelnen Familie anfallenden kinderbedingten Aufwendungen bereits in ihrer Entstehung möglichst niedrig gehalten werden. Beide Grundformen bedürfen der kurzen Erläuterung.

Zu der ersteren Grundform zählt vor allem die Gewährung von nicht zweckgebundenen Leistungen eines allgemeinen Ausgleichs der Familienlasten (gelegentlich auch Kinderlastenausgleich genannt), daneben gehören dazu aber auch familien- bzw. kindbezogene Ausgestaltungen eines Wohngeldes sowie die Gewährung von Ausbildungshilfen, die die Belastung des elterlichen Einkommens durch Kinder in weiterführender Ausbildung individuell berücksichtigen. Bei diesen letzteren Transferleistungen kommen zusätzliche Zielsetzungen hinzu. So schlagen im Falle der Ausbildungsförderung, die in ihrer Bedeutung für das Gesamtsystem der wirtschaftlichen Familienförderung mit gesehen werden muß und eine Abstimmung mit dem allgemeinen Familienlastenausgleich (FLA) erforderlich macht, spezifische Zielsetzungen durch, die wiederum für Art und Ausgestaltung der Leistungen wichtig sind. Zu nennen sind hier einmal bildungspolitische Zielsetzungen, die auf die Ausschöpfung von Begabungsreserven oder auf die Hebung des allgemeinen Bildungsniveaus in der Gesellschaft gerichtet sind; daneben stehen solche, die weniger an der Herkunftsfamilie orientiert sind als vielmehr an der individuellen beruflichen Entwicklung junger Erwachsener, die nicht selten selbst schon wieder eine eigene Familie gegründet haben. Schließlich dürfte die Beeinflussung der Lebenseinkommen, wie sie im allgemeinen mit den durch Ausbildungsförderung verbesserten Aufstiegschancen verbunden ist, zusätzliche Gestaltungskriterien nahelegen (z. B. Darlehensformen), wie sie bei einem allgemeinen Einkommensausgleich für Familien mit unterschiedlicher Zahl kleinerer und heranwachsender Kinder im allgemeinen zurücktreten werden.

Die zweite Grundform umfaßt verteilungspolitische Maßnahmen auf der Seite der Einkommensverwendung sowie im Rahmen der unmittelbaren kollektiven, d. h. ohne spezielles Entgelt erfolgenden Bedarfsdeckung. Die nicht wenigen – je nach Sozialordnung deutlich unterschiedlich ausgeprägten – realen Leistungen für Kinder (Sach- bzw. Dienstleistungen, sog. »Realtransfers«) sowie eine Reihe von Preisermäßigungen, die ebenfalls eine kinderkostensenkende Wirkung haben, sind an die Inanspruchnahme bestimmter Güter oder öffentlicher Leistungen gebunden bis hin zur Sozialversicherungsleistung. Hier ist insbesondere die gesetzliche Krankenversicherung (GKV) hervorzuheben, die einen von Familienstand und -größe unabhängigen lohnbezogenen Beitrag kennt, dem Leistungen für alle mitversicherten Familienangehörigen entsprechen (»unsichtbarer Familienlastenausgleich«). Die quantitative Bedeutung dieser Umverteilungswirkung läßt sich aus der Größenordnung der Sachleistungen der GKV für die ohne zusätzlichen Beitrag mitversicherten Familienangehörigen ermessen, die in Deutschland im Jahre 1994 bei rund 55 Milliarden DM lagen. Auf den gesamten Lebensablauf eines Versicherten gesehen bleibt allerdings auch zu bedenken, daß die Leistungen der GKV für Rentner insgesamt weit über das auf Rentner entfallende Beitragsaufkommen hinausgehen und sich unter diesen Rentnern auch die zeitlebens kinderlosen Personen befinden, deren Leistungen von den Beiträgen der erwerbstätigen Versicherungsmitglieder, und zwar auch derjenigen mit Kindern mitfinanziert werden, was insoweit auf Umverteilungseffekte zu Lasten von Familienhaushalten mit Kindern hinausläuft. Kinderkostensenkende, vorwiegend aus allgemeinen Steuermitteln finanzierte Maßnahmen im Bereich der unmittelbaren kollektiven Bedarfsdeckung liegen vor allem auf dem Gebiet des Bildungswesens (z. B. Schulgeld-, Lernmittel- und Fahrtkostenfreiheit; kostenloser oder nicht kostendeckender Besuch von Vorschuleinrichtungen). Die Aufwendungen der öffentlichen Hand einschließlich der Wohlfahrtsverbände für die nachwachsende Generation in Form von kollektiv angebotenen Gütern und Diensten mit Schwerpunkt im Bildungs- und Gesundheitsbereich wurden schon für die zweite Hälfte der achtziger Jahre für die alten Bundesländer auf 65 bis 70 Milliarden DM geschätzt.

Das Ergebnis der verteilungspolitischen Interventionen auf der Seite der Einkommensverwendung und der kollektiven Bedarfsdeckung schlägt sich in der Höhe der in den einzelnen Familien anfallenden »Kinderkosten« nieder. Insofern ist es zur familienpolitisch problemangemessenen Beurteilung der den Familien verbleibenden kinderbedingten Einkommensbelastungen notwendig, die Wirksamkeit dieses zweiten verteilungspolitischen Grundansatzes zu berücksichtigen. Je ausgeprägter hierbei Einkommensbelastungen durch Kinder bereits von vornherein vermieden werden – dies war vergleichsweise ausgeprägt in der DDR der Fall –, um so weniger dringlich werden belastungskompensierende direkte Transferleistungen an die einzelnen Familien. Aber auch bei deren Bemessung bedarf es zur Beurteilung der verbleibenden Einkommensbelastungen der einzelnen Familien einer Reihe von weiteren grundsätzlichen Entscheidungen, wenn es um die Frage geht, in welchem konkreten Ausmaß die in den Familien anfallenden Belastungen durch einen Einkommensausgleich gemindert werden sollen, und zwar gerade dann, wenn nur ein teilweiser Ausgleich als erstrebenswert gilt, also eine bestimmte wirtschaftliche Belastung auch der Familien als zumutbar angesehen wird. Im folgenden soll zunächst der einkommenspolitische Ansatz behandelt werden, der darauf ausgerichtet ist, die in den einzelnen Familien anfallenden kinderbedingten Belastungen durch nicht zweckgebundene, frei verfügbare Einkommensübertragungen aufzufangen bzw. abzuschwächen. Man kann hier von FLA im engeren Sinne sprechen, besser noch von der familiengemäßen Einkommensgestaltung.

5.3.2 Familienlastenausgleich (FLA) als generalisierende Intervention

5.3.2.1 Inhalt und Aufgaben

Wenn in der familienpolitischen Diskussion von einem Ausgleich der Familienlasten oder auch Kinderlastenausgleich gesprochen wird, so wird dabei das inhaltliche Verständnis nicht immer in dem genannten engeren Sinne eingegrenzt. Verschiedentlich werden unter FLA alle (staatlichen oder auch nicht-staatlichen) wirtschaftlichen Förderungsmaßnahmen gegenüber Familien mit Kindern gefaßt. Damit wird der Begriff des FLA jedoch so wenig operational, daß er für weiterführende Analysen etwa der Verteilungswirkungen kaum noch brauchbar ist. Ein einigermaßen operationaler Begriff des FLA im engeren Sinne sollte sich auf die Seite der monetären Einkommenstransfers beschränken und kann demgemäß als jenes einkommenspolitische Instrument verstanden werden, durch das in Korrektur der leistungsbestimmten marktorientierten Einkommensverteilung der Bedarf unterschiedlich großer Familien dadurch berücksichtigt wird, daß das frei verfügbare Einkommen der Familienhaushalte entsprechend der Zahl der noch nicht erwerbstätigen Kinder und dem Ausmaß der durch sie bewirkten Einkommensbelastungen differenziert wird. Im ökonomischen Ergebnis bewirkt er eine tendenzielle Nivellierung der Pro-Kopf-Einkommen innerhalb einer Einkommensschicht, wobei horizontale und vertikale Umverteilungseffekte aufs engste miteinander verschränkt sind und je nach Ausgestaltung des FLA unterschiedliche Gewichte haben können. Insoweit dieser Einkommensausgleich im Hinblick auf Unterhaltsverpflichtungen gegenüber Kindern als Korrekturmaßnahme prinzipiell für alle Familien mit Kindern bejaht wird, kann er als eine generalisierende Einkommenshilfe für Familien gelten.

Die durch den FLA bewirkte interpersonelle Einkommensumverteilung erweist sich dann, wenn man sich in der zeitlichen Längsschnittbetrachtung auf das Lebenseinkommen des einzelnen von der Kindheit bis zur Nacherwerbsphase bezieht, als ein Umverteilungsprozeß, der zugleich – wiederum je nach Ausgestaltung in unterschiedlichem Ausmaß – auch Elemente einer intertemporalen Umschichtung von Lebenseinkommen des einzelnen enthält. Das Ende der fünfziger und Anfang der sechziger Jahre von Wilfried Schreiber vorgestellte Modell einer »Kindheits- und Jugendrente« beruhte vor allem auf der Vorstellung einer Einkommensumschichtung von Lebenseinkommen des einzelnen, der in seiner Kindheit und Jugendzeit einen von den Eltern treuhänderisch verwalteten »Kindergeldkredit« erhält, den er später aus seinem Erwerbseinkommen zurückzahlt[146]. Ähnlich ist auch eine Darlehensregelung im Rahmen der Ausbildungsförderung Ausdruck einer intertemporalen Umschichtung von Lebenseinkommen des einzelnen.

Auch Einkommensteuerermäßigungen mit Rücksicht auf den Unterhalt von Kindern bewirken im wirtschaftlichen Ergebnis eine Erhöhung des verfügbaren Familieneinkommens und damit eine einkommensmäßige Entlastung in bezug auf die Aufwendungen für Kinder. Dies drückt sich ähnlich wie bei zusätzlichen monetären Transferleistungen in einer entsprechenden Abschwächung des Rückgangs des Pro-Kopf-Einkommens aus, wie er mit steigender Kinderzahl tendenziell verbunden ist. Dennoch erscheint es nicht unproblematisch, solche einkommenswirksamen

146 Wilfried Schreiber, Kindergeld im sozio-ökonomischen Prozeß, Stuttgart – Köln 1964.

Steuerermäßigungen für Kinder, wie sie etwa durch Kinderfreibeträge (mit Abzug von der Bemessungsgrundlage) oder auch durch Abzüge von der Steuerschuld herbeigeführt werden, als »indirekte Transfers« zu bezeichnen, jedenfalls dann, wenn diese Einkommensteuerermäßigungen nur dazu dienen, die durch den Unterhalt von Kindern geminderte steuerliche Leistungsfähigkeit zu berücksichtigen. Sie sind in diesen Fällen auf die Verwirklichung von Steuergerechtigkeit ausgerichtet, haben aber eigentlich noch keine Umverteilungsfunktion, wie dies dort der Fall sein kann, wo Einkommensteuerermäßigungen als Instrument der Redistribution eingesetzt werden, also nur eine technisch anders organisierte Abwicklung einer Transferzahlung darstellen.

Von den Einkommenswirkungen, die sich aus der Berücksichtigung der geminderten steuerlichen Leistungsfähigkeit ergeben, sind die eigentlichen Einkommensumverteilungen (Transfereinkommen) zu unterscheiden, die insbesondere für Mehrkinderfamilien auf mehr Verteilungsgerechtigkeit angesichts einer marktleistungsbezogenen Einkommensverteilung und damit auf die Bedarfsgerechtigkeit abzielen. Sie sind ihrer Zielsetzung nach darauf ausgerichtet, die materiellen Lebensbedingungen vor allem in unteren und mittleren Einkommensschichten zu verbessern. Diese eigentliche Einkommensumverteilung zwischen Kinderlosen und Familien mit mehreren Kindern ist die Konsequenz eines Unterhaltssystems zwischen der noch nicht erwebstätigen, der erwerbstätigen und der nicht mehr erwerbstätigen Generation, bei dem auf der einen Seite die Altersversorgung weitestgehend über die gesetzliche Rentenversicherung »kollektiviert« und insoweit dem familialen Bereich entzogen wird, auf der anderen Seite die Unterhaltslasten für die nachwachsende Generation jedoch zu einem ganz erheblichen Teil »individualisiert« bleiben, d. h. von den Eltern in auf Dauer unterschiedlich großen Familien aufzubringen sind.

Aus der Vermischung der verschiedenen Zielfunktionen von Instrumenten zur Berücksichtigung der geminderten steuerlichen Leistungsfähigkeit und zur Beteiligung der Allgemeinheit an den in der Familie anfallenden Aufwendungen für Kinder sind in der Vergangenheit – bis in die jüngste Neuordnung des FLA hinein – verschiedene Schieflagen in der familienpolitischen Diskussion entstanden. Die Unterscheidung der Zielfunktionen bedeutet nicht, daß zwei Instrumente nebeneinander eingesetzt werden müssen. Wenn die auf größere Bedarfsgerechtigkeit zielenden einkommenswirksamen Ausgleichsleistungen, unter Umständen auch unter Rückgriff auf den sogenannten »sozialpolitischen Steuerzweck« durch entsprechende Einkommensteuerermäßigungen, so hoch sind, daß sie für alle Einkommensbezieher, also auch in den höheren Einkommensgruppen, wenigstens den Einkommenseffekt der Berücksichtigung geminderter steuerlicher Leistungsfähigkeit in sich einschließen, kann der Einsatz eines besonderen Instrumentes zur Herstellung von Steuergerechtigkeit entfallen. Durch die wichtige Entscheidung des Bundesverfassungsgerichtes aus dem Jahr 1990 zur gebotenen einkommensteuerlichen Freistellung des sozialkulturellen Existenzminimums von Kindern ist hier ein wichtiger verteilungspolitischer Maßstab gesetzt, der sich allerdings »nur« auf die Gewährleistung von Steuergerechtigkeit bezieht und noch nichts über die Angemessenheit von darüber hinaus gehenden bedarfsorientierten Einkommensumverteilungen für Familien aussagt.

Vor dem Hintergrund sowohl der langjährigen Fachdiskussion und der politisch-programmatischen Grundsatzerörterungen über die Ausgestaltung eines wirksamen FLA als auch der in jüngerer Zeit vom Bundesverfassungsgericht – offensichtlich auch in Reaktion auf allzu zaghafte Zielverwirklichungen der Politik – gekommenen Vorgaben stellt sich das Ziel-Mittel-System einer familienpolitischen Einkommenskorrektur angesichts der Einkommensbelastungen durch Kinder heute so dar, daß es der zu lösenden einkommenspolitischen Aufgabe in differenzierter Weise entspricht. Diese wurde vor allem vom Wissenschaftlichen Beirat für Familienfragen beim Bundesministerium für Jugend, Familie und Gesundheit und der Sachverständigen-Kommission für den Fünften Familienbericht herausgestellt und läßt sich im Rückgriff auf die Zielsetzung einer familiengemäßen Einkommensgestaltung wie folgt zusammenfassen: Das – gegebenenfalls auch schrittweise zu verwirklichende – Ziel ist die Sicherung eines familiengemäßen Einkommens. Zur Zielverwirklichung gehört einmal die Herstellung von Steuergerechtigkeit. Daneben steht der eigentliche FLA, der im Grunde erst dann beginnt, wenn die Steuergerechtigkeit voll verwirklicht ist. Bei diesem FLA im engeren Sinne geht es einmal um Bedarfsgerechtigkeit, was angesichts der gegebenen Einkommensverteilung in erster Linie Familien mit größerer Kinderzahl und untere bis mittlere Einkommensgruppen betrifft. Insofern der FLA darüber hinaus auch Elemente der Anerkennung von Familienleistungen im Sinne positiv zu bewertender »externer Effekte« enthalten soll (woraus sich eine allokationspolitische Begründung für den FLA ableiten läßt), wären darauf ausgerichtete Ausgleichsleistungen auch bis in höhere Einkommensgruppen hinein begründbar. In dieser letzteren Perspektive würde auch der Begriff des »Familienleistungsausgleichs« eine innere Berechtigung gewinnen.

Eine tragfähige Perspektive der Familienpolitik als Einkommenspolitik verlangt somit eine Zusammenschau der Verwirklichung von Steuergerechtigkeit und Bedarfsgerechtigkeit; der Leistungsaspekt kommt dabei einmal in der (geminderten) steuerlichen Leistungsfähigkeit zum Ausdruck, zum anderen in der einkommenspolitisch zu berücksichtigenden, weil gesellschaftlich besonders anerkannten familialen Leistung, womit dann über die reine Bedarfsgerechtigkeit hinausgegangen wird. Erst diese Verknüpfung führt zur konkreten inhaltlichen Bestimmung des Ziels der Sicherung eines **familiengemäßen Einkommens**.

Die in diesem einkommenspolitischen Ziel enthaltenen Zielelemente sind nicht grundsätzlich neu. Aber die familienpolitische Entwicklung zeigt, wie wichtig es zu sein scheint, die Zusammenhänge – auch unter jeweils neuen empirischen Befunden und theoretischen Einsichten – immer wieder in Erinnerung zu rufen. Der Wissenschaftliche Beirat für Familienfragen beim Bundesministerium für Jugend, Familie und Gesundheit hatte bereits 1972 in seinem Gutachten zur Reform des FLA folgende Zielsetzungen herausgestellt: die Anpassung der Familieneinkommen an den durch Kinder bedingten unterschiedlichen Bedarf, daneben die Anerkennung der Leistungen, die Familien mit dem Auf- und Erziehen von Kindern gesellschaftsbedeutsam erbringen, schließlich das Recht eines jeden Kindes auf Sicherung des sozial-kulturellen Mindestbedarfs sowie auf Erziehung und Ausbildung zwecks Sicherung gleicher Entwicklungschancen. Diese Sicherung des Mindestlebensbedarfs meint mehr als Freistellung eines solchen Existenzminimums von der Einkommenbesteuerung; es geht um die Sicherung des Mindestlebensbedarfs als solche. Dafür ist in unserer Sozialordnung zwar primär die Familie verantwortlich, die den Unterhalt der Kinder unmittelbar und erstzuständig zu gewährleisten hat. Die Gesellschaft hat sich in der Aufteilung der Verantwortung an den Unterhaltskosten jedoch insoweit zu beteiligen, wie den Eltern das Tragen dieser Kosten nicht zuzumuten ist. In untersten Einkommensgruppen kann dies auf die volle Übernahme des Mindestaufwands für Kinder hinauslaufen, wie dies durch die Grundleistungen der Sozialhilfe geschieht.

Wenn diese Absicherung des Mindestlebensunterhalts in das Konzept eines FLA integriert werden soll – es sprechen gute Gründe dafür, Kinder aus den Grundleistungen der Sozialhilfe überhaupt herauszunehmen und den allgemeinen FLA insoweit »armutsfest« zu machen –, stellt sich allerdings das Problem des Übergangs von den FLA-Leistungen zur Sicherung des vollen sozial-kulturellen Mindestbedarfs von Kindern auf die allgemeinen Ausgleichsleistungen oberhalb des Sozialhilfeniveaus, also praktisch im Bereich der Erwerbseinkommen. Bisher besteht hier ein gewisser Bruch. Er ließe sich überwinden, wenn die Ausgleichsleistungen für Kinder in Höhe des sozial-kulturellen Mindestbedarfs von den untersten Einkommensgruppen ab mit steigendem Einkommen degressiv ausgestaltet und bis auf ein Niveau absinken würden, das in der Einkommenswirkung immer noch die Vorgabe der steuerlichen Freistellung des Mindestlebensbedarfs auch in höheren Einkommensgruppen erfüllt. Dies bedeutete freilich einen enormen Finanzbedarf, der auf absehbare Zeit wohl nicht realisierbar erscheint.

Wie auch diese Erwägung verdeutlicht, sind mit den einzelnen Zielen, die mit einem FLA verbunden werden, mehr oder minder explizite unterschiedliche Normen verbunden, deren Gewichtung für die Ausgestaltung des FLA stets mit zu bedenken bleibt. Die Wertentscheidungen, auf denen die Zielvorstellungen im einzelnen beruhen, sind wissenschaftlich kaum begründbar, allenfalls etwas plausibel zu machen. Deshalb ist auch eine Beurteilung von konkreten Regelungen nur von den alternativen Zielen und den damit jeweils verbundenen **normativen Vorentscheidungen** her sinnvoll. Gleichwohl wären für die Abschätzung dieser und anderer wertbesetzter Positionen eine Reihe von Grundfragen zu klären, auf deren Vielschichtigkeit hier nur hingewiesen werden kann. So bedarf es bei der Einordnung des einkommenspolitischen Zieles der Familienpolitik normativer Vorstellungen darüber, welche Familienlasten überhaupt als ausgleichsbedürftig anzusehen sind und welchen Umfang dieser Ausgleich annehmen soll, sowie möglichst empirisch abgesicherter Einblicke in das Ausmaß des Ausgleichs, der durch die bereits bestehenden kinderbezogenen Einkommenshilfen erreicht wird. Unter Berücksichtigung der »Opportunitätskosten« stellt sich auch die Frage nach dem prozentualen Ausgleich der finanziellen Mindestaufwendungen für ein Kind anders dar, als wenn die über die tatsächlichen Aufwendungen für Kinder hinausreichenden wirtschaftlichen Benachteiligungen einfach ausgeblendet werden. Schon hat auf dem 60. Deutschen Juristentag die Bundesverfassungsrichterin Renate Jaeger dafür plädiert, bei der (verfassungsrechtlich gebotenen) einkommensteuerlichen Freistellung des Existenzminimums von Kindern auch den zeitlichen Betreuungsaufwand mit zu berücksichtigen und damit über die Orientierung an den monetären Sozialhilfeleistungen für Kinder hinauszugehen.

Die Sachverständigen-Kommission für den Fünften Familienbericht hat eine Reihe von in diesem Zusammenhang wichtigen Fragestellungen aufgegriffen und in ihrer Tragweite für Anlage und Ausgestaltung eines FLA aufgezeigt. So bemängelt die Kommission die fehlende ausreichende Klarheit darüber, welche Lasten als ausgleichsbedürftig anzusehen sind und in welchem Umfang der Ausgleich zu erfolgen habe, sowie darüber, was der praktizierte FLA tatsächlich leistet, d. h. welche Lasten von Familien in welchem Umfang zwischen verschiedenen sozioökonomischen Gruppen (in horizontaler und vertikaler Hinsicht) tatsächlich ausgeglichen werden. Zur Problematik der Ableitung ausgleichsbedürftiger Familienlasten wird festgehalten, die Unterschiedlichkeit der Lebenslage sei nur ein notwendiges, aber noch kein hinreichendes Kriterium für die Begründung eines FLA; weitere Voraussetzungen dafür, daß aus dem Tatbestand Auf- und Erziehen von Kindern resultierende Lebenslageunterschiede in einer Gesellschaft als ausgleichsbedürftig angesehen werden können, seien erstens, daß diese Unterschiede direkt oder indirekt durch Geld- und/oder Sachleistungen überhaupt ausgeglichen werden können, und zweitens, daß ein solcher Ausgleich mehrheitlich zur Annäherung an das Ziel sozialer Gerechtigkeit und/oder an das Ziel der langfristigen Sicherung der gesellschaftlichen Wohlfahrt für notwendig gehalten werde. Die Unterschiede in der wirtschaftlichen und sozialen Lebenslage zwischen Alleinerziehenden oder Paaren mit Kindern und Alleinstehenden oder Paaren ohne Kinder müssen nach Auffassung der Kommission, um eine Ausgleichsbedürftigkeit zu begründen, keineswegs subjektiv von den Eltern als »Lasten« empfunden werden. »Denn ein solcher Ausgleich ist allein aus Gründen sozialer Gerechtigkeit und aufgrund des Interesses der Gesellschaft an der Sicherung der Zukunft der Gesellschaft mindestens partiell geboten.« (S. 288)

In diesem Zusammenhang bleibt auch festzuhalten, daß Bewertungen, die nur auf die familiengemäße Einkommensgestaltung im engeren Sinne durch Einkommensteuerfreibeträge und direktes Kindergeld gerichtet sind, lediglich zu Aussagen über die Qualität dieser Instrumentenkombination führen können, nicht jedoch zu Aussagen über die Angemessenheit und Qualität eines FLA im weiteren Sinne, wie er durch eine größere Zahl von wirtschaftlichen Familienhilfen bewirkt wird. Zur Frage, wie stark der FLA die Familien tatsächlich entlastet, ist unter Abwägung verschiedener Gesichtspunkte und Befunde für die erste Hälfte der neunziger Jahre festzuhalten, »daß der Anteil öffentlichen Leistungen an den durchschnittlichen Versorgungs- und Betreuungsaufwendungen für Kinder bei Ehepaaren mit bis zu zwei Kindern – selbst unter Einbeziehung der Leistungen der Krankenversicherung für die Familien – maximal 25 % erreicht« (S. 291). Zu dem schließlich interessierenden Problem, daß die Leistungen eines FLA von den Familien selbst mitfinanziert werden, ergibt sich für das Jahr 1990 (alte Bundesländer) insgesamt eine erhebliche Beeinträchtigung des FLA durch hohe Selbstfinanzierungsanteile. Diese lassen sich allerdings solange nicht ganz vermeiden, wie auf Formen eines indirekten Ausgleichs (Finanzierung durch die Gesamtheit der Steuer- oder Beitragszahler oder durch auf die Preise überwälzte Arbeitgeberbeiträge) zurückgegriffen wird, statt eines direkten Ausgleichs von den allein zu belastenden Kinderlosen zu Familien mit Kindern, was sich aber als politisch sehr schwer zu realisieren darstellt. Nun ist zwischenzeitlich zum 1. Januar 1996 eine Neuordnung des FLA in Kraft getreten, mit der dessen wechselvolle Geschichte in Deutschland eine weitere Phase erreicht hat. Nachfolgend wird die Neuregelung in einem zusammenfassenden Überblick skizziert.

5.3.2.2 Auf dem Weg zu einem »Familienleistungsausgleich«?

Eine Neuordnung des FLA im engeren Sinne war überfällig, nicht nur im Hinblick auf die Auflagen des Bundesverfassungsgerichts über das steuerfrei zu stellende Existenzminimum von Kindern, sondern auch angesichts des in seinen Einkommenswirkungen höchst unbefriedigenden Nebeneinanders von Kindergeld, Einkommensteuerermäßigungen (aufgrund von Kinderfreibeträgen), Kindergeldzuschlägen und einkommensabhängigen Kindergeldkürzungen. Zu Recht hatte die bisherige, in sich wenig konsistente Regelung, die seit langem nicht überzeugen konnte, von sozialpolitikwissenschaftlicher Seite immer wieder zu Vorschlägen für eine sinnvolle Reform herausgefordert.

Bei dem dann im Rahmen des Jahressteuergesetzes 1996 von Regierung und Parlament aufgegriffenen Vorhaben einer **Neuordnung des FLA**, dessen Weiterentwicklung zu einem sogenannten Familienleistungsausgleich von seiten der Regierung schon im Bundestagswahlkampf angekündigt worden war, trafen alte unterschiedliche Positionen aufeinander: die Befürwortung eines »dualen Systems« mit einem Nebeneinander von direktem Kindergeld und Einkommensteuerermäßigungen für Kinder; letztere bewirkt über Kinderfreibeträge, die zur Verringerung des zu versteuernden Einkommens führen und deren Einkommenswirkungen vom progressiven Steuertarif abhängen, sowie demgegenüber die Befürwortung einer einheitlichen Ausgleichsleistung, die für alle Kinder gleich hoch ist (unter Umständen abgestuft nach der Ordnungszahl des Kindes in der Familie), unabhängig von der Höhe des elterlichen Einkommens. Die Auseinandersetzungen waren überlagert von der Frage, ob eine vereinheitlichte Ausgleichsleistung für Kinder über die Finanzämter abgewickelt werden sollte (»Finanzamtslösung«). Die familienpolitischen Diskussionen waren so intensiv und wurden lange Zeit über von so verhärteten, ideologisch mit geprägten Positionen ausgetragen, daß die Thematik zweimal den Vermittlungsausschuß von Bundestag und Bundesrat beschäftigte. Die Finanzlösung scheiterte am Widerstand der Bundesländer, die sich schon viele Jahre zuvor mit Erfolg gegen eine solche Regelung zur Wehr gesetzt hatten und auch diesmal eine solche Regelung als verwaltungsmäßig nicht durchführbar ablehnten. Leidtragende dieser Auseinandersetzung waren vor allem die Familien selbst, insbesondere die Familien mit mehreren Kindern. Die Realwerte der Kindergeldleistungen waren seit Jahren gesunken; das Kindergeld für das erste Kind war seit seiner Einführung Mitte der siebziger Jahre in Höhe von 50 DM bis Anfang 1992 unverändert geblieben und dann auf 70 DM angehoben worden. Angesichts der Finanzierungsprobleme, auf die von unterschiedlichen Seiten auch bei den Auseinandersetzungen um eine Neuordnung verwiesen wurde, lag es nahe, daß auch mehrfach Stufenpläne für Leistungsverbesserungen vorgeschlagen und diskutiert wurden. Für eine stufenweise Umsetzung einer Neuregelung erschien es allerdings wichtig, das, was im ersten Schritt einer Leistungsverbesserung nicht zu verwirklichen war, gesetzlich bindend für die folgenden Jahre mit festzulegen, um diese Frage damit wenigstens insoweit aus künftigen neuen verteilungspolitischen Diskussionen herauszuhalten. Dies konnte dann allerdings doch nicht erreicht werden, wie die Auseinandersetzungen um die Sparbeschlüsse 1996 zeigten. Wie sieht nun die nach zähen Verhandlungen gefundene Lösung in ihren Grundzügen aus? Bringt sie einen »Familienleistungsausgleich«, der seinen Namen verdient? Handelt es sich um eine »Reform«, die auch Vereinfachungen und eine bessere Verständlichkeit des Systems der Absicherung eines familiengemäßen Einkommens für den einzelnen mit sich bringt?

Für den Unterhalt von Kindern wird ab 1. Januar 1996 für erste und zweite Kinder ein Kindergeld von 200 DM im Monat, für dritte Kinder von 300 DM und für die weiteren Kinder von 350 DM gewährt *oder* aber ein einkommensteuerlicher Kinderfreibetrag von 6 264 DM im Jahr für jedes Kind eingeräumt. Ab Anfang 1997 ist das Kindergeld für erste und zweite Kinder auf 220 DM monatlich angehoben, der Kinderfreibetrag auf 6 912 DM im Jahr erhöht worden. Der Grundfreibetrag für Erwachsene (1996: 12 100/24 200 DM für Alleinstehende/Verheiratete) soll bis 1999 auf etwas über 13 500/26 000 DM angehoben werden. Die Leistungsberechtigten können zwischen Kindergeld und Kinderfreibetrag, dem sogenannten Optionsmodell, wählen; eine Leistungsform schließt also die andere aus. Sofern ein Berechtigter Kindergeld erhalten hat, die Berücksichtigung eines Kinderfreibetrags für ihn aber günstiger gewesen wäre, also eine höhere Steuerentlastung bewirkt hätte als das erhaltene Kindergeld ausmacht, wird der entsprechende Betrag im Rahmen der Einkommensteuerveranlagung (von Amts wegen) nachgezahlt. Die allgemeine Altersgrenze von zu berücksichtigenden Kindern liegt bei 18 Jahren, unabhängig davon, ob sich das Kind in Ausbildung befindet oder sonstige Einkünfte hat; bei Kindern über 18 Jahren sind jährliche Einkünfte und Bezüge des Kindes bis zur Höhe des steuerlichen Grundfreibetrages eines erwachsenen Alleinstehenden unschädlich. Bei Trennung oder Scheidung der Eltern erhält vorrangig derjenige Elternteil das Kindergeld, in deren Obhut sich das Kind befindet. Wenn geschiedene Eltern den Kinderfreibetrag unabhängig voneinander geltend machen, wird jeweils die Hälfte des Kindergeldes angerechnet.

Die Ausgleichsleistung für Kinder in Form von Kindergeld wird vom Gesetzgeber (für das jeweils laufende Jahr) als »Steuervergütung« bezeichnet – eine nicht ganz unproblematische Klassifikation. Für die Verbesserung des FLA ab Januar 1996 wird insgesamt ein Betrag von rund 6,6 Milliarden DM im Jahr veranschlagt. Zur Einschätzung dieses nicht unerheblichen Betrages gilt es zu sehen, daß sich in der Vergangenheit über viele Jahre und unterschiedliche politische Mehrheiten hinweg ein erheblicher »Nachholbedarf« aufgestaut hat. Im Anschluß an das steuerfreie Existenzminimum beginnt künftig der Einstiegssteuersatz nicht mehr bei 19 Prozent, sondern bei knapp 26 Prozent. Die Leistungen für Kinder sollen künftig insofern dynamisiert werden – grundsätzlich eine alte familienpolitische Forderung angesichts weit verbreiteter Dynamisierungen bzw. laufender Aktualisierungen von Sozialleistungen –, als nach einem Beschluß des Deutschen Bundestages der Kinderfreibetrag in den folgenden Jahren entsprechend einer Erhöhung des Existenzminimums von Kindern anzuheben sein wird und mit jeder Anhebung auch das Kindergeld entsprechend ansteigen soll. Umgekehrt würde auch mit einer Verbesserung des Kindergeldes der Kinderfreibetrag entsprechend angehoben werden.

Die Finanzierung des als »Steuervergütung« deklarierten Kindergeldes mußte naturgemäß besondere Probleme aufwerfen, handelt es sich dabei doch im Grunde um ein »mixtum compositum«. Das Gesetz sagt dazu: Soweit das Kindergeld für die steuerliche Freistellung eines Einkommensbetrages in Höhe des Existenzminimums eines Kindes nicht erforderlich ist, »dient es der Förderung der Familie«. Damit ist übrigens im Umkehrschluß wohl zum Ausdruck gebracht, daß die Freistellung des Existenzminimums von Kindern noch keine Familienförderung darstellt. Nur dort, wo der Kinderfreibetrag in Anspruch genommen wird – das sind die Fälle in höheren und besonders hohen Einkommensgruppen (für Familien mit einem oder zwei Kindern bei etwas über 38 Prozent Grenzsteuersatz) –, handelt es sich bei der Einkommenswirkung in voller Höhe um eine Steuerermäßigung im Sinne der steuerlichen Freistellung des Existenzminimums des Kindes. Das Kindergeld enthält also zwei Komponenten, einmal eine Einkommenswirkung, die dem Effekt des Kinderfreibetrages entsprechen würde, wenn er in Anspruch genommen würde, und zum anderen eine direkte Transferleistung, die in ihrem Anteil an der gesamten »Steuervergütung« um so größer ist, je niedriger das zu versteuernde Einkommen ist. Wo sich ein Kinderfreibetrag überhaupt nicht auswirken würde, stellt die Steuervergütung eine reine Transferleistung dar. Für die einzelne Familie läßt sich der **Zusammenhang zwischen der Wirkung des Kinderfreibetrags und des Kindergeldes** für eine Familie mit einem Kind ab Januar 1997 wie folgt verdeutlichen (monatliche Beträge: ohne Berücksichtigung von Solidaritätszuschlag und Kirchensteuer):

- Bei einem Steuersatz von rund 26 Prozent (Eingangssteuersatz) beläuft sich die Wirkung des Kinderfreibetrags auf rund 150 DM, so daß von dem ausgezahlten Kindergeld von 220 DM ein Betrag von 70 DM der Förderung der Familie dient;
- bei einem Grenzsteuersatz von z. B. 35 Prozent beläuft sich die Wirkung des Freibetrags auf etwa 201 DM, so daß von dem ausgezahlten Kindergeld etwa 19 DM auf die Förderung der Familie entfallen;
- bei einem Grenzsteuersatz von 38 Prozent entspricht das ausgezahlte Kindergeld etwa der Wirkung des Steuerfreibetrags, so daß der Familienförderbetrag auf Null ausläuft;
- bei noch höheren Grenzsteuersätzen führt die Option für den Freibetrag zu Einkommenswirkungen, die bei einem Grenzsteuersatz von 53 Prozent (Beginn der oberen Proportionalzone) den Höchstbetrag von rund 305 DM erreichen. Für dritte Kinder entspricht der Kindergeldbetrag (300 DM) in den hohen Einkommensgruppen in etwa der Einkommenswirkung des Freibetrags und geht für vierte und weitere Kinder (350 DM) über die Einkommenswirkung des Freibetrags hinaus.

Auf der Makroebene ergibt sich für 1996 folgendes Bild: Von den Gesamtaufwendungen für das Kindergeld – rund 43,5 Milliarden DM – dient der größere Teil der Vergütung für die notwendige einkommensteuerliche Freistellung des Existenzminimums für Kinder, während rund 18 Milliarden DM als eigentlicher FLA angesehen werden können.

Da die kinderbedingten Einkommenswirkungen aufgrund von Kinderfreibeträgen (Abzug von der Steuerbemessungsgrundlage) und von als Steuervergütung gezahltem Kindergeld (Abzug von der Steuerschuld bzw. unter Umständen auch als eine Art »Negativsteuer«) das gesamte Einkommensteueraufkommen mindern, gehen diese Minderungen zu Lasten des Bundes, der Länder und der Gemeinden im Verhältnis zur Aufteilung des Einkommensteueraufkommens, nämlich im prozentualen Verhältnis 42,5 zu 42,5 zu 15. Diese Aufteilung entspricht aber nicht der bisherigen Beteiligung von Bund und Ländern an der Finanzierungsmasse des bisherigen FLA, weil die direkten Kindergeldleistungen voll zu Lasten des Bundeshaushalts gingen. Die bisherige Verteilung der Belastung durch den FLA für Kinder (Kindergeld zusammen mit Einkommensteuerermäßigungen) lag bei 74 Prozent Bundesanteil zu 26 Prozent Länderanteil. In den Verhandlungen zur Neuregelung spielte es eine zentrale Rolle, diese Belastungsaufteilung durch die Neuregelung nicht zu verändern, also die Finanzierungsverteilung zwischen Bund und Ländern für den FLA in der bisherigen Größenordnung beizubehalten und nicht zu Lasten der Länder zu erhöhen. Zum Ausgleich für die höheren Einkommensteuerausfälle auf seiten der Länder ist daher ihr Anteil an der Umsatzsteuer entsprechend erhöht worden. Da dies auch für die folgenden Jahre abgesichert sein soll, wurde eine Grundgesetzänderung erforderlich, die diese Finanzierungsanteile des FLA festschreibt. Eine Ergänzung des Artikels 106 GG, der die Verteilung des Steueraufkommens regelt, geht dahin, daß in die Festsetzung der Anteile von Bund und Länder an der Umsatzsteuer zusätzlich Steuermindereinnahmen einbezogen werden, die den Ländern ab 1996 aus der Berücksichtigung von Kindern im Einkommensteuerrecht entstehen. Damit diese Regelung dauerhaft Bestand hat, sieht eine weitere Abänderung der genannten Grundgesetzbestimmung vor, daß gegebenenfalls auch bei Neufestlegungen der Anteil von Bund und Ländern an der Umsatzsteuer sowie bei wesentlichen Veränderungen im Verhältnis zwischen Einnahmen und Ausgaben des Bundes (Artikel 106, Absatz 4 GG), diejenigen Steuermindereinnahmen unberücksichtigt bleiben, die sich aus der vorgenannten Änderung über die Festsetzung der Anteile von Bund und Ländern an der Umsatzsteuer ergeben.

Aufgrund dieser Ergänzung der Verfassung wird der Gesetzgeber verpflichtet, bei der Festsetzung des Beteiligungsverhältnisses an der Umsatzsteuer den Lastenverschiebungen durch die Systemänderung beim FLA – künftig »Familienleistungsausgleich« genannt – Rechnung zu tragen und das bisherige Verhältnis von 74 zu 26 Prozent der Lastenaufteilung auf Bund und Länder im Ergebnis auch längerfristig zu gewährleisten. Diese Kompensation zugunsten der Länder ist im Finanzausgleichsgesetz vorgenommen, in dem für 1996 und 1997 festgelegt wurde, daß dem Bund für diese Jahre (statt bisher 56 Prozent) nur 50,5 Prozent, den Ländern dagegen 49,5 Prozent der Umsatzsteuer zustehen. Dies macht für die Länder in Jahr 1996 13,8 Milliarden DM und in 1997 14,5 Milliarden DM Ausgleichsbetrag für die Minderungen bei ihrem Einkommensteueraufkommen aus. In den folgenden Jahren müssen diese Anteile unter Umständen neu festgesetzt werden. Das Finanzausgleichsgesetz sieht dazu vor, daß die Anteile an der Umsatzsteuer ab 1998 an die Entwicklung der Aufwendungen für den FLA (Gesamtvolumen des Ausfalls an Einkommensteuer) so anzupassen sind, daß diese Leistungen zu 74 Prozent vom Bund und zu 26 Prozent von den Ländern getragen werden.

Die organisatorische Abwicklung, die für die betroffenen Familien nicht unwichtig ist und möglichst bürgernah sein sollte, läuft ebenfalls mehrspurig. Die Bezugsberechtigten erhalten das als Steuervergütung ausgezahlte Kindergeld entweder vom Arbeitgeber oder von den »Familienkassen«, den bisherigen Kindergeldkassen der Arbeitsämter (bzw. den bisherigen Kindergeldstellen des öffentlichen Dienstes, die künftig ebenfalls Familienkassen heißen). Sofern Arbeitnehmer das Kindergeld vom Arbeitgeber erhalten (aufgrund eines Berechtigungsnachweises der Familienkasse), werden diese Beträge mit der Lohnsteuerschuld verrechnet. Bei Betrieben mit weniger als 50 Beschäftigten ist der Arbeitgeber nicht zur Abwicklung der Zahlungen verpflichtet. Schon während der Beratungen des Gesetzentwurfs wurden von Arbeitgeberseite Bedenken dagegen vorgebracht, diese Verwaltungsarbeit auf die Betriebe zu verlagern[147]. Die Familienkassen bei den Arbeitsämtern sind insoweit Bundesfinanzbehörden und künftig der Fachaufsicht des Bundesamtes für Finanzen unterstellt. Allerdings gibt es eine kleine Gruppe von Berechtigten, nämlich die Vollwaisen und die sogenannten Auslandsfälle, also im Inland nicht voll steuerpflichtige Personen, für die die Familienkassen mit der alten Struktur des Bundeskindergeldgesetzes (somit auch als »Restgeltungsgesetz« angesprochen) zuständig sind, d. h. hier führt die Bundesanstalt für Arbeit (nach Weisungen des Bundesministeriums für Arbeit und Sozialordnung) die Auszahlung durch.

Die Neuregelung hat auch eine familienpolitisch nicht unwichtige Änderung in den Ressortzuständigkeiten zur Folge. Die Federführung für den neuen FLA liegt nunmehr beim Bundesminister der Finanzen, während die Zuständigkeit für die Kindergeldgesetzgebung seit Mitte der sechziger Jahre beim Bundesfamilienministerium lag. Darin kann eine empfindliche Beschränkung der Zuständigkeit des letztgenannten Ressorts gesehen werden. Es bleibt abzuwarten, mit welcher Nachhaltigkeit der Bundesfinanzminister eine Weiterentwicklung des FLA vorantreiben wird. Eine begrenzte Automatik in der Weiterentwicklung der Ausgleichsleistungen für Kinder wird zwar – gemäß des Bundesverfassungsgerichtsurteils – durch die notwendige Berücksichtigung von Erhöhungen des Existenzminimums von Kindern (in Orientierung an der Sozialhilfe) vorgegeben. Dies aber verbleibt im Rahmen der Verwirklichung von Steuergerechtigkeit, die noch keine echte Förderung von Familien darstellt. Die steuerliche Freistellung eines erhöhten Existenzminimums soll zwar zugleich zu einer Erhöhung des als Steuervergütung ausgezahlten Kindergeldes führen, aber die bedarfsorientierte Transferkomponente in der Steuervergütung erhöht sich damit praktisch nicht. Und auch eine eigenständige Erhöhung des Kindergeldes wird alsbald an die Obergrenze der Einkommenswirkung des das Existenzminimum einkommensteuerfrei stellenden Freibetrages stoßen (obere Proportionalzone) und konnte dort zu begrenzen versucht werden. Das Feld eines FLA, der jenseits von Steuergerechtigkeit und auch von Bedarfsgerechtigkeit im engeren Sinne positiv zu bewertende »externe Effekte« von Familien im Sinne eines echten Familienleistungsausgleichs zu berücksichtigen sucht, wäre damit noch kaum betreten. Schon die Anhebung der Beträge ab 1997 beim Kindergeld für das erste und zweite Kind und für den Kinderfreibetrag blieben im Grunde unbefriedigend, wenn man bedenkt, daß das Existenzminimum in seiner »Realitätsnähe« schon für 1996 umstritten war[148] und die Kindergeldleistungen für das erste und zweite Kind nach wie

147 Aus Kreisen der Wirtschaft wurden inzwischen Musterprozesse gegen die getroffene Regelung angekündigt, so seitens der Industrie- und Handelskammer in Koblenz; vgl. dazu, Frankfurter Allgemeine Zeitung vom 23. März 1996.

148 Aus Kreisen der Familienorganisationen (FDK) ist in einer Stellungnahme zum Entwurf eines Jahressteuergesetzes 1997, gestützt auf detaillierte Berechnungen, ein Kinderfreibetrag

vor nicht die vollen Einkommenswirkungen des Kinderfreibetrages am oberen Ende der Progressionszone des Einkommensteuertarifs erreichen.

Dem für den FLA federführenden Bundesfinanzminister ist damit eine maßgebliche familienpolitische Kompetenz zugefallen, die sich in der Auswirkung für die wirtschaftliche Position der Familien in der Verteilungsordnung noch nicht abschätzen läßt. Das in den letzten Jahren erheblich gestiegene fiskalpolitisch bedingte Interesse an den Sozialhilfeleistungen als wichtigen Orientierungsgrößen für die Umsetzung der Entscheidungen des Bundesverfassungsgerichts über das steuerfrei zu belassende Existenzminimum sowohl von Erwachsenen wie auch von Kindern und ihrer Deckelung sowie die Ressortauseinandersetzungen über die Berechnungsgrundlagen dieser Orientierungsgrößen deuten darauf hin, daß der FLA und seine anvisierte Weiterentwicklung zu einem Familienleistungsausgleich, der diesen Namen verdient, weiterhin auf der familienpolitischen Tagesordnung bleiben werden.

5.3.2.3 Probleme der Weiterentwicklung

Zur Veranschaulichung der verteilungspolitischen Wirkungen einer Weiterentwicklung der familiengemäßen Einkommensgestaltung kann die vereinfachte schematische Darstellung *(siehe Schaubild 10)* einige Orientierungshilfen mit Blick auf unterschiedliche Handlungsalternativen geben. Die stark durchgezogene Kurve gibt die Einkommenswirkung der bestehenden Regelung des Jahressteuergesetzes 1996 mit dem sogenannten Familienleistungsausgleichs für ein (erstes) Kind wieder. Für alternative Möglichkeiten der Ausgestaltung eines familiengemäßen Einkommens lassen sich u. a. folgende Fälle unterscheiden:

1. Werden das Kindergeld und zugleich der Kinderfreibetrag (entsprechend einem höher angesetzten sozial-kulturellen Existenzminimum für ein Kind) erhöht – wie ab Anfang 1997 für das 1. und 2. Kind von 200 DM auf 220 DM (Kindergeld) bzw. von 522 DM auf 576 DM (Kinderfreibetrag) –, so erhöht sich die Einkommenswirkung durchgängig für alle Einkommensgruppen, d. h. die durchgezogene Kurve im Schaubild verschiebt sich entsprechend nach oben, behält aber die vorhandene »Treppenstufe« als Ausdruck vergleichsweise höherer Einkommenswirkungen in besonders hohen Einkommensgruppen bei.

2. Wird nur das Kindergeld erhöht, so verringert sich der Abstand zwischen dem Kindergeld und der maximalen Einkommenswirkung der einkommensteuerlichen Freistellung des Existenzminimums des Kindes, d. h. die durchgezogene Kurve im Schaubild hebt sich in ihrem vorderen waagerechten Verlauf an, die Abstufung im Übergang zur oberen Proportionalzone der Einkommenbesteuerung verringert sich und die Gesamtkurve nähert sich tendenziell dem Verlauf der Kurve (Parallele zur X-Achse) an, die die gleich hohe Einkommenswirkung entsprechend der maximalen Freibetragswirkung wiedergibt.

---

von monatlich wenigstens 756 DM (statt 522 DM in 1996) als angemessen, weil »realitätsnäher« befürwortet worden, wobei besondere kindbedingte Ausgaben wie etwa Kindergartenbeiträge noch nicht berücksichtigt sind. Der Deutsche Verein für öffentliche und private Fürsorge hat unlängst das Bedarfsniveau eines Kindes im Bereich des sozial-kulturellen Existenzminimums, das unterhalb der Besteuerungsgrenze vollständig außerhalb der Sozialhilfe abzusichern sei, im Durchschnitt der Lebensalter in einer Größenordnung von 600 DM veranschlagt.

Schaubild 10: Einkommenswirkungen der Neuregelung der familiengemäßen Einkommensgestaltung beim 1. Kind und alternative Möglichkeiten der Weiterentwicklung (schematische Darstellung)

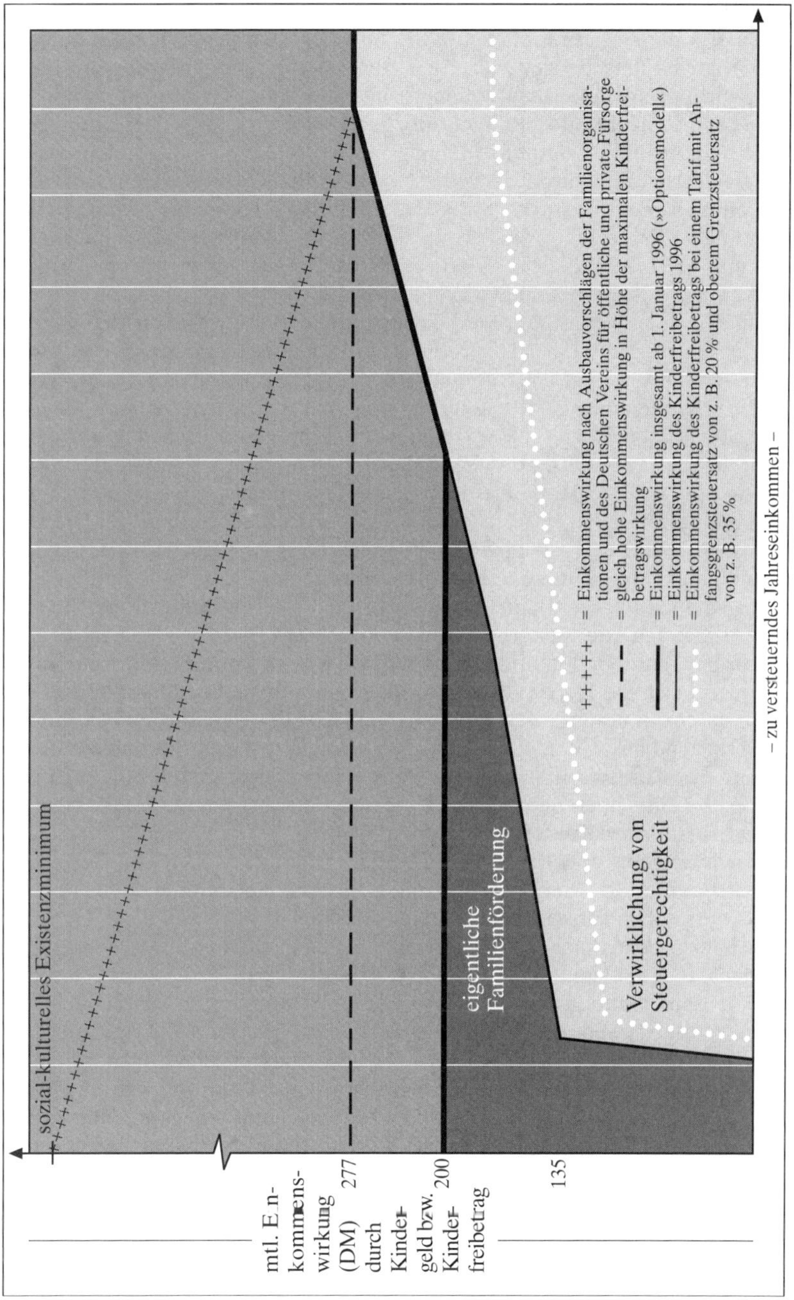

3. Ein sehr viel weitergehender Vorschlag der Arbeitsgemeinschaft der Deutschen Familienorganisationen (AGF) und des Deutschen Vereins für öffentliche und private Fürsorge sieht für die untersten Einkommensgruppen eine Einkommenswirkung in Höhe des vollen sozial-kulturellen Existenzminimums des Kindes vor, u. a. auch mit dem Ziel, möglichst zu verhindern, daß Familien aufgrund ihrer Kinderzahl sozialhilfeabhängig werden. Diese Einkommenswirkung bzw. Ausgleichsleistung würde nach diesen Vorstellungen – bezogen auf die bisherige einkommensteuerrechtliche Situation – mit steigendem Einkommen (linear oder nichtlinear) degressiv verlaufen bis zu einem Sockelbetrag, der der Einkommenswirkung entspricht, die der Kinderfreibetrag in der oberen Proportionalzone der Einkommenbesteuerung bewirkt.

4. Zu einer wesentlich veränderten Situation führt die in der gegenwärtigen Steuerreformdiskussion angestrebte grundlegende **Neuordnung der Einkommenbesteuerung**. Wird der Einkommensteuertarif z. B. auf einen Einstiegssatz von etwa 20 Prozent und einen Grenzsteuersatz von etwa 35 Prozent beim Beginn der oberen Proportionalzone abgesenkt, so bleibt die Einkommenswirkung der einkommensteuerlichen Freistellung des Existenzminimums deutlich hinter dem Kindergeldbetrag zurück. Das Kindergeld für alle Einkommensbezieher, nunmehr auch für Einkommensbezieher in der oberen Proportionalzone, deckt die Einkommenswirkung ab, die sich aus einem Kinderfreibetrag in Höhe des Existenzminimums ergäbe, und geht bis in hohe Einkommensgruppen sogar noch darüber hinaus, enthält also auch für Einkommensbezieher in der oberen Proportionalzone neben der Verwirklichung von Steuergerechtigkeit noch ein Element der Familienförderung, wie bisher schon in den unteren bis mittleren Einkommensgruppen. (Im Schaubild verringert sich die Fläche der Einkommenswirkungen der steuerlichen Freistellung des Existenzminimums, während sich die Fläche der eigentlichen Familienförderung entsprechend ausweitet.) Unter diesen Bedingungen erübrigt sich eine Inanspruchnahme des Kinderfreibetrags, jedenfalls solange auch in den hohen Einkommensgruppen keine über den Kindergeldbetrag hinausgehende Einkommenswirkung mehr eintritt; der Kindergeldbetrag stellt nunmehr die einheitlich hohe Einkommenswirkung für alle Einkommensbezieher dar. Gemessen am bestehenden Zustand bedeutet dies, daß – die Höhe des bestehenden Kindergeldes unterstellt – in besonders hohen Einkommensgruppen, in denen bisher nach dem »Optionsmodell« eine Inanspruchnahme des Kinderfreibetrags günstiger ist, eine gewisse Einbuße an kinderbezogener Einkommenswirkung eintritt.

Vor dem Hintergrund eines grundlegend veränderten (niedrigeren) Einkommensteuertarifs bedürfen auch Vorschläge wie der der AGF bzw. des Deutschen Vereins einer Überprüfung. Eine degressiv ausgestaltete Einkommenswirkung (Kindergeld) mit Auslaufen der Degression am Beginn der oberen Proportionalzone würde eine noch deutlichere Degression als bisher vorgeschlagen notwendig machen; auch könnte der degressive Verlauf theoretisch so angelegt werden, daß sogar das bestehende Kindergeld in höheren Einkommensgruppen noch abgeschmolzen wird bis auf die (neue) maximale Einkommenswirkung der steuerlichen Freistellung des Existenzminimums des Kindes. Zudem kann ein Kindergeld auch oberhalb der oberen Proportionalzone noch angebracht erscheinen, so wie gegenwärtig schon das Kindergeld für dritte und weitere Kinder in der Familie in Orientierung am Bedarfsprinzip über die Einkommenswirkung des Kinderfreibetrags auch in der oberen Proportionalzone hinausgeht. Hier stellt sich dann die Frage nach der Vordringlichkeit für den Einsatz der (stets begrenzten) finanziellen Mittel, für die ein Einsatz in unteren Einkommensgruppen etwa zur Aufstockung eines degressiven Kindergeldes unter Umständen als vorrangig gelten könnte.

Zur weiteren Ausgestaltung einer familiengemäßen Einkommensgestaltung auf der Grundlage des gegenwärtigen sozial- und steuerrechtlichen Systems läßt sich damit festhalten: Je nach dem, wie stark die obere Proportionalzone des Einkommensteuertarifs abgesenkt wird, bleibt auch bei Anhebungen des Existenzminimums für Kinder die maximale Einkommenswirkung der steuerlichen Freistellung dieses Existenzminimums zumindest für einige Jahre hinter dem bereits bestehenden Kindergeldbetrag zurück. Eine (weitere) Erhöhung des Kinderfreibetrags hat auch bei einer Option zwischen Kinderfreibetrag und Kindergeld kaum noch unmittelbare praktische Bedeutung. Eine Erhöhung des Kinderfreibetrags – entsprechend einem Anstieg des Existenzminimums – läuft somit ins Leere; dagegen könnte der Anstieg des Existenzminimums für die Entwicklung des Kindergeldes eine Orientierungsgröße darstellen. Ob allerdings die im Jahressteuergesetz 1996 erfreulicherweise festgeschriebene dynamische Weiterentwicklung des Familienleistungsausgleichs im Zusammenspiel von Kinderfreibetrag und Kindergeld, die bei Erhöhungen des Existenzminimums von Kindern (in Orientierung an den Sozialhilfeleistungen) entsprechend anzupassen sind, so unverändert bestehen bleibt, kann deshalb fraglich erscheinen, weil bei einem gegenüber dem gegenwärtig sehr viel niedrigeren Steuertarif auch bei gewissen Erhöhungen des Existenzminimums von Kindern dessen gebotene einkommensteuerliche Freistellung als nach wie vor erfüllt und durch das bestehende Kindergeld als abgedeckt angesehen werden könnte. Schließlich muß damit gerechnet werden, daß diejenigen, die die Verwirklichung von Steuergerechtigkeit bereits als ausreichendes Element einer familiengemäßen Einkommensgestaltung ansehen und einer weiterreichenden einkommenspolitischen Komponente einer echten Familienförderung eher ablehnend gegenüberstehen, sogar für eine Absenkung des bestehenden Kindergeldbetrages bis auf das (neue) Niveau der maximalen Einkommenswirkung der einkommensteuerlichen Freistellung des Existenzminimums plädieren. Eine jüngste Stellungnahme des Karl-Bräuer-Instituts (des Bundes der Steuerzahler) weist bereits in diese Richtung[149].

149 So heißt es in der vorgelegten Veröffentlichung von Rolf Borell/Lothar Schemmel/Volker Stern, Steuerentlastung, Steuervereinfachung, Steuergerechtigkeit. Bausteine für eine umfassende Reform der Lohn- und Einkommensteuer, Karl-Bräuer-Institut, 84, Wiesbaden 1996, die bestehende Regelung des Kindergeldes gehe »weit über das hinaus, was sozialpolitisch erforderlich erscheint. Bei einem angemessen dotierten Kinderfreibetrag, der allen Steuerpflichtigen mit Kindern eine gerechte steuerliche Behandlung gemäß dem Leistungsfähigkeitsprinzip gewährleiste, kann das Kindergeld nämlich auf seine rein sozialpolitische Funktion beschränkt werden.« In diesem Falle sei es ausreichend, »das Kindergeld schwerpunktmäßig auf Eltern mit niedrigen Einkommen zu konzentrieren und die Kindergeldzahlungen im Bereich mittlerer Einkommen auslaufen zu lassen.« (S. 178 f.) Bei einer solchen Umstellung des »Familienleistungsausgleichs«, bei der eine Staffelung der Einkommensgrenzen für das Auslaufen des Kindergeldes nach der Kinderzahl der Familie allerdings naheliegend sei, seien erhebliche Entlastungen für die Haushalte von Bund, Ländern und Gemeinden möglich. Dabei sei zugleich zu berücksichtigen, daß sich bei einem niedrigeren

Inwieweit die neu geschaffene Regelung des FLA in der Zukunft trägt, bleibt abzuwarten. Schon vor den politischen Entscheidungen über die Neuregelung wurden Reformvorschläge in die Diskussion gebracht, die an Stelle des steuerfinanzierten FLA ein ganz anderes Finanzierungsmodell favorisierten, nämlich eine sogenannte parafiskalische, also **aus dem allgemeinen Staatshaushalt herausgelöste Regelung**. Ein Vorschlag in dieser Richtung wurde in jüngster Zeit von Michael Habermann als Konzept für eine »sozialgerechte, verfassungskonforme, wirtschaftspolitisch sinnvolle, finanzierbare und wirksame Reform des Familienlastenausgleichs« vorgelegt[150]. Eine nicht aus allgemeinen Haushaltsmitteln finanzierte FLA-Regelung ist sowohl im historischen Rückblick in Deutschland wie auch gegenwärtig in international vergleichender Übersicht nicht neu; die erste Kindergeldregelung in der Nachkriegszeit stellte in der Bundesrepublik (von 1955 bis 1963) mit dem System der Familienausgleichskassen eine solche parafiskalische Regelung dar. Während seinerzeit aber die Finanzierung durch Beiträge der Arbeitgeber und von Selbständigen erfolgte, sieht das »Habermann-Modell« Beiträge aller Einkommensbezieher vor, die in eine »Kinderlastenausgleichskasse« fließen, aus der im Ergebnis das Kindergeld an die Personen mit Unterhaltsverpflichtungen ausgezahlt würden. Das Konzept erinnert insoweit an den schon in den fünfziger Jahren von Schreiber gemachten Vorschlag einer »Kindheits- und Jugendrente«, die mit Beiträgen der aktiv Erwerbstätigen in eine »Familienausgleichskasse des deutschen Volkes« finanziert werden sollte und in Anlage und Ausgestaltung sehr betont am Prinzip der intertemporalen Einkommensumschichtung des Lebenseinkommens des einzelnen orientiert war. In der zweiten Hälfte der sechziger Jahre hat der Finanzwissenschaftler Willi Albers[151] ebenfalls eine einkommensteuerliche Sonderregelung vorgeschlagen, und zwar sogar in ökonomisch besonders rationeller Ausgestaltung durch direkte Umverteilung von den Kinderlosen einerseits zu den Familien mit Kindern andererseits – ein Vorschlag, der aber seinerzeit wegen der fehlenden Bejahung in Politik und Öffentlichkeit ebensowenig Realisierungschancen hatte wie der 1994

Steuertarif auch die Steuermindereinnahmen infolge des Kinderfreibetrags vermindern, und zwar z. B. bei dem vom Bund der Steuerzahler vorgeschlagenen Tarif um etwa ein Drittel. Schon mit Blick auf den bestehenden Steuertarif, erst recht aber bezogen auf neue, deutlich niedrigere Steuersätze, kommt die Studie zum Ergebnis, die bedürftigen Familien erhielten mit dem bestehenden Kindergeld (für das erste Kind) eher zu wenig und die nicht bedürftigen Familien mehr erhielten, als zum Ausgleich der Besteuerung ihrer kinderbedingten Unterhaltslasten erforderlich sei (S. 46). Die damit entwickelte Position läßt sich ebenfalls unschwer in die schematische Darstellung einordnen und liefe in untersten und unteren Einkommensgruppen auf mit steigendem Einkommen oberhalb der Einkommenswirkungen des Kinderfreibetrags stark degressiv verlaufende Einkommenswirkungen hinaus, die dann in mittleren Einkommensgruppen wieder von steigenden Einkommenswirkungen aufgrund der Kinderfreibeträge abgelöst würde. Diese Position läßt sich auf die Formel bringen: Steuergerechtigkeit für alle Einkommensgruppen ja, darüber hinaus Kindergeldzahlungen (als Ausdruck von echter Familienförderung nach dem Bedarfsprinzip oder gar als Abgeltung von positiv zu bewertenden externen Effekten von Familien) nur für »arme Leute mit Kindern«.

150 Siehe bereits Sozialdemokratischer Pressedienst Wirtschaft vom 6. Juli 1993 sowie ein Vertragsmanuskript aus dem Jahr 1995.

151 Willi Albers, Probleme Familienlastenausgleichs, in Sozialer Fortschritt, 16 (1967), S. 158 ff. (Auf der Grundlage eines unveröffentlichten Gutachten für das BMFJ).

von der damaligen Bundesfamilienministerin Hannelore Rönsch vorgeschlagene, in der Sache vernünftige »Zukunftsbeitrag« der Kinderlosen[152].

Hinter dem Vorschlag von Habermann steht die Grundposition, die Gesamtgesellschaft habe die Unterhaltslasten der nachwachsenden Kindergeneration wenigstens in Höhe des Existenzminimums zu tragen. Mittel- bis längerfristig soll die Höhe des Kindergeldes sogar auf die durchschnittlichen tatsächlichen Kinderkosten angehoben werden. Der Vorschlag läuft damit in seinem einkommenspolitischen Effekt auf eine durchgreifende Umverteilung der mit Kindern verbundenen finanziellen Belastungen zwischen Personen mit Kindern und Personen ohne Unterhaltsverpflichtungen hinaus, zu denen auch diejenigen Eltern gehören, die keine Unterhaltsverpflichtungen mehr gegenüber bereits erwachsenen Kindern haben. Die Größenordnung der umverteilten Einkommensmasse von schätzungsweise 150 bis 160 Milliarden DM muß noch nicht notwendig gegen den Vorschlag sprechen, weil er ziemlich kompromißlos an einer fundamentalen Schieflage in der Einkommensverteilung zwischen dem Familiensektor und dem Nicht-Familiensektor ansetzt.

Das Konzept weist einige bemerkenswerte **Vorzüge** auf. Dazu gehört einmal das betonte Bestreben um eine auf soziale Gerechtigkeit zielende Ausgestaltung, die auf eine »soziale Zielgenauigkeit« in der Weise abzielt, daß die Ausgleichsleistungen in ihrem »Nettoeffekt« um so höher sein sollen, je geringer die wirtschaftliche Leistungskraft eines Haushalts mit Kindern ist und je größer die Zahl der Kinder ist, die im Haushalt leben. Hinsichtlich der verteilungspolitischen Wirkungen sollen sowohl der horizontale wie der vertikale Verteilungsmaßstab ausreichend berücksichtigt werden. Auf eine Durchschaubarkeit der Regelung wird ebenso Wert gelegt wie auf möglichst gute »Erreichbarkeit« der Leistungen, was durch möglichst wenig organisatorische Erschwerungen im Zugang für die Leistungsberechtigten erreicht werden soll. Von der parafiskalischen Regelung wird im übrigen eine größere Verläßlichkeit des Leistungsniveaus insofern erwartet, als die Regelung den jährlichen Auseinandersetzungen um den Staatshaushalt weitgehend entzogen wäre. Zusätzlich werden von der selbständigen, außerhalb des öffentlichen Haushalts angesiedelten Institution der Kinderlastenausgleichkasse, die der Bundesanstalt für Arbeit durch Übernahme der dortigen »Familienkasse« zugeordnet werden soll, erwartet, daß sie

152 Für eine nachhaltige Korrektur der Einkommensverteilung durch eine ökonomisch besonders wirksame Regelung über eine aus dem allgemeinen Staatshaushalt ausgegliederte Ausgleichskasse, in der nur kinderlose (und unter Umständen kinderarme) Einkommensbezieher eine Sonderabgabe (Familienausgleichsabgabe) zur Finanzierung der Leistungen an Mehrkinderfamilien einzahlen, hat sich bereits vor einigen Jahren auch der seinerzeitige Leiter der Abteilung Sozialpolitik im DGB-Bundesvorstand Alfred Schmidt ausgesprochen. Der sehr gründliche, leider (zu) wenig beachtete Beitrag rückt das Problem zugleich in den Zusammenhang mit der Alterssicherung. Bisher ist einem solchen Ansatz noch regelmäßig die politische Breitenwirkung versagt geblieben. Es erscheint sehr fraglich, ob sich dies in absehbarer Zeit ändern wird. Vgl. Alfred Schmidt, Alterssicherung und Familie. Probleme, Zusammenhänge, Lösungsperspektiven, in: Die Angestelltenversicherung, 35 (1988), S. 477–492. Zu den Einkommenswirkungen einer solchen »direkten« Umverteilung im Unterschied zu einer »indirekten«, bei der alle Einkommensbezieher zur Aufbringung der Mittel herangezogen werden und Familien mit Kindern infolgedessen an der Finanzierung ihrer erhaltenen Familienleistungen beteiligt sind, siehe mit vereinfachter graphischer Darstellung auch M. Wingen (Anm. 5), S. 201–213.

eine Einrichtung mit politischem Eigengewicht darstellt, die der öffentlichen Diskussion von Familieninteressen förderlich sei und der – wohl auch in Orientierung an Regelungen in Frankreich bei den dortigen Ausgleichskassen – gegebenenfalls auch zusätzliche familienbezogene Aufgaben übertragen werden könnten. Der Vorschlag wirft freilich auch einige nicht zu verkennende **Probleme** auf, die seine Verwirklichung sehr erschweren dürfen:

1. Die Realisierung läuft auf einen zusätzlichen Beitrag auf alle Einkommen aus selbständiger und unselbständiger Arbeit, aus Kapitaleinkünften sowie aus Vermietung und Verpachtung, und zwar nicht nur in Höhe des zu versteuernden Einkommens, sondern in Höhe des Gesamtbetrags der Einkünfte von etwa fünf bis sieben Prozent hinaus. Bedenkt man die sozialpolitischen »Sperren«, die schon gegenwärtig bei Erhöhungen von Sozialabgabensätzen um auch nur einen oder wenig mehr als einen Prozentpunkt auftreten, läßt sich ermessen, mit welchen Widerständen hier gerechnet werden muß, zumal eine Beitragsbemessungsgrenze – im Unterschied zu den bestehenden Sozialversicherungszweigen – jedenfalls zunächst nicht vorgesehen ist. Mit sozialpsychologisch bedingten politischen Widerständen muß in einem Ausmaß gerechnet werden, das die Realisierung des Vorschlags zumindest kurzfristig sehr zweifelhaft erscheinen lassen kann. Es ist nicht uninteressant, daß die politische Resonanz auf den Vorschlag auch in seinem politischen Entstehensumfeld (der SPD) bisher ausgesprochen verhalten ist.

2. Mit der vorgeschlagenen Regelung wäre eine ungewöhnlich scharfe vertikale Einkommensumverteilung von oben nach unten verbunden. So soll der Leistungsberechtigte auch während des Kindergeldbezugs zugleich beitragspflichtig bleiben, was in hohen Einkommensgruppen auch bei Unterhaltsverpflichtung gegenüber einem Kind per saldo zu einer Beitragsbelastung führen kann. Eine solche tendenziell einkommensnivellierende Politik kann verteilungspolitisch gewollt sein; aber es bleibt zu fragen, ob eine solche Politik Aufgabe des FLA sein soll. Wenn dieser Umverteilungseffekt durch Einführung einer Beitragsbemessungsgrenze eingeschränkt würde, müßte – bei gleichem Leistungsniveau – der Beitragssatz noch entsprechend höher sein.

3. Da die einkommensteuerliche Freistellung des Existenzminimums von Kindern in Gestalt von entsprechend bemessenen Kinderfreibeträgen bestehen bleiben soll, ist ein solches Nebeneinander näher zu begründen. Denn bei einem Kindergeld in voller Höhe des Existenzminimums des Kindes entfällt die Berechtigung für eine einkommensteuerliche Freistellung eines entsprechenden elterlichen Einkommensbetrages; man könnte hier dann allenfalls noch an die über das Existenzminimum hinausgehenden tatsächlichen Aufwendungen für Kinder, die sich aus der Unterhaltsverpflichtung ergeben, denken; denn das Bundesverfassungsgericht hat in seiner Entscheidung gefordert, daß *mindestens* das Existenzminimum des Kindes einkommensteuerfrei gestellt bleiben müsse.

4. Das Konzept von Habermann geht ausdrücklich davon aus, daß außer der Steuerfreiheit eines realitätsgerechten Existenzminimums von Kindern alle anderen Reformen eines wirksamen FLA auf absehbare Zeit nicht aus steuerfinanzierten öffentlichen Haushalten leistbar seien. Hier bleibt die Frage, warum dieser Einwand bei einer »Sozialabgabe« entfallen sollte. Entscheidend ist die Bereitschaft in der Gesellschaft zu einer mehr oder weniger nachhaltigen Umverteilung zugunsten von

Personen, die Elternverantwortung übernehmen. Dabei dürfte die Höhe der Belastungen der einzelnen zusätzlich wichtig sein, die freilich bei dem individuellen Beitrag in der angedachten Größenordnung besonders hinderlich erscheint.

5. Schließlich ist die Einordnung einer solchen Neuordnung in die Entwicklungstendenzen innerhalb der übrigen Mitgliedstaaten der Europäischen Union mit zu bedenken. So wird z. B. in Frankreich, das bisher ein Finanzierungssystem mit Arbeitgeberbeiträgen kennt, durchaus die Möglichkeit erwogen, in den nächsten Jahren die Leistungen auf den allgemeinen Staatshaushalt zu übernehmen. Dies wären damit ausgesprochen gegenläufige Entwicklungstendenzen im Bereich der Finanzierung des allgemeinen FLA.

5.3.2.4 Internationaler Vergleich

Direkte monteäre Transferleistungen zum Ausgleich von kinderbedingten Einkommensbelastungen finden sich heute praktisch in allen Mitgliedstaaten der Europäischen Union. Eine gewisse Einschränkung gilt für Italien, wo die Zahlung der auf Lohnempfänger beschränkten und vom Familieneinkommen abhängigen Familienbeihilfen die Zahl der Familienmitglieder des Haushalts (nicht nur der Kinder) berücksichtigt. In fast allen Ländern der Union sind prinzipiell alle Kinder der verschiedenen sozio-ökonomischen Gruppen in der Bevölkerung in die Kindergeldgewährung einbezogen. Entsprechend seiner Herkunft als Lohnergänzung ist das Kindergeld jedoch auch heute noch in einigen Ländern nach dem beruflichen Status der Eltern unterschiedlich ausgestaltet. Die Beträge, durchgängig steuerfrei – mit Ausnahme einiger Leistungen in Griechenland – weisen bisher zwischen den Mitgliedstaaten der EU in ihrer Höhe deutliche Unterschiede auf: Teils sind sie unabhängig von der Rangzahl des Kindes in der Familie gleich hoch, in etwa der Hälfte der Mitgliedstaaten der Union steigen sie mit der Rangzahl des Kindes in der Familie, in Großbritannien sind sie zwischen dem ersten und den folgenden Kindern umgekehrt degressiv bemessen; in einigen Ländern steigen sie mit dem Lebensalter des Kindes an, in anderen nicht, so sind sie in Dänemark für ältere Kinder sogar niedriger.

Eine progressive Ausgestaltung der kinderbezogenen Leistungen mit steigender Rangzahl des Kindes in der Familie darf nicht vorschnell als Ausdruck bevölkerungspolitischer Zielsetzungen verstanden werden. Wenn auch das erste Kinder im allgemeinen die relativ höchsten Aufwendungen bedingt (im Vergleich zu folgenden Kindern), nimmt das Pro-Kopf-Einkommen in der Familie jedoch mit jedem weiteren Kind in dem Maße weiter ab, in dem Ausgleichsleistungen hinter den Mindestaufwendungen für Kinder zurückbleiben. Da dies durchweg der Fall ist, bedeutet jedes weitere Kind in der Familie eine weitere Absenkung des realen Lebensniveaus, und mit steigender Rangzahl des Kindes in der Familie progressiv ausgestaltete Kindergeldleistungen federn diesen Rückgang entsprechend ab, ohne daß sie deshalb bereits als Ausdruck von Geburtenanreizpolitik gesehen werden dürfen. Von Bedeutung für den Realwert der Kindergeldleistungen ist die Anpassung an die Preis- bzw. Einkommensentwicklung, die in fünf Mitgliedstaaten automatisch erfolgt, in anderen Ländern durch – meist jährliche – politische Entscheidungen über eine Anpassung in Orientierung an der Preisteigerungsrate. Die nachstehende Übersicht *(Tabelle 10a und 10b)* vermittelt ein Bild von der Aus-

Tabelle 10a: Kindergeldleistungen in den EU-Staaten (Stand: 1. Juli 1996)

Land	Gesetzgebung		Kindergeld				
	1. Erstes Gesetz	2. Grundlegende Gesetze	1. Erstes berechtigtes Kind	2. Altersgrenzen	3. Monatsbeträge[1]	4. Abstufung nach Familieneinkommen	5. Abstufung nach Alter
Belgien	Gesetz vom 4. August 1930.	Koordinierte Gesetze (Königl. Erlaß vom 19. Dezember 1939).	Erstes Kind.	Normal: 18 Jahre. Berufsausbildung: 25 Jahre. Studium: 25 Jahre. Als Hilfe im Haushalt: 25 Jahre. Schwerbehinderte: 21 Jahre (unbegrenzt für diejenigen, die am 1. Juli 1987 bereits das 21. Lebensjahr erreicht hatten).	1. Kind: BFR 2 653 (ECU 67). 2. Kind: BFR 4 909 (ECU 124). 3. Kind und folgende: BFR 7 329 (ECU 186).	Keine einkommensabhängige Abstufung.	Altersabhängige Zuschläge zu den monatlichen Grundbeträgen.
Dänemark	Gesetz vom 31. März 1950.	Gesetz vom 3. Juni 1967, geänderte Fassung. Gesetz vom 19. März 1986 über allgemeine Familienbeihilfen, geänderte Fassung.	Erstes Kind.	Normal: 18 Jahre.	Allgemeine Familienbeihilfen (*børnefamilieydelse*): • Für jedes Kind von 0–3 Jahren: DKR 850 (ECU 115) • Für jedes Kind von 3–7 Jahren: DKR 758,3 (ECU 103) • Für jedes Kind von 7 bis zur Vollendung des 18. Lebensjahres. DKR 591,7 (ECU 80).	Keine einkommensabhängige Abstufung.	Siehe Monatsbeträge.
Deutschland[2]	Kindergeld-Gesetz vom 13. 11. 1954.	Bundeskindergeldgesetz (BKGG) vom 14. April 1964, in der Fassung der Neubekanntmachung vom 31. Januar 1994. Sozialgesetzbuch, Allg. Teil, 11. Dezember 1975, zuletzt geändert durch das Gesetz vom 5. Oktober 1994	Erstes Kind.	Normal: 18 Jahre. Verlängerung möglich bis zum 21. Lebensjahr für diejenigen, die als Arbeitslose der Arbeitsvermittlung zur Verfügung stehen und aus einer Erwerbstätigkeit ein Arbeitsentgelt oder Arbeitslosengeld oder Arbeitslosenhilfe von weniger als DM 400 (ECU 215) monatlich	1. und 2. Kind: DM 200 (ECU 104). 3. Kind: DM 300 (ECU 157). 4. Kind und weitere: DM 350 (ECU 183). **oder** alternativ steuerlicher Kinderfreibetrag für jedes Kind DM 6 264 im Jahr.	Keine einkommensabhängige Abstufung. Bei Wahl des steuerlichen Kinderfreibetrags kann dessen Einkommenswirkung in besonders hohen Einkommensgruppen die Höhe des Kindergeldes für 1. und 2. Kinder etwas übersteigen	Keine Abstufung nach Alter.

Fortsetzung Deutschland		Jahressteuergesetz 1996 vom 1. Oktober 1995 (mit Jahressteuerergänzungsgesetz vom 18. Dezember 1995).		beziehen. Berufsausbildung/Studium: 27 Jahre. Kein Anspruch bei Einkünften von mehr als DM 12 000 (ECU 6 263) im Jahr. Behinderte: Keine Altersbegrenzung.			
Griechenland	Gesetz von 1958.	Königlicher Erlaß Nr. 20 vom 23. Dezember 1959. Präsidialerlaß 527/1984. Präsidialerlaß 412/1985.	Erstes Kind.	Normal: 18 Jahre. Studium: 22 Jahre. Behinderte: Keine Begrenzung, wenn die Behinderung vor Vollendung des 18. Lebensjahres festgestellt wurde.	1 Kind: DR 1 620 (ECU 4,5). 2 Kinder: DR 5 560 (ECU 18). 3 Kinder: DR 12 060 (ECU 40). 4 Kinder: DR 14 300 (ECU 47). Für jedes folgende Kind zusätzlich DR 2 500 (ECU 8,30) zuzüglich DR 1 000 (ECU 3,30) für jedes nach dem 1. Januar 1982 geborene 3. Kind.	Progressive Minderung entsprechend dem Anstieg des Bruttofamilieneinkommens. Übersteigt das Einkommen DR 2 800 000 (ECU 9 274) pro Jahr, gelten folgende Kindergeldsätze: 1 Kind: DR 1 120 (ECU 3,7). 2 Kinder: DR 3 620 (ECU 12). 3 Kinder: DR 6 860 (ECU 23). 4 Kinder: DR 9 580 (ECU 32).	Keine Abstufung nach Alter.
Spanien	Gesetz vom 18. Juli 1938.	Gesetzgebendes königliches Dekret 1/94 vom 20. Juni zur Neufassung des Allgemeinen Gesetzes über die soziale Sicherheit. Königliches Dekret Nr. 356 vom 15. März 1991.	Erstes Kind.	Normal: 18 Jahre. Bei Schwerstbehinderten: keine Begrenzung.	Kinder unter 18 Jahren: Nicht Behinderte: PTA 3 000 (ECU 18). Behinderte: PTA 6 000 (ECU 37). Kinder über 18 Jahren: Mit einem Behinderungsgrad von mindestens 65 %: PTA 35 580 (ECU 221). Mit einem Behinderungsgrad von mindestens 75 %: PTA 53 370 (ECU 331).	Leistung entfällt, wenn das jährliche Familieneinkommen PTA 1 128 084 (ECU 6 995) übersteigt. Dieser Betrag erhöht sich ab dem 2. Kind um 15 % pro unterhaltsberechtigtes Kind.	Keine Abstufung nach Alter.

1 Die Kindergeldleistungen sind mit Ausnahme von Griechenland und Spanien nicht einkommensteuerpflichtig.
2 Wegen der grundlegenderen Neuordnung der Kindergeldgewährung in Deutschland ab 1. Januar 1996 sind abweichend von der Originalveröffentlichung (mit dem einheitlichen Vergleichszeitpunkt Mitte 1995) die ab Beginn 1996 geltenden neuen Daten ausgewiesen.

Land	Gesetzgebung		Kindergeld				
	1. Erstes Gesetz	2. Grundlegende Gesetze	1. Erstes berechtigtes Kind	2. Altersgrenzen	3. Monatsbeträge[1]	4. Abstufung nach Familieneinkommen	5. Abstufung nach Alter
Frankreich	Gesetz vom 11. März 1932.	Gesetzbuch für Soziale Sicherheit, Buch V. Dekret vom 10. Dezember 1946, geänderte Fassung. Gesetz vom 3. Januar 1975. Gesetz vom 12. Juli 1977. Gesetz vom 17. Juli 1980. Gesetz Nr. 94-629 vom 25. Juli 1994.	Erstes und zweites Kind. Kindergeld im eigentlichen Sinne ab dem 2. Kind.	Normal: 18 Jahre. Berufsausbildung: 20 Jahre, falls das Einkommen nicht 55 % des branchenübergreifenden Mindestlohnes (SMIC) übersteigt. Studium: 20 Jahre. Bei Schwerbehinderung: 20 Jahre.	1 Kind: Siehe unten »Geburtsbeihilfe«. 2 Kinder: FF 665 (ECU 102). 3 Kinder: FF 1 518 (ECU 233). 4 Kinder: FF 2 370 (ECU 364). 5 Kinder: FF 3 222 (ECU 494). 6 Kinder: FF 4 074 (ECU 625). Folgende Kinder: FF 852 (ECU 131).	Keine einkommensabhängige Abstufung.	Zuschläge variieren mit dem Alter: Kinder über 10 Jahre: FF 187 (ECU 29). Kinder über 15 Jahre: FF 333 (ECU 51): Ausgenommen das 1. Kind in Familien mit weniger als 3 Kindern.
Irland	Gesetz von 1944.	Gesetz von 1993 über die soziale Sicherheit, mit Änderungen.	Erstes Kind.	Normal: 16 Jahre. Studium: 19 Jahre (ab September 1995). Bei Behinderung: 19 Jahre.	1. und 2. Kind: IR£ 29 (ECU 37). 3. Kind und folgende: IR£ 34 (ECU 43). Bei Drillingen und Vierlingen wird für jedes Kind doppeltes Kindergeld gezahlt.	Keine einkommensabhängige Abstufung.	Keine Abstufung nach Alter.
Italien	Gesetz vom 17. Juni 1937, vereinheitlichter Text.	Dekret vom 30. Mai 1955. Gesetz vom 17. Oktober 1961. Gesetz Nr. 153 vom 13. Mai 1988 (Familienleistungen).	Erstes Kind.	Normal: 18 Jahre. Bei schwerer Behinderung: unbegrenzt.	Familienleistungen richten sich nach der Zahl der Kinder und sind einkommensabhängig. Beispiel für Leistungen an Familien mit zwei Kindern: • Einkommen LIT 21 633 000– 25 958 000 (ECU 9 824–11 788) p. a. LIT 300 000 (ECU 155).	Leistung entfällt bei Einkommen über LIT 60 562 000 (ECU 31 373) p. a.	Keine Abstufung nach Alter.

	26. Oktober 1947.	1977. Gesetz vom 19. Juni 1985.		Berufsausbildung/ Studium: 27 Jahre. Bei schwerer Behinderung: unbegrenzt.	(ECU 86). 2 Kinder: LFR 8 885 (ECU 232). 3 Kinder: LFR 18 012 (ECU 471). Jedes weitere Kind: LFR 9 126 (ECU 239).	abhängige Abstufung.	LFR 535 (ECU 14). Kinder ab 12 Jahre: LFR 1 605 (ECU 42).
Niederlande	Gesetz vom 23. Dezember 1939.	Gesetz vom 26. April 1962.	Erstes Kind.	Normal: 17 Jahre. Berufsausbildung/ Studium: 24 Jahre (nur wenn kein Anspruch auf Studienbeihilfe besteht). Mädchen/Jungen im elterlichen Haushalt verbleibend: 24 Jahre. Bei Behinderung: 17 Jahre.	Für ab 1. Januar 1995 geborene Kinder: unter 6 Jahren HFL 97,9 (ECU 46); zwischen 6 und 11 Jahren HFL 119 (ECU 55); zwischen 12 und 18 Jahren HFL 139,8 (ECU 65); Grundbetrag je Kind, das vor dem 2. Oktober 1994 geboren wurde und zwischen 6 und 11 Jahren alt ist in einer Familie mit: 1 Kind: HFL 139,8 (ECU 65). 2 Kindern: HFL 162,7 (ECU 76). 3 Kindern: HFL 170,3 (ECU 79). Der Betrag erhöht sich weiter mit steigender Kinderzahl in der Familie.	Keine einkommensabhängige Abstufung.	Siehe Monatsbeträge. Für vor dem 2. Oktober 1994 geborene Kinder bis zu 5 Jahren: 70 % des Grundbetrags. Kinder zwischen 12 und 17 Jahren: 130 % des Grundbetrags. Kinder zwischen 18 und 24 Jahren: 100 % des Grundbetrags. Ein Mehrfaches dieser Beträge unter bestimmten Voraussetzungen für behinderte Kinder oder solche im Studium oder in der Berufsausbildung.
Österreich	Gesetz von 1948.	Familienlastenausgleichsgesetz vom 24. Oktober 1967 mit Änderungen. Karenzurlaubsgeld und Sondernotstandshilfe: Arbeitslosenversicherungsgesetz 1977 (AlVG) vom	Erstes Kind.	Normal: 19 Jahre (Volljährigkeit). Berufsausbildung/Berufsfortbildung: 27 Jahre, ab 1. Oktober 1996: 26 Jahre, ausgenommen Behinderte. Arbeitsuchende Kinder: 21 Jahre.	Für jedes Kind pro Monat: • S 1 300 (ECU 99); • S 1 550 (ECU 119) ab Beginn des Kalenderjahres, in dem das Kind das 10. Lebensjahr vollendet; • S 1 850 (ECU 141)	Keine einkommensabhängige Abstufung.	Siehe Monatsbeträge.

1 Die Kindergeldleistungen sind mit Ausnahme von Griechenland und Spanien nicht einkommensteuerpflichtig.

Land	Gesetzgebung		Kindergeld				
	1. Erstes Gesetz	2. Grundlegende Gesetze	1. Erstes berechtigtes Kind	2. Altersgrenzen	3. Monatsbeträge[1]	4. Abstufung nach Familieneinkommen	5. Abstufung nach Alter
Fortsetzung Österreich		14. November 1977 mit Änderungen.		Kein Anspruch besteht für Kinder, die das 18. Lebensjahr vollendet haben, und eigene Einkünfte beziehen, die eine monatliche Höhe von S 3 600 (ECU 267) übersteigen.	ab Beginn des Kalendermonats, indem das Kind das 19. Lebensjahr vollendet. Für erheblich behinderte Kinder zusätzlich S 1 650 (ECU 126).		
Portugal	Gesetz von 1942.	Gesetzesverordnung Nr. 197 vom 7. Mai 1977, mehrfach geändert.	Erstes Kind.	Normal: 15 Jahre. Berufsausbildung/ Studium: 25 Jahre. Bei schwerer Behinderung: in einigen Fällen Verlängerung um bis zu 3 Jahre.	Jedes Kind: ESC 2 700 (ECU 14).	Ist das Familieneinkommen um das 1½fache niedriger als der allgemeine Mindestlohn, wird das Kindergeld ab dem 3. Kind auf ESC 4 190 (ECU 21) je Kind erhöht.	Keine Abstufung nach Alter.
Finnland	Gesetz vom 22. Juli 1948.	Gesetz vom 21. August 1922.	Erstes Kind.	17 Jahre.	1 Kind: FIM 535 (ECU 93). 2 Kind: FIM 657 (ECU 114). 3 Kind: FIM 779 (ECU 135). 4 Kind: FIM 901 (ECU 157). 5 und jedes weitere Kind: FIM 1 023 (ECU 178).	Keine einkommensabhängige Abstufung.	Keine Abstufung nach Alter.
Schweden	Gesetz vom 15. Juni 1945.	Gesetz über das Kindergeld von 1947 mit Änderungen.	Erstes Kind.	16 Jahre. Eine vergleichbare Beihilfe wird Kindern gewährt, die eine weiterführende Schule besuchen.	SEK 640 (ECU 77). Zulagen für Großfamilien: nur noch für diejenigen, die diese Zulagen bereits vor dem 1. Januar 1996 bezogen haben.	Keine einkommensabhängige Abstufung.	Keine Abstufung nach Alter.
Großbritannien	Gesetz vom 15. Juni 1945.	Gesetze vom 5. August 1965 und 7. August 1975 und Durchführungsverordnungen. Konsolidierungsgesetze 1992.	Erstes Kind.	Normal: 16 Jahre. Fortführende grundlegende Ausbildung: Bis zur Vollendung des 19. Lebensjahres.	Ältestes anspruchsberechtigtes Kind: £ 46,8 (ECU 58). Jedes andere Kind: £ 38,1 (ECU 47).	Keine einkommensabhängige Abstufung.	Keine Abstufung nach Alter.

1 Die Kindergeldleistungen sind mit Ausnahme von Griechenland und Spanien nicht einkommensteuerpflichtig.

Quelle: Soziale Sicherheit in den Mitgliedstaaten der Union (MISSOC 1995), Amt für amtliche Veröffentlichungen der Europäischen Gemeinschaften, Luxemburg 1996 und MISSOC Info 3/1996, Sonderheft (leicht gekürzt).

Tabelle 10b: Sonstige Familienbeihilfen in den EU-Staaten (Stand: 1. Juli 1996)

Land:	Sonstige Leistungen				
	1. Geburtsbeihilfe	2. Leistungen an Alleinerziehende	3. Sonderleistungen für behinderte Kinder	4. Wohnungs- und Umzugsbeihilfen	5. Sonstige Leistungen
Belgien	BFR 35 942 (ECU 911) für die 1. Geburt; BFR 27 042 (ECU 686) für die 2. und jede folgende Geburt. Kann zwei Monate vor dem voraussichtlichen Geburtsdatum bezogen werden. Adoptionsprämie: BFR 35 942 (ECU 911) je adoptiertes Kind.	Keine.	Zusätzliche Beihilfe für behinderte Kinder im Alter von unter 21 Jahren mit einer Behinderung von 66 %; Beiträge pro Monat und Kind: BFR 11 935–13 966 (ECU 303–354) je nach Autonomiepunkten des Kindes.	Keine.	Keine.
Dänemark	DKR 465,7 (ECU 63) pro Monat bis zum 7. Geburtstag des Kindes im Falle einer Mehrlingsgeburt und bei Adoption von mehr als einem Kind, d. h. am selben Tag geborene Brüder und/oder Schwestern.	Der Grundbetrag wird erhöht um DKR 376,7 (ECU 51) monatlich je Kind. Außerdem eine Zulage von DKR 287,7 (ECU 39) monatlich je Haushalt.	Keine.	Keine.	Beihilfe (einmalige Leistung) im Falle der Adoption eines fremden Kindes: DKR 32 212 (ECU 4 363).
Deutschland	(Jedoch »Mutterschaftsleistungen«.)	Sicherung eines Mindestunterhalts für Kinder, die bei einem alleinerziehenden Elternteil leben und das 12. Lebensjahr noch nicht vollendet haben, für längstens 6 Jahre, wenn sie diesen Unterhalt nicht von dem anderen Elternteil erhalten. Die Unterhaltsleistung beträgt in den alten Bundesländern bis zu DM 324 (ECU 169) und in den neuen Bundesländern bis zu DM 280 (ECU 146) monatlich.	(Keine Altersbegrenzung bei den Kindergeldleistungen.)	Zahlung von Wohngeld als Zuschuß zur Miete oder als Zuschuß zu den Aufwendungen für den eigengenutzten Wohnraum, wenn die Aufwendungen für eine angemessene Wohnung nicht zumutbar sind.	Erziehungsgeld: DM 600 (ECU 323) monatlich in den ersten 24 Lebensmonaten des Kindes. Die Einkommensgrenze für Verheiratete liegt in den ersten 6 Lebensmonaten bei DM 100 000 (ECU 53 764), für andere Berechtigte bei DM 75 000 (ECU 40 323) pro Jahr. Ab dem 7. Lebensmonat liegt sie bei DM 29 400 (ECU 15 806) für Verheiratete und bei DM 23 700 (ECU 12 742) für andere Berechtigte.

Land:	Sonstige Leistungen				
	1. Geburtsbeihilfe	2. Leistungen an Alleinerziehende	3. Sonderleistungen für behinderte Kinder	4. Wohnungs- und Umzugsbeihilfen	5. Sonstige Leistungen
Griechenland	(Jedoch »Mutterschaftsleistungen«.)	Erhöhung des Kindergeldes um DR 1 250 (ECU 4) für jedes Kind, wenn ein Elternteil verwitwet, Invalide oder Soldat ist, sofern seine Hinterbliebenenrente einen bestimmten Betrag nicht übersteigt. Diese Leistung wird unabhängig vom Geschlecht des Alleinerziehenden gewährt.	Beihilfe für Elternteil mit behindertem Kind: DR 1 250 (ECU 4) monatlich.	Keine.	Leistungen für Mütter, die nicht berufstätig sind oder die mit einem Soldaten oder einem Gefangenen verheiratet sind, sowie für griechische Emigranten, die nach Griechenland zurückkehren. Monatliche Sonderleistungen für Großfamilien: DR 500 (ECU 1,60) für das 3. Kind, DR 750 (ECU 2,50) für das 4. Kind, DR 1 000 (ECU 3,30) für das 5. Kind.
Spanien	Keine.	Keine.	PTA 6 000 (ECU 37) pro Monat für jedes Kind unter 18 Jahren mit einem Behinderungsgrad von mindestens 33 %. PTA 34 070 (ECU 209) pro Monat für jedes Kind älter als 18 Jahre und mit einem Behinderungsgrad von mindestens 65 %. PTA 51 105 (ECU 314) pro Monat, wenn die Invalidität mindestens 75 % beträgt und Dritthilfe erforderlich ist.	Keine.	Keine sonstigen Leistungen.
Frankreich	Beihilfe für junge Kinder (APJE): FF 955 (ECU 147) monatlich je Kind. Zahlbar ab dem 4. Schwangerschaftsmonat bis zum 3. Lebensjahr des Kindes mit Bedürftigkeitsprüfung.	Garantie eines Mindestfamilieneinkommens für Personen, die alleine mindestens ein Kind aufziehen oder im Falle einer Schwangerschaft ohne andere unterhaltsberechtigte Kinder. Monatsbetrag: FF 3 118 (ECU 478) plus FF 1 039 (ECU 159) je Kind. Die Beihilfe ist so hoch wie die Differenz zwischen obigem Betrag und den Einkünften des Leistungsempfängers.	Sondererziehungsbeihilfe für Behinderte mit einem Behinderungsgrund von mindestens 50 % bis zum vollendeten 20. Lebensjahr: FF 665 (ECU 102) pro Monat. Zuschlag für behinderte Kinder mit einem Behinderungsgrad von mindestens 80 % oder 50–80 %, wenn sie von besonderen Institutionen betreut werden. Drei Kategorien je nach Schwere der Behinderung	Wohnbeihilfe für Bezieher einer der verschiedenen Familienbeihilfen. Die Beihilfe wird unter Berücksichtigung der Wohnkosten (innerhalb der festgelegten Grenzen), der Familiensituation und der Einkommensquellen festgesetzt. Bei geringem Einkommen sind Zuschläge möglich.	Zulage bei Schuljahresbeginn (*Allocation de rentrée scolaire*) für Kinder im Alter von 6 bis 18 Jahren: FF 411 (ECU 63) Pauschlabetrag nach Bedürftigkeitsprüfung. Erziehungsgeld (*Allocation parentale d'éducation*): Für Elternteile, die ihre berufliche Tätigkeit für die Erziehung eines Kindes unter 3 Jahren teilweise oder vollständig unterbrechen und die minde-

		nicht von beiden Elternteilen anerkannt sind oder deren Vater oder Mutter der Verpflichtung zu Unterhaltszahlung nicht nachkommt; wird je nach Bedürftigkeit gewährt.			Satz bei vollständiger Arbeitsaufgabe: FF 2 964 (ECU 455). Reduzierte Sätze je nach Ausmaß der Teilzeitbeschäftigung. Familienbeihilfe (*Complément familial*) nach Bedürftigkeitsprüfung: FF 866 (ECU 133) für Familien mit mindestens 3 Kindern über 3 Jahren. Beschäftigungshilfen (*Aides à l'emploi*) für die Einstellung von Betreuungskräften: unter bestimmten Voraussetzungen je nach Alter der Kleinkinder.
Irland	IR£ 500 (ECU 636) bei Zwillingen, Weitere Zahlungen in gleicher Höhe, wenn die Zwillinge das 4. und 12. Lebensjahr vollenden.	Beihilfe für Alleinerziehende (*Lone Parent's Allowance*) wird als gesonderte Leistung nach Bedürftigkeitsprüfung gewährt: IR£ 64,5 (ECU 82) maximal pro Woche. Zulage von IR£ 15,20 (ECU 18) wöchentlich für jedes Kind.	IR£ 100,6 (ECU 128) pro Monat für Kinder zwischen 2 und 16 Jahren, die zu Hause leben (*Domiciliary Care Allowance*).	Keine.	Familieneinkommenszulage (*Family Income Supplements, FIS*): Unter bestimmten Voraussetzungen wöchentliche Geldleistungen für Familien mit niedrigem Einkommen. Soll verhindern, daß der Arbeitslosenstatus vorteilhafter als eine Beschäftigung ist. Im Dezember 1995 betrug die durchschnittliche wöchentliche Zahlung IR£ 34 (ECU 43).
Italien	(Jedoch »Mutterschaftsleistungen«.)	Keine.	Ist ein Familienmitglied behindert, wird die Familieneinkommensgrenze um jährlich LIT 14 000 000 (ECU 6 358) angehoben.	Keine.	Keine sonstigen Leistungen.
Luxemburg	Eine Geburtsbeihilfe in Höhe von LFR 57 618 (ECU 1 506) insgesamt ist für Frauen mit Wohnsitz in Luxemburg vorgesehen, vorausgesetzt, daß sowohl die Mutter als auch das Kind sich den vorgeschriebenen ärztlichen Untersuchungen unterziehen.	Keine.	Zusatzleistung von LFR 2 194 (ECU 57) für jedes Kind unter 18 Jahren, dessen körperliche oder geistige Fähigkeiten gegenüber einem normalen Kind gleichen Alters um mindestens 50 % ständig eingeschränkt oder herabgesetzt sind.	Keine.	*Leistung zum Schulanfang* für Kinder über 6 Jahre. Beiträge pro Kind, abgestuft nach Alter des Kindes und der Kinderzahl in der Familie. *Erziehungsgeld* für den Elternteil, der ein Kind unter 2 Jahren erzieht und entweder nicht über ein regelmäßiges Ein-

Land:	Sonstige Leistungen				
	1. Geburtsbeihilfe	2. Leistungen an Alleinerziehende	3. Sonderleistungen für behinderte Kinder	4. Wohnungs- und Umzugsbeihilfen	5. Sonstige Leistungen
noch Luxemburg	Den in Luxemburg ansässigen Frauen wird ein vom nationalen Fonds für Familienbeihilfen verwaltetes Mutterschaftsgeld gezahlt.		Fortzahlung der Leistung ohne Altersgrenze, wenn die Person ihren Lebensunterhalt nicht bestreiten kann, sofern sie nicht eine Rente aus dem Nationalen Solidaritätsfonds oder von einem anderen Sozialversicherungsträger bezieht.		kommen verfügt oder dessen Einkommen zusammen mit dem des Ehepartners bestimmte nach der Zahl der betreuten Kinder abgestufte Grenzen nicht überschreitet. Betrag: LFR 16 058 (ECU 419). Halbes Erziehungsgeld bei Teilzeitbeschäftigung.
Niederlande	(Jedoch »Mutterschaftsleistungen«.)	Keine.	(Siehe die erhöhten Kindergeldleistungen.)	Keine.	Keine.
Österreich	Einmalige Zahlungen aus Anlaß der Geburt des Kindes werden nach dem 1. Januar nicht mehr gewährt. Voraussetzung war vorher, daß bestimmte Untersuchungen der Schwangeren und des Kindes nach dem Mutter-Kind-Paß Untersuchungsprogramm durchgeführt wurden. Wurden die Untersuchungen nicht durchgeführt, verkürzte sich die Zahlung.	Keine.	Für erheblich behinderte Kinder, das sind solche, bei denen der Grad der Behinderung zumindest 50 % beträgt oder die dauernd erwerbsunfähig sind, wird zusätzlich zur allgemeinen Familienbeihilfe die erhöhte Familienbeihilfe von S 1 650 (ECU 126) pro Monat gewährt. Ist die Erwerbsunfähigkeit vor Vollendung des 21. Lebensjahres eingetreten oder während einer späteren Berufsausbildung, jedoch spätestens vor Vollendung des 27. Lebensjahres, wird Familienbeihilfe und erhöhte Familienbeihilfe unbegrenzt geleistet.	Wohn- bzw. Mietbeihilfen nach den Sozialhilfegesetzen der Bundesländer unter Bedürftigkeitsprüfung (Familienangehörige erhöhen die Beihilfe).	*Kleinkindbeihilfe* (für ab dem 1. 7. 1996 geborene Kinder): Anspruch auf monatlich S 1 000 (ECU 74) hat unter bestimmten Voraussetzungen ein Elternteil, der das Kind im 1. Lebensjahr überwiegend selbst betreut, für die Dauer dieses Jahres. Das monatliche Familieneinkommen darf S 11 253 (ECU 834) nicht übersteigen, wobei sich das mögliche Familieneinkommen um S 840 (ECU 62) pro Kind, für das Familienbeihilfe gewährt wird, erhöht. *Karenzurlaubsgeld:* Dauer: Ab Ende des Wochengeldbezuges bis zur Vollendung des 18. Lebensmonates des Kindes (16 Monate). Betrag S 185,50 (ECU 14) täglich. Anspruch bis max. zur Vollendung des 2. Lebensjahres, wenn der andere Elternteil (Vater) einen minde-

Fortsetzung Österreich					stens dreimonatigen Karenzurlaub in Anspruch nimmt. Alleinstehende erhalten einen Zuschuß zum Karenzurlaubsgeld in Höhe von S 2 500 (ECU 185) monatlich, der vom anderen Elternteil (Vater) zurückzubezahlen ist. Karenzurlaubsgeld bei Teilzeitbeschäftigung: Bis max. zur Vollendung des 3. Lebensjahres, bis zum 4. Lebensjahr, wenn der Vater ebenfalls eine Teilzeitbeschäftigung ausübt. *Sondernotstandshilfe:* Dauer 12 Monate, höchstens bis zur Vollendung des 3. Lebensjahres des Kindes.
Portugal	Einmalige Leistung von ESC 23 850 (ECU 121) je Lebendgeburt. Stillgeld: ESC 4 390 (ECU 22) monatlich in den ersten 10 Lebensmonaten des Kindes.	Keine.	Zusätzliche, je nach Alter abgestufte Beihilfe für behinderte Angehörige des Arbeitnehmers, die nicht älter als 24 Jahre sind. Monatliche Rente für Personen über 24 Jahre.	Keine.	*Heiratszuschuß:* ESC 19 830 (ECU 101) für jeden versicherten Ehegatten als einmalige Leistung. *Sterbegeld* von ESC 27 740 (ECU 136) beim Tode des Versicherten oder bestimmter Familienangehöriger.
Finnland	Frauen mit ständigem Wohnsitz in Finnland haben nach dem 154. Tag der Schwangerschaft Anspruch auf einen Mutterschaftszuschuß, wenn sie sich einer ärztlichen Untersuchung unterzogen haben. Mütter haben die Wahl zwischen einem Mutterschaftspaket mit Produkten für die Kinderpflege und einer Geldleistung in Höhe von FIM 760 (ECU 132). Diese Leistung wird für jedes neugeborene Kind bewilligt.	Alleinerziehende erhalten neben dem allgemeinen Kindergeld zusätzlich FIM 200 (ECU 35) pro Kind. Unterhaltsgeld für Kinder: Wenn die Elternschaft nicht anerkannt ist bzw. die Mutter oder der Vater den Unterhaltsverpflichtungen nicht nachkommen, erhält der alleinerziehende Elternteil zwischen FIM 518 (ECU 90) und FIM 637 (ECU 111) Unterhaltsgeld pro Monat.	Kinderpflegegeld für die Pflege von schwerbehinderten und chronisch kranken Kindern bis zu 16 Jahren. Je nach Belastung für die Familie sind drei verschiedene Sätze möglich: FIM 414 (ECU 71), FIM 967 (ECU 165) oder FIM 1 796 (ECU 307) pro Monat.	Wohngeld nach Beschäftigungsnachweis für Familien mit niedrigem Einkommen möglich.	Beihilfe für die häusliche Kinderpflege für Familien, die ihre Kinder bis zu 3 Jahren zu Hause versorgen oder eine andere Regelung gefunden haben, statt die über die Gemeinden verfügbare Tagespflege in Anspruch zu nehmen. Die monatliche Beihilfe setzt sich wie folgt zusammen: FIM 1 500 (ECU 256) Grundbetrag plus FIM 300 (ECU 51) für Geschwister plus bedarfsabhängige Zulage, die gezahlt wird, wenn ein Elternteil die wöchentliche

Land:	Sonstige Leistungen				
	1. Geburtsbeihilfe	2. Leistungen an Alleinerziehende	3. Sonderleistungen für behinderte Kinder	4. Wohnungs- und Umzugsbeihilfen	5. Sonstige Leistungen
Fortsetzung Finnland					Arbeitszeit auf höchstens 30 Stunden begrenzt, um ein Kind unter 3 Jahren zu versorgen.
Schweden	Keine Geburtsbeihilfe.	Alleinerziehenden wird ein Betrag von SEK 1 173 (ECU 140) pro Monat garantiert, den sie entweder aus Unterhaltszahlungen von dem anderen Elternteil oder durch laufende Unterhaltsbeihilfen vom Staat erhalten.	(Leistungen bei „Invalidität".)	Wohngeld erhalten alle Niedriglohnempfänger, die auf eine Wohnung einer bestimmten Größe oder eines gewissen Standards angewiesen sind. Es handelt sich dabei meist um Familien.	Beihilfe bei Adoption eines fremden Kindes. Die Hälfte der Kosten bis zu einer Grenze von SEK 24 000 (ECU 2 454). Sonderbeihilfe für adoptierte Kinder mit einem Elternteil: SEK 14 080 (ECU 1 439) pro Jahr.
Groß-britannien	Mutterschaftsgeld (*Maternity Payment*): £ 100 (ECU 119) vom Sozialfonds. Für Personen, die einkommensbezogene Zulagen (Einkommensunterstützung, Familienkredit oder Einkommensbeihilfe für behinderte Arbeitnehmer) erhalten, und zwar für jedes Kind, mit dem eine Frau schwanger geht, für jedes Neugeborene und für jedes neu adoptierte Kind.	Leistung für alleinstehendes Elternteil (*One-Parent Benefit*): Für das erste Kind: £ 27,30 (ECU 32) monatlich.	(Leistungen bei »Invalidität«, Betreuungsbeihilfe und Mobilitätshilfe.)	Wohngeld.	Familienkredit (*Family Credit, FC*). Nicht beitragspflichtige einkommensabhängige Leistung für Erwerbstätige mit Kindern, unter bestimmten Voraussetzungen als Anreiz, beschäftigt zu bleiben und mit Arbeit besser gestellt zu sein als ohne. Im Februar 1996 betrug die durchschnittliche wöchentliche Zahlung mehr als £ 55 (ECU 68).

Quelle: siehe Tabelle 10 a.

gestaltung der Kindergeldleistungen in den Mitgliedstaaten der EU nach dem Stand von Mitte 1996.

Die organisatorische Durchführung der Kindergeldzahlungen, die eng mit der Finazierungsweise zusammenhängt, ist ebenfalls bisher in den verschiedenen Mitgliedstaaten unterschiedlich geregelt. In einer Reihe von Ländern werden die Kindergeldleistungen im Rahmen von sozialversicherungsrechtlichen Systemen mit Finanzierung durch Beiträge insbesondere der Arbeitgeber (so in Frankreich, Luxemburg und mit staatlicher Beteiligung in Belgien, Spanien, Griechenland, Italien, Portugal) ausgerichtet, in anderen Mitgliedstaaten durch aus dem Steueraufkommen finanzierte Systeme (wie in Dänemark, Deutschland, den Niederlanden, Irland, Finnland, Schweden und Großbritannien).

Damit ergibt sich insgesamt eine recht vielschichtige Palette der Kindergeldleistungen in der Union, sowohl was die Einkommenswirkung in den Familienhaushalten, als auch was die volkswirtschaftliche Belastungswirkungen durch diesen Zweig der sozialen Sicherungspolitik angeht. Bisher ist **kein einheitliches Gestaltungsprinzip** zu erkennen. Für die auf längere Sicht anstehende Frage einer sozialen Harmonisierung erscheint es wichtig, dies besonders festzuhalten. Daneben verdient ein Aspekt Hervorhebung, der mit der in jüngster Zeit stärker betonten Position des Kindes als eines Trägers eigener Rechte zusammenhängt: Vor diesem Hintergrund deuten sich Verschiebungen im Referenzsystem für die Kindergeldzahlungen von den Eltern auf die Kinder an, die sich damit in Tendenzen einer »kinderzentrierten Familienpolitik« einordnen. Es bleibt allerdings zweifelhaft, wie das »Europäische Observatorium für nationale Familienpolitik« Anfang der neunziger Jahre feststellte, ob derartige Tendenzen dort eine zusätzliche Unterstützung erfahren, wo in der sozialpolitischen Diskussion ein einheitlich hohes Kindergeld für Kinder unabhängig von ihrem Alter und ihrer Rangzahl in der Familie gefordert wird.

Die Steuerermäßigungen für Kinder, die neben den direkten Transferleistungen für Kinder mit in Betracht zu ziehen sind, stellen sich zwischen den einzelnen Mitgliedstaaten ebenfalls unterschiedlich dar: Ein Teil der Länder wie etwa Großbritannien, Dänemark, Irland und praktisch die Niederlande kennen keine besondere Steuerermäßigungen für Kinder. In der Mehrheit der Mitgliedstaaten findet sich jedoch eine – im einzelnen unterschiedlich ausgestaltete – Berücksichtigung von Kindern in der Einkommenbesteuerung, sei es in Form von Abzügen vom zu versteuernden Einkommen (Steuerbemessungsgrundlage) wie in Belgien und Luxemburg, sei es als Abzug von der Steuerschuld wie in Italien, Spanien und Portugal. In Frankreich werden Kinder in der Einkommenbesteuerung zusätzlich neben dem Ehepartner in einem »Familiensplitting« dadurch berücksichtigt, daß die Kinder in den Familienquotienten eingehen. Zu diesen allgemeinen Einkommensteuerermäßigungen für Kinder tritt verschiedentlich auch die Berücksichtigung von nachgewiesenen Kosten für Kinder (insbesondere für Kinderbetreuung).

Auch die einkommensteuerrechtlichen Regelungen im Hinblick auf den Unterhalt von Kindern berühren verteilungspolitische Fragen, deren Klärung im Rahmen einer weiteren sozialen Integration der Union dringlich erscheint. Wie eine nähere Analyse der unterschiedlichen Steuerermäßigungen für Kinder ergibt, findet sich bisher in keinem anderen Mitgliedstaat der EU eine Regelung, nach der die gesamten sozialkulturellen Mindestaufwendungen für ein Kind von der Einkommenbesteuerung freigestellt sind, oder ein äquivalenter absoluter Betrag von der Steuerschuld abgezogen wird. Die auch in Deutschland noch keineswegs voll konsensfähige Sichtweise, daß nach Verwirklichung der Steuergerechtigkeit erst der »eigentliche« FLA beginnt, ist erst recht im internationalen Vergleich bisher noch keineswegs Allgemeingut in den familienpolitischen Zielsetzungen. Auch an dieser Stelle zeigt sich, welche Schritte hin auf ein gemeinsames Konzept einer familiengemäßen Einkommensgestaltung in der Union noch zu tun sind.

In der familienpolitischen Diskussion interessiert zudem ein wertender internationaler Vergleich des Niveaus der einkommenspolitischen Maßnahmen für Familien. In den Ländern der EU bildet die dargestellte Gewährung von Familien- bzw. Kindergeldleistungen durchweg ein Kernstück der wirtschaftlichen Familienförderung. Sie stellt einen inzwischen fest in die Verteilungspolitik integrierten, wenn auch im Einzelfall noch deutlich unterschiedlich weit entwickelten Zweig der sozialen Sicherungssysteme der Mitgliedstaaten dar. Durchgängig gilt dabei für den Ausgleich der durch Kinder bedingten zusätzlichen Belastungen des Familienhaushalts der Grundsatz, daß die Ausgleichsleistungen die durchschnittlichen Aufwendungen für Kinder nicht voll abdecken sollen, was tatsächlich auch bei weitem nicht der Fall ist, mit Ausnahme vielleicht bei dritten und weiteren Kindern in Frankreich und Belgien, wo dann die »reinen« direkten Kinderkosten annähernd erreicht werden dürften, aber auch nur für die Kinder dieser Rangzahl. Diese Sichtweise kann – mit bedingt durch das andernfalls erforderliche hohe Ausmaß von Transferströmen – heute in allen Ländern der Union für die Mehrzahl der Familien als praktisch unbestritten gelten. Die in der Vergangenheit teils (so in Frankreich) unter dem Einfluß demographischer Zielsetzungen anzutreffende Auffassung: »gleiche (Markt-) Leistung – gleiches Lebensniveau der Familie« hat heute in keinem Mitgliedstaat mehr allgemeine familienpolitikleitende Bedeutung.

Besondere Vorsicht ist geboten bei internationalen Vergleichen der Leistungen zum Ausgleich der Familienlasten, wenn daraus Rückschlüsse auf die Wirkung dieser Leistungen auf die Einkommenslage unterschiedlich großer Familien und damit auf den jeweiligen Stand der Familienpolitik in einem Land gezogen werden sollen. Einmal müssen neben den direkten Transferleistungen (Kindergeld) gegebenenfalls vorhandene einkommenswirksame Einkommensteuerermäßigungen für Kinder mit berücksichtigt werden. Darüber hinaus sind die Leistungen auch im Zusammenhang mit der jeweiligen Höhe des nationalen Einkommensniveaus zu sehen. Aussagefähig sind daher noch am ehesten Gegenüberstellungen der Einkommensdifferenzierung nach der Familiengröße, die zeigen, wie sich in den verschiedenen Ländern jeweils das verfügbare Netto-Einkommen mit steigender Kinderzahl prozentual im Vergleich zu dem der kinderlos Verheirateten erhöht *(siehe Tabelle 11)*[153].

153 Dieses Analyseinstrument mit seiner relativ guten Aussagefähigkeit wurde von Max Wingen, Familienlastenausgleich im internationalen Vergleich, München 1971, siehe auch ders., Familienpolitik, in: HdWW, Stuttgart – Tübingen – Göttingen 1980, S. 594, vorgestellt und Anfang der neunziger Jahre nach neuerem Stand auf der breiteren Grundlage der EU und in der Unterscheidung nach Arbeitern und Angestellten von Erika Neubauer, Familienpolitische Ansätze zum Ausgleich der Aufwendungen für Kinder, Teil 7 des Berichts der Projektgruppe

Tabelle 11: Durchschnittliches Netto-Einkommen von verheirateten Arbeitern und Angestellten mit Kindern im europäischen Vergleich
(Netto-Einkommen eines Verheirateten ohne Kind = 100)

	Arbeiter			Angestellte		
	1 Kind	2 Kinder	3 Kinder	1 Kind	2 Kinder	3 Kinder
Belgien (1989)	111	128	163	113	135	175
Dänemark (1991	115	121	125	117	123	127
Deutschland (1990)	104	112	123	104	110	120
Frankreich (1990)	106	130	171	104	120	149
Griechenland (1991)	104,5	109	115	105	107	109
Irland (1990)[1]	102	104	106	102	104	106
Italien (1990)	100,5	108	113	–	100,7	101
Luxemburg (1990)[1]	106	113	126	107	117	127
Niederlande (1990)[1]	104	110	118	104	109	116
Portugal (1990)	103	107	110	103	106	109
Großbritannien (1990)	104	108	112	103	106	108

1 Keine Steuervergünstigungen.
Quelle: E. Neubauer (Anm. 153), S. 304.

Wie diese Übersicht zeigt, lassen sich zu Beginn der neunziger Jahre deutlich unterschiedliche Positionen für die einzelnen Mitgliedstaaten der EU ausmachen, die sich strukturell auch in den folgenden Jahren nicht wesentlich verschoben haben dürften: Bei der Differenzierung beim ersten Kind stehen Dänemark und Belgien vorne. Beim Übergang auf eine Familiengröße mit zwei Kindern rückt Frankreich vor Belgien und Dänemark in die Spitzengruppe. Beim Übergang auf Familien mit drei Kindern liegen Belgien und Frankreich mit großem Abstand vorne, Luxemburg, Dänemark und Deutschland rücken auf die folgenden Plätze; am unteren Ende stehen Irland, wo direkte Kindergeldleistungen erst ab dem vierten Kind höher sind, Portugal sowie Italien, wo sich der Effekt der Beschränkung auf die Bezieher niedriger Einkommen erkennen läßt.

Der so ermittelte Grad der familiengemäßen Einkommensdifferenzierung erlaubt jedoch erst dann wirkliche Rückschlüsse auf den Stand der familiengemäßen Einkommensgestaltung des jeweiligen Landes, wenn zugleich die in der einzelnen Familie anfallenden durchschnittlichen Aufwendungen für Kinder berücksichtigt werden, deren Höhe durch familienpolitische Maßnahmen auf der Seite der Einkommensverwendung und/oder unmittelbaren kollektiven Bedarfsdeckung mittels unentgeltlicher Sach- bzw. Dienstleistungen mit beeinflußt wird. Nur wenn der Faktor »Kinderkosten« gleich ist (d. h. gleicher Prozentsatz vom durchschnittlichen Arbeitsverdienst), ist eine stärkere Einkommensdifferenzierung nach der Familiengröße Ausdruck einer weniger starken Beeinträchtigung des materiellen Lebens-

»Familienpolitische Fördersysteme in der europäischen Gemeinschaft«, Bonn 1992, S. 7/1 ff. angewandt, aus deren instruktivem Untersuchungsbericht auch die ausgewiesenen Daten entnommen sind.

niveaus der Familie durch Kinder. Für eine Beurteilung im Sinne eines wertenden Vergleichs der Leistungen eines Familienlastenausgleichs bleibt schließlich ein möglicher Einfluß spezifisch bevölkerungspolitischer Zielsetzungen eines Landes zu bedenken, der einen Vergleich in familienpolitischer Sicht nur noch wenig sinnvoll erscheinen läßt.

5.3.3 Erziehungsgeld als phasenspezifische Intervention

5.3.3.1 Zielsetzung

Noch ehe der Familienlastenausgleich eine wirklich befriedigende Lösung gefunden hat, hat er aufgrund der Veränderungen im Erwerbsverhalten gerade auch verheirateter Frauen bereits eine neue Dimension hinzugewonnen: Im Bereich der breiten Masseneinkommen bedingt der Wegfall des zweiten Erwerbseinkommens (in der Regel der Frau) eine besondere finanzielle Problematik im Vergleich zu erwerbstätigen Ehepaaren ohne Kinder. Hier setzten schon vor einer Reihe von Jahren die Bestrebungen ein, mit der Gewährung eines speziellen »Erziehungsgeldes« während der ersten Lebensjahre eines Kleinkindes bei Verzicht eines Elternteils auf die volle Erwerbstätigkeit einen gewissen Ausgleich zu schaffen und dabei auch einen Teil der »Opportunitätskosten« auszugleichen. Ein solches Erziehungsgeld, ursprünglich nach seiner Einführung 1986 zunächst auf zehn Monate begrenzt und zwischenzeitlich in der Bezugsdauer ausgeweitet, wird ab 1993 für zwei Jahre gezahlt[154]. Im ersten Halbjahr ist es an relativ hohe Einkommensgrenzen gebunden, danach wird es auf niedrigere Einkommen beschränkt, bei deren Überschreiten ein Teil des Mehreinkommens auf das Erziehungsgeld angerechnet wird, so daß dieses dann gegen Null ausläuft. Voraussetzung für den Bezug ist ein wenigstens teilweiser Verzicht auf Erwerbstätigkeit, was gerade unter der sozialisationspolitischen Zielsetzung gesehen werden muß. Vorausgehende Erwerbstätigkeit ist nicht Voraussetzung für den Erziehungsgeldbezug. Der Gesamtaufwand für diese spezifische Einkommenshilfe für junge Familien in einer besonders sensiblen Phase lag 1995 bei 7,2 Milliarden DM.

Es geht bei diesem neuen Ansatz einer familienphasenspezifisch angelegten Einkommenshilfe nicht nur um die gezielte Berücksichtigung einer spezifischen wirtschaftlichen Belastungssituation, sondern darüber hinaus um die wirtschaftliche Absicherung einer möglichst dauerhaften Betreuungssituation für das Kleinkind durch eine feste Bezugsperson (Mutter oder Vater). Damit zielt dieses Instrument letztlich ab auf die Verbesserung der ökonomischen Voraussetzungen für die frühkindliche Sozialisation und auf eine Vergrößerung der Wahlfreiheit junger Eltern auf der Ebene der Familie. Wie die offiziellen Begründungen zu der Erziehungsgeldregelung erkennen lassen, werden hier mehrere Zielfunktionen miteinander

154 Bei einem weiteren Kind, das im Betreuungszeitraum geboren wird, besteht auch für dieses Kind von seiner Geburt an zusätzlich Anspruch auf Erziehungsgeld. Bei Mehrlingsgeburten wird die Leistung für jedes Kind gewährt.

ander verknüpft, was die Ausgestaltung im einzelnen nicht unbedingt als völlig konsistenz erscheinen lassen kann. Da die Leistung sowohl Müttern als auch Vätern zusteht und ein bis zu dreimaliger Wechsel in der Inanspruchnahme möglich ist, kann die Ausgestaltung eine größere Rollenflexibilität zwischen Mann und Frau erleichtern.

Erste Überlegungen für eine solche einkommenspolitische Maßnahme für junge Eltern gehen schon auf die Mitte der sechziger Jahre zurück. In der Bundesrepublik setzte seinerzeit schon eine Diskussion um ein »Mütterpflegcausglcichsgeld« (Hans Harmsen) ein; Ende der sechziger Jahre lautete das Stichwort »Muttergeld«, zu dem ein vom Bundesarbeitsministerium in Auftrag gegebenes größeres Gutachten von Maria Schulte-Langforth vorgelegt wurde; in den siebziger Jahren rückte das Konzept eines »Familiengeldes« stärker in den Vordergrund und bei der ersten, ab 1986 geltenden Regelung sprach der Gesetzgeber vom »Erziehungsgeld«, das das bis dahin bestehende arbeitsrechtlich begründete Mutterschaftsgeld für die Zeit unmittelbar nach der Geburt des Kindes mit umfaßte. Ein Erziehungsgeld wurde schon 1975 im Zweiten Familienbericht vorgeschlagen und noch einmal im Dritten Familienbericht (1979). Im historischen Ablauf ist schon der Wechsel in der Terminologie interessant, werden dabei doch Wandlungen im Rollenverständnis von Mann und Frau sichtbar. Zugleich zeigt diese Entwicklung aber auch wie lang die »Inkubationszeit« für die Verwirklichung weiterführender familienpolitischer Konzepte sein kann.

5.3.3.2 Element eines integrativen Maßnahmenbündels

Wie bei der Erörterung der Probleme einer stärkeren Familienorientierung der Erwerbsarbeitswelt bereits deutlich wurde, macht ein Erziehungsgeld nur Sinn als Teil eines integrativ geplanten Maßnahmenbündels, in dem eine Reihe von Maßnahmen mit dieser einkommenspolitischen Hilfe ineinandergreifen. In sozialökonomischer Hinsicht ist hier vor allem die **»Trias«** hervorzuheben, zu der neben dem Erziehungsgeld selbst die rentenversicherungsrechtliche Absicherung des in der Phase der frühkindlichen Sozialisation des Kindes auf Erwerbstätigkeit ganz oder doch weitgehend verzichtenden Elternteils (Anrechnung von Erziehungsjahren) sowie bei erwünschter späterer Rückkehr in die Erwerbstätigkeit die arbeitsrechtliche Absicherung durch den Erziehungsurlaub gehören. So wichtig das Erziehungsgeld ist, es kann vor dem aufgezeigten sozialökonomischen Entstehungshintergrund allein wohl keine problemangemessene Lösung sein, erst recht kein Patentrezept. Nur mit den genannten flankierenden Maßnahmen wird der integrative Ansatz einer Erziehungsgeldregelung vollständig.

Das Erziehungsgeld dient zwar von seiner hauptsächlichen Zielsetzung her der Förderung der Entwicklungsbedingungen junger Familien und von der materiellen Seite her der Vergrößerung von deren Handlungs- und Entscheidungsspielräumen. Gerade die ökonomische Wirkung kann daher nicht zuletzt für Alleinerziehende besonders wichtig sein, bei denen man sich unter Umständen auch differenzierte, d. h. vergleichsweise höhere bzw. vorrangig erhöhte Beträge gegenüber dem allgemeinen Erziehungsgeld vorstellen kann. Gleichwohl dürften darüber hinaus angesichts eines integrierten Erziehungsgeldansatzes in der Grundtendenz auch positiv zu bewertende Auswirkungen auf die demographische Entwicklung erwartet werden können. Ein zentraler Ansatzpunkt für die Lösung des demographischen Problems in den westeuropäischen Industriegesellschaften ist im Konfliktfeld zwischen Familienleben und Erwerbsarbeitswelt zu sehen. Ein durch weitere Maßnahmen entsprechend flankiertes Erziehungsgeld kann hier einen wichtigen Beitrag zur Problemlösung leisten mit Auswirkung in den außerökonomischen Bereich der gesellschaftlichen Anerkennung von Familienleistungen hinein und die Entscheidung für Kinder erleichtern. Insofern kommt dem Erziehungsgeld nicht nur eine spezifische sozialisationspolitische Bedeutung für die Situation des Kindes in der jungen Familie zu, sondern es besitzt von seinen demographischen Nebenwirkungen her, die sozialschichtenspezifisch sicherlich unterschiedlich zu beurteilen sind, auch eine herausgehobene Stellung in einer demographisch mitbegründeten Familienpolitik.

Die inzwischen auf drei Jahre ausgedehnte Anrechnung von Erziehungszeiten in der Gesetzlichen Rentenversicherung und die Verlängerung des Erziehungsurlaubs ebenfalls auf drei Jahre gehen über die Laufzeit der bisher nur für die ersten beiden Lebensjahre des Kindes gewährten bundeseinheitlichen Erziehungsgeldleistungen hinaus. Sie bieten damit die Möglichkeit, eine ergänzende Landeserziehungsgeldgewährung im dritten Lebensjahr des Kindes rentenversicherungsrechtlich und gegebenenfalls arbeitsrechtlich abzusichern. Solche **Landeserziehungsgeldregelungen** sind in der Bundesrepublik in den vergangenen Jahren geschaffen worden und Ausdruck für ein Zusammenwirken von familienpolitischen Entscheidungsträgern auf Bundes- und Länderebene in diesem Feld der Einkommenspolitik. Für die neuen Bundesländer hat sich für die erste Hälfte der neunziger Jahre gezeigt[155], daß die Mütter die Möglichkeit des auf drei Jahre verlängerten Erziehungsurlaubs signifikant häufiger in denjenigen Ländern wahrzunehmen beabsichtigen, in denen zusätzliche Länderregelungen für die restliche Erziehungsurlaubsdauer nach Auslaufen des Bundeserziehungsgeldes vorgesehen waren. Besonders bedeutsam sind zusätzliche Landeserziehungsgeldregelungen danach offensichtlich für alleinerziehende Mütter.

Eine Landeserziehungsgeldregelung kennen gegenwärtig die Länder Baden-Württemberg, Bayern, Mecklenburg-Vorpommern, Rheinland-Pfalz, Sachsen und Thüringen. In Brandenburg wird nach der Geburt einmalig ein Betrag von 1 000 DM gezahlt. Die Regelungen in den Ländern mit einem das Bundeserziehungsgeld ergänzenden landesspezifischen Erziehungsgeld unterscheiden sich in der Dauer (während des dritten Lebensjahres des Kindes) und in der Höhe dieser Einkommenshilfe. Während das Landeserziehungsgeld in Mecklenburg-Vorpommern mit zwölf Monaten Bezugsdauer und einer Höhe von monatlich 600 DM bei im übrigen gleichen Einkommensgrenzen wie beim Bundeserziehungsgeld eine Fortsetzung des letzteren in gleicher Höhe und für den gesamten sozialversicherungsrechtlich und gegebenenfalls arbeitsrechtlich abgesicherten Zeitraum des dritten Lebensjahres des Kindes darstellt, wird das Landeserziehungsgeld in Baden-Württemberg zwar ebenfalls für zwölf Monate gewährt, aber nur in einer Höhe von 400 DM; auch lagen die Einkommensgrenzen für die Anspruchsberechtigung bisher noch niedriger als

155 R. Winkel u. a. (Anm. 106), S. 122 f.

beim Bundeserziehungsgeld, eine stufenweise Anhebung (ab 1. Januar 1996 bzw. 1. Januar 1998) soll jedoch insoweit eine Angleichung an die Bundeserziehungsgeldregelung sicherstellen. Auch in Rheinland-Pfalz wird das Landeserziehungsgeld als »Familiengeld« für zwölf Monate gewährt, jedoch erst ab drittem Kind und in Höhe von 300 DM monatlich. In Bayern wird ein Landeserziehungsgeld in Höhe von monatlich 500 DM anfänglich nur für sechs Monate, ab Ende 1996 dann für zwölf Monate gewährt, in Sachsen in Höhe von monatlich 400 DM für zwölf Monate (kein Anspruch besteht jedoch, wenn in der Bezugszeit ein staatlich geförderter Kindestagesstättenplatz genutzt wird) und in Thüringen in Höhe von 600 DM für sechs Monate. Mit Ausnahme von Baden-Württemberg (bis Anfang 1998) liegen die für die Bezugsberechtigung maßgeblichen Einkommensgrenzen so hoch wie bei der Bundesregelung, so daß insofern ein weitgehend nahtloser Übergang im Anschluß an den Bundeserziehungsgeldbezug gewährleistet ist. Da in den ostdeutschen Bundesländern das Einkommensniveau gegenwärtig noch hinter dem westdeutschen zurückbleibt, bedeutet eine Orientierung an der Einkommensgrenze für das Bundeserziehungsgeld, daß in den neuen Ländern der Kreis der Anspruchsberechtigten gegenüber den alten Bundesländern nicht nur beim Bundeserziehungsgeld, sondern auch bei Landeserziehungsgeldregelungen relativ größer ist.

Erziehungsgeldregelungen des Bundes und der Länder können eine weitere Ergänzung auf kommunaler Ebene finden. So wurde schon 1977 in Fürth und 1979 in Würzburg eine solche Einkommenshilfe eingeführt. Sie erreicht im wesentlichen Personen mit niedrigen Erwerbseinkommen oder auch im Sozialhilfebezug und kann als eindrucksvolles Beispiel einer gezielten Jugend- und Familienpolitik auf kommunaler Ebene gelten.

5.3.3.3 Weiterentwicklungen

Ansatzpunkte für eine Weiterentwicklung des einkommenspolitischen Instruments des Bundeserziehungsgeldes lassen sich vor allem unter fünf Aspekten ausmachen:

1. Das **Erziehungsgeld** ist in seiner nominellen Höhe seit seiner Einführung im Jahre 1986 unverändert geblieben und hat damit in seinem Realwert über 25 Prozent eingebüßt. Insofern liegt eine Erhöhung dringend nahe, und zwar – selbst wenn man lediglich die Kaufkraft des Erziehungsgeldes bei seiner Einführung wiederherstellen will – auf einen Betrag zwischen 750 DM und 800 DM im Monat, (was einem zusätzlichen Finanzbedarf von schätzungsweise 2,3 Milliarden DM im Jahr entsprechen würde). Zugleich wäre über Möglichkeiten einer möglichst kontinuierlichen Aktualisierung dieser Leistung nachzudenken[156].

2. Die seit der Einführung des **Erziehungsgeldes** unveränderte Höhe der (zwischenzeitlich durch eine Neuregelung der Berechnungsgrundlagen noch zeitnäher festgelegten) Einkommensgrenzen für die Bezugsberechtigung hat dazu geführt, daß immer mehr potentiell Empfangsberechtigte aus der Berechtigung herausgefallen sind; lagen ursprünglich noch etwa 85 Prozent unterhalb der Einkommens-

156 Schon Anfang der neunziger Jahre, als der Realwert des Erziehungsgeldes noch höher war, wurde die Höhe dieser Leistung von relativ vielen jungen Ehepaaren als nicht ausreichend angesehen. Vgl. dazu die Verbundstudie von K. A. Schneewind/L. A. Vaskovics (Anm. 105), S. 352.

grenze für den Bezug in ungeminderter Höhe, sind es inzwischen weniger als 50 Prozent. Dieses allmähliche Herauswachsen immer größerer Gruppen von jungen Familien aus der Anspruchsberechtigung sollte durch eine entsprechende Anpassung der Einkommensgrenzen an die allgemeine Einkommensentwicklung aufgefangen werden. Anderenfalls werden künftig praktisch weit überwiegend nur noch Alleinerziehende und Sozialhilfeempfänger das ungeminderte Erziehungsgeld beanspruchen können. Ursprünglich war die Einkommensgrenze für ein ungemindertes Erziehungsgeld am Niveau eines durchschnittlichen Facharbeitereinkommens orientiert worden.

3. Die zweijährige Laufzeit des Bundeserziehungsgeldes erscheint – unabhängig von seiner Ergänzung durch eventuelle Landeserziehungsgeldregelungen – nicht voll befriedigend; der Erziehungsurlaub ist ohnehin auf drei Jahre ausgelegt, also bis zu dem Zeitpunkt, ab dem ein Kindergartenplatz beansprucht werden kann. Problemangemessen erscheint auf mittlere Sicht eine Ausdehnung der Laufzeit auf drei Jahre. Hilfsweise könnte auch daran gedacht werden, eine solche zeitliche Ausweitung in einem ersten Schritt zunächst ab dem zweiten Kind vorzusehen[157]. Angesichts der finanziellen Restriktion, die einer generellen Ausweitung der Erziehungsgeldregelung entgegenstehen, verdienen auch die Vorstellungen Beachtung, die im Sinne von intertemporärer Umschichtung von Lebenseinkommen des einzelnen, also des nach der Zeit der Kleinkindbetreuung wieder erwerbstätigen Elternteils entwickelt worden sind[158].

4. Nachzudenken wäre ferner über eine Handhabung der für den Erziehungsgeldbezug unschädlichen Höchstgrenzen der Erwerbstätigkeitszeiten, und zwar insbesondere bei Teilzeitarbeit beider Eltern. Da nach der bestehenden Regelung eine Erwerbstätigkeit des Beziehers von Erziehungsgeld bis zu 19 Stunden in der Woche möglich ist, kann dies zu der etwas kuriosen Situation führen, daß der Erziehungsgeldanspruch besteht, wenn z. B. der eine Ehepartner 40 Stunden und der andere nur 18 Stunden erwerbstätig ist, aber nicht besteht, wenn z. B. jeder der beiden Ehepartner nur 24 Stunden erwerbstätig ist. Diese Konsequenzen hinsichtlich der Erziehungsgeldberechtigung können auch sozialisationspolitisch gesehen nicht überzeugen, so daß eher auf eine entsprechende Beschränkung der gesamten Erwerbstätigkeitzeit beider Ehepartner abgestellt werden sollte. Allerdings können sich dann wiederum neue Probleme in der Abgrenzung zu Alleinerziehenden ergeben.

5. Schließlich käme es der individuellen Betreuungssituation in nicht wenigen Familien unter Umständen sehr entgegen, wenn bei der Kombination von Erziehungsgeld mit Erziehungsurlaub eine etwas größere Flexibilität für den Einsatz der Zeiten, auf die sich die Regelung beschränkt, insbesondere der Zeit des Erziehungsurlaubs bestünde. So könnte z. B. das dritte Erziehungsurlaubsjahr voll oder zur Hälfte als ein Zeitguthaben gelten, das auch zu einem späteren Zeitpunkt – etwa

157 Vgl. dazu auch Max Wingen, Familienpolitik auf dem Prüfstand – Analysen, Perspektiven, Kurskorrekturen, Brennpunkt Familie, 46, Wien 1989, S. 38 und 40. – Schon die Sachverständigen-Kommission für den Zweiten Familienbericht zum Schwerpunktthema »Familie und Sozialisation« hatte sich 1975 grundsätzlich für eine dreijährige Laufzeit des Erziehungsgeldes ausgesprochen (S. 93).

158 Vgl. Joachim Arndt, Das Familienkreditmodell. Möglichkeiten der Kreditfinanzierung von Zeiten des Erziehungsurlaubs, Berlin 1995.

bis spätestens zum sechsten oder achten Lebensjahr des Kindes – noch eingelöst werden kann. Die verwaltungsmäßigen, insbesondere betriebsorganisatorischen Hindernisse gegenüber einer solchen flexibleren Handhabung dürfen allerdings nicht verkannt werden.

6. Sehr viel weiter reichen Vorschläge, die auf ein förmliches Erziehungsgehalt für den ein Kind betreuenden und erziehenden Elternteil etwa bis zum zwölften Lebensjahr des Kindes gerichtet sind[159]. Diese Vorschläge, denen vorerst kaum Realisierungschancen einzuräumen sind, haben als Zielsetzung sowohl den Ausgleich für entgangenes Erwerbseinkommen über diese Lebensspanne des Kindes hin als auch die finanzielle Anerkennung einer nicht im Markt entlohnten Arbeit. Zugleich wird darin im Ergebnis eine sozial gerechte Entlastungswirkung bezüglich der Kinderkosten gesehen, wobei das Kindergeld, soweit es Ausdruck verwirklichter Steuergerechtigkeit ist, bestehen bleiben soll. Gedacht ist dabei an monatliche Beträge für ein solches Erziehungs- oder Elterngehalt von etwa 1 300 DM je Kind, sofern der das Kind erziehende Elternteil nicht mehr als 19 Stunden erwerbstätig ist (wie beim gegenwärtigen Erziehungsgeld); diese Leistung soll steuer- und sozialversicherungspflichtig sein, so daß entsprechende Ansprüche in der Rentenbiographie des betreffenden Elternteil begründet werden. Für die Finanzierung soll ein »Kinder- und Familienfonds« geschaffen werden, in den Pflichtbeiträge aller Bezieher von Einkommen aus Erwerbsarbeit und Vermögen fließen, und zwar in der Größenordnung von 3,5 bis 4 Prozent.

In der Grundintention steht hinter diesem Vorschlag – wie hinter ähnlichen anderen auch – das berechtigte familienpolitische Ziel einer überfälligen Aufwertung der Erziehungsarbeit der Eltern. Für die tatsächliche Ausgestaltung, die damit verbundenen Finanzierungsfragen bei einer Bruttoerziehungsgehaltssumme von zirka 150 Milliarden DM und makroökonomischen und beschäftigungspolitischen Auswirkungen sowie die politische Umsetzung sind allerdings in der bisherigen Diskussion dazu schon erhebliche Probleme sichtbar geworden. Zwischen einem solchen Erziehungsgehalt und kurzfristigen kleineren Verbesserungen des bestehenden Erziehungsgeldes sind daher Vorstellungen anzusiedeln, die längerfristig eher auf einen nachhaltigen Ausbau des Erziehungsgeldes etwa bis zum sechsten Lebensjahr des Kindes und in stärkerer Orientierung an dem (entgangenen) durchschnittlichen Erwerbseinkommen auf der bisherigen Finanzierungsbasis hinauslaufen.

5.3.3.4 Internationaler Vergleich

Ähnlich wie die Bundesrepublik Deutschland stehen auch die anderen westeuropäischen Industriegesellschaften vor den aufgezeigten spezifischen Problemen mit Blick auf Einkommenslage und Kleinkindversorgung in jungen Familien. Dem-

159 Otfried Hatzold/Christian Leipert (unter Mitwirkung von Jürgen Borchert u. a.), Erziehungsgehalt. Wirtschaftliche und soziale Wirkungen bezahlter Erziehungsarbeit der Eltern, Gutachten im Auftrag des Deutschen Arbeitskreises für Familienhilfe e. V., Freiburg/Br. 1996. In eine ähnliche Richtung zielt das schon vor einigen Jahren von Alfred Rollinger vorgestellte sogenannte »Trierer Modell« des FDK Trier. Zum Vorschlag einer (beitragsfinanzierten) »Elternschaftsversicherung« siehe auch Gudrun Richter/Martina Stackelbeck, Beruf und Familie. Arbeitspolitik für Eltern kleinerer Kinder, Köln 1992.

Tabelle 12: Beurlaubungsregelungen für Eltern im europäischen Vergleich (Stand: April 1995)

Land	Mutterschaft	Vaterschaft	Erziehung	Betreuungsurlaub	Karriereunterbrechung
Belgien	Allgemeines Recht für alle weiblichen Arbeitnehmer. 15 Wochen. Bezahlt: einkommensbezogen. Selbständige Frauen haben Anspruch auf 3 Wochen Urlaub nach der Geburt und erhalten einen Pauschal-Geburtszuschuß. Seit Oktober 1994 kann Mutterschaftsurlaub bei Krankenhausaufenthalt oder Tod der Mutter auf den Vater übertragen werden.	3 Tage ohne Verdienstverlust.	Arbeitnehmer des öffentlichen Sektors können maximal 3 Monate unbezahlten Urlaub nehmen, der sofort an den Mutterschaftsurlaub angehängt werden muß. Arbeitnehmer des privaten Sektors (beide Elternteile) können eine vorteilhafte Arbeitslosenhilfe erhalten, wenn sie für die Betreuung eines Kindes die Arbeit einstellen oder eine Teilzeitstelle annehmen. Im Hinblick auf die Sozialversicherung zählt dies als Vollzeitarbeit, wenn dies innerhalb von 6 Monaten bis 3 Jahren nach der Geburt eines Kindes geschieht (siehe auch Karriereunterbrechung).	10 Tage pro Jahr, unbezahlt – für Arbeitnehmer des privaten Sektors. Arbeitnehmer des öffentlichen Sektors steht (nach Verhandlung mit den Behörden) folgendes zur Verfügung: * Urlaub aus dringenden familiären Gründen (bis zu 2 Monate – unbezahlt). * reduzierte Arbeitszeiten aus sozialen und familiären Gründen (Teilzeitarbeit über 3 bis 24 Monate, unbezahlt, maximal 5 Jahre im Verlauf des Arbeitslebens). * Langzeiturlaub aus familiären Gründen (bis zu 4 Jahre, wenn ein Kind unter 5 Jahre ist, oder 6 Jahre, wenn das Kind behindert ist – unbezahlt).	Arbeitnehmer können (nicht gesetzlich vorgeschriebene) Karriereunterbrechungen von 6 bis 12 Monaten oder, bei der Geburt eines Kindes, von 12 Wochen nach dem Mutterschaftsurlaub (nach Vereinbarung mit dem Arbeitgeber) in Anspruch nehmen. Alternativ können solche mit einer ¾-Stelle 6 Monate bis 5 Jahre lang eine Halbtagsstelle annehmen. Pauschalleistungen richten sich nach den Umständen.
Dänemark	Allgemeines Recht für alle angestellten und selbständigen Frauen. 18 Wochen. Bezahlt: einkommensbezogen.	10 Tage, Zahlung wie bei Mutterschaftsurlaub.	10 Wochen pro Familie; Leistungen wie bei Mutterschaftsurlaub. Im Januar 1995 wurde in den meisten Bereichen des privaten Sektors volle Bezahlung bei Erziehungsurlaub eingeführt. Zusätzliche 6 Monate Urlaub für beide Elternteile eingeführt – für die Betreuung von Kindern, für Schulung oder für „Studien“-Urlaub, plus weitere sechs Monate nach Vereinbarung mit Arbeitgebern.	Nicht vorhanden (siehe Erziehungsurlaub).	

	weiblichen Arbeitnehmer. 14 Wochen (mehr bei Mehrlings-/Frühgeburten). Bezahlt: einkommensbezogen.		Elternteilen wahlweise bis zum Ende des 3. Lebensjahres des Kindes zu und kann zwischen ihnen (in bis zu dreimaligem Wechsel) aufgeteilt werden. Bis zum Ende des 2. Lebensjahres des Kindes einkommensabhängiges Bundeserziehungsgeld. Ein im Urlaub befindlicher Elternteil kann bis zu 19 Stunden pro Woche für einen Arbeitgeber tätig sein.	stellung pro Elternteil (bei mehreren Kindern max. 25 Tage) bis zum 12. Lebensjahr des Kindes. Doppelter Zeitraum für Alleinerziehende.	
Griechenland	Für alle versicherten Frauen. 14 Wochen. Bezahlt: einkommensbezogen.	Nicht vorhanden.	Bis zu 3 Monate unbezahlt für beide Elternteile: 6 Monate für alleinerziehende Eltern. Kann zwischen den Eltern nicht aufgeteilt werden. Arbeitgeber kann Urlaub verweigern, wenn mehr als 8 % der Belegschaft im Urlaub sind.	6 bis 10 Tage pro Jahr, je nach der Anzahl der Kinder, unbezahlt. Für Kinder bis zum 16. Lebensjahr oder darüber hinaus, wenn behindert.	Unbezahlte Karriereunterbrechungen verfügbar.
Spanien	Für Frauen, die im Vorjahr 6 Monate lang Beiträge geleistet haben. 16 Wochen (+ 2 bei Mehrlingsgeburten). Bezahlt: einkommensbezogen (bis Höchstgrenze). Seit März 1995 ist die Gewährleistung, nach dem Mutterschaftsurlaub zum selben Arbeitsplatz zurückkehren zu können, von 1 auf 3 Jahre erweitert worden.	2 Tage ohne Verdienstverlust. Mutter kann bis zu 4 Wochen des Mutterschaftsurlaubs auf den Vater übertragen.	12 Monate unbezahlt pro Familie. Weitere 2 Jahre verfügbar, Arbeitnehmer verliert jedoch das Recht auf automatische Wiedereinstellung. Eltern mit einem Kind unter 6 Jahren oder einem behinderten Kind können ihre Arbeitszeit auch um $^1/_3$–$^1/_2$ reduzieren, jedoch ohne Ausgleich des verlorenen Verdienstes.	In den ersten 2 Tagen einer ernsten Erkrankung eines Kindes für beide Elternteile bei voller Bezahlung (4 Tage, wenn Eltern reisen müssen).	Unbezahlte Karriereunterbrechungen verfügbar.
Frankreich	Frauen, die mindestens seit 10 Monaten versichert sind und im Vorjahr Beiträge für 1 200 Stunden geleistet haben. 16 Wochen (26 für das 3., und jedes nachfolgende Kind + Extraurlaub bei Mehr-	3 Tage, muß in den 15 Tagen vor oder nach der Geburt genommen werden.	Bis zum 3. Lebensjahr des Kindes. Kann von beiden Eltern genommen werden, aufgeteilt oder abwechselnd. Im Urlaub befindliche Eltern können eine Teilzeitstelle annehmen. Unbezahlt.	Nicht vorhanden.	

Land	Mutterschaft	Vaterschaft	Erziehung	Betreuungsurlaub	Karriereunterbrechung
noch Frankreich	lingsgeburten). Bezahlt: einkommensbezogen.		Für das zweite und jedes nachfolgende Kind kann ein anspruchsberechtigter Elternteil *Allocation Parentale d'Education* (APE) erhalten.		
Irland	39 Wochen bei versicherter Beschäftigung im Vorjahr oder Steuerjahr. 14 Wochen + zusätzliche 13 Wochen (unbezahlt). Bezahlt: einkommensbezogen (Mindest- und Höchstbeträge).	Nicht vorhanden.	Nicht vorhanden.	Nicht vorhanden.	Unbezahlte Karriereunterbrechungen verfügbar.
Italien	Allgemeines Recht für alle angestellten und selbständigen Frauen. 22 Wochen. Bezahlt: einkommensbezogen. Im ersten Jahr nach der Geburt können Mütter mit Vollzeitstelle zwei Ruhepausen von jeweils 1 Stunde pro Tag einlegen (oder die Arbeitszeit verkürzen). Teilzeitkräfte können eine Ruhepause von 1 Stunde einlegen. Urlaub und Ruhepausen stehen Vätern bei Tod oder starker Behinderung der Mutter zur Verfügung.	Nicht vorhanden.	6 Monate nach dem Mutterschaftsurlaub. Muß vor dem 1. Geburtstag des Kindes genommen werden. Hauptsächlich für Mütter bestimmt, kann jedoch teilweise oder ganz auf den Vater übertragen werden. Zu 30 % des Verdienstes bezahlt. Bei starker Behinderung des Kindes kann der Urlaub auf das 3. Lebensjahr des Kindes erweitert werden. Zu 30 % des Verdienstes bezahlt. Kann auch im Rahmen von 2 Stunden bezahlten Urlaub pro Tag genommen werden.	Beide Elternteile können bis zum 3. Lebensjahr des Kindes unbezahlten Urlaub nehmen.	
Luxemburg	6 Monate Beitragsleistung. 16 Wochen (+ zusätzlicher Urlaub bei Mehrlingsgeburten). Bezahlt: einkommensbezogen.	Nicht vorhanden.	Nicht vorhanden (aber Erziehungsgeldregelung).	Nicht vorhanden.	Arbeitnehmer im öffentlichen Sektor haben Anspruch auf 2 Jahre unbezahlten Urlaub – Voll- oder Teilzeit. – Möglichkeiten der Karriereunterbrechung sind mit denen des Mutterschaftsurlaubs koordiniert.

	angestellten Frauen. 16 Wochen. Bezahlt: einkommensbezogen (mit Höchstgrenze).		wenn sie ihre Arbeitszeit kürzen können (mindestens 20 Stunden pro Woche), bis zum 4. Lebensjahr des Kindes. Anspruch ist nicht auf den anderen Elternteil übertragbar.	
Portugal	Versicherte Frauen. 90 Tage. Bezahlt: einkommensbezogen. Steht Vätern bei Tod oder ernster Erkrankung der Mutter zur Verfügung. Während dem ersten Jahr nach der Geburt können stillende Mütter zwei Pausen von jeweils 1 Stunde pro Tag einlegen. Gesetz, das Mutterschaftsurlaub von 14 Wochen einführt, wurde vom Parlament im April 1995 beschlossen.	Nicht vorhanden.	6 bis 24 Monate pro Familie, muß nach dem Mutterschaftsurlaub genommen werden. Bezahlt. Bei einem Kind unter 12 Jahren oder einem behinderten Kind kann ein (nicht in leitender Position tätiger) Elternteil die normale Arbeitszeit um die Hälfte reduzieren. Verdienstverlust wird allerdings nicht ausgeglichen.	Bis zu 30 Tage pro Jahr bei Kindern unter 10 Jahren. Bezahlt bei Arbeitnehmern im öffentlichen Sektor und alleinerziehenden Eltern unter einer bestimmten Einkommensgrenze. Neues Gesetz wird auch bezahlten Urlaub für beide Elternteile für die Betreuung eines kranken Kindes einführen.
Großbritannien	2 Jahre versicherte Vollzeitbeschäftigung oder 5 Jahre Teilzeitbeschäftigung bei demselben Arbeitgeber. 40 Wochen: 6 Wochen bezahlt: einkommensbezogen. 12 Wochen Pauschalleistung. Rest unbezahlt. Seit Oktober 1994 haben alle schwangeren Frauen Anspruch auf 14 Wochen Mutterschaftsurlaub.	Nicht vorhanden.	Nicht vorhanden.	Nicht vorhanden.

Quelle: J. Ditch u. a. (Anm. 9), S. 54 ff.

gemäß sind Instrumente wie Erziehungsurlaub mit einem gegebenenfalls innerhalb dessen gewährten Erziehungsgeld auch Gegenstand familienpolitischer Diskussionen in den Nachbarländern. Wenn man das Stichwort »Erziehungsurlaub« sehr weit faßt – einschließlich bestehender Möglichkeiten der Unterbrechung der Erwerbstätigkeit –, so lassen sich für die meisten Mitgliedstaaten der EU mit Ausnahme von Großbritannien und praktisch auch Irland Formen einer solchen Freistellungsmöglichkeit (vereinzelt begrenzt auf den öffentlichen Dienst) ausmachen, die teilweise auf einen förmlichen Erziehungsurlaub hinauslaufen, der seinerseits dann an den Mutterschaftsurlaub anschließt. Unterbrechungen der Erwerbstätigkeit können auch aus anderen familienbezogenen Gründen oder mit Rücksicht auf größere Kinder eingeräumt werden. Die Übersicht in *Tabelle 12* vermittelt ein zusammenfassendes Bild der im einzelnen unterschiedlichen Regelungen. Diese können, was den Umfang der Anspruchberechtigung angeht, auch dahin eingeschränkt sein, daß sie nur für Unternehmen mit mehr als 100 Beschäftigten gelten wie z. B. in Griechenland, oder daß Personen in Spitzenpositionen keinen solchen Anspruch haben wie z. B. in Portugal. Bei den Regelungen, die über den medizinisch gebotenen Arbeitsschutz erwerbstätiger Frauen hinausgehen, können die Grenzen fließend sein, wie etwa der in Dänemark angebotene bezahlte Vaterschaftsurlaub von zwei Wochen bei der Geburt eines Kindes zeigt.

Gerade im Bereich der Freistellung für die vorrangige Wahrnehmung von Erziehungsaufgaben bietet sich die Gelegenheit, die Ausgestaltung der Regelungen so vorzunehmen, daß die praktische Gleichberechtigung der Geschlechter begünstigt wird. In diesem Zusammenhang verdient eine Regelung in Schweden Beachtung, nach der der frauenlastigen Rollenverteilung im Elternurlaub entgegengewirkt werden soll. Inzwischen können die Eltern nicht mehr gemeinsam über zwölf Monate, sondern Vater und Mutter über je sechs Monate Elternurlaub verfügen. Wenn der Vater zusätzliche Zeiten seines Urlaubsanteils an die Mutter abtritt, verringert sich das sogenannte Elterngeld (Erziehungsgeld); der letzte Monat kann überhaupt nicht übertragen werden, sondern verfällt, wenn er – bis zum achten Lebensjahr des Kindes – nicht in Anspruch genommen wird. Durch diese Ausgestaltung des Elternurlaubs, die nicht für alleinerziehende Eltern gilt, soll auf eine gleichmäßigere Arbeitsteilung zwischen Männern und Frauen hingewirkt werden, und zwar auch mit Blick auf die Einstellung von Arbeitgebern. Es mag fraglich erscheinen, ob solche Regelungen mit dem Postulat grundsätzlicher Wahlfreiheit der Eltern noch vereinbar sind; sie sind allerdings Ausdruck einer bestehenden Dominanz übergeordneter gesellschaftspolitischer Wertentscheidungen, die hier dann auf eine einzelne familienpolitische Regelung hinwirken, und lassen die besonders hohe Gewichtung erkennen, die den mit solchen Regelungen verbundenen Nebeneffekten beigemessen wird.

Von besonderer einkommenspolitischer Bedeutung ist die Frage, inwieweit mit dem Erziehungsurlaub flankierend der Bezug eines Erziehungsgeldes verbunden ist oder auch bei nicht vorausgehender Erwerbstätigkeit in den ersten Lebensjahren des zu versorgenden Kindes eine solche Erziehungsgeldleistung gewährt wird. Eine dem deutschen Erziehungsgeld vergleichbare Leistung besteht bisher innerhalb der EU lediglich in Luxemburg, wo ebenfalls für alle Mütter und Väter, die sich unter Verzicht auf Erwerbstätigkeit der Betreuung ihres Kindes widmen, und für einkommensschwache Familien, bei denen zugleich eine Erwerbstätigkeit möglich ist, eine Erziehungszulage (von umgerechnet 230 ECU im Monat) maximal zwei Jahre lang gezahlt wird. Einige wenige andere Mitgliedstaaten der Union kennen dagegen eine Einkommensleistung während des Elternurlaubs bzw. einer Unterbrechung der Erwerbstätigkeit für vorher erwerbstätig gewesene Mütter oder Väter. So erfolgt ein gewisser Ausgleich für den Einkommensausfall in Frankreich (für Eheleute, die die Erwerbstätigkeit zur Erziehung eines Kindes unter drei Jahren vollständig oder teilweise unterbrechen und die mindestens drei Kinder betreuen), in Finnland (als Beihilfe für die Kinderpflege für Familien, die ihre Kinder bis zu drei Jahren zu Hause versorgen oder eine andere Regelung als die Inanspruchnahme der gemeindlichen Tagespflege gefunden haben) und in Österreich (bei Anspruch auf den ersten Teil der Geburtsbeihilfe ein Zuschlag, dazu unterhalb eines bestimmten Familieneinkommens für den Elternteil ohne Anspruch auf Karenzurlaubsgeld u. ä. bei überwiegender Betreuung des Kindes im ersten Lebensjahr). In Großbritannien, wo ähnlich wie in den südeuropäischen Staaten bisher im Bereich von Erziehungsurlaubs- und Erziehungsgeldregelungen besonders großer Nachholbedarf besteht, sind einige tarifvertragliche Regelungen anzutreffen, die exemplarisch auf die längst mit in die familienpolitische Verantwortung gerückten Tarifpartner verweisen.

5.3.4 Einkommenshilfen als gruppenspezifische Intervention

5.3.4.1 Zielsetzung

Wie bei der Ausdifferenzierung des einkommenspolitischen Zieles der Familienpolitik bereits sichtbar wurde, besteht neben den generalisierenden und den familienphasenspezifisch ausgerichteten Einkommenshilfen bei bestimmten Problemlagen die Notwendigkeit für einkommenspolitische Maßnahmen, die auf bestimmte Adressatengruppen abzielen. Tatsächlich kennt die wirtschaftliche Familienförderung sowohl im eigenen Land wie auch im Ausland verschiedene **adressatenspezifische** einkommenspolitische Interventionen. Hier ist einmal auf die Leistungen im Rahmen der Ausbildungsförderung (sowie der Fortbildung) zu verweisen, die überdurchschnittliche kinderbedingte Einkommensbelastungen durch weiterführende Ausbildung auffangen oder doch abzuschwächen sucht. In Deutschland greift hier das BAföG mit einigen auch familienbezogenen Elementen, auf das in dieser Darstellung aber nicht näher eingegangen werden soll. Ein anderes Beispiel wäre im Bereich der Einkommenbesteuerung die Einräumung eines besonderen Haushaltsfreibetrages für Alleinerziehende, der auf die besonderen Belastungen dieser Familiengruppe abgestellt ist.

Auch der Kreis der Bezieher von übertragenen Einkommen wie Renteneinkommen und Versorgungsleistungen stellt eine familienpolitisch besonders zu berücksichtigende Adressatengruppe dar. So finden sich in den Systemen der sozialen Sicherung eine Reihe von zusätzlichen Einkommenshilfen für Familienangehörige des Versicherten bzw. des Anspruchsberechtigten: Das Arbeitslosengeld z. B. wird bei Unterhaltsverpflichtungen gegenüber Kindern erhöht, andere Bereiche kennen seit Jahrzehnten die abgeleiteten Witwen- und Waisenrenten (unter Umständen auch Erziehungsrenten).

5.3.4.2 Unterhaltsvorschußleistungen für Alleinerziehende

Von besonderer familienpolitischer Bedeutung ist, wie auch die Ergebnisse der Analysen zur Einkommenslage von Familien zeigten, die oft prekäre wirtschaftliche Situation von Alleinerziehenden. Der oben beschriebene Strukturwandel der Familien hat dazu geführt, daß Ein-Eltern-Familien zunehmend größeres zahlenmäßiges Gewicht erlangt haben, und zwar sowohl hinsichtlich der gesellschaftlichen Relevanz der Lebensbedingungen der in diesen Familien lebenden Erwachsenen und Kinder – die weit überwiegende Zahl der Ein-Eltern-Familien besteht aus alleinerziehenden Müttern mit Kindern – als auch hinsichtlich der Entwicklung eines Instrumentariums für familienpolitische Interventionen. Meist sind die problemverschärfenden Lebensbedingungen zeitlich auf einige Jahre befristet, fordern gleichwohl eine systematische Familienpolitik zu besonderen Anstrengungen heraus. Gezielte familienpolitische Hilfen, die auf spezifische Bedürfnisse und Problemlagen dieser Bevölkerungsgruppe ausgerichtet sind, stellen sich im Rahmen eines familienpolitischen Gesamtkonzepts als wesentlicher Teil einer adressatenspezifisch ausgestalteten Familienpolitik dar. Dabei ist daran zu erinnern, daß in der Bundesrepublik alleinerziehende Elternteile mit Kindern seit jeher nach dem verfassungsrechtlichen Verständnis zu den Familien im Sinne des Artikels 6 Absatz 1 GG gehören.

Eine besondere Problemlage ist dort gegeben, wo der Alleinerziehende von dem anderen Elternteil keinen oder nicht mindestens den Unterhalt in Höhe des Regelbedarfs für die Kinder erhält. Die Zahl der Väter, die sich ihrer gesetzlichen Unterhaltspflicht entziehen, wird in Deutschland gegenwärtig auf 100 000 geschätzt. Auch wenn die Unterhaltspflicht gerichtlich anerkannt ist, kann sich lediglich ein (kleiner) Teil der sorgeberechtigten alleinerziehenden Mütter auf regelmäßige Unterhaltszahlungen verlassen, wobei tendenziell eher die Unterhaltsleistungen für Kinder als die für die Mutter erbracht werden. Dies bedingt in diesen Familien durchweg eine spezifische Einkommensproblematik, die vor allem durch Unsicherheit des Einkommensbezugs gekennzeichnet ist. Demgemäß beziehen Alleinerziehende überproportional häufig Sozialtransfers (zur vollen oder ergänzenden Abdeckung eines – unteren – Lebensbedarfs). Alleinerziehende Elternteile, insbesondere wenn sie nicht erwerbstätig sind (sein können), befinden sich weit überdurchschnittlich in einer wirtschaftlichen »Bedrängniszone«, was insbesondere den Sozialisationsprozeß der Kinder beeinträchtigen kann.

In diesen Fällen fehlender oder unzulänglicher Unterhaltszahlungen ist (auch bei ungeklärter Vaterschaft) ein Unterhaltsvorschuß aus öffentlichen Mitteln sichergestellt, und zwar auch ohne Unterhaltsurteil. Der Unterhaltsvorschuß wird von der Unterhaltsvorschußkasse längstens für sechs Jahre bis zum Kindesalter von zwölf Jahren gezahlt. Der Betrag (Regelbedarf ab 1. Januar 1996), der gegenwärtig zwischen den alten und den neuen Ländern noch voneinander abweicht, ist mit 324 DM monatlich (neue Länder: 280 DM) für Kinder zwischen dem sechsten und zwölften

Lebensjahr höher als für Kinder bis sechs Jahre (249 DM bzw. 214 DM). Vom Unterhaltsvorschuß werden gegebenenfalls Unterhaltszahlungen des anderen Elternteils abgezogen.

5.3.4.3 Internationaler Vergleich

Nicht nur in Deutschland, sondern auch in den übrigen Mitgliedstaaten der EU hat das zahlenmäßige Gewicht von Ein-Eltern-Familien in den letzten Jahren deutlich zugenommen; dies gilt besonders für die Länder mit weit überdurchschnittlichen Raten an nichtehelichen Geburten wie Dänemark (1989: 46 Prozent) und Großbritannien (1989: 27 Prozent). Daneben wirken sich die in einigen Ländern relativ hohen Scheidungsraten aus. Bei einem international vergleichenden Überblick über die sozial- und familienpolitischen Interventionen mit Blick auf die besondere Problemlage von Ein-Eltern-Familien lassen sich – neben den herkömmlichen Regelungen im Rahmen von Witwenversorgungen im System der sozialen Sicherung – vor allem folgende Ansatzpunkte ausmachen:

- Bei der Einkommenbesteuerung finden sich vielfach spezielle Regelungen, die sich günstig auf die Einkommenslage von Ein-Eltern-Familien auswirken. Solche Regelungen bestehen neben Deutschland in Belgien, Frankreich, Großbritannien, Italien, Luxemburg, Irland und den Niederlanden. Verschiedentlich ist auch die Möglichkeit eines Abzugs von Betreuungskosten bei der Einkommenbesteuerung gegeben, wenn der alleinerziehende Elternteil erwerbstätig ist.
- Zudem finden sich Regelungen, wonach bei der Kindergeldzahlung bestimmte Zuschläge für Waisen gewährt werden, minderbemittelten Alleinerziehenden Zuschläge zum Kindergeld gezahlt werden, bei Sozialhilfeberechtigung günstigere Bedingungen bestehen (Mehrbedarfszuschlag in Deutschland ähnlich wie in Großbritannien) oder für die einkommensabhängige Familiengeldzahlung die Einkommenshöchstgrenzen erhöht werden (Italien).
- Besondere Bedeutung besitzen Regelungen über Unterhaltsvorschußzahlungen durch die öffentliche Hand, wie sie sich nicht nur in Deutschland, sondern auch in mehreren anderen Mitgliedstaaten (Belgien, Dänemark, Frankreich) finden.
- Schließlich kann es einen beitragsfreien Krankenversicherungsschutz geben, wie in Frankreich für Alleinerziehende ab 45 Jahre mit mehreren Kindern; oder erwerbstätigen Alleinerziehenden wird das Recht eingeräumt, bei Krankheit eines Kindes ebenso viele bezahlte arbeitsfreie Tage in Anspruch nehmen zu können wie beide verheiratete Eltern zusammen (Deutschland). Einen zusammenfassenden Überblick gibt die *Tabelle 10 b*.

Insgesamt zeigen sich damit auch in den Absicherungen der wirtschaftlichen Grundlagen von Ein-Eltern-Familien je nach Mitgliedstaat der Union deutliche Abweichungen, die es bei einer Diskussion über die Vereinheitlichung der Lebensverhältnisse zu berücksichtigen gilt. Dabei stehen zwei Aspekte im Vordergrund: Die Absicherung eines Mindesteinkommens sowie der Ausgleich für erhöhte Aufwendungen. Erika Neubauer glaubt bei der Frage, ob spezielle Maßnahmen für Alleinerziehende notwendig sind, einen Entwicklungstrend ausmachen zu können, wonach mit dem quantitativen Gewicht der Ein-Eltern-Familien in einem Land auch der Druck zu wachsen scheine, Maßnahmen vorzusehen, die stärker auf die

Bedürfnisse dieser Familien ausgerichtet sind; damit hätten sich Alleinerziehende inzwischen in den meisten Ländern »Schritt für Schritt als familienpolitische Zielgruppe etablieren können« oder seien auf dem Weg dorthin. Was die geeignete Art der Hilfestellung angesichts der unterschiedlichen Situationen von Ein-Eltern-Familien angeht, wird unter Bezugnahme auf die Stellungnahme der Fachgruppe Sozial- und Familienfragen, Bildungswesen und Kultur des Wirtschafts- und Sozialausschusses der EU aus dem Jahr 1991 ein Bündel von aufeinander abgestimmten Maßnahmen empfohlen, die insgesamt auf das Ziel ausgerichtet sein sollten, nach Möglichkeit nicht die Abhängigkeit von Sozialleistungen zu fördern, sondern umfassende Hilfestellungen zu eigenständiger Lebensführung zu geben, die dem Selbstverständnis Alleinerziehender am ehesten entspreche.

Die Wirklichkeit ist von einer solchen Zielvorstellung jedoch noch weit entfernt. Für die Angleichung oder doch Annäherung der relativen Lebenslagenposition von Ein-Eltern-Familien im Vergleich zu Ehepaarfamilien in den jeweiligen Mitgliedstaaten bleibt zu bedenken, daß die Ein-Eltern-Familien in noch sehr unterschiedlichen sozio-kulturellen Kontexten leben, in denen die Notwendigkeit und Dringlichkeit entsprechender familienpolitischer Interventionen sich unterschiedlich darstellen mag. Für die Weiterentwicklung der Familienpolitik in der EU werden damit gleichwohl wichtige zusätzliche Orientierungspunkte für den Zielkorridor auf mittlere Sicht bezeichnet.

5.3.5 Weitere Maßnahmen zur Verbesserung familialer Einkommenssituationen

5.3.5.1 Einkommensverwendung und kollektive Bedarfsdeckung

Zur Berücksichtigung der Einkommensbelastungen durch Kinder oder andere unterhaltsbedürftige Familienangehörige lassen sich in Ländern mit einem mehr oder minder entfalteten System von Familienpolitik eine Reihe weiterer wirtschaftlicher Hilfen ausmachen, die zu einem Familienlastenausgleich *im weiteren Sinne* gezählt werden könnten. Im Unterschied zu den einkommenspolitischen Maßnahmen, die auf der Seite der Einkommensbildung ansetzen und durch monetäre, nicht zweckgebundene Transfers das verfügbare Familieneinkommen erhöhen, knüpfen andere einkommenspolitische Maßnahmen auf der Seite der Einkommensverwendung an, d. h. sie setzen bestimmte Formen der Einkommensverwendung voraus und haben dann einen positiven Effekt auf das für den Verbrauch verfügbare Einkommen (oder für die Ersparnisbildung).

Als Beispiele sind zu nennen: Die Anmietung von ausreichendem Wohnraum wird durch ein staatliches Wohngeld erleichtert, das dann noch eine zusätzliche kinderbezogene Komponente enthält. Oder bei der staatlichen Förderung von selbstgenutztem Wohneigentum wird ein besonderes Baukindergeld gewährt, und es greifen kinderbedingt höhere Einkommensgrenzen für die Förderungsberechtigung. Entsprechend der geringeren Sparfähigkeit von größeren Familien liegt es im Rahmen der staatlichen Sparförderung nahe, für eine bestimmte Ansparleistung eine zusätzliche (erhöhte) Sparprämie (Bausparprämie) mit Rücksicht auf die Zahl der Kinder zu gewähren[160]. Im konsumtiven Bereich gibt es – wenn auch in einer marktwirtschaftlichen Ordnung nicht sehr zahlreich – Beispiele dafür, daß mit Rücksicht auf unterhaltsbedürftige Kinder bei der Nachfrage nach einzelnen Gütern oder Dienstleistungen Tarifermäßigungen (etwa bei öffentlichen Verkehrmitteln oder bei Besuch kultureller Einrichtungen) eingeräumt werden. Über viele Jahre war der erste Bundesfamilienminister Franz-Josef Wuermeling vielen Familien mit mehreren Kindern noch in lebhafter Erinnerung, weil diese bei der Deutschen Bundesbahn bei Vorlage eines entsprechenden Ausweises (des »Wuermeling«) preisgünstiger reisen konnten. In diesen Fällen fließen zwar keine zusätzlichen Einkommensteile in den Familienhaushalt, aber eine Minderung der Ausgaben wirkt sich entsprechend auf das verfügbare Einkommen aus. Zu denken ist in diesem Zusammenhang auch an zinsgünstige Familiendarlehen einzelner Bundesländer.

Solche Maßnahmen sind, wie die Beispiele zeigen, anders als generelle, nicht an bestimmte Einkommensverwendungen anknüpfende Transfers eher geeignet, mit der Einkommenswirkung zugleich eine gewisse Beeinflussung bestimmter ausgabenbezogener Verhaltensweisen der Familienhaushalte zu verbinden. Da dies u. a. **sozialisationspolitisch** durchaus sinnvoll sein kann, ist auch Zurückhaltung geboten gegenüber einer vorschnellen Kritik an den vielen »Familienhäkchen«, die sich bei näherem Zusehen in der Wirtschafts-, Sozial- und Kulturpolitik finden. So bestrickend auf Anhieb der Gedanke sein kann, alle diese Regelungen durch eine »durchgreifende allgemeine« und dann nicht zweckgebundene Einkommensumverteilung zugunsten von Familien zu ersetzen, so sehr zeigen sich bei näherem Hinsehen doch auch die Kehrseiten einer schematischen (»einheitlichen«) einkommenspolitischen Intervention, die im übrigen neue Finanzierungsprobleme aufwirft. Statt das verfügbare Einkommen mit Rücksicht auf Unterhaltsverpflichtungen gegenüber Kindern (absolut oder relativ) zu erhöhen, kann – wie bei der Skizzierung der beiden Grundformen zur Abschwächung der Einkommensbelastungen durch Kinder bereits angesprochen – verteilungspolitisch von vornherein darauf hingewirkt werden, daß bestimmte dieser Kosten gar nicht erst entstehen, indem z. B. kinderbezogene Sach- oder Dienstleistungen den Familien im Bedarfsfalle kostenlos oder doch zu einem nicht kostendeckenden Entgelt zur Verfügung gestellt werden. Solche verteilungspolitisch relevanten Maßnahmen, sogenannte »Realtransfers«, laufen auf eine kollektive Finanzierung von Aufwendungen für das Auf- und Erziehen von Kindern hinaus, so daß es in entsprechender Höhe nicht zur »Individualisierung« dieser Aufwendungen auf der Ebene des einzelnen Familienhaushalts kommt. Eine solche kollektive Finanzierung kann aus allgemeinen Steuermitteln, aber auch aus Beiträgen von Solidargemeinschaften erfolgen. Als Beispiele sind zu nennen: Bei einer Schulgeld- oder Lernmittelfreiheit fallen entsprechende Kinderkosten gar nicht erst an. Ein nachgefragter Kindergartenplatz wird – wenn schon nicht kostenlos, so doch unter Kostendeckung – von der öffentlichen Hand (oder einem freien Träger) zur Verfügung gestellt. Ferner werden eine Reihe von Leistungen des öffentlichen Gesundheitsdienstes kostenlos oder unter Kostendeckung angeboten.

160 Vgl. dazu im einzelnen das folgende Kapitel über die Sicherstellung eines familiengerechten Wohnens.

Diese Art kollektiv finanzierter kinderbezogener Aufwendungen haben ihre besondere Bedeutung im Bereich des Bildungs- und Gesundheitswesens.

Für diesen verteilungspolitischen Ansatz finden sich auch im Bereich der sozialen Sicherung eine Reihe von wichtigen Beispielen, so insbesondere in der Gesetzlichen Krankenversicherung, wo der einheitlich hohe lohnbezogene Beitrag des Versicherten im Bedarfsfalle ärztliche Versorgung und Sachleistungen nicht nur für den Versicherten selbst begründet, sondern auch für unterhaltsbedürftige Familienangehörige (insbesondere Kinder, aber auch nichterwerbstätige Ehefrau) auslöst und damit insoweit zusätzliche Aufwendungen nicht erst entstehen läßt. Die verteilungspolitische Wirkung wird unmittelbar sichtbar beim Vergleich mit einer privaten Krankenversicherung, in der zusätzliche risikoadäquate Beiträge auch für Kinder die in der Familie anfallenden Kinderkosten entsprechend erhöhen. Diese verschiedenen Maßnahmen einer wirtschaftlichen Familienförderung – ob sie nun die Entstehung von Kinderkosten oder deren Bestreitung beeinflussen – dürfen, wie schon bei der Erörterung der familiengemäßen Einkommensgestaltung im engeren Sinne und auch bei dem internationalen Vergleich dieser Leistungen deutlich wurde, nicht aus den Augen verloren werden, wenn es um die Berücksichtigung von familialen Bedürfnissen in der Verteilungsordnung geht. Man könnte im Anschluß an die Sachverständigen-Kommission für den Fünften Familienbericht auch von einem »Lebenslageausgleich« sprechen (S. 288). Ein Teil dieser Maßnahmen gewinnt seine zielspezifische Bedeutung allerdings durch entsprechende weitere Einzelziele der Familienpolitik, wie etwa die Sicherung familiengerechter Wohnbedingungen oder die Bereitstellung einer familienbezogenen sozialen Infrastruktur. Sie werden dort näher auf ihre Zielkonformität und Wirksamkeit hin zu erörtern sein. Wenn sie zugleich unter dem in diesem Abschnitt behandelten einkommenspolitischen Ziel angesprochen wurden, so ist dies Ausdruck dafür, daß die verschiedenen familienpolitischen Einzelziele, auch was die Instrumente der Zielverwirklichung angeht, nicht unverbunden nebeneinander stehen. Sie sind untereinander verflochten und in ihrer Verwirklichung teilweise auch voneinander abhängig. Erst recht gilt diese Interdependenz für die volle Wirksamkeit der zielkonformen Mitteleinsätze, wie im weiteren Verlauf der Darstellung noch zu zeigen sein wird.

Von allgemeiner einkommenspolitischer Bedeutung mit Blick auf die reale Einkommenslage von Familien und deshalb im Rahmen des Zieles einer familiengemäßen Einkommensgestaltung noch besonders zu würdigen sind indessen jene einkommenswirksamen familienbezogenen Leistungen, die im Rahmen der sozialen Sicherung einen Platz haben. Sie sind in jüngerer Zeit im Kontext der Diskussionen um die Senkung der Lohnnebenkosten durch Abbau oder Verlagerung von sogenannten »versicherungsfremden Leistungen« mit ins Kreuzfeuer der Kritik geraten. Dieses aktuelle Problem verdient daher noch eine nähere Erörterung.

5.3.5.2 »Versicherungsfremde Leistungen« für Familien?

Die Frage der familienbezogenen Leistungen in der Sozialversicherung, insbesondere der beitragsfreien Mitversicherung von (nichterwerbstätigen) Familienangehörigen, gewinnt in der sozial- und familienpolitischen Diskussion mehr und mehr Bedeutung. Es gibt maßgebliche Kräfte in Wissenschaft und Politik, die auf massive

Änderungen der Rechtslage in der Sozialversicherung drängen, Änderungen, die auch familienpolitisch hochgradig relevant wären. Dies gilt z. B. für die Gesetzliche Krankenversicherung (GKV), aber auch für andere Zweige der Sozialversicherung. Die beitragsfreie Mitversicherung von Familienangehörigen in der GKV ist nur ein herausragendes Beispiel für die zur Disposition gestellten Familienleistungen in der Sozialversicherung überhaupt. Die hier interessierende Frage der familienbezogenen Leistungen in den verschiedenen Sozialversicherungszweigen steht im direkten Diskussionszusammenhang mit dem »Umbau des Sozialstaats«. Hier dürften die Belastungen nicht außer acht gelassen, die der Sozialversicherung dadurch entstünden, daß diese Aufgaben übernehme, die »gesamtgesellschaftlicher« Natur seien und deshalb gar nicht über Beiträge finanziert werden dürften, die die Lohnnebenkosten erhöhten, sondern nicht zuletzt aus ordnungspolitischen Gründen in die Finanzierungsverantwortung der öffentlichen Haushalte fielen.

Es geht in der Regel um die nichterwerbstätigen Ehefrauen und die heranwachsenden Kinder, deren versicherungsrechtlicher Status an den Versicherten – meist der Ehemann und Vater – angebunden ist. Bei der Problembehandlung wird zwischen der Ehefrau in der kinderlosen Ehe und derjenigen in der Familie sowie zwischen den Ehefrauen auf der einen und den Kindern auf der anderen Seite zu unterscheiden sein, und dies jeweils auch in den verschiedenen Zweigen der sozialen Sicherung. Naturgemäß kann auch die Frau Versicherte sein, wie insbesondere die alleinerziehende erwerbstätige Mutter, bei der die Kinder (beitragsfrei) mitversichert sind. Unter den Zweigen der sozialen Sicherung, die hier besonders interessieren, steht vor allem die GKV im Vordergrund, mit der die Pflegeversicherung seit jüngstem eng verbunden ist. Kaum weniger interessiert aber auch die Gesetzliche Rentenversicherung (GRV) sowie auch die Arbeitslosenversicherung. Die nachfolgenden Ausführungen konzentrieren sich vor allem auf das Problem der beitragsfreien Mitversicherung von Familienangehörigen.

Die konkreten Ausgestaltungen, die mehr und mehr in das Blickfeld der sozialpolitikwissenschaftlichen und inzwischen auch der tagespolitischen Diskussion geraten, sollen hier nicht im einzelnen dokumentiert werden. Der Charakter eines mittelbaren Familienlastenausgleichs in den verschiedenen Zweigen der Sozialversicherung ergibt sich im wesentlichen aus der beitragsfreien Mitversicherung von nichterwerbstätigen Familienangehörigen, denen jedoch eine Reihe von Leistungen aus dem Leistungssystem des jeweiligen Sozialversicherungszweigs zugute kommen können und auch tatsächlich in mehr oder minder großem Umfang zugute kommen. Im Vordergrund stehen hier die GKV (insbesondere die Sach- und Dienstleistungen im Krankheitsfall sowie die Leistungen zur Krankheitsverhütung) und die GRV (insbesondere Witwen- und Witwerrenten, Waisenrenten, Leistungen aus der Anerkennung von Kindererziehungsjahren als rentenbegründend und rentenerhöhend wirkenden Beitragszeiten); zu nennen sind aber z. B. auch die Hinterbliebenenrenten in der Gesetzlichen Unfallversicherung sowie die Arbeitslosenversicherung. Hier wird die Lohnersatzrate bei Kurzarbeitergeld und Arbeitslosengeld danach differenziert, ob ein Kind vorhanden ist oder nicht; zudem gibt es hier die beitragsfreie Versicherung in Zeiten des Erziehungsurlaubs.

Ein eigenes Feld bildet die neue Pflegeversicherung. Hier ist vor Einführung sehr nachdrücklich für eine Beitragsabsenkung für Familien mit Kindern plädiert worden; von der Nichtberücksichtigung dieser Forderung versprechen sich manche sogar einen Erfolg vor dem Bundesverfassungsgericht, was allerdings abzuwarten bleibt. Andererseits muß man sehen, daß eine familienfreundliche Ausgestaltung zumindest in der für Kinder beitragsfreien Versicherung für den Pflegefall besteht. Bei der Pflegeversicherung wird verständlicherweise meist an alte pflegebedürftige Menschen gedacht und vielleicht etwas zu schnell vergessen, daß auch der Eintritt von Pflegebedarf bei heranwachsenden Kindern abgedeckt ist, und zwar für diese ohne zusätzlichen Beitrag. Diese letztere Regelung ist, soweit gegenwärtig zu übersehen, bisher kein Punkt für kontroverse Auseinandersetzungen, weder in der politischen noch in der sozialpolitikwissenschaftlichen Diskussion.

Die kurz angesprochenen Regelungen sind nun in jüngerer Zeit einer starken Kritik ausgesetzt, die teils sehr pauschal vorgeht, teils aber auch differenzierter vorgetragen wird. Wirklich neu ist die Problematisierung dieser familienbegünstigenden Leistungen nicht; erinnert sei daran, daß schon in den sechziger Jahren z. B. Schreiber den Gedanken sehr favorisierte, solche beitragsfreien Mitversicherungen von Kindern etwa in der GKV durch risikobezogene Beiträge des Versicherten mit Kindern (also in Orientierung an der privaten Krankenversicherung) abzulösen, um mehr Transparenz in das System zu bringen. Nur war für Schreiber selbstverständlich, daß solchen höheren Beitragsleistungen eines Familienvaters eine entsprechend höhere Ausgleichsleistung für Kinder gegenüber zu stehen habe. Auf den von Schreiber vorgelegten Plan einer »Kindheits- und Jugendrente« über eine Familienausgleichskasse wurde bereits verwiesen. Schon seinerzeit gab es allerdings Anlaß, ihm gegenüber auf die politische »Gefährlichkeit« seines Denkansatzes hinzuweisen, was nämlich die Durchsetzbarkeit der gleichzeitigen Verwirklichung auch des umfassenden Familienlastenausgleichs anging.

Die gegenwärtige Kritik macht sich meist an dem Begriff der »versicherungsfremden« Leistungen fest, unter dem jedoch durchaus verschiedenartige Leistungen zusammengefaßt werden. Die definitorische Abgrenzung ist hier in der sozialpolitischen Diskussion nicht einheitlich. In einem engeren Sinne können dazu die Leistungen im Rahmen von Aufgaben gezählt werden, deren Lösungen zwar den Einrichtungen der sozialen Sicherung zugewiesen ist, die aber im Grunde keine Aufgaben darstellen, die der Abwehr oder dem Ausgleich von Sozialversicherungsrisiken dienen, wie z. B. die Förderung der beruflichen Bildung oder die Eingliederung von Aussiedlern im Rahmen der Arbeitslosenversicherung, die im Arbeitsförderungsgesetz (AFG) geregelt ist. »Im Gegensatz zu dieser sachlich gerechtfertigten Abgrenzung versicherungsfremder Leistungen von den Versicherungsleistungen besteht neuerdings eine Tendenz, alle die Leistungen der Sozialversicherung als versicherungsfremd zu interpretieren, die – aus der Sicht des privatversicherungsrechtlich interpretierten Äquivalenzprinzips – nicht durch den entrichteten Beitrag gedeckt sind.«[161] Dies macht die Problematik der laufenden Diskussion aus.

Die Bezeichnung »versicherungsfremd« ist aus der Sicht der Kritiker der bestehenden Regelungen eine nicht ungeschickte Wortwahl, weil sie negativ konno-

161 Heinz Lampert, Familienlastenausgleich und Sozialversicherung, in: Vierteljahresschrift für Sozialrecht, (1995) 2, S. 84. Die nachfolgende Darstellung stützt sich maßgeblich auf diese gründliche Analyse, S. 75–100.

tiert ist und die Vorstellung begünstigt, das, was »versicherungsfremd« sei, habe ja nun in der Tat in einem aus Versicherungsbeiträgen finanzierten System keinen Platz. Verschiedentlich werden diese sogenannten versicherungsfremden Leistungen (z. B. für die GRV) sogar als eine Form der »Gerechtigkeitslücke« in der Finanzierung angesprochen. Einige Kritiker umgehen die Bezeichnung »versicherungsfremd« gelegentlich auch und sprechen, wie z. B. Winfried Schmähl, statt dessen »positiv gewendet« von »versicherungsgemäßer Ausgestaltung«, von »funktionsgerechter« Regelung, von »systemadäquater« Finanzierung oder auch vom Vermeiden einer »Fehlfinanzierung«. Der Begriff der versicherungsfremden Leistungen kann leicht als ein Totschlagargument benutzt werden. Müßte nicht z. B. differenziert werden zwischen individueller Risikoadäquatheit von Leistung und Gegenleistung im Sinne der Privatversicherung und einer »Sozialversicherungsfremdheit« einer Leistung? Die Einstufung einer Leistung für Familienangehörige als versicherungsfremd muß nicht unbedingt bedeuten, daß sie aus dem betreffenden Zweig der sozialen Sicherung einfach zu eleminieren sei. Es kann sich aus Sicht der Kritiker auch darum handeln, daß die innerhalb des betreffenden Zweiges der Sozialversicherung für mitversicherte Familienangehörige anfallenden Kosten diesem System von außerhalb, also praktisch aus dem Staatshaushalt und damit aus dem allgemeinen Steueraufkommen erstattet werden.

Die finanziellen Größenordnungen, um die es hier geht, sind insgesamt beachtlich, nach den verschiedenen Regelungen in den einzelnen Versicherungszweigen naturgemäß unterschiedlich bedeutsam. Für die GKV liegen inzwischen quantitativ konkretisierte Analysen vor, die einen Eindruck über den Umfang der Umverteilung vermitteln. So entfallen in der GKV im Jahr 1994 auf Familienangehörige über 50 Milliarden DM, und zwar etwa je zur Hälfte auf Ehefrauen und auf Kinder. Die Anteile der beitragsfreien Mitversicherten sind dabei sehr unterschiedlich je nach Familientypen. Besonders bei Familien mit drei und mehr Kindern gehen die Leistungen insgesamt über die Einnahmen für diese Gruppe hinaus, obwohl Versicherte mit größerer Kinderzahl tendenziell auch höhere beitragspflichtige Einkommen haben. Insbesondere bei den freiwillig Versicherten in der GKV ist der Anteil der mitversicherten Familienangehörigen relativ groß.

Ob eine Ausgliederung der Familienhilfe aus der GKV also finanziell als gravierend angesehen wird, ist auch eine Ermessensfrage. Sie entspräche einer dadurch möglichen Senkung des Beitragssatzes um zwar nur rund zwei Prozentpunkte. Dabei bleibt natürlich zu bedenken, daß diese Finanzmittel zum Teil auch von den Versicherten mit Familienangehörigen selbst mit aufgebracht werden, also nicht etwa reine Umverteilungsleistungen von den Versicherten ohne mitversicherte Familienangehörige an diejenigen mit Familienangehörigen sind. Im Durchschnitt entfällt auf einen Versicherten in der GKV knapp 0,5 Mitversicherte. Insofern könnte es, wenn man auf den Eigenfinanzierungsanteil der unterhaltsverpflichteten Versicherten für die Leistungen an die (aus der Sicht des einzelnen) beitragsfrei mitversicherten Familienangehörigen abstellt, sogar fraglich erscheinen, ob die Bezeichnung »beitragsfrei« wirklich zutreffend ist. Auch für die mitversicherten Familienangehörigen wird ein Beitragsanteil bezahlt, der allerdings in seinem sozialen Ausgleichscharakter beim einzelnen Beitragspflichtigen nicht auf das individuelle zusätzliche Risiko (z. B. je nach Familiengröße) abstellt. Die Mitversicherung von

Familienangehörigen kann auf die gesamte Gruppe der Versichertengemeinschaft gesehen ja auch gar nicht kostenfrei sein, sie tritt lediglich beim einzelnen nicht als zusätzlicher Beitrag in Erscheinung, sondern geht in den – je nach Lohnhöhe einheitlich hohen – Beitrag für alle Versicherten ein, eben damit aber auch für die Versicherten mit Familienangehörigen.

Aus der Sicht der Kritiker der bestehenden familienbezogenen Leistungen gibt es durchaus **unterschiedliche Handlungsalternativen**. Diese könnten theoretisch auch in#einer einfachen Streichung oder doch in einer Absenkung des Leistungsniveaus bestehen, um auf diese Weise die kritisierten interpersonellen Umverteilungsmaßnahmen innerhalb des betreffenden Sozialversicherungszweigs abzubauen. Die vorgetragene Kritik zielt jedoch in der Regel nicht auf eine einfache Beseitigung ab, sondern darauf, den betreffenden Sozialversicherungszweig nicht mit diesen Umverteilungsmaßnahmen zu »belasten«. Dies könnte dadurch geschehen, daß die betreffenden familienbezogenen Regelungen aus dem Sozialversicherungszweig ausgegliedert und ausgabenwirksam in den allgemeinen Staatshaushalt übernommen würden (sogenannte institutionelle Ausgliederung), oder aber dadurch, daß diese Regelungen zwar in dem Sozialversicherungszweig verbleiben, aber in entsprechender Höhe durch die Übertragung von Finanzierungsmitteln aus dem allgemeinen Staatshaushalt finanziert würden (sogenannte fiskalische Ausgliederung). Vorschläge in dieser Richtung sind schon in den achtziger Jahren verschiedentlich gemacht worden, so vom Sachverständigenrat für die Begutachtung der gesamtwirtschaftlichen Entwicklung in seinem Jahresgutachten 1985/86 mit dem Hinweis, in der GKV könne die gewünschte Einkommensumverteilung tansparenter und schlüssiger gestaltet werden, indem man diese Aufgabe ausschließlich durch den Einsatz von Steuern und Transferausgaben bei den Gebietskörperschaften löst und die GKV nach versicherungswirtschaftlichen Grundsätzen organisiert. Wie diese und andere Stellungnahmen, so z. B. auch von Klaus-Dirk Henke[162], eines besonders renommierten Befürworters der Herauslösung familienbezogener Leistungen in diesem Falle aus der GKV, zeigen, wird meist nicht einfach auf Beseitigung der bestehenden Leistungsvergünstigungen für Familien plädiert, wohl aber auf eine grundlegende Änderung in der Finanzierungsstruktur.

Für eine Abkehr von der beitragsfreien Mitversicherung z. B. innerhalb der GKV, aber prinzipiell auch in anderen Sozialversicherungszweigen wird als eine Standardbegründung angeführt: Es handle sich um eine interpersonelle Einkommensumverteilung, die eine allgemeine Staatsaufgabe darstelle und daher aus allgemeinen Haushaltsmitteln finanziert werden müsse. Wenn sie statt dessen durch am Arbeitlohn anknüpfende Beiträge finanziert werde, seien damit negativ zu bewertende ökonomische Folgen verbunden. Zur Begründung wird angeführt[163], durch eine Finanzierung von Angleichungen von Einkommensverhältnissen zwischen Familien mit Kindern und solchen ohne Kinder als allgemeine Staatsaufgabe werde vermieden, daß die Lohnkosten für Zwecke erhöht würden, die nichts mit der

162 Klaus-Dirk Henke/Cornelia Behrens, Umverteilungswirkungen der gesetzlichen Krankenversicherung, Bayreuth 1989.

163 Vgl. z. B. Winfried Schmähl, Vortrag im Sozialpolitischen Ausschuß des »Vereins für Socialpolitik«, 1995, insbesondere S. 13 f.

Leistung des Faktors Arbeit zu tun hätten, diesen damit unzulässig verteuerten und so die Gefahr einer Reduktion der Arbeitsnachfrage und der Substitution von Arbeit durch Kapital erhöhten. Neben dem beschäftigungspolitischen Argument wird auf »unsoziale« Verteilungswirkungen verwiesen, die dadurch entstünden, daß bei Beitragsfinanzierung allgemeiner Staatsaufgaben nur ein begrenzter Personenkreis (Versicherungspflichtige) zur Finanzierung herangezogen würde und die Beiträge nur die Arbeitsentgelte bis zur jeweiligen Beitragsbemessungsgrenze mit einem proportionalen Tarif erhoben würden, während bei einer Finanzierung aus allgemeinen Haushaltsmitteln im Prinzip alle Steuerpflichtigen entsprechend ihrer steuerlichen Leistungsfähigkeit zur Finanzierung herangezogen würden. Im übrigen muß eine »Zweckentfremdung« von Beiträgen zur Mitfinanzierung von familienbezogenen Leistungen als Argument dazu herhalten, daß die Akzeptanz der Sozialversicherungssysteme insgesamt unterminiert werde, weil die auch für die Sozialversicherung wichtige Leistungs- und Gegenleistungsbeziehung verwässert und der Vorsorgecharakter zurückgedrängt werde.

Charakteristisch für diese Grundposition ist die Auffassung, die Finanzierungsverantwortung werde durch eine wie auch immer geartete Ausgliederung der familienbezogenen Leistungen deutlicher sichtbar gemacht, auch dort, wo allgemeine Haushaltsmittel dazu eingesetzt würden, um die auf die Sozialversicherung verlagerte Umverteilungsaufgabe zu finanzieren. Für den Bereich der GKV läßt sich die vorgetragene Kritik auf den Punkt bringen: keine Beitragsfinanzierung für familienpolitische Umverteilungsmaßnahmen. Als zusätzliches Argument für die Ausgliederung von familienbezogenen Leistungen aus der GKV in den Staatshaushalt bzw. für die Finanzierung aus dem Staatshaushalt wird im übrigen angeführt, die Anrechnung von Erziehungsjahren in der GRV werde ebenfalls aus allgemeinen Steuermitteln finanziert, während demgegenüber bei den familienpolitischen Umverteilungsmaßnahmen in der GKV darauf verzichtet werde.

Nun gibt es jedoch eine Reihe von gewichtigen Gründen gegen eine grundsätzliche Abkehr von der bestehenden Regelung. Ein Abbau der familienbezogenen Leistungen wäre wohl familienpolitisch ohnehin völlig undiskutabel, erst recht angesichts des allgemeinen Entwicklungsstands des Familienlastenausgleichs in der bestehenden Verteilungsordnung. Ein solcher Abbau würde im übrigen gerade die jungen Familien treffen, in denen die kommenden Beitragszahler heranwachsen, die die absehbar größer werdenden Belastungen des Systems aufgrund des fortschreitenden demographischen Alterungsprozesses aus ihren künftigen Beiträgen zu tragen haben werden. Folgende Gesichtspunkte verdienen für die anlaufenden Diskussionen zur Ausgliederung der familienbezogenen Leistungen als ein Beitrag zum »Umbau des Sozialstaats« besondere Beachtung: Eine Ausgestaltung der sozialen Sicherung nach (privat-)versicherungswirtschaftlichen Grundsätzen würde das Solidaritätspotential der Sozialversicherung und die Sozialstaatlichkeit verringern, wie insbesondere Lampert sehr überzeugend gezeigt hat. Bei einer Ausgliederung familienorientierter Leistungen muß auch mit einer Gefährdung der Funktionsfähigkeit eines nach Umfang und Struktur ausreichenden Familienlastenausgleichs gerechnet werden. Auch dieser Aspekt ist von Lampert ausführlich dargestellt worden. Dabei muß gerade auch auf die Erfahrungen verwiesen werden, die eine mangelnde Verläßlichkeit dieses Leistungsvolumens bei Finanzierung aus dem Staatshaushalt und die immer wieder nur zögerliche Anpassung an die allgemeine wirtschaftliche Entwicklung bestätigt haben. Nicht uneingeschränkt wird man Lampert dort folgen können, wo er argumentiert, daß im Falle einer Finanzierung dieser Leistungen durch Steuern anstelle von Sozialversicherungsbeiträgen der Selbstfinanzierungsanteil der Familien an den familienbezogenen Leistungen erhöht werden würde, »weil die Familien ja an der Aufbringung des Volumens an direkten und insbesondere auch an indirekten Steuern selbst beteiligt sind«[164]. Eine solche Eigenbeteiligung der von den familienbezogenen Leistungen begünstigten Versicherten ist naturgemäß auch bei der Beitragsfinananzierung im Prinzip gegeben. Für eine Beurteilung des unterschiedlichen Ausmaßes der Eigenbeteiligung wären differenziertere Analysen der Verteilungswirkungen notwendig.

Im Grunde wird von den Kritikern der bestehenden Regelung, also den Befürwortern zumindest einer Ausgliederung, wenn nicht sogar eines Abbaus, mit dem familienpolitischen Aspekt grundsätzlich die allgemeine Staatsaufgabe verbunden. Familienpolitik wird damit aber doch wohl zu eng definiert, nämlich nur als Angelegenheit des allgemeinen Staatshaushalts. Tatsächlich enthält auch der für die Sozialversicherung **konstitutive »soziale Ausgleich«** eine familienpolitische Komponente. Auch der Bereich der »Parafiski« muß sich grundsätzlich in die Familienorientierung seiner Regelungen einbinden lassen. Vielleicht darf man sogar sagen, die beitragsfreie Mitversicherung von Familienangehörigen gehöre zum »institutionellen Sinn« (Gerhard Weisser) in diesem Falle des Parafiskus GKV. Wenn in diesem Zusammenhang von den Kritikern die Auffassung vertreten wird, man könne die interpersonell umverteilend wirkenden Maßnahmen, die Ausdruck dieses sozialen Ausgleichs sind und die mit ihnen verbundenen Ausgaben als nicht mit der Funktion der Versicherung vereinbar ansehen und folglich als »versicherungsfremd« oder nicht funktionsgerecht bezeichnen, so wird dabei betont von einem Privatversicherungskonzept ausgegangen, nicht aber von einer Sozialversicherung, für die ja der »soziale Ausgleich« gerade konstitutiv ist.

An dieser Stelle wird wiederum deutlich, wie die Bewertung »versicherungsfremd« oder »nicht versicherungsgemäß«, ohne daß dies meist ausdrücklich gesagt wird, von einer Prämisse abgeleitet ist, die nicht »sozialversicherungsgemäß« ist, die – überspitzt formuliert – ihrerseits in der Verabsolutierung des Äquivalenzprinzips einen »Fremdkörper« in der Sozialversicherung darstellt. Hier erfährt der Charakter der Sozialversicherung gleichsam eine qualitative Veränderung, in dem alle Ausgaben mit interpersonellem Umverteilungscharakter als aus Haushaltsmitteln zu finanzierende allgemeine Staatsaufgaben definiert und aus der Sozialversicherung herauskatapultiert werden. Aus familienpolitischer Sicht besteht aller Grund, der hier sichtbar werdenden verengten Auffassung von Familienpolitik bzw. Familienlastenausgleich als grundsätzlich nur im allgemeinen Staatshaushalt anzusiedelnden Aufgabe nachdrücklich entgegenzuwirken.

Der Kreis der von dem sozialen Ausgleich in der GKV Begünstigten deckt sich bei Finanzierung dieses Ausgleichselements aus allgemeinen Steuermitteln gerade nicht mit dem Kreis der an der Finanzierung Beteiligten, der größer ist und Personengruppen umfaßt, die bei Vorliegen der Voraussetzungen, d. h. Unterhalt von

164 H. Lampert (Anm. 161), S. 94.

Familienangehörigen, gar nicht zu den Begünstigten gehören können, wenngleich die fehlende Deckungsgleichheit der beiden Personenkreise von dem betrachteten Sozialversicherungszweig abhängt und im Einzelfall kleiner ist als gemeinhin angenommen. Im Grunde werden ohnehin manche Probleme der Entsprechung von Leistungsbegünstigten und demgegenüber an der Finanzierung Beteiligten dadurch hervorgerufen, daß die jeweiligen Personenkreise, bedingt durch die institutionelle Ausgestaltung unserer sozialen Sicherungssysteme, nicht mit dem Kreis der steuerzahlenden Bürger identisch sind. Deshalb erschiene auch umgekehrt eine Beschränkung von Leistungen auf Mitglieder eines begrenzteren Sozialversicherungszweigs dort nicht vertretbar, wo die Finanzierung aus allgemeinen Steuermitteln erfolgt.

Aus der praktischen Erfahrung heraus scheint, auch wenn dies unter systematischen Gesichtspunkten vielleicht nicht ganz befriedigen mag, ein Nebeneinander von unterschiedlichen Finanzierungsquellen (in diesem Falle also allgemeiner Staatshaushalt und parafiskalischer Bereich der Sozialversicherung) deshalb vorteilhaft zu sein, weil durch eine Konzentration der Finanzmittel an einer Stelle die politische Begehrlichkeit eher geweckt wird, hier bei tatsächlichen oder vermeintlichen Einsparungszwängen »zuzugreifen«. Für familienpolitische Leistungen ist die Verläßlichkeit wichtig, wie in der einschlägigen Diskussion vielfach betont worden ist. Diese Verläßlichkeit kann unter Umständen in einem Parafiskus sehr viel eher gewahrt sein als bei einer Finanzierung aus dem allgemeinen Staatshaushalt. Dies könnte übrigens auch heute noch – nach der sogenannten Neuordnung des Familienlastenausgleichs im Jahressteuergesetz 1996 – ein Grund sein, mittelfristig über eine grundlegend neue Finanzierung des Familienlastenausgleichs nachzudenken, wobei dann bei einer Regelung außerhalb des allgemeinen Staatshaushalts zugleich gezielt darauf hingewirkt werden könnte, daß die begünstigten Familien weit weniger als gegenwärtig an der Finanzierung der ihnen zufließenden zusätzlichen Einkommensteile selbst beteiligt sind (siehe auch Abschnitt 5.3.2.3).

Insgesamt erscheint es aufschlußreich für die familienrelevanten Grundeinstellungen im politischen Koordinatensystem unserer Gesellschaft, das jetzt, wo es durchaus gute Gründe gibt, auf die Senkung von Lohnnebenkosten hinzuwirken, gerade auch an dieser familienpolitischen Front angesetzt wird, um fest im Sozialversicherungssystem etablierte Leistungen in Frage zu stellen. Wenn die familienbezogenen Leistungen als solche gewollt sind, ergibt sich gesamtwirtschaftlich gesehen ohnehin keine Einsparung. Nur die unumstritten wichtigen Verteilungswirkungen für die entstehenden Belastungen sehen etwas anders aus, wenn die betreffenden Maßnahmen aus dem allgemeinen Staatshaushalt finanziert werden. Dabei muß aber betont werden, daß die differenzierte Wirkungen einer Steuerfinanzierung solcher Leistungen weithin noch wenig geklärt sind.

Familienbezogene Leistungen sind auch innerhalb der Sozialversicherungszweige grundsätzlich kein Fremdkörper. Familie und Ehe stehen unter dem besonderen Schutz der »staatlichen Ordnung«, und das sind nicht nur die Gebietskörperschaften auf Bundes-, Länder- und Kommunalebene, sondern auch die parafiskalischen (Sozialversicherungs-)Träger öffentlich-rechtlicher Prägung, für die ein sozialer Ausgleich konstitutiv ist und innerhalb dessen familienpolitische Elemente ihren bewährten Platz haben. Die gegebenen Umverteilungen z. B. in der GKV sind grundsätzlich politisch gewollt und dürfen daher nicht ohne Not und vor allem nicht ohne Kompensation beseitigt werden. Die Verteilungswirkungen sind durchaus transparent, jedenfalls inzwischen transparenter als jemals zuvor. Zuzustimmen ist Lampert in der Frage, ob die vorhandenen Umverteilungswirkungen, wie verschiedentlich geäußert, wirklich prinzipiell die Solidarität der Versicherten dauerhaft beeinträchtigen; mit Recht werden hierzu von empirischen Untersuchungen über die Bereitschaft zur Solidarität bessere Aufschlüsse erwartet als von »Vermutungen«[165].

Was in der Tat zur Diskussion steht und auch familienpolitisch durchaus vertretbar erscheint, wäre der Verzicht auf beitragsfreie Mitversicherung von nicht erwerbstätigen Ehefrauen ohne Kinder (und ohne Betreuung pflegebedürftiger Familienangehöriger). Nach den vorliegenden Analysen über die Verteilungseffekte gehören zu den Begünstigten der bestehenden Regelung auch **Haushalte von Einverdienerehepaaren ohne Kinder**. Die hier sichtbar werdende Subventionierung der »Nur-Hausfrauen« kann familienpolitisch als unerwünscht angesehen werden, nicht zuletzt mit Blick auf die Beitragspflicht von erwerbstätigen Müttern. Von daher könnte es sich anbieten, die beitragsfreie Mitversicherung nicht erwerbstätiger Ehegatten ohne zu betreuende Kinder zu beseitigen. Dies wird in jüngerer Zeit auch von Autoren befürwortet, die sich grundsätzlich betont für einen in die GKV integrierten Familienlastenausgleich aussprechen. In diesem Zusammenhang ist mit zu bedenken, daß bei Familien mit beiderseitig erwerbstätigen Ehepartnern das doppelte Einkommen der Beitragspflicht unterliegt. So mußte beispielsweise eine Zweiverdienerfamilie mit zweimal 6 000 DM Arbeitseinkommen im Monat – bei 6 000 DM als Beitragsbemessungsgrundlage aus dem Jahr 1996 – aus 12 000 DM Beiträge zahlen. Die Einverdienerfamilie mit einmal 12 000 DM Einkommen mußte lediglich aus 6 000 DM Beiträge zahlen, erwarb aber den gleichen Versicherungsschutz wie die Zweiverdienerfamilie. Hier liegt, bei gleicher Leistungsfähigkeit vom Einkommen her gesehen, eine ungleiche Behandlung vor. Diese vielfach als Diskriminierung angesehene Behandlung von Zweiverdienerfamilien[166] würde durch einen Wegfall der beitragsfreien Mitversicherung von nicht erwerbstätigen Ehefrauen ohne Kinder korrigiert. In diese Richtung votiert vor allem die Sachverständigen-Kommission für die Konzertierte Aktion im Gesundheitswesen in ihrem Gutachten aus dem Jahr 1995 »Gesundheitsversorgung und Krankenversicherung 2000«. Unter der Voraussetzung, daß im Hinblick auf familienpolitische Zielsetzungen eine beitragsfreie Mitversicherung von Kindern und von Ehepartnern, soweit diese im Haushalt Kinder betreuen oder Pflegedienste leisten, bestehen soll, lassen sich danach drei Varianten einer Beitragsbemessung von Familienangehörigen unterscheiden:

a) Die Summe der beitragspflichtigen Haushalts- bzw. Familieneinkünfte könnte einem Splitting unterliegen und der entsprechende Betrag für beide Ehepartner der Beitragsbemessung zugrunde gelegt werden.
b) Nach Anwendung des Splittings könnte für den nicht erwerbstätigen Ehepartner der halbe Beitragssatz gelten oder dessen Beitrag auf 50 % des jeweiligen Höchstbeitrages begrenzt werden.

---

165 Ebda., S. 82.

166 Vgl. z. B. Georg Neubauer, Vortrag im Sozialpolitischen Ausschuß des »Vereins für Socialpolitik«, 1995, insbes. S. 19.

c) Der nicht erwerbstätige Ehepartner könnte anstelle des Splittings für einen dynamisierten Pauschbetrag optieren, der in etwa bei dem derzeitigen Mindestbeitrag liegt.

Das von der Kommission vorgeschlagene Splitting und die damit verbundene teilweise Abschaffung der Beitragsfreiheit von Ehepartnern, die keine Kinder betreuen oder keine Pflegedienste leisten, zielt vornehmlich darauf ab, die im geltenden System vorhandene, von der Kommission als Diskriminierung angesehene Behandlung von Zweiverdienerfamilien zu beseitigen, zumindest aber abzuschwächen. Wie die Kommission ausdrücklich betont, stelle die ungleiche Beitragsbelastung von Familien mit gleichem Haushaltseinkommen bzw. gleich hohen beitragsrelevanten Einkünften einen gravierenden Verstoß gegen das Leistungsfähigkeitsprinzip dar und laufe auch allen übrigen distributiven Gesichtspunkten zuwider. Ganz unproblematisch erscheint allerdings auch die Umsetzung eines solchen Splitting für die GKV nicht, wie die Sachverständigen-Kommission selbst hervorhebt. So begünstigt es z. B. nichteheliche Lebensgemeinschaften, und zwar vor allem dann, wenn ein Partner keine oder nur geringe Einkünfte erzielt und die Bezüge des anderen die Bemessungsgrenze deutlich überschreiten.

Verteilungspolitisch wirksame Korrekturen kommen auch in anderen Bereichen in Betracht. So übt z. B. Lampert Kritik an der beitragsfreien Hinterbliebenenrente an nicht erwerbstätige kinderlose Mitversicherte in der GRV. Angesichts der steigenden Zahlen erwerbstätiger Frauen sei dies »ein unter dem Aspekt Verteilungsgerechtigkeit nicht mehr zu vertretender Anachronismus«, der sozialverträglich beseitigt werden sollte[167]. Mit solchen partiellen Korrekturen ließen sich zunächst Verbesserungen der Verteilungswirkungen unter familienpolitischen Aspekten erreichen, ohne andererseits die Familienhilfe – etwa auch aus der GKV – auszugliedern oder ihre Finanzierung vom Staatshaushalt zu bewerkstelligen, mit allen damit verbundenen systematischen und organisatorischen Problemen. Das im Grundsatz berechtigte Argument der notwendigen Sicherung des Wirtschaftsstandorts Deutschland, auch von der Lohnkostenbelastung her, sollte jedenfalls nicht dazu mißbraucht werden, bewährte familienpolitische Regelungen im Sozialversicherungssystem zu beseitigen. Vor allem darf es nicht so sein, daß solche Regelungen vorschnell beseitigt werden, und dann die Familien das Nachsehen haben, wie über das allgemeine Steueraufkommen mühsam wieder aufgebaut werden kann, was vermeintlichen wirtschaftspolitischen Belangen geopfert wurde. Von daher ist es verständlich, daß für einen grundsätzlichen Umbau der Finanzierungsgrundlagen des Sozialversicherungssystems punktuelle Schritte für verfehlt gehalten werden, sondern wohl durchdachte und politisch möglichst konsensfähig abgesicherte Reformkonzepte eingefordert werden. In der Tat wäre es »politisch verantwortungslos, primär einzelne Teile des Systems sozialer Sicherung, etwa die Gesetzliche Kranken- und Rentenversicherung, zu reformieren und die Familienleistungen herauszunehmen oder zu reduzieren, ohne gleichzeitig ein adäquates Konzept für die Neuordnung des gesamten Familienlastenausgleichs zu entwickeln«[168]. Erst dann

167 H. Lampert (Anm. 161), S. 88.
168 Ebda., S. 98.

handelt es sich um einen Beitrag zu einer familienorientierten Strukturrefom des Sozialstaats, die vor der Zukunft Bestand hat.

5.3.6 Einkommenspolitische Aufgaben der Sozialen Marktwirtschaft

Für die nächsten Jahre ist die konsequente Verwirklichung des einkommenspolitischen Zieles der Familienpolitik, insbesondere die Weiterentwicklung des Familienlastenausgleichs im engeren Sinne und seine Ausgestaltung zu einem Familienleistungsausgleich, als Aufgabe vorgegeben. Ihre Bewältigung oder Nichtbewältigung wäre Ausdruck der gelungenen oder verpaßten familienorientierten Weiterentwicklung der Sozialen Marktwirtschaft. Immer wieder ist daran zu erinnern, daß die Soziale Marktwirtschaft keineswegs nur ein wirtschaftsordnungspolitisches, sondern ein gesellschaftsordnungspolitisches Konzept darstellt. Im Konzept der Sozialen Marktwirtschaft als einem zukunftsgerichteten Programm stellt nicht nur die wirtschaftliche Entwicklung mit ihren ständig wechselnden Bedingungen die Wirtschaftspolitik immer wieder vor neue Aufgaben; auch das gesellschaftsordnungspolitische Konzept bedarf der ständigen Überprüfung und der Ausgestaltung entsprechend wechselnden Anforderungen, die sich aus den grundlegenden wertbesetzten Zielvorstellungen über Person, Gesellschaft und Stellung der Person in dieser Gesellschaft in Verbindung mit der Entwicklung großgesellschaftlicher Strukturen ergeben.

Dies erfordert Bedingungen in Gesellschaft und Wirtschaft, die die familiale Leistungsentfaltung begünstigen; es verlangt auch eine Sozialpolitik, die jenseits des Marktes Interessen ausgleicht, Schwache und Nichtorganisierte schützt, Macht begrenzt und Auswüchse beschneidet. Es geht nicht allein um einen wettbewerbsneutralen Ordnungsrahmen zur Sicherung der individuellen (Markt-)Leistungsentfaltung; es geht darüber hinaus um die Weiterentwicklung eines gesellschaftlichen Ordnungsrahmens, der mehr Handlungsspielräume des einzelnen in den verschiedenen Lebensbereichen absichert, und zwar gerade auch in dem seiner Familie[169]. »Da die Soziale Marktwirtschaft als ein den Zielen der Freiheit, der sozialen Gerechtigkeit und der sozialen Sicherheit verpflichteter Stilgedanke zu verstehen ist, der eine Anpassung an neue Bedingungen und die Berücksichtigung neuer politischer Ziele ausdrücklich als Element der Konzeption enthält, ist die Soziale Marktwirtschaft auch offen für eine ihren Grundzielen und Grundprinzipien verpflichtete, aber den gewandelten sozio-ökonomischen Existenzbedingungen der Familie Rechnung tragende familienpolitische Konzeption.«[170] Insbesondere kommt der Sicherung einer familiengemäßen Einkommensgestaltung durch einen vollwirksamen Familienlastenausgleich eine grundlegende Bedeutung zu für die konkrete Ausge-

---

169 Max Wingen, Familienpolitische Perspektiven der Weiterentwicklung der Sozialen Marktwirtschaft, in: Klaus Weigelt (Hrsg.), Die Soziale Marktwirtschaft erneuern, Studien zur politischen Bildung Bd. 12, Mainz 1986, S. 205 ff.

170 Heinz Lampert, Ordnungspolitische und verteilungspolitische Aspekte der Familienpolitik in der Bundesrepublik Deutschland, in: ders./Max Wingen, Familie und Familienpolitik – Bestandsaufnahme und Perspektiven, Köln 1986.

staltung der Aufteilung der Verantwortung zwischen Staat, Gesellschaft und einzelner Familien für das Aufziehen der nachwachsenden Generation.

Widerstände gegen eine nachhaltige Veränderung der Strukturen der Einkommensverteilung im Hinblick auf Familien mit heranwachsenden Kindern sind allerdings deshalb naheliegend, weil es um Interessen von Gruppen geht, die kaum oder gar keine (Markt-)Macht besitzen. Es ist schon einigermaßen verblüffend und ernüchternd zugleich zu sehen, wie vielfältige wissenschaftliche Voten schon seit vielen Jahren in die Richtung einer grundsätzlichen Neugestaltung der Verteilungsordnung im Hinblick auf familiale Lebenslagen weisen, ohne daß jedoch die tatsächlichen Verteilungsstrukturen wirklich durchgreifend und dauerhaft geändert wurden. Sicherlich hängt dies auch mit nach wie vor wirksamen einseitigen Auffassungen von »Äquivalenz« sowie mit einem verengten, weil auf die Erwerbsarbeit beschränkten Arbeitsverständnis zusammen. Nicht zuletzt dürfte hier freilich auch ein »strukturelles Ordnungsdefizit« in unserer Sozialordnung gegenüber dem Lebensbereich Familie sichtbar werden, auf das schon vor Jahren hingewiesen worden ist[171]. Ohne die ökonomische Seite zu überschätzen, muß ein wirklicher Familienlastenausgleich ein essentielles Element der Einkommensverteilung in unserer sozialmarktwirtschaftlichen Ordnung sein. Nur so kann letztendlich auch der gravierende Vorwurf nachhaltig entkräftet werden, mit dem die Sachverständigen-Kommission für den Dritten Familienbericht Ende der siebziger Jahre ihre Analyse beschloß, nach der es nämlich nicht Schuld der Familienpolitiker sei, wenn die Politik die Interessen der Familien so gering achte. Hier zeige sich vielmehr eine weit verbreitete Gleichgültigkeit und Unterbewertung der Väter- und Mütteraufgaben und ihrer Bedeutung für die gesellschaftliche Wohlfahrt und Lebensqualität, insbesondere bei den Macht- und Führungsgruppen.

171 Max Wingen, Bevölkerungs- und familienpolitische Aspekte der sozialen Frage in entwickelten Industriegesellschaften, in: Hans Peter Wiedmaier (Hrsg.), Zur Neuen Sozialen Frage, Schriften des »Vereins für Socialpolitik«, Neue Folge, Bd. 95, Berlin 1978, S. 149 ff.

6. Sicherstellung eines familiengerechten Wohnens

6.1 Zielsetzung

Die Wohnverhältnisse und die Wohnumfeldbedingungen bilden, wie die sozialwissenschaftliche Forschung vielfältig dargestellt hat, eine für die Entfaltung des Familienlebens, für die Entwicklung der Familie als Ganzes wie auch der Familienmitglieder, besonders wichtige Rahmenbedingung. Die Tragweite der Wohnbedingungen der Familien als eines zentralen Faktors ihrer Lebenslagen reicht bis zum dadurch mitbeeinflußten Schulerfolg von Kindern und damit – im Zusammenhang mit der Bedeutung der Schule für die »Zuteilung von Lebenschancen« an das Kind – mittelbar bis zur familialen Plazierungsfunktion, d. h. der Vermittlung der Kinder auf berufliche und soziale Bahnen. Insgesamt sind gerade die Wohnverhältnisse als wichtiger Bestimmungsfaktor familialer Funktionserfüllung anzusehen, vor allem für die Erziehungs- und Bildungsleistungen der Familien – ein Zusammenhang, der schon durch die Arbeiten der Sachverständigen-Kommission für den Zweiten Familienbericht im Jahr 1975 und im Gutachten des Wissenschaftlichen Beirats für Familienfragen beim Bundesministerium für Jugend, Familie und Gesundheit über »Familie und Wohnen« aus demselben Jahr wie auch in späteren Familienberichten aufgearbeitet wurde. Dieselbe Bedeutung besitzen die Wohnverhältnisse aber auch für die Haushaltsfunktion und die Leistungen der Familien zur Gesunderhaltung bzw. Wiederherstellung der Gesundheit ihrer Mitglieder und deren Rekreation sowie nicht zuletzt für die generative Funktion der Sicherstellung der Generationenfolge. 1986 wurde im Vierten Familienbericht festgehalten, die Wohnung »gehört neben dem Einkommen zu den wichtigsten materiellen Rahmenbedingungen, unter denen Familien ihre Leistungen zu erbringen haben«. Die Wohnbedingungen (einschließlich des Wohnumfelds), die von Urie Bronfenbrenner als ein für den Sozialisationsverlauf wichtiger »ökologischer« Faktor bezeichnet werden, stellen doch den engsten Umweltrahmen dafür dar, wie die Familien ihre Beziehungen organisieren, wie sie miteinander umgehen und wie in dieser Familiengruppe z. B. Kinder erzogen werden oder wie gewirtschaftet wird. Für das Kleinstkind stellt die Wohnung dabei zudem wohl den fast einzigen Erlebnis- und Erfahrungsraum überhaupt dar[172].

Gemäß der in unserer Sozialordnung bestehenden Leitvorstellung, daß der Lebensbereich »Wohnen« – im Unterschied zu einem System der Wohnungszwangswirtschaft – grundsätzlich marktwirtschaftlich zu organisieren sei, haben sich die staatlichen und sonstigen öffentlichen Interventionen im Bereich des Wohnungsbaus sowie der Förderung der Wohnungsversorgung auf marktkonforme Maß-

172 Zum Einfluß der Wohnbedingungen auf familiale Grundfunktionen und zum folgenden vgl. auch M. Wingen (Anm. 17), S. 246 ff.

nahmen zu konzentrieren, d. h. sie sollten in ihrer Ausgestaltung möglichst in eine marktwirtschaftliche Ordnung passen. Für eine zielklare Familienpolitik stellt die Sicherung eines familiengerechten Wohnens ein in das gesamte Zielsystem integriertes Grundziel dar. Es muß zum einen in der Schaffung genügenden und qualitativ angemessenen Wohnraums und zum anderen in der Sicherstellung einer möglichst bedarfsgerechten Verteilung vorhandenen und neu zu schaffenden Wohnraums bestehen. Darüber hinaus ist die möglichst familiengerechte Gestaltung der Wohnumfeldbedingungen in die Zielsetzung zu integrieren. Auf der gesetzgeberischen Ebene hat diese Zielsetzung als eine grundlegende Norm seit vielen Jahren Eingang in die Wohnungsbaugesetzgebung (II. Wohnungsbaugesetz) gefunden. Hier ist in Paragraph 1 eine zweifache politische Vorgabe, nämlich die sozialpolitische der Sicherstellung einer ausreichenden Wohnungsversorgung und die eigentumspolitische der Förderung des Wohneigentums, wie folgt gefaßt: »Die Förderung des Wohnungsbaues hat das Ziel, den Wohnungsmangel zu beseitigen und für weite Kreise der Bevölkerung breit gestreutes Eigentum zu schaffen.«

Die Förderung soll eine ausreichende Wohnungsversorgung aller Bevölkerungsschichten entsprechend den unterschiedlichen Wohnbedürfnissen ermöglichen und diese namentlich für diejenigen Wohnungssuchenden sicherstellen, die hierzu selbst nicht in der Lage sind. In ausreichendem Maße sind solche Wohnungen zu fördern, die die Entfaltung eines gesunden Familienlebens, namentlich für kinderreiche Familien, gewährleisten. Die Förderung des Wohnungsbaues soll überwiegend der Bildung von Einzeleigentum (Familienheimen und eigengenutzten Eigentumswohnungen) dienen. Zur Schaffung von Einzeleigentum sollen Sparwille und Bereitschaft zur Selbsthilfe angeregt werden. Der hier zum Ausdruck kommende Vorrang der Förderung des familiengerechten Wohnens in Form des Wohneigentums wird in Paragraph 26 Absatz 2 des Gesetzes bekräftigt. Die Zielsetzung findet in weiteren Gesetzen, die die Anwendung von wohnungspolitischen Instrumenten regeln, ihren Niederschlag, so vor allem im Wohngeldgesetz (WoGG), nach dessen Paragraph 1 das Ziel des Wohngeldes darin besteht, angemessenes und familiengerechtes Wohnen durch Zuschüsse zu den Wohnungsaufwendungen wirtschaftlich zu sichern.

Die Frage ist jedoch, inwieweit diese Zielsetzungen tatsächlich als verwirklicht angesehen werden können. Sie sind auch vor dem Hintergrund der Leitvorstellung der Gleichheit der Lebenschancen zu sehen. Ein in der Vergangenheit verschiedentlich diskutiertes »Bürgerrecht auf Wohnung« hat in einige Verfassungen in den neuen Bundesländern Eingang gefunden. Solche Ausformulierungen sind – bei aller ihrer Problematik, was die Einlösung angeht – Ausdruck dafür, daß eine Wohnung nicht einfach den Gegenständen des gehobenen Konsums gleichgesetzt werden darf, sie vielmehr eine der wichtigsten Voraussetzungen für ein menschliches Leben und dessen Entwicklung überhaupt ist. Mitte der siebziger Jahre sprach der Wohngeld- und Mietenbericht der Bundesregierung förmlich von einem »sozialen Grundrecht auf eine angemessene und familiengerechte Wohnung«, das den Bürgern durch das Wohngeld bei einem entsprechenden Wohnungsangebot gesichert werden soll. Auch damit wird die **existentielle Bedeutung des Wirtschafts- und Sozialgutes Wohnung** unterstrichen. Das hier zu erörternde familienpolitische Grundziel muß ausreichend operationalisiert sein, soll die tausendfach benutzte Formel der »familiengerechten

Wohnung« mehr als eine Leerformel und das Ziel auf seine tatsächliche Realisierung hin empirisch überprüfbar sein. Welche Wohnung als familiengerecht anzusprechen ist, wird sich nicht schon danach entscheiden, ob sie den tatsächlichen Ansprüchen genügt, die von der Familie, die sie bewohnt, gestellt werden. Eine subjektive Zufriedenheit mit der Wohnung ist noch nicht notwendig ein Beweis dafür, daß die Wohnbedingungen als familiengerecht gelten können, insbesondere daß sie den Bedürfnissen des Kindes ausreichend entsprechen. Vielmehr ist von der Frage auszugehen, ob die Wohnung den Bedürfnissen gerecht wird, die sich im Zusammenhang mit einer möglichst guten Erfüllung der verschiedenen familialen Grundfunktionen ergeben. Schon vor Jahrzehnten hielt Oswald von Nell-Breuning fest, die Wohnungspolitik könne nur dann als familiengerecht anerkannt werden, wenn sie sich mit allen Kräften in den Dienst einer klar ausgerichteten Familienpolitik stelle; auf diese Weise habe sie ihren Beitrag zu leisten zur Stärkung des inneren Familienzusammenhalts und damit mittelbar auch zur Verwurzelung der Familie in der größeren Gemeinschaft. Allerdings erfolgt in diesem Zusammenhang auch der wichtige Hinweis, die nur bei einem Teil der Familien mögliche Verwurzelung in Grund und Boden könne zu diesen beiden Zielen als wirksames Mittel führen, dagegen sei sie kein Selbstzweck. Somit wird zugleich deutlich, was familiengerechte Wohnbedingungen nicht meint, nämlich irgendeine überzogene Familienheimideologie.

Die Zielsetzung, familiengerechte Wohnbedingungen zu sichern, wird auf die Einhaltung von Mindeststandards hinauslaufen müssen, so etwa hinsichtlich der Wohnungsgröße, ohne daß es – bei insoweit freier Einkommensverwendung in einer marktwirtschaftlichen Ordnung – dazu kommen muß, daß die Behebung von wie immer definierter »Unterversorgung« bei den einen durch Reduzierung von »Überversorgung« bei den anderen erfolgt. Hier liegt ein gewisser Unterschied zur einkommenspolitischen Zielsetzung, bei deren Verwirklichung die Umverteilung von Einkommensteilen zu den begünstigten Familienhaushalten letztlich stets Einkommenseinbußen bei den übrigen Gesellschaftsmitgliedern bedingt. Insgesamt erscheint es wichtig, für die quantitativen und qualitativen Wohnungsstandards möglichst faßbare und handhabbare Richtwerte zugrunde zu legen. Weniger die Rechtsform und die Eigentumsverhältnisse sind hier ausschlaggebend – wenngleich die Erfahrung immer wieder gezeigt hat, daß das Eigenheim gerade für größere Familien besonders günstige Wohnbedingungen schafft – als vielmehr Größe, Zuschnitt und auch Ausmaß familien- und kindbezogener Infrastruktureinrichtungen im Nahbereich der Wohnung.

Zur Veranschaulichung seien nachstehend mehr exemplarisch und ohne Anspruch auf Vollständigkeit, einige **Kriterien** aufgeführt, die für eine operationale Definition von »familiengerechten Wohnbedingungen« in Betracht kommen und die Richtung für operationale Zieldefinitionen angeben können:

- Belegungsdichte der Wohnung, konkret gemessen an der Zimmerzahl und der Wohnfläche pro Familienmitglied, am Vorhandensein eines Zimmers für jedes schulpflichtige Kind;
- bauliche Qualität der Wohnung, wie sie zum Ausdruck kommt in der Nutzungsmöglichkeit des verfügbaren Wohnraums (variable Räume) sowie im Schallschutz und in der Wohnungsausstattung;

- Wohnungsumfeld, so im einzelnen die kindbezogene soziale Infrastruktur im Nahbereich der Wohnung mit familiennahem und familienverbindendem Kinderspielplatz bzw. Sicht- und Rufnähe der Spielanlagen für Kleinkinder sowie Siedlungsstruktur und Grad der Verkehrsanbindung.

Im Hinblick auf derartige Kriterien lassen sich konkrete (Minimal-)Standards bezeichnen, die dann die Zielvorstellung »familiengerechte Wohnbedingungen« faßbar und handhabbar machen, so daß daran einmal tatsächliche Mängelsituationen abgelesen werden können und zum anderen der Erfolg politisch gestaltender Einwirkung besser und empirisch überprüfbar abgeschätzt werden kann.

Die Qualifizierung angemessener Standards speziell für die Wohnungsgröße kann sich auf der einen Seite an Sachverständigenurteilen orientieren, wie sie schon seit vielen Jahren z. B. in den sogenannten »Kölner Empfehlungen« ihren Ausdruck gefunden haben. Auf der anderen Seite ergibt sich ein Niveau, das unter den gegebenen sozialen Verhältnissen als in etwa realistisch anzusehen ist, aus der Wohngeldgesetzgebung, die solche Standardvorstellungen für unterschiedlich große Familien enthält. Für eine vierköpfige Familie z. B. wird gegenwärtig, wie sich aus den gesetzlich festgelegten zuschußfähigen Höchstbeträgen indirekt ergibt, eine Wohnfläche von 86 qm zugrunde gelegt (für den Einpersonenhaushalt beträgt diese »Richtfläche« 48 qm, für den Zweipersonenhaushalt 62 qm und für jede weitere Person im Haushalt 12 qm). Inwieweit dieser Maßstab und die Staffelung der Wohnflächen mit steigender Kinderzahl als angemessen anzusehen ist, bleibt im Zeitablauf und unter wechselnden gesamtwirtschaftlichen Bedingungen sicherlich eine immer wieder zu diskutierende Frage.

Da mit dem Stichwort »Wohnen« über die eigentliche Wohnung hinaus auch auf die unmittelbare Umgebung verwiesen ist, muß auch diese in die Konkretisierung der Zielsetzung als eigenständige Dimension miteinbezogen werden. An die zugehörigen (möglichst altersspezifischen) Spielanlagen für Kinder außerhalb der Wohnung ist, wie bei den genannten Merkmalen schon angedeutet, ebenso zu denken wie an sonstige für das Familienleben wichtige Bedingungen im Nahbereich der Wohnung. Auf die Erreichbarkeit ist bei derartigen familien- und kindbezogenen Infrastruktureinrichtungen besonderer Wert zu legen. Für kleinere Kinder bilden familiennahe Kinderspielplätze eine gute Möglichkeit für einen allmählichen Übergang aus dem Familienraum zu weiteren Handlungsräumen. Die Sachverständigen-Kommission für den zweiten Familienbericht sprach 1975 dem Spielplatz unter dem Gesichtspunkt ungenügender Wohnungsversorgung auch eine »kompensatorische Funktion« zu (S. 103). Das **Wohnumfeld**, verschiedentlich auch Wohnumwelt genannt, hat mit Blick auf die Familien im einzelnen vielfältige Anforderungen zu erfüllen, die schon vor Jahren wie folgt zusammengefaßt wurden: »Zufriedenheit mit der Wohnung, Geschütztheit des privaten Bereichs, sozialer Frieden in der Nachbarschaft, Funktionserfüllung der Folgeeinrichtungen, kommunikative Einbindung in örtliche und überörtliche Beziehungsnetze, Möglichkeiten der Selbstdarstellung, Spielraum für Aktivitäten«[173]. Bei aller Bedeutung der zwischenmenschlichen, auch

173 Korfmacher, zitiert bei F. Erpenbeck, Zur Problematik der familiengerechten Wohnungen, in: Material zu Problemen der Familienpolitik, Politische Akademie Eichholz, Bonn 1974, S. 49.

öffentlichen Kommunikation der Familien bzw. einzelner ihrer Mitglieder gilt es im Hinblick auf familienbezogene Infrastrukturanlagen allerdings zu bedenken, daß Familien in ihrem Freizeitverhalten zugleich zeitweilig auf eine gewisse Umweltdistanz bedacht sind. Die auf Kommunikation und Freizeit ausgerichteten Einrichtungen der Wohnumwelt werden daher grundsätzlich nur Angebotscharakter haben können, um die Freiheit der Wahl aufrechtzuerhalten. Ein gutes Wohnklima setzt voraus, daß die einzelnen Familien ihre individuell abgestuften Kommunikationsbedürfnisse entwickeln können.

6.2 Befunde zur Wohnungsversorgung von Familien

Wenn den angesprochenen Zielsetzungen die tatsächlichen Befunde in der Wohnungsversorgung von Familienhaushalten gegenübergestellt werden, die sich im übrigen als Ergebnis auch einer in mehrfacher Hinsicht höchst unbefriedigenden familienpolitischen Akzentuierung der Wohnungspolitik darstellen, so kann das Ergebnis offensichtlich nicht als ausreichende Zielverwirklichung angesehen werden, und dies seit vielen Jahren nicht. Folgende Gesichtspunkte sind festzuhalten:

1. Über Jahrzehnte hinweg bestehen Diskrepanzen zwischen familienpolitisch unter Rücksicht auf eine möglichst gute Funktionserfüllung der Familien erstrebenswert erscheinenden Wohnungsstandards für Familien und deren tatsächlicher Wohnungsversorgung. Allerdings hat sich die durchschnittliche Wohnungsversorgung im Lauf der letzten Jahrzehnte deutlich verbessert, wie sich etwa an dem je Person zur Verfügung stehenden Wohnraum ablesen läßt: In der zweiten Hälfte der sechziger Jahre standen in Eigentümerwohnungen je Person 25,2 qm zur Verfügung, in der zweiten Hälfte der achtziger Jahre waren es nach Angaben des Fünften Familienberichts 38,2 qm; bei Mietwohnungen stieg die Wohnfläche je Person in dem genannten Zeitraum von 22,5 qm auf 33 qm. Diese allgemeinen Verbesserungen sind selbstverständlich auch Familienhaushalten mit Kindern tendenziell zugute gekommen. Gleichwohl zeigen sich nach wie vor eingeschränkte Wohnverhältnisse einerseits mit steigender Kinderzahl im Familienhaushalt und andererseits in unteren Einkommensschichten; wo beide Faktoren zusammentreffen, kommt es zu einer Kumulation in den Beeinträchtigungen der Wohnungsversorgung. Der Fünfte Familienbericht hält trotz der Verbesserungen der durchschnittlichen Wohnungsversorgung fest: »Als unterversorgt müssen vor allem einkommensschwache Haushalte mit fünf und mehr Personen gelten.« (S. 136) Die Abhängigkeit der Wohnungsversorgung von der (Pro-Kopf-)Einkommenslage wird umgekehrt darin deutlich, daß – nach den Ergebnissen der Einkommens- und Verbrauchsstichprobe – die Mietbelastung als Anteil der Miete am Haushaltsnettoeinkommen in den Haushalten um so höher ist, je niedriger das Einkommen ist. Die durchschnittliche Mietbelastung der Haushalte liegt bei zirka 18 Prozent; bei hohen Einkommen sinkt dieser Prozentsatz bis gegen 10 Prozent, bei niedrigen Einkommen kann er bis auf 35 bis 40 Prozent steigen.

2. Nimmt man das Kriterium »Zimmerzahl pro Familienmitglied« als einen Orientierungsmaßstab für die Wohnungsversorgung und sieht man als unterversorgt Haushalte an, in denen nicht wenigstens ein Zimmer pro Person zur Verfügung steht (wobei die Küche nicht als Wohnraum zählt), so zeigt sich für die Mehrpersonenhaushalte in den vergangenen Jahren mit zunehmender Haushaltsgröße ein starker Anstieg des Anteils der Haushalte mit weniger als einem Wohnraum je Person. Besonders hoch liegen diese steigenden Anteile bei den Wohnungsmietern, auf niedrigerem Niveau ergibt sich dieser Anstieg aber auch bei den Wohnungseigentümern. Außerdem nehmen diese Anteile von den kreisangehörigen Gemeinden über die kreisfreien Städte bis zu den kreisfreien Großstädten zu. Noch 1987 waren nach diesem Maßstab für »Unterversorgung« im Bundesdurchschnitt nur knapp 4 Prozent der Zweipersonenhaushalte, aber 55 Prozent der Haushalte mit fünf und mehr Personen mit Wohnraum unterversorgt. In den Großstädten lag dieser Anteil deutlich höher als im bundesweiten Durchschnitt: In den Städten mit 500 000 und mehr Einwohnern betrug der Anteil der nach dem genannten Maßstab als unterversorgt anzusehenden Haushalte für die Zweipersonenhaushalte rund 5 Prozent, für die Fünfpersonenhaushalte 68 Prozent und für die Haushalte mit sechs und mehr Personen 81 Prozent. Beschränkt man die Betrachtung allein auf die Mieterhaushalte, erhöhten sich diese Anteile nochmals, und zwar in den Städten mit 500 000 und mehr Einwohnern auf über 82 Prozent bei den Fünfpersonen-Hauptmieterhaushalten und auf über 90 Prozent bei den Hauptmieterhaushalten mit sechs und mehr Personen. Selbst für einen Vierpersonenhaushalt ergab im Jahre 1987 im Bundesdurchschnitt ein Anteil von knapp 28 Prozent und in Großstädten mit 500 000 und mehr Einwohnern ein solcher von über 45 Prozent, nur bezogen auf die Hauptmieterhaushalte waren es sogar über 57 Prozent.

Wenn sich diese Daten auch auf einen schon fast ein Jahrzehnt zurückliegenden Zeitpunkt beziehen, entbehren sie nicht an Aussagekraft. Denn diese Quoten haben in der Vergangenheit eine bemerkenswerte Stabilität im Zeitablauf aufgewiesen, wie ein Vergleich mit Daten aus dem Jahre 1978 zeigt. So ist in diesem Zeitraum bei den Vier-Personen-Hauptmieterhaushalten diese »Unterversorgungsquote« von 51,1 Prozent auf 49,3 Prozent gesunken und bei den Hauptmieterhaushalten mit fünf und mehr Personen sogar noch angestiegen. Da die Hauptmieterhaushalte mit vier und mehr Personen, für die sich vor allem relativ hohe »Unterversorgungsquoten« ergeben, in der Regel Haushalte mit Kindern sind, läßt sich damit das gerade aus familienpolitischer Sicht wichtige Ergebnis festhalten, daß hauptsächlich Mieterhaushalte mit Kindern von beengten Wohnverhältnissen betroffen sind.

3. Nun kann es zur Einschätzung der Wohnungsversorgung zwar als problematisch angesehen werden, sich nur an der Raumzahl zu orientieren. Aber auch dann, wenn man von den Wohnflächen ausgeht, ergeben sich ähnliche Tendenzen. Hier liegen – allerdings beschränkt auf die Minderheit der Hauptmieterhaushalte mit Wohngeldbezug (Tabellenwohngeld) – aufschlußreiche Ergebnisse für das Jahr 1994 vor. Bei einem Vergleich der dem Wohngeldgesetz zugrunde liegenden »Richtflächen« mit der tatsächlichen Wohnfläche im Ergebnis, über die der Haushalt verfügt, zeigt sich für die alten Bundesländer folgendes: (*vgl. auch die Tabellen 13a und 13b*)

– Innerhalb der einzelnen Haushaltsgrößen nimmt die durchschnittliche tatsächliche Wohnfläche mit steigender Mietstufe, d. h. mit zunehmender Verdichtung des Wohnungsstandorts (vom flachen Land bis zu großstädtischen Ballungsgebieten), tendenziell ab und liegt schon ab der mittleren Mietenstufe aufwärts unterhalb der für die jeweilige Haushaltsgröße vorgesehenen und beim Wohngeld anerkannten Richtfläche.

- Familienpolitisch noch wichtiger ist der Befund, daß die tatsächliche Wohnfläche um so stärker hinter der Richtfläche zurückbleibt, je größer der Haushalt ist. In Fünfpersonenhaushalten z. B. bleibt die tatsächliche Wohnfläche mit durchschnittlich 81 qm in den Ballungsgebieten (Mietenstufe VI) um 17 qm hinter der Richtfläche von 98 qm zurück, während es bei den Zweipersonenhaushalten nur 3 qm sind.

Tabelle 13 a: Richtfläche und tatsächliche Wohnfläche der Hauptmieter mit Tabellenwohngeldbezug in den alten Bundesländern 1994

Haushaltsgröße (Personen)	Richtfläche (WoGG)	Tatsächliche Fläche						
		Insgesamt	Mietenstufe					
			I	II	III	IV	V	VI
	m²							
1	48	50	57	52	50	47	46	45
2	62	64	70	67	63	62	61	59
3	74	73	80	76	71	69	69	67
4	86	80	89	84	78	76	76	75
5	98	88	99	91	85	83	82	81
6 und mehr	110 und mehr	95	107	99	93	90	89	89
Insgesamt	–	63	75	67	63	59	57	54

Quelle: Wohngeld- und Mietenbericht 1995, Bundestags-Drucksache 13/4254, S. 70.

Tabelle 13 b: Wohnflächen der Hauptmieter mit Tabellenwohngeldbezug in den alten Bundesländern 1994

Haushaltsgröße (Personen)	Richtfläche (WoGG)	Anteil der Hauptmieter mit einer Wohnfläche von ... bis ... der jeweiligen Richtfläche				
		weniger als 80	80 bis 90	90 bis 110	110 bis 120	über 120
	m²	%				
1	48	22,3	12,9	27,7	9,1	28,0
2	62	18,4	14,3	32,2	11,4	23,6
3	74	21,6	17,1	35,2	10,3	15,9
4	86	25,4	20,6	35,9	7,8	10,3
5	98	33,6	20,9	30,1	6,2	9,2
Insgesamt[1]	–	22,9	15,2	30,5	9,2	22,2

1 Bezogen auf Haushalte mit 1 bis 5 Personen.

Quelle: Wohngeld- und Mietenbericht 1995, Bundestags-Drucksache 13/4254, S. 71.

- Bezogen auf alle Mieterstufen verfügt knapp ein Drittel der Hauptmieterhaushalte (30,5 Prozent) über eine tatsächliche Wohnfläche, die bis zu 10 Prozent nach unten oder oben von den für ihre jeweilige Größe vorgesehenen Richtflächen abweicht, aber rund 38 Prozent der Haushalte bleiben um über 10 Prozent dahinter zurück (15 Prozent um 10 bis 20 Prozent und 23 Prozent um über 20 Prozent).
- Mit steigender Haushaltsgröße steigt der Anteil derjenigen Haushalte, die über 10 Prozent hinter der Richtflächennorm zurückbleiben, tendenziell deutlich an; bei den Haushalten, die über weniger als 80 Prozent der jeweiligen Richtfläche verfügen, steigt dieser Anteil von 18,4 Prozent bei den Zweipersonenhaushalten auf 33,6 Prozent bei den Fünfpersonenhaushalten an.

4. Erschwerte Positionen auf dem Wohnungsmarkt lassen sich immer wieder für bestimmte Gruppen von Familien nachweisen:

- Junge Familien sind insbesondere in städtischen Ballungsgebieten vorwiegend auf die jeweils teuersten Neubauwohnungen verwiesen. Dies wirkt sich aber auch ungünstig für jüngere Aufbaufamilien aus, die mit Rücksicht auf eine größer gewordene Kinderzahl oder im Zusammenhang mit beruflichen Veränderungen in einer räumliche Mobilität verstärkt voraussetzenden Wirtschaftsgesellschaft auf einen Wohnungswechsel angewiesen sind. Umgekehrt stellen diese relativ hohen Mietpreise in vielen Fällen eine Barriere für die Mobilität von Familien dar und damit für die Nutzung von an sich bestehenden Erwerbschancen.
- Überdurchschnittlich große Familien sehen sich besonderen Schwierigkeiten gegenüber, eine ihrer Größe einigermaßen angemessene Wohnung zu finden und bezahlen zu können.
- Verschärfte, in erster Linie finanziell bedingte Problemlagen lassen sich für Alleinerziehende nachweisen, aber auch für Arbeitslosenhaushalte.
- Eine besondere Problemgruppe stellen die ausländischen Familien dar, aber auch Familien mit Behinderten mit einem Bedarf an besonders ausgestatteten Wohnungen.

Die familienpolitisch relevanten Erschwernisse im Bereich der Wohnungsversorgung[174] haben sich in den letzten Jahren teilweise eher noch verschärft. Auf dem Wohnungsmarkt gab es aus verschiedenen Gründen **Tendenzen einer verstärkten Wohnungsnachfrage**, der das Angebot nur bedingt entsprochen hat und teils auch nicht kurzfristig entsprechen konnte. Diese Tendenzen wurden einmal ausgelöst durch allgemeine Verbesserungen der Einkommenslage, die sowohl zur Nachfrage nach mehr und qualitativ besserem Wohnraum führten als auch das Beibehalten relativ großer Wohnungen älterer Ehepaare im inzwischen »leer gewordenen Nest« begünstigten. Hinzu kommt ein Anstieg der Zahl der Haushalte und der Veränderungen ihrer soziodemographischen Strukturen durch das Nachrücken der geburtenstarken Jahrgänge aus der zweiten Hälfte der sechziger Jahre in die Phase der Familiengründung sowie eine zunehmende Zahl von Ehescheidungen. Schließlich stiegen die Zuzugszahlen vor allem von Aussiedlern, aber auch von anderen

174 Zu den vergangenen Jahren siehe auch die auf vielfältigen Recherchen beruhende Untersuchung von Hans Stützle, Familie, Jugend und Wohnen, Expertise für den Siebten Jugendbericht, in: DJI, Armutsrisiko von Familien, München 1987, S. 129–221.

Zuwanderern. Die Sachverständigen-Kommission für den Fünften Familienbericht spricht in diesem Zusammenhang von einem »neuen globalen Ungleichgewicht auf dem Wohnungsmarkt«, das sich im Übergang zu den neunziger Jahren herausgebildet habe (S. 136). So dürfte sich auch infolge der Wiedervereinigung schon kurz-, aber spätestens mittelfristig in den neuen Bundesländern in Orientierung an westdeutschen Maßstäben der Wohnungsversorgung noch ein zusätzlicher Wohnungsbedarf ergeben. In der DDR war die Wohnungsversorgung weit hinter der Bundesrepublik zurückgeblieben, und zwar nicht nur, was die Bausubstanzerhaltung, die Bauqualität und die Ausstattung angeht, sondern auch, was die je Person zur Verfügung stehende Wohnungsgröße angeht, wie dies der Raumordnungsbericht 1991 und der Sozialreport 1992 dokumentiert haben. Gerade in Agglomerationsräumen der Bundesrepublik werden vorhandene Engpässe durch die Wohnungsneunachfrage verschärft. Mittelfristig wird der Neubau von jährlich etwa 400 000 bis 500 000 Wohnungen für erforderlich gehalten, wenn das Versorgungsniveau der achtziger Jahre wieder erreicht werden soll[175].

Noch ohne diese vereinigungsbedingte wohnungspolitische Situation mit einzubeziehen, gab der Sozialbericht der Bundesregierung 1990 eine Beschreibung der Problemlage, die grundsätzlich kaum an Aktualität eingebüßt hat: »Für Wohnungssuchende – gerade in wirtschaftsstarken Ballungsräumen – sind die Schwierigkeiten gewachsen, eine geeignete Wohnung zu finden. Neu gegründete Haushalte, Personen nach einer Scheidung, Personen, die aus beruflichen Gründen oder im Zusammenhang mit der Ausbildung umziehen müssen, wie Aus- und Übersiedler und sonstige Zuwanderer sind von der Verknappung besonders betroffen. Sie konkurrieren mit anderen Haushalten, die aufgrund ihrer positiven Einkommensentwicklung ihre Wohnungsversorgung verbessern möchten und wegen ihrer Kaufkraft und ihres sozialen Status leichter zum Zuge kommen.« (S. 82) Die Sachverständigen-Kommission für den Fünften Familienbericht faßt ihre Beurteilung im Herbst 1993 unter Berücksichtigung der Situation auch in den neuen Ländern so zusammen: »Alles in allem ist familienpolitisch gesehen die Wohnungsversorgung der Familien in den alten, insbesondere aber in den neuen Bundesländern stark defizitär.« (S. 137) Auch für eine darauf ausgerichtete Wohnungspolitik bleiben vor dem Hintergrund der Überführung der Wohnungswirtschaft in die Soziale Marktwirtschaft von vornherein typische Kennzeichen des Wohnungsmarktes zu bedenken, nämlich lange Ausreifungszeiten wie andererseits die Langlebigkeit von Wohnungen, die immer wieder auch Unausgewogenheiten bedingen, die der Marktmechanismus nicht ohne weiteres zu vermeiden in der Lage ist.

Bei der Beurteilung von unbefriedigenden Situationen in der Wohnungsversorgung darf allerdings auch das individuelle Verhalten nicht einfach ausgeblendet werden. Ohne prekäre Wohnungsversorgungslagen insbesondere für Problemgruppen zu relativieren, gilt es doch zugleich, neben dem Faktorenfeld der äußeren Lebensbedingungen von Familien, insbesondere ihrer für die tatsächliche Wohnungsversorgung sehr bestimmenden wirtschaftlichen Lage, auch das **individuelle Wohnverhalten** mit in die Betrachtung einzubeziehen. So kann im Einzelfall das

175 Vgl. Bundesforschungsanstalt für Landeskunde und Raumordnung (Hrsg.), Informationen zur Raumentwicklung. Raumordnungsprognose 2010, (1994) 12, S. V.

Bewußtsein von der umfassenden Bedeutung von Wohnbedingungen unzureichend ausgeprägt sein. Von der wohnungspolitischen Seite her können im Grunde immer nur die – allerdings elementaren und grundlegenden – Voraussetzungen für familiengerechtes Wohnen gesichert werden. Ob eine für eine bestimmte Familiengröße ausreichend große Wohnfläche dann aber z. B. auch mit Blick insbesondere auf die Entwicklungsbedürfnisse von Kindern tatsächlich entsprechend genutzt wird, hängt u. a. auch von der Einsicht der Beteiligten und ihrem tatsächlichen Wohnverhalten ab. Es fehlt jedenfalls nicht an kritischen Stimmen in der Analyse der Wohnungssituation von Familien, die darauf abheben, Familien sähen nicht immer genügend die Bedeutung des Wohnraums insbesondere für die Sozialisationsprozesse, – sei es, daß Prioritäten innerhalb des Familienbudgets in sozialisationspolitisch durchaus problematischer Weise so gesetzt sind, daß der Faktor Wohnung quantitativ und qualitativ nicht angemessen zur Geltung kommt, sei es, daß vorhandene Wohnräume wenig kindgerecht genutzt werden.

6.3 Mittel der Zielverwirklichung

6.3.1 Bereitstellung familiengerechter Wohnungen

Die defizitäre Situation in der tatsächlichen Wohnungsversorgung von Familienhaushalten wie auch eine als unzureichend angesehene Wohneigentumsbildung stellen konkrete Ansatzpunkte für entsprechende Interventionen im Rahmen eines familienpolitischen Gesamtkonzepts dar. Wohnungssozialpolitische Interventionen als solche sind jedenfalls unumgänglich, denn die Kräfte des Marktes allein reichen nicht aus, um für alle Haushalte eine Wohnungsversorgung zu schaffen und zu sichern, die ihren Bedürfnissen in etwa entspricht[176]. Diese Interventionen müssen in ihrer sozialpolitischen Zielsetzung insbesondere darauf gerichtet sein, die Wohnungsversorgung derjenigen Bevölkerungsgruppen zu verbessern, die aus ökonomischen oder außerökonomischen Gründen als unterversorgt gelten. Dabei interessiert das **Wohnungsangebot** als solches ebenso wie dessen tatsächliche Zugänglichkeit zu tragbaren Kosten – und dies in einem Wohnumfeld, das die Anforderungen aus einem wohnökologischen Ansatz von vornherein mitberücksichtigt.

Daneben erwachsen ergänzend aus der eigentumspolitischen Zielsetzung Erfordernisse zur Erhöhung des Anteils der Menschen, die in Wohnungen wohnen, die sich in ihrem Eigentum befinden. Wenn der Anteil dieser Haushalte (»Eigentumsquote«) in Deutschland bei 40 Prozent liegt, so ist dies im internationalen Vergleich gesehen nicht hoch. Eine über den bundesdeutschen Durchschnitt hinausragende Eigentumsquote findet sich allerdings bei Familienhaushalten mit Kindern, unterdurchschnittlich ist sie dagegen bei Einpersonenhaushalten; im übrigen finden sich

176 Vgl. auch das Gutachten des Wissenschaftlichen Beirats für Familienfragen beim Bundesministerium für Jugend, Familie und Gesundheit, »Familie und Wohnen«, Stuttgart 1975, S. 90.

hier große regionale Differenzierungen. Insoweit tritt neben das wohnungspolitische Ziel noch das **eigentumspolitische (Neben-)Ziel**. Der Aspekt der Eigentumsbildung reicht zwar weit über den Wohnungssektor hinaus, besitzt hier aber mit Blick auf die Entfaltung des Familienlebens einen besonderen Stellenwert. Die eigentumspolitische Zielsetzung im Rahmen einer familienorientierten Wohnungspolitik steht zugleich im Zusammenhang mit einer – hier nicht näher zu erörternden – weiterreichenden Politik zur Förderung der Eigentums- und Vermögensbildung in der Hand von Familien. Für die Familienpolitik ist diese Zielrichtung schon relativ früh dahin thematisiert worden, die Familienpolitik auch als Eigentumspolitik zu sehen[177].

Schließlich gilt es im Einzelfall darauf hinzuwirken, daß ein zur Verfügung stehender Wohnraum auch mit einem familien- und kinderorientierten Wohnverhalten der Haushalte konvergiert. Hier hat dann im Rahmen der Sicherung des familiengerechten Wohnens insbesondere eine entsprechende Wohnberatung ihren Platz, die im übrigen unter dem weiteren familienpolitischen Ziel der Gewährleistung familienbezogener Beratungsdienste erneut aufzugreifen sein wird, was auch bei diesem Instrument auf die Vernetzung zwischen den familienpolitischen Ziel-Mittel-Relationen verweist. Aus dieser Konkretisierung der Aufgabenstellung, nämlich einer familienorientierten Förderung des Wohnungsbaus und des Erwerbs selbstgenutzten Wohneigentums (sei es Wohnungsneubau, sei es Erwerb aus dem Wohnungsbestand), flankiert von einem Hinwirken auf ein zieladäquates Wohnverhalten der einzelnen Familienhaushalte, ergeben sich eine Reihe von Unterzielen. Diesen sind jeweils mehrere Einzelmaßnahmen zuzuordnen, die freilich über die einzelnen Ansatzpunkte hinweg untereinander nicht selten in einer wechselseitigen Abhängigkeit stehen. Die einzelnen Mittel und Wege sollen im folgenden kurz erörtert werden.

Um das Ziel der Versorgung der Familienhaushalte mit angemessenem, weil in etwa bedarfsgerechtem Wohnraum zu erreichen, sind zunächst die Interventionen zu bedenken, die darauf gerichtet sind, daß als familiengerecht einzustufende, insbesondere ausreichend große und kindgerecht geschnittene Wohnungen überhaupt zur Verfügung stehen. Das Angebot an diesen Wohnungen ist zu erhöhen und zugleich stärker zu differenzieren. Insbesondere müssen entsprechende Maßnahmen darauf gerichtet sein, die Durchsetzung des Gedankens der Familiengerechtigkeit von Wohnbedingungen und die gezielte Vergrößerung des Bestandes an solchen Wohnungen zu fördern. Wegen des Mangels an (bezahlbaren) größeren Wohnungen für Familien mit überdurchschnittlicher Kinderzahl erscheint eine Erhöhung der Zahl gerade solcher Wohnungen vordringlich. Eine Orientierung für das Wohnungsangebot müßte im Grunde die Häufigkeitsverteilung der Familiengrößen im Zeitablauf der Familienentwicklung sein. Besonders wichtig für die Förderung familiengerechter Wohnungen ist das Bauordnungsrecht, das in die Gesetzgebungszuständigkeit der Länder fällt. Von Bedeutung sind aber auch die verschiedenen Anforderungen an die Wohnungen, die in den einschlägigen, unter staatlicher Mitwirkung zustande gekommenen DIN-Normen geregelt werden. Während eine früher für den sozialen Wohnungsbau, nicht aber für den Wohnungsbau außerhalb

177 Vgl. z.B. Hans-Harro Bühler, Familienpolitik als Einkommens- und Eigentumspolitik, Berlin 1961.

desselben verbindliche DIN-Norm, die u. a. Mindestanforderungen an Bewegungsfläche (Spielflächen) und Raumgrößen für Kinderzimmer festlegte, inzwischen ersatzlos gestrichen wurde, hat die DIN-Norm 18034 vom Oktober 1988 Spielplätze und Freiflächen zum Spielen neu geregelt. Für die Anerkennung und Durchsetzung des Grundprinzips eines die Funktionsfähigkeit von Familien mit absichernden Wohnbedarfs sind im übrigen nicht nur der Gesetzgeber und die öffentlichen Träger der Wohnungspolitik gefordert, sondern auch die architektonische Planung und nicht zuletzt die Familien selbst, denen – unter Umständen über für sie agierende Organisationen – möglichst eine Einflußnahme auf die Planung gesichert sein sollte. Ein Hinwirken auf Standards, die im Interesse der Entwicklung von Familien und Kindern eingehalten werden sollten, erstreckt sich im übrigen über die Wohnung selbst hinaus auf das Wohnumfeld wie etwa auf wohnungsnahe Spielmöglichkeiten. Da erfahrungsgemäß die im Eigentum befindliche, selbstgenutzte Wohnung, insbesondere das Eigenheim, im allgemeinen von vornherein dem Erfordernis der familiengerechten Ausgestaltung im besonderen Maße entspricht, erhält die Förderung des Erwerbs selbstgenutzten Wohneigentums einen besonderen Rang, wobei das Nebenziel der Förderung der Eigentumsbildung zusätzlich in Betracht gezogen werden muß.

6.3.2 Neuordnung der Wohneigentumsförderung

Die Förderung der Wohneigentumsbildung erfolgt einmal auf dem steuerrechtlichen Weg, kann zum anderen aber auch durch zusätzliche Fördermaßnahmen nach mehreren »Förderwegen« in der Regie der Länder im Rahmen des Sozialen Wohnungsbaus erfolgen. Schließlich trägt eine staatliche Bausparförderung zur Verbesserung der wirtschaftlichen Startvoraussetzungen zum Erwerb von Wohneigentum bei. Von besonderer, aktueller familienpolitischer Bedeutung ist die zum Jahresbeginn 1996 in Kraft getretene Neuregelung der steuerrechtlichen Wohneigentumsförderung.

Die bisherige steuerrechtliche Förderung des Erwerbs von (selbstgenutztem) Wohneigentum über den Paragraphen 10 e EStG war in den vergangenen Jahren immer wieder einer teilweise heftigen Kritik ausgesetzt, die sich insbesondere auf die Einkommenswirkungen dieser Regelung richtete. Der Entlastungseffekt der Förderung stieg mit der Höhe des Einkommens an, weil die Begünstigungsbeträge von der Steuerbemessungsgrundlage abgezogen wurden und damit aufgrund der Steuerprogression die Höhe des jeweiligen Grenzsteuersatzes für die Steuerersparnis entscheidend war. Dies konnte gerade auch unter der familienpolitischen Zielsetzung überhaupt nicht befriedigen, zumal für Familien mit gleichem Einkommen die steuerlichen Vergünstigungen auch noch mit steigender Kinderzahl sanken und so für die unteren Einkommensgruppen überhaupt keine Entlastungseffekte wirksam wurden bzw. werden konnten. Vor der Neuregelung bestand in der Vergangenheit – vielleicht etwas verallgemeinert gesagt – am ehesten für mittlere Einkommensgruppen eine gewisse »Förderlücke« zwischen den Wirkungen der früheren steuerlichen Förderung, die bei Beziehern hoher Einkommen besonders stark zu Buche schlug, einerseits und der direkten Wohneigentumsförderung im Rahmen des Sozialen Wohnungsbaus andererseits. In der wohnungs- und sozialpolitischen Diskussion war mehrfach zu Recht darauf hingewiesen worden, daß es bisher im Ergebnis eine relativ zu wenig geförderte Zielgruppe gebe, die – auch als »Mittelstand der Wohnbevölkerung« bezeichnet – bisher von den Maßnahmen des Sozialen Wohnungsbaus nicht mehr erreicht werde, jedoch von den steuerrechtlichen Vergünstigungen relativ geringen Fördernutzen habe. Dies galt besonders bei Familien in mittleren Einkommensgruppen mit überdurchschnittlicher Kinderzahl, bei denen die Einkommensteuer durch die steuerliche Berücksichtigung der Kinder bereits so niedrig war, das die vorgesehenen steuerlichen Vergünstigungen für den Erwerb von Wohneigentum zumindest nicht mehr voll wirksam werden konnten. Dies traf in noch stärkerem Maße für die neuen Bundesländer zu. Die **Neuordnung** hat entscheidend dazu beigetragen, daß die Familien in unterschiedlichen Einkommensschichten (unterhalb der relativ hohen Einkommensgrenzen) eine gleichmäßige Förderung erhalten. Gerade die sogenannten »Schwellenhaushalte« werden im Verhältnis zu Haushalten mit höheren Einkommen gegenüber der Vergangenheit stärker gefördert.

Der Kern der Kritik machte sich vor allem an der Auffassung fest, daß es sich bei dieser wohnungspolitischen Fördermaßnahme um Subventionen handele, auch wenn diese indirekt in Form von einkommenswirksamen Vergünstigungen in der Besteuerung eingebaut waren. Es wurde mit Recht eingewandt[178], daß die Subventionsempfänger zum Bau oder Erwerb von Wohnungen veranlaßt werden sollten, diese Ziele aber nichts mit dem allgemeinen Ziel der Besteuerung nach der Leistungsfähigkeit zu tun haben. Anderenfalls werde gegen die Subventionsgerechtigkeit verstoßen. Hier habe ein massiver Verstoß gegen die Zielsetzung und zugleich eine Verschwendung öffentlicher Mittel vorgelegen[179].

In der – auch familienpolitisch begrüßenswerten und lange uberfälligen – Neuregelung ist an die Stelle der einkommensabhängigen Steuervergünstigung eine »Eigenheimzulage« getreten. Diese wird bei Anschaffungs- und Herstellungskosten

---

178 Vgl. z.B. Hans Heinrich Nachtkamp, Wohnungspolitik in der Sozialen Wohnungsmarktwirtschaft, in: Bauen und Siedeln, (1990), S. 60 ff. sowie insbes. Alois Oberhauser/Christian Rüsch, Wohnungspolitik für Familien, Grafschaft 1992.

179 In seiner Expertise für den Fünften Familienbericht (1994), der sich diese Stoßrichtung zueigen gemacht hat, stellt Alois Oberhauser, Familienorientierte Wohneigentumsförderung, in: Bd. 1 der Materialien zum Fünften Familienbericht, München 1994, S. 224 f. fest: »Generell gilt: Wenn der Staat um soziale und gesellschaftspolitische Ziele zu erreichen, Subventionen gewährt, so sollten diese den Geförderten – bezogen auf eine relevante Bemessungsgrundlage – gleichmäßig zugute kommen. Auf keinen Fall ist eine Begünstigung zu rechtfertigen, die mit dem Einkommen steigt (...) Das Ziel der Besteuerung nach der Leistungsfähigkeit ist auf eine gerechte Verteilung der Abgaben an den Staat zur Finanzierung der staatlichen Leistungen bezogen. Es ist eine Verkennung dieses Zieles, wenn bei Maßnahmen, die ganz anderen Zwecken dienen, unterstellt wird, die steuerliche Leistungsfähigkeit würde dadurch berührt. Die Begünstigungen, die wegen anderer Ziele gewährt werden, dürfen daher nicht von der Progression der Einkommensteuer abhängig sein. Dies gilt in besonderer Weise für die steuerlichen Maßnahmen der Wohnungspolitik. Anderenfalls verletzt der Gesetzgeber die Subventionsgerechtigkeit und den Gleichheitsgrundsatz.« H.-H. Nachtkamp (Anm. 170), S. 96, spricht in diesem Zusammenhang sogar von einer geradezu »perversen« Regelung, macht allerdings auch darauf aufmerksam, daß steuerliche Förderungsmaßnahmen teilweise nicht unter einer verteilungspolitischen Zielsetzung stünden; aber auch dann könne man ihre Verteilungseffekte als unerwünschte Nebenwirkungen ansehen.

(einschließlich Grundstück) ab 100 000 DM voll wirksam und unabhängig von der Höhe der Einkommensteuerschuld ausgezahlt, so daß auch geringer verdienende und größere Familien in den vollen Genuß der Förderwirkung kommen. Für Neubauten wird dieser Förderbetrag acht Jahre lang in Höhe von fünf Prozent der Anschaffungs- und Herstellungskosten gewährt, jährlich allerdings höchstens 5 000 DM. Beim Kauf von Altbauten beträgt der Förderbetrag über acht Jahre jährlich 2,5 Prozent, höchstens 2 500 DM. Zusätzlich wird der Fördergrundbetrag durch eine Kinderzulage pro Kind von 1 500 DM im Jahr – ebenfalls für acht Jahre – aufgestockt. Der Anspruch auf die Eigenheimzulage ist allerdings an das Nichtüberschreiten und relativ hohen Einkommensgrenzen gebunden, bei Ledigen bis zu einem Gesamtbetrag der Einkünfte von 120 000 DM und bei Verheirateten 240 000 DM. Maßgebend ist dabei der Durchschnitt des Gesamtbetrags der Einkünfte des Antragsjahres und des diesem vorangehenden Jahres.

Die Neuregelung erfüllt in sehr befriedigender Weise das Gebot möglichster Transparenz der Förderung. Der einzelne weiß bei seiner Finanzierungsplanung von vornherein, mit welchen Förderleistungen er rechnen kann. Verheiratete können die Förderung zweimal, also für zwei Wohneigentumsobjekte in Anspruch nehmen; dagegen kann dieser Anspruch nicht, wie in der vorangegangenen Diskussion von verschiedenen Seiten gerade aus familienpolitischer Sicht gefordert worden war, in einem Objekt kumuliert werden, d. h. die Summe der Fördermöglichkeiten kann nicht gleich doppelt für ein Objekt eingesetzt werden. Insoweit kam es nicht zu einer an sich wünschenswerten weiteren Stärkung der familienpolitischen Komponente, wofür aber wohl im wesentlichen Haushaltsgründe maßgebend waren. Da in die Neuregelung auch zusätzlich noch einige Fördertatbestände im Zusammenhang mit ökologierelevanten Maßnahmen einbezogen wurden – mit der Wirkung der Erhöhung der Zulagen bei Verwendung »neuer Technologien« und der Einhaltung von Niedrigenergiehausstandards –, kann sich der Gesamtförderbetrag über die acht Jahre hinweg noch erhöhen, so z. B. für eine Familie mit zwei Kindern im Neubaufall auf maximal 71 200 DM.

Erstmals in der Geschichte der steuerlichen Wohneigentumsförderung kann auch der Erwerb von Genossenschaftsanteilen gefördert werden. Die Eigenheimzulage wird danach auch Mitgliedern neu gegründeter, eigentumsorientierter Genossenschaften gezahlt, deren Satzung den Genossenschaftlern ein unwiderrufliches Recht auf Eigentumserwerb einräumt. Stimmt die Mehrheit der im Objekt wohnenden Genossen der Umwandlung in Wohnungseigentum zu, können die Genossen die Begründung von Volleigentum verlangen. Die Höhe der Eigenheimzulage beträgt in diesen Fällen drei Prozent für Genossenschaftsanteile von mindestens 10 000 bis maximal 80 000 DM. Die Kinderzulage beträgt 500 DM. Die Gesamtförderung darf die Höhe des Genossenschaftsanteils jedoch nicht übersteigen. In dieser Ausweitung des Förderbereichs kann ein bemerkenswerter Beitrag zur Verwirklichung des Zieles gesehen werden, mehr Eigenkapital für Genossenschaftswohnungen zu mobilisieren und damit die Neubautätigkeit der Genossenschaften zu verstärken. Wie im Wohngeld- und Mietenbericht 1995 unterstrichen wird, ist diese Förderung Teil der »umfassenden Bemühungen zur Revitalisierung des Genossenschaftswesens durch Stärkung der Eigentümerposition der Genossenschaftsmitglieder«. Diese Stoßrichtung ist familienpolitisch deshalb besonders zu begrüßen, weil eigentumsorientierte

Genossenschaften im allgemeinen gerade auch die Wohnbedürfnisse von Familien besonders berücksichtigen.

Im Verlauf der Beratungen des neuen Eigenheimzulagengesetzes sind die für eine Förderung maßgebenden Einkommensgrenzen kritisiert worden, und zwar teils unter Hinweis auf eine grundsätzliche Unangemessenheit solcher Einkommensgrenzen, insbesondere für die Kinderzulage, die sich nicht an der Einkommenslage orientieren dürfe und allen Familien zugute kommen müsse, teils aber auch im Hinblick auf die Förderwirksamkeit bei den sogenannten »Schwellenhaushalten«, die aufgrund ihrer eigenen Einkommenskraft an der Schwelle zum Eigentumserwerb stehen, aber auf die Förderung im besonderen Maße angewiesen sind und für den Erwerb des Wohneigentums in besonderer Weise gewonnen werden sollen. Da im Vergleich zur bisherigen Regelung die Haushalte mit mittleren und unteren Einkommen künftig deutlich stärker gefördert werden, wurde befürchtet, die Förderung treffe damit auch auf solche Haushalte, von denen aufgrund ihrer relativ niedrigen Einkommenslage eine Finanzierung von Wohneigentum (noch) nicht eigentlich durchzuhalten sei. Diese Kritik könnte jedoch weitgehend ins Leere laufen. Denn einmal steigt (in den alten Bundesländern) die Eigentumsquote der Haushalte schon von einem monatlichen Nettoeinkommen ab 5 000 DM – dies entspricht einem Bruttoeinkommen von etwa 90 000 DM im Jahr – mit steigendem Einkommen deutlich an, nämlich von etwa zwei Drittel der Haushalte bis auf über 80 Prozent, so daß solche Haushalte für eine Erschließung neuer Schichten von Eigentümern weniger in Betracht kommen, aber ohnehin nicht ausgeschlossen sind. Wenn dagegen künftig Haushalte mit einem monatlichen Einkommen von etwa 4 000 DM, das etwa einem Bruttoeinkommen von bis zu 70 000 DM im Jahr entspricht, spürbar besser gefördert werden als in der Vergangenheit, so werden damit Haushalte getroffen, die nach repräsentativen Erhebungen über die Finanzierung von Wohneigentum durchaus für den Eigentumserwerb in Betracht kommen. Die Neuregelung dürfte sich im übrigen gerade auch für Haushalte in den neuen Ländern positiv auswirken, wo die Einkommen noch unterhalb des westdeutschen Niveaus liegen, andererseits die Eigentumsquote mit 26 Prozent deutlich unter derjenigen in den alten Ländern (41 Prozent) liegt.

Es bleibt abzuwarten, wie die Neuregelung von einkommensschwächeren Familienhaushalten angenommen wird, für die der Erwerb von Wohneigentum bisher möglicherweise nicht anstand, und ob die Lage der »Schwellenhaushalte« richtig eingeschätzt wurde, ob diese Haushalte also künftig vermehrt den Schritt zu den eigenen vier Wänden realisieren können, wie dies im Wohngeld- und Mietenbericht 1995 als Folge der Reform der steuerlichen Wohneigentumsförderung erwartet wird. Vor allem bleibt abzuwarten, ob das gesetzte Ziel, die Wohneigentumsförderung besonders für Familien mit Kindern zu verstärken, erreicht werden wird. Familienpolitisch wünschenswert wäre es, wenn die Eigenheimzulage zu einer verstärkten Förderung der Wohneigentumsbildung bei Haushalten mit unterdurchschnittlichen und durchschnittlichen Einkommen führen würde, die zwar in der Vergangenheit ebenfalls an der Wohneigentumsbildung beteiligt waren, jedoch in der Regel erst in einem relativ späten Lebensalter Wohneigentum erworben haben, also unter Umständen erst zu einem Zeitpunkt, zu dem dieses Wohneigentum zumindest mit Rücksicht auf heranwachsende Kinder schon nicht mehr ganz so vordringlich war.

6.3.3 Fördermaßnahmen des Sozialen Wohnungsbaus

Daneben gibt es für mittlere und untere Einkommensgruppen allerdings auch im Rahmen des sogenannten Sozialen Wohnungsbaus weitere Fördermaßnahmen beim Erwerb von Wohneigentum, auf die in der Regel allerdings kein Rechtsanspruch besteht, d. h. die Länder legen in Förderrichtlinien und -programmen die Bedingungen der Förderung und die sozialen Kriterien der Vergabe von Fördermitteln fest. Bei diesen Maßnahmen sollen Familien mit heranwachsenden Kindern bevorzugt werden. Die Förderung durch zinsgünstige Baudarlehen, Aufwendungshilfen oder Zuschüsse ist einkommensabhängig und wohnflächengebunden. Im einzelnen werden bei diesen von Bundesland zu Bundesland verschiedenen Förderregelungen mehrere »Förderwege« unterschieden:

- Ein erster Förderweg, der praktisch für die Mietwohnungen im Sozialen Wohnungsbau gilt und nach dem Bauherren und Wohnungskäufer, deren Einkommen bestimmte Grenzen nicht überschreiten, günstige öffentliche Baudarlehen erhalten. Die Wohnungen unterliegen bis zur Rückzahlung der öffentlichen Mittel einer Mietpreisbeschränkung; außerdem besteht eine Belegungsbindung. Die Miete soll nur zur Deckung der laufenden Aufwendungen – einschließlich einer gewissen Verzinsung des Eigenkapitals – dienen (sogenannte Kostenmiete). Familien mit Kindern können überdies spezielle Familienzusatzdarlehen beantragen, die häufig zinslos vergeben werden und auf die, wenn eine Förderung nach diesem Förderweg gewährt wird, ein Rechtsanspruch besteht. Diese zusätzlichen Darlehen betragen bei einem Kind in der Familie 2 000 DM, bei zwei Kindern 4 000 DM, bei drei Kindern 7 000 DM und für jedes weitere Kind 5 000 DM (so z. B. bei einer Familie mit fünf Kindern 17 000 DM). Ab 1994 sind die maßgebenden Einkommensgrenzen – eher bescheiden – erhöht worden, und zwar für einen Einpersonenhaushalt auf 23 000 DM, für einen Zweipersonenhaushalt auf 33 400 DM, zuzüglich für jeden weiteren zur Familie rechnenden Angehörigen von 8 000 DM, wobei die Förderung auch zulässig ist, wenn das Gesamteinkommen die Einkommensgrenze nur unwesentlich übersteigt.
- Ein zweiter Förderweg für Familien mit Einkommen oberhalb der Einkommensgrenze des ersten Förderwegs, der praktisch für die Wohneigentumsförderung in Betracht kommt. Im Rahmen dieses Förderwegs werden sogenannte Aufwendungszuschüsse und -darlehen gegeben, die zur Verringerung der laufenden Belastung durch die Finanzierung und Bewirtschaftung des Wohneigentums beitragen sollen. Hilfen nach diesem Förderweg setzen allerdings voraus, daß das Einkommen des Antragstellers um nicht mehr als 40 Prozent – je nach Entscheidung einzelner Bundesländer auch 50 oder 60 Prozent – über den für den ersten Förderweg maßgebenden Einkommensgrenzen liegt.
- Ein dritter Förderweg, der ebenfalls für den Erwerb von Wohneigentum in Betracht kommen kann, tatsächlich aber ganz überwiegend auf den Neubau von Mietwohnungen entfällt. Dabei handelt es sich um eine sogenannte vertragliche Förderung mit verlorenen (d. h. nicht zurückzuzahlenden) Zuschüssen, und zwar in Höhe von 50 000 DM je Wohnung. Dabei können die kommunalen Wohnungsämter neugebaute Sozialwohnungen vorrangig für Familien sichern, indem sie durch den dritten Förderweg zeitlich befristete Belegungsrechte er-

halten. Charakteristisch für diese Förderregelung ist, daß die Bedingungen – auch mit den Kommunen – frei ausgehandelt werden. Auch diese vertraglich vereinbarte Förderung ist an bestimmte Einkommenshöchstgrenzen gebunden, die im Einzelfall bestimmt werden. Bei diesem Förderweg kann im übrigen noch eine Zusatzförderung (als eine Art zweites Wohngeld) hinzutreten, durch die dem Investor in gewissem Sinne eine Vergleichsmiete auf jeden Fall garantiert wird. Mit dem dritten Förderweg, dessen Ausgestaltung in den einzelnen Bundesländern erheblich voneinander abweicht, wird die Grenze des Sozialen Wohnungsbaus im herkömmlichen Verständnis überschritten. Durch die vertraglich vereinbarte Förderung wird der Bereich des Sozialen Wohnungsbaus auf das für eine marktwirtschaftliche Ordnung konstitutive Prinzip der Vertragsfreiheit hin geöffnet.

6.3.4 Bausparförderung

Schließlich verdient im Rahmen der staatlichen Förderung des Wohneigentums noch die Bausparförderung Erwähnung. Ebenfalls ab 1996 sind die Förderbedingungen zum Ansparen eigenen Baukapitals verbessert worden. Die prämienbegünstigten Höchstbeträge wurden um 25 Prozent erhöht und liegen nunmehr für Ledige bei 1 000 DM und für Verheiratete bei 2 000 DM im Jahr. Die Wohnungsbauprämie selbst beträgt zehn Prozent des Sparbetrags (im Rahmen der prämienbegünstigten Höchstbeträge), ist aber abhängig von Einkommensgrenzen, die künftig für Ledige bei 50 000 DM und für Verheiratete bei 100 000 DM Jahreseinkommen liegen. Bausparer, die über den Einkommensgrenzen liegen, können ihre Bausparbeiträge – wie grundsätzlich alle Bausparer – einkommensteuerlich als Vorsorgeaufwendungen geltend machen. Der vergleichsweise geringeren Sparfähigkeit von Mehrkinderfamilien würde eine entsprechend kinderbezogene Ausgestaltung der Bausparförderung entsprechen, die bis 1990 bestand, zu der es aber nicht wieder gekommen ist. So hatte sich die Sachverständigen-Kommission für den Fünften Familienbericht 1994 für eine Wiedereinführung von nach Kinderzahl gestaffelten Bausparprämien ausgesprochen. Auch von seiten der Familienorganisationen wurde eine nach der Kinderzahl gestaffelte Zusatzprämie (analog zur neuen Kindergeldregelung) oder eine Staffelung der maßgeblichen Einkommensgrenzen nach der Personenzahl des Haushalts befürwortet. Für ihre Bausparleistungen als vermögenswirksame Leistungen erhalten Arbeitnehmer mit Einkommensbegrenzung zehn Prozent auf maximal 936 DM jährlich als Arbeitnehmer -Sparzulage. Branchenverschiedene tarifvertragliche Regelungen sehen daneben vor, daß der Arbeitnehmer vom Arbeitgeber monatlich zwischen 13 DM und 78 DM für vermögenswirksame Leistungen, also z. B. Einzahlungen in Bausparverträge, erhält. Spezielle Kinderkomponenten gibt es bei diesen Regelungen nicht.

In der wohnungspolitischen Diskussion ist zur Förderung von Ansparen allerdings auch kritisch angemerkt worden, daß angesichts der Effektivität dieser Fördermaßnahmen gewisse Zweifel aufkommen können; denn es müsse damit gerechnet werden, daß die Fördermaßnahme lediglich auf eine Veränderung der Vermögensanlagestruktur zugunsten der geförderten Anlageform hinwirkt, ohne daß eine spürbare Beschleunigung der Vermögensbildung bei den Begünstigten eintrete. Gerade wenn es darum gehe, die Bildung von Wohneigentum zu fördern, würde sich die Förderung des Nachsparens durch größere Zieladäquanz auszeichnen, weil ihr Erfolg leichter kontrollierbar sei. Gerade unter dem Aspekt des Nachsparens sind denn auch z. B. von Alois Oberhauser Modelle vorgelegt worden, die im ökonomischen Ergebnis auf eine stärkere intertemporale Umschichtung von Lebenseinkommen des einzelnen hinauslaufen. Gegenüber der Befürchtung, bei einer Förderung des Nachsparens könne es zu einer leichtfertigen Finanzierung des Erwerbs von Wohneigentum kommen, wird auf die Möglichkeit hingewiesen, die Förderung von der Durchführung einer soliden Finanzierung und dazu erfolgender Beratung abhängig zu machen.

6.3.5 Familiengerechte Angebotsverbesserungen im Sozialen Wohnungsbau

Aber auch im Mietwohnungsbau ist auf die verstärkte Bereitstellung familiengerechter Wohnungen hinzuwirken. Neben dem steuerbegünstigten Mietwohnungsbau kommt hier dem Instrument der direkten staatlichen Förderung des sogenannten Sozialen Wohnungsbaus nach wie vor Bedeutung zu. Insoweit es um hilfsbedürftige, weil einkommensschwache Familien geht, wird für diese Gruppen das Wohnungsangebot durch den Sozialen Wohnungsbau direkt erhöht. Durch die Förderung des freifinanzierten Wohnungsbaus werden – ebenso wie als Folge einer Förderung des Eigenheimbaus – »Sickereffekte« ausgelöst, die das Wohnungsangebot indirekt durch freigemachte Wohnungen auch für andere Einkommensgruppen vergrößern können, in ihrer Wirkung allerdings gelegentlich überschätzt werden. Der Soziale Wohnungsbau trägt auf seine Weise dazu bei, den Bestand an Wohnungen zu vergrößern, und zwar auch an solchen Wohnungen, die dem unterschiedlichen Wohnbedarf unterschiedlich großer Familien entsprechen. Er ist grundsätzlich geeignet, über die Beseitigung von wohnungsmäßigen Mangelsituationen hinaus ausgesprochener Wohnungsnot zu begegnen. Eine familienpolitische Akzentsetzung kommt u. a. darin zum Ausdruck, daß der Soziale Wohnungsbau und die Vergabe von Fördermitteln zwecks Eigentumserwerb gerade auch kinderreiche und junge Familien sowie Alleinerziehende zu berücksichtigen haben. Diese gesetzlich festgelegte Förderung von Familien im Wohnungswesen bedeutet eine wichtige Zielvorgabe für die öffentlichen Träger der Wohnungspolitik. Bei einer entsprechenden Ausgestaltung der Förderungsmaßnahmen läßt sich in familienpolitischer Sicht ein Vorrang für bestimmte besonders benachteiligte Gruppen von Familien durchsetzen; hier können neben kinderreichen Familien gerade auch junge Familien mit niedrigem Einkommen in Betracht kommen. Mit besonderen »Auflagen« an öffentliche und private Bauträger kann bei öffentlichen Förderungsmaßnahmen des Sozialen Wohnungsbaus auf die Einhaltung bestimmter DIN- und anderer Normen ebenso hingewirkt werden wie etwa auf die Anlage gemeinsamer Spielräume bei größeren Wohnanlagen.

Angesichts der Bedeutung der Wohnumwelt mit ihren Einrichtungen an sozialer Infrastruktur für die Qualität von Wohnungen ist es wichtig, daß die Wohnungsbauförderung die diesbezüglichen Investitionen besonders berücksichtigt. Sozialer Wohnungsbau sollte stets grundsätzlich »flankierende Maßnahmen« mit umfassen, die dem Gesamtzusammenhang zwischen Wohnungsbauförderung und Infrastruktur angemessen Rechnung tragen. Bei der Gestaltung der Wohnumwelt wäre im übrigen den Bedürfnissen von Familien in besonderen Lebenslagen Rechnung zu tragen. So können in bestimmten Fällen, besonders bei alleinstehenden (erwerbstätigen) Elternteilen mit Kindern, »Servicehäuser« hauswirtschaftliche Dienste für die Versorgung und Betreuung der Kinder anbieten. Solche Einrichtungen wären als Modellmaßnahmen entsprechend zu fördern. Hier sei daran erinnert, welches Gewicht schon Mitte der siebziger Jahre die Sachverständigen-Kommission für den Zweiten Familienbericht bei ihren Vorschlägen für eine familienbezogene Wohnungspolitik gerade auch auf die »Folgeeinrichtungen« im Wohnungsumfeld legte. Im Interesse einer möglichst einheitlichen Wohnqualität sprach sich die Kommission für eine stärkere gesetzliche Verankerung der Errichtung derartiger Einrichtungen mit einer Erweiterung der Planungsbeteiligung kommunaler Ressorts aus. Letztlich stand hinter diesem Votum die Intention, »die Wohnbedürfnisse von Bewohnern bezüglich solcher Einrichtungen zu befriedigen, die nicht unmittelbar einem ökonomischen Verwertungsinteresse entspringen und als solche sich in unserer Wirtschaftsordnung nicht ohne staatliche Intervention bzw. Subvention verwirklichen lassen« (S. 105).

Das Instrumentarium der öffentlichen Förderung des Sozialen (Miet-)Wohnungsbaus (siehe auch Abschnitt 6.3.3) besteht vor allem in der Gewährung von Baudarlehen und Zinszuschüssen für Personen und Familien, deren Einkommen bestimmte Grenzen nicht überschreitet; eine Bedingung der Förderung ist ferner, daß der Bauherr eine angemessene Eigenleistung erbringt; auch sind Grenzen für förderfähige Wohnungsgrößen festgelegt. Die familienpolitische Ausrichtung kommt besonders in Paragraph 26 des Zweiten Wohnungsbaugesetzes zum Ausdruck, der als Schwerpunkte der vordringlichen (öffentlichen) Förderung schwangere Frauen, kinderreiche Familien, junge Ehepaare, Alleinerziehende, ältere Menschen und Schwerbehinderte nennt[180].

Aufgrund der verschiedenen Neuregelungen, insbesondere der Erhöhung der Einkommensgrenzen und der insbesondere für erwerbstätige Haushalte günstigeren Ermittlung des für die Förderung maßgeblichen Einkommens und eines zusätzlichen besonderen Abzugsbetrages für Alleinerziehende ist der potentielle Kreis der

180 Träger des Sozialen Wohnungsbaus sind in erster Linie (bis 1990 gemeinnützige) Wohnungs- und Siedlungsunternehmen, ferner die Organe der staatlichen Wohnungspolitik (Bund, Länder, Gemeinden oder Gemeindeverbände) und als Organe anerkannte Unternehmen, aber auch private Haushalte. Die Verteilung der Mittel erfolgt durch die für das Wohnungs- und Siedlungswesen zuständigen obersten Landesbehörden in den Bundesländern, häufig die Landesinnenministerien. Auf kommunaler Ebene liegt die unmittelbare Zuständigkeit für die praktische Durchführung von Bauvorhaben. Damit besitzen die Bundesländer und die Kommunen eine besondere Bedeutung für die Wohnungspolitik und die Förderung des Sozialen Wohnungsbaus. Der Bund kann seine Vorstellungen über die Wege der Förderung des Sozialen Wohnungsbaus nur im vollen Einvernehmen mit den Ländern durchsetzen.

für die Förderung in Betracht kommenden Bevölkerung ausgeweitet worden. Gegenwärtig haben nach dem Wohngeld- und Mietenbericht 1995 etwa 40 Prozent der Haushalte Anspruch auf einen Wohnberechtigungsschein. Dies dürfte eine Größenordnung sein, für die insgesamt die Wohnungen des Sozialen Wohnungsbaus bei weitem nicht ausreichen können. Die Ausweitung des begünstigten Kreises läuft somit auf eine (Wieder-)Aufwertung des Sozialen Wohnungsbaus hinaus, der damit vorerst einen festen Platz in der Politik der Wohnungsversorgung der Bevölkerung und damit auch der Familienhaushalte behält. Der Bestand an öffentlich geförderten Mietsozialwohnungen dürfte allerdings in den nächsten Jahren trotzdem vor allem deshalb weiter zurückgehen, weil die Sozialbindungen bei den bestehenden Wohnungen aus den fünfziger und sechziger Jahren verstärkt auslaufen. Mehr als ein Drittel der im Herbst 1993 in einer Wohnungsstichprobe ermittelten mietpreis- und belegungsgebundenen Wohnungen des »ersten Förderwegs« (rund 2,7 Millionen) werden bis zum Ende des Jahrzehnts ihre Bindungen verlieren, was durch Neubau nicht kompensiert werden kann.

Zu der damit sichtbar werdenden Problematik, die auch die Wohnungsversorgung von einkommensschwachen Familien mit mehreren Kindern einbezieht, bleibt allerdings zu bedenken, daß die Belegungsmöglichkeiten nicht in gleichem Ausmaß verloren gehen werden wie die aus der öffentlichen Förderung bestehenden Belegungsbindungen, weil insbesondere kommunale Wohnungsunternehmen ihre Wohnungen nach Auslaufen der sozialen Bindungen zu einem erheblichen Teil weiterhin den vorrangig zu versorgenden Personenkreisen zur Verfügung stellen werden, zu denen nach den Zielvorgaben auch die kinderreichen Familien gehören. Eine Neuausrichtung des Sozialen Wohnungsbaus erscheint im übrigen unumgänglich, wobei dann auch die Erfahrungen der Länder mit der neuen einkommensorientierten Förderung im Neubau zu berücksichtigen und die Regelungen des kostensenkenden Bauens mit entsprechenden Auswirkungen auf die Mietkostenbelastungen auch im Sozialen Wohnungsbau zu verstärken sein werden. Bisher leben jedenfalls, wie sich immer wieder zeigt, große und junge Familienhaushalte nicht deutlich überdurchschnittlich häufig in Mietwohnungen des Sozialen Wohnungsbaus.

Was nun die Wirkungen des Sozialen Wohnungsbaus auf die Wohnkostenbelastungen angeht, so sollen diese Wirkungen des zum 1. Oktober 1994 in Kraft getretenen Wohnungsbauförderungsgesetzes, mit dem eine Reform bereits eingeleitet wurde, sehr viel gezielter ausfallen, und zwar dadurch, daß eine einkommensorientierte Ausgestaltung der Wohnungsbauförderung zu niedrigeren Wohnkostenbelastungen für einkommensschwache Mieter und zu höheren für Mieter führen soll, die diese Belastungen auch eher tragen können. Damit soll verstärkt auf die individuelle Einkommensentwicklung des jeweiligen Mieterhaushalts eingegangen werden. Durch die einkommensorientierte Förderung soll zugleich eine Fehlbelegungsabgabe als nachträgliches Korrekturinstrument für Fehlsubventionierungen entbehrlich und damit das Problem der Fehlbelegung von seiner Entstehung her überwunden werden. Die nähere Ausgestaltung der einkommensorientierten Förderung, was z. B. die vorgesehene Zusatzförderung und deren Anpassung an Miete und Einkommen der Mieter angeht, liegt bei den Ländern. Insgesamt steht eine **Neuausrichtung des Sozialen Wohnungsbaus** an. Für dessen in den letzten Jahren wieder intensivierte Förderung wurden sowohl in den alten wie in den neuen Ländern erhebliche Anstrengungen unternommen. Bund und Länder zusammen haben für die Förderung des Sozialen Wohnungsbaus sowie die Modernisierung und Instandsetzung des Wohnungsbestandes 1994 und 1995 jeweils mehr als 20 Milliarden DM zur Verfügung gestellt.

Neben diesem öffentlich geförderten Sozialen Wohnungsbau ist auch der **betriebliche Wohnungsbau** zu berücksichtigen, der zum Teil öffentlich gefördert wird. Formen betrieblicher Wohnungspolitik sind in der Bereitstellung von Werksmietwohnungen, Förderung des Erwerbs von Eigentumswohnungen/Eigenheimen und in der Bereitstellung von Zuschüssen für Renovierungen zu sehen. Werkswohnungen und vor allem der Werkswohnungsbau sind allerdings, gemessen am gesamten Wohnungsbestand und der Neubautätigkeit, gegenwärtig quantitativ als äußerst gering einzuschätzen. Unmittelbar nach dem Zweiten Weltkrieg kam dem Werkswohnungsbau zunächst eine hohe Bedeutung zu; danach verlor er jedoch an Relevanz. Gleichzeitig änderte sich die Förderungsform von einer Förderung durch den Bau von Werkswohnungen im direkten Eigentum des Betriebs hin zu mehr werksgeförderten und werksverbundenen Wohnungen.

In den letzten Jahren ist verschiedentlich diskutiert worden, ob es angesichts der Wohnungsknappheit zu einer Renaissance des Werkswohnungsbaus kommen könne; für die Unternehmen erhöhte sich damit die Chance, für ihre Betriebsstätten in Ballungsgebieten qualifizierte Mitarbeiter zu gewinnen, die aufgrund der Wohnungsknappheit dort sonst schwerer zur Verfügung stehen. Nach den bisher vorliegenden Erfahrungen wird die Bereitstellung von mietgünstigen und familienfreundlichen Wohnungen besonders wirksam erreicht, wenn die Wohnungen in der Verfügbarkeit des Betriebs selbst stehen. Dabei müßten für eine verstärkte Wiederaufnahme des Werkswohnungsbaus allerdings Hemmnisse abgebaut werden, die in der Vergangenheit zum Rückgang des Wohnungsbaus geführt haben. Hier erscheint dann bei einer öffentlichen Förderung die Anpassung von Kostenmieten ebenso erforderlich wie die der Einkommensgrenzen. Doch erwies es sich bei einer öffentlichen Förderung im Werkswohnungsbau anschließend nicht selten als sehr schwierig, eigene Betriebsangehörige überhaupt in die Wohnungen aufzunehmen, weil diese mit ihrem Einkommen die Einkommensgrenzen überstiegen. Insofern könnte sich die 1994 erfolgte Anhebung der Einkommensgrenzen im Sozialen Wohnungsbau tendenziell als förderlich auch für den Werkswohnungsbau auswirken. Ob es allerdings bei einem Abbau solcher und anderer Hemmnisse zu einer neuen Entfaltung des Werkswohnungsbaus kommt, bleibt abzuwarten und erscheint keineswegs sicher.

Gerade für den familiengerechten Wohnungsbau kommt auch dem **kirchlichen Wohnungsbau** eine erhebliche Bedeutung zu. Diese Wohnungsbaumaßnahmen kirchlicher Wohnungs- und Siedlungsdienste der beiden großen Kirchen fallen aber nur teilweise in den Sozialen Wohnungsbau, teilweise werden sie auch außerhalb desselben mit Eigenmitteln der Siedlungsdienste und mit Mitteln der Kirchen ermöglicht. Hier wird dann nicht selten notwendiges Bauland auch im Wege des sogenannten Erbbaurechts zur Verfügung gestellt. Der familiengerechte Wohnungsbau erfolgt bei den kirchlichen Wohnungsbauträgern vornehmlich in der Form der Schaffung von Wohneigentum.

6.3.6 Begrenzung von Wohnkostenbelastungen

6.3.6.1 Zwei verschiedene Wege

Für die Sicherung eines familiengerechten Wohnens genügt es freilich nicht, daß entsprechende Wohnungen ausreichend zur Verfügung stehen; sie müssen auch tatsächlich zu tragbaren Einkommensbelastungen durch die Mieten und Eigenheimbelastungen zugänglich sein. Hier lassen sich zwei Wege zur Zielerreichung unterscheiden: Eine Begrenzung der Wohnkostenbelastungen wird einmal über entsprechende Transferleistungen, die den Familien gezielt zufließen und deren »Wohnkaufkraft« erhöhen, erreicht (Weg der sogenannten »Subjektförderung«). Zum anderen wirkt sich die Mietbegrenzung bei Wohnungen des öffentlich geförderten Sozialen Wohnungsbaus mit den dort während der Bindungszeit geltenden Kostenmieten dämpfend auf die Einkommensbelastungen durch Wohnkosten aus, ähnlich wie Mietpreisbindungen aus der Zeit der Wohnungszwangswirtschaft. Bei diesem letzteren Weg der sogenannten »Objektförderung« werden die Mieten durch staatliche Subventionierung verbilligt. Die Mietvorteile von Sozialwohnungen belaufen sich nach Schätzungen des Instituts für Wohnen und Umwelt in Darmstadt im Vergleich zu freifinanzierten Wohnungen auf durchschnittlich zirka 1,80 DM pro Quadratmeter und Monat. Diese Mietvorteile sind allerdings regional sehr ungleich verteilt wie der Wohngeld- und Mietenbericht von 1995 ausweist: Besonders hohe Mietvorteile von zum Teil über fünf DM pro Quadratmeter sind in Ballungsräumen bei den ältesten und jüngsten Wohnungsbeständen gegeben, während in Wohnungen der siebziger Jahre wegen der Ausgestaltung der seinerzeit praktizierten degressiven Förderung und in ländlichen Räumen nur geringfügige oder teils auch gar keine Mietvorteile bestehen.

Bei den beiden hier angesprochenen Wegen zur Eingrenzung der Wohnkostenbelastungen handelt es sich, begrenzt auf den Bereich des Wohnens mit zweckgebundenen Leistungen, um eine gewisse Parallele zu den oben vorgestellten beiden Grundformen der Abschwächung der allgemeinen Einkommensbelastungen durch Kinder: Verteilungspolitisch können die Einkommensbelastungen durch entsprechende direkte Transferleistungen teilweise aufgefangen werden, oder aber es wird darauf hingewirkt, daß bestimmte Kinderkosten durch »Realtransfers« gar nicht erst entstehen. Bei diesen subventionierten Mietwohnungen stellt sich dann freilich im Zeitablauf erfahrungsgemäß das Problem der »Fehlbelegung«. Obwohl in den letzten Jahren in mehreren Bundesländern – auf der Grundlage eines Bundesgesetzes über den Abbau von Fehlsubventionierungen im Wohnungswesen – mit den Fehlbelegungsabgaben entsprechende gesetzliche Regelungen geschaffen wurden, wird im Fünften Familienbericht davon ausgegangen, daß gegenwärtig immer noch etwa ein Drittel der gesamten Wohnungen des Sozialen Wohnungsbaus fehlbelegt sind. Da die Vergabe von Sozialmietwohnungen an Einkommensgrenzen gebunden ist, haben die »Sozialmieter«, wenn sich später ihr Einkommen erhöht, grundsätzlich eine Fehlbelegungsabgabe zu zahlen. Mit dem 1990 in Kraft getretenen Wohnungsbindungsänderungsgesetz wurde der Wohnungstausch bei Unterbelegung größerer Sozialmietwohnungen gefördert. Hiernach können kleinere Haushalte, wenn ihr Einkommen oberhalb der gesetzlichen Grenzen für Sozialwohnungen liegt, kleinere Sozialwohnungen beziehen. Dadurch können sich z. B. für kinderreiche Familien gewisse verbesserte Chancen ergeben, größere Sozialwohnungen zu beziehen. Wirklich befriedigen konnte die Regelung der Fehlbelegungsabgaben bisher jedoch nicht, nicht zuletzt wegen des damit verbundenen großen Verwaltungsaufwands. Die in Aussicht genommene grundlegendere Neuordnung des gesamten Sozialen Wohnungsbaus soll u. a. durch eine stärkere Einkommensorientierung das Problem der Fehlbelegung lösen helfen.

6.3.6.2 Familienpolitische Ausgestaltung des Wohngeldes

Ein zentraler Ansatzpunkt zur Begrenzung der Wohnungskostenbelastungen bildet die Übertragung von direkten Transferleistungen an die einzelnen Familien durch das Instrument des Wohngeldes. Als Zuschuß zu den Aufwendungen für den Wohnraum soll diese Leistung bei einkommensschwächeren Haushalten dazu beitragen, die marktbedingten Wohnkosten für einen angemessenen und familiengerechten Wohnraum in tragbaren Grenzen zu halten. Das Wohngeld kann als Ausdruck eines betont nachfrageorientierten Ansatzes gesehen werden und stellt heute ein festes Element des Systems der sozialen Sicherung dar.

Beihilfen zur Milderung von Härten bei einkommensschwachen Mietern wurden schon Mitte der fünfziger Jahre vorgesehen. In den folgenden Jahren geschaffene Miet- und Lastenbeihilfen wurden Mitte der sechziger Jahre unter dem Begriff Wohngeld im ersten Wohngeldgesetz zusammengefaßt, das 1970 durch ein verbessertes zweites Wohngeldgesetz abgelöst wurde. Seit dem Inkrafttreten des Sozialgesetzbuchs (SGB) im Jahre 1976 ist die Einkommenshilfe für eine angemessene Wohnung als soziales Recht ausgestaltet und damit das Wohngeld als eine eigenständige Sozialleistung, die auf Dauer angelegt ist, bestätigt worden. Das Wohngeldgesetz gilt als besonderer Teil des SGB, auch wenn die vorgesehene Einarbeitung als eigenes Buch aussteht. Ob und in welcher Höhe Wohngeld – auf Antrag – im Einzelfall gezahlt wird, hängt von der Größe des Haushalts, vom Familieneinkommen und von der Höhe der Miete bzw. Belastung ab. Das Wohngeld stärkt damit die Mietkaufkraft in unteren Einkommensgruppen und je nach Familiengröße bis an mittlere Einkommensgruppen heran. Es erscheint als relativ treffsicheres verteilungspolitisches Instrument inzwischen besonders wichtig für eine zielklare familienpolitische Intervention; im Unterschied zum allgemeinen Familienlastenausgleich stellt es eine Umverteilungsleistung mit Zweckbindung dar und bewirkt eine gezielte Entlastung bei den Wohnkosten. In den neuen Ländern ist das Wohngeld das wohl wichtigste Instrument der Wohnungspolitik, um die Mietsteigerungen in den unteren Einkommensgruppen etwas aufzufangen. Insgesamt stellt das Wohngeld eine notwenige Ergänzung einer marktwirtschaftlichen Mietenpolitik dar, bei der sich die Mieten für nichtpreisgebundene Wohnungen im Zusammenspiel von Angebot und Nachfrage im Rahmen der bestehenden Mietrechtsregelungen am Wohnungsmarkt bilden. Im Jahre 1994 beliefen sich die Wohngeldausgaben für Bund und Länder zusammen auf rund 5,7 Milliarden DM; davon entfielen auf den Bund 3,1 und auf die Länder 2,6 Milliarden DM.

Gegenwärtig wird das **Wohngeld in drei Formen** gewährt, deren Nebeneinander den längerfristigen Zeitvergleich teilweise erschwert: Neben dem herkömmlichen

Wohngeld (sogenanntes »Tabellenwohngeld«) gibt es zweitens seit 1991 für Mieterhaushalte, deren Familienmitglieder Leistungen der Sozialhilfe bzw. der Kriegsopferfürsorge erhalten, ein Wohngeld in vereinfachter Form als »pauschaliertes Wohngeld« sowie drittens nach einem Übergangsrecht für die neuen Bundesländer eine Wohngeldregelung, die den Übergang in das westdeutsche marktorientierte Vergleichsmietensystem sozialverträglich absichern soll. Ein bis Ende 1996 befristetes Sonderwohngeld ist ab Anfang 1997 durch ein Wohngeldüberleitungsgesetz abgelöst worden, nach dem die bisherigen Sonderregelungen in abgeschwächter Form noch für weitere zwei Jahre gelten. Das pauschalierte Wohngeld hat inzwischen ein großes Gewicht erlangt: Ende 1994 lag in den alten Ländern der Anteil der Bezieher bei rund 48 Prozent aller Wohngeldempfänger, also knapp die Hälfte aller Wohngeldempfänger waren hier Bezieher von Sozialhilfe bzw. Kriegsopferfürsorge (neue Länder: acht Prozent). Bezogen auf das Wohngeldvolumen entfielen 1994 in den alten Ländern sogar rund zwei Drittel der Ausgaben auf das pauschalierte Wohngeld (in den neuen Ländern neun Prozent). Das herkömmliche Wohngeld wird für Mieter als Mietzuschuß gewährt (etwa neun Zehntel der Wohngeldfälle) und für Eigentümer als Lastenzuschuß, und zwar weniger als Finanzierungsinstrument zum Erwerb von Wohneigentum als vielmehr zur sozialen Absicherung. Eine besondere familienpolitische Komponente stellen die Freibeträge für Kinder (in Höhe der Kindergeldleistungen) sowie zur Förderung des Zusammenlebens mehrerer Generationen bei der Ermittlung des zum Wohngeldbezug berechtigenden Familieneinkommens dar. Auch die bei der Wohngeldgewährung anerkannten Miethöchstbeträge sind nach der Familiengröße differenziert[181].

Insgesamt bezogen in Deutschland Ende 1994 zirka 2,7 Millionen Haushalte Wohngeld; davon lebten 1,9 Millionen in den alten Ländern und 840 000 in den neuen Ländern. Der Anteil der wohngeldbeziehenden Haushalte an der Gesamtzahl der Haushalte lag in den alten Ländern bei etwa sechs Prozent, während er in den neuen Ländern mit zwölf Prozent doppelt so hoch war. Die soziale Struktur der Wohngeldempfänger hat sich in den letzten Jahren in den alten Ländern auch bei den Empfängern von Tabellenwohngeld, auf das ohnehin nur noch rund ein Drittel der Wohngeldausgaben entfallen, deutlich verändert. Der Anteil von Rentnern und Pensionären, aber auch von Erwerbstätigen ist zurückgegangen, der Anteil der Arbeitslosen dagegen angestiegen. Hinsichtlich der familienpolitisch besonders interessierenden Frage nach der Haushaltsgröße und den zu diesen Haushalten gehörenden Kindern ergibt sich folgendes Bild: Knapp die Hälfte dieser Wohngeldempfänger (Tabellenwohngeld) sind Einpersonenhaushalte; in 77 Prozent der Haushalte mit zwei und mehr Personen lebte mindestens ein Kind, insgesamt waren es in diesen Haushalten rund 873 000 Kinder *(vgl. Tabelle 14)*.

Von besonderem familienpolitischem Interesse sind die **Wirkungen der Wohngeldzahlungen** auf die verbleibende Einkommensbelastungen durch Wohnkosten.

---

181 Zu der zugleich bestehenden Differenzierung des Wohngeldes nach Mietenstufen mit kritischen Anmerkungen zu marktwirtschaftlich begründeten Vorbehalten siehe Richard Buchsbaum/Hans J. Driehaus/Gerd Heise, Wohngeldrecht. Kommentar, Loseblattwerk, Stand 1995, Erl. § 8 WoGG, S. 9 ff. – Vgl. auch Richard Buchsbaum, Die wirtschaftliche Sicherung angemessenen und familiengerechten Wohnens – das Wohngeldrecht, in: NDV, (1996) 10, S. 318 ff.

Tabelle 14: Empfänger von Tabellenwohngeld nach Haushaltsgröße und Anzahl der Kinder in den alten Bundesländern 1994

Haushaltsgröße (Personen)	Insgesamt	Davon mit . . . Kindern[1] im Haushalt in %						Kinderzahl
		0	1	2	3	4	5 und mehr	
1	472 181	99,9	0,1	–	–	–	–	340
2	141 593	61,8	38,1	0,1	–	–	–	54 200
3	95 266	14,5	54,5	30,9	0,1	–	–	111 000
4	136 123	6,6	4,8	82,1	6,5	0	–	256 800
5	78 574	5,2	1,4	6,4	84,4	2,6	0	218 300
6 und mehr	55 818	7,0	0,5	2,2	7,1	50,3	33,0	222 600
Insgesamt	979 555	60,2	11,6	15,1	8,1	3,1	1,9	872 700

1 Personen, für die Kindergeld nach dem Bundeskindergeldgesetz oder eine Leistung im Sinne des Paragraphen 8 Absatz 1 des Bundeskindergeldgesetzes gewährt wird.

Quelle: Wohngeld- und Mietenbericht 1995, Bundestags-Drucksache 13/4254, S. 49.

Diese Einkommensbelastungen können als Gradmesser für sozialverträgliche Wohnkosten angesehen werden. Nach dem Wohngeld- und Mietenbericht 1995 wurden die selbst zu tragenden Mieten (Bruttokaltmieten) der Wohngeldempfänger in den alten Ländern um knapp ein Viertel und in den neuen Ländern um etwa ein Drittel gesenkt. Dadurch reduzierte sich der Anteil der selbst zu tragenden Wohnkosten am verfügbaren Einkommen (Mietbelastungsquote) bei Wohngeldempfängern in den alten Ländern auf rund ein Drittel und in den neuen Ländern auf rund ein Viertel, liegt also in den letzteren trotz der zwischenzeitlichen Mietenreformschritte immer noch deutlich niedriger. Zur Veränderung der Mietbelastungsquoten mit steigender Haushaltsgröße siehe *Tabelle 15 a* und *15 b*. Wenn die Mietbelastungsquoten (»nach Wohngeld«), wie die Ergebnisse von Sonderaufbereitungen der 25-Prozent-Wohngeldstichproben ergeben, mit steigender Haushaltsgröße deutlich sinken, nämlich von rund 31 Prozent bei Einpersonenhaushalten, auf rund 22 Prozent beim Fünfpersonenhaushalt mit in der Regel drei Kindern, so kann darin zunächst einmal eine familienpolitische Ausgestaltung des Wohngeldes gesehen werden, das auch als solches nach der Haushaltsgröße differenziert ist. Wenn man diesem Ergebnis zwecks eines vertiefteren Einblicks in die Wirkung des Wohngeldes die Mietbelastungsquoten »vor Wohngeld« gegenüberstellt, so zeigt sich allerdings, daß auch diese mit steigender Haushaltsgröße ebenfalls zurückgehen, und zwar praktisch in gleichem Grad wie die Mietbelastungsquoten »nach Wohngeld«. Lediglich bei den Haushalten mit sechs und mehr Personen ist der Rückgang gegenüber dem Einpersonenhaushalt »nach Wohngeld« etwas stärker ausgeprägt. Daraus darf nun aber nicht auf eine mangelnde familienpolitische Ausgestaltung geschlossen werden. Hier wirkt sich vielmehr aus, was auch bei einer Veränderung der Einkommensbelastung durch Wohnkosten im Zeitablauf mitberücksichtigt werden muß, daß nämlich die Wohnkosten auch davon abhängen, welchen Anteil des Einkommens die Haushalte für das Wohnen auszugeben bereit sind; dies hängt wiederum von dem Stellenwert ab, den sie dem Wohnen im Vergleich zu anderen Ein-

Tabelle 15 a: Mietbelastungsquoten der Hauptmieter mit Tabellenwohngeldbezug in den alten Bundesländern

Haushaltsgröße (Personen)	Durchschnittlicher Anteil der Bruttokaltmiete am verfügbaren Einkommen[1, 2]					
	1992		1993		1994	
	vor Wohngeld	nach Wohngeld	vor Wohngeld	nach Wohngeld	vor Wohngeld	nach Wohngeld
1	37,4	27,2	38,6	29,0	39,8	30,6
2	35,5	26,1	36,7	27,9	38,2	29,4
3	34,5	25,1	35,5	26,5	36,9	28,2
4	28,5	21,3	30,0	22,7	31,5	24,1
5	25,8	18,9	27,2	20,3	28,7	21,7
6 und mehr	22,7	15,0	24,0	16,3	25,2	17,6
Insgesamt	34,4	25,1	35,5	26,7	36,7	28,1

1 Bezogen auf ein aus den statistisch nachgewiesenen Bruttoeinkommen einschließlich Kindergeld modellartig abgeleitetes verfügbares Einkommen. Es berücksichtigt je nach Sozialstatus typischerweise zu erwartende Abzüge für Steuern und Sozialversicherungsbeiträge.

2 Aus Plausibilitätsgründen wurden ausschließlich Haushalte berücksichtigt, deren verfügbares Einkommen mindestens so hoch ist wie die Bruttokaltmiete.

Quelle: Sonderaufbereitungen der 25-Prozent-Wohngeldstichproben. Wohngeld- und Mietenbericht 1995, Bundestags-Drucksache 13/4254, S. 49.

Tabelle 15 b: Mietbelastungsquoten der Hauptmieter mit Tabellenwohngeld in den neuen Bundesländern

Haushaltsgröße (Personen)	Durchschnittlicher Anteil der Bruttokaltmiete am Einkommen[1]			
	1993		1994	
	vor Wohngeld	nach Wohngeld	vor Wohngeld	nach Wohngeld
	in %			
1	27,6	16,1	30,3	19,6
2	24,3	16,0	28,6	18,8
3	23,0	13,8	26,7	17,0
4	18,8	11,8	21,8	14,5
5	19,5	11,4	22,2	13,9
6 und mehr	23,8	9,5	26,3	12,3
Insgesamt	24,6	14,8	27,5	17,8

1 Wohngeldrechtliches Familieneinkommen, das im Durchschnitt dem verfügbaren Einkommen näherungsweise entspricht.

Quelle: Wohngeld- und Mietenbericht 1995, Bundestags-Drucksache 13/4254, S. 55.

kommensverwendungen beimessen (können). Hier ergeben sich für Familienhaushalte mit größerer Kinderzahl erhebliche Spannungen; sie möchten im allgemeinen dem Faktor Wohnen zwar einen höheren Stellenwert im Hinblick auf das familiale Zusammenleben einräumen, müssen aber die Mietausgaben mit dem insgesamt zur Verfügung stehenden Haushaltseinkommen in Einklang bringen. Diese wohnungsmäßige »Selbstbeschränkung« der größeren Familienhaushalte überlagert und verdeckt zum Teil die an sich im Wohngeld angelegte familienbezogene Wirkung.

Insofern kann auch der Anteil der Ausgaben für die Miete am verfügbaren Einkommen nicht einfach als Ausdruck des dem Wohnen eingeräumten Stellenwerts angesehen werden, sondern bringt unter Umständen einen Kompromiß zum Ausdruck zwischen der Gesamtheit der familienbedingten Einkommensbelastungen und den in diesem Rahmen speziell für den Sektor Wohnen noch als tragbar angesehenen Ausgabenanteil. Um so wichtiger sind daher die zweckgebundenen Einkommenshilfen in Gestalt des Wohngeldes, dessen ausgeprägte familienpolitische Komponente in die Wohngeldtabellen eingearbeitet ist. Wenn der Anteil der von den Haushalten mit Wohngeldbezug selbst zu tragenden Wohnkosten am verfügbaren Einkommen deutlich geringer ist als bei kleinen, kinderlosen Haushalten, so muß dabei zugleich immer auch die mit steigender Haushaltsgröße deutlich zunehmende Unterversorgung mit Wohnraum mitgesehen werden. Im übrigen beziehen sich diese Mietbelastungsquoten immer auf das dem Haushalt insgesamt zur Verfügung stehende Einkommen, nicht dagegen auf das in den größeren Haushalten tendenziell deutlich abfallende Pro-Kopf-Einkommen.

Wenn die Wirksamkeit der Wohngeldregelung nicht nur erhalten bleiben, sondern verbessert werden soll, bedarf es einiger **struktureller Reformen**, und zwar auch unter familienpolitischem Aspekt. Folgende Punkte sind hier besonders hervorzuheben:

1. Das gegenwärtige Leistungsniveau erscheint nicht mehr ausreichend, um das Ziel eines (angemessenen) familiengerechten Wohnens zu erreichen. Die Wohngeldregelung ist seit 1990 nicht mehr verändert worden, so daß eine Anpassung an die wirtschaftliche Entwicklung anzumahnen ist. Aufgrund der Mietentwicklung hat sich das Wohngeld in seinem Realwert deutlich verringert. In diesem Zusammenhang ist auch das Ergebnis von Berechnungen aufschlußreich, die vom Deutschen Bundestag schon vor einigen Jahren erbeten worden waren und im Wohngeld- und Mietenbericht 1995 vorgelegt worden sind. Für die langfristige Entwicklung des Wohngeldes seit 1975 ergibt sich nach diesen modellhaften Berechnungen, die für den Einpersonenrentnerhaushalt und für Erwerbstätigenhaushalte mit zwei, drei sowie vier oder mehr Kindern für die Zeit zwischen 1975 und 1994 durchgeführt wurden, »daß für Haushalte mit konstanten Realeinkommen und unveränderter Wohnungsversorgung das um den Mietanstieg bereinigte Wohngeld seit Jahren gesunken ist. Im Langfristvergleich war die Verschlechterung bei kleineren Haushalten dabei ausgeprägter als bei größeren Haushalten, für die die durch mehrere Wohngeldnovellen erzielten familienspezifischen Verbesserungen beim Wohngeld noch nachwirken.« (Ziffer 89)

2. Insbesondere sind die Miethöchstbeträge, die bei der Wohngeldzahlung anerkannt werden, hinter der zwischenzeitlichen tatsächlichen Mietentwicklung zurückgeblieben und tragen deshalb, so der Wohngeld- und Mietenbericht 1995, den tatsächlichen Wohnungsmarktverhältnissen immer weniger Rechnung. Angesichts der Dynamik des Wohnungsmarktes mit seinen Mietsteigerungen werden, was sich für junge Familien negativ auswirkt, die Höchstbeträge der berücksichtigungsfähigen Mieten bei den auf die jeweiligen neuesten Wohnungen angewiesenen Haushalten besonders deutlich durch die tatsächlichen Marktmieten übertroffen.

Entsprechend sind die Quoten der Wohngeldbezieher, deren Wohnkosten über den zuschußfähigen Höchstbetrag hinausgehen (sogenannte »Überschreiterquoten«) in den letzten Jahren sehr angestiegen.

3. In diesem Zusammenhang liegt eine gesetzliche Verpflichtung zur turnusmäßigen Anpassung der Miethöchstbeträge nahe. Damit würde auch der Kritik begegnet, daß der Unterschied zwischen der Höhe des durch Höchstbeträge begrenzten Wohngeldes und der Höhe des der Mietentwicklung sofort folgenden pauschalierten Wohngeldes für Sozialhilfeempfänger immer größer geworden ist. Diese wachsende Diskrepanz der beiden Wohngeldformen führt in der Praxis immer wieder zu Unzuträglichkeiten.

4. Die Sachverständigen-Kommission für den Fünften Familienbericht bemängelt, daß die Aufwendungen für den Unterhalt von Kindern nicht ausreichend, nämlich nicht durch den tatsächlichen Bedarf pro Kind, berücksichtigt würden und ebenfalls nicht der mit steigender Kinderzahl steigende Wohnraumbedarf. Die vorgesehenen zwölf Quadratmeter je zusätzlicher Person im Haushalt stellen sicherlich eine unterste Grenze dar. Kritisiert wird auch, daß die Wohngeldbeträge in Abhängigkeit von der Kinderzahl stark degressiv und damit nicht bedarfsgerecht stiegen.

5. Schließlich ist darüber nachzudenken, wie das Wohngeld durch eine veränderte Ausgestaltung dazu beitragen könnte, das Problem der Unterversorgung von größeren Familienhaushalten besser zu lösen und z. B. den Umzug in eine flächenmäßig familienangemessenere Wohnung mit abzusichern, eine Wohnung, die bei einem Wohnungswechsel nicht selten nur zu vergleichsweise erheblich höheren Mieten zu erhalten ist. Das Wohngeld besitzt angesichts der Dominanz der Subjektförderung eine zentrale Position als wohnungspolitisches Instrument, es ist geradezu ein herausragendes Instrument der sozialen Absicherung für Mieter und Eigentümer geworden[182]. Es hat auch eine erhebliche familienpolitische Bedeutung, aber in seinem gegenwärtigen Stand erscheint es familienpolitisch noch ausbaubedürftig. Ohne ausdrückliche familienpolitische Bewertung des Wohngeldes kommen Jürgen Zerche und Werner Schönig in einer kritischen allgemeinen Funktionsanalyse zu dem auch familienpolitisch nicht unwichtigen Ergebnis, daß bei diesem Instrument die Erwartungen und die tatsächlichen Wirkungen zumindest gegenwärtig auseinanderfallen. Aufgrund der mangelnden Planbarkeit in Verbindung mit unregelmäßigen Anpassungen der Wohngeldhöhe und der damit verbundenen Unsicherheit des Wohngeldbezugs wirke Wohngeld nicht wie ein dauerhafter Transfer; es sei daher für keinen der Marktteilnehmer (Wohnungsnachfrager wie -anbieter) so fest verplanbar, daß sie darauf eine Verbesserung des Wohnungsstandards bzw. einer Ausweitung des Angebots aufbauen könnten[183]. Insofern wirke das Wohngeld als eher zufälliger, ungebundener Transfer, der für den Konsum anderer Güter verwendet werde. »Das Wohngeld erweist sich als zu einfach konstruiert, um den komplexen Mechanismen auf dem Wohnungsmarkt gerecht werden zu können. Nur

182 Vgl. Johannes Eeckhoff, Wohnungspolitik, Tübingen 1993, S. 96, wie auch Jürgen Zerche/Werner Schönig, Historische und aktuelle Notwendigkeiten einer sozialen Wohnungspolitik. Ein Beitrag zu mehr Zieladäquanz anhand einer mikroökonomischen Funktionsanalyse des Wohngeldes, in: Hamburger Jahrbuch für Wirtschafts- und Gesellschaftspolitik, 39 (1994), S. 157.

183 J. Zerche/W. Schönig (Anm. 182), S. 162.

durch eine langfristige Verteilungspolitik ließen sich dauerhaft die Konditionen für einkommensschwache Nachfrager auf dem Wohnungsmarkt verbessern.«[184] Die in diesem Zusammenhang befürwortete langfristige Verteilungspolitik wäre sicherlich auch unter familienpolitischem Aspekt zu bedenken.

Insgesamt bedeutet die Förderung von Familien im Wohnungswesen für die öffentlichen Träger der Wohnungspolitik eine wichtige Zielvorgabe, die vor dem Hintergrund des Konzepts der Sozialen Marktwirtschaft zu sehen ist, zu dem ein sozialer Ausgleich gehört. Für Jürgen Eeckhoff[185] ist dies sogar das Hauptanliegen der Wohnungspolitik, weil es immer Menschen geben werde, denen es nicht möglich ist, aus eigener Kraft eine menschenwürdige Wohnung zu bekommen; es könne allerdings nicht einfach hingenommen werden, daß die eingesetzten öffentlichen Mittel zu einem erheblichen Teil nicht bei den sozialpolitischen Zielgruppen ankämen. Dies muß auch für die familienpolitischen Zusammenhänge gelten.

6.3.7 »Subjektförderung« oder »Objektförderung«?

Anlaß für Reformüberlegungen gibt auch die familienpolitisch bedeutsame Zuordnung von öffentlich geförderten Sozialen Wohnungsbau und den individuellen Einkommenshilfen an die einzelnen (Familien-)Haushalte. Der Soziale Wohnungsbau, der bis Ende der achtziger Jahre immer weiter »zurückgefahren« wurde und anschließend wieder – u. a. aufgrund der Einführung eines zusätzlichen Förderweges – wieder einen gewissen Aufwärtstrend erfuhr, war als sogenannte Objektförderung immer wieder der Kritik ausgesetzt. Der Haupteinwand ging und geht dahin, der Soziale Wohnungsbau sei in seiner Wirkung der sogenannten Subjektförderung deutlich unterlegen. So sehr eine deutliche Akzentverschiebung von der Objektförderung weg hin zu einer an der individuellen Leistungsfähigkeit und dem individuellen Wohnungsbedarf anknüpfenden Subjektförderung, wie sie denn auch in den vergangenen Jahren eingetreten ist, als problemangemessen angesehen werden kann, so wenig kann umgekehrt auf den Sozialen Wohnungsbau einfach verzichtet werden. Allerdings wird es darauf ankommen, bestehende Fehlsubventionierungen abzubauen und Ungleichbehandlungen durch unterschiedliche Mieten bei gleichen Wohnungen zu vermeiden (Prinzip der Einkommensorientierung).

Eine Kernfrage für eine längerfristige Strategie läuft darauf hinaus, die Objektförderung und die Subjektförderung in ein sachgerechtes Verhältnis zu bringen, über dessen Ausgestaltung immer wieder neu entschieden werden muß. Dabei stellt sich angesichts des tatsächlich anzutreffenden – und notwendigen – Zusammenwirkens beider Wege die Frage: Passen Sozialer Wohnungsbau und Wohngeldgewährung harmonisch zusammen oder entsteht damit ein geradezu undurchsichtiger Dschungel an subventionierten Wegen zur Wohnungsbauförderung und Wohnraumversorgung? Die damit bezeichnete Problemstellung geht zwar weit über die spezifisch familien-

184 Ebda.
185 J. Eeckhoff (Anm. 182), S. 1 f.

politische Fragestellung hinaus, sie läßt sich aber wegen der nachhaltigen Auswirkungen der jeweiligen Förderungssysteme auf die Wohnungssituation der Familien nicht einfach ausklammern. Mit Blick auf den Sozialen Wohnungsbau spricht sich der Fünfte Familienbericht sogar für eine »massive Förderung« des Sozialen Wohnungsbaus aus (S. 287). Letztlich geht es darum, wie die bessere Zuordnung im einzelnen herbeigeführt werden kann. In der Vergangenheit konnten, was die Mietkostenbelastung angeht, die subventionierten Mieten im Sozialen Wohnungsbau allein nicht für alle Mieter tragbar erscheinende Belastungen gewährleisten; daher ist auch im als Objektförderung angelegten Sozialen Wohnungsbau auf das als Subjektförderung ausgestaltete Wohngeld nicht ganz verzichtet worden. Gegenwärtig beziehen in den alten Ländern über ein Fünftel der Sozialmieter auch Wohngeld.

Weder eine reine Individualförderung noch erst recht eine ausschließliche Objektförderung kann unter allgemein- und wohnungswirtschaftlichen Bedingungen, wie sie sich in Deutschland herausgebildet haben, die sachgerechte Antwort auf die anstehenden Fragen sein. Wichtig erscheint, daß die Förderung des Sozialen Wohnungsbaus und die Subjektförderung möglichst gut miteinander verzahnt sind. Auch ein so relativ adäquates Instrument wie das Wohngeld, das, als Instrument der Einkommensumverteilung betrachtet, gegenüber der Objektförderung deutliche Vorteile besitzt, setzt voraus, daß zunächst einmal eine Wohnung zur Verfügung steht, bei deren Anmietung dann der Wohngeldanspruch ausgelöst wird. In der Diskussion ist dazu angemerkt worden, das Wohngeld stelle nicht den Königsweg der Einkommensumverteilung dar, aber angesichts unserer Unfähigkeit, eine Umverteilungspolitik aus einem Guß zu machen, sei »ein gutes Wohngeldsystem einer der besten Behelfe«[186].

Dabei wird es dann gerade auch darauf ankommen, die vorhandenen Wohnungen fungibler zu machen. Die Sicherung familiengerechter Wohnbedingungen erweist sich auch insoweit als ein Verteilungsproblem. Bei einer vergleichsweise stärkeren Subjektförderung durch individuelle Wohngeldzahlungen wird der einzelne Haushalt bei größeren Verbesserungen seiner Einkommenslage bzw. Verringerung der Zahl der abhängigen Familienangehörigen aufgrund der damit verbundenen Kürzungen oder auch des völligen Wegfalls des Wohngeldes weniger daran interessiert sein, die jeweilige spezielle Wohnung möglichst zu behalten. Die Familie sollte nicht als statische Gruppe gesehen werden, vielmehr gilt es, der Dynamik der Familie, wie sie sich sowohl aus allgemeinen Wandlungen in der Familienstruktur als auch aus den spezifischen Wandlungen einer Familiengruppe im Verlauf der verschiedenen Phasen des »Familienzyklus«, mit dementsprechend wechselnden Nutzenanforderungen an die Wohnung ergibt, im Wohnungsangebot gerecht zu werden. Dazu kann einmal ein Angebot flexibler und variabler baulich-räumlicher Bedingungen beitragen, aber auch eine Vergrößerung der Anzahl an verschiedenartigen Grundrißtypen, die unterschiedlichen Lebens- und Wohnbedürfnissen der einzelnen Familie mehr Spielraum geben als das verbreitete »Prokrustesbett« der deutschen Familie, die Zwei- bzw. Dreizimmer-Küche-Bad-Wohnung. Durch eine verstärkte Variabilität der Wohnungen kann im übrigen dem Umstand Rechnung getragen werden, daß die individuellen Wohnungsansprüche und -wünsche künftig möglicherweise noch ver-

186 H. H. Nachtkamp (Anm. 178), S. 98.

schiedenartiger werden. Die durch unterschiedlich hohe Mieten für in etwa vergleichbare Wohnungen bewirkte »Marktspaltung« ist der Fungibilität der Wohnungen für Familien naturgemäß eher abträglich.

6.3.8 Baulanderschließungen und Wohnverhalten von Familien

Die Kosten des Baus von Wohnungen und damit die wirtschaftliche Belastung der Wohnungsnutzer werden nun aber auch wesentlich beeinflußt durch die Bedingungen, unter denen geeignetes Bauland bereitgestellt wird. Deshalb verdient die Frage der Baulanderschließung ebenfalls Beachtung, wenn es um die Sicherung familiengerechten Wohnens geht. Die hohen Bodenpreissteigerungen haben in den letzten Jahren zu immer höheren Kostenanteilen beim Bauen von Wohnungen und – sicherlich auch in Verbindung mit deutlichen Wohnqualitätssteigerungen – zu starken Anstiegen in den Baukosten geführt. Größere Familien mit geringerer wirtschaftlicher Leistungsfähigkeit werden davon besonders betroffen. Zugleich waren und sind damit unverhältnismäßig hohe Wertsteigerungsgewinne bei den Bodeneigentümern verbunden. Diese Wohnpreissteigerungen, stellt die Sachverständigen-Kommission für den Fünften Familienbericht unter Verweis auch auf Oberhauser und Rüsch fest, »sind zu einem guten Teil verursacht durch eine unzureichende Baulanderschließungspolitik des Staates und insbesondere der Kommunen. Die durch administratives und politisches Fehlverhalten verursachte Bodenknappheit und ihre für die Vermögensverteilung wie für dic Wohnungsversorgung negativen Konsequenzen sollten baldmöglichst beseitigt werden.« (S. 287) Spürbare Erleichterungen von der Bodenpreisseite her können hier auch durch das Instrument des Erbbaurechts bewirkt werden, das besonders häufig im Rahmen der Wohnungsbauförderung von kirchlichen Trägern angewandt wird. Insgesamt krankt die Wohnungspolitik insoweit immer noch an der seit Jahrzehnten ungelösten »Bodenfrage«. Schon in den fünfziger Jahren hat Nikolaus Ehlen, der seinerzeit mit großem Nachdruck für eine familiengerechte Wohnungspolitik und insbesondere die Eigenheimförderung eingetreten ist, eine »gerechte Lösung der Bodenfrage« angemahnt, an die man einfach nicht herangehe, obwohl die erforderliche Bodengröße nicht erwähnenswert sei[187].

Schließlich muß – jenseits aller sozialökonomischen Rahmenbedingungen für die Sicherung eines familiengerechten Wohnens – ein weiterer Ansatzpunkt dafür, daß die einzelnen Familien und vor allem die darin aufwachsenden Kinder die positiven Auswirkungen familiengerechter Wohnbedingungen tatsächlich erfahren, in der Beeinflussung des Wohnverhaltens der Familien selbst gesehen werden. Es geht hier um eine Beeinflussung dessen, was als »Wohnmentalität« bezeichnet werden könnte, um eine Hebung auch der individuellen »Wohnfähigkeit«. Auch bei der einzelnen Familie ist das Bewußtsein von der vor allem sozialisationswirksamen

187 In seinen »Lotsenrufen« (Nr. 3, Juni 1957, S. 7 f.) plädiert Nikolaus Ehlen für eine familiengerechte Wohnungspolitik mit dem Hinweis: »Wir müssen an das Urproduktionsmittel Boden herankommen. Das ist die Voraussetzung.«

Bedeutung von Wohnbedingungen wohl nicht durchweg ausreichend entwickelt. Schon vor Jahren wurde darauf aufmerksam gemacht, daß selbst bei einer Veränderung der Angebotssituation ohne weitere ergänzende Maßnahmen, so der Aufklärung und Beratung, die Wohnungsversorgung der Familien den an eine erfolgreiche Sozialisation zu stellenden Voraussetzungen nicht entsprechen werde[188].

Damit wird mit Recht unterstrichen, daß von der wohnungspolitischen Seite her immer nur Voraussetzungen – etwa im Sinne einer ausreichend großen Wohnfläche für eine bestimmte Familiengröße – gesichert werden können. Es liegt dann immer noch auch bei der Familie selbst, d. h. an ihrem eigenen Wohnverhalten, ob sie ein solches mit Blick auf die Entwicklungsbedürfnisse von Kindern gewährleistetes Mehr an Wohnfläche auch tatsächlich entsprechend nutzt. Insoweit geht es im Grunde um eine Befähigung zum familien- und kindgerechten Wohnen. Schon dem heranwachsenden jungen Menschen, ebenso auch dem vor der Familiengründung stehenden erwachsenen Menschen (etwa in einer speziellen Vorbereitung auf Ehe und Familie) gilt es zu verdeutlichen, wie sehr Wohnungen für den Menschen die von Alexander Mitscherlich beschriebene »sozio-kulturelle Ausdrucksfunktion« haben. Wohnverhältnisse dürfen nicht nur als etwas fest Vorgegebenes gesehen werden, Wohnen ist in einem gewissen Grade selbst ein Teil der durch menschliches Handeln gestalteten sozialen Alltagswelt. Den einzelnen zu dieser Gestaltung seiner Wohnwelt bewußt und planvoll zu befähigen ist erst recht dort wichtig, wo in der Lebensgemeinschaft der Familie Verantwortung für noch unmündige Kinder übernommen wird.

Die Frage der Beeinflussung des Wohnverhaltens der einzelnen Familie mündet somit in eine Wohnungsberatung und eine umfassendere Familienpädagogik ein, auf die noch zurückzukommen sein wird. An dieser Stelle ist festzuhalten, wie sehr eine auf die Qualität des Wohnungsangebots ausgerichtete Aufklärung und Information hinsichtlich der Wohnungswahl und des Wohnverhaltens wie auch eine öffentliche Artikulation der Kritik der Wohnungskonsumenten an dem Wohnungsangebot nur dann wirksam sein können, wenn quantitativ ein annäherndes Gleichgewicht zwischen Angebot und Nachfrage auf dem Wohnungsmarkt besteht. Wohnberatung sollte dabei auch eine Wohngeldberatung einschließen. Die Sachverständigen-Kommission für den Zweiten Familienbericht machte bereits 1975 auf einen oft vernachlässigten Gesichtspunkt aufmerksam: Das Wohngeld muß möglichst schon im Zeitpunkt der Entscheidung über eine Wohnungsanmietung für antragsberechtigte Familien auch in seiner Höhe durchschaubar sein und damit in die Kalkulation einbezogen werden können. Nur in einem solchen Fall kann im allgemeinen eine Entscheidungs- und Verhaltensbeeinflussung bezüglich der Wohnungswahl durch das Wohngeld erwartet werden. Das Bündel aufeinander abgestimmter Maßnahmen zur Sicherung familiengerechter Wohnbedingungen sollte schließlich eine Abrundung in **Mitwirkungsmöglichkeiten der einzelnen Familien**, nach Möglichkeit sogar vornehmlich der Frauen und Mütter, bei der Wohnungsplanung einschließlich der Planung der Wohnumwelt finden. Die bestehenden Mitwirkungsmöglichkeiten sollten hier weitestgehend ausgeschöpft werden; auf ver-

188 Wissenschaftlichen Beirats für Familienfragen beim Bundesministerium für Jugend, Familie und Gesundheit (Anm. 176), S. 91.

stärkte Beteiligungsmöglichkeiten derer ist hinzuwirken, für die letztlich gebaut wird. Jedoch ergeben sich hier nicht unerhebliche Schwierigkeiten dadurch, daß häufig die Familien, die in entsprechende Bauprojekte einmal einziehen werden, zum Zeitpunkt der Planung noch gar nicht feststehen. Hier könnten bestimmte Aufgaben stellvertretend von Trägern einer Wohnberatung wahrgenommen werden, die die Interessen der privaten Haushalte artikulieren.

6.3.9 Fazit

Zusammenfassend lassen sich zu den Bemühungen um die Verwirklichung des familienpolitischen Grundzieles »Sicherung des familiengerechten Wohnens« einige Schlußfolgerungen festhalten:

1. Auf dem Wohnungsmarkt, gekennzeichnet durch relativ lange Reaktionszeiten, d. h. langsame Anpassung an eine höhere oder geringere Nachfrage, und durch regionale Märkte, auf denen wiederum unterschiedliche Nachfragegruppen auftreten, ist eine öffentliche Einflußnahme zur Sicherung eines möglichst ausgeglichenen Verhältnisses von Angebot und Nachfrage unerläßlich. Dabei muß es sich um eine Kombination mehrerer aufeinander abgestimmte Maßnahmen handeln, die sowohl angebots- als auch nachfrageorientierten Charakter haben. Auch ein Mindestmaß an Sozialem Wohnungsbau insbesondere für sozialschwache Problemgruppen muß als festes Element einer in die Soziale Marktwirtschaft überführten Wohnungswirtschaft angesehen werden. Allerdings sind diese Programmförderungen so auszugestalten, daß möglichst wenig gegen die Gleichbehandlung der Bürger verstoßen wird, was sich in der Vergangenheit immer wieder als schwer zu verwirklichen erwiesen hat.

2. Besonders anschaulich zeigt sich bei der Verwirklichung des betrachteten familienpolitischen Grundziels, wie sehr zur Zielverwirklichung unterschiedliche Verantwortungsträger gefordert sind und dabei nicht zuletzt das (Wohn-)Verhalten der einzelnen Familie mit in den Blick zu nehmen ist. Die Förderung familiengerechter Wohn- und Wohnumfeldbedingungen stellt nach Ansicht des Fünften Familienberichts aber besonders eine vordringliche Aufgabe der kommunalen Daseinsvorsorge dar. Gleichzeitig sind der Bund in der Rahmengesetzgebung sowie die Länder in der Ausgestaltung wesentlicher Teile der Wohnungsbauförderung (Sozialer Wohnungsbau) gefordert. Nicht zuletzt können aus gesellschafts- und familienpolitischer Verantwortung heraus Betriebe und kirchliche Wohnungsbauträger an der Zielverwirklichung mitwirken. Träger von Bildungs- und Beratungseinrichtungen haben den Aspekt des familiengerechten Wohnens mit in ihre Arbeitsplanung einzubeziehen.

3. Angesichts der Bedeutung des Lebensbereichs Wohnen gerade für die Familien erscheint es problemangemessen, mit den verschiedenen, aufeinander abgestimmten Fördermaßnahmen nicht nachzulassen, sondern sie im Rahmen der gesamtwirtschaftlichen Handlungsspielräume eher noch mit Priorität zu versehen und zu verstärken. Wenn nach dem »Sozialbudget« die Leistungen der Funktion »Wohnen« insgesamt, also nicht nur die Leistungen mit einer speziellen familien-

politischen Ausrichtung im engeren Sinne, für das Jahr 1994 mit 14 Milliarden DM veranschlagt werden können, so wird damit auf der einen Seite die gesellschaftspolitische Aufmerksamkeit deutlich, die das hier betrachtete Handlungsfeld erfährt. Zugleich zeigt sich aber andererseits auch, wie wichtig bei diesem unverzichtbar gewordenen Element des Sozialleistungssystems künftig mehr denn je die Beachtung der Grundsätze von Effizienz und Rationalität der Mittelverwendung ist. So gilt es etwa auch dem wachsenden Mißstand zu begegnen, daß staatliche Subventionen etwa im Sozialen Wohnungsbau oft eher eine preistreibende Wirkung besitzen und keineswegs ausreichend für kostengünstigeres Bauen genutzt werden.

7. Gewährleistung von Bildungs- und Beratungseinrichtungen und sozialen Diensten

7.1 Familienbezogene Bildungs- und Beratungshilfen

7.1.1 Erweitertes Aufgabenspektrum

In einer Gesellschaft, die durch Modernisierungsprozesse gekennzeichnet ist und in der tradierte Leitbilder und Orientierungen deutlich an Prägekraft verloren haben, muß Familie leben sehr viel mehr gelernt werden. An die Stelle »gesellschaftlicher Selbstverständlichkeiten« treten vermehrt dem einzelnen abgeforderte Entscheidungen in einer unübersichtlicher gewordenen sozialen Wirklichkeit mit einer Vielzahl konkurrierender Angebote von Lebensentwürfen mit je unterschiedlichen Sinngehalten. Die Prozesse des gesellschaftlichen Wandels mit Pluralisierung und Individualisierung von Lebensformen und -entwürfen bringen höhere Anforderungen an Eltern und Familien mit sich und erhöhen den Bedarf an Orientierungshilfen. In einer sich weiter verändernden Gesellschaft mit weithin unzureichender Berücksichtigung elementarer Familienbelange gilt es, auch vom pädagogischen und beraterischen Handlungsfeld her Bedingungen zu schaffen, die die Gestaltung der Beziehungen in der dynamischen Familienentwicklung erleichtern, zum Abbau von Konflikten beitragen und den Eltern helfen, ihre Aufgaben gegenüber den Kindern wahrzunehmen. Dabei bleiben stets auch die unter Umständen sehr erheblichen gesellschaftlichen Folgekosten zu bedenken, die aus Überforderungen der Familien und ungelösten familialen Konflikten resultieren können.

Einen der Gründe von Unsicherheit und Fehlverhalten in Partnerschaft und Familie, aber auch in Beruf und Gemeinwesen, sieht die Sachverständigen-Kommission für den Fünften Familienbericht in dem Ausblenden wesentlicher Dimensionen menschlichen Lebens aus den Bildungsinhalten. »Ein Bildungsangebot, das nahezu ausschließlich höchstspezialisierte Berufsqualifikationen vermittelt, übersieht, daß Leistungen im Erwerbsberuf eine intakte private und familiale Lebenssituation zur Voraussetzung haben.« (S. 243 f.) Familienbezogene Bildungs- und Beratungshilfen müssen daher einen festen Platz im Gesamtsystem familienbezogener gesellschaftlicher Hilfen haben. Eine vor allem ausreichend differenzierte Familienbildung und -beratung kann wesentlich dazu beitragen, in den Familien Orientierungswissen zu vergrößern und Handlungskompetenz zu stärken, um die Familien bei der Erfüllung der ihnen zufallenden Aufgaben zu unterstützen und unter Berücksichtigung sich wandelnder Familienformen zu einem Zusammenleben zu befähigen, das sowohl der Anforderung der Selbstbestimmung als auch der Berücksichtigung »gesellschaftlicher Erwartungen« entspricht. Familienbezogene Aufgaben fallen bereits in den Bildungsbereich des allgemeinbildenden Schulwesens, ein Feld, das hier nicht näher aufgearbeitet werden soll (siehe allerdings den Abschnitt 7.1.3 über demographische Information und Bildung). Wichtig erscheint, daß die gesamte Leistungsbreite von Familien in den Bildungsinhalten im Blick behalten wird, und zwar bis hin zu der – der Sozialisationsfunktion vorgelagerten, in ihrer Bedeutung für die allgemeine Wohlfahrt von Familien häufig etwas vernachlässigten – hauswirtschaftlichen Funktion. In diesem Zusammenhang verdient Hervorhebung, daß z. B. die Verfassung des Freistaates Bayern (vom 2. Dezember 1946) im Abschnitt über Familie und Schule unter den Bildungszielen (Artikel 131) – wenn auch aus der Zeit der Entstehung der Verfassung heraus verständlich, aber bisher nicht korrigiert, besonders im Hinblick auf die Mädchen – ausdrücklich nicht nur die Kindererziehung, sondern auch die Hauswirtschaft hervorhebt.

Aufgabe der staatlichen Familienpolitik ist es, solche Hilfen in erforderlichem Umfang und entsprechend den gewandelten Familienbedürfnissen problemangemessen und in ausreichender Qualität sicherzustellen. Wichtig für die Wirksamkeit erscheint eine durchgängige regionale Erreichbarkeit von solchen Einrichtungen; deshalb gewinnen dezentrale Angebote in die Stadtteile hinein zunehmend Bedeutung. Nach wie vor bestehen Unterschiede in der Versorgung der verschiedenen Regionen: So besteht bei den Angeboten der Familienbildung ein ausgeprägtes Stadt-Land-Gefälle; und im Beratungsbereich hat die Nachfrage in den letzten Jahren weiter zugenommen, ohne daß der Ausbau der Einrichtungen damit Schritt gehalten hat, und zwar gerade in den Regionen, in denen es bisher nur relativ wenig Beratungsstellen gibt. Organisiert werden diese Bildungs- und Beratungshilfen – soweit es sich nicht um ein privatwirtschaftliches Angebot handelt, wie etwa einer dann oft auch als »Familientherapie« gekennzeichneten Familienberatung – in speziellen institutionalisierten Formen freier und öffentlicher Träger. Soweit diese Hilfen über reine Wissensvermittlung hinausgehen und ein eigenverantwortliches Verhalten etwa im Erziehungs- und Bildungsprozeß oder in der Familienplanung ermöglicht werden soll, werden sie in einer wertpluralistischen Gesellschaft vorrangig nichtstaatlichen, freien gesellschaftlichen Trägern zufallen. Die staatliche Familienpolitik hat indessen zu gewährleisten, daß solche Hilfen in einer sehr viel komplexer und unüberschaubarer gewordenen Gesellschaft von berufenen Trägern erbracht werden.

Bei den bisherigen Problemerörterungen wurde deutlich, wie sehr es zur Verwirklichung familienpolitischer Zielvorstellungen darauf ankommt, daß die Familienmitglieder die zu verwirklichenden Ordnungsvorstellungen »mittragen«. Wo es um ein möglichst gelungenes familiales Miteinander geht, interessieren nicht nur die Ordnung der Rechtsbeziehungen der in der Familie zusammenlebenden Menschen sowie die äußeren Lebensbedingungen der Familien, sondern es kommt auch auf die personalen Gegebenheiten insbesondere auf Seiten der Eltern, aber auch der Kinder an. Hier stehen die Männer und Frauen in ihrer Rolle als Ehegatten und insbesondere als Eltern im Blickfeld. Dabei wird künftig zugleich, mehr noch als bisher, auf die biographischen Gegebenheiten gerade auch der Menschen in sensiblen Phasen und auf dem Wege zur (neuen) Familie abzustellen sein. Dazu gehören etwa die Eltern, die in Scheidung leben, die Alleinerziehenden aus aufgelöster nichtehelicher Lebensgemeinschaft oder die »Scheidungsfamilien« mit »Scheidungswaisen« (unter Umständen in neuen Stieffamilien).

Viele derartige Situationen hat es immer schon gegeben, aber deren »Massenhaftigkeit« ist doch relativ neuartig und fordert Gesellschaft und Politik vermehrt heraus. Dies muß in der Familienbildungs- und Beratungsarbeit noch nicht bedeuten, auf die Familie als Orientierungspunkt der entsprechenden Hilfen zu verzichten, wie gelegentlich empfohlen, sehr wohl aber – und insoweit ist Jürgen Stein zuzustimmen[189] – wird über die Ebene der Institution Familie hinaus in »biographieorientiertem empowerment« auf differenzierte Problemlagen von Familien, auf biographische »Anhaltspunkte« und »lebensgeschichtliche Übergänge« mehr als bisher einzugehen sein, aber eben doch im Kontext von familialem Zusammenleben. Was für die Familienpolitik in ihren theoretischen Grundlagen mit dem Votum der familienphasenspezifischen und adressaten- bzw. problemgruppenspezifischen Ausgestaltung seit Jahren herausgestellt wird, sollte seine Entsprechung in den entsprechenden Bereichen der Familienbildung und -beratung finden. Dies läuft vor dem Hintergrund des Prozeßcharakters von Familienleben auf eine Konzeption von familienbezogener Bildung und Beratung hinaus, die der Wissenschaftliche Beirat für Familienfragen beim Bundesministerium für Familie und Senioren für eine Familienberatung formuliert hat[190], die als »familienentwicklungsorientierte Beratung« auch zukünftige Herausforderungen im Lebenszusammenhang von Familien berücksichtigt.

Die *Tabelle 16* soll die Vielsichtigkeit und Verflechtung von verschiedenen Handlungsfeldern in unterschiedlichen Entwicklungsphasen von Ehe und Familie und in biographischen Übergangssituationen des einzelnen verdeutlichen. Die dargestellten **familienphasenspezifisch orientierten Bildungs- und Beratungshilfen** sind, worauf hier nur verwiesen werden kann, im einzelnen inhaltlich wiederum im Hinblick auf Personengruppen in unterschiedlichen Lebenssituationen wie vollständige Familien, Alleinerziehende, Geschiedene bzw. »Scheidungsfamilien« oder ausländische Familien auszudifferenzieren.

Angesichts der wachsenden Zahl an Familien von Zuwanderern sollte es freilich – neben fachlich stärker als bisher zu stützenden migrationsspezifischen Bildungs- und Beratungseinrichtungen für Zielgruppen »nichtdeuscher Herkunft« – künftig zu einer interkulturellen Öffnung der allgemeinen Familienbildungsarbeit kommen, wodurch sich zugleich wichtige Synergieeffekte erzielen lassen dürften. Dazu bedarf es deutlicher Richtungsentscheidungen auf allen Verantwortungsebenen im Feld der Familienbildung, wie sie z. B. in den (vom Präsidium der Evangelischen Aktionsgemeinschaft für Familienfragen [EAF] zustimmend zur Kenntnis genommenen) »Empfehlungen« angemahnt werden, die Anfang 1996 auf einer Fachtagung verabschiedet wurden, die den Abschluß eines von der EAF durchgeführten und vom Bundesministerium für Familie, Senioren, Frauen und Jugend finanziell geförderten Projekts »Innovative Ansätze in der Arbeit mit ausländischen Familien in der Familienbildung« bildete. Besonderes Gewicht wird u. a. der Forderung beigemessen,

---

189 Jürgen Stein, Familie und Diakonie – Erwartungen, Chancen und Risiken, in: Familienpolitische Informationen der EAF, (1995) 2, S. 6 f.

190 Das Gutachten des Wissenschaftlichen Beirates für Familienfragen beim Bundesministerium für Familie und Senioren, »Familie und Beratung. Familienorientierte Beratung zwischen Vielfalt und Integration«, Schriftenreihe des BMFuS, Bd. 16, Stuttgart – Berlin – Köln 1993, S. 26.

Tabelle 16: Familienbezogene Bildungs- und Beratungsdienste in phasenspezifischer Sicht

Entwicklungsphasen von Ehe und Familie / Handlungsfelder	voreheliche Phase	(noch) kinderlose Ehe	Zusammenleben mit Kindern	»nachelterliche Gefährtenschaft«
Bildungshilfen	Ehevorbereitung – z. B. Partnerschaftserziehung	ehebegleitende Bildung	ehebegleitende Bildung	ehebegleitende Bildung
			Eltern- und Familienbildung	Eltern- und Familienbildung
		demographische Information und Bildung	demographische Information und Bildung	
Beratungshilfen	Ehevorbereitung – z. B. Sexual- und Partnerschaftsberatung		Eltern- und Familienberatung	Eltern- und Familienberatung
		Eheberatung	Eheberatung	Eheberatung
	– Schwangerschafts(konflikt-)beratung	Familienplanungsberatung	Familienplanungsberatung	
		Beratung bei Trennung und Scheidung	Beratung bei Trennung und Scheidung	Beratung bei Trennung und Scheidung
		Schwangerschafts(konflikt-)beratung	Schwangerschafts(konflikt-)beratung	
			Erziehungsberatung	Erziehungsberatung
		Verbraucher- und Wohnberatung	Verbraucher- und Wohnberatung	Verbraucher- und Wohnberatung
		Gesundheitsberatung, Schuldnerberatung	Gesundheitsberatung, Schuldnerberatung	Gesundheitsberatung, Schuldnerberatung
			Berufsberatung	

Quelle: eigene Darstellung.

die weitgehende Aufspaltung von Fördermaßnahmen nach dem Einwanderungsmotiv bzw. nach dem Aufenthaltsstatus zugunsten einer wohnort- und familienbezogenen Zusammenführung bzw. Ergänzung dieser Mittel zu überprüfen und integrationsorientiert weiter zu entwickeln. Die im Rahmen des Projektes gesammelten Erfahrungen haben ergeben, daß die Nachfrage nach familienbezogenen Bildungsangeboten auch bei zugewanderten nichtdeutschen Familien sehr stark ist und sich differenziert dann entwickelt, wenn sich die Anbieter darauf einstellen. Eine wichtige Ressource wird in einer verstärkten Kooperation bzw. Vernetzung zwischen Einwanderer-Selbsthilfeorganisationen, migrationsspezifischen Einrichtungen und solchen der klassischen Familienbildung gesehen. »Hier sind mit vergleichsweise bescheidenen finanziellen Mitteln große Fortschritte zu erzielen, wenn entsprechende Fremdheiten, Berührungsängste und Konkurrenzgefühle sukzessive überwunden werden können.«[191] Die Übergänge zwischen Bildung und Beratung können bei den einzelnen Handlungsfeldern durchaus fließend sein; Familienbildung kann sich als prophylaktische Beratung erweisen, die dann Beratung im Einzelfall, auf den sie sich normalerweise bezieht, gar nicht erst notwendig macht. Beispiele für fließende Übergänge auf der institutionellen Ebene finden sich auch dort, wo Familien- und Lebensberatungsstellen im Rahmen ihrer präventiven Angebote Vorträge und Gruppenveranstaltungen zu allgemeinen Fragen der Erziehung und der Lebensführung anbieten.

Je nach weltanschaulicher Orientierung der Einrichtungen kann für konfessionelle Träger über die vorgestellten Arbeitsfelder hinaus die Familienpastoral mit zum Bildungsangebot gehören. Als ein Feld kirchlicher Familienarbeit kann ihre zentrale Bedeutung kaum zweifelhaft sein. So wird in Voten von kirchlicher Seite für eine erneuerte Familienpastoral darauf verwiesen, die kirchliche Pastoral sei heute um ihres »Dienstes« an den Menschen willen ganz neu gefordert. Eine theologische und pastorale Neubesinnung auf die Bedeutung der Familie sei notwendig. Die Gemeindepastoral insgesamt bedürfe dringend nicht nur der Ergänzung, sondern auch der Fundierung und Verlebendigung durch eine erneuerte Familienpastoral, die nicht primär eine solche für die Familien, sondern eine solche mit den Familien zu sein habe.

Im Bereich der kirchlichen Ehe- und Familienarbeit hat wohl in den letzten Jahren die Kritik zugenommen, und zwar nicht zuletzt deshalb, weil aufgrund moraltheologischer, kirchenrechtlicher und arbeitsrechtlicher Positionen und Entscheidungen ein deutlicher Kontrast entsteht zu den pastoralen und pädagogischen Anliegen der Kirche. Die betroffenen Menschen fühlen sich nicht selten in ihrer Situation von der Kirche weithin unverstanden und allein gelassen. Für eine mit der Familienpastoral eng verbundene Ehepastoral scheint wichtig, an den Prozeßcharakter von Ehe zu erinnern. Die kirchliche Ehepastoral ist gegenwärtig – vielleicht etwas zugespitzt formuliert – zwar schon eher »Eheschließungspastoral«, aber praktisch kaum eine »Eheführungspastoral«. Auch in der Familien- und Ehepastoral

191 Vgl. zu diesen Empfehlungen zur interkulturellen Öffnung der Familienbildung im einzelnen: Familienpolitische Informationen der EAF, (1996) 2, S. 6 f. Zugleich wird deutlich, daß Familienbildung einen Auftrag zur politischen Bildung hat, der im vorliegenden Lebenszusammenhang z. B. erfüllt wird, wo in der Familienbildungsarbeit zur selbstreflexiven Auseinandersetzung mit kultureller Pluralisierung oder zur Einsicht in Mechanismen gesellschaftlicher Ausgrenzung angeleitet wird.

gilt es, die oben aufgezeichneten Veränderungen in den sozialen Strukturen von Familie und Gesellschaft entsprechend zu berücksichtigen. Neu ist diese Einsicht keineswegs[192].

Es kann hier nicht darum gehen, die vielfältigen Handlungsfelder von familienbezogener Bildung und Beratung in ihren jeweiligen Zielen, Wegen und oft nur sehr schwer faßbaren Wirkungen im einzelnen zu erörtern. Vielmehr soll versucht werden, sie in das Gesamtkonzept einer familienbezogenen Gesellschaftspolitik einzuordnen und die Abhängigkeiten sichtbar werden zu lassen, die für einen umfassenden Ansatz einer solchen Politik nicht ungestraft vernachlässigt werden können. So sollen im folgenden näher dargestellt werden

- die Partnerschafts- und Elternbildung (Familienbildung), wobei ergänzend ein bisher (zu) wenig beachteter Aspekt anzusprechen sein wird, nämlich die demographische Information und Bildung;
- die Erziehungsberatung als ein »klassischer« Zweig der Familienberatung, an der sich die Einordnung dieses Ziel-Mittel-Feldes in das Gesamtsystem der Familienhilfe und -politik verdeutlichen läßt, ergänzt um ein neues Feld der Familienberatung: der sogenannten Mediation;
- schließlich die Umsetzung des Auftrags des (neuen) Kinder- und Jugendhilfegesetzes (KJHG), die als ein ebenso aktuelles wie für die Gesamtanlage einer familienbezogenen Gesellschaftspolitik wichtiges Problem besondere Beachtung verdient.

7.1.2 Partnerschafts- und Familienbildung

Die Partnerschafts-, Eltern- und Familienbildung mit ihren pädagogischen Ansätzen nimmt inzwischen einen festen Platz im System der Erwachsenenbildung ein, die ihrerseits längst zu einer wichtigen Säule des Bildungswesens geworden ist. Innerhalb der Partnerschafts- und Familienbildung haben sich drei Felder besonders herausgebildet: die ehevorbereitende Bildung, die ehebegleitende Bildung und die Elternbildung. Die Aufgaben beginnen bereits mit Blick auf die Eheführung und damit im Rahmen einer Ehevorbereitung und ehebegleitenden Bildung. In der einschlägigen Fachdiskussion wird immer wieder darauf hingewiesen, daß sich heute sehr hohe (vielleicht oft zu hohe) Erwartungen an die Ehe richten, denen die Partner dann nur bedingt entsprechen können. Die Instabilität der einzelnen Ehe hat nicht zuletzt wegen der hohen Bedeutung, die die Ehe als solche für den einzelnen hat, zugenommen. Deshalb wird auch der Anstieg der Ehescheidungen wesentlich mit darauf zurückgeführt, daß die Ehe aufgelöst wird, weil man zwar die eigene Ehe in

192 So betonte bereits 1960 Hans Wollasch in seinem Artikel zur Familie, Voraussetzung für die Beurteilung und Unterstützung von Familie durch die Seelsorge sei die Erkenntnis des Wandels ihrer Lebensbedingungen: »Immer noch wird das überkommene abendländische Familienbild, das durch patriarchalisch bestimmte gesellschaftliche und wirtschaftliche Verhältnisse mitgestaltet wurde und deren Ende weit überlebte, mit dem Wesensbild der Familie gleichgesetzt. Dann bliebe nur noch das Ende der familialen Epoche festzustellen.« in: Lexikon für Theologie und Kirche, Bd. 4, Freiburg/Br. 1960^2, Sp. 10.

Frage stellt, aber die Hoffnung auf die Erfüllung einer zumeist idealisierten Vorstellung und einer hohen emotionalen Erwartung an die Ehe nicht aufgibt, womit dann aber auch das Scheitern einer möglichen zweiten Ehe oder weiteren Partnerschaft bereits »vorprogrammiert« sein kann. Die Sachverständigen-Kommission für den Fünften Familienbericht meint, es sei deshalb sinnvoll, bei einer Ehescheidung immer zu fragen, ob es sich de facto um eine – für alle Betroffenen notwendige – Revision einer »falschen« Partnerwahl handelt oder ob die Revision sich nicht auf die Eheerwartungen beziehen sollte, um zu vermeiden, daß sich erneut die Diskrepanz zwischen Anspruch und Realität und damit Enttäuschungen wiederholen. Notwendig verbunden sei hiermit die Fähigkeit der partnerschaftlichen Konfliktbewältigung oder ihr Erlernen.

Partnerschafts- und familienbezogene Bildungshilfen zielen damit nicht nur auf die Rolle der Eltern ab, diese rücken aber in den Vordergrund beim Statusübergang vom noch kinderlosen Ehepaar zur Elternschaft. Wo es dann um die Kooperation der Eltern mit außerfamilialen Erziehungsinstanzen im Erziehungsprozeß geht, müssen Eltern dazu auch tatsächlich befähigt sein. Über reine Wissensvermittlung hinaus geht es nicht selten um Verhaltensänderung und Hinführung zu einem eigenverantwortlichen Verhalten. Insofern handelt es sich praktisch weithin um Formen des »sozialen Lernens«, wobei Eltern ihre Rollenvorstellungen als Frauen und Männer bzw. als Mütter und Väter in der Auseinandersetzung mit konkreten gesellschaftlichen und familialen Problemlagen thematisieren und gegebenenfalls verändern. Familienbildung versteht sich damit vor allem als **Qualifizierung für Familienarbeit**; die dabei erworbenen Schlüsselqualifikationen bedeuten freilich zugleich eine Qualifizierung auch für Erwerbsarbeit, was nicht nachdrücklich genug unterstrichen werden kann.

Ein wesentliches Ziel bildet die Stärkung der Erziehungsfähigkeit bzw. der Erziehungskompetenz der Eltern. Neue Erziehungspraktiken, wie sie aus einer heute sehr viel stärker kindorientierten Pädagogik erwachsen bis hin zur zähen Verhandlungsarbeit in Form von Erklärungen und Diskussionen anstelle von Ge- und Verboten, besonders deutlich im Jugendalter, aber schon in der Kindheitsphase beginnend, setzen eine kognitive Kompetenz voraus, zu der hingeführt werden muß – nicht zuletzt im Sinne der Sozialordnungskonformität elterlichen Verhaltens. Wo es schließlich speziell um die vorgelagerte hauswirtschaftliche Funktion geht, bedarf es eines Mindestmaßes an hauswirtschaftlicher Kompetenz, deren Bedeutung für familienpolitische Zielverwirklichungen immer wieder betont worden ist[193]. Partnerschafts- und Elternbildung haben damit insgesamt einen wichtigen Teilaspekt der Vermittlung von »Daseinskompetenzen« (Handlungskompetenzen) abzudecken, auf deren Bedeutung auch im familialen Kontext ebenfalls schon vor Jahren aufmerksam gemacht wurde[194]. Mit dem Konzept der Daseinskompetenzen und deren grundlegender Bedeutung für Familie und Gesellschaft hat sich die Sachverständi-

193 Eine besondere Hervorhebung haben die Haushaltsfunktion und die Aufgaben von Bildung und Beratung für die Familienhaushaltsführung im Dritten Familienbericht gefunden, Bundestags-Drucksache 8/3120, Bonn 1979, S. 18 ff. Siehe auch die frühen Arbeiten von Rosemarie von Schweitzer zu dieser Thematik.

194 Franz-Xaver Kaufmann, Elemente einer soziologischen Theorie sozialpolitischer Intervention, in: ders. (Hrsg.), Staatliche Sozialpolitik und Familie, München – Wien 1982, bes. S. 80 ff.

gen-Kommission für den Fünften Familienbericht eingehend auseinandergesetzt. Dabei wird deutlich, wie sehr die Daseinskompetenzen befähigen, die Spannungen zwischen Anpassung an die Verhältnisse und Gestaltung eben dieser Verhältnisse produktiv in Lebenserfüllung umzusetzen. Der einzelne benötigt auch diese Kompetenzen, die sich von häufig im Vordergrund des gesellschaftlichen Interesses stehenden Fachkompetenzen und Berufsqualifikationen unterscheiden, aber zur Daseinsbewältigung nicht weniger dringlich sind. Erst die Einbeziehung der Daseinskompetenzen in die Bildungsziele und -inhalte und die Integration von Fachkompetenzen auf verschiedenen Ebenen des Bildungssystems garantiert die Entfaltung der gesellschaftlichen Lebenskultur[195].

Die Familienbildung, die im übrigen auch andere am Erziehungsprozeß beteiligte Personen wie etwa Großeltern einbeziehen muß, kann nach ihrer Aufgabenstellung und wegen ihrer pädagogisch bestimmten Arbeitsweise auch dort wirksam werden, wo einerseits politische Maßnahmen wie etwa der Verteilungspolitik oder andere Interventionen an ihre Grenzen stoßen und wo andererseits von der Eigenständigkeit der Familien her solche Grenzen gesetzt sind. Die Aufgaben einer Eltern- und Familienbildung sind angesichts der aufgezeigten gesellschaftlichen Veränderungen zu sehen, zu denen auch ein unverkennbarer Bedeutungswandel von Kindern gehört, mit dem erhöhte Leistungsanforderungen an die Eltern verbunden sind. Dazu zählen einerseits nicht nur der unter dem dritten familienpolitischen Grundziel bereits erörterte Kosten- und Zeitaufwand der Familien für Kinder, sondern auch die an die Eltern gerichteten pädagogischen Erwartungen, die im übrigen ein Reflex der zunehmenden Pädagogisierung und damit verbundenen Institutionalisierung von Kindheit sind. Dem entspricht auf der anderen Seite eine deutliche Tendenz der »Verhäuslichung« von Kindheit, wie sie sich auch in den Zeitbudgets von Familien niederschlägt. Zum Befund der Erziehungsleistungen in den Familien gehört ferner eine tendenziell erhöhte Verunsicherung im Erziehungsverhalten, was zum einen offensichtlich daraus resultiert, daß sich mehr Eltern in breiten Sozialschichten ihrer Bedeutung für die Entwicklung ihrer Kinder bewußt sind als noch vor wenigen Jahrzehnten, zum anderen aber auch mit darauf zurückzuführen sein dürfte, daß immer wieder neue, teils sich widersprechende pädagogische Handlungsanleitungen wie Modeströmungen einander ablösen und nicht gerade zur Sicherheit und Kontinuität im Erziehungsverhalten beitragen. Insgesamt hat die Situation hinsichtlich des Er-

---

195 Zu den einzelnen Aspekten von Daseinskompetenzen (»menschlichen Kompetenzen«) mit ihrem Bezug auch zur partnerschaftlichen Lebensführung und Familienentwicklung und den möglichen Bildungsinhalten, die Daseinskompetenzen vermitteln, siehe die ausführlichen Darstellungen im Fünften Familienbericht. Im Hinblick auf die Erneuerung des Humanvermögens bemerkt die Kommission: »Die Humanisierung der Gesellschaft, die den Abbau der strukturellen Rücksichtslosigkeit gegenüber Familien einschließt, wird nur dann gelingen können, wenn die Befähigung und Bereitschaft zum menschlichen Umgang mit Menschen als fortschrittlich bewertet wird.« (S. 227) Zur Wechselbeziehung von Fach- und Daseinskompetenzen weist die Kommission nachdrücklich darauf hin, »daß Zielsetzung und Sinngebung der Bildung auf die Ganzheit des menschlichen Lebens bezogen sein müssen, um ihrer Bedeutung gerecht werden zu können«. Sie empfiehlt, »der Entwicklung jener Kompetenzen angemessenen Raum zu verschaffen, die zur Bewältigung des (mit-)menschlichen Daseins in Familie und Gesellschaft unerläßlich sind, und Fach- und Daseinskompetenzen stärker zu verzahnen« (S. 310).

ziehungsverhaltens von Eltern bisher wohl noch nicht ausreichend zu der Einsicht in die Notwendigkeit einer Vorbildung für Eltern für ihre Aufgabe geführt[196].

Wichtig für die Breitenwirkung von Familienbildungsmaßnahmen ist der regionale Zugang, der – insbesondere in ländlichen Regionen – noch nicht durchweg befriedigen kann. Auch heute noch nicht wirklich überwunden ist eine ausgeprägte Mittelschichtorientierung der Familienbildung. Die oft schwere Erreichbarkeit von unteren Einkommens- und Bildungsschichten hängt offensichtlich auch mit familienzentristischen Tendenzen in wenig nach außen geöffneten Familien zusammen. Neben der regionalen Erreichbarkeit verdient deshalb der Abbau von Zugangsschwellen besondere familienpolitische Beachtung. Auch wären bei einem in Ansätzen schon verwirklichten, auf längere Sicht schrittweise weiterzuentwickelnden Bildungsurlaub Ehe-, Partnerschafts- und Familienbildung ebenso zu berücksichtigen wie die berufliche und politische Bildung.

Die Familienbildungsarbeit läuft in Deutschland im wesentlichen über die **Familienbildungsstätten**, von denen es gegenwärtig etwa 350 gibt und die überwiegend von konfessionellen Trägern, aber auch von Kommunen unterhalten werden[197]. Daneben übernehmen auch Volkshochschulen und Bildungswerke sowie Familienzentren und Einrichtungen der Jugendhilfe Aufgaben der Familienbildung. Die Familienbildungsstätten machen speziell den familialen Lebenszusammenhang zum Ansatzpunkt ihrer Bildungsangebote. Ihre Arbeit ist auf das einzelne Familienmitglied, auf die Familie als ganze und auf die Familie in ihrer Einbindung in die soziale Umwelt bezogen. Ursprünglich war die Bezeichnung »Mütterschule« gebräuchlich, die dann weithin von der Bezeichnung »Elternschule« abgelöst wurde. Wenn heute schon in der Bezeichnung ganz überwiegend auf »Familienbildung« abgestellt wird, so kommt darin gerade auch zum Ausdruck, wie sehr es diesem Bildungsansatz um die Familie als ganze geht, also nicht nur um die Frauen bzw. Mütter, sondern auch um die Männer bzw. Väter sowie um die Kinder. Aus familienpolitischer Sicht ist besonders zu bedauern, daß umfassende Funktions-, Angebots- und Teilnehmeranalysen der Familienbildungsstätten fehlen. Denn nur auf dieser Grundlage wäre es nach Ansicht des Fünften Familienerichts möglich, die Leistungen dieser Einrichtungen angemessen zu bewerten und tragfähige Zukunftsperspektiven für ihre Arbeit zu entwickeln.

Zu einem umfassenden Konzept von ehe- und familienbezogenen Bildungs- und Beratungshilfen gehören auch Hilfen für eine Familienplanung aus verantworteter

196 Vgl. dazu die schon 1975 im Zweiten Familienbericht zum Thema »Familie und Sozialisation« ausführlich dargestellten defizitären Situationen. Aus jüngerer Zeit siehe den Fünften Familienbericht, S. 82. Die Feststellung der Sachverständigen-Kommission, die Forderung nach einer Erziehungskompetenz der Eltern habe sich bisher bei ihnen selbst, aber auch in der Öffentlichkeit »überhaupt noch nicht durchgesetzt«, mag etwas überspitzt erscheinen, aber sie verweist auf die Dringlichkeit entsprechender pädagogischer Bemühungen im Rahmen des Gesamtsystems der Familienhilfen.

197 Die Einrichtungen der Familienbildung sind in drei Bundesarbeitsgemeinschaften zusammengeschlossen: die Bundesarbeitsgemeinschaft von Einrichtungen für Familienbildung e. V. (AGEF), in der sich Einrichtungen der Arbeiterwohlfahrt, des Deutschen Roten Kreuzes, des Paritätischen Wohlfahrtsverbands und von Kommunen zusammengeschlossen haben; die Bundesarbeitsgemeinschaft Evangelischer Familien-Bildungsstätten und die Bundesarbeitsgemeinschaft Katholischer Familien-Bildungsstätten.

Elternschaft, die indessen zugleich im Kontext einer umfassenderen demographischen Information und Bildung gesehen werden kann. Angesichts des bisher zu wenig beachteten Stellenwertes einer solchen demographischen Information und Bildung im Zusammenhang einer Familienpolitik sei dieses Feld mit einigen Grundthesen noch etwas näher vorgestellt.

7.1.3 Demographische Information und Bildung als Grundlage gesellschaftlich »verantworteter Elternschaft«

Auch die in die personale Verantwortung der einzelnen Paare eingebettete Entscheidung für (oder gegen) Kinder, die der verantwortlichen Erfüllung der Erziehungsaufgaben noch vorgelagert ist, bedarf der Orientierungshilfen. Verantwortliche Entscheidungen hinsichtlich der Weitergabe des Lebens sind zudem gesellschaftlich hoch bedeutsam. Gerade in dem Maße, in dem auch demographische Aspekte in die Gesellschafts- und Familienpolitik Eingang finden, bedarf es eines damit korrespondierenden bewußtseinsbildenden Ansatzes, der sich in erster Annäherung mit »demographischer Information und Bildung« umschreiben läßt. Diese sollte im Konzept einer Familienpolitik, die auf die gesamte Breite familialer Grundfunktionen und damit auch auf die Funktion der Sicherung der Generationenfolge bezogen ist und eine umfassende Familienbildung zu gewährleisten hat, Bestandteil dieser Familienbildung sein. Es geht dabei um weit mehr als nur Vermittlung von Kenntnissen zur verantwortlichen Familienplanung im Sinne der Geburtenregelung. Dieser letztere Aspekt gehört auch zum Konzept von Familienbildung und eher auf Einzelfälle abgestellter Beratung; darauf ist im Kontext einer systematischen Familienpolitik mit Hilfen zur verantworteten Elternschaft schon früh hingewiesen worden[198]. Bei einer demographischen Information und Bildung geht es indessen vor allem um die Verdeutlichung der Tragweite der individuellen generativen Entscheidungen für den Bevölkerungsprozeß und damit letztlich für das Zusammenleben von Familien und einzelnen überhaupt[199].

198 M. Wingen (Anm. 5), S. 151 f.

199 Die Sachverständigen-Kommission für den Dritten Familienbericht (1979) hat in ihren Vorschlägen zur Sicherung einer ausgewogenen demographischen Struktur in der Bundesrepublik einen zentralen Aspekt des hier Gemeinten angesprochen, indem sie Maßnahmen »zur Erweiterung des Verantwortungshorizontes junger Paare bei der Familienplanung durch Information und Bildung der Öffentlichkeit über demographische Veränderungen und über die Folgen bestimmter Muster von Kinderhäufigkeit in den Familien für die Bevölkerungsentwicklung« befürwortete. Schon vor über einem halben Jahrhundert hat Alva Myrdal in ihrem Buch über das schwedische Experiment einer demokratischen Familien- und Bevölkerungspolitik (1941) die innere Beziehung zwischen der Ehe- und Elternbildung sowie der Geschlechtererziehung einerseits und der von ihr vorgestellten Familien- und Bevölkerungspolitik andererseits unterstrichen. Dort wird bereits eine demographische Bildung in einem sehr weiten Verständnis angesprochen. Die seinerzeitigen demographischen Gegebenheiten in Schweden – Probleme von Bevölkerungsstagnation bzw. -rückgang bis hin zu einer unbefriedigenden Vorbereitung auf das Familienleben – ließen es der schwedischen Bevölkerungskommission, auf deren Arbeiten sich Myrdal als junge wissenschaftliche Assi-

Den Ausgangspunkt für eine demographische Information und Bildung bildet das Grundrecht der einzelnen (Ehe-)Paare, frei, verantwortlich und informiert über die Zahl der Kinder und den zeitlichen Abstand der Geburten zu entscheiden, wie dies bereits 1968 in einer Ergänzung der Menschenrechtserklärung in Teheran festgestellt und in der Folgezeit mehrfach in entsprechenden Grundsatzerklärungen unterstrichen worden ist. Hier sind die personalen generativen Entscheidungen in ihrem individuellen und gesellschaftlichen Bedingungszusammenhang zu sehen und zu bewerten. Gegenüber diesem grundlegenden Menschenrecht ergeben sich einige Rückfragen zu dessen tatsächlichen Realisierung. So ist z. B. zu fragen: Wie frei sind diese Entscheidungen des einzelnen tatsächlich? Es gibt auch wirtschaftliche und außerwirtschaftliche Zwänge, die einer Realisierung von Entscheidungen für Kinder mehr oder weniger massiv entgegenstehen können. Heißt verantwortliche Entscheidung nicht auch zu sehen, daß generative Entscheidungen als personale Entscheidungen – nach dem hier vertretenen Personenverständnis – unaufhebbar in das Spannungsverhältnis von einzelnem und Gemeinschaft eingebunden sind? Bedeutet informiert – abgesehen von der Kenntnis über die verfügbaren Mittel und Wege der Geburtenregelung mit ihren unterschiedlichen Implikationen – nicht auch, daß der einzelne die Tragweite seiner individuellen Entscheidungen in etwa zu übersehen vermag?

Immer wieder muß damit gerechnet werden, daß sich Menschen in ihren generativen Entscheidungen subjektiv rational und den Umständen gegenüber angepaßt verhalten, daß aber subjektiv nachvollziehbare Entscheidungen für das Gesamtsystem, in dem sie leben, fatal sind und in diesem Sinne objektiv sinnlos werden. Dies gilt auch für das Beziehungsverhältnis von familien- und kinderfeindlichen gesellschaftlichen Strukturen und dem demographischen Prozeß in den entwickelten Industriegesellschaften. Mit den hier schon seit geraumer Zeit auszumachenden gravierenden Änderungen in den Wertorientierungen werden die Entscheidungen für oder gegen Kinder weit über sozialökonomische Bedingungsfaktoren hinaus auch von metaökonomischen Faktoren bestimmt. Die Frage stellt sich, inwieweit bei der Ausprägung solcher veränderter und eher auseinanderlaufender Wertorientierungen demographische Grundinformationen und Bildungsinhalte eine Chance der Berücksichtigung haben könnten und sollten.

In einem ganz anderen Politikfeld, nämlich demjenigen des Umweltschutzes und der -gestaltung, konnte sich in relativ kurzer Zeit ein ausgeprägtes Umweltbewußtsein sehr breitenwirksam herausbilden: Wenn man dies mit Blick auf eine Art »Bevölkerungsbewußtsein« bei weitem nicht sagen kann, liegt dies wohl mit daran, daß die Umweltproblematik den einzelnen in seiner konkreten Lebensgestaltung sehr viel hautnäher und zugleich in der akuten gegenwärtigen Lebenssituation betrifft. Demgegenüber ist bei den demographischen Zusammenhängen der Horizont der Problemwahrnehmung durch den einzelnen zusätzlich durch die Wirkungen der sogenannten demographischen Trägheit eingeschränkt, die ein Denken in Generationen verlangen. Wer garantiert hier die Berücksichtigung langfristiger gesellschaftlicher Belange? Ein bildhafter Vergleich mag die Situation beschreiben: Ein in

---

stentin der Kommission in ihrem Buch stützte, angebracht erscheinen, für eine »parenthood and family life education« zu plädieren.

einem Tal stehender Beobachter ist in seiner Sichtweise durch die Erhöhungen rings um ihn herum begrenzt, sein Blick auf dahinterliegende weitere Landschaften ist versperrt. Information und Bildung gleichen hier einem Ballon, der den Betrachter auf eine größere Höhe emporträgt und damit den weiteren Horizont freigibt.

Inhaltlich geht es darum, die Eigengesetzlichkeit, Bestimmungsfaktoren und Auswirkungen von Bevölkerungsprozessen zu vergegenwärtigen und diese Prozesse, die auf die einzelnen und sozialen Gruppen einwirken und durch diese wiederum beeinflußt werden, besser zu verstehen. Es geht darum, den einzelnen dabei zu helfen, die auf die Bevölkerungsentwicklung bezogenen Probleme klarer zu definieren, d. h., deren tatsächliche Natur besser von der oft weit davon abweichenden subjektiven Wahrnehmung zu unterscheiden. Schließlich wird es auch darum gehen müssen, mögliche politische Aktionen, die unter Umständen mit dem Ziel ergriffen werden, die demographischen Prozesse und Veränderungen zu beeinflussen, in ihrer Akzeptanz zu fördern und in ihrem Effekt richtiger einzuschätzen. Die Wirksamkeit bestimmter politischer Maßnahmen hängt sehr davon ab, ob die Mentalität der Betroffenen und der Bevölkerung im Grundsatz damit konform geht. Wenn dies nicht der Fall ist, ist ein mangelnder Erfolg zumeist bereits vorprogrammiert, ehe der Politiker noch zu handeln beginnt. So zielt eine demographische Information und Bildung insgesamt auf das Heranbilden einer rationalen und verantwortlichen Haltung des einzelnen Bürgers hinsichtlich des Bevölkerungsproblems ab. Im weiteren Sinne geht es um verantwortlichen Umgang nicht nur mit Sexualität, Zeugungsfähigkeit und Partnerschaft, sondern auch mit Elternschaft, wobei das hier interessierende Handlungsfeld trotz gewisser Bezüge nicht mit Sexualerziehung und Familienplanungsberatung gleichgesetzt werden sollte.

Fragt man danach, was tatsächlich in die personalen Entscheidungen eingeht, wie sie als elterliches Grundrecht in der Menschenrechtserklärung festgehalten sind, so ergibt sich aus der Forschungslage zu den Bestimmungsgründen des Geburtenrückgangs u. a., daß **überindividuelle Sinnbezüge für generatives Verhalten** gegenwärtig allenfalls von untergeordneter Bedeutung sind, wenn sie überhaupt eine nennenswerte Rolle spielen. Gesellschaftliche Erwartungen sind für die Entscheidungen hinsichtlich der Kinderzahl kaum bestimmend. Modelle persönlicher Kosten-Nutzen-Überlegungen und andere letztlich immer wieder vom einzelnen und seinen individuellen Bedürfnissen ausgehende Erklärungsmuster, wie sie in der einschlägigen demographischen Forschung verbreitet sind, verdeutlichen dies sehr anschaulich. Damit aber stellt sich die Frage: Wer garantiert die angemessene Berücksichtigung auch der gesellschaftlichen Dimension? Wer sorgt für die nötige Ausgewogenheit zwischen individuellen und gesellschaftlichen Belangen? In den für das generative Verhalten sehr einflußreichen Veränderungen in den Werteinstellungen werden deutliche Tendenzen zu einem stärkeren Autonomiestreben des einzelnen sichtbar; daher bedarf es um so mehr einer gleichgewichtigen Absicherung des gesellschaftlichen Bezugs dieser generativen Entscheidungen. Dies läuft auf eine Orientierung an einem Leitbild von »verantworteter Elternschaft« hinaus, in dem die individuellen mit den gesellschaftlichen Interessen besser aufeinander abgestimmt sind. Bisher fehlen allerdings überzeugende Konzepte für die Entwicklung von Prozessen, die im Feld des generativen Verhaltens die individuelle mit der kollektiven Rationalität möglichst weitgehend in Einklang bringen.

Wenn hier gesamtgesellschaftliche Institutionen darauf bedacht sein müssen, gesellschaftliche Belange, die im Interessenkonflikt zwischen einzelnen und Gesellschaft drohen vernachlässigt zu werden, gegenüber dem einzelnen zur Geltung zu bringen, so bietet sich auf der instrumentellen Ebene nicht zuletzt eine systematische demographische Information und Bildung an. Sie sollte – anstelle der in unserer Kulturordnung abzulehnenden manipulativen Aktionen – Zusammenhänge verdeutlichen, Tragweiten individuellen Verhaltens aufzeigen und dem einzelnen klar machen, was sich aus seiner individuellen Entscheidung auch gesamtgesellschaftlich letztlich ergibt. Wenn von herkömmlichen normativen Grundlagen im generativen Bereich mit mehr oder minder verbindlichen Vorgaben durch kinderbejahende gesellschaftliche Instanzen weithin nicht mehr ausgegangen werden kann, dann ist der einzelne bei seiner noch stärker auf sich gestellten eigenverantwortlichen Entscheidung um so mehr darauf angewiesen, sich auf entsprechende Information zu stützen. Deshalb gewinnt gerade in Gesellschaften wie der unseren eine demographische Bildung eine besondere Tragweite. Der auf sich selbst gestellte einzelne muß die Normen seines Handelns – mehr als in der Vergangenheit – selbst finden, zumindest in größerer Unabhängigkeit von überindividuellen normsetzenden Instanzen. Insgesamt geht es bei der demographischen Information und Bildung somit darum, die Lernenden zu befähigen, das Wissen, die Fähigkeiten, Einstellungen und Wertvorstellungen zu erlangen, die notwendig sind, um wirklich informierte Entscheidungen über Vorgänge und Probleme der Bevölkerung und der Familienentwicklung zu treffen, die die gegenwärtige und zukünftige Lebensqualität für die einzelnen selbst, ihre örtlichen Lebenskreise und die Gesamtgesellschaft beeinflussen. Information und Bildung über demographische Zusammenhänge sind damit als wichtige Voraussetzungen des Freiheitsrechts des einzelnen auf Weitergabe des Lebens zu sehen.

Eine systematische demographische Bildung hat es mit **verschiedenen Adressatengruppen** zu tun, die jeweils ein etwas unterschiedliches Vorgehen nahelegen dürften:

- Eine spezifische Adressatengruppe bilden die Heranwachsenden insbesondere im Bereich der Sekundarstufe II; darauf haben Bestrebungen um eine Bevölkerungskunde in den Schulen in besonderer Weise abzuzielen. Wenn man sich Gedanken über die curriculare Ausgestaltung einer Geschlechtererziehung in den Schulen macht, so wäre es sicher auch notwendig darüber nachzudenken, ob solche Ansätze nicht durch Verknüpfung mit einer umfassenderen demographischen Bildung in einen größeren Zusammenhang gerückt werden könnten.
- Eine weitere Gruppe bilden die jungen Paare in derjenigen Phase des Lebens- und Familienzyklus, in der die generativen Entscheidungen fallen. Hier wachsen einer systematischen ehebegleitenden Bildung und Elternbildung wichtige Aufgaben zu, die die Träger dieser Bildungsarbeit weithin erst noch aufarbeiten müssen.
- Schließlich gilt es, eine breitere Öffentlichkeit über die Massenmedien zu erreichen. Hier sollten dann auch die Politiker unmittelbar ins Blickfeld rücken. Wichtig erscheint dieser breitere Ansatz vornehmlich dort, wo es darum geht, bestimmte gesellschaftspolitische Maßnahmen als Ausdruck einer auch betont bevölkerungsbewußten Politik von pädagogischer Seite her zu begleiten.

Schon diese wenigen Hinweise können verdeutlichen, wie weit eine demographische Bildung in die allgemeine Erwachsenenbildung wie auch in die Lehrerausbildung und -fortbildung hinein reichen müßte.

Es geht freilich über die Wissensvermittlung hinaus um Hilfen für verhaltensrelevante Entscheidungen. Wissen allein impliziert noch nicht Wollen. Auch hier gilt die allgemeinere Einsicht, daß erst dann, wenn bestimmte antizipierte Zustände der Wirklichkeit in der individuellen Perspektive als nützlich erscheinen, ein Motiv des Handelns besteht. Auch wenn Rationalität des Denkens und des Handelns zwei verschiedene Dinge sind, wie schon Josef A. Schumpeter betonte, bleibt dennoch bereits auf einer ersten Stufe ausreichende demographische Information und Bildung eine notwendige (wenn auch nicht hinreichende) Voraussetzung für verändertes Verhalten. Da es auch um Einwirken auf persönliches Verhalten geht, muß **Transparenz** allerdings selbstverständlich sein. Nur dann lassen sich Manipulationen ausschließen, von denen dort gesprochen werden müßte, wo infolge fehlender Transparenz eine überlegte und damit freie, verantwortliche und informierte generative Entscheidung des einzelnen nicht mehr gewährleistet wäre. Deshalb verbietet es sich, mit Maßnahmen, die freie, verantwortliche Entscheidungen außer Kraft setzen würden, isoliert auf generatives Verhalten unmittelbar einwirken zu wollen, – abgesehen davon, daß solche Praktiken sich in einer Gesellschaft mündiger Bürger, jedenfalls langfristig, ohnehin als kaum wirksam erweisen.

Wachsamkeit ist nach dem Menschen- und Gesellschaftsverständnis unserer Sozialordnung auch dort geboten, wo eine demographische Bildung zu einem Instrument zu werden droht, das die Entscheidungen und Verhaltensweisen den einzelnen mehr oder minder rigide auf »objektive gesellschaftliche Bedürfnisse« auszurichten versucht, die möglicherweise nicht einmal in einem demokratischen Rückkopplungsprozeß festgeschrieben wurden. Kritische Wachsamkeit ist ebenso dort am Platz, wo z. B. Vorstellungen über eine ganz bestimmte Familiengröße sich zu einem auf verschiedenste Weise in Wort und Bild propagierten Familienleitbild verfestigen, mit dem sich die einzelnen dann mehr oder weniger unkritisch identifizieren, ohne sich darüber Rechenschaft zu geben, inwieweit dies der eigenen Lebenssituation und den personalen Gegebenheiten wirklich angemessen ist. Zu denken wäre hier etwa auch an eine propagierte »ideale Zwei-Kinder-Familie«, in der ein häufiger empirischer Wert leicht normativen Charakter erhält, oder an das schon vor Jahren als neue Norm, als »neues Ideal moderner Menschen« vorgestellte Ein-Kind-System, schließlich auch an aus der Vergangenheit überkommene, nicht selten hochproblematische leitbildhafte Vorstellungen der kinderreichen »Vollfamilie«. Ebensowenig darf sich in Orientierung an einer möglicherweise gegebenen quantitativen bevölkerungspolitischen Zielfunktion ein rechnerischer Durchschnitt der ihr entsprechenden Kinderzahl der Familien zu *der* Leitvorstellung mit vorrangigem Wertanspruch in der Gesellschaft verselbständigen. Verantwortliche Entscheidung über die Kinderzahl muß sich je nach den individuellen Gegebenheiten und Wertentscheidungen in geringeren oder größeren Kinderzahlen wie u. a. auch in der Entscheidung zur Kinderlosigkeit gleichermaßen niederschlagen können, ohne gesellschaftliche Diskriminierung auszulösen.

Dem steht indessen nicht entgegen, über die persönlichen und gesellschaftlichen Folgen bestimmter Muster von unterschiedlichen Kinderhäufigkeiten in den Familien zu informieren. Damit wird gerade eine wichtige Voraussetzung dafür geschaffen, daß überhaupt im Zusammenhang der individuellen Entscheidungen für oder gegen Kinder von verantwortlichen und informierten Entscheidungen gesprochen werden kann. An dieser Stelle wird eine oft vernachlässigte Dimension von **»verantworteter Elternschaft«** sichtbar, die sicherlich auch als gesellschaftlich verantwortete Elternschaft zu verstehen ist. Diese Dimension entspricht einem personalen Menschenverständnis, das im Grundgesetz verankert ist; sie dem einzelnen bewußt zu machen bildet eine bisher vielleicht vernachlässigte Aufgabe.

Gesellschaftsbezogene verantwortliche Entscheidungen im generativen Bereich können freilich dort kaum erwartet werden, wo persönliche Interessen der potentiellen Eltern einer Entscheidung für Kinder mehr oder weniger kraß deshalb entgegenstehen, weil die wirtschaftlichen, gesellschaftlichen und soziokulturellen Rahmenbedingungen insgesamt solche Entscheidungen mit Blick auf die individuelle Interessenlage als eher »unvernünftig« erscheinen lassen. Eine Berufung auf »gesellschaftliche Erwartungen« bzw. kollektive Rationalitäten muß dort wirkungslos bleiben, wo die Entscheidung nicht auch persönlich als sinnhaft erlebt werden kann. Hier verschränkt sich der Ansatz einer demographischen Information und Bildung mit dem gesamten Feld einer familien- und kindorientierten Gesellschaftspolitik. Nur in Verbindung damit kann auch eine demographische Information und Bildung letztlich ihren Sinn gewinnen, wird jedoch durch solche Veränderungen gesellschaftlicher und wirtschaftlicher Strukturen nicht überflüssig, zumal die stets wirksame Orientierung an individuellen Nutzenkalkülen bei den Gesellschaftsmitgliedern durchaus unterschiedlich ausgeprägt ist. Umgekehrt kann sie kein Ersatz sein für unterlassene sozialökonomische Kurskorrekturen. Isoliert liefe sie dann auf ein ideologisches Unterfangen hinaus, das letztlich mehr Schaden als Nutzen stiften würde. Insofern bleibt auch an dieser Stelle die innere Wechselbeziehung zu beachten zwischen dem pädagogischen Ansatz und der gleichzeitigen bewußten Gestaltung der sozialökonomischen und soziokulturellen Strukturen, die aus dem Gesamtkonzept einer auch demographisch akzentuierten Gesellschafts- und Familienpolitik erwächst. Zusammenfassend bleibt festzuhalten:

1. Das Wissen, die Verhaltensweisen und die wertbezogenen Einstellungen, zu deren Aneignung der einzelne auch durch eine in die Familienbildungsarbeit integrierte demographische Information und Bildung befähigt werden soll, sind im Grunde unentbehrlich, um
   - einmal die jeweilige demographische Situation und den demographischen Wandel zu verstehen und in ihrer Bedeutung für den einzelnen, seine Familie und die größeren Lebensgemeinschaften abschätzen zu können, um außerdem
   - bewußte und informierte generative Entscheidungen zu treffen und damit
   - auf der familialen Ebene auf die Bevölkerungsproblematik in personaler Verantwortung zu antworten.

2. Staatliche und gesellschaftliche Interventionen auf dem hochsensiblen Feld des generativen Verhaltens müssen die freien und eigenverantwortlichen Entscheidungen der einzelnen (Ehe-)Paare in der Weitergabe des Lebens gewährleisten. Diese Entscheidungen stehen als personale Entscheidungen indessen im Spannungsfeld individueller und gesellschaftlicher Belange. Eine demographische

Wie frei, verantwortlich und informiert sind Entscheidungen für Kinder heute?

Ausgangspunkt: Das grundlegende Recht der einzelnen (Ehe-)Paare gemäß der Ergänzung der Menschenrechtserklärung (Teheran 1968, später mehrfach bekräftigt), frei, verantwortlich und informiert über die Zahl ihrer Kinder und den zeitlichen Abstand der Geburten (»spacing«) zu entscheiden

	»frei«	»verantwortlich«	»informiert«
Anspruch	keinerlei Ge- und Verbote im generativen Bereich, d. h. formal volle Entscheidungsfreiheit: a) keine rechtlichen Vorgaben hinsichtlich der Kinderzahl und des »spacing« b) volle gesellschaftliche Akzeptanz von (familialen) Lebenformen mit und ohne Kinder(n) c) keine materiellen Bevorzugungen oder Benachteiligungen (familialer) Lebensformen mit und ohne Kinder(n)	Geburtenregelung als notwendig anerkannt und allgemein bejaht (Leitbild der »verantworteten Elternschaft«); Schwangerschaftsabbruch kein Mittel der Familienplanung; Bewußtsein von der Langfristigkeit der Entscheidung für Kinder; Recht des Kindes auf Eltern; Berücksichtigung der Drei-Generationen-Solidarität	die Möglichkeiten einer Familienplanung sollten bekannt und zugänglich sein; die gesellschaftlichen und individuallen Langzeitwirkungen von Entscheidungen für oder gegen Kinder sollten bekannt sein; Kenntnis der gesellschaftlichen Rahmenbedingungen; Informationen über die Bedürfnisse von Kindern und Eltern
Wirklichkeit	de facto nicht wenige Beeinträchtigungen der freien Entscheidung für Kinder: – materiell: siehe u. a. Feststellung des Wissenschaftlichen Beirats beim BMWi (unbeabsichtigte Kumulation von Anreizen, auf Kinder zu verzichten) – materiell und gesellschaftlich: siehe u. a. Konfliktfeld Familie/Erwerbsarbeitswelt – gesellschaftlich: u. a. durch stärkere Betonung individualistischer und ökonomisch geprägter Wertorientierungen; strukturelle Ordnungsdefizite in Wirtschaft und Gesellschaft gegenüber Familien	Rationalitätenfalle: Verantwortete Elternschaft im Rahmen der individuellen Situation unbestritten und prinzipiell auch erfüllt, jedoch mangelnde Berücksichtigung der gesellschaftlichen Dimension personaler Verantwortung; Neigung zu kurzfristigen Optionen; Gefahr, isolierte, punktuelle Hilfen in ihrer »Scheinattraktivität« nicht zu durchschauen	mangelnder Einblick der einzelnen Paare in gesellschaftliche und individuelle Langzeitwirkungen ihres Verhaltens (»demographische Trägheit«); mangelnde Kenntnis der gesellschaftlichen Rahmenbedingungen und der familienpolitischen Angebote; Familienpolitik als Spielball der Haushaltspolitik
familienpolitische Folgerungen	gesellschaftliche Strukturpolitik mit der Zielsetzung »Chancengleichheit für die Verwirklichung unterschiedlicher Lebensentwürfe« (z. Z. notwendigerweise bezogen auf Lebensentwürfe mit Kindern: Familienlastenausgleich, Verbesserung der Kinderbetreuung, familienfreundliche Erwerbsarbeitswelt)	umfassende Familienbildung unter Einbeziehung der überindividuellen Dimension der verantworteten Elternschaft, aber auch der Verdeutlichung des Langfristcharakters von Entscheidungen für und gegen Kinder; Verläßlichkeit der politischen Rahmenbedingungen; statt isolierter Einzelmaßnahmen integrativ geplante und langfristige angelegte Maßnahmenbündel	individuelle und gesellschaftliche Aspekte umfassende demographische Information und Bildung (»population education«) als Teil einer systematischen Bildungsarbeit im Gesamtkonzept der Familienpolitik

Quelle: Vgl. M. Wingen (Anm. 17), S. 410.

Information und Bildung kann hier zu einer größeren Ausgewogenheit beider Seiten zumindest beitragen.

3. Eine systematische demographische Information und Bildung wird sich, wenn sie wirksam sein soll, an spezifische Adressatengruppen wenden müssen. Da demographische Bildung letztlich in Überprüfung des eigenen Verhaltens und unter Umständen in Verhaltensänderung einmünden soll, bleiben von vornherein auch entsprechende Grenzen dieses Ansatzes zu berücksichtigen. Besonders wichtig erscheint auf jeden Fall ausreichende Transparenz in den Einwirkungen auf die persönlichen Einstellungen und Verhaltensweisen. Die notwendige Einsicht in Grenzen einer demographischen Information und Bildung insbesondere hinsichtlich ihrer Verhaltenswirksamkeit und in die Gefahren ihres Mißbrauchs sollte den Blick für ihre Chancen und Möglichkeiten nicht vorzeitig verstellen.

7.1.4 Erziehungsberatung

In engem Zusammenhang mit den familienbezogenen Bildungshilfen sind die grundsätzlich auf den Einzelfall ausgerichteten Beratungshilfen zu sehen, und zwar einmal in den Feldern Partnerschafts-, Ehe-, Eltern- und Erziehungsberatung, darüber hinaus aber auch in den vielfältigen Feldern von der Verbraucher- und Wohnberatung über Berufs- und Rechtsberatung bis hin zur Altenberatung. Ein wichtiger rechtlicher Handlungsrahmen ist in jüngerer Zeit auch mit dem Schwangeren- und Familienhilfegesetz geschaffen worden, nach dem ein Rechtsanspruch auf umfassende Beratung besteht. Im folgenden sei mehr exemplarisch das »klassische« Feld der Erziehungsberatung in seiner familienpolitischen Tragweite etwas näher betrachtet.

Erziehungsberatung[200] ist ein wesentlicher Teil der Familienberatung, unter der die Partnerschafts-, Ehe-, Familien- und Lebensberatung ebenfalls gefaßt werden können. Spätestens mit dem neuen Kinder- und Jugendhilfegesetz ist sie Teil des gesamten Angebots im Bereich der Hilfe zur Erziehung. Erziehungsberatung wird bei Klärung und Bewältigung nicht nur individueller, sondern auch familienbezogener Probleme und der zugrunde liegenden Faktoren bei der Lösung von Erziehungsfragen sowie bei Trennung und Scheidung eingesetzt. Anlässe für die Inanspruchnahmen können körperliche Auffälligkeiten, seelische Probleme, Verhaltensauffälligkeiten und Leistungsprobleme sein, wobei in der Regel mehrere dieser Probleme miteinander in Zusammenhang stehen. Die Erziehungsberatung wirkt zwar in unterschiedlichem Maße in die Privatsphäre der Familie hinein, übernimmt jedoch keine Funktion in der Familie. Sie hat die Aufgabe, Kindern, aber gerade

200 Zu den hier nicht im einzelnen zu erörternden Grundlagen der Erziehungsberatung siehe u. a. die Arbeit von Ingrid Flügge, Erziehungsberatung. Zur Theorie und Methodik. Ein Beitrag aus der Praxis, Göttingen 1991, in der ein theoretischer Bezug (Ansätze der psychologischen Handlungstheorie und das Verständnis der Beratung als Interaktionsprozeß) mit breiter Praxiserfahrung der Verfasserin in der Erziehungsberatung verknüpft werden. Siehe ferner Maria Kurz-Adam/Ingrid Post (Hrsg.), Erziehungsberatung und Familie, Opladen 1995; mit näheren Hinweisen auf Probleme, Entwicklungslinien und Neuansätze der Erziehungsberatung in den alten und neuen Bundesländern.

auch Eltern und anderen Erziehungsberechtigten auf freiwilliger Basis bei der Bewältigung von individuellen und familienbezogenen Problemen bis hin zu Krisen in der Familie zu helfen (Paragraph 28 KJHG). Sie versteht sich dabei zugleich auch als begleitende Hilfe zur Stärkung der Erziehungskraft der Familie. Die Methoden der Erziehungsberatung umfassen informative Beratung und gegebenenfalls intensive Beratungsgespräche, diagnostische Klärung und möglicherweise Psychotherapie, unter Umständen aber auch Arbeit im sozialen Umfeld des Kindes bzw. der Familie. Wie sich aus den Förderrichtlinien der Länder zur Erziehungsberatung ergibt, haben in Erziehungsberatungsstellen Vertreter verschiedener Fachrichtungen im Team zusammenzuarbeiten, deren Grundberufe konkret benannt sind und bestimmte Zusatzausbildungen und -qualifikationen notwendig machen.

Anfang der neunziger Jahre bestanden in Deutschland zirka 1 000 **Erziehungsberatungsstellen**, davon 830 in den alten Ländern, in den neuen Ländern wurde erst nach der Wiedervereinigung mit dem Aufbau eines flächendeckenden Netzes begonnen; sie waren zu 58 Prozent in freier und zu 42 Prozent in öffentlicher Trägerschaft. Auf etwa 75 000 Einwohner entfiel eine Erziehungsberatungsstelle, womit – bei deutlichen regionalen Unterschieden – die Richtzahl der Weltgesundheitsorganisation mit einer Erziehungsberatungsstelle für 45 000 Einwohner noch nicht erreicht ist. Eine gestiegene Nachfrage nach Leistungen der Erziehungsberatung führt nicht selten zu unvertretbar langen Wartezeiten. Ein weiterer Ausbau ist daher dringend erwünscht, wie es auch im Achten Jugendbericht von 1990 und in dem Gutachten des Wissenschaftlichen Beirats für Familienfragen »Familie und Beratung« aus dem Jahr 1993 gefordert wird. Die Bundeskonferenz für Erziehungsberatung tritt für ein dezentrales Netz von Erziehungsberatungsstellen mit drei Fachmitarbeitern für jeweils 30 000 Einwohner ein[201].

Ähnlich wie bei der Familienbildung verdient auch bei den Beratungshilfen die Frage der Erreichbarkeit unterer Einkommens- und Sozialschichten besondere Beachtung. Wichtig erscheint der durchgängig anerkannte Grundsatz des freien Zugangs zu möglichst »niedrigschwelligen Beratungsangeboten«. Die Erziehungsberatung kann dabei als Produkt des Modernisierungsprozesses der neuzeitlichen Gesellschaft und zugleich als Reaktion darauf gesehen werden: »Sie ist Produkt, insofern erst in der modernen Gesellschaft, die sich verbindlicher Lebensformen nicht mehr sicher ist, ein soziales System entstehen kann, das Fragen individueller Lebensführung nicht mehr normativ thematisiert; und sie ist Reaktion auf den Modernisierungsprozeß, insofern sie seine Folgen, Verunsicherungen und symptomgebundenen Reaktionen, bearbeitet.«[202]

Im Verlauf der letzten Jahrzehnte ist für die Arbeitsweise der Erziehungsberatung ein Übergang von einer eher kindzentrierten zu einer Einführung familientherapeutischer Arbeitsformen kennzeichnend, die den familialen Entstehungszusammenhang der Auffälligkeiten im kindlichen Verhalten besonders im Blick haben. Zugleich wurden Erziehungsberatungsstellen verstärkt mit anderen Einrichtungen und Diensten vernetzt. Für die zweite Hälfte der achtziger Jahre lassen

201 Klaus Menne, Erziehungsberatung, in: Dieter Kreft/Ingrid Mielenz (Hrsg.), Wörterbuch Soziale Arbeit, Weinheim – Basel 1996[4], S. 175.
202 Ebda., S. 174.

die Ergebnisse einer bundesweiten Erhebung erkennen, daß die Erziehungsberatungsstellen sich mit ihren Angeboten auf die jeweilige Klientel ihres Einzugsgebietes eingestellt und überwiegend auch besondere Gruppen für Erwachsene, wie z. B. Alleinerziehende, Adoptiv-, Stief- und Pflegeeltern, eingerichtet haben. Dies entspricht auch dem tatsächlichen Beratungsbedarf: Anfang der neunziger Jahre waren unter den beratenen Kindern und Jugendlichen deutlich überdurchschnittlich solche vertreten, die bei einem alleinerziehenden Elternteil aufwuchsen oder von Trennung bzw. Scheidung ihrer Eltern betroffen waren.

Wie die Erfahrungen immer wieder gezeigt haben, bedarf die Familienberatung insgesamt einer **ganzheitlichen Perspektive**, der in der Erziehungsberatung die möglichst interdisziplinäre Zusammensetzung der Beraterteams sowie die Einbeziehung der Gesamtsituation der Familie mit oft sehr unterschiedlich begründeten Problemlagen entspricht. So berechtigt ein ganzheitlicher Ansatz ist, so sehr gerät dieser freilich auch in das Spannungsfeld von Integration und Spezialisierung. Je konsequenter die Integration der auch fachlich unterschiedlichen Beratungsfelder angestrebt wird, um so größer wird tendenziell der »Kompetenzdruck« für die Berater(innen), deren Weiterbildung deshalb erst recht besondere Bedeutung beizumessen ist. Der Wissenschaftliche Beirat für Familienfragen spricht in diesem Zusammenhang von einem »Spezialisierungs- und Integrationsdilemma«[203], aus dem es nur einen Ausweg gebe, nämliche einerseits die Einrichtungen mit spezialisierten Angeboten der Familienhilfe untereinander zu koordinieren, und andererseits eine fallspezifische Kooperation von Mitarbeitern aus diesen Einrichtungen sicherzustellen. Mit Recht wird allerdings auch auf die nicht zu unterschätzenden Probleme verwiesen, solche Koordinierungs- und Kooperationsstrukturen auf institutionellem und auf persönlich-beruflichem Niveau zu bilden – Probleme, die bis zu fachspezifischen Konkurrenzhaltungen und tatsächlichen oder vermeintlichen Statusunterschieden von Beratern mit unterschiedlichem beruflichen Werdegang reichen. Die bestehende Vielfältigkeit von Institutionen der Beratung, die oft eher unübersichtlich und zersplittert erscheint, ist mitbedingt durch die unterschiedlichen Finanzierungs- und Trägerstrukturen, trägt aber dem inneren Zusammenhang familialer Problemlagen tendenziell zu wenig Rechnung.

Als eine Sonderform unter den Hilfen zur Erziehung kann die **Sozialpädagogische Familienhilfe** angesehen werden, die als ambulante vorbeugende Hilfe zur Förderung der Entwicklung von Minderjährigen und des Erziehungsverhaltens von Eltern im Kinder- und Jugendhilfegesetz vorgesehen ist. Sie soll durch intensive Betreuung und Begleitung Familien in ihren Erziehungsaufgaben, bei der Bewältigung von Alltagsproblemen, bei der Lösung von Konflikten und Krisen, im Kontakt mit Ämtern und Institutionen unterstützen und Hilfe zur Selbsthilfe geben. Als eine in der Regel auf längere Dauer angelegte Hilfe erfordert sie die Mitarbeit der Familie. Die Sozialpädagogische Familienhilfe als neuere Form der Erziehungshilfe hat sich besonders seit der Mitte der achtziger Jahre entwickelt und nimmt inzwischen einen festen Platz als familienunterstützende Maßnahme der Jugendhilfe durch freie Träger und Jugendämter ein. Ein Ziel der Arbeit der Familienhelfer,

---

203 Wissenschaftlicher Beirat für Familienfragen beim Bundesministerium für Familie und Senioren (Anm. 190), S. 27.

die die Familien bei der Bewältigung ihrer gesamten Lebensituation – immer auch mit dem Ziel der Förderung eigenverantwortlicher Lebensführung – unterstützen, besteht in der Abwendung vermeidbarer Fremdunterbringung der Kinder.

7.1.5 Mediation als neues Feld der Familienberatung

Im Zusammenhang mit der schon unter dem ersten familienpolitischen Grundziel erörterten Form der elterlichen Sorge verdient ein spezielles Beratungsfeld für Ehepaare bei Trennung und Scheidung besondere Aufmerksamkeit, das unter der Bezeichnung »Mediation« für die Regelung der Scheidungsfolgen gerade auch mit Blick auf Kinder zunehmend Bedeutung zu gewinnen scheint. Wie im oben dargelegten familiendemographischen Mengengerüst sichtbar wurde, ist die Zahl der von Scheidungen (und Trennungen) betroffenen Kinder inzwischen in Größenordnungen hineingewachsen, die familienpolitisch weniger denn je vernachlässigt werden können.

In den letzten Jahren hat sich – ausgehend u. a. von amerikanischen Praxiserfahrungen – auch in Deutschland neben und begleitend zu der rechtlichen Ehescheidung eine sogenannte »Familien-Mediation« herausgebildet, mit der neue Wege bei der Vermittlung in Scheidungsfragen, aber auch bei anderen Familienkonflikten beschritten werden. Das vorrangige Ziel besteht darin, aufgrund der Vermittlung durch Dritte ein möglichst großes Einvernehmen der Beteiligten vor der Scheidung über die Regelung der Scheidungsfolgen auf freiwilliger Grundlage herbeizuführen. Dabei wird der gleichzeitigen Aufrechterhaltung der Eltern-Kind-Beziehung besondere Aufmerksamkeit geschenkt. Dahinter steht das Prinzip, daß trotz der Scheidung der Ehe die Beziehungen der Eltern zu den Kindern (mehr oder weniger intensiv) weiter bestehen (sollten), d. h., die Ehe wird zwar geschieden, die Familie oder vielleicht besser: die Familienbeziehungen bestehen weiter. Die (Familien-) Mediation als Weg zur Lösung von (familiären) Konflikten ist insgesamt gedacht für Paare vor, während und nach der Scheidung, und zwar unabhängig davon, ob Kinder betroffen sind, aber auch bei innerfamiliären Konflikten etwa zwischen Eltern und ihren – schon herangewachsenen – Kindern. Die Familien-Mediation wird von der Überlegung geleitet, eine Regelung funktioniere dann am besten, wenn alle Beteiligten daraus Vorteile ziehen, also nicht eine Seite ihre Interessen einseitig auf Kosten der anderen Seite durchsetzt. Die in der Mediation tätigen Personen entscheiden nicht – wie etwa die Gerichte – anstelle der Betroffenen; sie vermitteln Kommunikation zwischen den letzteren und geben Hilfestellungen, damit die Konfliktparteien selbst gemeinsam und eigenverantwortlich Wege und Möglichkeiten für tragfähige Übereinkünfte finden, die gegebenenfalls dann auch rechtsverbindlich gemacht werden können.

Das **vor- oder außergerichtliche Verfahren der Familien-Mediation** läßt sich damit zusammenfassend durch die folgenden **Zielsetzungen** bei Scheidung (oder Trennung) charakterisieren:
- gefördert werden soll ein konstruktives Umgehen miteinander als Voraussetzung für die Lösung bestehender und künftiger Konflikte;

- die Beziehung zum ehemaligen Ehepartner nach der Trennung bzw. Scheidung soll neu gestaltet werden;
- die Eltern-Kind-Beziehung soll trotz der Trennung der Eltern gefördert werden;
- konkrete Lösungen sollen erarbeitet werden für den Umgang mit den Kindern, für finanzielle Fragen, für Wohnen, Haushaltsaufteilung oder berufliche Ausbildung;
- schließlich soll auf die Konsequenzen vorbereitet werden, die sich aus den von dem Paar vereinbarten Regelungen ergeben[204].

Träger von Familien-Mediation können Einrichtungen der allgemeinen Ehe- und Familienberatung freier Träger, öffentliche Jugendämter und Beratungsstellen, spezielle Einrichtungen für Mediation oder auch auf Mediation spezialisierte Rechtsanwälte sein. Neben der Einzelmediation bietet sich die Arbeit in Mediationsteams an, wobei dann in der Regel sowohl männliche und weibliche »Mediatoren« und/oder Personen unterschiedlicher Grundberufe zusammenarbeiten. Nicht selten kooperieren die Einrichtungen bzw. einzelnen Berater (Rechtsanwälte) mit anderen in der Mediation tätigen Stellen. Inzwischen gibt es eine Bundesarbeitsgemeinschaft für Familien-Mediation (BAFM), die besondere Richtlinien für die berufliche Ausübung von Mediation entwickelt hat, die der Qualitätssicherung der Ausbildung und der beruflichen Tätigkeit dienen[205]. Eine besondere Verantwortung einer umfassenden Familienpolitik kann darin gesehen werden, die hier in den letzten Jahren auch in Deutschland in Gang gekommene Entwicklung im Interesse einer keineswegs nur, aber auch kindorientierten Bewältigung der Scheidungsfolgen zu fördern.

7.1.6 Umsetzungsproblematik des Kinder- und Jugendhilfegesetzes

Für die Verwirklichung zielkonformer Bildungs- und Beratungshilfen erscheint die gesetzliche Grundlage, die durch das (neue) Kinder- und Jugendhilfegesetz (KJHG) von 1991 (letzte Fassung in der Bekanntmachung vom 15. März 1996) – als achtes Buch des SGB – geschaffen worden ist, von geradezu zentraler Bedeutung. Das KJHG ist gegenüber seinem Vorgänger, dem Jugendwohlfahrtsgesetz (JWG) aus dem Jahr 1961 deutlich stärker familienorientiert, indem es u. a. den Anspruch von Eltern auf Unterstützung beim Auf- und Erziehen von Kindern sehr deutlich hervorhebt. Dies ist über eine begrenzte Fachöffentlichkeit kaum ausreichend hinaus-

204 Vgl. dazu: Familien-Mediation in Baden-Württemberg, Neue Wege in der Scheidungsvermittlung und bei anderen Familienkonflikten, hrsg. vom Ministerium für Familie, Frauen, Weiterbildung und Kunst Baden-Württemberg, 1995. Siehe auch Bundeskonferenz für Erziehungsberatung (Hrsg.), Scheidungs-Mediation. Mögtlichkeiten und Grenzen, Münster 1995, sowie Gary J. Friedmann, Die Scheidungsmediation. Anleitung zu einer fairen Trennung, Reinbek 1996.

205 In der Schweiz, wo im Jahre 1992 die Schweizerische Vereinigung für Familienmediation bei den Vorbereitungsarbeiten für die Revision des Scheidungsrechts ins Gespräch gebracht worden. Siehe Laura Cardia-Vonècke u. a., Familien mit alleinerziehenden Eltern, Forschungsbericht 1/1996, erstellt im Auftrag des Bundesamtes für Sozialversicherung, Bern 1996, S. 95 f.

gedrungen. Die Jugendhilfe moderner Prägung hat insbesondere die Familien und deren soziales Umfeld in ihre Arbeit einzubeziehen – jedenfalls besteht von den rechtlichen Rahmenbedingungen her die Möglichkeit dazu.

Ein eigener Gesetzesabschnitt befaßt sich mit der »**Förderung der Erziehung in der Familie**«. In Paragraph 16 KJHG wird eine breite Förderung der Familienerziehung unabhängig von speziellen Problemlagen garantiert. Besonders hervorgehoben werden Angebote der Familienbildung und -beratung sowie der Familienfreizeit und -erholung, die dazu beitragen sollen, daß Mütter, Väter und andere Erziehungsberechtigte ihre Erziehungsverantwortung besser wahrnehmen können. Die Familien und ihre Mitglieder sollen auch durch präventives Handeln zu einer eigenverantwortlichen Lebensführung und -planung befähigt und darin gefördert werden. Weitere Unterstützungsangebote erstrecken sich auf die Partnerschafts-, Trennungs- und Scheidungsberatung (Paragraph 17), die Beratung und Unterstützung von Alleinerziehenden (Paragraph 18) sowie die Sozialpädagogische Familienhilfe (Paragraph 31), wobei sich gerade für die letztere ein Ausbau einer »Gehstruktur« (im Sinne des auf die Betroffenen Zugehens) bewährt zu haben scheint. Auch in diesen Feldern stehen die Regelangebote der öffentlichen Jugendhilfe neben Angeboten freier Träger. Bildung und Beratung stellen sich auch aus der Sicht des KJHG als wesentliche Grundprozesse der Arbeit mit den Familien dar. Die Vorschrift in Paragraph 27 KJHG, die die Formen der Hilfe zur Erziehung nicht erschöpfend aufzählt, sondern eine »Öffnungsklausel« enthält, läßt den Weg frei für neue Entwicklungen und Lösungsversuche. Dabei ist freilich besonderer Wert darauf zu legen, eine Überspezialisierung der verschiedenen Hilfeformen zu vermeiden und auf einen ganzheitlichen Hilfeansatz hinzuwirken – im Rahmen einer alltags- und lebensweltorientierten Jugendhilfe, wie sie im Achten Jugendbericht 1990 entwickelt worden ist. Bei der Ausweitung der Beratungsaufgaben, wie sie durch das KJHG den Einrichtungen der freien und öffentlichen Jugendhilfe vorgegeben worden ist, sind im übrigen die Grundbedingungen besonders zu beachten, die für den Beratungsprozeß überhaupt als grundlegend anzusehen sind: Dazu gehört die Freiwilligkeit der Beratung und die Freiheit des Ratsuchenden, sich an eine Beratungsstelle seiner Wahl wenden zu können, ebenso wie der Vertrauensschutz durch Zusicherung der Verschwiegenheit und das Zeugnisverweigerungsrecht der Berater.

So begrüßenswert die ausgeweitete Akzentsetzung des KJHG ist, so wenig selbstverständlich ist bisher die nachhaltige und konsequente **Umsetzung dieses Gesetzesauftrags** zur Einbeziehung der verschiedenen Formen der Familienbildung in den Leistungskatalog der Jugendhilfe in der Praxis. Diese Umsetzung kann wohl nur gelingen, wenn sie in partnerschaftlicher Zusammenarbeit von öffentlichen und freien Trägern erfolgt. Die Grundsätze für die Planung der Einrichtungen und Dienste sehen dabei unmittelbar vor, daß junge Menschen und Familien in gefährdeten Lebens- und Wohnbereichen besonders gefördert werden, aber auch Mütter und Väter Aufgaben in Familie und Erwerbstätigkeit besser miteinander vereinbaren können. Bei der Umsetzung der Gesetzesvorgaben sind die Länder gefordert, die entsprechend einem Landesrechtsvorbehalt des KJHG spezielle landesrechtliche Regelungen für die Umsetzung des erstmals bundesrechtlich festgeschriebenen Fördergedankens für die Familienbildung zu schaffen haben, was bisher noch nicht durchgängig geschehen ist. Insoweit fehlen bisher Bestimmungen zur Planung und zum Kapazitätsangebot der Familienbildung. Dies betrifft nicht nur die organisatorische und personelle Ausstattung, sondern auch die materielle Absicherung. Damit gerät die Förderung von Familienbildung und -beratung gerade in Zeiten sehr angespannter Länder- und Gemeindefinanzen in ein der Weiterentwicklung wenig günstiges Fahrwasser. Und doch erscheint eine tatsächliche **Neubewertung der Familienbildung** angesichts der oben beschriebenen Wandlungen von familialen Lebensformen und -lagen und der notwendigen Anpassungen an veränderte Problemlagen dringlich. Hinsichtlich der Länderförderungen von Familienbildung ist zu berücksichtigen, daß diese bisher nach unterschiedlichen landesrechtlichen Regelungen erfolgte und erfolgt, die insbesondere der Erwachsenenbildung (und der Weiterbildung) zugeordnet sind, was insoweit eine Abstimmung der Fördergrundlagen für die Familienbildung erforderlich macht und vielfach Möglichkeiten der entsprechenden Angebote und ihrer Ausgestaltung einschränken, während die ergänzenden rechtlichen Grundlagen der Jugendhilfe hier weithin problemangemessener sind.

Der Deutsche Verein für öffentliche und private Fürsorge spricht in seinen Empfehlungen zur Familienbildung im Rahmen des KJHG[206], in denen er sehr grundsätzlich auf das »gegenwärtige Dilemma von Familienbildung« im Spannungsfeld von wachsenden Aufgaben und Erwartungen einerseits, und stagnierenden, diesen Bedarfslagen nicht mehr gerecht werdenden institutionellen, personellen und finanziellen Bedingungen andererseits eingeht, diesen Sachverhalt kritisch an: »Die Förderrichtlinien erschweren bzw. lassen die Vernetzungsarbeit von Familienbildungseinrichtungen mit anderen Angeboten, wie beispielsweise familienbezogenen Beratungsdiensten für Kinder und Schulen, außer Betracht. (...) Anders als die Erwachsenen- bzw. Weiterbildungsgesetze schränkt das KJHG mögliche Arbeitsformen weniger ein; dadurch kann auf die Lebenssituationen von Familien angemessen eingegangen werden.« Zugleich wird in den »Empfehlungen« darauf aufmerksam gemacht, wo gegenwärtig Hindernisse für die weitere Entwicklung liegen: »Für die Planung und kontinuierliche Verläßlichkeit des Angebots der Familienbildung ist die Abhängigkeit der Förderung von der Verfügbarkeit jährlicher Haushaltsmittel eine besondere Behinderung: Unter diesen Rahmenbedingungen können insbesondere offene Arbeitsformen, Angebote in sozialen Brennpunkten und für spezielle Zielgruppen nicht im erforderlichen Ausmaß geplant und angeboten werden. Langfristige Lernprozesse lassen sich kaum organisieren.«

Für die Umsetzung der Vorgaben insbesondere des Paragraphen 16 KJHG muß von der geradezu verhängnisvollen Unterscheidung zwischen Pflichtaufgaben und freiwilligen Leistungen des KJHG Abschied genommen werden. Dem gegenüber ist festzuhalten, daß die Sicherstellung eines bedarfsorientierten Angebots an Familienbildung eine **Pflichtaufgabe der öffentlichen Jugendhilfe** darstellt, wie sich aus Paragraph 79 KJHG ergibt, der sich auf die Gesamtverantwortung und die Grundausstattung bezieht. Die Notwendigkeit der Förderung der freien Jugendhilfe ergibt sich aus Paragraph 74 KJHG. Wie in den »Empfehlungen« des Deutschen Vereins unterstrichen wird, finde die Unterscheidung in Pflichtaufgaben und freiwillige Leistungen als eine schon nach dem früheren JWG verfehlte Interpretation

206 Veröffentlicht in: Nachrichtendienst des Deutschen Vereins, (1995) 6, S. 221–225.

beim KJHG keinen Ansatz, vielmehr stehe ihr eindeutig die prinzipielle Gewährleistungspflicht der öffentlichen Jugendhilfe für alle Leistungsangebote entgegen. Verkannt würde mit einer solche Unterscheidung vor allem die Gesetzesintention, die auf Prävention und Stärkung der Erziehungskraft der Familie zielt. So besteht nach Paragraph 16 KJHG auch ein Rechtsanspruch von Familienzentren und Familienselbsthilfeeinrichtungen auf gewisse finanzielle Unterstützung ihrer Arbeit, die weitgehend von ehrenamtlichen Kräften getragen wird. Auch hier wirken sich gerade in diesen Jahren besonders angespannter öffentlicher Haushalte Einsparzwänge aus, die in ihren Konsequenzen nicht selten familienpolitisch negativ zu bewerten sind.

Im Grunde haben die familienbezogenen Bildungs- und Beratungshilfen im KJHG mit seiner Lebenslagenorientierung und seinem Präventionsverständnis eine neue Bewertung erfahren, die sich aber noch in konkreter Politik niederschlagen muß. Die Regelung, wonach der örtliche Träger finanzielle Mittel zur Familienbildung bereitzustellen hat, entbindet die Länder nicht von der Aufgabe, neben bestehenden Weiterbildungs- und Erwachsenenbildungsgesetzen für die Ausgestaltung der Familienbildung gesetzliche Grundlagen nach Paragraph 16 KJHG zu schaffen. Nach den richtungsweisenden »Empfehlungen« des Deutschen Vereins ist dabei eine finanzielle Absicherung bezogen auf eine Beteiligung von Land und Kommune an den Einrichtungen der Familienbildung sicherzustellen; dabei besteht die finanzielle Verantwortung der Länder in besonderem Maße, wenn die Angebote und Einrichtungen von Familienbildung auf einen überregionalen Bedarf ausgerichtet sind. Für die weitere Entwicklung verdient aus den »Empfehlungen« noch die befürwortete stärkere Verankerung von Familienbildung in den Gremien der Jugendhilfe Hervorhebung: Die Einrichtungen und Träger von Familienbildungsangeboten, die bisher in den Jugendhilfeausschüssen und den im KJHG (Paragraph 78) vorgesehenen Arbeitsgemeinschaften der Jugendhilfe kaum vertreten sind, sollten eine angemessene Berücksichtigung erfahren, und zwar nicht allein unter dem Gesichtspunkt »Institutionalisierung« von Familienbildung in den Planungs-, Beratungs- und Beschlußgremien der Jugendhilfe, sondern vor allem mit dem Ziel, die Mitwirkung, die Kooperation und die Vernetzung der Familienbildung mit anderen Einrichtungen der Jugendhilfe zu stärken. Hier wird eine auch familienpolitisch wichtige Perspektive für die weitere Arbeit sichtbar.

7.1.7 Fazit

1. Besonders deutlich wird bei den verschiedenen Ansätzen für familienbezogene Bildungs- und Beratungshilfen die **zentrale Stellung der Länder und Kommunen**. Die tatsächliche Umsetzung der Vorgaben des KJHG ist auch insoweit anzumahnen. Besondere familienpolitische Aufmerksamkeit verdienen die von den einzelnen Ländern jeweils zu erlassenden (meist mehreren) Ausführungsgesetze zum KJHG, aber auch die einschlägigen Landesrichtlinien sowie die Ausgestaltung der finanziellen Förderung. Auch wenn die Jugendhilfe vorrangig eine Aufgabe der kommunalen Selbstverwaltung ist, kennt das KJHG (Paragraph 82) eine Anregungs- und Förderungsfunktion der Länder. Diese haben u. a. auf einen gleichmäßigen Aus-

bau der Einrichtungen und Angebote hinzuwirken. Dies stellt einen wesentlichen Beitrag zur Lösung der nicht nur dem Bund, sondern auch den Ländern und Gemeinden gestelllten Aufgabe dar, die Familienpolitik als strukturgestaltende Gesellschaftspolitik weiter zu entwickeln. Dies ist im übrigen auch in verschiedenen Landesfamilienberichten herausgestellt worden. Auch insoweit ist es weniger die fehlende grundsätzliche Einsicht in an sich notwendiges Handeln als vielmehr die durch vielfältige konkurrierende Interessen oft allzusehr blockierte Umsetzungsbereitschaft, die Entscheidungen erschwert, die sich in der parlamentarischen Demokratie auch auf der örtlichen Ebene meist wenig wählerwirksam auszahlen.

2. Wichtig erscheinen **möglichst flächendeckende Angebote** an personell und sachlich ausgestatteten Einrichtungen der Familienbildung und -beratung. Dies folgt nicht zuletzt aus der auch für dieses Feld geltenden Zielsetzung der möglichst weitgehenden Einheitlichkeit der Lebensbedingungen und der Chancengleichheit in Deutschland. Auf Länder- und Gemeindeebene ist einer Verzahnung von Entwicklungsplanung der Weiterbildung und der Jugendhilfeplanung besondere Bedeutung beizumessen. Dabei sind Angebote in **pluraler Trägerschaft** sicherzustellen, was zugleich eine Gleichstellung der freien Träger der Familienbildung mit den öffentlichen Trägern bei der finanziellen Förderung nahelegt. Diese plurale Trägerschaft bildet eine Voraussetzung für die Verwirklichung des Wunsch- und Wahlrechts für Eltern, Jugendliche und Kinder, wie es z. B. im KJHG ausdrücklich verankert ist. Hier kann zudem ein spezieller Familienbildungs- und Entwicklungsplan nützlich sein, wie er z. B. von der Landesarbeitsgemeinschaft der Familienverbände in Nordrhein-Westfalen für dieses Bundesland gefordert wird, nicht zuletzt um der Gefahr zu begegnen, daß Familienförderung nur nachrangig gesehen und bei den finanzpolitischen Entscheidungen an den Rand gedrängt wird. Angesichts der uneinheitlichen Förderungsrichtlinien in den Ländern für die einzelnen Beratungszweige erscheint eine Vereinheitlichung dieser Richtlinien sinnvoll, wie dies auch der Wissenschaftliche Beirat für Familienfragen beim Bundesministerium für Familie und Senioren in seinem Gutachten »Familie und Beratung« schon 1993 angemahnt hat.

3. Auf die Einhaltung fachlich begründeter und bewährter **Qualitätsstandards** in den verschiedenen Arbeitsfeldern der Familienberatung von der Ehe- über die Lebens- bis zur Erziehungsberatung muß auch künftig Wert gelegt werden, was bereits bei qualitativen Mindestanforderungen an die Ausbildung von Beratern beginnt. Deshalb dürfen auch Landesrichtlinien, die Mindeststandards für die Förderungsfähigkeit von Beratungseinrichtungen festlegen, nicht ihre Verbindlichkeit für kommunale Beratungsstellen verlieren, da anderenfalls eine Absenkung bisheriger Qualitätsstandards der Arbeit nicht auszuschließen ist. Solche Gefahren auszuschließen gehört aber mit zu den Funktionen der Förderungspolitik der Länder. Dies ist auch eine Frage der Gewinnung und Bindung qualifizierter Fachkräfte. Hier wäre über Lösungen nachzudenken, wie qualifizierten Fachkräften, die bisher ganz überwiegend als nebenberuflich tätige Honorarkräfte arbeiten, insbesondere bei entsprechender Vorbildung eine sozialversicherungspflichtige Tätigkeit geboten werden kann, an der sie oft interessiert sind. Woran es im übrigen fehlt, sind solide Evaluierungen der **Wirksamkeit** von Familienberatung in ihren verschiedenen Formen, aber auch von Familienbildung.

Der Wissenschaftliche Beirat beim Bundesministerium für Familie und Senioren hat die Dringlichkeit einer solchen Forschung zur familienorientierten Beratung ebenso unterstrichen wie konkret zu klärende Probleme aufgezeigt. Evaluative Untersuchungen über die Wirksamkeit von familienorientierten Beratungsdiensten und den Einfluß der verschiedenen den Ablauf von Beratungsprozessen mitbestimmenden Faktoren sind nicht nur, aber erst recht bei knappen ökonomischen Ressourcen wichtig. Die vom Wissenschaftlichen Beirat für Familienfragen empfohlene verstärkte Beratungsforschung hat inzwischen ihren Niederschlag in einer gründlichen Studie aus dem Evangelischen Zentralinstitut für Familienberatung gefunden, nach der als Orientierungsmaßstab und Kriterium, an dem die Leistungen der familienbezogenen Beratungsdienste zu messen sind, in erster Linie die Konflikt-, Not- und Bedürfnislagen der ratsuchenden Familien und ihrer einzelnen Mitglieder gelten können. Für die besonders im Blickfeld stehenden neuen Länder wird festgehalten, »daß einem weiter ansteigenden und sich differenzierenden Bedarf an familienfördernden und -beratenden Angeboten eine Stagnation des Auf- und Ausbauprozesses der familienorientierten Beratungsdienste gegenübersteht«[207]. Das Auslaufen von Aufbauförderungen durch Bund und Länder und die Einschränkungen von kurzfristig eingesetzten ABM-Mitteln wirken sich hier ebenso aus wie vor allem schwierige Haushaltslagen in den Gemeinden. Der Ausbau speziell der Erziehungsberatung ist als Hilfe zur Erziehung gesetzlich vorgeschrieben und damit noch am ehesten relativ gesichert; aber dieser Ausbau droht – so der Neunte Jugendbericht aus dem Jahr 1994 – zu Lasten der Ehe-, Partner- und Lebensberatung, aber auch präventiv orientierter, infrastruktureller Angebote der Familienbildung und -beratung zu gehen. Dies erscheint familienpolitisch deshalb problematisch, weil die allgemeinere Zielsetzung, bundesweit in etwa gleiche infrastrukturelle Lebensverhältnisse sicherzustellen, bisher weder in quantitativer noch in qualitativer Hinsicht als erfüllt angesehen werden kann.

4. Mehr noch als bisher ist auf **präventiv angelegte familienbezogene Bildungs- und Beratungsdienste** Wert zu legen. Es gibt Probleme, die im Familienzyklus nach bestimmten Ereignissen wie Scheidung, Gründung von Stieffamilien u. ä. als nicht unwahrscheinlich vorhersehbar sind und auf die vorsorglich vorzubereiten ist, damit schwerwiegendere Krisen vermieden werden. Präventive Hilfen sind in ihrer Dringlichkeit nicht immer besonders einsichtig, besonders nicht bei ohnehin angespannten öffentlichen Haushalten; aber die rechtzeitige Berücksichtigung von Folgekosten, wie sie bei fehlender Prävention unter Umständen in sehr viel höherer Größenordnung entstehen können, sollten zu denken geben. In anderen Feldern der »klassischen« Sozialpolitik sind längst präventive Vorgehensweisen üblich, damit bestimmte negative Tatbestände gar nicht erst entstehen. Dies gilt für die soziale Krankenversicherung mit der Förderung von Gesundheitsvorsorge ebenso wie für den Bereich des Arbeitsförderungsgesetzes, wo zunächst einmal durch eine aktive Beschäftigungspolitik versucht wird, Arbeitslosigkeit von vornherein zu vermeiden. Auch in der Sozialhilfepolitik sind in den letzten Jahren präventive Ansätze stärker ausgebaut worden. Für den Bereich der Eltern- und Familienbildung sowie der Fa-

207 A. Haid-Loh/F.-W. Lindemann/M. Märtens, Familienberatung im Spiegel der Forschung, Untersuchungen aus dem EZI, 17, Berlin 1995, S. 19.

milienberatung sollte dieser Ansatz, der im übrigen im KJHG bereits angelegt ist, genauso selbstverständlich werden. Gerade der vorbeugende Charakter der Familienbildung, deren Angebote nach dem KJHG zu fördern sind, unterstreicht, daß auch Jugendhilfe nicht auf »gesellschaftliche Reparaturaufgaben« beschränkt werden darf. Wenn nach dem Gesetz Förderung Vorrang hat vor Krisenintervention, so muß dieser Grundsatz bis in die konkrete Förderpraxis umgesetzt werden. »Weder ein traditionell auf Problemlagen abstellendes Verständnis der Jugendhilfe noch finanzwirtschaftliche Sparzwänge können es rechtfertigen, die weit im Vorfeld konkreter Problemlagen ansetzenden Bildungsaufgaben als Angebote minderer Dringlichkeit zu behandeln.«[208]

5. Der angestrebte ganzheitliche Ansatz in der Familienbildung und -beratung legt es nahe, auf eine stärkere **Integration von Familienbildung und -beratung** (einschließlich der Förderung von Selbsthilfe) bedacht zu sein, und zwar auch inhaltlich, zumindest aber in räumlicher und organisatorischer Hinsicht. Verschiedentlich – insbesondere in den neuen Bundesländern – wird dies in Familienzentren versucht. Aber auch die verschiedenen Felder der Beratung sollten stärker integriert werden, wie der Wissenschaftliche Beirat beim Bundesministerium für Familie und Senioren in seinem Gutachten eingehend entwickelt hat, wenn hier allerdings auch die unverkennbaren Spannungsverhältnisse zu berücksichtigen sind, die dabei auftreten können. Die erforderliche Entwicklung zur fachlichen Spezifizierung von Beratung wie die gleichermaßen sinnvoll erscheinende Stärkung einer ganzheitlichen Perspektive, die die Probleme gerade in ihrem familialen Kontext wahrnimmt, gilt es in eine praktikable Übereinstimmung zu bringen.

6. Für die angesprochenen vielfältigen Bildungs- und Beratungshilfen, die sich als wesentliche Elemente einer familienorientierten Kultur- und Bildungspolitik darstellen, lassen sich **Verschränkungen mit der Verwirklichung anderer familienpolitischer Grundziele** ausmachen, die ein auf Effizienz bedachtes Gesamtsystem der Familienpolitik berücksichtigen wird. So kann eine Trennungs- und Ehescheidungsberatung den Zielen einer sozialordnungskonformen Gestaltung des Rechts der elterlichen Sorge dienlich sein; eine Wohnberatung (mit Wohngeldberatung) kann wesentlich sein für die tatsächliche Erreichung wohnungspolitischer Ziele; eine Verbraucherberatung erweist sich als wichtige flankierende Maßnahme zu einkommenspolitischen Familienhilfen. Wenn aus den Problemlageanalysen, wie sie dem Einsatz der verschiedenartigen Erziehungshilfen zugrunde liegen, immer wieder die Bedeutung von gleichzeitigen sozial- und familienpolitischen Initiativen auf landes- und kommunalpolitischer, aber auch bundespolitischer Ebene zur Verbesserung der

208 Entwurf des Ministeriums für Arbeit, Gesundheit und Soziales in Nordrhein-Westfalen vom 19. Juli 1993 zur Familienbildung in Nordrhein-Westfalen. Auch der Wissenschaftliche Beirat für Familienfragen hat in seinem Gutachten (Anm. 190) die Stärkung der Prävention in der familienorientierten Beratung unterstrichen und als Empfehlung formuliert: »Angesichts der zunehmenden Bedeutung präventiver Arbeit empfielt der Beirat, die präventiven Tätigkeiten im Beratungswesen besonders zu unterstützen und dafür verschiedene Fördermodelle zu erproben, die veränderte Arbeitsweisen berücksichtigen. (. . .) Die Zusammenarbeit von Beratungsstellen mit Kindergärten, Schulen, Universitäten, Einrichtungen der Erwachsenenbildung und mit Betrieben sollte ausgebaut werden und zu festen Kooperationsbeziehungen führen.« (S. 158)

sozialökonomischen Versorgung benachteiligter Familien sichtbar wird, so wird damit auch unterstrichen, wie sehr die verschiedenen familienbezogenen Handlungsfelder, die politischen und die pädagogischen, miteinander verwoben und, was ihre Wirksamkeit angeht, wechselseitig von einander abhängig sind. Eine systematische Familienpolitik darf solche Zusammenhänge nicht ausblenden.

7. Angesichts der Bedeutung der Familienbildungs- und Beratungsarbeit für das gesamte System der Familienpolitik erscheint es wichtig, daß die Trägergruppen die **familienpolitische Vertretung ihrer Arbeit** konsequent betreiben. Dies dürfte zugleich der einheitlichen Weiterentwicklung der Jugendhilfe in dem Leistungsbereich der Familienbildung förderlich sein. Die Familienbildung wirkt im übrigen über die Förderung von elterlicher Erziehungskompetenz und anderen Handlungskompetenzen im familialen Bereich hinaus in die Gestaltung der sozialen Binnenstrukturen und der Außenbeziehungen von Familien hinein, so auch in die Gestaltung der Beziehungen von Familien und Erwerbsarbeitswelt. Hinsichtlich der letzteren gilt es, mit deren Bedingungen besser fertig zu werden und zu deren familienbezogener Veränderung – in den sehr begrenzten Möglichkeiten, die für Familien selbst bestehen – zu befähigen. Von daher hat Familienbildung die Familien und ihre Mitglieder auch zur gesellschaftlich wirksamen Vertretung ihrer Belange zu befähigen. Familienbildungsarbeit verzahnt sich insofern dann mit der organisierten Vertretung von familialen Belangen in den verschiedenen politischen Handlungsfeldern, wie dies im übrigen eine zentrale Aufgabe vor allem von Familienorganisationen darstellt. In diesem Zusammenhang ist an eine von Rita Süssmuth schon vor einer Reihe von Jahren getroffene, nach wie vor aktuelle Feststellung zu erinnern: »Pädagogische Intervention ist in ihren Wirkungsmöglichkeiten außerordentlich begrenzt, wenn sie nicht eingebettet ist in sozialstrukturelle Verbesserungen und materielle Hilfen für die Familie.«[209] Somit trägt richtig verstandene Familienbildung nicht zuletzt dazu bei, Familien darin zu ermutigen und zu unterstützen, auch selbst auf eine Verbesserung ihrer Lebens- und Entfaltungsbedingungen hinzuwirken.

7.2 Familienergänzende soziale Dienste

7.2.1 Aufgaben der personenbezogenen Hilfen

Familien sind – teils unabhängig von Sozialschichtzugehörigkeit und besonderen Problemlagen – elementar auf soziale Dienste verschiedenster Art aus ihrem Umfeld angewiesen. Nicht nur die Familien erbringen Vorleistungen für die außerfamiliaren Lebensbereiche wie etwa für die betriebliche Leistungserstellung; auch außerfamiliale Bereiche, hier insbesondere Einrichtungen und Dienste der sozialen und kulturellen Infrastruktur, erbringen vorleistende und ergänzende Dienste, die für eine möglichst gute Aufgabenerfüllung der Familien wichtig, teils unentbehr-

209 Rita Süssmuth, Familienbildung vor neuen Aufgaben – Eigenanspruch und Fremderwartung, in: BAG Katholische Familienbildung, Mitgliederversammlung 1980.

lich sind. Wirkungen einer sozialen Infrastruktur stellen sich als eine wichtige Ressource für Familienentwicklung dar. Personenbezogene Hilfen und Dienste tragen dabei weithin neuartigen Familienbedürfnissen als sogenannte »tertiären Mangelsituationen« Rechnung und sind vor allem auf Schwierigkeiten gerichtet, die nicht in erster Linie in der materiellen Versorgungslage begründet sind. Mit steigendem Realeinkommen in der Gesellschaft dürften diese sozialen Dienste tendenziell noch an Bedeutung gewinnen.

Personenbezogene Hilfen und Dienste finden als eine Verpflichtung öffentlicher Träger eine Grundlage im »Sozialgesetzbuch« (SGB). Das Sozialleistungsrecht, für dessen Kodifizierung 1975 das Sozialgesetzbuch geschaffen wurde, kennt drei Leistungsarten: die Geldleistung, die Sachleistung und die Dienstleistung (in der Sozialhilfe persönliche Hilfe genannt); zum Unterschied von der Geld- und Sachleistung stellt die Dienstleistung keine Zuwendung materieller Werte dar, wenn auch eine eindeutige begriffliche Angrenzung zur Sachleistung vielfach nicht möglich ist. In der Jugendhilfe stellen die erzieherischen Hilfen solche Dienstleistungen dar. Als eine Leistungsart des Sozialleistungsrechts besitzen Dienstleistungen vor allem als Beratung des Leistungsempfängers Bedeutung, wie sie durchweg auch in den verschiedenen Sozialgesetzen als Information über die bestehenden Rechtsansprüche des einzelnen vorgesehen ist, in Form der Herstellung von Verbindungen von Personen und Einrichtungen, die entsprechende Hilfe leisten können, sowie als allgemeine persönliche Betreuung. Organisiert werden diese Dienste und Hilfen in speziellen institutionalisierten Dienstleistungssystemen, die in unserer wertpluralistischen Gesellschaft vornehmlich von nichtstaatlichen, freien gesellschaftlichen Kräften getragen werden. Angesichts der Gesamtverantwortung der öffentlichen Hand hat die staatliche bzw. kommunale Familienpolitik zu gewährleisten, daß diese Dienste grundsätzlich zur Verfügung stehen. Charakteristisch für die personenbezogenen Dienstleistungen ist, daß die Anwesenheit und das »Mitmachen« des Adressaten im allgemeinen eine wichtige Voraussetzung in einer »wirksamen« Leistungserbringung sind.

Eine besondere Ausrichtung auf die Familie und ihre Lebensbedürfnisse haben insbesondere auch die Dienstleistungen der Familienfürsorge, die mit am Anfang der kommunalen Sozialarbeit stand und in den letzten Jahrzehnten bundesweit in den Allgemeinen Sozialdienst (ASD) oder in ein Amt für Familienhilfe umstrukturiert wurde. Für diese ist das Bemühen um einen ganzheitlichen Arbeitsansatz mit präventiver Ausrichtung kennzeichnend. Sie ist Bestandteil der sozialen Grundversorgung in der Kommune. Folgt man einer Sprachregelung, die zwischen familienunterstützenden, familienergänzenden und -ersetzenden Hilfen und Leistungen unterscheidet, dann lassen sich die Leistungen, um die es hier geht, den familienergänzenden Hilfen zuordnen; das sind Angebote, in denen die Familie für begrenzte Zeit von außerhalb durch Personen ergänzt wird, die in einem institutionellen Rahmen zur gesamten Familie oder zu einzelnen Familienmitgliedern in eine – auch methodisch strukturierte – Beziehung treten[210]. Die nachfolgende

---

210 Zum ASD siehe z. B. Martin R. Texter (Hrsg.), Allgemeiner Sozialdienst, Weinheim – Basel 1994; sowie Dieter Greese u. a. (Hrsg.), Allgemeiner Sozialer Dienst. Jenseits von Allmacht und Ohnmacht, Münster 1996².

Übersicht mag ein Bild von der Vielfalt der in Betracht kommenden **sozialen Dienste** vermitteln:

1. Hilfen nach dem Schwangeren- und Familienhilfegesetz; über den oben bereits erwähnten Anspruch auf Beratung im Zusammenhang mit einer Schwangerschaft, insbesondere in Not- und Konfliktsituationen sowie in Fragen der Familienplanung hinaus erhalten Schwangere in Notlagen Informationen über alle zur Verfügung stehenden staatlichen und privaten Hilfen sowie persönliche Unterstützung und Begleitung zur Bewältigung der Schwierigkeiten und zur Entwicklung einer Lebensperspektive. Zugleich werden materielle Hilfen vermittelt, die im Rahmen der Bundesstiftung »Mutter und Kind – Schutz des ungeborenen Lebens« sowie der einzelnen Landesstiftungen gewährt werden.
2. Außerfamiliale Kleinstkindbetreuung für Kinder unter drei Jahren; hier wird Hilfe zur Pflege und Erziehung in besonders enger Zusammenarbeit mit den Eltern geleistet.
3. Kindergarten (für die drei- bis sechsjährigen); mit dem Kindergarten als einer Einrichtung des Elementarbereichs, der Grundstufe eines einheitlich konzipierten Bildungswesens, wird bereits die Grenze zum Bildungssystem überschritten, in dem der Kindergarten einen eigenständigen Erziehungsauftrag hat. Die Vorschulerziehung ist bedeutsam im Hinblick auf den Ausgleich von Ungleichheiten in den Bildungschancen von Kindern. Hier kann schichtenspezifisch bedingten, aber auch mit den gewandelten demographischen Familienstrukturen (z. B. Einzelkindsituation) verbundenen Leistungsmängeln und -grenzen von Familien begegnet werden. Ferner können Unterschiede in den Startbedingungen heranwachsender Kinder stärker und gezielter auszugleichen versucht werden. Auch eine solche kompensatorische Erziehung sollte möglichst auf die Stärkung der elterlichen Erziehungsfähigkeit mit abgestellt sein. Deshalb erscheint auch das »Mitgehen« der Familien selbst besonders wichtig, so daß die Eltern in solche pädagogischen Bemühungen möglichst einzubeziehen sind[211]. Vor diesem Hintergrund ist besonderer Wert auf eine entsprechende Ausbildung der Fachkräfte im Vorschulbereich für eine auch eltern- und familienbezogene pädagogische Arbeit zu legen, für die im Rahmen des Arbeitszeitbudgets ein gewisser Spielraum abgesichert sein sollte. Der im Rahmen des Schwangeren- und Familienhilfegesetzes geschaffene Rechtsanspruch auf einen Kindergartenplatz für alle Kinder ab dem dritten Lebensjahr, hat in jüngster Zeit zu den bekannten Diskussionen um die Einlösung dieses Rechtsanspruchs geführt. Gewisse Zwischenlösungen sollen in einer Übergangszeit die Einlösung des Rechtsanspruchs erleichtern. Seitens der Gemeinden wird hier auf die damit verbundene ganz erhebliche zusätzliche finanzielle Belastung verwiesen. Für einen Kindergartenplatz können Investitionskosten in Höhe von 35 000 DM veranschlagt werden.

211 Schon vor einer Reihe von Jahren haben in den USA insbesondere von Urie Bronfenbrenner vorgenommene Auswertungen von Programmen der kompensatorischen Vorschulerziehung für sozial benachteiligte Bevölkerungsgruppen (»headstart-programme«) nicht nur gezeigt, daß die unterschiedlichen Lernmöglichkeiten in ihren familiären Umwelten sich schon sehr früh abzubilden beginnen, sondern auch erwiesen, wie wichtig es für einen wirklich dauerhaften Erfolg der pädagogischen Maßnahmen ist, daß die Familie bzw. die Mutter in die Durchführung der Programme mit einbezogen wird.

4. Kinderhorte als begleitende sozialpädagogische Angebote während der Grundschulzeit; sie sind besonders wichtig für erwerbstätige Eltern. Im Rahmen des Schwangeren- und Familienhilfegesetzes von 1992 wurde nicht nur der Rechtsanspruch auf einen Kindergartenplatz für drei- bis sechsjährige Kinder festgelegt, sondern auch vorgesehen, daß für außerhäusliche Kleinstkinderbetreuung sowie im Bereich der Kinderhorte ein ausreichendes Angebot sichergestellt werden soll; darauf besteht aber für die einzelne Familie kein Rechtsanspruch.
5. Familienpflege, verschiedentlich auch noch Hauspflege genannt; sie stellt auf die Sicherung der hauswirtschaftlichen Funktion ab und erbringt als ambulanter sozialpflegerischer Dienst in familiären Notlagen, insbesondere bei Ausfall der Mutter (bzw. des Elternteils, der die Haushaltsführung übernommen hat), vorübergehende Hilfe im Familienhaushalt. Familienpflege bildet heute eine eigenständige Hilfeform der modernen Sozialarbeit und erbringt bei den beispielhaft genannten Notständen vorübergehend Versorgungsleistungen für Familien (und Einzelpersonen) in ihrer familiären Umwelt in pflegerischer, pädagogischer wie auch hauswirtschaftlicher Hinsicht. Sie wird dann tätig, wenn es um mehrere dieser Aufgabenfelder geht, aber durchaus im Einzelfall auch komplementär etwa zu einer reinen Krankenpflege. Im Jahre 1991 hat der Deutsche Verein für öffentliche und private Fürsorge Empfehlungen für eine bundeseinheitliche Ausbildungsordnung für eine dreijährige Ausbildungsdauer beschlossen. Die Dienste werden von sozialpädagogisch und sozialpflegerisch ausgebildeten Familienpflegerinnen und Dorfhelferinnen erbracht, die auch von ehrenamtlichen Mitarbeitern und Nachbarschaftshilfen unterstützt werden. Getragen wird diese Arbeit von Verbänden der freien Wohlfahrtspflege, eigenständigen Familienpflegewerken oder Kommunen, wobei die Arbeit oft in Sozialstationen integriert ist. Für die Weiterführung eines geordneten Familienlebens kann die Vermittlung zu speziellen Fachdiensten und Beratungsstellen hinzutreten. Die finanzielle Absicherung dieser Familienpflegedienste muß als eine bedeutsame familienpolitische Aufgabe gelten.
6. Haushaltshilfe als eine Pflichtleistung der Gesetzlichen Krankenversicherung und anderer Rehabilitationsträger; sie dient der Versorgung des Haushalts, insbesondere der Betreuung der Kinder z. B. während eines Krankenhausaufenthaltes, oder stellt eine Hilfe dar, die zur Ergänzung der häuslichen Krankenpflege erforderlich ist.
7. Persönliche Hilfen im Rahmen der Sozialhilfe; hier werden gemäß dem Grundsatz der familiengerechten Hilfe eine Reihe von Einzelhilfen erbracht, die allerdings erst in Betracht kommen, wenn die Familie selbst eine hinreichende Sicherung für ihre Mitglieder nicht mehr gewährleisten kann.
8. Soziale Hilfe für Familien in besonderen Problemlagen wie Familien mit behinderten Kindern.
9. Hilfen für Familien, die Pflegeleistungen gegenüber alten Familienangehörigen erbringen; solche Hilfen rücken angesichts der drastischen Verschiebungen in der Altersstruktur der Bevölkerung, die auf längere Sicht weitgehend vorprogrammiert sind, nicht zuletzt für Familien mit in den Vordergrund, die Pflegeleistungen für alte Familienangehörige übernommen haben. Das neue Pflegeversicherungsgesetz bietet hierzu eine spürbare finanzielle Absicherung. Aus

familienpolitischer Sicht ist festzuhalten, daß ambulante Altenhilfe mit den pflegenden Familien eng kooperieren muß, wenn ein möglichst optimaler Erfolg erreicht und eine Überforderung der Beteiligten vermieden werden soll.

10. Schließlich sind in diesem Kontext Initiativen der Familienselbsthilfe wie in Mütter- und Nachbarschaftszentren oder in Eltern-Kinder-Gruppen hervorzuheben. In diesen Initiativen, die sich durchweg bewährt haben, schlägt sich der Grundsatz der Selbstorganisation nieder. Sie sollten als Ausdruck einer Weiterentwicklung der Familienarbeit gesehen und entsprechend in die Entwicklungsplanung auch nach dem Kinder- und Jugendhilfegesetz einbezogen werden, zumal Familienselbsthilfe nach diesem Gesetz ausdrücklich förderungsfähig ist. Demgemäß sollten Initiativen der Familienselbsthilfe auch verstärkt in die Angebote der Familienbildung einbezogen werden. Die grundsätzlich erwünschte möglichst niedrige Zugangsschwelle ist gerade bei Selbsthilfeangeboten gegeben. Eine Einbeziehung des gesellschaftlichen Engagements von Familienselbsthilfe und eine Einbindung familiärer Selbsthilfemaßnahmen in die Netze sozialer Dienste auf örtlicher Ebene muß als eine nahezu unverzichtbare Voraussetzung dafür angesehen werden, die künftig anstehenden sozialen Aufgaben zu bewältigen. Vor dem Hintergrund des Wandels der demographischen Familienstrukturen und der schwächer werdenden traditionellen Bindungen bildet die Unterstützung neuer sozialer Netzwerke mit Familienselbsthilfeelementen, aber auch die Vernetzung informeller Hilfesysteme mit institutionellen Einrichtungen der Familienbildung und -beratung und anderen familienbezogenen Diensten eine bedeutsame Aufgabe einer entsprechend breit angelegten Familienpolitik.

Ähnlich wie bei der Familienbildung und -beratung bewinnt auch bei den sozialen Diensten der Gesichtspunkt der **interkulturellen Öffnung** zunehmend an Gewicht. In den von der Beauftragten der Bundesregierung für die Belange der Ausländer zur Diskussion gestellten »Empfehlungen zur interkulturellen Öffnung sozialer Dienste« wird aufgrund der faktischen und abzusehenden demographischen, wirtschaftlichen und politischen Entwicklungen vorgeschlagen, die bestehende Angebotsstruktur sozialer Dienste konsequent für Zuwanderer zu öffnen und dabei den spezifischen Bedürfnissen der verschiedenen Zuwanderergruppen Rechnung zu tragen. In den Empfehlungen wird unterstrichen, daß die interkulturelle Öffnung sozialer Dienste sich nicht von allein ergibt, sondern des Anstoßes von außen und einer kontinuierlichen Begleitung bedarf. Im übrigen setzt sie die Überprüfung der bestehenden organisatorischen Strukturen und Rahmenbedingungen voraus[212].

7.2.2 Förderung der Familienerholung

Ein anschauliches Beispiel dafür, wie eine familienpolitische Maßnahme gleichzeitig an mehreren familienpolitischen Zielen orientiert sein kann, bildet die Förderung

212 Vgl. im einzelnen: Mitteilung der Beauftragten der Bundesregierung für die Belange der Ausländer, Nr. 5, in der Diskussion: Empfehlungen zur interkulturellen Öffnung sozialer Dienste, Bonn 1994.

von Familienerholung, die im Konzept der Familienförderung seit Jahren einen festen Platz hat. Aktivitäten freier, gesellschaftlicher oder öffentlicher Träger, die auf die Ermöglichung von Familienferien bzw. Familienfreizeiten und auf die Erholung von Familien wie auch von einzelnen Familienmitgliedern ausgerichtet sind, gehören einmal zu den familienunterstützenden Leistungen, wie sie im Kinder- und Jugendhilfegesetz insbesondere für belastende Familiensituationen angesprochen sind. Zugleich rückt damit aber auch das Ziel der Sicherung eines Mindestmaßes an gemeinsamer freier Zeit der Familienmitglieder ins Blickfeld, und zwar auch von Zeit zu Zeit nach Möglichkeit als gemeinsamer Erholungsurlaub in einer auf die Bedürfnisse von Familien ausgerichteten Ausgestaltung[213]. Insoweit die Förderung von gemeinsam von der Familie verbrachten Ferien zu wirtschaftlich günstigen Angeboten führt, deren Inanspruchnahme den einzelnen Familien eventuell noch durch öffentliche Zuschüsse erleichtert wird, werden zugleich zusätzlich einkommenspolitische (Neben-)Effekte bewirkt. So lassen sich an der Förderung der Familienerholung eine Reihe von inneren Verzahnungen wirtschaftlicher und außerwirtschaftlicher Hilfen ebenso verdeutlichen wie das – keineswegs immer zufriedenstellende – Zusammenwirken unterschiedlicher familienpolitischer Entscheidungsebenen. In der damit angesprochenen familienbezogenen sozialen Infrastruktur haben gerade auch **gemeinnützige Familienferienstätten** ihren Platz. Gegenwärtig gibt es in Deutschland rund 170 Einrichtungen dieser Art, die überwiegend von freien, gesellschaftlichen bzw. kirchlichen Einrichtungen getragen werden. Von der Existenz dieser gemeinnützigen Familienferienstätten können wiederum zugleich Anstöße für eine familienfreundliche Gestaltung der Erholungsangebote im privaten Fremdenverkehrsgewerbe ausgehen, was im Interesse einer systematischen Familienpolitik liegt und in den vergangenen Jahren auch tatsächlich der Fall war.

Schon Ende der fünfziger Jahre und in den sechziger Jahren konnten in der Bundesrepublik wichtige Schritte zum Ausbau der Familienferienstätten getan werden. Dies wurde möglich durch Zusammenspannen von Eigenmitteln der Träger und von Zuschüssen des Bundes und der Länder. Kommunen stellen dabei nicht selten preisgünstiges Baugelände zur Verfügung. Wie auch dieses Beispiel zeigt, bedarf die Familienpolitik immer wieder der Kooperation zwischen verschiedenen Trägerebenen. Urlaub für Familien ist – je nach Alter der Kinder – sehr häufig Urlaub aller Familienmitglieder zusammen. Darin liegt ihre große Bedeutung: Es ist sehr wichtig für den Zusammenhalt, die Entwicklung, aber auch die physische und psychische Gesundheit aller Familienmitglieder, daß sie außerhalb des Alltags mit seinen vielfältigen Verpflichtungen Zeit füreinander haben, sich erholen und miteinander Freizeit erleben können, nicht zuletzt mehr Ruhe für gemeinsame Gespräche haben. Vielfach sind Familien aus finanziellen Gründen noch immer nicht in der Lage, regelmäßig gemeinsamen Urlaub zu machen. Dies sind vor allem kinderreiche Familien, Alleinerziehende und Familien mit geringem Arbeitseinkommen, das unter Umständen auch noch durch Arbeitslosigkeit ganz ausfallen kann. Auch diesen Familien sollte gemeinsamer Urlaub möglich sein; auf diese Familien wird

213 Das eigenständige familienpolitische Grundziel der Absicherung eines Mindestmaßes an gemeinsamer freier Zeit der Familienmitglieder bedürfte einer umfassenderen Problembehandlung, von der in diesem Überblick aber abgesehen werden muß.

sich die besondere Aufmerksamkeit der Träger der Familienferienstätten in Zukunft verstärkt richten müssen.

Seit über 30 Jahren fördert der Bund den Bau und die Einrichtung von Familienferienstätten und trägt damit dazu bei, familiengerechte Urlaubsmöglichkeiten bereitzustellen. In jüngster Zeit stehen die **neuen Bundesländer** besonders im Blickfeld. Während in den alten Bundesländern auf ein weithin flächendeckendes Angebot von gemeinnützigen Familienferienstätten zurückgegriffen werden kann, konzentrieren sich gegenwärtig die gemeinsamen Anstrengungen von Bund, Ländern und Trägern gemeinnütziger Familienerholung darauf, auch in den neuen Ländern ein entsprechendes bedarfsdeckendes Netz an Familienerholungseinrichtungen zur Verfügung zu stellen. Dies geschieht in bewährter Absprache nicht nur mit den Ländern, sondern auch mit den beteiligten Arbeitskreisen der Trägerorganisationen, die in der Arbeitsgemeinschaft der Arbeitskreise der Familienerholung zusammengeschlossen sind. Allein von 1990 bis 1994 hat das Bundesministerium für Familie und Senioren mehr als 43 Millionen Mark für den Bau und die Einrichtung von Familienferienstätten bereitgestellt; davon ist in Absprache mit den Ländern und den Trägern der überwiegende Anteil Familienferienstätten in den neuen Bundesländern zugute gekommen. Bis zum Jahre 1994 wurde die Sanierung von 14 gemeinnützigen Familienferienstätten in den neuen Ländern unterstützt. Gleichwohl ergab sich für die folgenden Jahre noch weiterer Finanzierungsbedarf in Höhe von über 30 Millionen Mark. Ziel ist, in den neuen Bundesländern eine vergleichbare Struktur aufzubauen, wie sie in den alten Bundesländern besteht. Besondere Bedeutung wird der Begegnung von Familien aus Ost- und Westdeutschland beigemessen, weshalb ein besonderes Modellprogramm »Ost-West-Familienbegegnungen« zu Beginn des Jahres 1992 initiiert wurde, das aus dem Bundeshaushalt finanziert wurde, allerdings 1994 wieder ausgelaufen ist.

Die Familienferienförderung hat inzwischen die nationalen Grenzen längst überschritten. In den Familienferienmaßnahmen fanden schon recht früh deutsch-französische Familienbegegnungen ihren Platz. Auch erfolgte die erste Beteiligung von deutscher Seite an einer europäischen Familienferienstätte in Frankreich. Im Frühjahr 1994 hat die Bundesregierung den Bewilligungsbescheid für die Förderung des Baus der ersten europäischen Familienferienstätte in Osteuropa, nämlich in Ungarn, (für den Bau einer Familienferien- und Familienbildungsstätte am Plattensee) erteilt. Die Förderung des Baus dieser Stätte der Begegnung zwischen Völkern wird bewußt auch als Zeichen der Hoffnung und des Dankes verstanden. Zugleich dürfte die **europäische Zusammenarbeit** auf dem Sektor der Familienerholung für alle Beteiligten neue Erfahrungen bringen. Im übrigen gilt auch hier, daß eventuelle Vorurteile sich am ehesten in der persönlichen Erfahrung miteinander abbauen lassen.

Familienferienstätten bieten erfahrungsgemäß die Möglichkeit eines recht komplexen Ansatzes familienbezogener Hilfen und Dienste. Hier ist nicht allein an die Erholung zu denken – einschließlich der Möglichkeiten der Vermittlung von vertieften Kenntnissen über gesunde Ernährung. Hinzu treten, auch wenn die Rekreation zu Recht im Vordergrund steht, immer wieder familienpädagogische und beraterische Angebote sowie, insbesondere bei konfessionellen Trägern, Angebote der Familienseelsorge. Es gilt, solche Maßnahmen auch weiterhin aufeinander zu beziehen und die in der gemeinsamen Freizeit liegenden Möglichkeiten für Eltern und

Kinder voll auszuschöpfen. Allerdings sind solche pädagogischen Dienste und beraterischen Hilfen an die Familien nicht zum Nulltarif zu haben. An den Hilfestellungen auch seitens der Träger, wie etwa der Kirchen, läßt sich mit ablesen, wie ernst diese die Probleme von Familien in der modernen Gesellschaft nehmen.

Gemeinsam – hier liegt auch eine Aufgabe der Trägerorganisationen – werden sich alle Beteiligten weiterhin um eine befriedigende Lösung der sogenannten Mischfinanzierung kümmern müssen. Verschiedentlich zogen die Länder nicht so mit, wie dies im Interesse der **Weiterentwicklung** wünschenswert gewesen wäre. Sie waren daran zu erinnern, daß sie durch ein begrenztes eigenes finanzielles Engagement zugleich Bundesmittel mobilisieren konnten. Verweise auf bürokratische Hemmnisse und wechselseitiges Warten auf den anderen führen hier nicht weiter; gefordert ist eine am Ziel orientierte Kooperation aller Beteiligten im Interesse der Familien. Die individuellen Zuschüsse an die Familien, die auf der Länderebene – allerdings ohne Rechtsanspruch – neben der institutionellen Förderung ihren Platz haben, wurden keineswegs an die Preisentwicklung angepaßt und haben insoweit an Realwert eingebüßt. In einigen Ländern wurden die Mittel für diese Zuschüsse sogar spürbar gekürzt. Vor allem sind die maßgebenden Einkommensgrenzen durchweg nicht dynamisiert, so daß die Zuschüsse oft nur noch für unterste Einkommensgruppen in Betracht kommen. Die Länder werden hier darüber nachdenken müssen, wie trotz finanzieller Anspannungen diese Hilfen bei der Zuschuß- und Förderpolitik den ihnen zukommenden Platz behalten. Um so mehr ist es zu begrüßen, wenn einzelne Kreise, Städte und Gemeinden eigene Zuschüsse gewähren. Die Träger der Familienerholung werden ihrerseits, wie die bisherige Erfahrung zeigt[214], ihre Konzepte unter Berücksichtigung der eingetretenen Veränderungen in den soziodemographischen Familienstrukturen fortentwickeln müssen, um die eigentlichen Zielgruppen wirklich zu erreichen und vor allem auch dem präventiven Charakter von Familienerholung insgesamt unter veränderten Bedingungen besser Rechnung tragen zu können. Insoweit unter Umständen damit gerechnet werden muß, das öffentliche Zuschüsse für Familienferienstätten wie auch Individualzuschüsse für Familien in Zukunft nicht weiter erhöht, sondern eher noch zurückgeführt werden, erwachsen daraus zusätzlich verstärkte Anforderungen an ein modernes betriebswirtschaftliches Management in den Einrichtungen, dem für bestimmte Umstrukturierungen im Angebot an Familienerholung freilich auch die nötige Flexibilität nicht durch entbehrliche Reglementierungen eingeengt werden darf.

Familienferienaufenthalte können und sollten schließlich auch dazu genutzt werden, Eltern für die Interessenvertretung von Familienbelangen zu motivieren. Hier kann im Rahmen der Familienferienerholung, etwa im Zusammenhang mit Bildungsangeboten, ein wichtiger Beitrag zur Bündelung des Solidaritätspotentials junger Familien bei der Artikulation ihrer Belange in der politischen Meinungsbildung geleistet werden.

---

214 Bernhard Jans, Zur Zukunft gemeinnütziger Familienerholung, in: Stimme der Familie, (1996) 11–12, S. 18–21.

8. Träger der Familienpolitik und die Problematik der Koordinierung

8.1 Trägerstruktur der Familienpolitik

Im Verlauf der Behandlung der erörterten familienpolitischen Grundziele und ihrer Verwirklichung in den hauptsächlichen Maßnahmenfeldern wurde immer wieder deutlich, wie sehr im System einer entfalteten Familienpolitik unterschiedliche Träger und damit je spezifische Entscheidungsebenen ins Spiel kommen, unter Umständen freilich auch Träger mit je unterschiedlichen ordnungspolitisch bestimmten Zielvorstellungen. Bei einer differenzierenden Sicht der Trägerstruktur können von den *Trägern* der Familienpolitik, die die familienpolitischen Entscheidungen machtmäßig tragen, noch wiederum *Organe* der Familienpolitik unterschieden werden, die mit der Durchführung familienpolitischer Maßnahmen, z. B. der Ausrichtung des Familienlastenausgleichs, befaßt sind, deren eigener Entscheidungsspielraum aber sehr begrenzt ist. Eine solche Unterscheidung[215] darf aber z. B. nicht einfach mit der Unterscheidung zwischen öffentlichen und nichtöffentlichen Trägern familienpolitischer Maßnahmen gleichgesetzt werden. Freie, gesellschaftliche Träger können in die Umsetzung staatlicher familienpolitischer Entscheidung einbezogen sein; im Arbeits- und Wirtschaftsleben können Betriebe verpflichtet sein, familienbezogene sozialrechtliche Normen zu erfüllen. Gleichwohl bleiben diese Gesellschaftsträger im Rahmen ihrer Handlungsautonomie zugleich selbst verantwortliche Träger familienpolitischer Maßnahmen, also etwa einer autonomen betrieblichen Familienpolitik. Ähnliches gilt für die Träger der freien Wohlfahrtspflege. In dem nachstehenden Überblick soll die Trägervielfalt familienpolitischer und familienbezogener Maßnahmen kurz zusammengefaßt werden. Die mehrgliedrige Trägerschaft entspricht den Problemlösungsprozessen des »Steuerungsstaates«, wie er verschiedentlich als Weiterentwicklung des Sozialstaats gesehen wird[216].

Entsprechend der föderalen Struktur der Bundesrepublik Deutschland sind im Bereich des öffentlichen Handelns die kommunale Ebene und die staatliche Ebene (Bund und Länder) zu unterscheiden. Diese Träger von Familienpolitik, die auch als »globale Gesellschaften« auf lokaler (Gemeinden) und territorialer (Bund und Länder) Basis bezeichnet werden könnten – im Unterschied zu gesellschaftlichen Teilsystemen[217]–, stehen im Zentrum der Trägerstruktur weiter Teilbereiche der Familienpolitik.

215 Vgl. für die Sozialpolitik z. B. Heinz Lampert, Lehrbuch der Sozialpolitik, Berlin 1985, S. 331

216 I. Gerlach (Anm. 14), S. 163.

217 Vgl. dazu die soziologisch orientierte Darstellung im Anschluß an René König in der früheren Arbeit von M. Wingen (Anm. 5), S. 172 ff

8.1.1 Öffentliche Träger

8.1.1.1 Kommunen

Auf der örtlichen Ebene sind die kommunalen Gebietskörperschaften (kreisfreie Städte, kreisangehörige Gemeinden, Landkreise und Gemeindeverbände) in besonderer Weise zur Bewältigung familienpolitischer Problemlagen herausgefordert, nehmen sie doch mit ihrer verfassungsrechtlich garantierten Allzuständigkeit des örtlichen Wirkungskreises für die Daseinsvorsorge »vor Ort« geradezu eine Schlüsselstellung ein. Lebensqualität von Familien entscheidet sich in erster Linie auf der örtlichen (und regionalen) Ebene. Auch wenn es in Deutschland keinen dreistufigen, sondern einen zweistufigen Staatsaufbau gibt, so sind die Kommunen und Kreise dennoch originäre Träger von Familienpolitik. Im Rahmen der Gesetze können die Gemeinden und Gemeindeverbände gemäß Artikel 28 Absatz 2 GG alle Angelegenheiten der örtlichen Gemeinschaft in eigener Verantwortung regeln. Für das Zusammenwirken von kommunalen und staatlichen Entscheidungsträgern sind die Aufgaben, die die Kommunen im Rahmen der Allzuständigkeit des örtlichen Wirkungskreises von sich aus aufgreifen, von den Aufgaben zu unterscheiden, die sie aufgrund gesetzlicher Regelungen, also aufgrund bundes- oder ländergesetzlicher Zuweisungen als sogenannte Pflichtaufgaben wahrnehmen.

Wie im Verlauf der Darstellung mehrfach sichtbar wurde, kann und muß gerade eine kommunale Familienpolitik, die in den vergangenen Jahrzehnten konstituiert und entfaltet worden ist, in spezifischer Weise auf familiengerechte Lebensverhältnisse hinwirken: so vor allem im Wohnungssektor einschließlich des Wohnumfeldes, bei dem eine familienorientierte Gestaltung bereits bei der Bauleitplanung beginnt, für die die Gemeinden auf der Grundlage des Bundesbaugesetzes die Planungshoheit haben; in der familienbezogenen sozial-kulturellen Infrastruktur, insbesondere in der Sicherstellung eines ausreichenden Angebots an familienunterstützender Erziehung und Bildung sowie familienergänzender Kinderbetreuung; bei der Beteiligung an der Gesundheitsförderung in und für Familien. Eine Reihe von familienpolitischen Aufgaben können am sachgerechtesten von Gemeinden erfüllt werden. Als **Grundformen ihrer Tätigkeit** innerhalb der Familienpolitik lassen sich unterscheiden:

1. der Vollzug staatlicher Aufgaben, die den Gemeinden (bzw. Kreisen) durch Landes- oder Bundesrecht übertragen werden und von ihnen als örtlichen Hoheitsträgern durchgeführt werden;
2. die Entwicklung und Erbringung von Leistungen und Diensten aus originärer Kompetenz;
3. die Anregung sowie materielle und ideelle Förderung freier, gesellschaftlicher Träger, die Leistungen und Dienste für Familien erbringen;
4. das Hinwirken auf ein familienfreundliches öffentliches Bewußtsein auf der örtlichen und regionalen Ebene.

Die Umsetzung von Maßnahmen, die den Gemeinden zur Auflage gemacht sind (Pflichtaufgaben), geschieht im familienpolitisch relevanten Feld neben der Bauleitplanung z. B. auf der Grundlage des Kinder- und Jugendhilfegesetzes, so daß im letzteren Falle die familienbezogenen Leistungen insbesondere der kreisfreien Städte und der Landkreise häufig als »Jugendhilfe« in Erscheinung treten. Dort, wo die Gemeinde selbst durch Daseinsvorsorge aus originärer Kompetenz als Träger örtlich gebundener Leistungen auftritt, handelt es sich sehr häufig um personale Dienstleistungen, die dann eher als »Familienhilfe« firmieren. Es handelt sich dabei weithin um Förderungsmaßnahmen, die auf freiwilliger Grundlage zum einen erfahrungsgemäß in Zeiten angespannter öffentlicher Kassen besonders gefährdet sind, andererseits aber das Lebensumfeld von Familien besonders betreffen können. Zu dem eigenständigen Handlungsfeld der Kommunen kann auch die Festsetzung von Normen im Ortsstatut gehören, die auf den Schutz und die Förderung der Familien ausgerichtet sind, mit dem Ziel, die örtlichen Verhältnisse mit Blick auf Familienbelange zu beeinflussen.

In jüngerer Zeit haben Gemeinden verschiedentlich für kinderreiche Familien eine kommunale Aufwendungsbeihilfe bei der Geburt eines dritten oder weiteren Kindes vorgesehen. Die Frage der Rechtmäßigkeit solcher Aufwendungsbeihilfen hat allerdings zu Diskussionen über die Abgrenzung der kommunalen Zuständigkeit in der Familienpolitik geführt, nachdem das Oberverwaltungsgericht Nordrhein-Westfalen in einem Urteil vom 19. Januar 1995 festgestellt hatte, dieses kommunale Handeln sei mangels entsprechender kommunaler Kompetenz rechtswidrig; es handle sich hier vielmehr um eine Maßnahme des allgemeinen Familienlastenausgleichs, der gemeindlichen Aktivitäten nicht zugänglich sei. Nur für ein »Patenschaftsgeld«, das vornehmlich dazu bestimmt sei, der Verbundenheit der örtlichen Gemeinschaft mit dem Neugeborenen und seinen Eltern Ausdruck zu verleihen, komme eine andere Beurteilung in Betracht. Hierzu ist festgehalten worden[218], daß die Gewährung einer kommunalen Aufwendungsbeihilfe an kinderreiche Familien jedenfalls dann regelmäßig nicht zu beanstanden sei, wenn sie in Form einer der Höhe nach angemessenen Einmalzahlung erfolge. Eine Unterscheidung danach, ob ein »Patenschaftsgeld« oder eine »Aufwendungsbeihilfe« vorliege, stelle kein sachgerechtes Entscheidungskriterium dar und verkenne überdies den durch die Verfassung verbürgten Umfang der kommunalen Selbstverwaltung.

Im übrigen sind die familienpolitisch relevanten Handlungsmöglickeiten durch unterschiedliche allgemeine kommunalrechtliche Regelungen der Bundesländer hinsichtlich der Aufgabenwahrnehmung durch die Kommunen nicht einheitlich; nicht alle Länder haben sich für die (herkömmliche) Aufgabenstruktur entschieden, nach der sich die gemeindlichen Aufgaben in Angelegenheiten des eigenen Wirkungskreises (Selbstverwaltungsangelegenheiten), deren Erledigung nur der staatlichen Rechtsaufsicht untersteht, und Angelegenheiten des übertragenen Wirkungskreises (Auftragsangelegenheiten), deren Erledigung der staatlichen Rechts- und Fachaufsicht untersteht, aufgliedern lassen. Bei Weisungsaufgaben vollziehen die Kommunen Gesetze für die Länder, die diese als Bundesauftragsangelegenheit durchzuführen haben; familienpolitikrelevante Beispiele dafür sind das Bundesaus-

218 Michael Ch. Jakobs/Konrad Machens, Kommunale Familienpolitik. Rechtmäßigkeit kommunaler Aufwendungsbeihilfen für kinderreiche Familien, in: Stimme der Familie, (1996) 5–6, S. 15ff.

bildungsförderungsgesetz und das Wohngeldgesetz. Auf der kommunalen Ebene ist die Verbindung zu den freien, gesellschaftlichen Trägern sehr eng, die vielfältige Aufgaben auch im Bereich familienbezogener Dienste erfüllen und dabei weithin von den Gemeinden gefördert werden. Diese kommunalen Förderleistungen, z. B. an die Freie Wohlfahrtspflege, können im Einzelfall auch gesetzlich festgelegt sein (z. B. Kindergartengesetze der Länder).

Die Kommunen haben gemäß dem sozialordnungspolitischen Grundsatz der Subsidiarität freien Trägern der Familienförderung Vorrang einzuräumen und im übrigen der Selbsthilfe der Familien Raum zu geben. Vor diesem Hintergrund haben gerade auf der örtlichen Ebene alle familienpolitisch wirkenden Kräfte zusammenzuarbeiten; die Kommunen haben die Aufgabe, hier anregend, koordinierend und unterstützend tätig zu werden. Wo Handlungsdefizite sich nicht beseitigen lassen, sind eigene kommunale Maßnahmen gefordert. Damit fällt den Gemeinden insgesamt eine zentrale Moderatorenrolle zu. Um diese wirksam ausüben zu können, bedarf es organisatorischer Strukturen für ein eigenständiges familienpolitisches Agieren der Gemeinden im Sinne einer solchen Moderatorenrolle. Welche Organisationsstrukturen dabei im einzelnen konkret gewählt werden sollten, können die Gemeinden aufgrund ihrer Organisationsfreiheit danach entscheiden, welche Form angesichts der örtlichen Gegebenheiten für eine partnerschaftliche und wirksame Zusammenarbeit am besten geeignet erscheint. Auch dies läuft auf die Ausformung einer eigenständigen familienpolitischen Kompetenz der Kommunen hinaus. Letztlich bedeutet dies vor allem, Formen für eine regelmäßige Zusammenarbeit insbesondere von Sozialamt, Wohnungsamt, Jugendamt, Wirtschaftsförderung u. ä. aufzubauen[219].

Um die Gemeinden zur Förderung familien- und kindgerechter Lebensverhältnisse zu ermuntern, haben in der Vergangenheit einzelne Bundesländer besondere Landeswettbewerbe zur »familienfreundlichen Gemeinde« durchgeführt; den politisch Verantwortlichen wie auch der breiten Öffentlichkeit soll damit die Bedeutung einer familienfreundlichen Kommunalpolitik besonders bewußt gemacht werden. Als Vorbilder ausgezeichnete und bekannt gemachte Maßnahmen einzelner Gemeinden können und sollen Anstoß für andere Gemeinden werden. Eine Sonderform der Selbstleistung der Gemeinden liegt dort vor, wo sie als Dienstherr bzw. Arbeitgeber auftreten. Die Gemeinden haben in der Gestaltung der Arbeits- und Lohnverhältnisse der eigenen Bediensteten vielfach versucht, zusätzliche soziale Leistungen zu erbringen. So sind schon sehr früh, in Deutschland bereits vor dem Ersten Weltkrieg, seitens einzelner Gemeinden Familienzulagen gezahlt worden, bevor hier generelle Regelungen für den öffentlichen Dienst Platz griffen.

---

219 Vgl. dazu im einzelnen auch: Clemens Geißler/Elvira Helme/Dirk Heuwinkel (Bearb.), Handbuch zur örtlichen und regionalen Familienpolitik, Schriftenreihe des BMFuS, Bd. 5.1, sowie Ausgangspunkte und Handlungsrahmen für eine örtliche und regionale Familienpolitik, Schriftenreihe des BMFuS, Band 5.2, Bonn 1992. Zur politikwissenschaftlichen Aufarbeitung der Organisationsstrukturen nicht nur auf kommunaler Ebene, sondern auch in Bund und Ländern vgl. insbes. Ursula Münch, Familienpolitik in der Bundesrepublik Deutschland. Maßnahmen, Defizite, Organisation familienpolitischer Staatstätigkeit, Freiburg/Br. 1990.

8.1.1.2 Länder

Die Länder und die Ländergesetzgeber sehen sich entsprechend dem zweistufigen Staatsaufbau oberhalb der Gemeinden, vielfältigen familienpolitischen Gestaltungsnotwendigkeiten und -möglichkeiten gegenüber. Als **Grundformen der Tätigkeit** der Länder mit den entsprechenden verschiedenen Handlungsgrundlagen lassen sich unterscheiden:

1. der Vollzug von familienpolitischen Bundesgesetzen;
2. die eigenständige familienpolitische Gestaltung durch Landesgesetze;
3. ein familienpolitikbezogenes Tätigwerden im Rahmen der Leistungsverwaltung;
4. die Anregung von familienbezogenen Maßnahmen nichtöffentlicher Gesellschaftsträger (unter Umständen durch Einrichtung von Modellmaßnahmen) sowie die materielle und/oder immaterielle Förderung dessen, was diese Träger aufgrund der staatlichen Anregung oder aus eigener Initiative leisten;
5. das Hinwirken auf ein familienfreundliches öffentliches Bewußtsein im Land (z. B. durch die Ausschreibung von Wettbewerben etwa zur familienfreundlichen Gemeinde oder zum familienfreundlichen Betrieb).

Aufgrund ihrer Vollzugskompetenz führen die Länder in der Regel familienpolitisch relevante Bundesgesetze in eigener Verantwortung aus; dies kann dann auch die Einrichtung von Ämtern einschließen, die für die Gesetzesausführung zuständig sind. Davon zu unterscheiden ist die Durchführung im Auftrag des Bundes, wie z. B. bei den »Geldleistungsgesetzen« Bundesausbildungsförderungsgesetz und Wohngeldgesetz, deren Leistungen zumindest zur Hälfte aus Bundesmitteln finanziert werden. Die Ausführung eines Bundesgesetzes kann im Ausnahmefall durch die bundeseigene Verwaltung erfolgen, wie bei der familienpolitisch wichtigen Kindergeldregelung, die mit der Neuordnung ab Anfang 1996 über die schon bisher bei der Arbeitsverwaltung bestehenden Kindergeldkassen abgewickelt wird, wobei diese Kassen – in Familienkassen umbenannt – künftig insoweit Bundesfinanzbehörden und der Fachaufsicht des Bundesamtes der Finanzen unterstellt sind.

Eine familienpolitikrelevante Gestaltung durch eigene Landesgesetze kann entweder aufgrund der ausschließlichen Gesetzgebungskompetenz der Länder wie z. B. im Bildungswesen und Schulrecht oder auf der Grundlage von gesetzgeberischen Handlungsspielräumen beruhen, die durch vom Bund im Rahmen der sogenannten konkurrierenden Gesetzgebung nicht erschöpfend vorgenommenen Regelungen bestehen. Im Rahmen der konkurrierenden Gesetzgebung haben die Länder das Recht zur Gesetzgebung nur, solange und soweit der Bund von seinem Gesetzgebungsrecht keinen Gebrauch macht (Artikel 72, Absatz 1 GG). Der Bund hat dieses Gesetzgebungsrecht zwar nur dann, wenn ein Bedürfnis nach bundesgesetzlicher Regelung besteht; dieses ist aber gerade auch familienpolitisch weithin schon durch das Erfordernis der Wahrung der Einheitlichkeit der Lebensverhältnisse (Artikel 73, Absatz 2, 3 GG) zu bejahen, so daß die konkurrierende Gesetzgebung in familienpolitischer Hinsicht praktisch weitestgehend durch Bundesrecht ausgefüllt ist. Im übrigen muß der Landesgesetzgeber dann auch bei einer ergänzenden gesetzlichen Regelung, so jedenfalls nach den verfassungsrechtlichen Interpretationen, sorgfältig darauf achten, daß ergänzende Regelungen sich nach der Zielrichtung, dem Umfang, der Tragweite und den Grenzen des Bundesgesetzes ausrichten. Der Bund kann aber auch bei seiner Gesetzgebung ausdrücklich Ermächtigungen oder Vorbehalte zugunsten von Landesgesetzgebung vorsehen, so z. B. der Fall für den Bereich des Kinder- und Jugendhilfegesetzes. Im Einzelfall können gesetzgeberische Handlungsspielräume für die Länder ferner dadurch entstehen, daß der Bund im Bereich der konkurrierenden Gesetzgebung ein Gesetz aufhebt, ohne ein neues Gesetz zu erlassen; dies war z. B. bei der weitgehenden Abschaffung der Schülerförderung Anfang der achtziger Jahre der Fall, mit der Folge einzelner entsprechender Landesgesetze.

Im Rahmen der Leistungsverwaltung der Länder, der überwiegenden Grundlage für ihr familienpolitisches Tätigwerden, die ebenfalls an die Kompetenzabgrenzung der Verfassung gebunden ist, handeln die Länder in Gestalt von Richtlinien oder Verwaltungsvorschriften. Dabei können die Maßnahmen und Leistungen, häufig wirtschaftliche Hilfen für Familien, auf die kein Rechtsanspruch des einzelnen besteht und die unter dem Vorbehalt bewilligt werden, daß vom Parlament zugewiesene Fördermittel zur Verfügung stehen, je nach finanziellem Handlungsspielraum im Landeshaushalt relativ flexibel gehandhabt werden. Andererseits schlagen dann allerdings auch finanzpolitische Engpässe stärker durch, was die Verläßlichkeit der Leistungen beeinträchtigen kann. Sie verstehen sich teilweise als ergänzende Maßnahmen zu Bundesregelungen. Wichtiges Beispiel sind die Landeserziehungsgeldregelungen, mit Ausnahme des Landeserziehungsgeldes in Bayern, das auf einem eigenen Gesetz beruht. Gerade diese Maßnahmen im Rahmen der Leistungsverwaltung tragen zu einer von Land zu Land sehr unterschiedlichen Ausgestaltung familienpolitischer Maßnahmen bei, die im übrigen – wie bundesgesetzliche Regelungen auch – von unterschiedlichen gesellschaftspolitischen Leitvorstellungen geprägt sind. Ein solcher Einfluß (partei-)politisch bedingter Sichtweisen von familienpolitischen Erfordernissen läßt sich etwa bei dem noch kurz zu erörternden Verhältnis von monetären Individualleistungen und kollektiven Sach- und Dienstleistungen beobachten.

Für die Länder ergibt sich vor allem aus ihrer **Kulturhoheit** eine breite, insbesondere bildungspolitische Verantwortung auch gegenüber den konkreten Lebensbedingungen und Gefährdungen von Familien, die dem »Querschnittscharakter« einer systematischen Familienpolitik entspricht. Weit über das Beziehungsverhältnis von Familie und Schule hinaus sind hier die Maßnahmen und strukturellen Hilfen hervorzuheben, die im Feld der Familienbildung und -beratung entwickelt wurden und weiter auszubauen sind. Absicherung und gegebenenfalls Ausbau des Betreuungsangebots für Kinder sind in ihrer Tragweite für das Alltagsleben von Familien in ihrem größeren familienpolitischen Zusammenhang zu sehen, weshalb auch einzelne Landesregierungen z. B. in der Förderung des Kindergartens geradezu einen »zentralen Bereich der Familienpolitik« sehen[220]. Im Hinblick auf die bessere Vereinbarkeit von Familientätigkeit und Erwerbstätigkeit stehen dabei neben der Vorschulerziehung für die Drei- bis Sechsjährigen gleichrangig die familienergänzenden Hilfen in der frühkindlichen Erziehung für die unter drei-

220 Vgl. Ministerium für Arbeit, Gesundheit und Soziales (Hrsg.), Familienbericht der Landesregierung Nordrhein-Westfalen, o. J. (1990), S. 105.

jährigen Kinder sowie der Kinderhorte während der Grundschulzeit im Mittelpunkt familienbezogener Politik der Länder. Von elementarer Bedeutung für das Wohlergehen von Familien muß im übrigen der Bereich Wohnen und Wohnumfeld gelten, dem in der Landespolitik besonderes Gewicht zukommt und bei dem zugleich in vielfältiger Weise die drei gebietskörperschaftlichen Ebenen von Bund, Ländern und Gemeinden mit ihren Entscheidungen ineinander greifen.

8.1.1.3 Bund

Bund und Bundesgesetzgeber werden familienpolitisch überwiegend auf der Grundlage der konkurrierenden Gesetzgebungskompetenz tätig; gemessen am breiten Aufgabenspektrum der Familienpolitik greift hier nur selten die ausschließliche Bundeskompetenz. Der Bund regelt neben der Familienrechtsgestaltung vor allem eine Reihe von für die Lebenslage von Familien elementar wichtigen Rahmenbedingungen, die die wirtschaftliche und insbesondere einkommenspolitische Dimension der Familiensituation einschließlich der Berücksichtigung der Familien in den sozialen Sicherungssystemen und die Ausbildungshilfen ebenso betreffen wie familienpolitikrelevante Aspekte des Arbeitsrechts und der Beschäftigungspolitik, das Steuer- und Baurecht. Das zur konkurrierenden Gesetzgebungskompetenz gehörende Recht der »öffentlichen Fürsorge« (Artikel 74, Absatz 1, 7 GG) stellt dabei eine relativ breite Grundlage dar, die über den Kernbereich des Sozialhilferechts deutlich hinausgeht und die Grundlage für eine Reihe von familienpolitisch relevanten Leistungen darstellt wie z. B. eine Kindergeldgewährung aus Haushaltsmitteln. Hinzu kommen weitere spezielle gesellschaftspolitische Problemlagen, die ihre Bedeutung u. a. vor dem Hintergrund der Letztverantwortlichkeit des Bundes für das Ziel der Einheitlichkeit der Lebensverhältnisse in Deutschland erlangen. Dieses Ziel hat wiederum nach der Wiedervereinigung der beiden Teile Deutschlands zu zusätzlichen auch familienpolitischen Herausforderungen des Bundes geführt. Als **Grundformen der Tätigkeit** des Bundes lassen sich unterscheiden:

1. die Schaffung gesetzlicher oder sonstiger rechtlicher Grundlagen für die Ordnung der Beziehungen der in der Familie zusammenlebenden Menschen sowie für familienpolitische Maßnahmen und Leistungen und Einrichtungen im Dienste der Familienförderung;
2. die gesetzliche Auflage an andere berufene Träger von Familienpolitik, sich der Lösung anstehender Aufgaben anzunehmen, oder Ermächtigung an die Länder zur Schaffung rechtlicher Regelungen auf der Grundlage von Bundesgesetzen;
3. die Anregung von familienbezogenen Maßnahmen nichtöffentlicher Gesellschaftsträger (unter Umständen auch durch Einrichtung von länderübergreifenden Modellmaßnahmen) sowie die materielle oder immaterielle Förderung dessen, was diese Träger aufgrund der staatlichen Anregung oder aus eigener Initiative tun;
4. das Hinwirken auf ein familienfreundliches öffentliches Bewußtsein (z. B. auch durch die Ausschreibung von bundesweiten Wettbewerben etwa zum familienfreundlichen Betrieb oder zur familienfreundlichen Gemeinde);
5. je nach dem Stand von supranationalen politischen Zusammenschlüssen Übernahme und Durchführung von Maßnahmen, die im Rahmen der Kompetenz

dieser supranationalen Institutionen den einzelnen Staaten zur Auflage gemacht werden.

Oberhalb der nationalen Ebene gewinnt, wenn auch im familienpolitischen Handlungsfeld vorerst noch sehr begrenzt, die supranationale Gemeinschaft der Europäischen Union wachsende Bedeutung. Während es sich bei Bund, Ländern und Gemeinden um seit Jahrzehnten etablierte Träger von Familienpolitik handelt, tritt auf der supranationalen Ebene vor allem mit der EU eine neue Ebene ins Blickfeld, die vor dem Hintergrund des Prozesses der europäischen Integration in ihrer Tragweite für eine entfaltete Familienpolitik in den Mitgliedstaaten künftig weniger denn je vernachlässigt werden darf[221]. Durch die im Frühjahr 1996 angelaufenen Beratungen der Regierungen der Mitgliedstaaten der EU zur Überarbeitung des Gemeinschaftsvertrages (»Maastricht Zwei«) hat dieser Aspekt eine neue familienpolitische Aktualität gewonnen, auch wenn die nationalen Regierungen insoweit bisher eine deutliche Zurückhaltung erkennen lassen. Der bisherigen Entwicklung und dem Stand des Problems sei im folgenden ausführlicher nachgegangen.

8.1.1.4 Europäische Union

Eine supranationale Familienpolitik, insoweit es sie als solche überhaupt gibt, ist von der internationalen Familienpolitik zu unterscheiden, von der dann zu sprechen ist, wenn es um die Erörterung der Familienpolitik in den verschiedenen Staaten geht sowie etwa auch um international vergleichende Analysen von Strukturen und Entwicklungen im familienpolitischen Handlungsfeld. Entsprechend ist auch mit Blick auf die EU zu unterscheiden zwischen einer Familienpolitik *der* EU (bzw. einer »europäischen« Familienpolitik) und der Familienpolitik *in der* EU (bzw. in Europa)[222].

Die EU hat bisher kaum sozialpolitische Kompetenzen, womit auch familienpolitische Handlungsgrundlagen – auch wenn diese keineswegs allein im sozialpolitischen Handlungsfeld zu suchen sind – weitgehend fehlen. Die 1957 gegründete und zunächst auf sechs Mitgliedstaaten beschränkte »Europäische Wirtschaftsgemeinschaft« brachte zunächst einen wirtschaftlichen Zusammenschluß dieser Staaten und besaß von daher eine Reihe von Aufgaben und Kompetenzen, die in ihrer spezifisch familienpolitischen Bedeutung weit hinter den nationalen Fami-

221 Im Dritten Familienbericht der Landesregierung Nordrhein-Westfalen aus dem Jahr 1989 wird schon im Übergang zu den neunziger Jahren festgehalten, daß mit der Verwirklichung des europäischen Binnenmarktes 1992 die zuvor innerstaatlich diskutierten familienpolitischen Fragen verstärkt als Problem auf europäischer Ebene wiederkehren könnten; als eine familienpolitische Aufgabe wird es deshalb bezeichnet, darauf zu dringen, daß die familienpolitischen Einzelmaßnahmen »dem Anspruch der Familienpolitik als europäischer Gesellschaftspolitik gerecht werden« (S. 149).

222 Für einen vergleichenden Überblick über die familienbezogenen »Sozialschutzleistungen« gerade auch auf der makroökonomischen Ebene und zum Problem einer »sozialen Harmonisierung« in den Ländern der EU siehe auch: Max Wingen, Familienpolitik in der Europäischen Union. Sozialökonomische Befunde und gesellschaftsordnungspolitische Probleme, in: Soziale Integration in Europa II, Schriften des »Vereins für Socialpolitik«, Neue Folge Bd. 222/II, Berlin 1996, S. 139–187, insbes. S. 170 ff.

lienpolitiken der Mitgliedstaaten zurücktraten. Der Bereich der Sozialpolitik blieb nach dem EWG-Vertrag im wesentlichen Aufgabe der einzelnen Mitgliedstaaten und ist es im wesentlichen bis heute geblieben.

Dies schloß jedoch in der Vergangenheit nicht aus, daß die Organe der EWG gewisse Möglichkeiten der Einflußnahme auf die sozialpolitische Entwicklung hatten. Familienpolitisch waren schon in den Jahren nach Gründung der EWG die Regelungen der Freizügigkeit der Angehörigen der Mitgliedstaaten von Bedeutung. Zur Herstellung der Freizügigkeit wurden Maßnahmen gerade auch auf dem Gebiet der sozialen Sicherheit einschließlich der sozialen Sicherung der Familie bzw. der Familienangehörigen notwendig. Hier konnten die Organe der Gemeinschaft mit eigenen Verordnungen oder Richtlinien in die nationalen sozialen Sicherungssysteme eingreifen und taten dies auch. Mittel einer eigenen Sozialpolitik der Gemeinschaft war auch schon sehr früh der Europäische Sozialfonds, aus dem – z. B. für Familien wichtig – u. a. Umsiedlungsbeihilfen gewährt werden konnten. Schließlich hatte die Kommission schon nach dem alten EWG-Vertrag die Aufgabe, eine enge Zusammenarbeit zwischen den Mitgliedstaaten in sozialen Fragen, insbesondere auf den ausdrücklich angesprochenen Sachgebieten, auf im einzelnen genannten Wegen zu fördern. Darin lag zwar nur ein allgemeines Koordinationsgebot – so beinhalteten die Artikel 117 und 118 keine Verpflichtungen zur Harmonisierung für die Mitgliedstaaten –, dennoch war die geforderte Zusammenarbeit etwa auf dem Gebiet der Arbeitsbedingungen geeignet, einem sozialen Gefälle zwischen den Mitgliedstaaten entgegenzuwirken und dazu beizutragen, Wanderungsbewegungen in Grenzen zu halten, die auf das familiale Zusammenleben und die soziale Integration von Familien nicht ohne Rückwirkungen bleiben.

Von einer supranationalen Familienpolitik auf EU-Ebene und einer damit verbundenen »europäischen Familienpolitik« kann auch heute nur in allerersten Ansätzen gesprochen werden, weil der Kommission die rechtlichen Kompetenzen dafür fehlen. Die internationalen Entwicklungen auch über die EU hinaus in einem größeren europäischen Raum (insbesondere auf der Ebene des Europarates) sind indessen für die Herausbildung einer europäischen Familienpolitik im engeren Sinne wie auch für die Weiterentwicklung der familienpolitischen Maßnahmen und Einrichtungen in den Regionen der Union wichtig und beim Überdenken der familienpolitischen Positionen innerhalb der Union mit zu berücksichtigen.

Seitens der EU sind die unmittelbaren Einwirkungsmöglichkeiten auf die nationalen Familienpolitiken demgemäß bisher nach wie vor sehr begrenzt, wie die **familienpolitikrelevanten EU-Normen und Instrumente** zeigen: Der Rat der EU kann grundsätzlich Verordnungen und Richtlinien erlassen. Eine Verordnung enthält unmittelbar geltendes Recht in den Mitgliedstaaten; eine Richtlinie verpflichtet Mitgliedstaaten zu entsprechenden (u. a. gesetzgeberischen) Maßnahmen, ist allerdings im Grundsatz nur in bezug auf das Ziel verbindlich. Die Anwendung kann vom Europäischen Gerichtshof überprüft werden. Daneben stehen Entschließungen und »Empfehlungen« des Ministerrats, auf die dieser vor allem wegen der mangelnden legislativen Kompetenz auf sozialem Gebiet und wegen des auch nach Maastricht noch für die meisten Regelungen auf sozialem Gebiet geltenden Einstimmigkeitsprinzips zurückgreift, ohne daß sie allerdings rechtlich verbindlich sind. Ministerrat und Kommission werden bei ihrer Entscheidungsfindung im übrigen von beratenden Gremien unterstützt, unter denen, bezogen auf familienbezogene Fragen, der Wirtschafts- und Sozialausschuß hervorzuheben ist. Seine Mitglieder, inzwischen auf die sicherlich auch durch das breite Aufgabenspektrum bedingte Größenordnung von über 220 angewachsen, vertreten unterschiedliche Interessenlagen und werden vom Europäischen Rat aufgrund von Vorschlägen der nationalen Regierungen für jeweils vier Jahre ernannt. Rat und Kommission haben den Ausschuß in zahlreichen Fragen erst anzuhören, bevor sie tätig werden. Der Ausschuß kann aber auch von sich aus Stellungnahmen abgeben, die aber Rat und Kommission nicht binden. Spezielle familienpolitische Aspekte haben noch am ehesten eine Chance auf Erörterung in der Fachgruppe (des Ausschusses), die für »Sozial- und Familienfragen, Bildungswesen und Kultur« eingerichtet ist. Es bleibt abzuwarten, inwieweit dieses Gremium sich künftig verstärkt auch familienpolitischen Fragestellungen im Aufgabenfeld der EU annimmt und Einfluß zu nehmen versucht.

Da die Römischen Verträge sich von ihrer Entstehung her auf die wirtschaftliche Zusammenarbeit konzentriert haben, ist die Zuständigkeit der Organe der Union im sozial- und gesellschaftspolitischen Feld auf Bereiche beschränkt, die sich auf den **Faktor Arbeit** beziehen oder zumindest einen Zusammenhang mit der Erwerbsarbeitswelt haben und von daher mittelbar allerdings auch für Familien relevant sind. In den »Sozialvorschriften« des EG-Vertrages kommt der bisherige Bezug auf die Arbeitsbedingungen besonders deutlich zum Ausdruck, wenn es zur gegenseitigen Abstimmung der Sozialordnungen heißt, die Mitgliedstaaten seien sich über die Notwendigkeit einig, auf eine Verbesserung der Lebens- und Arbeitsbedingungen der Arbeitskräfte hinzuwirken. Ebenso stehen hinsichtlich der engen Zusammenarbeit zwischen den Mitgliedstaaten in sozialen Fragen, die die Kommission entsprechend den allgemeinen Zielen des Vertrages zu fördern hat, Themen im Vordergrund, die die Beschäftigung, die Arbeitsbedingungen und soziale Sicherheit, die berufliche Aus- und Fortbildung, den Gesundheitsschutz bei der Arbeit und die Verhütung von Berufsunfällen sowie das Koalitionsrecht der Sozialpartner betreffen. Speziell familienrelevante Bezüge im Zuständigkeitsbereich der Gemeinschaftsorgane ergeben sich z. B. angesichts der Probleme von ausländischen Arbeitnehmern und ihrer Familien. Demgemäß finden sich auf EU-Ebene bisher vornehmlich Regelungen, die sich auf die Familien von ausländischen Arbeitnehmern beziehen oder in bezug auf die Erwerbsarbeitswelt zu sehen sind[223]. Eine solche Einschränkung erscheint freilich künftig immer weniger vertretbar; seit Maastricht

223 Dazu gehören:
- die EWG-Verordnung von 1971 zur Anwendung der Systeme der sozialen Sicherheit auf innerhalb der Gemeinschaft zu- und abwandernde Arbeitnehmer und deren Familien (z. B. Frage der Kindergeldzahlung, wenn die Familie im Heimatland bleibt),
- die Ratsentschließung von 1976 über ein Aktionsprogramm zugunsten der ausländischen Arbeitnehmer und ihrer Familienangehörigen, die u. a. das Ziel hat, diesen Personen die gleiche Behandlung wie den Inländern zu garantieren,
- die Richtlinie des Rats von 1977 über die schulische Betreuung der Kinder ausländischer Arbeitnehmer,
- die Richtlinie von 1978 zur schrittweisen Verwirklichung des Grundsatzes der Gleichbehandlung von Männern und Frauen im Bereich der sozialen Sicherheit,
- die Entschließung von 1982 zur Förderung der Chancengleichheit der Frauen, die die Notwendigkeit von Sensibilisierungs- und Informationsmaßnahmen bekräftigt, die zum

muß die Sozialpolitik auf EU-Ebene an alle Bürger der Union gerichtet sein. Besondere Hervorhebung verdient die Empfehlung des Rats über die Annäherung der Ziele und der Politik im Bereich des sozialen Schutzes vom 27. Juli 1992, die als Ausdruck einer von der Kommission vorgeschlagenen Strategie zur Konvergenz der Politik der Mitgliedstaaten anzusehen ist, »flexibel und progressiv« sei und sich auf ein freiwilliges Zusammengehen der Mitgliedstaaten gründen will. Sie enthält einen Abschnitt über Familie, in dem vorgeschlagen wird, die Leistungen für Familien, für die die Versorgung von Kindern beispielsweise aufgrund der Kinderzahl eine besondere Belastung darstellt, und/oder für die ärmsten Familien auszubauen; ferner sollte die Integration von Personen, die sich nach der Erziehung ihrer Kinder in den Arbeitsmarkt eingliedern wollen, gefördert werden; schließlich sollte durch Maßnahmen, mit denen sich die Verantwortung für die Familie und das Erwerbsleben vereinbaren lassen, dazu beigetragen werden, daß die Hindernisse für die Ausübung einer Erwerbstätigkeit durch die Eltern beseitigt werden. Weitere Empfehlungen aus dem Jahre 1992 betreffen ein garantiertes Mindesteinkommen sowie die Kinderbetreuung.

Die Aktivitäten auf Gemeinschaftsebene bestehen hinsichtlich der Familienpolitik vorwiegend aus einem kontinuierlichen Informationsaustausch, aber auch in der Berücksichtigung familienpolitischer Dimensionen bei der Durchführung einschlägiger Gemeinschaftspolitiken. Insbesondere die Funktion der Gemeinschaftsorgane, den Dialog zwischen den Mitgliedstaaten und den Erfahrungsaustausch zu fördern, sollte in ihrer mittelfristigen Wirkung nicht unterschätzt werden. So sieht die Kommission in ihrem mittelfristigen sozialpolitischen Aktionsprogramm (Bundesratsdrucksache 263/95) ihre Rolle gerade auch als die eines »Katalysators«, was auch für familienbezogene Maßnahmen zu gelten hat. Der Informationsaustausch kann mittelbar auch dazu führen, daß Regelungs- und damit Handlungsbedarf auf der EU-Ebene als solcher ausgemacht wird.

Initiativen gehen immer wieder auch vom **Europäischen Parlament** aus. So hatte dieses schon 1983 zwar seinen »Ausschuß für Soziale Angelegenheiten und Beschäftigung« beauftragt, die Ziele und Prioritäten einer umfassenden Familienpolitik auf europäischer Ebene zu umschreiben, was auch zu einem Entwurf einer Entschließung zu einer gemeinschaftlichen Familienpolitik führte. Dieser Entwurf, der ursprünglich im Europäischen Parlament zur Beratung anstand, wurde dann jedoch wieder abgesetzt. Der seinerzeit vorgelegte Bericht über eine gemeinschaftliche Familienpolitik ist später nicht wieder aufgetaucht. Dies ist Ausdruck dafür, daß es gegenwärtig praktisch keine Befugnisse für eine europäische Familienpolitik auf EU-Ebene nach dem Willen zumindest der Mehrheit der Mitgliedstaaten geben

Umdenken in bezug auf die Rollenverteilung in Familie, Beruf und Gesellschaft beitragen können, sowie

- die Entschließung von 1986, mit der der Rat ein Programm der Kommission zur Chancengleichheit der Frauen unterstützt und die Mitgliedstaaten auffordert, die darin vorgesehenen Maßnahmen durchzuführen; so Maßnahmen mit dem Ziel, eine gerechte Aufteilung der familiären und beruflichen Pflichten zwischen Mann und Frau zu fördern, u. a. durch Initiativen zur Anpassung und Neugestaltung der Arbeitszeit, durch eine positive Weiterentwicklung der sozialen Infrastruktur, vor allem der Kinderbetreuungseinrichtungen.

soll. Der verbleibende Erfahrungsaustausch findet einmal auf Ministerkonferenzen statt, zum anderen im Rahmen der Arbeit des »Europäischen Observatoriums für nationale Familienpolitiken«. Schon 1986 hatte das Europäische Parlament auch eine Entschließung zu alleinerziehenden Müttern und Vätern angenommen, die allerdings keine international anerkannte Definition der »Einelternfamilien« erkennen ließ. Angesichts der schwierigen wirtschaftlichen Lage gerade dieser Familien und der großen Unterschiede in den Regelungen der Mitgliedstaaten fordert das Parlament eine Reihe von Maßnahmen zugunsten alleinerziehender Mütter und Väter, und zwar von der Gestaltung des Erwerbsarbeitslebens über steuerliche Regelungen und Unterhaltszahlungen bis hin zu sozialen Dienstleistungen und der Wohnungsversorgung.

Auch künftig ist der erwähnte Sozialfonds von Bedeutung, der zu den Strukturfonds der EU gehört, die sich zu einem eher noch wichtiger werdenden (Finanzierungs-)Instrument zur Förderung des inneren Zusammenhalts der Union entwickelt haben. Nach anfänglicher Einzelprojektförderung werden die Mittel inzwischen vorwiegend für integrierte Gesamtprogramme eingesetzt. Auch wenn es bei dem europäischen Sozialfonds vor allem um die Verbesserung der Funktionsfähigkeit des Arbeitsmarktes geht, so haben die Maßnahmen doch mittelbar auch eine familienbezogene Bedeutung, so etwa dort, wo sich die Maßnahmen auf die Förderung der Chancengleichheit von Frauen und Männern – der Begriff der Chancengleichheit wurde inzwischen erstmals in den Strukturfonds verankert – in Bereichen beziehen, in denen Frauen über keine berufliche Qualifikation verfügen, oder dort, wo es um den Abbau von Langzeitarbeitslosigkeit bzw. Arbeitslosigkeit von jungen Frauen geht.

Ein ganz neuer Akzent ist in der EU-Familien- und Sozialpolitik durch eine **Vereinbarung zum Elternurlaub** gesetzt worden, die zwischen den drei europäischen branchenübergreifenden Sozialpartnerorganisationen der privaten Wirtschaft, der öffentlichen Wirtschaft und der Gewerkschaften ausgehandelt wurde. Die Vereinbarung, die als Richtlinie EU-Sozialrecht geworden ist, hat ihre Grundlage im Sozialabkommen zum Maastrichtvertrag, dessen Sozialprotokoll ein Verfahren der inhaltlichen Vorgabe EU-weiter Sozialpolitik durch das Ergebnis von Sozialpartnerverhandlungen eröffnet. Ohne auf Einzelheiten dieser von der Kommission eingeleiteten Initiative zur Vereinbarkeit von Berufs- und Familienleben – mit dem dazu vorgesehenen zweistufigen Konsultationsverfahren der Sozialpartner auf EU-Ebene, in dessen Verlauf die Sozialpartner sich zu eigenen Verhandlungen zu dieser Frage bereiterklärten mit der Folge, daß die Kommission ihr Verfahren zur Vorlage eines Richtlinienvorschlags aussetzte – näher einzugehen[224], bleibt festzuhalten, daß die Sozialpartner hier ein Rahmenabkommen geschaffen haben, mit dem erstmals für die gesamte EU Regelungen für einen individuellen Anspruch auf Eltern-»urlaub« vorgesehen sind, wobei Raum für die Berücksichtigung nationaler Besonderheiten bei der konkreten Ausgestaltung belassen ist. Für die nationale Umsetzung gilt, der Anspruch besteht für Frauen und Männer auf drei Monate Erziehungsur-

224 Zu Wortlaut und Begründung der Richtlinie zu der von den Sozialpartnern geschlossenen Rahmenvereinbarung über Elternurlaub vgl. Bundesrats-Drucksache 223/96 vom 25. März 1996.

laub anläßlich der Geburt oder der Adoption eines Kindes, ist grundsätzlich nicht auf den anderen Elternteil übertragbar, besteht unabhängig von dem beruflichen Status des anderen Elternteils, und für seine Einlösung können die Mitgliedstaaten einen Zeitraum bis zum achten Lebensjahr des Kindes vorsehen. Das Abkommen trägt durch flexible Regelungen für kleine Unternehmen deren arbeitsorganisatorischen Bedürfnissen und Problemen Rechnung.

Das Rahmenabkommen wurde, nachdem in der Bundesrepublik aufgrund eines sogenannten »Parlamentsvorbehalts« Bundestag und Bundesrat davon zustimmend Kenntnis genommen hatten, durch die Kommission dem Ministerrat zugeleitet; nach dessen positiver Beschlußfassung ist die nunmehr rechtsverbindliche Vereinbarung als Richtlinie in innerstaatliches Recht umzusetzen. Für eine Weiterentwicklung der gesetzlichen Grundlage in der Bundesrepublik verdient dabei einmal Beachtung, daß das Abkommen ausdrücklich eine flexible zeitliche Plazierungsmöglichkeit des Erziehungsurlaubs bis zum achten Lebensjahr des Kindes vorsieht und damit in seinem Ansatz über die Kleinstkindphase deutlich hinausgeht. Zum anderen soll in den Fällen, in denen nur der eine Ehepartner erwerbstätig, der andere aber nicht erwerbstätig ist, gleichwohl der erwerbstätige Ehepartner den Erziehungsurlaub in Anspruch nehmen können. Es bleibt abzuwarten, ob und inwieweit der deutsche Gesetzgeber in diesen beiden Hinsichten Modifizierungen der bestehenden deutschen Regelung, die dies bisher nicht vorsieht, für erforderlich oder die bestehende Regelung mit der Richtlinie für vereinbar hält. Bisher ist, gestützt auf eine entsprechende Formulierung in der Begründung zur Richtlinie und eine Protokollnotiz, offenbar nicht an eine diesbezügliche Änderung gedacht. Insgesamt ist mit dieser Regelung ein neuartiger Schritt auf der Ebene der EU-weiten Sozial- und Familienpolitik getan worden, der durch die Verzahnung (uber-)staatlicher und nicht staatlicher Entscheidungsebenen gekennzeichnet ist.

In jüngster Zeit hat die Frage der Einbeziehung familienpolitischer Aspekte in die Politik der EU im Zusammenhang mit der Überarbeitung des Maastricht-Vertrages neue Aktualität gewonnen. Diese Frage stellt sich besonders dann, wenn man bedenkt, daß nicht nur Vorschläge für eine europäische Staatsbürgerschaft im Gespräch sind, sondern daß neben der Wirtschafts- und Währungsunion gleichzeitig eine politische Union errichtet werden soll. Lassen sich – und wenn ja, wie – familienpolitische Zusammenhänge auch mit Blick auf die Tätigkeit der Union angemessen in den Perspektiven berücksichtigen, die es zu erarbeiten gilt, um das Leitbild der EU als einem umfassend geeinten, voll integrierten, dauerhaften und handlungsfähigen Verband ihrer Mitglieder durch weitere Fortschritte zu verwirklichen?

Die vorbereitenden Arbeiten für eine Revision der Bestimmungen des Maastricht-Vertrags, dem die Bundesrepublik im Dezember 1992 zugestimmt hat, konzentrieren sich auf einige ausgewählte Themenbereiche. Eine grundlegende Neufassung des Vertrags ist nicht vorgesehen. Die Arbeiten wurden wesentlich gefördert von einer sogenannten »Reflexionsgruppe«, die »Optionen« für verschiedene Möglichkeiten einer Vertragsänderung aufgezeigt hat. Im Vordergrund stehen dabei Fragen der eventuellen Veränderung der institutionellen Strukturen der Union angesichts zunehmender Ausweitung des Mitgliederkreises durch die »Mehrheitsregel«, die gemeinsame Außen- und Sicherheitspolitik sowie Fragen des Kompetenzverhältnisses zwischen europäischem Parlament und Kommission. Allerdings wird auch darüber nachzudenken sein, welche Konsequenzen sich aus der angestrebten größeren Bürgernähe, der größeren Transparenz und der stärkeren Beachtung des nichtstaatlichen Bereichs ergeben könnten. Für den letzteren Gesichtspunkt ist das Bestreben mit entscheidend, für die weitere Entwicklung die Zustimmung und aktive Unterstützung der einzelnen Bürger in den Mitgliedstaaten zu gewinnen. Dagegen steht eine Überprüfung, erst recht eine Ausweitung der Kompetenzen der EU nach dem durchgängigen Willen der Mitgliedstaaten nicht auf der Tagesordnung. Eine andere Frage ist allerdings, ob den Verträgen zur EU nicht ein Grundrechtskatalog vorangestellt werden sollte, in dem dann auch der Familienbezug ebenso wie eine deutlichere Verankerung der Gleichberechtigung von Frauen und Männern – auch im Lebensbereich Familie – einen Niederschlag finden müßte. In diesem Zusammenhang stellt sich auch die Frage, ob nicht die Europäische Sozialcharta in den Maastricht-Vertrag als ein Vertragsbestandteil aufgenommen werden sollte, was grundsätzlich auch Vorstellungen des Europäischen Parlaments entsprechen würde. Auf diesem Wege wäre mittelbar auch der Familienschutz integriert; allerdings steht einem solchen Vorgehen die verbreitete Abneigung wichtiger Mitgliedstaaten entgegen, »soziale Rechte«, wie sie die Sozialcharta enthält, überhaupt in den Vertrag aufzunehmen.

Für die Frage, inwieweit sich der familienpolitische Aspekt, der bisher keine ausdrückliche Berücksichtigung im Vertrag gefunden hat, förmlich Eingang finden kann, dürfte eine mögliche Kompetenzausweitung der Brüsseler Kommission keinen Ansatzpunkt anbieten, zumal das Subsidiaritätsprinzip im sozialen Bereich gegenüber der Kommission besonders nachdrücklich betont wird. Da die Mitgliedstaaten für die Sozialpolitik zuständig sind und auch bleiben sollen, müssen sie aber auch Wert darauf legen, daß bei den Tätigkeiten, die unbestritten in die Kompetenz der Kommission fallen, Familienbelange angemessen berücksichtigt werden. An dieser Stelle zeigt sich die Tragweite eines Verständnisses von Familienpolitik als Querschnittspolitik. Diese läßt sich eben nicht in einem separaten »Sachbereichskästchen« unterbringen, sondern sie schlägt in die verschiedenen politischen Handlungsfelder durch, eben auch in solche, für die die Kommission zuständig ist. Ein Blick in die Aufzählung der Tätigkeiten der Gemeinschaft zeigt, daß darunter eine Reihe von Handlungsfeldern fallen, in denen Auswirkungen auf das Familienleben kaum zu übersehen sind. Dazu gehört nicht nur die Handhabung des europäischen Sozialfonds als einem – wenn auch sehr eingegrenzten – sozialpolitischen Instrument, sondern weit darüber hinaus auch der von der Kommission zu leistende Beitrag zur Erreichung eines hohen Gesundheitsschutzniveaus, zu einer qualitativ hochstehenden allgemeinen und beruflichen Bildung sowie zur Entfaltung des Kulturlebens in den Mitgliedstaaten oder auch der Beitrag zur Verbesserung des Verbraucherschutzes. Letzterer besitzt eine erhebliche Bedeutung für die Familie. Der Beitrag der Gemeinschaft zu dem in den Familienhaushalt hineinwirkenden Verbraucherschutz ist schon jetzt dahin festgeschrieben, daß die Gemeinschaft ein hohes Verbraucherschutzniveau u. a. durch spezifische Aktionen erreicht, die die Politik der Mitgliedstaaten zum Schutz der Gesundheit, der Sicherheit und der wirtschaftlichen Interessen der Verbraucher sowie zur Sicherstellung einer angemessenen Information der Verbraucher unterstützen und ergänzen. Ein Familienbezug ist unverkennbar, auch wenn er – bisher – für dieses Tätigkeitsfeld der Gemeinschaft ebenfalls nicht ausdrücklich vorgegeben ist.

Von daher bietet es sich an, im Vertrag selbst durch eine geeignete »Familienklausel« ausdrücklich festzuschreiben, daß bei der bestehenden Politik der EU die Familienbelange zu beachten und Konflikte und Nachteile für das familiale Zusammenleben, die sich aus der Durchführung von Maßnahmen der EU ergeben können, zu vermeiden sind. Rechtstechnisch bedeutet dies, auf eine entsprechende Parallele zu der im Vertrag bereits ausdrücklich festgeschriebenen Berücksichtigung der »Erfordernisse des Umweltschutzes« hinzuwirken, die »bei der Festlegung und Durchführung anderer Gemeinschaftspolitiken« einbezogen werden müssen. Ähnlich wird hinsichtlich des Beitrags, den die Gemeinschaft zur Entfaltung der Kulturen der Mitgliedstaaten zu leisten hat, festgehalten, daß die Gemeinschaft den kulturellen Aspekten auch bei ihrer Tätigkeit aufgrund anderer Bestimmungen des Vertrags Rechnung trägt.

In familienpolitischer Hinsicht wäre es notwendig, die verschiedenen in ihren Auswirkungen familienrelevanten Tätigkeiten der Gemeinschaft durchgängig zu berücksichtigen (»Rücksichtnahmeverpflichtung« als Ausdruck des Prinzips der Familiengerechtigkeit). Dazu kann auf die von den Mitgliedstaaten ausdrücklich angenommenen verschiedenen Deklarationen zur Bedeutung der Familie als grundlegender Basiseinheit der Gesellschaft verwiesen werden, insbesondere auf die Europäische Sozialcharta, in der der gesetzliche, soziale und wirtschaftliche Schutz des Familienlebens verankert ist. In einer Reihe anderer Dokumente wird ebenfalls die Familiendimension der Politik auf europäischer Ebene anerkannt, so in der Resolution zur Familienpolitik des Europäischen Parlaments vom 9. Juni 1983, in den Schlußfolgerungen des für Familienpolitik zuständigen Rates vom September 1989 und vom Oktober 1994 sowie in der Resolution des Europäischen Parlaments zum Abschluß des Internationalen Jahres der Familie.

Was eine entsprechende konkrete Ausgestaltung des EG-Vertrags angeht, so ist vorweg zwischen der Aufgabenzuschreibung und der Kompetenzzuweisung zu unterscheiden. Die Kompetenzzuweisung schränkt die Aufgabenbereiche für das tatsächliche Handeln ein. Dies ist gerade auch für den Bereich der Familienpolitik zu beachten, die (bisher) im wesentlichen Angelegenheit der nationalen Regierungen bzw. Parlamente bleiben soll. Deshalb ginge es bei einer Vertragsergänzung nicht um eine Kompetenzbegründung der EU-Kommission, sehr wohl aber darum, ausdrücklich klarzustellen, daß diese in ihren unbestrittenen Handlungsfeldern, also in der Erfüllung der zugeschriebenen Aufgaben, die Auswirkungen auf die Familien mit zu berücksichtigen hat. Es könnte sich daher anbieten, am Ende des bisherigen Artikels 3 b des EG-Vertrags als Absatz 4 eine Bestimmung etwa folgenden Inhalts einzufügen: »Die Gemeinschaft trägt bei der Festlegung und Durchführung ihrer Maßnahmen den Belangen der Familie als Grundeinheit der Gesellschaft angemessen Rechnung.«

Zur vertieften Begründung dieser **Rücksichtnahmeverpflichtung** durch eine textlich geringfügige Ergänzung des Vertrags sind noch folgende Zusammenhänge festzuhalten:

- Der Vertrag ist bisher (noch) durch eine gewisse »Wirtschaftslastigkeit« gekennzeichnet, was sich z. B. auch in Artikel 110 zeigt, der nur von »Arbeitskräften«

spricht, obwohl es sich inzwischen längst um die Fortentwicklung hin auf eine politische Union handelt. Vor diesem Hintergrund erscheint inzwischen die Sichtweise in Artikel 117 (Angleichung der Lebensbedingungen der Arbeitskräfte im Zuge des Fortschritts) zu eng.
- Selbst bei einer Beschränkung der Perspektive auf die Erwerbsarbeitswelt zeigt sich, daß unter der Voraussetzung tatsächlicher Gleichberechtigung von Frauen und Männern in allen Lebensbereichen und damit auch im Spannungsfeld von Familien- und Erwerbsleben eine familienorientierte Gestaltung der Bedingungen der Erwerbsarbeitswelt notwendig ist, Familienpolitik also längst zu einer Dimension der Ordnung der Erwerbsarbeitswelt geworden ist.
- Eine gemeinsame Wirtschaftspolitik bedingt ein Mindestmaß an gemeinsamer Sozialpolitik, denn es gibt keine wirtschaftspolitische Maßnahme, die nicht zugleich auch – direkt oder indirekt – soziale Auswirkungen und damit gesellschaftliche Bedeutung hätte. Damit geht es stets auch um den sozialen Gehalt der Wirtschaftsordnung in der EU, was aus deutscher Sicht auf die ordnungspolitische Sicht einer Sozialen Marktwirtschaft zurückverweist.
- Schließlich erscheint es für die Auseinandersetzung mit den weitreichenden Veränderungen der demographischen Strukturen auf EU-Ebene, über die die Kommission gemäß Protokoll zur Sozialpolitik im Anhang zum Maastricht-Vertrag jährlich zu berichten hat, wichtig, die Auswirkungen von Gemeinschaftspolitiken auf die familialen Lebensbedingungen in ihrer Tragweite für die natürliche Bevölkerungsbewegung sowie für die Wanderungsbewegungen fortlaufend zu reflektieren.

Wenn das gilt, was die Staats- und Regierungschefs der Mitgliedstaaten schon mehrfach unterstrichen haben, daß nämlich in der EU den sozialen Aspekten die gleiche Bedeutung beizumessen ist wie den wirtschaftlichen, dann ist auch der Familienbezug, der elementar zum Gesellschaftsmodell der EU-Staaten gehört, vertraglich abzusichern.

8.1.2 Nichtöffentliche Träger: Unternehmen, Gewerkschaften, Freie Wohlfahrtspflege

Neben der staatlichen und kommunalen Familienpolitik sowie den supranationalen Ansätzen auf EU-Ebene – und mit dieser nicht selten mannigfach verschränkt – stehen die familienbezogenen Maßnahmen nichtöffentlicher Träger von Familienpolitik. Hier treten im Bereich der Beziehung von Familie und Erwerbsarbeitswelt die **Tarifpartner**, denen im Feld der Lohn- und Tarifgestaltung in unserer Sozialordnung relativ weitgehend Rechtsetzungsbefugnis vom Staat delegiert ist, sowie die **Unternehmen** mit ihrer über die gesetzlichen und tariflichen Vorgaben hinausgehenden autonomen betrieblichen Sozial- und Personalpolitik besonders hervor.

In dem Maße, in dem Tarif- und Unternehmenspolitik auf die Lebens- und Entfaltensbedingungen von Familien einwirken, rücken diese Entscheidungsträger mit in eine familienpolitische Verantwortung. Wenn Artikel 6 Absatz 1 GG Ehe und Familie unter den besonderen Schutz der »staatlichen Ordnung« stellt, so müssen sich wohl auch die Tarifpartner, denen im Rahmen dieser staatlichen Ordnung Rechtsetzungsbefugnis übertragen ist, in diesen Schutz- und Förderauftrag einbinden lassen. Das eigene Gewicht moderner Unternehmen in der Beeinflussung der Lebenswelt der Familien begründet auf seine Weise eine familienpolitische (Mit-)Verantwortung, aus der heraus eine in Ausformung befindliche betriebliche Familienpolitik, insbesondere eine familienorientierte Personalpolitik als Teil der Unternehmenspolitik, zu einem Element familienbezogener gesellschaftlicher Strukturpolitik wird[225]. Tarifpartner und Betriebe haben ihre spezifischen Möglichkeiten, von den Bedingungen der Erwerbsarbeitswelt her Voraussetzungen dafür zu schaffen, daß auch Männer und junge Väter sich zugleich stärker auf Familie hin (um-)orientieren können.

Im Bereich der sozial-kulturellen Infrastruktur sind die Träger von familienbezogenen sozialen Dienstleistungen zu nennen, die auf die Familie als ganze wie auch auf einzelne Familienmitglieder ausgerichtet sein können. Da die Familienpolitik auf dem Boden der freiheitlich-demokratischen Grundordnung einer auch wertpluralistischen Gesellschaft in weiten Bereichen familienbezogener Leistungen und Dienste wesentlich auf freie gesellschaftliche Träger bis hin zu den Kirchen angewiesen ist, ergibt sich insofern in einer »offenen Gesellschaft« eine plurale Struktur dieser Träger. Diese sind als konfessionell oder nichtkonfessionell ausgerichtete Trägereinrichtungen in die Verwirklichung familienpolitischer Zielsetzungen – teils auch mit der Weiterentwicklung innovatorischer Ansätze angesichts neuer Aufgabenstellungen im Rahmen der familienpolitischen Grundziele und ihres Endzwecks – eingebunden.

Im staatsfreien Raum haben hier vor allem die Verbände der **Freien Wohlfahrtspflege** ihren Platz. Diese Organisationen, die weder Bestandteil der Staatsverwaltung noch der kommunalen Selbstverwaltung sind, stellen ein konstitutives Element unserer Sozialordnung dar und sind aus dem Leistungssystem unserer Gesellschaftspolitik kaum mehr wegzudenken. Um so wichtiger erscheint es allerdings auch, angesichts der unterschiedlichen Strukturen in anderen europäischen Ländern im nunmehr bestehenden europäischen Binnenmarkt auf die Sicherung der Position und des Aufgabenspektrums dieser freien Träger bedacht zu sein. Wie bei der Erörterung einzelner familienpolitischer Grundziele sichtbar wurde, liegt ein Schwergewicht dieser Institutionen, die teils in Vernetzung mit kommunalen Einrichtungen arbeiten, neben der Familienpflege auf den verschiedenen Feldern der Familienbildungsarbeit und der familienbezogenen Beratung mit ihrem breit ausdifferenzierten Angebot. Diese Organisationen haben im Bereich der Familienhilfe vor Ort grundsätzlich – gemäß dem Subsidiaritätsprinzip – einen Vorrang vor der kommunalen Wohlfahrtspflege; dadurch soll gerade auch die Pluralität der Leistungsträger mit Wahlfreiheit der Adressaten gesichert werden, was in der Praxis aus verschiedenen Gründen aber keineswegs immer erreicht wird. Dieser Vorrang ist nicht in jeder Hinsicht unbeschränkt, so daß er als ein »bedingter« Vorrang ange-

225 Zu diesen Trägern familienpolitischer und familienfördernder Maßnahmen sowie den damit aufgeworfenen Fragen der Zuständigkeitsordnung, auch im Hinblick auf eine förmliche betriebliche Familienpolitik, siehe auch die frühere Darstellung von M. Wingen (Anm. 5), S. 178 ff und S. 187 ff.

sprochen werden kann, und die Kommunen tragen gemäß bundesverfassungsgerichtlicher Entscheidung die Gesamtverantwortung.

An dieser Stelle ist zur Trägerstruktur der Familienpolitik an die eingangs vorgestellte Perspektive zu erinnern, nach der eine umfassende staatliche und kommunale Familienpolitik auch Rahmenbedingungen für familienbezogene Maßnahmen und Dienste im pädagogischen und sozialarbeiterischen Handlungsfeld zu setzen hat und dabei mannigfache Umsetzungs- und Durchführungsvorgaben für die Sozialverwaltung nicht nur in staatlichen und kommunalen Ämtern, sondern auch in freien Verbänden und in der Selbstverwaltung der sozialen Sicherungssysteme macht. Indem die Familienpolitik solche familienbezogenen Maßnahmen und Dienste im Rahmen eines familienpolitischen Gesamtkonzepts gewährleistet, enthält sie diese Handlungsfelder als integralen Bestandteil, und die Trägereinrichtungen, die diese familienpolitisch konzipierten Dienste und Leistungen konkret erbringen, können somit als Mitträger des Familienpolitik-Systems in einem weiteren Sinne gesehen werden.

An der Nahtstelle von freien gesellschaftlichen Trägern familienbezogener Hilfen und demgegenüber den Familien selbst sind Einrichtungen angesiedelt, in denen sich Familien in gleichartiger Betroffenheit zwecks Bewältigung ihrer Problemlagen zusammenschließen und sich gegenseitig Hilfe vermitteln. (Speziell im Bereich der sozialen Dienste wurde darauf besonders in Abschnitt 7.2.1 hingewiesen.) **Selbsthilfegruppen**, die in ihren Ursprüngen bis in das vergangene Jahrhundert zurückreichen, sind in den letzten Jahren insbesondere im Bereich der Familien mit kleineren Kindern sowie im Zusammenhang mit besonderen Problemsituationen von Familien entstanden. Sie können sich z. B. mit Problemen Alleinerziehender oder der Gewalt in der Familie befassen, aber auch mit gesundheitsbezogenen Problemen bei chronisch kranken oder behinderten Familienmitgliedern. Auch in den neuen Bundesländern sind inzwischen mehr und mehr Selbsthilfegruppen entstanden, während zu DDR-Zeiten solche Aktivitäten unerwünscht waren. Landesregierungen fördern sowohl den Aufbau von Kontaktstellen für Selbsthilfegruppen als auch einzelne Selbsthilfeaktivitäten bzw. -gruppen. In diesem Zusammenhang ist auch Bürgerinitiativen eine wichtige Rolle beizumessen, die sich insbesondere auf der örtlichen Ebene zur Lösung spezifischer Familienprobleme zusammenschließen; dazu gehört unter anderem die Aktivierung familienbezogener Nachbarschaftshilfen.

Dahinter steht ein erweitertes Politikverständnis: Die genannten Basisaktivitäten sind dabei in gewissem Sinne ebenfalls Ausdruck »politischen« Handelns. Hier wird nicht nur nach staatlichen Gesetzen und Leistungen gerufen und allein vom Staat Hilfe erwartet, sondern es werden auch eigene Leistungen und Selbsthilfebemühungen von betroffenen Familien gefordert. Die nach dem Grundsatz der Subsidiarität entwickelten Eigeninitiativen von privaten Gruppen und Organisationen werden integriert in das gesellschaftspolitische Handeln. Doch sollte nicht der Gedanke im Vordergrund stehen, den Staat von Kosten zu entlasten; vielmehr kommt diesen Initiativen eine zentrale Funktion für den Zusammenhalt der Gesellschaft zu. Darüber hinaus werden wichtige Zusammenhänge für das Konzept der Familienpolitik als gesellschaftspolitischer Querschnittsaufgabe deutlich. Die Bedeutung von Basisaktivitäten für die künftige Entwicklung der Sozial- und Familienpolitik ist in Deutschland in den vergangenen Jahren erkannt und in der wissenschaftlichen Diskussion hervorgehoben worden, so z. B. im Bereich des Gesundheitswesens. Speziell in der Familienpolitik handelt es sich nicht um den Ersatz oder die Ablösung professioneller familienbezogener sozialer Dienstleistungen, sondern um eine notwendige Ergänzung dieser teilweise überkommenen sozialen Dienste. Eine solche Ergänzung im Rahmen einer Familienpolitik, die sich als Gesellschaftspolitik versteht, entspringt einem subsidiären Denken, das die selbstbestimmte Eigentätigkeit und gemeinschaftlichen Problemlösungen z. B. von betroffenen Familien gegenüber einer Dominanz der professionellen Dienste betont. Daraus ergibt sich auch nicht selten eine – im Ansatz durchaus berechtigte – Kritik an einem als entfremdend empfundenen und abhängigkeitsfördernden Charakter der hochorganisierten Prozesse der Verrechtlichung und Bürokratisierung, der die staatliche Sozialpolitik weitestgehend kennzeichnet. In einer solchen zusätzlichen Dimension von familienbezogenem gesellschaftspolitischen Handeln rückt die Eigendynamik familialer Netzwerke in den Vordergrund, womit Grenzen der herkömmlichen staatlichen Familienpolitik berührt werden[226].

Solche Initiativen, die als Ausdruck organisierter Selbsthilfe in jüngerer Zeit mehr und mehr einen festen Platz im Feld sozialer und soziokultureller Dienste einnehmen, wachsen zunehmend in ein Verhältnis zu den »klassischen« Organisationen der Freien Wohlfahrtspflege hinein, das vom Geist der Kooperation und wechselseitigen Ergänzung in der Arbeit statt – wie teils anfänglich – von rivalisierendem Konkurrenzdenken geprägt ist. Aufgrund offener Arbeitsformen sind die Zugangsschwellen bei Selbsthilfegruppen im allgemeinen vergleichsweise niedrig. Familienbildungsstätten integrieren zunehmend Elemente von Selbsthilfeeinrichtungen in ihr Angebot.

8.2 Probleme der Koordinierung der Träger und der konzeptionellen Maßnahmenintegration

8.2.1 Breite der Koordinierungsaufgaben

Die Breite des familienpolitischen Aufgabenfeldes und die daraus folgende mehrgliedrige Trägerschaft in der Familienpolitik bedingen eine Reihe von Koordinierungsproblemen, deren Lösung für eine Familienpolitik im Anspruch möglichst

226 Franz-Xaver Kaufmann, Modernisierungsschübe, Familie und Sozialstaat, München 1996, sieht hier geradezu eine »neue Front der Auseinandersetzung um den Sozialstaat« erwachsen, an der sich die Frage nach der Effektivität und Problemlösungsfähigkeit staatlicher Interventionen in besonderer Schärfe stellt. »Aus dem genannten Marktversagen läßt sich nicht automatisch auf eine Fähigkeit des Staates schließen, die entsprechenden Probleme in eigener Regie oder durch Kompetenzdelegation zu lösen. Es geht um Staatsversagen, und dieses müßte in seiner typischen Form genau erklärt werden. Auf jeden Fall lassen sich soziale Dienstleistungen nur sehr ungenügend durch zentralstaatliche Maßnahmen steuern, so daß hier die Zuständigkeit ortsnaher Formen der Politik, also insbesondere der kommunalen oder lokalen Politik weitgehend anerkannt ist.« (S. 49)

großer Rationalität besonders wichtig erscheint. Solche Koordinierungsaufgaben bestehen in mehrfacher Hinsicht:

Einmal ergibt sich ein Koordinierungsbedarf zwischen den verschiedenen Entscheidungsebenen von Bund, Ländern und Gemeinden, in einer politisch mehr und mehr zusammenwachsenden, größeren EU. So stimmen in der praktischen familienpolitischen Arbeit z. B. die Fachreferenten für einzelne Arbeitsfelder ihre Planungen und Vorgehensweisen mehr oder weniger kontinuierlich und systematisch miteinander ab. Auf EU-Ebene beschränkt sich dieser Abstimmungsprozeß bisher bis auf wenige Ausnahmen im wesentlichen auf Informationsaustausch, der aber mittelbar auch eine Abstimmung nationaler familienpolitischer Maßnahmen im Sinne längerfristiger konvergierender Entwicklungen begünstigt.

Des weiteren bedarf es der Zusammenführung der verschiedenen Einzelmaßnahmen in den unterschiedlichen familienpolitischen Handlungsfeldern zu einem integrativ geplanten Politikansatz mit aufeinander abgestimmten Maßnahmenbündeln, worin sich dann der »Querschnittscharakter« der Familienpolitik besonders zu erweisen hat. Ein mehrdimensionales Koordinierungsproblem ergibt sich hier in allen den Fällen, in denen aufeinander abzustimmende Maßnahmen zugleich auf unterschiedlichen Entscheidungsebenen verankert sind. Koordinierungsbedarf kann es auch dort geben, wo auf einer politischen Entscheidungsebene unterschiedliche Ressorts für familienbezogene Maßnahmen einer bestimmten Art zuständig sind: Wenn z. B., wie auch in der Begründung zum Kinder- und Jugendhilfegesetz der Fall, zwischen Angeboten der Familienbildung im Rahmen der Jugendhilfe einerseits, und den Angeboten, die der Erwachsenenbildung zuzurechnen sind, andererseits unterschieden wird und klare Abgrenzungskriterien fehlen, kann es – vor allem wenn Jugendhilfe und Erwachsenenbildung unterschiedlichen Landesministerien zugeordnet sind – zu Schwierigkeiten bei der Durchführung und zu Konflikten kommen.

Schließlich sind Probleme der Zuordnung von unterschiedlichen Trägerstrukturen, insbesondere von staatlichen und nichtstaatlichen Trägern, zu lösen, so etwa mit Blick auf die Ordnung des Beziehungsverhältnisses von Familien und Erwerbsarbeitswelt von Staat als Gesetzgeber einerseits und in der familienpolitischen (Mit-) Verantwortung stehenden Tarifpartnern (in ihrer Tarifautonomie) und Betrieben (mit ihrer autonomen betrieblichen Sozialpolitik) andererseits, so aber auch im Feld der familienbezogenen sozialen Infrastruktur von Staat und freien gesellschaftlichen Trägern solcher Leistungen und Dienste.

Insgesamt erfordert eine wirksame Familienpolitik ein möglichst großes Maß an Übereinstimmung zwischen den verschiedenen Verantwortungsträgern über die verfolgten Ziele, die dabei maßgebenden Grundsätze und Rangordnungen sowie die Handhabung der Instrumente, die im allgemeinen nicht völlig losgelöst gesehen werden dürfen von der Wertbesetztheit der Ziele selbst. Ein gutes Beispiel für einen Lösungsansatz eines **mehrdimensionalen Koordinierungsproblems** bildet das auf die Förderung der frühkindlichen Sozialisation gerichtete Maßnahmenbündel, in dem ein Bundeserziehungsgeld, ein in einer Reihe von Ländern – überwiegend mit gleichen Leistungskonditionen – daran anschließendes Landeserziehungsgeld sowie in Ausnahmefällen auch ein kommunales Erziehungsgeld, eine gleichzeitige rentenversicherungspflichtige Absicherung von drei Erziehungsjahren für den betreffenden Elternteil, eine arbeitsrechtliche Absicherung des Arbeitsplatzes für diejenigen, die anschließend in die Erwerbstätigkeit zurückkehren wollen, sowie gegebenenfalls eine betriebsindividuelle Wiederbeschäftigungsgarantie nach einer längeren Familienphase mit betrieblichen Wiedereingliederungshilfen ineinander greifen. Ein schlechtes Beispiel liegt sicherlich dort vor, wo auf der Bundesebene mit großen Kraftanstrengungen bis in den Vermittlungsausschuß hinein das Kindergeld in Anpassung an die wirtschaftliche Entwicklung um vielleicht 20 oder 30 DM erhöht wird und etwa zur gleichen Zeit auf der kommunalen Ebene der Kindergartenbeitrag in dieser Größenordnung oder sogar noch darüber hinausgehend angehoben wird oder auch sonstige die Familie mit Kindern besonders treffende Abgabenbelastungen erhöht werden.

Die Entwicklung gemeinsamer Leitlinien für eine zielgerichtete, sozialordnungskonforme und effiziente Familienpolitik wird immer nur begrenzt möglich sein, zumal die an eine »Rationalität« der familienpolitischen Maßnahmen gestellten Anforderungen sich zwar noch im Rahmen einer Ziel-Mittel-Relation u. a. mit Hilfe sozialwissenschaftlich untermauerter Wirkungsanalysen abklären lassen, die Ziele selbst aber bereits unterschiedlichen Wertsetzungen unterliegen können. So können, wie in Deutschland in der Vergangenheit mehrfach zu beobachten war, unterschiedliche (partei-)politische Grundorientierungen in den verschiedenen Landesfamilienpolitiken durchschlagen, Grundorientierungen, die bereits beim Verständnis von Familie als dem Adressaten der politischen Maßnahmen beginnen können. Eine bei der Weiterentwicklung der Familienpolitik wichtige Grundfrage für das Gelingen einer befriedigenden konzeptionellen Integration familienpolitischer Maßnahmen gerade auch zwischen Bund und Ländern bildet das Verhältnis von nicht zweckgebundenen, in aller Regel monetären Leistungen an die einzelnen Familien zum einen, und kollektiven Sach- und Dienstleistungen (als sogenannte »Realtransfers«) auf der anderen Seite.

8.2.2 Monetäre Individualleistungen versus kollektive Sach- und Dienstleistungen

Bei dem Nebeneinander von monetären Individualleistungen und Realtransfers geht es im Grunde nicht um ein Entweder-Oder; beide Ansätze dürfen nicht gegeneinander ausgespielt werden, sondern haben je ihre eigenständige Bedeutung: Monetäre Transfers an die einzelnen Familien entsprechen, vor allem wenn sie nicht zweckgebunden gewährt werden, in besonderer Weise dem Grundsatz der Konsumentensouveränität; sie können aber die Realtransfers keineswegs überflüssig machen, die in besonderer Weise auf spezielle Problemlagen zugeschnitten sind und besonders geeignet sein können, bestimmte gesellschaftspolitische Zielsetzungen gezielt zu erreichen (wie z. B. auf dem Gebiet der Gesundheitsförderung der nachwachsenden Generationen durch sehr verbilligten Zutritt zu öffentlichen Badeanstalten).

Das Verhältnis von monetären Transferleistungen und Realtransfers berührt auch die innerfamiliale Einkommensverteilung zwischen Eltern und Kindern. Während z. B. nicht förmlich zweckgebundene Geldleistungen an die einzelnen Familien nach freiem Ermessen der Eltern eingesetzt werden können, kommen Realtransfers etwa in Gestalt von kinderbezogenen Gütern und Dienstleistungen z. B. im Schul- und Bildungsbereich den Kindern unmittelbar und zumeist verläßlicher zugute. Gerade eine betont kinderorientierte Familienpolitik wird diesen Aspekt besonders im Auge haben (müssen). Dabei rücken dann Grenzen der an sich gesellschaftsordnungspolitisch wichtigen Autonomie der Familien in den Blick, und können das Problem von (potentiellen) Zielkonflikten innerhalb einer Familienpolitik besonders sichtbar machen.

Grundsätzlich – dies haben die Erörterungen zu den verschiedenen familienpolitischen Grundzielen gezeigt – sind beide Ansätze für die Entfaltung einer umfassenden Familienpolitik unverzichtbar. Keineswegs ohne weiteres konsensfähig ist dagegen das **Gewicht**, das beiden Ansatzpunkten beizumessen ist. Dies ist nicht nur ein Abstimmungsproblem zwischen Bund und Ländern, sondern – wie die Entwicklung der letzten Jahre gezeigt hat – auch eine Frage, die zwischen den Ländern je nach den über die Familienpolitik hinausgehenden Leitvorstellungen, die stets auch von den jeweiligen politischen Mehrheitsverhältnissen mitbestimmt sind, nicht immer einheitlich zu beantworten ist. Für eine an sich wünschenswerte »Familienpolitik aus einem Guß« bringt dies unter Umständen erhebliche Probleme mit sich.

Wenn auch praktisch nie ganz auf einen der beiden angesprochenen Politikansätze verzichtet werden kann, so kann doch das unterschiedliche »Mischungsverhältnis« von monetären Leistungen, die den einzelnen Familien zweckfrei oder im Einzelfall zweckgebunden zufließen, und den in aller Regel zweckgebundenen kollektiven Sach- oder Dienstleistungen als ein Indikator für voneinander abweichende Grundmuster von Familienpolitik angesehen werden. Dahinter steht nicht zuletzt die Frage nach den präferierten Zielsetzungen der staatlichen Sozial- und Familienpolitik. Wo die Herstellung von Chancengleichheit, und zwar vielleicht von Ergebnisgleichheit mehr noch als von Startchancengleichheit, wie auch die Forderung der Emanzipation des einzelnen betont im Vordergrund stehen, werden öffentliche familienbezogene Sozialleistungen so ausgestaltet werden, daß vorrangig soziale Ungleichheiten reduziert und defizitäre Lebenslagen gezielt ausgeglichen werden sollten. Hier kommt dann adressatenspezifisch angelegten sozialen Dienstleistungen ein besonderer Stellenwert zu. Monetäre Transferleistungen haben zwar auch in diesem Konzept einen wichtigen Platz, aber daneben tretende kollektive Sach- und Dienstleistungen erscheinen mindestens ebenso wichtig. Dahinter steht die Einsicht, daß in hochentwickelten Gesellschaften soziale Problemlagen nicht nur aus mangelndem Einkommen resultieren, sondern auch aus der Unterversorgung mit sozialen und persönlichen Dienstleistungen sowie Einrichtungen der sozialen Infrastruktur, wobei diese Unterversorgung in unteren Einkommens- und Sozialschichten als besonders empfindliche Beeinträchtigung der Lebenslage angesehen wird.

Eine klare Trennung dieser verschiedenen Handlungsansätze nach parteipolitischen Mehrheitsverhältnissen ist nicht immer möglich. Aber tendenziell läßt sich feststellen: Bundesländer mit christlich-demokratischen Mehrheiten neigten in der Vergangenheit eher zu einem Einsatz der Mittel für individuelle Geldleistungen, während Länder mit sozialdemokratischen Mehrheiten eher auf kollektive Sach-

und Dienstleistungen Wert legten und z. B. Kleinkinderbetreuungseinrichtungen oder Familien- und Jugendberatungsstellen vorzugsweise bezuschußten.

Solche unterschiedlichen Akzentsetzungen können dazu führen, daß ein Land bei in aller Regel begrenztem finanziellen Handlungsspielraum z. B. ein den einzelnen Familien zufließendes Erziehungsgeld als weniger dringlich ansieht als die Finanzierung von außerhäuslichen Betreuungseinrichtungen für Kleinstkinder. In der DDR z. B. hatten Realtransfers und insbesondere die Bereitstellung von Krippenplätzen für Kinder unter drei Jahren aus der übergreifenden gesellschaftspolitischen Grundorientierung heraus ein gegenüber der Bundesrepublik sehr viel größeres Gewicht. Ansatzweise lassen sich solche Unterschiede in der Politik für Kinder unter drei Jahren auch im Vergleich der einzelnen Bundesländer ausmachen: einige Länder unterstützen Familien mit Kleinkindern vornehmlich durch das Landeserziehungsgeld, fördern aber keine Krippenplätze durch Bezuschussung, andere Länder unterstützen die Kommunen und freien Träger bei der Einrichtung von Krippenplätzen, verzichten aber auf ein Landeserziehungsgeld, während wieder andere Länder sowohl ein Landeserziehungsgeld wie Landeszuschüsse zu Krippenplätzen kennen. Einen Überblick über die hauptsächlichen familienpolitischen Leistungen der Länder für Familien mit Kindern unter drei Jahren vermittelt die *Tabelle 17,* in der die Krippenplätze berücksichtigt sind, die vom jeweiligen Bundesland bezuschußt werden. Kinderkrippen werden mit Ausnahme von Baden-Württemberg und Bayern durch das jeweilige Bundesland bezuschußt, wobei die Länder in unterschiedlichem Umfang anteilig Investitions-, Personal- und/oder Betriebskosten übernehmen.

Generell wurde in Deutschland etwa ab den siebziger Jahren verstärkt eine »Sozialpolitik durch soziale Dienstleistungen« gedanklich entwickelt, deren Ziel es ist, durch öffentliche Angebote allen Bevölkerungsschichten entsprechend ihrem Bedarf, d. h. unabhängig von den Einkommensverhältnissen, soziale Dienstleistungen in ausreichender Quantität und Qualität bereitzustellen. Diese Dienstleistungsstrategie ist dann deutlich nachweisbar auf der Ebene von Landesfamilienpolitik konzeptionell ausformuliert und umzusetzen versucht worden, so besonders im größten Bundesland Nordrhein-Westfalen. Nicht als ob es diese sozialen Dienstleistungen nicht auch schon früher gegeben hätte, aber diese Entwicklungsrichtung wurde in der Sozial- und Familienpolitik nunmehr doch sehr viel deutlicher als erstrebenswert herausgestellt. Sie war in der Folgezeit allerdings auch deutlicher grundsätzlicher Kritik u. a. unter Hinweis auf die Grenzen der Finanzierbarkeit ausgesetzt. Gleichwohl hat sich die These bis heute behauptet, daß es unter Berücksichtigung der absehbaren ökonomischen und sozialen Entwicklung in der Bundesrepublik und bei Aufrechterhaltung von Mindeststandards des Versorgungsniveaus keine sinnvolle und gangbare Alternative zum öffentlichen sozialen Dienstleistungssektor und seiner Stärkung gibt, und zwar nicht zuletzt vor dem Hintergrund der demographischen Veränderungen, die dazu führen, daß einem wachsenden sozialen Hilfebedarf tendenziell ein rückläufiges Hilfepotential der traditionellen familialen Lebenskreise gegenübersteht.

Bei verschiedenen Grundpositionen, wie sie sich in dem unterschiedlichen Gewicht von monetären Individualleistungen einerseits und kollektiven Sach- und Dienstleistungen andererseits niederschlagen können, können zugleich unterschied-

Tabelle 17: Ausgewählte familienpolitische Leistungen der Bundesländer für Familien mit Kleinkindern 1995

Land	Familienpolitische Leistungen für Familien mit Kindern unter drei Jahren			
	Landeserziehungsgeld	Krippenplätze[1]	Landesstiftungen	Sonstige Hilfen
Baden-Württemberg	10. 4. 86: ab 24. Lebensmonat; 12 Monate; 400 DM monatl.	Keine vom Land geförderten Krippen	»Familie in Not«	Programm »Mutter und Kind« für alleinerziehende Mütter und Väter: 1. bis 36. Lebensmonat; 3 Jahre; 600 DM monatl.; Sozialpädagogische Betreuung
Bayern	12. 7. 89: ab 24. Lebensmonat; 6 Monate (12 Monate geplant)[2]; 500 DM monatl.	»Netz für Kinder«: ca. 80 in altersgemischten Gruppen; (Ende 94)	»Hilfe für Mutter und Kind«	Programm »Junge Familie«: einmalige Beihilfe anstelle des Landeserziehungsgelds; 1 000 DM fürs 1. Kind; 1 500 DM für jedes weitere Kind; Härtefälle max. 3 000 DM
Berlin	1. 1. 83[3]: ab 24. Lebensmonat; 6 Monate; 600 DM monatl.	West: 12 157, Ost: 18 536; (31. 12. 93)	»Hilfen für die Familie«	
Brandenburg	1. 10. 94: bis zur 8. Lebenswoche; 1 000 DM einmalig	18 162 zzgl. Tagespflege (noch Einzelfälle); (1. 9. 94)	»Hilfen für Familien in Not«	
Bremen		1 106 inkl. 230 Tagespflegestellen; (9. 12. 94)		
Hamburg		6 697 inkl. 1 505 Tagespflegestellen; (31. 12. 94)		
Hessen		2 611; (Juni 93)		

1 Soweit nicht anders angegeben, fehlen die Angaben etwa über Tagespflegeplätze und private Initiativen, die sich ausschließlich über Kommune, freie Träger und/oder Eltern finanzieren. So hatten beispielsweise 1990 Baden-Württemberg 3 881 und Bayern 3 414 Krippenplätze, die allerdings keine Förderung über Landesmittel erhielten. Die Angaben enthalten sowohl Ganztags- als auch Teilzeitbetreuung, die von öffentlichen, freien, privaten oder gewerblichen Trägern geleistet werden. Die Angaben zeigen das Angebot an Plätzen für Kleinkinder, ermöglichen in der Regel aber keine Unterscheidung zwischen Plätzen in Krippen, altersgemischten Gruppen, Kindergärten, Tagespflege. Außerdem wird die Zahl der Plätze, nicht jedoch die Zahl der betreuten Kinder genannt. Da Krippenplätze sowohl überbelegt (z. B. Doppelbelegung bei Ganztagsplätzen) als auch unterbelegt sein können, dürften die Platzzahlen von den tatsächlich betreuten Kindern abweichen.

2 In der zweiten Lesung des Landtages; für Geburten ab 8. 12. 1994.

3 Förderung läuft gegenwärtig aus, nur noch für Kinder, die bis einschließlich dem 31. 12. 1992 geboren worden sind.

Land	Familienpolitische Leistungen für Familien mit Kindern unter drei Jahren			
	Landeserziehungsgeld	Krippenplätze[1]	Landesstiftungen	Sonstige Hilfen
Mecklenburg-Vorpommern	1. 7. 95[4]: ab 24. Lebensmonat; 12 Monate; 600 DM monatl.	10 152 inkl. 202 Tagespflegestellen; (30. 9. 94)	»Hilfen für Frauen und Familien«	
Niedersachsen		4 553 inkl. ca. 2 200 in altersgemischten Gruppen; (1. 10. 93)	»Familie in Not«	
Nordrhein-Westfalen		1 000; (Ende 94)		
Rheinland-Pfalz	1. 1. 84: 3. oder weiteres Kind; ab 24. Lebensmonat[5]; 12 Monate; 300 DM monatl.	685 inkl. 150 in Kindergärten; (Ende 94)	»Familie in Not«	
Saarland		526 zzgl. in Ausnahmefällen Tagespflege; (7. 12. 94)		
Sachsen	1. 7. 93: ab 24. Lebensmonat; 12 Monate; 400 DM monatl.	20 675 incl. kombinierte Kindertageseinrichtungen; (15. 7. 94)	»Hilfe für Familien, Mutter und Kind«	
Sachsen-Anhalt		24 189; (1. 2. 94)	»Familie in Not«[6]	
Schleswig-Holstein		354; (28. 9. 94)	»Familie in Not«	
Thüringen	1. 1. 94: ab 24. Lebensmonat; 6 Monate; 600 DM monatl.	11 439; (Jan. 95)	»Nothilfe für die Familie, Hilfe für schwangere Frauen in Not«	

4 Für Geburten ab 1. 1. 1993.
5 Bei der Adoption älterer minderjähriger Kinder wird Familiengeld auch ohne Altersbegrenzung bezahlt.
6 Derzeit noch Verein; Stiftung ist geplant.
Quelle: Familienwissenschaftliche Forschungsstelle im Statistischen Landesamt Baden-Württemberg.

liche Anworten auf die schwierige Frage gegeben werden, was familienpolitische Leistungen tatsächlich zu bewirken vermögen. Der Aspekt der **Wirkungsanalysen der Aufwendungen für Familien** rückte insbesondere im Verlauf der siebziger Jahre, bedingt sowohl durch den Ausbau der Sozialisationsforschung wie auch durch die inzwischen erreichte volkswirtschaftliche Größenordnung dieser Leistungen, auf Bundesebene besonders in den Vordergrund des familienwissenschaftlichen und familienpolitischen Interesses und gehört heute mit zum Grundbestand in der vertieften Befassung mit den Möglichkeiten und Trends familienpolitischen Handelns. Unter diesem Aspekt müssen sich wirtschaftliche Maßnahmen für Familien nach dem befragen lassen, was sie auf einer metaökonomischen Ebene tatsächlich für die familiale Leistungsentfaltung bewirken.

Zu dieser schwierigen Frage bleibt nach dem bisherigen Ansatz von Wirkungsanalysen insbesondere zu den Beeinflussungen der zentralen familialen Sozialisationsprozesse festzuhalten, daß eine Verbesserung der sozialökonomischen Rahmenbedingungen von Familien somit als recht bedeutsam für die familiale Funktionserfüllung eingeschätzt wird; offensichtlich bestehen Zusammenhänge zwischen der sozialökonomischen Situation der Familien und ihren Sozialisationsleistungen, und es erscheint plausibel, daß eine Verbesserung der ökonomischen Lage von Familien, etwa durch einen Familienlastenausgleich mit frei verfügbaren zusätzlichen Einkommensressourcen, im Regelfall die Sozialisationschancen der Kinder eher begünstigt als benachteiligt. Es erweist sich jedoch als außerordentlich schwierig, einen solchen Einfluß im einzelnen wissenschaftlich exakt zu belegen; solche Wirkungen konnten noch am ehesten für den Fall extremer Mangelsituationen nachgewiesen werden. Einkommenswirksame Leistungen an Familien werden immer nur **Voraussetzungen von familialer Aufgabenerfüllung** beeinflussen können. Insofern handelt es sich um einen eher »vermittelten«, aber deshalb nicht unwichtigen Einfluß, der von der Verbesserung der wirtschaftlichen Situation auf Verlauf und Ergebnis familialer Sozialisation ausgeht, aber noch nicht die Sozialisationsleistungen selbst unmittelbar steigert, während Maßnahmen im außerökonomischen Feld, also vor allem mit einem spezifisch pädagogischen Ansatz, demgegenüber durch eine direktere Einwirkung auf familiale Funktionserfüllungen gekennzeichnet sind. Dies muß allerdings allein noch nicht notwendig ihren Wirkungsgrad auf der Ebene der familialen Sozialisation erhöhen.

Ohne in den Fehler eines Denkens in wirklichkeitsfremden Alternativattrappen zu verfallen, gilt es, sich mit der Grundfrage auseinanderzusetzen, inwieweit eher allgemeine Familienlastenausgleichsleistungen an die einzelnen Eltern oder statt dessen eher Kollektivleistungen für Familien und Kinder den Vorzug verdienen? Diese (schon im Zweiten Familienbericht von 1975 deutlich angesprochene) Frage hat bisher jedoch keine über rein pragmatische Entscheidungen hinausgehende wirklich befriedigende Beantwortung gefunden. Es besteht inzwischen eine erheblich größere Transparenz, was den Anteil der Gesamtleistungen der öffentlichen Hand einschließlich der Wohlfahrtsverbände und der privaten Träger an den Aufwendungen für das Aufziehen der nachwachsenden Generation angeht; der größere Teil davon dürfte in kollektiv angebotenen Gütern und Diensten gegenüber direkten Einkommensübertragungen an die Familien bestehen, womit die öffentliche Hand Aufgaben übernimmt, die früher weitgehend nur von der Familie getragen oder überhaupt nicht wahrgenommen wurden.

Gerade wenn man sich die Ströme an Realtransfers an die Familien vergegenwärtigt[227], wird deutlich, daß die Kosten für Aufziehen und Erziehen von Kindern von der Gesellschaft keineswegs einfach ignoriert werden, wie gelegentlich unter Relativierung der monetären Transferleistungen behauptet wird. Aber eine grundsätzliche Klärung der Frage nach der **sachgerechten Ausgewogenheit** von individuell den einzelnen Familien zufließenden Transferleistungen des Familienlastenausgleichs einerseits, und den Kollektivleistungen für Familien und Kinder andererseits steht in der theoretischen Fundierung eines in sich geschlossenen familienpoliti-

227 Allein für den Betrieb von Kinderkrippen, -gärten und -horten werden in Deutschland 1994 von der öffentlichen Hand 18,4 Milliarden DM aufgewendet; gegenzurechnen wären die Einnahmen der Einrichtungen (insbesondere durch Kindergartenbeiträge) in Höhe von 2,5 Milliarden, so daß sich bereinigte Ausgaben von 15,8 Milliarden DM ergeben.

schen Gesamtsystems bisher noch aus. Spätestens bei einer vertieften Diskussion des Umbaus des Sozialstaats wird auch diese Frage weiter auf konsensfähige Antworten hin abzuklären sein. Im föderalen System der Familienpolitik in Deutschland tritt dieses Problem in der bundespolitischen Diskussion wohl auch deshalb zu Unrecht in den Hintergrund, weil die monetären Transfers an die einzelnen Familien überwiegend auf Bundesebene geregelt, allerdings beim Familienlastenausgleich aufgrund der jüngsten Neuordnung über die Einkommenbesteuerung anteilig verstärkt, auch zu Lasten der Länder finanziert werden, während die Realtransfers, die sich nur bedingt einzelnen Familien zuordnen lassen, überwiegend auf Landes- oder Gemeindeebene angesiedelt sind. Diese Kompetenzaufteilung – »Social Service« praktisch in der Kompetenz der Länder und Gemeinden, einkommenspolitische und sozialrechtliche Maßnahmen im wesentlichen in der Bundeskompetenz – erleichtert nicht gerade stärker theoriegeleitete Abstimmungen zwischen diesen unterschiedlichen familienpolitischen Handlungsfeldern.

Bemerkenswert, wenngleich im Grunde sehr verständlich, erscheint in diesem Zusammenhang ein deutlicher geschlechtsspezifischer Unterschied in der bewertenden Gewichtung von sozialen Dienstleistungen gegenüber monetären Transferleistungen, wie er z. B. unlängst in den Ergebnissen des »Eurobarometers« sichtbar geworden ist: Während Männer monetären Transfers mehr Bedeutung beimessen, betonen demgegenüber Frauen viel stärker die Relevanz von sozialen Diensten, die sie bei der Bewältigung familialer Alltagsprobleme sehr viel besser einzuschätzen wissen. Im übrigen gilt es, die Verschiedenheit der familialen Lebensbedingungen zu sehen, die unterschiedliche Lösungen bedingen können.

8.3 Familienorganisationen als Partner der Familienpolitik

Partner der Familienpolitik in einem demokratischen Gemeinwesen sind vor allem spezielle Familienorganisationen, in denen sich im In- und Ausland Familien wie auch familiennah arbeitende Verbände zusammengeschlossen haben. Solche Familienorganisationen haben im wesentlichen eine **dreifache Funktion**: Sie dienen einmal der Vertretung der wirtschaftlichen, sozialen und kulturellen Familienbelange gegenüber Politik und Öffentlichkeit und sind insofern Ausdruck einer häufig eher negativ apostrophierten »Verbändedemokratie«; sie treten zum zweiten als Sprecher der Familien als der Adressaten von familienpolitischen Maßnahmen im Dialog mit Regierungen, Parlamenten und politischer Administration auf; sie können schließlich (gleichzeitig) auch zur Organisierung von Selbsthilfemaßnahmen dienen. Die erste Funktion entspricht der Notwendigkeit, den Anliegen von Familien in ihren unterschiedlichen Problemlagen in der Öffentlichkeit Gehör zu verschaffen und in den nicht selten unterschiedlichen Interessenlagen auf Berücksichtigung zu drängen. Die zweite Funktion wird wirksam, wo die Familienorganisationen zu anstehenden familienpolitischen Vorhaben gehört werden oder auch mittelbar oder unmittelbar als Träger von staatlich geförderten Modellprojekten auftreten. Die dritte Funktion ist in Verbindung zu sehen mit der in jüngerer Zeit noch deutlicher gewordenen Notwendigkeit, das Selbsthilfepotential der Familien mehr als bisher zu aktivieren. Insofern übernehmen Familienorganisationen in mehrfacher Hinsicht eine Scharnierfunktion zwischen der offiziellen Familienpolitik und der Vielzahl der Familien in ihren unterschiedlichen Entwicklungsphasen.

In Deutschland wurden schon in der ersten Hälfte der fünfziger Jahre spezielle Familienorganisationen gegründet, teils – wie beim Bund der Kinderreichen Deutschlands (BKD), der später mit dem Deutschen Familienverband (DFV) fusionierte – in Anknüpfungen an Traditionen aus der Weimarer Zeit. Auf evangelischer Seite formierte sich die Evangelische Aktionsgemeinschaft für Familienfragen (EAF) als eine Organisation von familienorientierten Verbänden. Auf katholischer Seite wurde der Familienbund der Deutschen Katholiken (FDK) gegründet. Vor dem Hintergrund der Entwicklung im Bereich von Ein-Eltern-Familien konstituierte sich später noch der Verband Alleinstehender Mütter und Väter (VAMV). Diese vier Organisationen arbeiten unter jährlich rotierendem Vorsitz in der Arbeitsgemeinschaft der Deutschen Familienorganisationen (AGF) zusammen. Die Verbandsarbeit ist über diese Arbeitsgemeinschaft hinaus durch eine Integration in den europäischen Verbund bis hin zur weltweiten Internationalen Union der Familienorganisationen (UIOF) gekennzeichnet. Innerhalb des engeren Kreises der Mitgliedstaaten der EU besteht wiederum eine darauf begrenzte Arbeitsgemeinschaft dieser Organisationen. In einzelnen Bundesländern, so in Baden-Württemberg, arbeiten die Familienorganisationen in einem »Landesfamilienrat« mit, dem auch andere familienorientierte Organisationen wie die Wohlfahrtsverbände angehören. Außerhalb der Verbände der Freien Wohlfahrtspflege ist unter den familienorientiert arbeitenden Verbänden die »Deutsche Liga für das Kind in Familie und Gesellschaft« mit Sitz in Berlin zu nennen, die schon in ihrem Untertitel »Initiative gegen frühkindliche Deprivation« zum Ausdruck bringt, daß ihre gesellschaftspolitische Stoßrichtung vor allem die Verbesserung der Situation der unter dreijährigen Kinder zum Ziel hat.

Die Lobby der Familienorganisationen als Interessenvertretung ist bisher eher begrenzt, zumindest im direkten offiziellen Dialog mit Politik und Gesetzgeber. Schon eher wirken sich mehr inoffizielle Querverbindungen zu einzelnen politischen Entscheidungsträgern oder der politischen Administration aus. So stellt sich insgesamt die organisatorische Vertretung von Familienbelangen als eine nicht leichte Aufgabe dar, die nicht zuletzt durch die relativ »unspezifische« Breite der Familienbelange und die in den einzelnen Familienphasen unterschiedlich stark ausgeprägte Motivierung zur verbandlichen Interessenvertretung von Familien bedingt wird. Wie die politische Erfahrung aus über vier Jahrzehnten bundesdeutscher Familienpolitik zeigt, sind die Verwirklichungschancen eines durchaus gemeinwohlorientierten Interesses tendenziell um so geringer, je allgemeiner dieses Interesse ist, und zwar deshalb, weil es mit immer mehr Einzelinteressen in Widerspruch tritt und schließlich, wie Ernst Forsthoff formulierte, »keinen organisierten gesellschaftlichen Patron mehr findet, der sich für die Realisierung einsetzt«[228].

228 Ernst Forsthoff, Der Staat der Industriegesellschaft, München 1971, S. 25 f. Für Jürgen Borchert bietet die Familienpolitik eine Fülle von Beispielen für die Richtigkeit der »Forsthoff-Regel«, mit der er zusätzlich zu anderen Faktoren »demokratiebedingte Ursachen« für die »Misere der Familienpolitik« verbindet. Vgl. dazu ders., Streitgespräch zum Familienlastenausgleich, in: Familie und Recht, (1992) 2, S. 94.

Die Familienorganisationen nehmen heute einen festen Platz in der familienpolitischen Landschaft ein, und zwar als Anwälte der Interessen nachwachsender Generationen und als Partner einer demokratischen Familienpolitik wie zugleich ein Stück weit als Selbsthilfeorganisationen. Ein gewisses Strukturproblem ihrer Arbeit kann darin gesehen werden, daß sie auf der einen Seite für sich Unabhängigkeit vom Staat reklamieren, andererseits dennoch gerne staatliche finanzielle Förderung akzeptieren. Dies erfordert besondere Vorkehrungen gegenüber der Gefahr, in die Umsetzung von tagespolitischen Zielvorstellungen der staatlichen Familienpolitik zu sehr eingebunden zu werden. Sie haben wichtige Aufgaben in der Bündelung der Familienbelange und der Vermittlung von Resonanz der Familien gegenüber familienpolitischen Ordnungsvorstellungen und müssen doch vermeiden, zu bloßen »Transmissionsriemen« staatlicher Politik zu werden.

9. Perspektiven künftiger Familienpolitik

Vor dem Hintergrund der angerissenen Grundfragen einer systematischen Familienpolitik und der exemplarisch erörterten aktuellen Probleme seien abschließend einige Perspektiven für Anlage und Ausgestaltung des familienpolitischen Handlungsfeldes im Ganzen vorgestellt. Dabei rückt notwendig die Frage nach dem künftigen Stellenwert der Familienpolitik unserer sozialstaatlichen Ordnung zentral ins Blickfeld. Diese familienpolitischen Perspektiven betreffen einmal die Konsequenzen, die sich aus einem breiten gesellschaftsordnungspolitischen und prozeßpolitischen Handlungsansatz der Familienpolitik selbst ergeben, der im Verlauf der Darstellung immer wieder sichtbar geworden ist. Sie betreffen darüber hinaus Strukturmerkmale der Familienpolitik, die sich aus deren Einbettung in übergreifende wirtschaftliche und sozialkulturelle Entwicklungstendenzen einer gesellschaftlichen Verfassung ergeben, die verschiedentlich schon als »postmodern« – und damit im Kern durch einen »radikalen Pluralismus«[229] gekennzeichnet – angesehen wird; Familienpolitik wird sich mit diesen Bedingungen und Tendenzen auseinanderzusetzen und, da diese kein unabänderliches »Schicksal« sind, als stukturgestaltende Gesellschaftspolitik auch partiell und grundwerteorientiert auf Kurskorrekturen hinzuwirken haben. Schließlich betreffen diese Perspektiven die allgemeinpolitischen Voraussetzungen, unter denen Familienpolitik gegenwärtig und auf absehbare Zukunft betrieben werden muß, Voraussetzungen, die allerdings auch kritisch auf den Prüfstand gerückt werden müssen; geht es doch um Vorbedingungen, wie sie in einem stark oder schwach ausgeprägten familienorientierten politischen Gestaltungswillen des Gemeinwesens ihren Ausdruck finden. Perspektiven, die sich aus der Gegenwart ableiten lassen, dürfen sich dabei nicht als reines Wunschdenken darstellen, sondern müssen – bei allem gesellschaftsreformerischen Ansatz – den Bezug zur politischen Realität behalten[230].

9.1 Verknüpfung vordringlicher Handlungsansätze

Wichtige Ansatzpunkte zur Anlage und Ausgestaltung der Familienpolitik ergeben sich zunächst einmal schon aus dem Verständnis von Familienpolitik als gesellschaftlicher Strukturpolitik und dem für sie kennzeichnenden »Querschnittscharak-

229 Wolfgang Welsch, Postmoderne – Pluralismus als ethischer und politischer Wert, Köln 1988.
230 Vgl. auch Max Wingen, »Realistisches Utopiequantum« für Lebensentwürfe mit Kindern, in: Texte – Thesen – Visionen. Experten in Dialog mit der Gegenwart, Osnabrück – Zürich 1992, S. 161 ff.; in etwas erweiterter Fassung: ders. (Anm. 17), S. 411 ff.

ter« sowie aus der dadurch wesentlich mitbedingten mehrgliedrigen Trägerschaft. Aus der Einordnung in bereichsübergreifende gesellschaftspolitische Ordnungsvorstellungen, zu deren Umsetzung die Familienpolitik einen bereichsspezifischen Beitrag zu leisten hat, sei die Ordnung des Zusammenlebens von Männern und Frauen und die Arbeitsteilung zwischen den Geschlechtern deshalb noch einmal herausgehoben, weil gerade diese Frage eine Kernproblematik für die Zukunft der Familien in der modernen Gesellschaft bilden dürfte. Zu ihrer Beantwortung ist die Familienpolitik elementar gefordert. Franz-Xaver Kaufmann hat schon vor einigen Jahren festgehalten[231] – was dann auch im Fünften Familienbericht nochmals unmittelbar aufgegriffen und bestätigt worden ist –, wie sehr es darauf ankommen wird, dauerhafte Partnerschaftsbeziehungen auf der Basis nicht nur ideeller, sondern auch praktischer Gleichberechtigung in ausreichendem Umfang und dauerhaft zu stabilisieren und auch die Männer mehr als bisher an der familialen Wohlfahrtsproduktion zu beteiligen, so daß im Ergebnis auch »die gegenwärtige Verunsicherung der Frauen und die damit zusammenhängende Infragestellung wesentlicher Elemente der Familienkultur einer neuen kulturellen Stabilisierung der Familien Platz macht«. Noch kann diese Perspektive in unserer Gesellschaft nicht als durchgängig anerkannt gelten, und doch besteht für die Familienpolitik – so der Fünfte Familienbericht – aller Grund, sich daran mit Nachdruck zu orientieren: »Die Zukunft der Familie wird sich daran entscheiden, inwieweit es gelingt, die kulturellen Motive und ökonomischen Bedingungen für eine verbreitete Stabilisierung dauerhafter Partnerschaftsbeziehungen auf der Basis einer Gleichberechtigung der Geschlechter zu schaffen und die Folgen der Übernahme von Elternverantwortung durch entsprechende arbeitsmarkt- und sozialpolitische Maßnahmen günstiger zu gestalten. Die Gleichberechtigung der Geschlechter erfordert einen stärkeren Einbezug der Männer in den Zusammenhang unentgeltlicher Erziehungs-, Haus-, Hilfe- und Pflegearbeit, aber auch die Ermöglichung einer besseren Vereinbarkeit von Familientätigkeit und Berufstätigkeit für die Ehepartner, und nicht zuletzt eine Umorientierung des Bildungssystems im Hinblick auf eine bessere Vereinbarkeit von Familie und Ausbildung und auf die für die Gründung einer Familie erforderlichen Daseinskompetenzen von Männern und Frauen.« (S. 32 f.)

Wo immer die Familienpolitik zur Umsetzung gesellschaftspolitischer Ordnungsvorstellungen beizutragen versucht, wird sie unter den gegebenen, vielfältig wirksamen und nur zu oft interessenbedingten »Anfechtungen« dieser Ordnungsvorstellungen zu einem betont **sozialreformerischen Ansatz** finden müssen. In diesem Zusammenhang erscheint auch das grundlegende »Renten-Urteil« des Bundesverfassungsgerichts von 1992, das für die Gesetzliche Rentenversicherung und darüber hinaus die notwendige (schrittweise) Verbesserung der Familienfördermaßnahmen nachdrücklich unterstrichen hat, richtungsweisend. Ob man dieses Urteil nun als »sozialpolitische Revolution« (Jürgen Borchert), als »stille Revolution« (Alfred Rollinger) oder als Einleitung einer baldigen »sozialpolitischen Evolution« (Matthias Pechstein) bezeichnen möchte – eine konsequente familienpoliti-

231 Franz-Xaver Kaufmann, Zukunft der Familie. Stabilität, Stabilitätsrisiken und Wandel der familialen Lebensformen sowie ihre gesellschaftlichen und politischen Bedingungen, München 1990, S. 121 und S. 155.

sche Kurskorrektur dürfte jedenfalls auch auf die Tagesordnung der Zukunft der Gesetzliche Rentenversicherung gesetzt sein.

Zu den Perspektiven der Familienpolitik wird angesichts des gesamten »policy-Systems« eine noch sehr viel ausgeprägtere gedankliche und tatsächliche Verknüpfung der verschiedenen familienpolitischen Handlungsansätze gehören müssen. Mehrfach konnte bei der Erörterung der verschiedenen familienpolitischen Ziel-Mittel-Relationen deutlich gemacht werden, wie sehr es für eine systematische Familienpolitik darauf ankommt, die verschiedenen Handlungsfelder und einzelnen Maßnahmen in ihren Interdependenzen zu sehen und auszugestalten. So wird die Familienpolitik bei allen Schwierigkeiten im föderalen System und allen Ressortrivalitäten dennoch verstärkt möglichst integrativ geplante Maßnahmenbündel entwickeln und sich dabei noch mehr als bisher von Partialaspekten weg auf ein Denken in Gesamtzusammenhängen verpflichten lassen müssen. Dabei ist dann auch ein Zusammenwirken von Akteuren im staatlichen und nichtstaatlichen Raum angesagt. Zwei Beispiele: Stützungsnetze für Familien als Element einer familienbezogenen sozialen Infrastruktur im Feld des einen familienpolitischen Grundzieles erweisen sich zugleich im Feld eines anderen familienpolitischen Grundzieles als eine wichtige Voraussetzung für eine bessere Vereinbarkeit von Familientätigkeit und Erwerbstätigkeit. Das notwendige Zusammenwirken der verschiedenen familienpolitischen Akteure auf unterschiedlichen Entscheidungs- und Handlungsebenen zur Sicherung familiengerechten Wohnens verlangt ein solches integratives Denken, das für eine wirksame Familienpolitik erforderlich ist. Eine wechselseitige Ergänzung zielgerichteter Handlungsstrategien setzt freilich einen Grundkonsens über Ziele und ihre Prioritäten sowie über Grundrichtungen des Handelns voraus. Eine gemeinsame Zielorientierung mit Grundübereinstimmung in den zu bevorzugenden Ziel-Mittel-Relationen zu gewinnen und immer wieder neu abzusichern, wird eine wichtige Aufgabe künftiger Familienpolitik bleiben. Dazu gehört dann freilich auch ein adäquates Maß an Entideologisierung des familienpolitischen Handlungsfeldes. Ob dies ohne weiteres erreicht werden kann, mag zumindest zweifelhaft sein. Jedenfalls gilt es, einer Kritik mehr und mehr den Boden zu entziehen, die für die Vergangenheit dahin formuliert worden ist, es fehle »der bundesdeutschen Familienpolitik oft deshalb an einer durchgängigen, klaren Konzeption, weil zu viele Träger und Organe direkt oder indirekt mit divergierenden Zielsetzungen daran beteiligt sind, bis eine Maßnahme beim Adressaten ankommt«[232].

Ein besonders gravierendes Problem, dessen Lösung für die Entfaltung einer in sich konsistenten Familienpolitik wichtig erscheint, besteht hier darin, daß aufgrund der unterschiedlichen Kompetenzen von Bund und Ländern mit der weitestgehenden Zuständigkeit der letzteren für den Bereich Bildung und Erziehung ein bundesweit durchgängiges familienpolitisches Konzept elementar darauf angewiesen ist, daß es auf den verschiedenen Entscheidungs- und Handlungsebenen gemeinsam getragen wird. Diese Anforderung könnte es nahelegen, bei einer weiteren Entideologisierung nach **neuen institutionellen Formen für die Entwicklung der Grundlagen** einer auf mehr Rationalität bedachten Familienpolitik zu suchen. Zu

232 U. Münch (Anm. 219), S. 321.

Recht heißt es in der Stellungnahme der Bundesregierung zum Fünften Familienbericht, was man auch als Selbstverpflichtung zur entsprechenden Kooperation wird verstehen müssen: »Auf Dauer angelegten Erfolg wird Familienpolitik in Deutschland nur haben können, wenn sich alle Ebenen im Rahmen ihrer unterschiedlichen Zuständigkeiten engagieren und die freien Akteure der Gesellschaft die Familienpolitik verantwortlich mitgestalten«. Dies gilt nicht zuletzt für die örtliche und regionale Familienpolitik, die in ihrer Tragweite für die Alltagswirklichkeit von Familien oft unterschätzt wird.

Kaum nachdrücklich genug kann auch die Verläßlichkeit familienpolitischer Leistungen unterstrichen werden. Häufiger Wechsel oder gar ein Widerruf schon beschlossener Leistungen sind – von der zeichenhaften Bedeutung unter Umständen mehr als von der materiellen Wirkung her – nicht dazu angetan, daß die Familienpolitik als fester Bestandteil in die Lebensplanung der einzelnen Familien Eingang findet. Es geht hier nicht nur um das allgemeinere Problem gegenüber Politik überhaupt, sondern um die Beeinträchtigung einer wichtigen Funktion von Familienpolitik, die sich mit den von ihr gesetzten Rahmenbedingungen als verläßlicher Orientierungsfaktor für persönliche familienbezogene Lebensentscheidungen erweisen muß. Nicht nur Unternehmer brauchen bei ihren oft risikoreichen Investitionen verläßliche Rahmenbedingungen für ihre Investitionsentscheidungen, sondern auch junge Paare, die mit Langzeitwirkung in »Humanvermögen« investieren, benötigen Verläßlichkeit der Rahmenbedingungen ihrer Entscheidungen. Wegen dieser notwendigen Verläßlichkeit familienpolitischer Fördermaßnahmen sollten diese auch erst in letzter Linie für Haushaltssanierungen in Betracht kommen (dürfen).

Eine auf Rationalität und Effizienz bedachte Familienpolitik wird auf den Beitrag der familienwissenschaftlichen Forschung weiterhin in besonderem Maße angewiesen sein, und zwar sowohl – angesichts des raschen gesellschaftlichen Wandels – zur Erfassung sich verändernder Problemlagen von Familien als auch – wegen der oft keineswegs von vornherein gewährleisteten Zielerreichung – zur kritischen Reflexion des tatsächlich Bewirkten. Erfahrung des einzelnen in seinem familialen Alltag und seinem begrenzten Umfeld mag im Einzelfall nützlich sein, reicht aber als Orientierungsgrundlage allein bei weitem nicht aus. Schon im Ersten Familienbericht von 1968 wird festgehalten, daß der einzelne nur allzu leicht geneigt ist, darauf zu verzichten, seine eigene höchst lebendige Lebenserfahrung anhand allgemeiner Daten zu überprüfen; zum anderen gebe es viele »allgemein bekannte« Meinungen über die Familie, die sich bei näheren und gründlichen Analysen als nicht sehr fundiert erwiesen. »So wird es immer wieder erforderlich, verbreitete Meinungen, die nicht selten gängige Stereotypen und Vereinfachungen darstellen, zu überprüfen und wenn nötig zu korrigieren.« (S. 8) Schließlich bleibe zu prüfen, ob Beobachtungen, die bei bestimmten Familien gemacht werden, auch auf andere Familientypen in unserer Gesellschaft zutreffen. Damit wird schon zu einem sehr frühen Zeitpunkt in einem offiziellen Regierungsbericht auf die Notwendigkeit vertiefter sozialwissenschaftlicher Analysen zur Fundierung der Familienpolitik verwiesen.

Familienforschung, deren Ergebnisse sich in vielfältigen gutachtlichen Äußerungen unabhängiger Sachverständiger konzentrieren, erscheint besonders im Kontext einer auf mehr Rationalität bedachten Familienpolitik unverzichtbar. Rational handeln heißt dabei, von verfügbarem Wissen auch Gebrauch machen. Dies bedeutet freilich nicht, wie Rita Süssmuth bereits vor Jahren einmal anmerkte, daß die tatsächliche Familienpolitik selber rational sei; was für jede Politik zutreffe, gelte auch für sie: Sie sei nicht nur dem Zwang zum Kompromiß unterworfen, sondern der Politiker müsse nicht selten in Situationen handeln, in denen er nicht auf sicheres Wissen zurückgreifen könne. Die Familienforschung ihrerseits darf allerdings, wie in diesem Zusammenhang mit Recht betont wird, nicht auf eine ihrer Strömungen festgelegt werden, sondern muß offen bleiben für verschiedene Ansätze und Zugangsweisen. Nur so kann sie der Politik kritische Impulse vermitteln und Perspektiven entwerfen. Dabei gilt es freilich, einer verkürzten Beziehung zwischen familienwissenschaftlichen Fragestellungen und aktueller Politik zu begegnen. Im übrigen können die komplexen Zusammenhänge politischen Handelns, das in der Regel auf die Verwirklichung mehrerer Ziele gleichzeitig gerichtet ist, auf die Verwirklichung auch von mehreren, oft in Spannung zueinander stehenden Werten, die Kommunikation zwischen Politik und Wissenschaft erschweren. Die Bedingungen zur Ermöglichung dieser Kommunikation immer wieder im Rekurs auf gemeinsame, in der Gesellschaft verbindliche Wertorientierungen zu verbessern, erfordert Anstrengungen von beiden Seiten. Wissenschaft soll dabei auch – wie Ernst-Ulrich von Weizsäcker vor einiger Zeit bemerkte – aufklärend wirken; Aufklärung aber tue dem Establishment häufig weh, und insofern habe gute Wissenschaft es immer schwer.

Zu dem vielschichtigen Beziehungsgeflecht zwischen sozial- und familienwissenschaftlicher Forschung und praktischer Familienpolitik und der dazwischen angesiedelten politisch bestimmten Administration zeigt die Erfahrung, daß in Politikberatung umgesetzte Ergebnisse der familienwissenschaftlichen Forschung für die familienpolitische Entscheidungsfindung immer wieder in vielgestaltiger Weise genutzt werden, allerdings auch die Gefahr selektiver Wahrnehmung nicht zu verkennen ist. Eine in Familienpolitikberatung einmündende wissenschaftliche Analyse gehört in Deutschland inzwischen weitgehend zum Konzept familienpolitischen Handelns, und zwar nicht nur auf Bundes-, sondern auch auf Landesebene und verschiedentlich auch im Feld der kommunalen Sozial- und Familienpolitik. Der Einfluß der **familienwissenschaftlichen Politikberatung** ist dabei im einzelnen, wie die Erfahrung ebenfalls lehrt, sehr schwer meßbar. Vor allem ist es schwierig, unmittelbare, direkte Auswirkungen konkret für bestimmte Einzelmaßnahmen zu benennen. Wenn hier im übrigen gelegentlich der Eindruck entstehen kann, der Einfluß von familienbezogener Forschung und darauf gestützter wissenschaftlicher Diskussion und Beratung werde von politikwirksamen Entscheidungen des Bundesverfassungsgerichts überlagert, gilt es allerdings zu bedenken, daß in der Urteilsbildung auch dieses höchsten deutschen Gerichts die Ergebnisse der wissenschaftlichen Diskussion zum Ausdruck kommen. Letzteren kann somit ein zwar eher mittelbarer, aber dennoch sehr wichtiger Einfluß beigemessen werden. Ähnliches gilt auch für die Ergebnisse einer institutionalisierten Familienpolitikberatung (wissenschaftliche Beiträge; regelmäßige Familienberichte unabhängiger Kommissionen), die z. B. auf dem »Umweg« über die öffentliche Meinungsbildung – wenn auch oft mit einiger Verspätung – den familienpolitischen Entscheidungsprozeß mit beeinflußt.

Für die Durchsetzung von Familienbelangen und familienpolitischen Zielsetzungen bildet es so eine ständige Aufgabe, die theoretischen Grundlagen einer systematischen Familienpolitik – in engem Bezug zur Situationsanalyse von Familien in einer sich weiter verändernden Gesellschaft und Wirtschaft – zu verbessern, auch wenn damit wichtige »Sperren« einer Entfaltung der Familienpolitik noch keineswegs überwunden sind. Insbesondere in ihrer Langzeitwirkung erscheint die beharrliche weitere Vertiefung der gedanklichen Durchdringung des familienpolitischen Handlungsfeldes von erheblicher, mittelbar auch politisch-praktischer Tragweite. Für eine Umorientierung der Politik erscheinen hier einige in jüngerer Zeit pointiert ausformulierte Ansätze wichtig. Kaufmann hat in seiner mehrfach zitierten Studie, die in ihrem wechselseitigen Bezug zu den im Fünften Familienbericht vorgelegten Einsichten zu sehen ist, den Gedanken entwickelt, daß es bei den Maßnahmen der Familienförderung keineswegs um Vergünstigungen, sondern um einen Abbau der Rücksichtslosigkeit gegenüber den Familien geht, daß es letztlich vielleicht nicht einmal um Förderung, sondern um Rücksichtnahme auf Belange der Familie gehe, die durch wirtschaftliche und politische Strukturentscheidungen absichtslos beeinträchtigt würden[233]. Pechstein hat den Verfassungsbestand vor allem im Hinblick auf die Zusicherung des »besonderen Schutzes durch die staatliche Ordnung« für die Familien grundlegend aufgearbeitet und eine grundrechtsdogmatische Neuinterpretation des Artikels 6 Absatz 1 GG vorgenommen; dabei ist u. a. die Vorstellung leitend, daß die Zusage eines »besonderen Schutzes« ein singuläres, nämlich anderen Grundrechtsgütern nicht gewährtes Versprechen darstellt, das in seinem möglichen Sinngehalt bislang nicht ausreichend entfaltet worden ist, so daß konkretere Folgerungen als bisher für die Ausgestaltung bestimmter Rechtsbereiche gezogen werden können, die den Leistungen und Bedürfnissen von Familien gerecht werden und auch für die wirtschaftliche Situation der Familien mit entscheidend sind. Wenn in der letzteren Arbeit die »Familiengerechtigkeit« als Gestaltungsgebot für die staatliche Ordnung herausgearbeitet wird, so werden damit Grundlagen nachhaltig abgesichert, von denen aus politikwirksame Ansätze für die Zukunft noch überzeugender entwickelt werden könnten[234]. Die Erwartungen müssen allerdings leider gedämpft ausfallen, wenngleich in jüngerer Zeit die Einsichten in die Unzulänglichkeiten bisheriger familienbezogener Gesellschaftspolitik an Boden zu gewinnen scheinen. Derartige gedankliche Grundlagen sind wichtig. Nur, die Stringenz der Argumentation ist das eine, die Umsetzung in konkrete politische Entscheidungen ist das andere.

233 F.-X. Kaufmann (Anm. 4), S. 198 f. – Speziell mit Blick auf das generative Verhalten hat der Wissenschaftliche Beirat beim Bundesminister für Wirtschaft bereits 1980 in seinem Gutachten über die wirtschaftspolitischen Implikationen einer rückläufigen Bevölkerung festgestellt, in der Vergangenheit habe sich in den einzelnen politischen Bereichen »eine ungewollte Kumulation von Anreizen ergeben, auf Nachkommenschaft zu verzichten«.

234 M. Pechstein (Anm. 41). Schon Ende der fünfziger Jahre hatte Pedro C. Beltrão die »familiäre Gerechtigkeit« und die »familiäre Freiheit« als die beiden tragenden Prinzipien einer auf das Wohlergehen von Familien ausgerichteten Politik herausgearbeitet: Vers une politique de bien- être familial, Rom – Löwen 1957. Siehe dazu des näheren Max Wingen, Zur theoretischen Grundlegung der Familienpolitik, in: Die Neue Ordnung, (1959) 4, S. 249 ff.

9.2 Einbettung in übergreifende gesellschaftliche und wirtschaftliche Entwicklungstendenzen

Was die Ausgestaltung der Familienpolitik und ihre Einbettung in übergreifende gesamtgesellschaftliche und, soweit es sich um materielle Fördermaßnahmen handelt, gesamtwirtschaftliche Strukturen und Entwicklungstendenzen angeht, so wird sie sich in ihrem weiteren Ausbau mit den Vorbedingungen einer pluralistischen und damit auch wertpluralistischen, sich eher weiter individualisierenden Gesellschaft auseinanderzusetzen haben. Individualisierungsprozesse, die freilich keineswegs so durchgängig vorhanden sind, wie dies oft unterstellt wird, bedeuten dabei tendenziell auch Freisetzung des einzelnen von familialen Bindungen – ein durchaus ambivalenter Vorgang. Der Wandel der Familienstrukturen wie auch der bedingenden Voraussetzungen familialen Zusammenlebens ist wohl noch nicht abgeschlossen, wenn es angesichts eher noch rascher werdender gesellschaftlicher und wirtschaftlicher Veränderungsprozesse überhaupt zu einem (vorläufigen) Abschluß dieses Wandels im familialen Zusammenleben kommen sollte.

Vor diesem Hintergrund muß Familienpolitik, wenn sie den Bezug zur Wirklichkeit nicht verlieren will, den Wandel von Binnenstrukturen und Außenbeziehungen der Familien sowie die sich deutlich verändernden Bedingungen familialer Leistungsentfaltung aufnehmen. Sie wird sich daher auch ihres eigenen Gegenstandes immer neu vergewissern müssen. Aus diesem gesellschaftlichen und familialen Wandel ergeben sich teils neue Problemlagen von Familien, die eine auf Treffsicherheit bedachte Familienpolitik aufgreifen muß. Immer wieder zeigt sich – auch im internationalen Vergleich –, daß die praktische Politik mit dem raschen Wandel der Familien und ihres Lebensumfeldes und den daraus erwachsenden neuen Lebensbedürfnissen oft ungenügend Schritt hält; die Familienpolitik folgt diesen Veränderungen nur zu häufig eher zögerlich und insgesamt langsamer, als es problemangemessen wäre. In diesem Kontext seien einige Perspektiven dargestellt, die für die weitere familienpolitische Entwicklung wichtig erscheinen.

So gehört zu den Merkmalen einer sich weiter individualisierenden und pluralistisch strukturierten Gesellschaft, daß die überkommenen »Klassengegensätze« deutlich zurücktreten. Aber noch ehe sie als wirklich überwunden angesehen werden können, zeichnen sich, wie oben als Befund gesellschaftswissenschaftlicher Analyse festgehalten wurde, **Tendenzen einer neuen Polarisierung** in der Gesellschaft zwischen einem »Familiensektor« und einem »Nicht-Familiensektor« ab. Sie lassen sich unschwer in den »modernen sozialen Konflikt« (Ralf Dahrendorf) einordnen, bei dem es gerade auch um den Kampf und um den Wunsch zur Vergrößerung von Lebenschancen geht. Diese Problemlage ist familienpolitisch auch deshalb so relevant, weil mit diesem Sachverhalt eine (weitere) Differenzierung der Werthaltungen in der Gesellschaft verbunden sein dürfte. Wie der »Familiensurvey« des Deutschen Jugendinstituts zeigt, weisen diejenigen, die mit Kindern zusammenleben, in der Regel andere Werthaltungen auf als Kinderlose. Bei Menschen mit Kindern stehen danach traditionelle und altruistische Werthaltungen eher im Vordergrund, während für die Kinderlosen Mobilität und Karriere von besonderer Bedeutung sind, weshalb sich im Zusammenleben der Generationen auch die Probleme verschärfen dürften, Hilfs- und Pflegeleistungen für die ältere Generation zu erbringen. Besonders weitreichende und enge Familiennetze sind, auch dies ergibt die differenzierte Untersuchung des Deutschen Jugendinstituts zu den Generationennetzen, vor allem in den Familien mit Kindern geknüpft.

Insoweit eine sich individualisierende Gesellschaft vermehrt Voraussetzungen für größere Entfaltungsspielräume des einzelnen in seiner Lebensgestaltung bietet, ist dies durchaus positiv zu bewerten; es sollte allerdings nicht Grundhaltungen begünstigen, die als ausgesprochen »individualistisch« gelten müssen, so daß der einzelne im Sinne des ungebundenen »Individuums« als oberste Gestaltungsnorm gesehen wird, dessen Eigeninteresse ohne Rücksicht auf die größeren, ihn letztlich mittragenden Gemeinschaften bis hin zur Gesamtgesellschaft vertreten und dem absoluter Vorrang vor der Gesellschaft beigemessen wird. Bei solchen Vereinseitigungen, denen umgekehrt die »kollektivistische« Vereinseitigung mit totalitärer Unterordnung des einzelnen unter das Kollektiv entspricht, fehlt es an der einem personalen Menschenverständnis entsprechenden **Balance zwischen Einzel- und Gemeinschaftsinteressen**.

Nun darf gleichwohl die Ausprägung individualistischer, den einzelnen und seine Bedürfnisse mehr oder weniger absolut setzender Werthaltungen nicht einfach mit dem »Nicht-Familiensektor« gleichgesetzt werden, wie andererseits der »Familiensektor« nicht von vornherein diese Werthaltungen ausschließt. Es gibt betont individualistische Grundorientierungen im Nicht-Familiensektor wie auch im Familiensektor und auf Ausgewogenheit von Individualinteressen und Gemeinwohl ausgerichtete Grundorientierungen im Familiensektor wie auch im Nicht-Familiensektor. Aber die Polarisierungstendenzen zwischen beiden Sektoren sind der Ausbildung ausgesprochen individualistischer Grundpositionen in der Gesellschaft eher förderlich, als daß sie ihr entgegenwirken. Damit diese Tendenzen nicht zu einer gesellschaftlichen Spaltung führen, bedarf es einer Gegenmacht, die diesen Spaltungstendenzen entgegenwirkt.

Eine Familienpolitik, die sich als gesellschaftliche Strukturpolitik versteht, wird hier allein vermutlich überfordert sein, aber sie ist in besonderer Weise mit herausgefordert, ihren Beitrag dazu zu leisten. Das bedeutet, Familienpolitik muß zwar auf die Lösung der spezifischen Probleme des Familiensektors ausgerichtet sein, zugleich aber das gesellschaftliche Ganze im Blick haben. Es bedeutet vor allem, in Anlage und Ausgestaltung familienbezogener Gesellschaftspolitik die Ausprägung solcher gesellschaftlichen und wirtschaftlichen Strukturen zu begünstigen, die individualistische Ordnungsmuster und die ihnen zugrunde liegenden Werthaltungen zurückdrängen. Besser noch: Es gilt, gesellschaftliche und wirtschaftliche Strukturbedingungen zu schaffen, die so angelegt sind, daß die Verhaltensweisen des einzelnen auch dort, wo sie vom Eigeninteresse ihren Ausgang nehmen, im Ergebnis zugleich dem Gemeinwohl dienen. Dahinter steht die Einsicht, daß Werthaltungen sich weitgehend dem direkten Zugriff – erst recht direkter staatlicher Einwirkung – entziehen. Um so wichtiger werden nicht zuletzt sozialrechtlich gestaltete strukturelle Bedingungen, unter denen der einzelne handelt. Hier gewinnt dann z. B. die Ausgestaltung der Gesetzlichen Rentenversicherung unmittelbar Bedeutung: Das Rentenversicherungssystem, so wie es konstruiert ist, verleitet dazu, daß der einzelne seinen individuellen Nutzen im Solidarverbund zu maximieren sucht. Was immer wieder vergessen wird, ist die Tatsache, daß die geistigen Väter der dynamischen Altersversorgung zugleich konzeptuell die andere Seite der Drei-Generationen-Solidarität betont und eine entsprechende verteilungspolitische Berücksichtigung der Zukunftsinvestitionen der Familien in die nachwachsende Generation mit Nachdruck gefordert hatten – eine bis heute höchst unzureichend eingelöste Forderung nach intergenerativer Verteilungsgerechtigkeit.

So wird es familienpolitisch um ein (neu) auszulotendes Verhältnis von Eigenverantwortung des einzelnen und Hilfsangeboten der Gesellschaft gehen müssen. Dies weist in eine Richtung, die auch von Vertretern des Kommunitarismus in die Diskussion gebracht worden ist: In einer Gemeinschaft bindungsloser Individuen komme es zum Abbau von Gemeinsinn; die individuelle Freiheit erhalte ein unvertretbares Übergewicht gegenüber Gemeinschaftswerten, auf deren Basis sie aber letztlich erst möglich ist. Unsere Gesellschaft bleibt dabei vorerst noch eine deutlich erwerbsarbeitszentrierte Gesellschaft; Oswald von Nell-Breuning sprach seinerzeit in ähnlichem Sinne von der »marktzentrierten« Gesellschaft. Es ist dies eine Gesellschaft, in der der soziale Status und die sozialen Chancen des einzelnen wesentlich durch Erwerbsarbeit begründet werden, obwohl sich längst eine Einsicht durchgesetzt hat, die von einem erweiterten Arbeitsverständnis ausgeht. In einer solchen Gesellschaft besteht unverkennbar die Gefahr, daß die Tätigkeit in der Familie weitestgehend unterbewertet wird. Die Familienpolitik wird auch hier konsequenterweise mehr noch als bisher auf eine Balance zwischen dem Familiensektor und dem Nicht-Familiensektor hinzuwirken haben. Die hier notwendige Ausgewogenheit wird sich nicht von selbst einstellen; sie bedarf des bewußten gesellschaftsreformerischen Einsatzes auch im Sinne einer betont **familienbezogenen Weiterentwicklung des gesellschaftsordnungspolitischen Konzepts der Sozialen Marktwirtschaft**. »Ohne bewußte Korrekturen durch die Politik ist die Gesellschaft in Gefahr, sich immer mehr an Bedingungen und Ansprüchen einzelner und an den Lebensstilen von Kinderlosen zu orientieren«, heißt es auch in der Stellungnahme der Bundesregierung zum Bericht der Sachverständigen-Kommission für den Fünften Familienbericht (S. XXXIII). Die verantwortlichen Träger von Familienpolitik werden auch künftig vor der schwierigen Aufgabe stehen, in dem Spannungsverhältnis zwischen dem einzelnen, der auf seine möglichst wenig eingeschränkte Freiheit bedacht ist, und der Gesellschaft, mit der sich kollektive Sichtweisen und Interessenlagen verbinden, dem intermediären Sozialgebilde Familie zu jenem materiellen und immateriellen Freiraum zu verhelfen, den dieses braucht, um seine elementaren Aufgaben und Leistungen optimal erfüllen zu können.

So wird künftige Familienpolitik auf der einen Seite die Individualisierung familialer Lebensstile und die Freisetzung des einzelnen von ungebührlichen familienbedingten Zwängen fördern, und andererseits zugleich das Bindungspotential der in Familie und Ehe solidarisch zusammenlebenden Menschen stärken müssen. Auch für die Familienpolitik gilt es, die Chancen der Individualisierung aufzugreifen, aber ihrer Vereinseitigung in individualistische Positionen hinein entgegenzuhalten. Familienpolitik steht hier vor der Aufgabe einer Gratwanderung zwischen der Anerkennung und Ermöglichung ausgeweiteter individueller Handlungsspielräume bei gleichzeitiger Sicherung günstiger Bedingungen für die Entfaltung der Familie als rechtlicher, wirtschaftlicher und sozialer Einheit. Dies darf nicht als ein unüberbrückbarer Gegensatz verstanden werden, sondern ist als dynamisch vorantreibende Spannung zu sehen zwischen den damit bezeichneten Polen. Auch eine »**aktive Elternschaft**« sollte als eine reale Chance der Persönlichkeitsentwicklung gesehen und als solche in der Alltagskultur sinnfällig werden. Gerade in unserer hochindustrialisierten Gesellschaft kann der Umgang mit Kindern maßgeblich dazu beitragen, anderen Werten als denen des technischen und wirtschaftlichen Fortschritts Raum zu lassen. Dies ist nicht zuletzt im Zusammenhang mit den Diskussionen um den Geburtenrückgang in Westeuropa neu bewußt geworden. Familienbezogene Gesellschaftspolitik sollte die Entscheidungs- und Handlungsspielräume mit Blick auf unterschiedliche Wege der Selbstentfaltung des einzelnen offen halten.

Zu den übergreifenden gesellschaftlichen Entwicklungstendenzen, vor deren Hintergrund Perspektiven künftiger Familienpolitik auszumachen sind, gehören die sich schon seit einer Reihe von Jahren abzeichnenden **demographischen Umbrüche**, die von Politik und Öffentlichkeit lange verdrängt wurden. Für eine Familienpolitik in einer durch »kollektives Altern« gekennzeichneten Gesellschaft sind folgende Stichworte zu nennen:

1. Da die drastischen Veränderungen in den demographischen Strukturen die Voraussetzungen für die Intergenerationensolidarität in ihren wechselseitigen Bezügen nachhaltig beeinflussen und neue Anforderungen an die Drei-Generationen-Solidarität mit sich bringen[235], wird eine auch generationensolidarische Familienpolitik dazu beitragen müssen, diesen Herausforderungen insbesondere angesichts sozialer Dienstleistungen für alte Menschen besser gerecht zu werden, und zwar nicht nur durch Stärkung teils eher schwindender innerfamilialer Netzwerke (was bis in eine entsprechende Wohnungsbaupolitik hineinreicht), sondern auch durch Förderung nichtfamilialer Netzwerkbeziehungen im örtlichen Umfeld von Familien. Gerade hier wird eine Familienpolitik, die die Solidaritätsbeziehungen zwischen den Generationen zu stärken sucht, über die »Kernfamilie« hinaus denken müssen. Für die Festigung von familienbezogenen Netzwerken erscheint dabei die Anerkennung von Leistungen der dort meist ehrenamtlich tätigen Personen (sehr häufig Frauen) sowie die Berücksichtigung dieser Tätigkeiten im sozialrechtlichen Bereich wichtig. Im übrigen sind für ein Engagement des solidarischen Miteinanders der Generationen auf allen dafür in Betracht kommenden Ebenen die strukturellen und organisatorischen Voraussetzungen zu verbessern. Dafür sollten verstärkt Modelle gefördert werden. Wo eigenverantwortliche Problemlösungen in der Pflege alter Familienangehöriger innerhalb der Familien – noch gefördert durch die Leistungen der neuen Pflegeversicherung – gefunden werden, erscheint eine flankierende ambulante Altenhilfe wichtig, die mit den pflegenden Familienmitgliedern kooperiert.

2. Da der Alterungsprozeß auch die Bevölkerung im erwerbsfähigen Alter betrifft und von daher Fort- und Weiterbildung künftig noch wichtiger als in der Vergangenheit sein werden, stellt sich auch verstärkt im »Familiensektor« die Aufgabe,

235 Siehe dazu auch: Max Wingen, Drei-Generationen-Solidarität in einer alternden Gesellschaft, Schriftenreihe der Deutschen Liga für das Kind in Familie und Gesellschaft, Neuwied 1988.

Fort- und Weiterbildung und die Wahrnehmung von Familienaufgaben besser miteinander in Einklang zu bringen. Da sich zugleich die Erwerbsstrukturen verändern werden, so z.B. das herkömmliche »Normalarbeitsverhältnis« in seiner gesellschaftsstrukturprägenden Bedeutung zurücktreten dürfte, muß sich die Familienpolitik darauf in der Ausgestaltung des Beziehungsverhältnisses von Familie und Erwerbsarbeitswelt einstellen.

3. Da die generative Situation im eigenen Land – von der gegenwärtigen geradezu spektakulären Geburtenentwicklung in den neuen Bundesländern ganz abgesehen – nicht befriedigen kann, erscheint für eine längerfristige Stabilisierung der Bevölkerungsentwicklung der Beitrag einer Familienpolitik wichtig, die auf die gesamte Leistungsbreite von Familien und damit auch auf die Funktion der Sicherung der Generationenfolge ausgerichtet ist. Wir brauchen auch in Zukunft keine »Bevölkerungspolitik« zweifelhafter Tradition, wir brauchen sehr wohl aber in Übereinstimmung mit den Grundwertentscheidungen unserer Verfassung mehr tatsächliche Chancengleichheit auch für die Verwirklichung von Lebensentwürfen mit Kindern. Allein schon eine Politik, die ausgerichtet ist auf mehr soziale Gerechtigkeit für Familien, auf mehr Startchancengleichheit für junge Menschen, auf größere – auch materiell abgesicherte – Wahlfreiheit junger Eltern zwischen unterschiedlichen Lebensentwürfen im Spannungsfeld von Familie und Erwerbsarbeitswelt sowie auf noch mehr Solidarität zwischen den Generationen, wird es – flankiert durch eine demographische Information und Bildung – jungen Paaren leichter machen, persönlich zu verantwortende Entscheidungen für Kinder in einer Weise zu treffen, die einer Übereinstimmung von individueller und kollektiver Rationalität auf freiwilliger Grundlage sehr viel näher kommt, als dies bisher der Fall ist.

4. Da neben der Verbesserung der generativen Verhältnisse in der einheimischen Bevölkerung eine gesteuerte, aber begrenzte Zuwanderung zu dem EU-weit zu konzipierenden »policy-mix« einer Abfederung des rückläufigen Bevölkerungsprozesses gehört, bedarf es gegenüber bisher noch erheblich verstärkten Anstrengungen zu einer familienpolitisch akzentuierten sozialen Integration dieser Zuwanderer. Diese bilden eine in Zukunft wohl noch deutlich anwachsende Adressatengruppe auch der Familienpolitik, die in einer Reihe von Handlungsfeldern insbesondere im sozial- und bildungspolitischen Bereich dazu beitragen muß, der Gefahr einer Zweiteilung der Gesellschaft zu begegnen. Es ist eben für eine in der Vergangenheit stark angewachsene Bevölkerung gar nicht so einfach, in sozialverträglicher Weise zu schrumpfen. Ein für das Ende dieses Jahrzehnts vorgesehener und inzwischen auf den Weg gebrachter neuer (Sechster) Familienbericht wird speziell dieser Thematik der ausländischen Bevölkerung gewidmet sein.

Insgesamt wird die Familienpolitik ein offeneres, rationaler geprägtes und weniger ideologiebelastetes Verhältnis zur mittelbaren Beeinflussung des demographischen Prozesses entwickeln müssen. Dabei dürfen die relativ engen Grenzen nicht unbeachtet bleiben, die einer indirekten Rahmensteuerung angesichts der wirksamen Motivationsstrukturen und individuellen Folgenabschätzungen der den einzelnen langfristig bindenden Entscheidungen für Kinder gesetzt sind. Die gegebenen Möglichkeiten zur Erweiterung der Entscheidungs- und Handlungsspielräume sollten indessen nicht einfach beiseite geschoben werden, was aber nicht selten aus sehr handfesten Interessenpositionen mit Blick auf Umverteilungskonsequenzen heraus geschieht[236]. Junge Menschen, die vor und in dem Prozeß der Familienbildung stehen, legen verständlicherweise Wert auf ein gewisses Maß an Lebens- und Zukunftssicherheit, weil dem für Entscheidungen für Kinder im Rahmen der individuellen Lebenspläne eine nicht unerhebliche Bedeutung zukommt. Auf diese Zusammenhänge hat schon vor über vier Jahrzehnten Gerhard Mackenroth in seiner »Bevölkerungslehre« hingewiesen, der sich über nicht mehr ausgefüllte »demographische Hohlräume«, die im »voll durchstilisierten Industrialismus« entstünden, Gedanken machte und in den speziellen historischen Ordnungsformen des Industriekapitalismus sogar eine unter dem Reproduktionsniveau angelegte Fortpflanzungsnorm annahm – eine Sichtweise, die in den tatsächlichen Gegebenheiten in Westeuropa gegenwärtig eine verblüffende Bestätigung findet. Dennoch sah Mackenroth schon seinerzeit die westlichen Sozialsysteme mehr und mehr von der Sozialpolitik und einer Politik der sozialen Sicherheit im weiteren Sinne geprägt, mit Maßnahmen und institutionellen Sicherungen, die ihm besonders wichtig erschienen für die Gewißheit des einzelnen, »mit Vernunft und Anstand Kinder haben zu können«.

Eine diese Gewißheit der einzelnen mit absichernde Wirtschafts- und Sozialpolitik hat bis heute nichts an ihrer familienpolitischen Aktualität und Dringlichkeit verloren. Junge Erwachsene, die langfristige Elternverantwortung zu übernehmen bereit sind, sind auch bereit, Abstriche von persönlichen Maximalwünschen zu machen, wenn es z. B. darum geht, Familienleben und Anforderungen der Erwerbsarbeit besser in Übereinstimmung zu bringen. Aber sie sind an echten, weil lebbaren Optionen interessiert, die ihnen den Wert »Familie« ermöglichen, ohne andere Aspekte der Lebensentfaltung einfach abzuschneiden. Entscheidungen gegen Kinder vorschnell als Ausdruck von Egoismus einzustufen, hieße im Grunde, die im Hinblick auf die Familie bestehenden strukturellen Ordnungsdefizite im gesellschaftlichen Bereich moralisierend zu verschleiern.

Künftige Familienpolitik wird ferner unter Bedingungen sich eher noch **verschärfender Verteilungskonflikte** stehen. Insbesondere angesichts der unverkennbar stärkeren Begrenzungen des wirtschaftlichen Wachstums (und damit entsprechend begrenzter zusätzlicher Verteilungsspielräume) wird die Familienpolitik in wesentlichen Teilbereichen – z. B. des Familienlastenausgleichs im engeren und weiteren Sinne – in Verteilungskämpfe eingebunden sein, die noch an Intensität gewinnen könnten. Dabei wird sich dann zeigen, wie sehr unsere pluralistische Gesellschaft auch eine interessenpluralistische Gesellschaft (geworden) ist. Familienpolitik wird in dieser durch unterschiedliche und teilweise sogar gegensätzliche Interessen gekennzeichneten Gesellschaft auch weiterhin einen schweren Stand haben. Die angesprochenen Polarisierungstendenzen zwischen einem Familiensektor und einem Nicht-Familiensektor bilden hierzu den Begründungszusammenhang. Wenn es richtig ist, wie die Bundesregierung in ihrer Stellungnahme zum Bericht der Sachverständigenkommission für den Fünften Familienbericht feststellt, daß die Gründung einer Familie und das Aufziehen von Kindern in unserer Gesellschaft kaum

236 Zu diesem Aspekt einer auch demographisch akzentuierten Familienpolitik vgl. M. Wingen (Anm. 17), S. 365 ff.

noch als selbstverständlich angesehen werden können, dann wird die Familienpolitik auf eine wirklich »leistungsangemessene« Position der Familien in der Verteilungsordnung weiterhin und sogar noch verstärkt bedacht sein müssen. Dazu bedarf es freilich einer durchgreifenden Neu- und Höherbewertung der Übernahme von Elternverantwortung in Wirtschaft und Gesellschaft. Darüber wird ein allgemeiner Konsens nicht ohne weiteres herbeizuführen sein – jedenfalls dann nicht, wenn es daraus Konsequenzen für die Einkommensverteilung zu ziehen gilt.

Eine aktuelle Bedeutung besitzt diese grundsätzliche Frage für den postulierten »Umbau des Sozialstaats«. Mit der durchaus kontrovers gesehenen Position der Familien und der Familienpolitik in einem solchen Umbau wird eine zentrale familienpolitische Perspektive für die nächsten Jahre bezeichnet. Dabei ist vorweg daran zu erinnern, daß die familienpolitischen Leistungen ausweislich des »Sozialbudgets« im längerfristigen Vergleich keineswegs eine überbordende Entwicklung genommen haben: Wie die Daten zeigen, ist der Anteil der Familienleistungen am gesamten Sozialbudget über viele Jahrzehnte hinweg nicht angestiegen, sondern hat sich auf dem eher bescheidenen Niveau knapp behauptet. Der Anteil der Funktionsgruppe Ehe und Familie an den insgesamt im Sozialbudget ausgewiesenen Leistungen lag im Jahre 1993 bei 12,5 Prozent und kann für 1994 vorläufig mit zwölf Prozent angenommen werden. Er ist gegenüber den vergangenen Jahren leicht zurückgegangen, entspricht aber dem langfristigen Mittel und dürfte nach den vorliegenden Schätzungen wieder leicht ansteigen und damit einen Wert erreichen, den er in den alten Bundesländern zuletzt in der zweiten Hälfte der achtziger Jahre angenommen hatte. Bezogen auf das Bruttosozialprodukt machen die Leistungen dieser Funktionsgruppe im Jahre 1993 einen Anteil von 4,2 Prozent aus, wovon allein ein Prozentpunkt auf das Ehegattensplitting entfällt; eine Größenordnung die auch dem Stand in den vorausgegangenen Jahren im früheren Bundesgebiet wie auch nach der Wiedervereinigung – mit geringfügigen jährlichen Abweichungen – entspricht. Gegenüber dem Jahre 1960 ist dieser Anteil sogar leicht zurückgegangen[237].

Bei einer gewissen Umgestaltung des sozialen Leistungssystems angesichts eines auch auf Umschichtungen hinauslaufenden »Umbaus des Sozialstaats« besteht für die Familienpolitik die besondere Schwierigkeit darin, daß einkommenswirksame »Leistungen«, die zunächst einmal nichts anderes als Herstellung von »Steuergerechtigkeit« darstellen, in der politischen Diskussion immer wieder der familienbezogenen Sozialleistungsquote zugerechnet werden, obwohl sie nicht dahin gehören, und darüber hinaus die teils neuartigen familialen Problemlagen zusätzlich einer angemessenen Berücksichtigung bedürfen. Es kommt hinzu, daß es sich bei den einkommenspolitischen Maßnahmen der Familienpolitik um einen nach wie vor noch nachhinkenden Sektor in unserer sozialstaatlichen Ordnung handelt. Es gehört

237 Zu diesen »Leistungen« in der Funktionsgruppe Ehe und Familie werden dabei bisher auch die durch Steuerentlastungen bewirkten positiven Einkommenseffekte einbezogen. Diese bedürfen jedoch einer differenzierenden Betrachtung: Wo eine die geminderte steuerliche Leistungsfähigkeit zum Ausdruck bringende Einkommenswirkung nicht als Familienförderung gelten kann – so der überwiegende Teil des neuen sogenannten »Familienleistungsausgleichs« –, kann künftig die Aufnahme dieser Leistungen in das Sozialbudget durchaus als problematisch angesehen werden, zumindest dann, wenn die unterschiedliche Qualität der Leistungen unberücksichtigt bleibt.

zum »Dilemma« der gegenwärtigen deutschen Familienpolitik, daß sie entscheidende Schritte noch zu tun hat zu einem Zeitpunkt, in dem die sozialpolitischen Einkommensumverteilungen vielfach bereits eine optimale Ausgestaltung erfahren haben dürften und an ihre Grenzen stoßen. Der Umbau des Sozialstaats aber ist, wenn er gelingen soll, gerade auch auf den Beitrag der Familien und ihrer gestärkten Solidarpotentiale bis zu den Versorgungsleistungen gegenüber den alten Menschen angewiesen. Das Ziel eines solchen Umbaus mit Stärkung der Eigenverantwortung würde von vornherein verfehlt, wenn den Familien nicht – im Sinne eines richtig verstandenen Subsidiaritätsprinzips – zunächst einmal voll ermöglicht würde, ihre Selbsthilfekräfte auch entfalten zu können. Dies verlangt aber eine Stärkung der sozialökonomischen Lebensgrundlagen von Familien.

Um dafür das nötige Bewußtsein in Politik und Öffentlichkeit zu gewinnen, ist es notwendig, immer wieder den Wert familialer Leistungserfüllungen, der außerhalb des Marktes erbrachten Vorleistungen, für den einzelnen und für die größeren Gemeinschaften hervorzuheben, und zwar gerade auch auf der ökonomischen Ebene. Damit sieht sich eine solchermaßen ökonomisch argumentierende Familienpolitik freilich allzu leicht dem Einwand ausgesetzt, zentrale Lebenssachverhalte unzulässig zu »ökonomisieren« und die Ausprägung ökonomistisch orientierter Wertvorstellungen in der Gesellschaft noch zu begünstigen. Die Familienpolitik steht hier vor einem Problem: Auf der einen Seite wird sie immer wieder die mangelnde Rücksichtnahme auf Familienbelange und ungenügende Anerkennung von familialen Leistungen auch durch Aufzeigen ökonomischer Zusammenhänge deutlich machen müssen, um überhaupt verstanden zu werden. Auf der anderen Seite trägt sie eben dadurch auch zu einer tendenziellen »Ökonomisierung« des Denkens dort bei, wo eine solche zu einer Verengung der Perspektive grundlegender menschlicher Lebenszusammenhänge führt.

Familie war zu allen Zeiten ein wichtiger »Leistungsträger«, ohne daß dies freilich in gesamtwirtschaftlichen Aufwands- und Ertragsrechnungen seinen adäquaten Ausdruck fand. Im Interesse der richtigen Einschätzung der gesellschaftlichen Bedeutung von Familien kann unter den gegebenen Bedingungen auf diesen Denkansatz zwar kaum verzichtet werden; doch wird dadurch aber eine betont ökonomische Betrachtungsweise des familialen Zusammenlebens und der Erfüllung sowohl personal wie gesellschaftlich wichtiger Familienfunktionen noch verstärkt. Dieses Dilemma erscheint kaum vermeidbar. Dennoch hat Familienpolitik in dieser Gratwanderung auch die Aufgabe, der Gefahr vorzubeugen, daß sich das ökonomische Denken über den engeren Bereich des Wirtschaftlichen hinaus in die sozialen Grundlagen des menschlichen Zusammenlebens ausdehnt. Nicht vertretbar wäre es freilich, die Familien auf den hohen Wert ihres gesellschaftlichen *inputs* jenseits der »Niederungen« der ökonomischen Bewertungen zu verweisen, solange sich unter den gesellschaftlichen Verhältnissen und den ihnen zugrundeliegenden Bewußtseinshaltungen eine durchgreifende und breitenwirksame Höherbewertung der Übernahme von Elternverantwortung nicht von selbst versteht. Deshalb könnte den Familien in der Diskussion um den Umbau des Sozialstaats der Verzicht auf ein Gegenrechnen ihres Leistungspotentials nur dann zugemutet werden, wenn die gesamte Gesellschaft im Kern durch einen Familienbezug geprägt wäre. Die Perspektiven dafür sind bisher nicht sehr vielversprechend – und doch wird unsere Gesellschaft die auf sie zukommenden neuen Aufgaben nur bewältigen und wird auch der Wirtschaftsstandort Deutschland nur zu behaupten sein, wenn die Lebensbedürfnisse von Familien im Dienste der nachwachsenden Generationen zu einem zentralen Maßstab des Denkens und Handelns in Wirtschaft, Gesellschaft und Kultur werden. Dies ist freilich nicht mit »rhetorischer Familienpolitik« zu bewältigen, sondern nur mit gesellschaftsreformerischen Anstrengungen, die demnächst um so größer sein müssen, je länger sie, von vordergründigen, aber wählerrelevanten Verteilungskonflikten zusätzlich überlagert, hinausgeschoben werden.

9.3 Tragweite der allgemeinpolitischen Voraussetzungen

Eine letzte, vielleicht aber auch die wichtigste Perspektive künftiger Familienpolitik ist eng verbunden mit den allgemeinpolitischen Voraussetzungen familienpolitischen Handelns in unserem Gemeinwesen. Es mangelt nicht an Einsichten oder Konzepten, die weithin leitend sein könnten. Doch es fehlt an Durchsetzungsmacht, aber wohl auch an politischem Gestaltungswillen. Immer wieder zeigt sich, welch schweren Stand die Familienpolitik insbesondere in Zeiten besonders angespannter Finanzen gegenüber durchsetzungsfähigeren Interessen hat. Vorhandene Besitzstände werden mit besonderer Schärfe behauptet. Für die Familienpolitik ist demgegenüber ein »strukturelles Machtdefizit« zu beklagen[238].

Nur sehr begrenzt ist dies eine Frage des wirtschaftlichen Handlungsspielraums. Es geht vielmehr um die Verbesserung der Durchsetzungschancen von Familienpolitik in der Konkurrenz um die stets begrenzten Ressourcen. Wenn die Sachverständigen-Kommission für den Fünften Familienbericht die Familienpolitik in den hinteren Rängen der politischen Prioritätenskala rangieren sieht, so wird damit ein Grundproblem deutlich, das für die Familienpolitik seit Jahrzehnten und über unterschiedliche politische Mehrheitsverhältnisse hinweg kennzeichnend war und ist. Ein Überdenken der hierfür maßgebenden Gründe kann wichtige Hinweise auf die Chancen und Grenzen einer künftigen deutschen (und europäischen) Familienpolitik liefern. Die **Ursachen für die schwache Durchsetzungsmacht der Familienpolitik** sind vielfältig; einige Bedingungsfaktoren haben z. B. schon die Sachverständigenkommission für den Zweiten Familienbericht Mitte der siebziger Jahre und auch spätere Berichtskommissionen beschäftigt. Auf folgende Zusammenhänge sei besonders verwiesen:

1. Die mangelnde Durchsetzungsfähigkeit familienpolitischer Belange wird verschiedentlich auf eine »Zersplitterung« der Kompetenzen zurückgeführt. So ergebe

238 Darauf ist in der einschlägigen Literatur mehrfach hingewiesen worden. Vgl. z. B. Viola von Bethusy-Huc, Familienpolitik. Aktuelle Bestandsaufnahme der familienpolitischen Leistungen und Reformvorschläge, Tübingen 1987. Ursula Münch hebt in ihrer politikwissenschaftlich orientierten Arbeit (Anm. 219) mehrfach auf ein solches Machtdefizit ab (S. 318, 325); die Durchsetzungsschwierigkeiten der Familienpolitik bildeten ein »strukturelles Problem« (S. 327). Zugleich geht die Verfasserin auf die »mit der Kompetenzzersplitterung der Familienpolitik verbundenen Defizite« ein (S. 323).

sich eine Aufgliederung der Zuständigkeiten für familienpolitisches und familienbezogenes Handeln in verschiendenen Ressorts auf einer Entscheidungsebene, auf unterschiedliche Entscheidungsebenen der verschiedenen Gebietskörperschaften sowie auf öffentliche und (in sich wiederum sehr plurale) nichtöffentliche Träger. Dies führe zu einer extremen Kompetenzzersplitterung und erschwere eine organisatorische Konzentration von Familienpolitik. Die gesetzgeberische und administrative Aufgabenverteilung werde dadurch verkompliziert, daß nicht nur staatliche Instanzen, sondern z. B. auch Institutionen in freier Trägerschaft das familienpolitische Handlungsfeld mitgestalten.

Bei dieser Argumentation wird indessen zu wenig berücksichtigt, daß diese Organisationsstruktur weithin notwendiges Ergebnis des Querschnittscharakters der Familienpolitik in Verbindung mit der föderalen Ordnung unseres Gemeinwesens ist. Auch ist das Prinzip der Subsidiarität zur Ordnung der Zuständigkeiten ein wichtiger allgemeiner Grundsatz für die Ausgestaltung auch der Familienpolitik. Diese »Rahmendaten« können nicht letztlich als Ursache dafür herangezogen werden, daß die Verwirklichung familienpolitischer Ziele immer wieder auf erhebliche Widerstände in Politik und Öffentlichkeit stößt. Es lenkt von den eigentlichen Schwierigkeiten der Verfolgung familienpolitischer Zielsetzungen eher ab, wenn man diese Gegebenheiten, also z. B. den so wichtigen Querschnittscharakter einer gesellschaftsstrukturgestaltenden Familienpolitik als solchen, im Hinblick auf die Durchsetzbarkeit notwendiger Maßnahmen im Vergleich zu anderen Politikbereichen von vornherein als »Defizit« einstufen würde, das durch die Art dieses Politikbereichs »an sich« bedingt sei und mit dem man sich demnach mehr oder minder abfinden müsse. Sicherlich erscheint es z. B. im Vergleich der Bundesländer wünschenswert, auf eine möglichst einheitliche Ressortierung der familienpolitisch besonders relevanten Zuständigkeiten bei den in Betracht kommenden Ministerien bedacht zu sein. Sinnvoll erscheint auch – an Stelle einer unrealistischen Zusammenfassung aller politischen Handlungsfehler, die Familien (mit)betreffen, in einem »Superressort« – eine gewisse Schwerpunktbildung von Kompetenzen in einem Ressort – sei es auf Bundes-, Landes- oder Gemeindeebene – in Verbindung mit der Sicherstellung einer möglichst engen institutionalisierten Kooperation dieses Ressorts mit anderen, ebenfalls in der familienpolitischen Verantwortung stehenden Ressorts. Eine solche Schwerpunktbildung verliehe dem betreffenden Ressort ein in der politischen Auseinandersetzung nicht unwichtiges Eigengewicht. Aber die Gründe für die allzuoft unzulängliche Durchsetzbarkeit familienpolitischer Belange liegen offensichtlich tiefer.

2. Ein wichtiger Zusammenhang wird wohl dort berührt, wo Familie allzu pauschal als »Privatangelegenheit« gesehen wird. Hier ist eine differenzierende Sichtweise dringend geboten, wenn nicht ein gesellschaftspolitisch verhängnisvoller Denkansatz politikleitend sein soll: Familie ist ein originär privater Lebensbereich und im innersten Kern kein rein zweckrationales System im Unterschied zu den eher zweckgerichteten Systemen im »öffentlichen Bereich«. Artikel 6 Absatz 1 GG über den besonderen Schutz von Ehe und Familie durch die staatliche Ordnung stellt neben der Verpflichtung zur positiven Föderung dieser Institutionen auf die Absicherung ihres Freiraums vor staatlichen Übergriffen ab und schränkt Eingriffe auf das etwa im Interesse des Kindeswohls unerläßliche Mindestmaß ein. Die Tatsache,

daß der Privatraum der Familie verfassungsrechtlich geschützt ist, darf aber nicht zu dem Mißverständnis verleiten, Familie haben und Elternverantwortung übernehmen sei eine rein private Entscheidung. Für unsere Gesellschaft ist weithin kennzeichnend, die Übernahme von Elternverantwortung von dem gesellschaftlichen Bezug zu trennen und auf eine »Privatsache« zu verkürzen. Belange der gesellschaftlichen Grundeinheit Familie stellen jedoch auch gesellschaftliche Interessen dar. Es gibt von daher gute Gründe dafür, den Familienbelangen eine besondere »Gemeinwohlnähe« zuzusprechen.

Die Verkürzung der Familie auf eine reine Privatangelegenheit des einzelnen erweist sich als eine individualistische Ideologie, die den Zugang für familienpolitische Grunderfordernisse von vornherein weitgehend verschließen muß. Diese Auffassung geht nicht zuletzt von dem Irrtum aus, daß die Einkommensverwendung des einzelnen für die Allgemeinheit ohne Bedeutung bzw. das Aufziehen von Kindern von keiner größeren Bedeutung als jede andere Art der Einkommensverwendung sei. Gegen eine solche Sichtweise mußte schon Anfang der sechziger Jahre Stellung bezogen werden, weil sie schon seinerzeit der Entwicklung der Familienpolitik nicht unerheblich im Wege stand[239]. Bis heute ist diese Perspektive nicht wirklich überwunden, hier sind noch immer nachhaltige gesellschaftliche Strömungen wirksam. Es geht um die sehr problematische Tendenz einer Ausgliederung der Familie in das nur »Private«, die Helmut Schelsky schon vor Jahrzehnten als einen der Entstehung der modernen Gesellschaft an sich zugrunde liegenden Entwicklungsgang ausmachte. Im Zuge dessen werde »das isolierte Individuum zum Partner und Baustein für die Gebilde der Gesellschaft, besonders für den Staat und das politische Leben«[240]. Diese Entwicklungstendenzen einer Ausgliederung der Familie in den reinen Privatbereich gilt es zu korrigieren. Die Anwälte der Familienpolitik und einer die Familienpolitik untermauernden familienwissenschaftlichen Forschung werden an diesen gesellschaftstheoretischen Positionen und zu unkritisch hingenommenen gesellschaftlichen Entwicklungen ansetzen müssen, wenn sich Grundlegendes ändern soll.

3. Neben der »privatistischen« Sichtweise dürfte eine unzureichende Berücksichtigung von Familienbelangen in Politik und Öffentlichkeit aber auch ihren Grund in den Stukturbedingungen von Familien haben. Immer wieder zeigt sich, wie vergleichsweise schwierig die Mobilisierung von organisierten Vertretungen der Familieninteressen ist. Die organisierten Interessen bestimmen wiederum die politische Entwicklung sehr viel nachhaltiger als die nichtorganisierten Interessen. Fa-

---

239 Vgl. Max Wingen, Die wirtschaftliche Eigenverantwortung in der Familienpolitik, in: Die Neue Ordnung, (1961) 3–4, (Sonderdruck). In seinem Beschluß vom 29. Mai 1990 (abgedruckt im Bundessteuerblatt 1990 II) hat das Bundesverfassungsgericht erfreulicherweise nochmals klargestellt, der Staat dürfe »Kinder und private Bedürfnisbefriedigung nicht auf eine Stufe stellen« und danach auf die für den Lebensunterhalt von Kindern unerläßlichen Mittel »nicht in gleicher Weise zugreifen wie auf finanzielle Mittel, die zur Befriedigung beliebiger Bedürfnisse eingesetzt werden«. Der Staat müsse die Entscheidung der Eltern zugunsten von Kindern achten und dürfe den Eltern im Steuerrecht nicht etwa »die Vermeidbarkeit« von Kindern in gleicher Weise entgegenhalten wie die Vermeidbarkeit sonstiger Lebensführungskosten« (S. 658).

240 Helmut Schelsky, Wandlungen der deutschen Familie in der Gegenwart, Stuttgart 1960[4], S. 151.

milienbelange stellen sich als sehr allgemein dar, während Interessen offensichtlich besonders dann organisierbar sind, wenn sie sich von anderen deutlich abgrenzen lassen. Aus organisationssoziologischer und gesellschaftstheoretischer Sicht wird in diesem Zusammenhang auf den grundlegenden Unterschied zwischen Familien und den übrigen gesellschaftlichen Teilsystemen verwiesen, der in deren Organisationsgrad liegt: Bei Familien handele es sich – im Unterschied zu den großen, arbeitsteilig aufgebauten Organisationen in Politik, Wirtschaft, Bildungs- und Gesundheitswesen sowie anderen gesellschaftlichen Teilsystemen – um kleine, verletzliche Gebilde, denen vergleichbare Strategien zur Lösung ihrer Probleme weitgehend nicht möglich seien. Die Sachverständigen-Kommission für den Fünften Familienbericht weist zudem darauf hin, die Ausprägung der gesellschaftspolitischen Strukturen habe in der Bundesrepublik über Jahrzehnte zu einer Dominanz der von den Sozialpartnern als Inhabern der Selbstverwaltungskompetenz gestützten Sozialversicherungssysteme im Gesamtsystem der deutschen Sozialpolitik geführt; sie sieht darin eine wichtige Ursache für den geringen Stellenwert der Familienpolitik, der es an einer der Situation im Sozialversicherungssystem vergleichbaren politischen Unterstützung fehle. Dieser Hinweis erinnert an die in Abschnitt 5.3.2 erwähnten Vorschläge, die sich von einer parafiskalischen Verselbständigung eines familienpolitischen Einkommensausgleichssystems nicht zuletzt eine wirksamere Interessenvertretung für Familien versprechen.

Aufgrund der unzureichenden Organisation der Interessen von Familien fehlen durchsetzungsfähige Interessenvertretungen, die mit anderen Verbänden um tatsächlichen Einfluß auf politische Entscheidungen wirksam konkurrieren könnten. Aus politikwissenschaftlicher Sicht ist diese höchst unbefriedigende Situation der Familienpolitik, die in weiten Teilen der materiellen Förderung zugleich von den wirtschaftlichen Rahmenbedingungen her begrenzt wird, wie folgt angesprochen worden: »Obwohl es in politischen Verlautbarungen immer als oberstes Ziel staatlichen Handelns dargestellt wird, Familien zu fördern und zu unterstützen, ist Familienpolitik in der politischen Praxis (...) nur einer von vielen sogenannten ›Politikbereichen‹, der darüber hinaus noch durch seine mangelnde Organisations- und Konfliktfähigkeit benachteiligt ist.« Dies werde aber diesem Politikfeld nicht gerecht: »Dadurch, daß familienpolitisches Handeln oder Unterlassen sowohl das Leben der Individuen als auch die Lebensbedingungen der gesamten Gesellschaft prägen kann, ist es gerade nicht ein Politikbereich wie alle anderen auch, sondern verdient es, auch in der Konkurrenz mit manifesten anderen Interessen als übergeordnetes Ziel behandelt zu werden.«[241]

Die neue »Ökonomische Theorie der Politik« liefert vielfältige Hinweise darauf, wie schwer sich Familienbelange faktisch durchsetzen lassen. Sie sind nicht tariffähig und in der Interessenauseinandersetzung der Gesellschaft wenig konfliktfähig, was nicht ausschließt, daß Einzelfragen emotionale Betroffenheit auslösen und kurzfristig öffentliche Beachtung finden, wie dies z. B. bei der Auseinandersetzung um die rentenversicherungsrechtliche Anerkennung von Erziehungszeiten (Babyjahr) für »Trümmerfrauen« vor den Bundestagswahlen 1987 deutlich wurde). Familien gehören eher zu den heterogenen Gruppen, die ihre Interessen sehr viel schwerer

241 U. Münch (Anm. 219), S. 133.

durchzusetzen vermögen als homogene Gruppen[242]. Leistungsverweigerungen von Familienmitgliedern bewirken im übrigen in erster Linie eine Interessenverletzung der Familien selbst. Für die Organisierbarkeit von Familienbelangen kommt nicht zuletzt erschwerend hinzu, daß auf Seiten der einzelnen Familien die finanziellen Voraussetzungen für eine organisatorische Interessenvertretung sich nur begrenzt sicherstellen lassen, worauf ebenfalls schon im Zweiten Familienbericht von 1975 hingewiesen wurde. Im Widerstreit der Familienbelange mit den vielfältigen und allzu oft sehr viel durchsetzungskräftigeren Interessen von gesellschaftlichen Teilgruppierungen vollzieht sich im Urteil von jungen Eltern ein Glaubwürdigkeitstest auf die real existierende Soziale Marktwirtschaft. Das gesellschaftsordnungspolitische Konzept der Sozialen Marktwirtschaft bedarf der ausdrücklichen Erweiterung um den – implizit angelegten – Bezug auf elementare Belange von Familien als dem Ort des Heranwachsens der nachwachsenden Generationen und damit der Wirtschaftsbürger von morgen. Diese Problematik steht im Kontext des Phänomens der Unterbewertung von Zukunftsinteressen einer Gesellschaft, auf die die Familienbelange betont verweisen. Dies alles kann sich für die familienpolitische Weiterentwicklung auch deshalb abträglich auswirken, weil es bis auf die für die einzelnen politischen Entscheidungsebenen zuständigen Ressorts – bis auf die kommunale Ebene herab – zurückwirkt. Speziell zur kommunalen Familienpolitik hält Ursula Münch fest, was auch mit einer gewissen Verallgemeinerung tendenziell noch zutreffen dürfte: »Familienpolitik gilt als ein Politikbereich, in dem es in erster Linie um die Verteilung von Geldmitteln an Gruppen geht, die innerhalb der Gesellschaft selbst wenig Einfluß besitzen. Sowohl die Instrumente als auch die Adressaten von Familienpolitik tragen nicht dazu bei, ihren Akteuren Macht zu verleihen. (. . .) Aus diesem Grund lohnt es sich für kompetente Kommunalpolitiker kaum, sich für familien- und sozialpolitische Belange einzusetzen. Sie wenden sich statt dessen einflußreicheren Tätigkeitsfeldern wie z. B. der Finanzpolitik zu. Aus diesem Grund setzen sich gerade in den Kommunen oft nur diejenigen für familienpolitische Belange ein, die zwar engagiert und interessiert sind, denen aber andererseits der notwendige Einfluß fehlt, um sich gegenüber den Interessen des Haushalts- oder Finanzausschusses durchzusetzen.«[243]

4. Eine zusätzliche Verschärfung erfährt diese Problematik unter den Bedingungen der parlamentarisch repräsentativen Demokratie. Ist diese in ihrer real existierenden Form, so ist in der politischen Diskussion bereits gefragt worden, nicht in Gefahr, sich von dem zu entfernen, was sie ihrem theoretischen Anspruch nach darstellen sollte, nämlich auch jene gesellschaftlichen Interessen abzubilden, die nicht im Eigennutz jenes Wählersegments aufgehen, dessen Mehrheitsmeinung Macht verleiht? Nur allzu leicht drohen Familienbelange gegenüber den Interessen von Wählermehrheiten, die eher politische Macht versprechen, ins Hintertreffen zu geraten. Auch wenn die Eltern aus Mehrkinderfamilien heute eine Minderheit der Wahlberechtigten bilden, so sind ihre Interessen gleichwohl angemessen

242 Für den Bereich der Steuerpolitik siehe z. B. Siegfried F. Franke, (Ir)rationale Politik? Grundzüge und politische Anwendungen der »Ökonomischen Theorie der Politik«, Marburg 1996, S. 82.

243 U. Münch (Anm. 219), S. 307 f.

mit in die Auseinandersetzung um die konkrete Ausgestaltung des Gemeinwohls einzubringen.

Zur Verbesserung der Durchsetzungschancen der Familienpolitik wurde auch vorgeschlagen, vermehrt Familien- und Kinderbeauftragte in den legislativen und exekutiven Gremien in Bund, Ländern und Gemeinden einzusetzen[244]. Von der Einsetzung von »Ombudsleuten« auf möglichst vielen Entscheidungsebenen wäre indessen wohl nur sehr bedingt ein Fortschritt zu erwarten. Denn im Grunde ist eine »Wächterfunktion« ohnehin eine Aufgabe, die die institutionalisierte Familienpolitik seit jeher für sich in Anspruch nimmt. Auch die Prämisse, eine Politik, die sich auf Familien positiv auswirkt, sei an sich »lebensfreundlich« und müsse daher ohnehin breite Zustimmung finden, trägt angesichts der politischen Realitäten nicht weit. Schon eher könnte es sich zur besseren Durchsetzung von Familienbelangen anbieten, an der Wurzel des politischen Gestaltungswillens anzusetzen, nämlich dort, wo in der parlamentarischen Demokratie politische Macht begründet wird, d. h. wo Wählerpotential dem Politiker Macht verleihen kann. Wenn politische Entscheidungen in besonderer Weise Entscheidungen für die Zukunft sein sollen, so müßten um so mehr die Zukunftsinteressen der nachwachsenden, aber noch stimmrechtslosen Generationen bei der Definition politischer Probleme und deren Lösungskonzepten problemangemessene Berücksichtigung finden.

Die hier sichtbar werdenden Probleme hängen eng mit dem Gewicht zusammen, das in der parlamentarischen Demokratie dem Einfluß von Wählerstimmen zukommt. Auf die Veränderung der Wählerstruktur nach Lebensalter und soziodemographischen Merkmalen ist schon wiederholt hingewiesen worden: Der fortschreitende demographische Alterungsprozeß wird in Verbindung mit der Zunahme des Gewichts kinderlos bleibender Menschen und mit ausgeprägt individualisierten Lebensformen wesentlich dazu beitragen, daß Eltern mit heranwachsenden Kindern zahlenmäßig an Gewicht verlieren. Bei rund 70 Prozent der Wahlberechtigten leben heute in der Zeitpunktbetrachtung keine Kinder im Haushalt. Eine solche Entwicklung muß sich unter den Bedingungen einer parlamentarischen Demokratie, in der Politiker stets auf Erhalt oder Erwerb politischer Mehrheiten ausgerichtet sind, zwar nicht notwendig nachteilig für die Durchsetzung von Familienbelangen auswirken; aber die Gefahr, daß dies der Fall sein könnte, bleibt unverkennbar. Ist vielleicht, wie verschiedentlich befürchtet, angesichts solcher Verschiebungen in den Kräfteverhältnissen eine Politik zu Lasten der Familien bzw. der nachwachsenden Generationen vorprogrammiert? Vor dem Hintergrund der familienpolitischen Entwicklung der vergangenen Jahre mag man sich fragen, ob diese Entwicklung ebenso verlaufen wäre, wenn die Familien ein größeres politisches Stimmengewicht in die Waagschale hätten werfen können. So kann es kaum verwundern, daß immer wieder der Gedanke eines »Familienwahlrechts« im Sinne einer Vergrößerung des Stimmengewichts für Eltern von noch unmündigen Kindern in die Diskussion gebracht wird. Im Grunde ist der Ruf nach einem solchen Familienwahlrecht nur Ausdruck für eine bisher unbefriedigende sachbereichsbezogene Problemwahrnehmung und -lösung. An dieser Stelle kann es nicht darum gehen, die Möglichkeiten, aber auch die Probleme einer solchen (im Prinzip durchaus möglichen)

244 Ebda., S. 324.

Wahlrechtsänderung im einzelnen zu erörtern[245]. Wohl aber ist festzuhalten, daß hier gravierende Schwachstellen der politischen Ordnung des Gemeinwesens berührt werden. Über die Frage eines Familienwahlrechts nachzudenken dürfte in jedem Falle einen bewußtseinsbildenden Effekt haben, was die tatsächliche politische Vertretung der Familienbelange in unserem Gemeinwesen angeht.

Auch wenn gerade die Mehrkinderfamilien jeweils nur eine kleine Minderheit der Wahlbevölkerung bilden, so sind deren Interessen in einer sozialstaatlichen Ordnung auf der Grundlage der repräsentativen Demokratie gleichwohl angemessen mit in die Auseinandersetzung um die konkrete Ausgestaltung des Gemeinwohls einzubeziehen. Hier liegt ein demokratietheoretisch bisher noch nicht voll befriedigend gelöstes Problem vor, dessen Tragweite inzwischen zunehmend erkannt zu werden scheint. Noch aber fehlt weithin die Bereitschaft, die entsprechenden Konsequenzen zu ziehen[246]. Dies muß deshalb nachdenklich machen, weil über heutige gesellschafts- und familienpolitische Fehlentscheidungen die Lebenschancen der nachfolgenden Generationen beschränkt werden.

Aus einer betont gesellschaftskritischen Sichtweise heraus kann eine umfassende Familienpolitik schließlich Widerständen begegnen, die ihren Ursprung letztlich in der Ablehnung gesellschaftsstrukturell als »unerwünscht« angesehener Wirkungen von familienpolitischen Interventionen haben. Dies hängt mit einer gewissen »strukturellen Ambivalenz« der Familienpolitik zusammen: Indem die Familienpolitik die einzelnen Familien und ihre Mitglieder fördert, trägt sie zugleich zur Stabilisierung einer bestimmten, nämlich der bestehenden gesellschaftlichen Ordnung bei, wirkt also nicht nur familienbezogen, sondern auch systembezogen und -stabilisierend. Indem Familienpolitik Konfliktpotentiale im Umfeld der Familienentwicklung abbaut und z. B. Verteilungskonflikte abschwächt oder Konfliktlagen junger Paare zwischen Familienleben und Erwerbsarbeitswelt mindert und dabei

245 Aus jüngster Zeit siehe dazu: Karl H. Fell/Bernhard Jans (Hrsg), Familienwahlrecht – pro und contra, Grafschaft 1996.

246 Irene Gerlach, die sich in ihre jüngst erschienenen politikwissenschaftlichen Studie (Anm. 14), eingehend mit den Aufgaben und Problemen, aber auch mit den Grenzen familienpolitischen Handelns im »Steuerungsstaat« befaßt, glaubt feststellen zu können, daß sich in der Politik die Sicht von Familienpolitik »als unter Umständen überlebensnotwendiger Option auf die Zukunft noch nicht durchgesetzt hat« (S. 335). Den Staat sieht sie einer »bezüglich ihrer Wertordnung hochgradig fragmentierten Gesellschaft mit pluralen Biographiemustern gegenüber«, und dies »angesichts einer weit fortgeschrittenen Vergesellschaftung von Verantwortlichkeiten und ehemals individuellen Risiken« (S. 328). Gerlach kommt zum Ergebnis, steuernd und ordnend könne hier eine Familienpolitik nur eingreifen, wenn es ihr gelinge, sich aus der Handlungslogik von Legislaturperioden und Konjunkturlagen zu befreien und »eine Handlungsethik zu entwickeln, die der dauernden und zentralen Rolle von Familie gerecht wird, die, nach wie vor, auch rein funktionaler Logik folgend, aus individueller und kollektiver Perspektive die effizienteste gesellschaftliche Institution menschlichen Zusammenlebens ist« (S. 328). Familienpolitik wird als ein Politikfeld gesehen, »das sich im Hinblick auf die Effizienz langfristig angelegter Steuerung den Kalkülen des Wahlmechanismus in der Demokratie widersetzt. Familienpolitische Aufgaben der Zukunft können daher nur gelöst werden, wenn ein familienpolitischer Steuerungsbegriff gefunden wird, der über Legislaturperioden, Parteienkonkurrenz und für Akteure in vertikalen wie horizontalen Strukturelementen des familienpolitischen Systems Zielinhalte von Handlung auf Dauer vermitteln kann.« (S. 329 f.)

unter Umständen je nach Ausgestaltung überkommene geschlechtsspezifische Rollenmuster eher mehr oder weniger verfestigt als auflockert, gerät Familienpolitik in die Situation, die Voraussetzungen für – von bestimmten politischen Akteuren gegebenenfalls gewollten – gesellschaftlichen Wandel bzw. angestrebte Änderungen der wirtschaftlichen und gesellschaftlichen Ordnung nicht gerade zu verbessern. Eine solche Wirkung in Richtung einer Stabilisierung gesellschaftlicher Verhältnisse, wie sie mit der Schaffung günstigerer familialer Daseinsvorsorge durch familienpolitische Interventionen verbunden sein kann, wird Befürwortern einer Veränderung der Sozialordnung um jeden Preis äußerst ungelegen kommen und für sie Anlaß sein, die Frage nach der Funktion der Familienpolitik kritisch aufzuwerfen. Im Umfeld einer demographisch orientierten Gesellschaftspolitik reichte eine solche Sichtweise vor einigen Jahren bis in die Diskussion um Möglichkeiten und Grenzen eines Hinwirkens auf ein (stabiles) Null-Wachstum der Bevölkerung hinein, in der ein solches von den demographischen Bedingungen her in etwa abgesichertes Null-Wachstum nicht zuletzt deshalb auf Reserve stieß, weil eine solche demographische Entwicklung eine »systemerhaltende« Wirkung habe.

Um so wichtiger erscheint es für die Qualität einer Familienpolitik, daß sie sich offen hält für den oben angesprochenen, auf Bewahrung und Veränderung zugleich ausgerichteten »konservativ-progressiven Doppelcharakter«, indem die familienpolitischen Handlungsmuster sich in einem grundwerteorientierten Einklang mit sich entwickelnden familialen Lebensmustern bewegen und damit auf sozialintegrative Weise auch gesellschaftlichen Wandel nicht behindern, sondern erleichtern – freilich nicht an ideologischen Positionen orientiert, sondern an den tatsächlichen Lebensbedürfnissen der Familien als eigenständigen, unverzichtbaren Leistungsträgern und der einzelnen Personen, die in ihnen zusammenleben. Sozialer Wandel findet so in kleinen Schritten und ohne unvertretbar hohe »gesellschaftliche Kosten« statt, ermöglicht und begünstigt auf der Systemebene durch eine Familienpolitik, die mit einem sozialreformerischen Ansatz die Lebensverhältnisse von Familien in gesellschaftsordnungskonformer Weise gezielt zu verändern sucht. Muß für die künftige gesellschaftliche Entwicklung vielleicht sogar damit gerechnet werden, daß zwar nicht die partnerschaftliche Lebensgemeinschaft, sehr wohl aber die Familie mit Kindern sich angesichts ihrer Kostenträchtigkeit und Voraussetzungsfülle mehr und mehr als »Luxusgut« (Johannes Huinink) erweisen dürfte? Spätestens angesichts einer solchen Perspektive ist eine strukturelle Reformen einschließende Familienpolitik gefragt, die dem im Interesse des einzelnen und der Gesellschaft »nachhaltig« entgegenwirkt.

9.4 Politikwirksames »Familienbewußtsein« als realistisches Utopiequantum?

Angesichts dieser Probleme der Durchsetzung familienpolitischer Ordnungsvorstellungen erscheint es um so wichtiger, neben dem gesellschaftsreformerischen Ansatz zugleich auf ein öffentliches Bewußtsein hinzuwirken, in dem die langfristigen Interessen der noch nicht wahlberechtigten nachwachsenden Generation eine größere Chance haben, angemessen berücksichtigt zu werden, und die relativ große Gemeinwohlnähe von Familienbelangen ausreichend gesehen wird. Von einem dem weit verbreiteten »Umweltbewußtsein« vergleichbaren **politikwirksamen »Familienbewußtsein«** kann bisher kaum gesprochen werden. In das öffentliche Bewußtsein werden noch sehr viel stärker die Ergebnisse fundierter familienwissenschaftlicher Arbeit eingehen müssen. Diese wiederum werden in unserer Gesellschaft sehr wesentlich durch Medien transportiert, denen hier eine die Familienpolitik stützende und fördernde Funktion zufällt. Deshalb muß die künftige Familienpolitik auch verstärkt auf »Öffentlichkeit« setzen. Zur demokratischen Verfaßtheit der Familienpolitik gehört, daß das familienpolitische Handeln der verschiedenen Entscheidungsträger eine möglichst repräsentative Unterstützung durch die Öffentlichkeit erfährt[247]. Deshalb erscheint die Ausbildung eines entsprechenden öffentlichen Bewußtseins so wichtig.

Letztlich entscheidend wird ein stärkerer familienorientierter politischer Gestaltungswille sein, wie ihn auch die Sachverständigen-Kommission für den Fünften Familienbericht für eine neue Familienorientierung in allen politischen Bereichen eingeklagt hat. Dieser setzt wiederum einen grundsätzlichen Einstellungswandel in der Gesellschaft, vor allem in der viel zitierten »politischen Klasse« voraus. Es geht hier aber nicht nur um Politiker in Bund, Ländern und Gemeinden, sondern auch um die verantwortlichen Entscheidungsträger in der Tarifvertragspolitik und in der Unternehmenspolitik; letztlich geht es auch um die Bewußtseinsbildung in der Gesellschaft insgesamt, in der es bei allen Individualisierungstendenzen und eher noch pluralistischer werdenden Wertorientierungen des Konsenses über die notwendige Familienorientierung bedarf. Nur wo dieses familienorientierte Denken ausreichend entwickelt ist – was eine grundlegende Umorientierung angesichts weithin (zu) individualistischer Denkstrukturen erfordert –, kann eine familienbezogene Gesellschaftspolitik, die auf allen in Betracht kommenden Ebenen in gesellschaftsreformerischer Ausrichtung gezielt und konsequent auf eine entsprechende Gestaltung wirtschaftlicher, gesellschaftlicher und kultureller Strukturen hinwirkt, erfolgreich betrieben werden. Deren Effekte können ihrerseits wiederum ein »neues Denken« prägen. Denn Ausprägung eines nachhaltigen Familienbewußtseins in der Gesellschaft hängt nicht zuletzt von wirksamer und überzeugender Politik ab. **Änderung gesellschaftlicher Verhältnisse** und **Bewußtseinsänderung** bedingen sich somit gegenseitig. Die Änderung gesellschaftlicher Verhältnisse hin zu größerer Familienorientierung ist nicht ohne eine nachhaltige Einstellungsänderung aller Beteiligten zu haben – auch in den Familien selbst, die in ihren Binnenstrukturen gleichberechtigungsorientiert und zur Gesellschaft hin genügend offen sein müssen. Und umgekehrt ist eine Einstellungsänderung nicht ohne Veränderung der Voraussetzungen, unter denen die Familienmitglieder handeln müssen, zu erwarten; an-

247 Zu vielfältigen Ergebnissen der Demoskopie zur Lage und Förderung von Familien siehe aus jüngerer Zeit Tilman Mayer, Leistungen von und für Familien – Anerkennung und Vorbehalte in der öffentlichen Meinung, in: Arbeitsgemeinschaft der Deutschen Familienorganisationen (Hrsg.), Vom Familienlastenausgleich zum Familienleistungsausgleich. Grundlagen – Eckwerte – Ausgestaltung, Dokumentation eines Expertenseminars, Bonn 1995, S. 40–66.

derenfalls müßten solche Erwartungen als reine Appelle an Einstellungsänderungen zu einem ideologischen Unterfangen geraten.

In dieser Wechselbeziehung hat auch die politische Bildung ihren wichtigen Platz; hier liegt deren vielleicht zu wenig gesehener Beitrag für die Entfaltung einer Familienpolitik, die über die Förderung des Wohls der gesellschaftlichen Grundeinheit und Solidargemeinschaft Familie in ihren unterschiedlichen und immer wieder sich wandelnden äußeren Erscheinungsformen und ihrer Mitglieder zentral der gesellschaftlichen Wohl-Fahrt dient. Auch das, was in der familienwissenschaftlichen Beschäftigung mit der Familienpolitik an Vorstellungen über Anlage und Ausgestaltung des familienpolitischen Maßnahmensystems entwickelt wird, sollte sich über die politische Bildungsarbeit ausbreiten und damit in der Bewußtseinsbildung in der Gesellschaft wirksam werden. Es kann allerdings nur in dem Maße mit Resonanz rechnen, in dem die Vorstellungen den sozialen und politischen Gegebenheiten – auch durch Vermeidung zu großer »Utopiequanten« – noch gerecht werden und von den politisch Verantwortlichen noch als hilfreich und weiterführend angesehen werden.

Die schon bisher in der Familienpolitik immer wieder auszumachenden Spannungen zwischen an wissenschaftlicher Rationalität orientierten Ansätzen und tatsächlichem, auch von Interessen und Ideologien gesteuertem politischen Handeln werden auch in Zukunft nicht zu vermeiden sein. Sicherlich werden in der künftigen Familienpolitik immer wieder auch Elemente einer mehr »symbolischen Politik« anzutreffen sein, einer »verbalen Politik« auch, gekennzeichnet durch eine gewisse Diskrepanz zwischen politischer Rhetorik und Realität. Eine Familienpolitik freilich, die vor der Zukunft Bestand haben soll, wird über solche vielleicht nie ganz vermeidbaren politischen Ausdrucksformen substanziell hinausgehen müssen. Halbherzigkeiten und eine Politik der »Palliativmittel« sind künftig weniger denn je eine problemangemessene familienpolitische Antwort auf die einzuklagende **familienorientierte Gestaltung des Sozialstaats**. Familienpolitik bleibt als gesellschaftliche Strukturpolitik herausgefordert, die hinsichtlich der Lebenswelt Familie unbestreitbaren strukturellen Ordnungsdefizite in Gesellschaft und Wirtschaft zu überwinden. Sie wird, insbesondere soweit sie gesetzgeberisch grundgelegt ist, vorgeprägte Strukturen nicht einfach abstreifen können. Um aber wirklich tragfähige Perspektiven für die Zukunft zu entwickeln, wird eine neue, auf Wirksamkeit und Zukunftsfähigkeit bedachte Familienpolitik notwendig sein.

Bei alledem ist schließlich festzuhalten, wie unrealistisch im Grunde »große Lösungen auf einen Schlag« bleiben müssen. Nicht revolutionäre, sondern evolutionäre Prozesse haben eine Chance. Diese aber brauchen Zeit und erfordern einen langen Atem der Beteiligten. Das sollte aber alle diejenigen nicht entmutigen, die sich eine »Vision« von einer Gesellschaft bewahrt haben, die einen möglichst großen Freiheitsspielraum gewährleistet für eine Entfaltung des Menschen auch in seiner familialen Existenz.

Literaturhinweise

Die bibliographischen Angaben sind im Verlauf der Darstellung in den Anmerkungen thematisch zugeordnet und werden hier, von wenigen Fällen wiederholter Zitationen abgesehen, nicht nochmals in einem gesonderten Literaturverzeichnis aufgeführt. Die nachstehende Übersicht beschränkt sich im übrigen auf in den letzten Jahren erschienene Arbeiten (insbesondere Monographien und Sammelbände) zur Familienpolitik, denen weiterführende Hinweise und Anstöße zum Überdenken des familienpolitischen Handlungsfeldes und zum Bedenken grundsätzlicher und aktueller Probleme entnommen werden können. Bis 1993 findet sich eine chronologisch geordnete Literaturübersicht zu den theoretischen Grundlagen und praktisch-politischen Problemen der Familienpolitik in dem Band, Max Wingen, Zur Theorie und Praxis der Familienpolitik, Allgemeinen Schriften des Deutschen Vereins für öffentliche und private Fürsorge, Bd. 270, Frankfurt/M. 1994, S. 33–36.

ADAM, KONRAD, Für Kinder haften die Eltern. Die Familie als Opfer der Wohlfahrtsgesellschaft, Weinheim – Berlin 1996.

ARBEITSGEMEINSCHAFT DER DEUTSCHEN FAMILIENORGANISATIONEN (Hrsg.), Vom Familienlastenausgleich zum Familienleistungsausgleich. Grundlagen – Eckwerte – Ausgestaltung, Bonn 1995.

BADELT, CHRISTOPH (Hrsg.), Familien zwischen Gerechtigkeitsidealen und Benachteiligungen, Sozialpolitische Schriften, Bd. 3, Wien – Köln – Weimar 1994.

BAHLE, THOMAS, Familienpolitik in Westeuropa. Ursprünge und Wandel im internationalen Vergleich, Frankfurt/M. – New York 1995.

BERTRAM, HANS, (Hrsg.), Das Individuum und seine Familie. Lebensformen, Familienbeziehungen und Lebensereignisse im Erwachsenenalter, DJI: Familien-Survey 4, Opladen 1995.

BIEN, WALTER (Hrsg.), Familie an der Schwelle zum neuen Jahrtausend. Wandel und Entwicklung familialer Lebensformen, Opladen 1996.

BIRK, ROLF, Welche Maßnahmen empfehlen sich, um die Vereinbarkeit von Berufstätigkeit und Familie zu verbessern? (Gutachten E zum 60. Deutschen Juristentag), München 1994.

BORCHERT, JÜRGEN, Prolegomena zur familienpolitischen Strukturreform des Sozialstaates, in: Zeitschrift für Sozialreform, (1994) 7, S. 440–462.

BOTTKE, WILFRIED, (Hrsg.), Familie als zentraler Grundwert demokratischer Gesellschaften, Interdisziplinäre gesellschaftspolitische Gespräche an der Universität Augsburg, Bd. 3, St. Ottilien 1994.
Hier u. a.: Anton Rauscher, Ehe und nichteheliche Lebensgemeinschaften. Kritische Anfragen aus sozialethischer Sicht, S. 1–20; Heinz Lampert, Die Rechtsprechung des Bundesverfassungsgerichtes zur Familienpolitik aus familienpolitischer Sicht, S. 43–64; Simone Wenzler, Frauen- und Familienpolitik – konfligierende oder komplementäre Politikfelder, S. 65–100; Alois Oberhauser, Ungereimtheiten und Defizite in der finanziellen Förderung der Familien, S. 161–184; Peter Krause, Familienlastenausgleich und Sozialrecht, S. 185–203.

Breuer, Wilhelm/Frank Bertsch u. a., Lebenshaltungsaufwendungen für Kinder, Schriftenreihe des Bundesministeriums für Familie, Senioren, Frauen und Jugend, Bd. 43, Stuttgart – Berlin – Köln 1995.

Brüning, Nicola/Henning Krumrey, Kinder ein Luxus? Zur Lage der Familien in Deutschland, Berlin 1996.

Bundesamt für Sozialversicherung (Hrsg.), Familien mit alleinerziehenden Eltern. Forschungsbericht, bearb. von Laura Cardia-Vonècke u. a., (1996) 1, Bonn.

Bundesministerium für Familie und Senioren (Hrsg.), 40 Jahre Familienpolitik in der Bundesrepublik Deutschland. Rückblick/Ausblick. Festschrift mit Beiträgen von Helmut Kohl, Fides Krause-Brewer, Renate Köcher, Roman Herzog, Dieter Schwab, Franz Klein, Heiner Geißler, Siegfried Keil, Philipp Herder-Dorneich, Franz-Xaver Kaufmann, Hannelore Rönsch, Neuwied – Kriftel – Berlin 1993.

Bundesministerium für Familie und Senioren (Hrsg.), Familien und Familienpolitik im geeinten Deutschland – Zukunft des Humanvermögens. Fünfter Familienbericht mit Stellungnahme der Bundesregierung zum Bericht der Sachverständigen-Kommission, Bundestags-Drucksache 12/7560, Bonn 1994.

Bundesministerium für Familie, Senioren, Frauen und Jugend (Hrsg.). Neunter Jugendbericht. Bericht über die Situation der Kinder und Jugendlichen und die Entwicklung der Jugendhilfe in den neuen Bundesländern mit Stellungnahme der Bundesregierung zum Bericht der Sachverständigen-Kommission, Bundestags-Drucksache 13/70, Bonn 1994.

Cyprian, Gudrun/Gaby Franger, Familie und Erziehung in Deutschland. Kritische Bestandsaufnahme der sozialwissenschaftlichen Forschung, Expertise, Schriftenreihe des Bundesministeriums für Familie, Senioren, Frauen und Jugend, Bd. 46, Stuttgart – Berlin – Köln 1995.

Deutsche Nationalkommission für das Internationale Jahr der Familie 1994. Familienreport 1994, Gesamtbericht der Deutschen Nationalkommission zum Internationalen Jahr der Familie 1994, hrsg. von der Geschäftsstelle (1994); dazu ist ein ausführlicher Anhangband mit Stellungnahmen, Arbeits- und Diskussionspapieren von neun Arbeitsgruppen erschienen, hrsg. von der Geschäftsstelle (1994).

Dies. Abschlußbericht zum Internationalen Jahr der Familie 1994, vorgelegt von der Geschäftsstelle (1995).

Ditch, John/Jonathan Bradshaw/Tony Eardley (Europäische Beobachtungsstelle für nationale Familienpolitiken), Entwicklungen der nationalen Familienpolitik im Jahre 1994, veröffentlicht von Social Policy Research Unit, University of York, Kommission der Europäischen Gemeinschaften 1996.

Ditch, John/Helen Barnes/Jonathan Bradshaw/Jaques Commaille/Tony Eardley (Europäische Beobachtungsstelle für nationale Familienpolitiken), Eine Synthese nationaler Familienpolitiken 1994, veröffentlicht von Social Policy Research Unit, University of York, Kommission der Europäischen Gemeinschaften 1996.

Eggen, Bernd, Familie der Gesellschaft. Kontinuität und Wandel, Ludwigsburg – Berlin 1994.

Etzioni, Amitai, Die Entdeckung des Gemeinwesens. Ansprüche, Verantwortlichkeiten und das Programm des Kommunitarismus, Stuttgart 1995.

Fuchs, Maximilian, Welche Maßnahmen empfehlen sich, um die Vereinbarkeit von Berufstätigkeit und Familie zu verbessern? Gutachten F für den 60. Deutschen Juristentag, München 1994.

Geissler, Clemens/Elvira Helmer/Dirk Heuwinkel/Heiner Melchinger/Herbert J. Schubert/Wolfgang Speil (Institut für Entwicklungsplanung und Strukturforschung, Hannover), Handbuch zur örtlichen und regionalen Familienpolitik, Schriftenreihe des Bundesministerums für Familie und Senioren, Bd. 5.1, Stuttgart – Berlin – Köln 1992.

Geissler, Clemens/Dirk Heuwinkel/Heiner Melchinger/Herbert J. Schubert/Wolfgang Speil/Reimund Wimmer, Ausgangspunkte und Handlungsrahmen für eine örtliche und regionale Familienpolitik, Schriftenreihe des Bundesministeriums für Familie und Senioren, Bd. 5.2, Stuttgart – Berlin – Köln 1992.

Gerhardt, Uta/Stefan Hradil/Doris Kucke/Bernhard Nauck (Hrsg.), Familie der Zukunft. Lebensbedingungen und Lebensformen, Reihe Sozialstrukturanalyse, Bd. 6, Opladen 1995.

Gerlach, Irene, Familie und staatliches Handeln. Ideologie und politische Praxis in Deutschland, Opladen 1996.

Giesen, Dieter, Familienrecht, Tübingen 1994.

Gruber, Hans-Günter, Familie und christliche Ethik, Darmstadt 1995.

Habisch, André (Hrsg.), Familienorientierte Unternehmensstrategie. Beiträge zu einem zukunftsorientierten Programm, München – Mering 1995.

Herlth, Alois/Ewald Johannes Brunner/Hartmann Tyrell/Jürgen Kriz (Hrsg.), Abschied von der Normalfamilie? Partnerschaft kontra Elternschaft, Berlin – Heidelberg 1994.

Huinink, Johannes, Warum noch Familie? Zur Atrraktivität von Partnerschaft und Elternschaft in unserer Gesellschaft, Frankfurt/M. – New York 1995.

Institut für Entwicklungsplanung und Strukturforschung an der Universität Hannover (Hrsg.), Handbuch der örtlichen und regionalen Familienpolitik, im Auftrag des Bundesministeriums für Familie, Senioren, Frauen und Jugend, Hannover 1996 (Manuskript).

Jans, Bernhard/Georg Zimmermann (Hrsg.), Familienlastenausgleich? Plädoyers für eine gerechte Familienpolitik, Grafschaft 1996. Hier u. a.: Paul Kirchhof, Die verfassungsrechtliche Garantie der Familie als Erziehungsgemeinschaft, S. 7–21.

Kaufmann, Franz-Xaver, Zukunft der Familie im vereinten Deutschland. Gesellschaftliche und politische Bedingungen, München 1995.

Klann, Notker/Kurt Hahlweg, Bestandsaufnahme in der Institutionellen Ehe-, Familien- und Lebensberatung. Abschlußbericht, Schriftenreihe des Bundesministeriums für Familie, Senioren, Frauen und Jugend, Bd. 48.2, Stuttgart – Berlin – Köln 1994.

Kleinhenz, Gerhard, Konzeption für einen Familien-Lasten- und Familien-Leistungsausgleich (»FLLA«), in: Arbeitsgemeinschaft der Deutschen Familienorganisationen (Hrsg.), Vom Familienlastenausgleich zum Familienleistungsausgleich. Grundlagen – Eckwerte – Ausgestaltung, Dokumentation eines Expertenseminars, Bonn 1995, S. 74–86.

Ders. (Hrsg.), Soziale Ausgestaltung der Marktwirtschaft, Festschrift für Heinz Lampert, Berlin 1995.

Köppinger, Peter/Elena de Graat, Vorstellungen für eine familienorientierte Arbeitswelt der Zukunft. Endbericht des Forschungsprojekts im Auftrag des Bundesministerium für Familie und Senioren, Schriftenreihe des Bundesministeriums für Familie und Senioren, Bd. 30.1, Stuttgart – Berlin – Köln 1994.

Lampert, Heinz, Lehrbuch der Sozialpolitik, Berlin – Heidelberg 1996[4].

Ders., Der familiale Beitrag zur Humanvermögensbildung und seine Konsequenzen für einen Familienleistungsausgleich, in: Arbeitsgemeinschaft der Deutschen Familienorganisationen (Hrsg.), Vom Familienlastenausgleich zum Familienleistungsausgleich, Bonn 1995, S. 16–25.

Ders., Zur Lage der Familien und den Aufgaben der Familienpolitik in den neuen Bundesländern, in: Richard Hauser (Hrsg.), Sozialpolitik im vereinten Deutschland III, Schriften des »Vereins für Socialpolitik«, Neue Folge, Bd. 208/III, Berlin 1996, S. 11 ff.

Ministerium für Arbeit, Gesundheit und Soziales des Landes Nordrhein-Westfalen (Hrsg.), Zukunft des Sozialstaates. Defizite und Reformbedarf in ausgewählten Bereichen der sozialen Sicherheit, Düsseldorf 1996. Hier u. a.: Gerhard Bäcker/Thomas Ebert, Kinderlastenausgleich und Vereinbarkeit von Beruf und Familie, S. 339–421.

Ministerium für Familie, Frauen, Weiterbildung und Kunst Baden-Württemberg (Hrsg. in Verbindung mit der Familienwissenschaftlichen Forschungsstelle im Statistischen Landesamt Baden-Württemberg), Familie heute – ausgewählte Aufsätze zur Situation der Familien in Baden-Württemberg, Stuttgart 1994. Hier u. a.: Erich Stutzer, Zur Einkommenslage junger Familien, S. 75–87; Thomas Schwarz/Claudia Vogel, Betriebliche Sozialpolitik im Spannungsfeld von Familie und Erwerbstätigkeit, S. 165–181; Michael Habermann, Neue Wege des Kinderlastenausgleichs – Lernen aus 40 Jahren Familienpolitik, S. 247–257; Siegfried Keil, Familiale Vielfalt – Familienpolitische Notwendigkeiten – 15 Thesen, S. 258–261.

Nauck, Bernhard/Corinna Onnen-Isemann (Hrsg.), Familie im Brennpunkt von Wissenschaft und Forschung. Rosemarie Nave-Herz zum 60. Geburtstag, Neuwied – Kriftel – Berlin 1995.

Pechstein, Matthias, Familiengerechtigkeit als Gestaltungsgebot für die staatliche Ordnung: Zur Abgrenzung von Eingriff und Leistung bei Maßnahmen des sogenannten Familienlastenausgleichs, Baden-Baden 1994.

Rauscher, Anton (Hrsg.), Welche Zukunft hat die Familie? Köln 1995.

Ruland, Franz, Sozialrechtliche Maßnahmen zur Verbesserung der Vereinbarkeit von Berufstätigkeit und Familie, in: Juristische Wochenschrift, (1994) 32, S. 2049–2056.

Schneider, Norbert F., Familie im Modernisierungsprozeß. Soziologische Betrachtungen, Materialien des Staatsinstituts für Familienforschung an der Universität Bamberg, (1996) 1.

Wingen, Max, Zur Theorie und Praxis der Familienpolitik, Allgemeine Schriften des Deutschen Vereins für öffentliche und private Fürsorge, Bd. 270, Frankfurt/M. 1994.

Ders., Familie – ein vergessener Leistungsträger? Grafschaft 1995.

Ders., Familienpolitik in der Europäischen Union. Sozalökonomische Befunde und gesellschaftsordnungspolitische Probleme, in: Gerhard Kleinhenz (Hrsg.), Soziale Integration in Europa II, Schriften des »Vereins für Socialpolitik«, Neue Folge, Bd. 222/II, Berlin 1996, S. 139–187.

Wissenschaftlicher Beirat für Familienfragen beim Bundesministerium für Familie, Senioren, Frauen und Jugend, Zur Weiterentwicklung des Familienlastenausgleichs nach den Entscheidungen des Bundesverfassungsgerichts seit 1990. Stellungnahme, Schriftenreihe des Bundesministeriums für Familie, Senioren, Frauen und Jugend, Bd. 104, Stuttgart – Berlin – Köln 1995.

Verzeichnis der Tabellen und Schaubilder

Abkürzungen

ABM	Arbeitsbeschaffungsmaßnahme
AGF	Arbeitsgemeinschaft deutscher Familienorganisationen
ASD	Allgemeiner Sozialdienst
BAFöG	Bundesausbildungsförderungsgesetz
BAG	Bundesarbeitsgemeinschaft
BiB	Bundesinstitut für Bevölkerungsforschung
BKD	Bund der Kinderreichen Deutschlands
BMA	Bundesministerium für Arbeit und Sozialordnung
BMFJ	Bundesministerium für Familie und Jugend
BMFSFJ	Bundesministerium für Familie, Senioren, Frauen und Jugend
BMFuS	Bundesministerium für Familie und Senioren
BMJFFG	Bundesministerium für Jugend, Familie, Frauen und Gesundheit
BMJFG	Bundesministerium für Jugend, Familie und Gesundheit
BSHG	Bundessozialhilfegesetz
DFV	Deutscher Familienverband
DGB	Deutscher Gewerkschaftsbund
DJI	Deutsches Jugendinstitut
EAF	Evangelische Aktionsgemeinschaft für Familienfragen
EStG	Einkommensteuergesetz
EU	Europäische Union
EWG	Europäische Wirtschaftsgemeinschaft
EZI	Evangelisches Zentralinstitut für Familienberatung
FamRZ	Zeitschrift für das gesamte Familienrecht
FDK	Familienbund der Deutschen Katholiken
FLA	Familienlasten(leistungs)ausgleich
GG	Grundgesetz
GKV	Gesetzliche Krankenversicherung
GRV	Gesetzliche Rentenversicherung
HdWW	Handwörterbuch der Wirtschaftswissenschaften
HLU	Hilfe zum Lebensunterhalt
IAB	Insitut für Arbeitsmarkt- und Berufsforschung
IPOS	Institut für praxisorientierte Sozialforschung
KJHG	Kinder- und Jugendhilfegesetz
MAGS	Ministerium für Arbeit, Gesundheit und Soziales
NDV	Nachrichtendienst des Deutschen Vereins für öffentliche und private Fürsorge
NJW	Neue Juristische Wochenschrift
SGB	Sozialgesetzbuch
UIOF	Internationale Union der Familienorganisationen

UN	United Nations (Vereinte Nationen)
UNICEF	United Nations Children's Fund (Internationaler Kinderhilfsfonds)
VAMV	Verband Alleinstehender Mütter und Väter
Wista	Wirtschaft und Statistik
WoGG	Wohngeldgesetz
ZUMA	Zentrum für Umfragen, Methoden und Analysen

Personenregister

Sachregister

Der Autor

Wingen, Max, Dr. rer. pol., Honorarprofessor an der Universität Konstanz (zuvor Ruhr-Universität Bochum); Ministerialdirektor a. D.; geb. 1930; Studium der Wirtschafts- und Sozialwissenschaften; langjährige Tätigkeit im Bundesministerium für Jugend und Familie (und Gesundheit); 1980 bis 1991 Präsident des Statistischen Landesamtes Baden-Württemberg (Aufbau und Leitung der Familienwissenschaftlichen Forschungsstelle); Stellvertretender Vorsitzender der Sachverständigen-Kommission der Bundesregierung für den Vierten Familienbericht (1986); bis 1994 Abteilungsleiter im Bundesministerium für Familie und Senioren.

Veröffentlichungen u. a.: Familienpolitik – Ziele, Wege und Wirkungen, Paderborn 1965^2; Grundfragen der Bevölkerungspolitik, Stuttgart 1975; Kinder in der Industriegesellschaft – wozu? Analysen – Perspektiven – Kurskorrekturen, Osnabrück – Zürich 1987^2; Zur Theorie und Praxis der Familienpolitik, Frankfurt/M. 1994; Familie – ein vergessener Leistungsträger? Grafschaft 1995.